suhrkamp taschenbuch
wissenschaft 122

Das Denken Adornos ist wieder Gegenstand von Auseinandersetzungen. Sein Werk – die 1970 posthum erschienene *Ästhetische Theorie* und die anderen Schriften zur Ästhetik und Kulturkritik, die philosophischen und soziologischen Arbeiten, die erst kürzlich publizierten Kompositionen – steht erneut zur Diskussion. Der hier vorgelegte Band versammelt Beiträge zu dieser Diskussion, dokumentiert damit auch unterschiedliche Positionen und Rezeptionsinteressen. Er will darüber hinaus Anstöße zu einer breiteren Auseinandersetzung geben, sie befördern und dringlich machen.

Die Herausgeber lehren Germanistik an der Johann Wolfgang Goethe-Universität in Frankfurt.

Materialien zur ästhetischen Theorie
Theodor W. Adornos
Konstruktion der Moderne

Herausgegeben
von Burkhardt Lindner und W. Martin Lüdke

Suhrkamp

CIP-Kurztitelaufnahme der Deutschen Bibliothek
Materialien zur ästhetischen Theorie
Theodor W. Adornos, Konstruktion der Moderne
hrsg. von Burkhardt Lindner u. W. Martin Lüdke.
1. Aufl. – Frankfurt am Main : Suhrkamp, 1980.
(Suhrkamp-Taschenbuch Wissenschaft ; 122)
ISBN 3-518-27722-7
NE: Lindner, Burkhardt [Hrsg.]

suhrkamp taschenbuch wissenschaft 122
Erste Auflage 1980
© Suhrkamp Verlag Frankfurt am Main 1979
Suhrkamp Taschenbuch Verlag
Alle Rechte vorbehalten, insbesondere das
des öffentlichen Vortrags, der Übertragung
durch Rundfunk und Fernsehen
sowie der Übersetzung, auch einzelner Teile.
Satz: Georg Wagner, Nördlingen
Druck: Nomos Verlagsgesellschaft, Baden-Baden
Printed in Germany
Umschlag nach Entwürfen von
Willy Fleckhaus und Rolf Staudt

2 3 4 5 6 7 – 90 89 88 87 86 85

Inhalt

Zu diesem Band 7

Burkhardt Lindner / W. Martin Lüdke
Kritische Theorie und ästhetisches Interesse:
Notwendige Hinweise zur Adorno-Diskussion 11

I Ästhetische Theorie, heute

Karl Markus Michel
Versuch, die »Ästhetische Theorie« zu verstehen 41

Rüdiger Bubner
Kann Theorie ästhetisch werden? Zum Hauptmotiv der
Philosophie Adornos 108

Hans Robert Jauß
Negativität und ästhetische Erfahrung. Adornos ästhetische
Theorie in der Retrospektive 138

Peter Bürger
Das Vermittlungsproblem in der Kunstsoziologie Adornos 169

II Voraussetzungen

Bernhard Lypp
Selbsterhaltung und ästhetische Erfahrung. Zur
Geschichtsphilosophie und ästhetischen Theorie Adornos 187

Dieter Kliche
Kunst gegen Verdinglichung. Berührungspunkte im Gegensatz
von Adorno und Lukács 219

Burkhardt Lindner
»Il faut être absolument moderne«. Adornos Ästhetik:
ihr Konstruktionsprinzip und ihre Historizität 261

Irving Wohlfarth
Dialektischer Spleen. Zur Ortsbestimmung der Adornoschen
Ästhetik 310

Hartmut Scheible
Die Kunst im Garten Gethsemane
Ästhetik zwischen Konstruktion und Theologie 348

III Implikationen und Modelle

Norbert W. Bolz
Nietzsches Spur in der Ästhetischen Theorie 369

Jochen Hörisch
Herrscherwort, Geld und geltende Sätze. Adornos Aktualisierung der Frühromantik und ihre Affinität zur poststrukturalistischen Kritik des Subjekts 397

W. Martin Lüdke
Zur ›Logik des Zerfalls‹. Ein Versuch, mit Hilfe der ›gezähmten Wildsau von Ernsttal‹ die Lektüre der Ästhetischen Theorie zu erleichtern 415

Ullrich Schwarz
Entfesselung der Produktivkräfte und ästhetische Utopie. Zu Adornos geschichtsphilosophischer Fundierung der ästhetischen Theorie 447

Michael de la Fontaine
Künstlerische Erfahrung bei Arnold Schönberg. Zur Dialektik des musikalischen Materials 467

Carl Dahlhaus
Zu Adornos Beethoven-Kritik 494

IV Bibliographie

Kommentierte Auswahlbibliographie 1969-79
von Peter Christian Lang 509

Zu diesem Band

»SPIEGEL: Herr Professor, vor zwei Wochen schien die Welt noch in Ordnung ...
ADORNO: Mir nicht.«

Der Spiegel, 19, 1969, S. 204

Das Denken Adornos ist – wieder – Gegenstand von Auseinandersetzungen. Sein Werk, die 1970 posthum erschienene »Ästhetische Theorie« und die anderen Schriften zur Ästhetik und Kulturkritik, die philosophischen und soziologischen Arbeiten, die erst kürzlich publizierten Kompositionen, steht erneut zur Diskussion. Der hier vorgelegte Band versammelt Beiträge zu dieser Diskussion, dokumentiert damit auch unterschiedliche Positionen und Rezeptionsinteressen. Er will darüber hinaus Anstöße zu einer breiteren Auseinandersetzung geben, sie befördern und dringlich machen.

Dieses Buch trifft auf eine Situation, in der – im Ganzen gesehen – die wieder beginnende Diskussion der Gehalte kritischer Theorie (und vergleichbarer Positionen der materialistischen Geschichtsphilosophie und Gesellschaftstheorie, Bloch, Lukács, Benjamin) nicht mehr automatisch als Herausforderung eines routinierten Seminarbetriebes betrachtet werden kann. Sind sie inzwischen zu einem ›Spezialgebiet‹ für Spezialisten deklariert worden? Es erscheinen gegenwärtig zunehmend Dissertationen, die sich mit der Adornoschen Theorie beschäftigen; was zunächst die Vermutung nur bestätigt. So richtig und so wichtig es auch ist, daß Texte von Autoren – die eher außerhalb des offiziellen Universitätsbetriebes entstanden sind und nicht zuletzt gegen ihn gerichtet waren – nunmehr, das gilt cum grano salis auch für Adorno, akzeptiert und einer akademischen Betrachtung für würdig erachtet werden, so wenig sind solche Texte – wie auch? – gegen die universitären Verwertungsmechanismen und gegen die kulturellen Musealisierungszwänge geschützt.

Damit ist freilich noch nicht begründet, warum ein Diskussions- und Materialienband zu Adorno die ästhetische Theorie, also die in der Werkausgabe unter ›ästhetische Schriften‹ eingeordneten Untersuchungen, Essays, Glossen und Polemiken, zu seinem Thema macht. Die Tatsache, daß die »Ästhetische Theorie«, Adornos letzte große Arbeit, vor nunmehr zehn Jahren, kurz nach dem Tod des Autors erschienen ist, wäre allenfalls ein äußerlicher Anlaß. Die Herausgeber haben zudem von Anfang an darauf bestanden, daß nicht dieses Buch allein, sondern die ästhetischen Schriften Adornos insgesamt und – nicht zuletzt – ihre Verflechtung mit den soziologisch/gesellschaftstheoretischen, mit den philosophischen Arbeiten Adornos zu diskutieren sind. Der in den hier vorgelegten Aufsätzen überraschend häufige Rekurs auf die »Dialektik der Aufklärung«, die Adorno zusammen mit Max Horkheimer noch im amerikanischen Exil verfaßt hat, auf die »Negative Dialektik«, aber auch andere soziologische und philosophische Arbeiten, bestätigt diese Überlegung.

Welche Gründe sprachen für die Entscheidung, die ästhetische Theorie Adornos zu diskutieren? Es sind, davon gehen wir aus, einmal wirkungsgeschichtliche: von rechts wie von links ist Adorno die Privilegierung der Ästhetik vorgehalten worden. Haben die einen die ästhetische Theorie gewissermaßen als ›Geständnis‹ genommen und vom Schwanengesang, dem schönen Tod der Frankfurter Schule gesprochen, so die anderen von einer nur mühsam verkappten politischen Romantik. Schon das wäre, für sich genommen, gewiß Grund genug, solche ›Vorurteile‹ zu überprüfen.

Über die wirkungsgeschichtlichen hinaus lassen sich noch andere Gründe benennen. Zentrale Bedeutung wird, im Kontext der (neo)marxistischen Gesellschaftstheorie und Philosophie, der Kunst und Ästhetik keineswegs von Adorno allein zugesprochen. Materialistische Theorie in diesem Jahrhundert war insgesamt ausgesprochen kunstinteressiert. Auch das wäre, für sich genommen, Grund genug, den damit verbundenen Fragen nachzugehen; zu fragen, weshalb für eine an Emanzipation interessierte Gesellschaftstheorie Ästhetik einen derart hohen Stellenwert bekommen hat.

Und darüber hinaus ist festzuhalten: vor einigen Jahren artikulierten die Intellektuellen mit der Parole vom politischen Tod der Kunst ihr eigenes schlechtes Gewissen. Heute ist demgegenüber eine fast gegenläufige Bewegung zu bemerken, obwohl kaum von einer ›Blütezeit‹ der Kunstproduktion die Rede sein kann. Auch das wäre, für sich genommen, Grund genug zu überprüfen, ob sich nicht in diesem Schwanken Adornos Diganosen zur Situation der Moderne tatsächlich bestätigt haben.

Es kann und soll nun keineswegs behauptet werden, daß die Beiträge, die für diesen Band geschrieben wurden, zusammengenommen so etwas wie ein ›vollständiges Bild‹ ergeben würden, in der kritischen Auseinandersetzung ebensowenig wie in der notwendigen Aufarbeitung bestimmter Desiderate. Es finden sich notwendigerweise Wiederholungen, etwa in dem Rekurs auf die »Dialektik der Aufklärung«. Zugleich werden erhebliche Lücken sichtbar, auch symptomatische Unsicherheiten etwa in der Neubestimmung von Ideologiekritik.

Aufgefordert wurde zu Beiträgen, die entweder das Verhältnis von ästhetischer Theorie und Gesellschaftstheorie heute oder Grundannahmen der ästhetischen Theorie Adornos oder einzelne, modellhafte Konstellationen seines Denkens untersuchen. ›Konstruktion der Moderne‹ erwies sich dabei als der Leitfaden, der die unabhängig voneinander entstandenen Arbeiten verbindet, ganz gleich wie kritisch sie sich zu Adorno stellen. Dessen Anspruch, den Prozeß der bürgerlichen Gesellschaft nach dem Sturz von Aufklärung, Idealismus und Klassik zu reflektieren, wird ernst genommen. Der Begriff der Moderne hat für Adorno einen spezifischen Doppelsinn. Er meint zum einen das Ineinander von Statik und Dynamik, von Regression und Progreß der kapitalistisch bestimmten Geschichte. Und er meint zum andern (und zugleich) die Selbstanforderung der Kunst, auf diese Situation reagieren zu müssen, ohne auf garantierte Traditionen und Sinnbestände zurückgreifen zu können.

Der vorliegende Band gliedert sich in drei Abteilungen: In der ersten Abteilung, »Ästhetische Theorie, heute«, geht es um den philosophisch-theoretischen Status der Ästhetik Adornos und um methodologische Konsequenzen, die vom Anspruch der Einzelwissenschaften aus zu ziehen sind.

In der zweiten Abteilung, »Voraussetzungen«, geht es um den Argumentationszusammenhang und den theoriegeschichtlichen Kontext der ästhetischen Theorie. Stichwortartig: um Lukács, um Benjamin, um die Herolde der Moderne (Baudelaire, Rimbaud), um die »Dialektik der Aufklärung«, um die Spannung von Askese und Subversivität in Adornos Begriff der Moderne.

In der dritten Abteilung, »Implikationen und Modelle«, geht es um exemplarische Auseinandersetzungspunkte und Denkfiguren.

Wiederum in Stichworten: Nietzsche, Wagner, Schönberg, Beethoven, die Frühromantik; Ästhetik als Utopie, Logik des Zerfalls.

Abgeschlossen wird der Band durch eine umfangreiche, kommentierte Bibliographie, die die Schwerpunkte und Tendenzen der bisherigen Diskussion erkennbar macht.

Frankfurt am Main, Juni 1979 *Die Herausgeber*

Burkhardt Lindner / W. Martin Lüdke
Kritische Theorie und ästhetisches Interesse:
Notwendige Hinweise zur Adorno-Diskussion

> »Die Hoffnung, welche die Gegenwart des Ältesten begehrt, geht darauf, es möchte die animalische Schöpfung das Unrecht überleben, das ihr vom Menschen angetan ward, wenn nicht ihn selber, und eine bessere Gattung hervorbringen, der es endlich gelingt. Der gleichen Hoffnung entstammen schon die zoologischen Gärten. Sie sind nach dem Muster der Arche Noah angelegt, denn seit sie existieren, wartet die Bürgerklasse auf die Sintflut.«
>
> *Theodor W. Adorno, Minima Moralia*

I Zehn Jahre später

Als »traurige Wissenschaft« hat Adorno in der Zueignung der »Minima Moralia« an Max Horkheimer im Februar 1945 die Philosophie charakterisiert. Diese Charakterisierung erscheint heute nicht minder aktuell wie vor über dreißig Jahren. Die objektiv drohenden Katastrophen der gesamtgesellschaftlichen Entwicklung auf der einen Seite, der Zerfall jener Bewegungen, an die einmal die Hoffnung geknüpft war, den utopischen Zielen zur gesellschaftlichen Verwirklichung zu verhelfen, auf der anderen Seite könnten Adornos ›bösen Blick‹ auf die Tendenzen der bürgerlichen Gesellschaft, auf die ›nach Auschwitz in Verwesung übergegangene bürgerliche Kultur‹ in einem erschreckenden Maße bestätigen.

Nur kann davon kaum die Rede sein, daß Adornos Philosophie gegenwärtig, als modische Attitüde des Leidens an der Gesellschaft, in den verschiedenen alternativen Subkulturen neue Popularität gewinnt. Eher ist anzunehmen, daß jetzt auch für Adornos Philosophie die (unvermeidliche) Phase akademischer Aneignung begonnen hat, wie es die erheblich gestiegene Zahl der Adorno-Dissertationen belegt. Eine Aneignung mithin, die neben der Chance einer differenzierten Auseinandersetzung zugleich die

Gefahr der Neutralisierung und der sekundären Paraphrase enthält.

Angesichts des dunkel verhängten Horizonts scheint Adornos »traurige Wissenschaft« zeitgemäß. Dabei ist sie gleichzeitig, allem Anschein nach, historisch geworden. Aber: daß die Schriften eines großen Autors nicht mehr in buchstäblicher Weise gelten und nicht mehr unmittelbar fortgeschrieben werden können, besagt nur wenig über ihre Aktualisierbarkeit. Im Gegenteil kann gerade der historische Abstand zum unmittelbaren Anspruch der Texte die Voraussetzung einer produktiven Auseinandersetzung bieten. Es ist schon auffällig, daß die gegenwärtigen Krisendiagnosen und Untergangsstimmungen so wenig auf Adorno als Gewährsmann zurückgreifen. Nur könnte das Anlaß zu der Überlegung geben, ob seine »traurige Wissenschaft« vielleicht doch nicht so traurig, resigniert und orientierungslos war, wie es ihr am Ende der sechziger Jahre von rechten und linken Kritikern vorgehalten wurde.

Voraussetzung einer produktiven Kritik: das gilt nicht zuletzt auch für die ästhetische Theorie Adornos. Auch hier in aller Widersprüchlichkeit, die zunächst einmal zu konstatieren ist. Die Frankfurter Schule im engeren Sinne – jene Forschungsgemeinschaft kritischer Wissenschaftler, die um das Institut für Sozialforschung gruppiert waren und unterschiedliche akademische Disziplinen vertraten – ist, wie nach dem Tod Adornos offenkundig wurde, zerfallen, auch wenn das Institut noch weiterhin besteht. Aus der Zerfallsmasse ist, so könnte es scheinen, einzig die ästhetische Theorie übriggeblieben. Auf diese Weise wurde Adornos nachgelassenes Werk gleichen Titels weithin rezipiert: als Konsequenz eines Denkens, das die Flucht in die Ästhetik nicht mehr länger verschweigt.

»SPIEGEL: Sie sehen also die sinnvollste und notwendigste Form Ihrer Tätigkeit in der Bundesrepublik nach wie vor darin, die Analyse der Gesellschaftsverhältnisse voranzutreiben?
Adorno: Ja, und mich in ganz bestimmte Einzelphänomene zu versenken. Ich geniere mich gar nicht, in aller Öffentlichkeit zu sagen, daß ich an einem großen ästhetischen Buch arbeite.«[1]

Betrachtet man die Sekundärliteratur zu Adorno, so dominiert in der Tat auffällig die Beschäftigung mit den ästhetischen Texten. Der Anspruch, von Adorno, Ästhetik als Gesellschaftstheorie zu betreiben, hebt sich andererseits sehr deutlich von der Ratlosigkeit ab, mit der heutzutage die Zerfalls- und Krisensymptome gegenwärtiger Kunst und Literatur beschrieben werden. Der Anspruch, an einem Begriff des Ganzen (der Gesellschaft) festzuhalten, so »irrational« Adorno auch die spätkapitalistische Gesellschaft erschienen ist, läßt ihn über die Larmoyanz bloßer Kulturkritik weit hinausgehen. Mit dem schmarotzerhaften Wesen, das von der Krise lebt und sich in ihr häuslich einrichtet, hat Adorno schon sehr früh und gründlich dazu abgerechnet. »Dem Kulturkritiker paßt die Kultur nicht, der einzig er das Unbehagen an ihr verdankt. Er redet, als verträte er sei's ungeschmälerte Natur, sei's einen höheren geschichtlichen Zustand, und ist doch notwendig vom gleichen Wesen wie das, worüber er sich erhaben dünkt. (...) Der Kulturkritiker kann kaum die Unterstellung vermeiden, er hätte die Kultur, die dieser abgeht. Seine Eitelkeit kommt der ihren zu Hilfe: noch in der anklagenden Gebärde hält er die Idee von Kultur isoliert, unbefragt, dogmatisch fest. Er verschiebt den Angriff. Wo Verzweiflung und unmäßiges Leiden ist, soll darin bloß Geistiges, der Bewußtseinszustand der Menschheit, der Verfall der Norm sich anzeigen. Indem Kritik darauf insistiert, gerät sie in Versuchung, das Unsagbare zu vergessen, anstatt wie sehr auch ohnmächtig zu trachten, daß es von den Menschen abgewandt werde.«²

Eine Bestandsaufnahme ist also fällig. Sie kann nicht durch die Zelebrierung alter Zitate ersetzt werden, sie kann sich noch weniger begriffslos an die dauernd propagierten Trends und Tendenzwenden anhängen. Bestandsaufnahme als historisches Bewußtsein und Kritik verlangt das Bewußtsein der Wirkungsgeschichte ihres Gegenstands. Die Kontroversen, die Adorno auslöste – seine Annahme von der Unmöglichkeit der Lyrik nach Auschwitz, die Debatte über den Begriff der Halbbildung und die Tabus des Lehrberufs, seine (publizistischen) Attacken gegen die Kulturindustrie, die Heidegger-, d. h. Existentialismuskritik, der Positivismusstreit in der deutschen Soziologie (daran war Habermas schon mit beteiligt) – diese Diskussionen wären zum Gegenstand einer, dringend fälligen, Darstellung zu machen, die so etwas wie die kulturelle Physiognomie der Adenauer-Zeit liefern könnte. (Samt einigen bedenklicheren Aspekten: denn Adorno hat sich nur zum Teil gegen die Sprache des Kalten Krieges gewehrt und zum Teil mit einer wahren Berührungsangst auf Lukács, Eisler, Brecht und auch Benjamin reagiert. Die »Komposition für den Film«, ein Buch, das Adorno gemeinsam mit Eisler verfaßt hat, es erscheint jetzt in den Gesammelten Schriften, wurde seinerzeit allein unter Eislers Namen publiziert.)

II Theorie nach dem Faschismus

An die andere Seite der gleichen Medaille ist aber ebenso zu erinnern. Die zuweilen heftigen Attacken gegen die Kritische Theorie der Frankfurter Schule könnten vergessen lassen, in welchem Maße Adorno, fast alleinstehend, im bundesrepublikanischen Nachkriegsdeutschland die Tradition eines kritischen Marxismus repräsentierte. Gewiß waren die unmittelbaren Erfahrungen der Arbeiterbewegung, wie sie unter anderem Wolfgang Abendroth festhielt, dabei abgekoppelt, aber in den Bereichen der Philosophie, Soziologie und der Kulturwissenschaften stand Adorno dafür um so konkurrenzloser da. Die Wirkungsgeschichte von Bloch, Marcuse, Lukács und Benjamin setzt weitaus später ein und es ist nicht von der Hand zu weisen, daß sich ihre Wirkung der Präsenz verdankt, die sie, selbst in der Gegnerschaft, im Adornoschen Denken einnahmen.

Die Wirkungsgeschichte des Adornoschen Denkens im Nachkriegsdeutschland läßt sich prägnant mit dem Begriff der *Theorie* charakterisieren: Theorie erst einmal und vor allem als gesamtgesellschaftliche Theorie, Theorie als selbstkritische Philosophie, Theorie als Überschreitung der arbeitsteiligen Organisation bürgerlich/akademischer Wissenschaft, Theorie als Bereich, der so objektiv wie schuldhaft von Praxis abgetrennt ist. Im Vorwort zu dem Band »Eingriffe. Neun kritische Modelle«, 1963 erschienen und bald darauf in 25 000 Exemplaren verkauft, schrieb Adorno: »Die praktischen Aussichten sind (...) beschränkt. Wer überhaupt Vorschläge anmeldet, macht sich leicht zum Mitschuldigen. (...) Reine Gesinnung jedoch, die sich Eingriffe versagt, verstärkt ebenfalls, wovor sie zurückschreckt.«[3] Damit ist ein Zirkel beschrieben, und zwar ein politischer, kein hermeneutischer: »In einem geschichtlichen Augenblick aber, da allerorten Praxis abgeschnitten dünkt, die aufs Ganze sich bezöge«, scheint der kritische Gedanke paralysiert. Gleichwohl darf er nicht resignieren, er muß vielmehr, die auferlegte Grenze erkennend, um so radikaler sein. »Dafür drängt sich ein Stichwort auf, das ohne Absicht in vielen der Aufsätze wiederkehrt: das verdinglichte Bewußtsein, in das die Aufsätze eingreifen möchten (...). Diese Einheit schreibt zugleich die Grenze vor: daß Bewußtsein kritisiert wird, wo es nur Reflex der Realität ist, die es trägt.«[4]

Hier wird zweierlei deutlich: einmal die Einsamkeit des kritischen Intellektuellen, für den »guter Wille und Bereitschaft zum gemeinsamen Handeln« bereits die »Komplizität mit dem Schlechten« einschließt, zum anderen die, programmatisch etwa in dem Essay über den Essay formuliert, erforderliche Konzentration des Ideologiekritikers auf die Phänomene und Bedingungen des ›falschen Bewußtseins‹.

Theorie zielt also auf das Ganze. Aber das Ganze ist das Unwahre geworden (es ist nicht mehr »die Wahrheit«[5]).

Theorie zielt auf Gesellschaft, aber die Gesellschaft ist zu ihrer eigenen Ideologie geworden.

Theorie sieht sich damit auf das Einzelne verwiesen. Aber das Einzelne ist durch die totale Vermittlung, seine – falsche – Vergesellschaftung, zersetzt, partikularer als Hegel jemals das Partikulare herabsetzte.

Diese Spannung zwischen dem negativen Totalitätsanspruch von Theorie und der versperrten Praxis, von der allererst eine Aufhebung der schuldhaften Reinheit von Theorie zu erwarten wäre; zwischen der Diagnose einer kollektiven Regression und der Einsicht in die Historizität des bürgerlichen Subjekts, das liquidiert, aber nicht aufgehoben wurde; zwischen kritischer Einzelanalyse von Kategorien bzw. Gegenständen und der sich perpetuierenden Grundfigur des ›universellen Verblendungszusammenhangs‹ – der sich hier ausdrückende Zwiespalt läßt sich immanent schwerlich schlichten; er ist, im Gegenteil, als produktives Feld des Adornoschen Denkens anzusehen. Fast artistisch hat Adorno diese Spannung immer wieder aufs Neue in Szene gesetzt: wer Adorno persönlich gehört und gesehen hat, kann dies bestätigen, im sprachlichen Gestus seiner Texte wird es jedoch ebenso deutlich. Artistisch, das ist hier, keineswegs pejorativ, eher im Sinne einer Wahlverwandtschaft mit Karl Kraus zu verstehen, von dessen polemisch/narzißtischer Unerbittlichkeit Adornos Philosophie mehr enthält, als es auf den ersten Blick deutlich wird. Adorno hat, äußerst versiert im Umgang mit den Medien, seinen publizistischen Anspruch gegen die Medien aufgerichtet, aber dabei auf die unmittelbar politische Denunzierung des Gegners verzichtet. Die publizistische Moral von Karl Kraus hat sich zur Minima Moralia, dem Ort von Philosophie, verschoben.

Hinter der Denunzierung des falschen Ganzen und der regredierten Menschen steht der Appell ans individuelle Bewußtsein: »Ich meine immerhin«, sagte Adorno in der Diskussion »Was bedeutet Aufarbeitung der Vergangenheit«, die von der Gesellschaft für christlich-jüdische Zusammenarbeit 1959 veranstaltet wurde, »daß es, wenn Menschen einmal dazu kommen, wirklich die Verstricktheit in die objektiven Bedingungen zu durchschauen, die ich versucht habe, wie sehr auch skizzenhaft, Ihnen auseinanderzusetzen, indem es ihn durchschaut, zugleich eben doch das Potential dafür darstellt, daß man diesem Zwang widersteht.«[6] Handlungsanweisungen springen dabei nicht heraus. Aber die Philosophie zieht sich ebensowenig, wie bei Heidegger, auf die Kontemplation des ewigen Seins zurück.

Von einer Verflechtung zwischen deutschem Kapital und Politik, samt der postfaschistischen Verleugnung, scheint hier nicht die Rede zu sein, von einer Verherrlichung der neuen Demokratie ist freilich noch weniger zu sprechen. Adorno hat vielmehr vom Nachleben des Faschismus in der Demokratie gesprochen, also nachdrücklich darauf hingewiesen, »daß die Grundstruktur der Gesellschaft und damit ihrer Angöhrigen, die es dahin gebracht haben«, zum Faschismus, zu Auschwitz, »heute die gleichen sind wie vor fünfundzwanzig Jahren.«[7] Die Bedingungen, die zum Faschismus geführt haben, sind für Adorno durch den Zusammenbruch des Faschismus nicht hinfällig geworden. Er hat zudem stets, trotz aller von ihm konstatierten Veränderungen, daran festgehalten, daß unsere Gesellschaft »in ihren Produktionsverhältnissen« kapitalistisch geblieben sei.[8] Auch wenn in den maßgebenden kapitalistischen Ländern, so sagte Adorno in seinem Einleitungsvortrag zum 16. Deutschen Soziologentag 1968 in Frankfurt am Main, nicht mehr von einem proletarischen Klassenbewußtsein gesprochen werden kann, wenn es nicht einmal an plausiblen Gründen für den Mangel an Klassenbewußtsein fehlt, sogar die Marxsche Mehrwertlehre in Frage gestellt werden kann, sei daran festzuhalten: »Stets noch sind die Menschen, was sie nach der Marxschen Analyse um die Mitte des 19. Jahrhunderts waren: Anhängsel der Maschinerie, nicht mehr bloß buchstäblich die Arbeiter, welche nach der Beschaffenheit der Maschinen sich einzurichten haben, die sie bedienen, sondern weit darüber hinaus metaphorisch, bis in die intimsten Regungen hinein genötigt, dem Gesellschaftsmechanismus als Rollenträger sich einzuordnen und ohne Reservat nach ihm sich zu modeln. Produziert wird heute wie ehedem um des Profits willen. Über alles zur Zeit von Marx Absehbare hinaus sind die Bedürfnisse, die es potentiell längst waren, vollends zu Funktionen des Produktionsapparates geworden, nicht umgekehrt. Sie werden total gesteuert.«[9] Genau darin weist die gegenwärtige Gesellschaft, »trotz aller Beteuerung des Gegenteils, ihrer Dynamik, des Anwachsens der Produktion, statische Aspekte auf.«[10] Adorno hält es sogar für »denkbar, daß die gegenwärtige Gesellschaft einer in sich kohärenten Theorie sich entwindet«[11] – ohne daraus aber den resignativen Schluß zu ziehen, man müsse sich halt mit ›Theorien mittlerer Reichweite‹ begnügen.

III Dialektik der Aufklärung

Auch, vielleicht sogar gerade, die ästhetische Theorie Adornos ist nicht aus dem Zusammenhang der Kritischen Theorie zu lösen. Schließlich liegt zumindest die Vermutung nahe, daß die Adornosche Ästhetik als Konsequenz der gesellschaftstheoretischen Überlegungen der Kritischen Theorie betrachtet werden muß. Schon deshalb ist ein Blick auf die Geschichte der Frankfurter Schule angeraten.

Interdisziplinär angelegt, darum bemüht, die arbeitsteilige Organisation des etablierten Wissenschaftsbetriebes von innen her aufzusprengen, haben die großen Studien des Instituts für Sozialforschung in den dreißiger und vierziger Jahren (im amerikanischen Exil also) material durchgeführt, was vor allem Horkheimer programmatisch formuliert und schon 1931, bei der Übernahme der Institutsleitung, ausdrücklich auch auf die »wichtigen Vorarbeiten der amerikanischen Sozialforschung« bezogen hatte.

Diese durchweg in der Zeitschrift für Sozialforschung, dem Organ des Instituts, erschienenen Aufsätze, u. a. »Traditionelle und kritische Theorie« (1937) »Zum Problem der Wahrheit« (1935), »Egoismus und Freiheitsbewegung« (1936), versuchen einen gesellschaftsbezogenen Wissenschaftsbegriff zu entwickeln, der in der Auseinandersetzung mit traditioneller Theorie, und zwar der jeweils avanciertesten Form bürgerlicher Wissenschaft gewonnen, dabei allerdings von einem spezifischen Interesse geleitet ist: dem Interesse an einer vernünftigen Gestaltung der Gesellschaft. Die kritische Theorie, sagt Horkheimer, »die das Glück aller Individuen zum Ziel hat, verträgt sich, anders als die wissenschaftlichen Diener der autoritären Staaten, nicht mit dem Fortbestand des Elends. Die Selbstanschauung der Vernunft, die für die alte Philosophie die höchste Stufe des Glücks bildete, ist im neueren Denken in den materialistischen Begriff der freien, sich selbst bestimmenden Gesellschaft umgeschlagen; vom Idealismus bleibt übrig, daß die Möglichkeiten des Menschen andere sind, als im heute Bestehenden aufzugehen, andere als die Akkumulation von Macht und Profit.«[12] Diese Bestimmung der Kritischen Theorie – als das Interesse an der Aufhebung des gesellschaftlichen Unrechts – ist zwar durchaus noch auf die Marxsche Kritik der politischen Ökonomie bezogen. Kritik wird sogar ausdrücklich in dem Sinn der »dialektischen Kritik der politischen Ökonomie«[13] verstanden. Auch noch die gegenwärtige Gesellschaftsform ist für Horkheimer »in der Kritik der politischen Ökonomie erfaßt«. Aber die mißlungene Revolution in Westeuropa, das Versagen der Arbeiterbewegung im Kampf gegen den Faschismus, das im Stalinismus endgültig sichtbar gewordene Scheitern der russischen Revolution, die Einsicht in die integrativen Funktionen der amerikanischen Massenkultur (später auf den Begriff ›Kulturindustrie‹ gebracht), schließlich die bis in die Organisationsform des Proletariats hineinreichenden Strukturen von Verdinglichung – all diese Faktoren haben die Kritische Theorie mehr und mehr von der Konzeption des Klassenkampfes abrücken lassen. Die Vorstellung von der Aufhebung einer gesellschaftlichen Organisationsweise, deren stets nur partikulare Rationalität in einem irrationalen Ganzen zusammenschießt, in eine Gesellschaftsform, die am Glück der Individuen orientiert ist, in eine befreite Gesellschaft also, diese Vorstellung läßt sich selbst beim frühen Horkheimer nicht mehr organisationstheoretisch festmachen. Horkheimers Notizen aus den Jahren 1926 bis 1931, als »Dämmerung« unter dem Pseudonym Heinrich Regius 1934 erschienen, beschreiben, in einer für ihn schon ungewöhnlichen Schärfe jede »bürgerliche Kritik am proletarischen Kampf« als »eine logische Unmöglichkeit«[14] und machen dabei auch deutlich, daß der spätere Begriff »Kritische

Theorie« tatsächlich als Deckname für die materialistischen Intentionen des Instituts bestimmt war.

Im Exil spätestens hat Horkheimer aber dann erkannt, daß das Marxsche Subjekt von Geschichte ihr Objekt geblieben war. Diese Diagnose der Kritischen Theorie führte, im Resultat betrachtet, zu einer folgenreichen Reformulierung der Marxschen Theorie. Allerdings will diese Reformulierung, aus guten Gründen, als eine Aktualisierung, den veränderten Bedingungen entsprechend, verstanden werden.

Die Zeitschrift des Instituts hat nun aber keine einheitliche, in sich geschlossene Theorie präsentiert. Was K. A. Wittfogel und F. Borkenau, H. Grossmann F. Pollock, E. Fromm, Leo Löwenthal oder auch Benjamin dort publizierten, unterschied sich keineswegs nur in Nuancen von dem, was Horkheimer vertrat. Herbert Marcuse brachte durchaus eigene Motive ein, wie auch, später dann, Adorno. Glück und Freiheit, eine bessere, eine humane Gesellschaft, im kritischen Denken, in der Vernunft verankert – das waren jedoch die gemeinsamen Leitgedanken die alle Mitglieder des Instituts in ihrer gemeinsamen Front gegen den Faschismus vereinten.

Die durchaus unterschiedliche Akzentuierung der Marxschen Theorie trat demgegenüber in den Hintergrund. Auch Horkheimers Versuch, dem Vernunftbegriff der bürgerlichen Philosophie eine nur partikulare Rationalität nachzuweisen, blieb wie gesagt, auf den Rahmen der Kritik der politischen Ökonomie bezogen. Nach wie vor hat Horkheimer gesellschaftliche Veränderung nach dem Modus der bestimmten Negation begriffen. Seine Aufsätze »Die Juden und Europa« (1939) und »Autoritärer Staat« (1942) markieren jedoch den Wendepunkt. Zum letzten Mal werden hier politisch/ökonomische Kategorien als solche diskutiert. Mit der »Dialektik der Aufklärung«, die Horkheimer und Adorno zu Beginn der vierziger Jahre im amerikanischen Exil gemeinsam verfaßt haben, ist die Wende dann vollzogen, die ökonomischen Kategorien werden in einen geschichtsphilosophischen Rahmen gestellt. Die Kritik der politischen Ökonomie wird also mit einer, auch gegen Marx noch gewendeteten, Kritik der instrumentellen Vernunft verknüpft. Die »Dialektik der Aufklärung« beschreibt in dem Wechselspiel von Mythos und Aufklärung den Prozeß der Emanzipation des Menschen von der Natur. Der Mensch, Teil der Natur, setzt sich im Laufe seiner

Gattungsgeschichte fortschreitend der Natur gegenüber und gewinnt auf diese Weise zunehmend die Mittel zu ihrer Beherrschung. Marx hatte diesen Prozeß an der Dialektik von Produktivkräften und Produktionsverhältnissen – und damit den Fortschritt der Geschichte an der Logik von Klassenkämpfen – festgemacht. Allein die unter den Bedingungen der Klassengesellschaft erzeugten Produktivkräfte geben die Vorbedingung zur Errichtung einer herrschaftsfreien Organisation der Gesellschaft ab. An diesem Punkt setzt die implizite Marx-Kritik von Horkheimer und Adorno an: die »Dialektik der Aufklärung« interpretiert die Marxsche Geschichtskonstruktion in dem Bezugsrahmen von Natur und Naturbeherrschung – und erschließt damit eine Dimension, die es erlauben soll, die Gegenrechnung des geschichtlichen Fortschritts aufzumachen: den Fluch der »unaufhaltsamen Regression«. In der Macht des Fortschritts wird der Fortschritt der Macht aufgedeckt: in dem Maße, in dem sich die menschliche Herrschaft über die Natur entfaltet, schlägt diese Herrschaft über die Natur auf den Menschen selbst zurück. Mit der Herrschaft über die äußere Natur geht die Unterdrückung der Natur des Subjekts einher und zugleich die zunehmende Entfaltung von Herrschaft überhaupt.

Die weltgeschichtliche Einheit dieser beiden Prozesse, des Fortschritts von Naturbeherrschung und der Regression durch fortschreitende Herrschaft, hat zur Folge, daß die »Verdinglichung« der Subjekte in dem gleichen Maße voranschreitet wie die der äußeren Natur.

Diese Ausweitung der Kritik am bürgerlichen Vernunftbegriff zu einer Kritik der instrumentellen Vernunft folgt der Logik von Selbsterhaltung und Herrschaft. Vernunft instrumentalisiert sich selbst – zum Zweck der Selbsterhaltung und wird damit am Ende zu einem Instrument der Herrschaft. Der hier angedeutete Totalitätsbegriff deckt, ohne wesentliche Differenzierungen zu machen, den faschistisch/nationalsozialistischen Totalitarismus, einen stalinistisch deformierten Sozialismus wie auch den Spätkapitalismus amerikanischer Prägung ab: die »verwaltete Welt«, den »universellen Verblendungszusammenhang«.

Diese Konzeption, die schon recht deutlich Adornos Handschrift verrät, bindet die Aufhebung von Herrschaft, die Aufhebung der Herrschaft von Menschen über Menschen, an die Aufhebung der Herrschaft über Natur, d. h. in Anlehnung an den frühen Marx der »Pariser Manuskripte« an eine Resurrektion der Natur – an Versöhnung.

Jürgen Habermas, der darin nur eine »grundlose Hoffnung« erkennen kann, hat deshalb seine Transformation der kritischen Theorie strikt von der Naturkonzeption Adornos gelöst, und damit auch die Verbindung von Marxscher Warenanalyse und einer Kritik der instrumentellen Vernunft wieder aufgelöst.

IV Denunziationen

Die Kritik, der sich Adorno auf dem Höhepunkt der Studentenbewegung ausgesetzt sah (und die sich keineswegs immer auf der Höhe der Argumentation eines Hans-Jürgen Krahl bewegte), dürfte ihn mehr getroffen haben, als auf Anhieb zu erkennen ist. (So in einer Reihe von kleineren Texten, etwa »Resignation«, auch der Einleitung zu dem Band »Stichworte«.)

Rückblickend drängt sich die Vermutung auf, daß Adornos Warnung vor dem blinden Aktionismus als antizipierte Einsicht in das Scheitern der Studentenbewegung gedeutet werden könnte. Zumal die antiautoritäre Bewegung, nach ihrem Zerfall in diverse proletarische Aufbauorganisationen etc., selbst eine Kritik provozierte, die auf den Grundbestand Kritischer Theorie zurückgreifen konnte. Gleichwohl ist Vorsicht anzuraten. Darüber hinaus ist nicht zu vergessen, daß Adorno keineswegs als einziger Bezugspunkt der Studentenbewegung betrachtet werden kann. Zeitweilig konnte indes der Eindruck entstehen, daß der ›Sieg‹ über Adorno, Lukács und Habermas, bevorzugte Zielscheiben der ›linken‹ Kritik, mit dem Sieg über ›den Kapitalismus‹ gleichgesetzt wurde.

Solche internen Auseinandersetzungen sind bestens geeignet, die eigentlichen Fronten zu verwischen.

Tatsächlich hat es einen beträchtlichen Widerstand der akademischen Wissenschaft gegen die Politisierung der Fachdisziplinen gegeben. Die Frankfurter Schule und auch andere materialistische Positionen wurden bald von den ›konzeptiven Ideologen‹ der Tendenzwende offen zum Gegner erklärt. Exemplarisch dürfte Günther Rohrmosers Schrift über »Das Elend der Kritischen Theorie« (erstmals 1970, 1976 in vierter Auflage erschienen) für diese Tendenzen einstehen.

Rohrmoser schrieb, wie er schreibt, seine gegen die Kritische Theorie und den Marxismus überhaupt gerichtete Abrechnung, um durch sie »das Vertrauen in den Sinn von Theorie«[15] zu stärken. Und das um so mehr, als seine Kritik einer Theorie gelte, die mehr riskiert habe, als je eine Philosophie seit Nietzsche, und sogar noch gegen den Rückfall der Neuen Linken in den Irrationalismus Stellung bezog. Nach dieser kurzen Verbeugung kommt Rohrmoser aber schnell zur Sache, d. h. zu dem, was er dafür hält: »Es ist schwer zu sehen, worin sich die Adornosche Sicht der Geschichte von der der Faschisten unterscheidet, wenn auch diese andere Konsequenzen gezogen haben als jener.«[16]

Wie infam auch immer solche Verleumdungen sein mögen, sie dispensieren – leider nicht mehr – von einer Auseinandersetzung. Der offene Irrationalismus des Faschismus, die offene Brutalität und Inhumanität, deren Opfer die Juden Horkheimer, Benjamin, Bloch, Adorno und Millionen andere waren, das soll, meint Rohrmoser, nichts anderes sein als die Theorie von der universellen Herrschaft Adornos! Die totale Mobilmachung sei identisch mit dem Praxisverdikt der Kritischen Theorie! Solche Sätze, von Argumentation kann wahrlich nicht die Rede sein, stützen sich auf die Gedanken-Krücke: die Praxisfeindlichkeit der Kritischen Theorie bewirke, daß sie für Praxis keine Verantwortung zu übernehmen habe und somit Praxis theorielos werde.[17] Soll heißen: die RAF und die Neonazis, der Terrorismus von ›links wie von rechts‹ ist gleichermaßen das Produkt der Kritischen Theorie.

Die Ungeheuerlichkeit der Parallele mit den Nazis verdient genau betrachtet zu werden: Offenbar hatten auch die Nazis deshalb Erfolg, weil sie auf Praxisbezüge verzichtet haben. »Mein Kampf«, die Nürnberger Gesetze und die späteren Detailberechnungen der Neonazis über die Vergasung von Juden waren also praxisferne Übungen einer Kritischen Theorie. Adorno und Hitler, Stalin nicht zu vergessen, treffen sich offenbar (posthum) in brüderlicher Eintracht: »Gefordert wird die Entfesselung des Wahnsinns im Rückfall des Menschen als Person an die amorphe Vieldeutigkeit biologischer Antriebe und Impulse. (...) Die negative Dialektik erhofft sich die Rettung vom mythischen Bann totalitärer Herrschaft durch die Preisgabe menschlicher Subjektivität.«[18] Und noch klarer: »Der von geistiger Erkrankung gezeugte Irrsinn wird also von Adorno nicht als etwas beklagt, was die Gesellschaft dem Subjekt zufügte, sondern als der Weg zur

Rettung beschworen.«[19] Diese raffinierte Mischung von Unverstand, Ressentiment und gezielter Verleumdung, die sich den Anschein immanenter Kritik gibt, ist natürlich überaus geeignet, staatlich/bürokratisch repressive ›Praxis‹ zu legitimieren. Hat Rohrmoser zunächst noch eingeräumt, Adornos Denken sei mit der Vorbereitung von Gewaltakten nicht zu verwechseln, so versteigt er sich schließlich zu der Behauptung: »Die im Ausbruch des Irrsinns von dem lastenden Druck versteinerter Verhältnisse sich befreiende Subjektivität wird in gewisser Weise dazu legitimiert, ohne ein Argument zu achten, auf sie in einem Amoklauf loszugehen.«[20] Das heißt also: Irre und Amokläufer vereinigt Euch unter der Fahne der Negativen Dialektik. An der Sprache sollt ihr sie erkennen, fürwahr. Daß Rohrmoser am Ende dem Begründer der Frankfurter Schule, Max Horkheimer, zugesteht, in den Hafen der Theologie zurückgefunden zu haben, ist fast der Gipfel der Diffamierung. Die Spätmetaphysik Horkheimers mag Rohrmoser aus verständlichen Gründen besonders ergriffen haben: schließlich verdankt er seine Berufung auf einen, für ihn eigens geschaffenen Lehrstuhl an der Universität Hohenheim der (vielleicht doch etwas anders gearteten) Gläubigkeit des Ministerpräsidenten Filbinger, der ihn gegen alle Widerstände dort hinhievte. Eine Verbrüderung mit Horkheimer ist ihm nicht erlaubt.

Wird bei Rohrmoser Terrorismus und Gewalt der Kritischen Theorie in die Schuhe geschoben, so hat Helmut Schelsky aus entsprechenden ›Einsichten‹ gleich eine ganze Verschwörungstheorie der Linksintelligenz entwickelt.[21]

Seine ›Analyse‹ von der »Priesterherrschaft der Intellektuellen: Die Arbeit tun die anderen« kann als großangelegter Versuch betrachtet werden, die Rede vom Klassenkampf umzufunktionieren. Während die Kapitalisten und Arbeiter einander wohlgesonnen in einem Boot sitzen und tatsächlich Leistungen erbringen, haben sich in den Fugen der Wohlstandsgesellschaft – in den Bereichen der Sozialisation, der Medien, des Kulturbetriebs und selbst der Kirchen – neue Heilsplaner, Ideologen also, eingenistet die parasitär von der Arbeit der anderen leben und denen dann vorhalten, wie dumm sie doch seien.

Die Linken, die von der Utopie und vom Unheil des kapitalistischen Systems reden, können davon gut leben, weil der begriffliche Gehalt dessen, was sie sagen, ohnehin belanglos ist.

Als Konsequenz der Rede von der »schönen Zunge« Adornos, der im geheizten Zimmer sitze und über die Kälte lamentiere, wird die Kritische Theorie auf den Begriff des Priestertrugs gebracht. Wiederum im Namen des Individuums und seiner Autonomie werden die herrschenden Verhältnisse zur Freiheit stilisiert und jede Form der Gesellschaftskritik wird als terroristische oder zumindest manipulative Veranstaltung diffamiert. »Während«, so meint dazu Jürgen Habermas, »nach bislang geltenden Vorstellungen Ideologien dazu dienten, konflikthaltige Interessengegensätze zu verdecken, wird heute, wenn wir Helmut Schelsky glauben, die Ideologie der Sinnproduzenten selbst zur eigentlichen, wenn nicht einzigen Quelle gesellschaftlicher Konflikte.«[22] Hier werde, meint Habermas weiter, »wie in einem paramilitärischen Einsatz an der semantischen Bürgerkriegsfront« nicht nur versucht, den Boten für die üble Botschaft zu strafen, sondern ein erklärtes Interesse »an der Besetzung von Wortfeldern, an Benennungsstrategien, an der Rückeroberung von Definitionsgewalten, kurz an Ideologieplanung mit den Mitteln der Sprachpolitik« verfolgt.[23]

Es geht hier nicht um die Frage, ob Rohrmoser, Schelsky und andere unmittelbaren Erfolg haben, ob aus ihren Elaboraten (wie bei Bredzinka direkt) schwarze Listen infizierter Hochschullehrer abzulesen sind. Wichtiger ist, daß durch diesen ›semantischen Bürgerkrieg‹ das Klima von Repression und Einschüchterung massiv verbreitet wird. Mit dem Versuch, Begriffe zu diskreditieren, wie etwa: Ideologiekritik, kapitalistisches System, Emanzipation, sogar Kritik überhaupt, werden die damit verbundenen Interessen exkommuniziert und zum Gegenstand des Verfassungsschutzes gemacht.

V Spekulativer Begriff und empirische Forschung

Die Kritische Theorie der Frankfurter Schule hat sich stets, bei allen fachübergreifenden Ansprüchen, auch als soziologische Lehre verstanden. Noch sehr spät hat Adorno, mit einigem Stolz, darauf verwiesen, daß das Frankfurter Institut die Methoden der empirischen Sozialforschung aus dem amerikanischen Exil mit nach Deutschland gebracht und an ihrer Durchsetzung einen sichtbaren Anteil gehabt habe. Das zuweilen lancierte Vorurteil,

Adorno habe zwar einen Lehrstuhl für Philosophie & Soziologie besetzt, sei aber lediglich als spekulativer Denker zu betrachten, läßt sich bereits mit einem Blick auf die Werkausgabe seiner Schriften widerlegen. Der hohe Anteil soziologischer Arbeiten entspricht der Vielzahl soziologischer Diskussionen, die Adorno auslöste. Im Vergleich zu Bloch oder auch Lukács hat sich Adorno weitaus seltener auf die geschichtsphilosophische Objektivität oder die (mehr unmittelbare) Auslegung des objektiven Geistes zurückgezogen. Neben theoretisch/soziologischen Arbeiten hat Adorno selbst eine Reihe von empirischen Studien durchgeführt und als Direktor des Instituts für Sozialforschung eine ganze Anzahl von (zum Teil noch heute bedeutsamen) empirischen Untersuchungen (an-)geleitet. Verwiesen sei nur auf die industriesoziologischen Untersuchungen über »Betriebsklima«, den Bericht über »Gruppenexperiment« und die berühmte Studie über das politische Bewußtsein Frankfurter Studenten, »Student und Politik«.

In seinem Aufsatz »Wissenschaftliche Erfahrungen in Amerika« resümiert Adorno auf knappen Raum, was er im ›Mutterland‹ der Kulturindustrie und der soziologischen Empirie gelernt hat. Wer Adorno nur als Verfasser meist schwer verständlicher philosophischer und kunstphilosophischer Untersuchungen kennt, wird vielleicht überrascht sein, in welchem Maße sich Adorno, durchaus ›unängstlich‹, auf die Verfahren der empirischen Forschung eingelassen hat. Das gilt für die Analysen im Rahmen des Princeton und des Berkeley Radio Research Projects ebenso wie für die Untersuchungen zur Autoritären Persönlichkeit, zur Filmmusik und zur Astrologie.

»Ich selbst schrieb, schon ehe die Kooperation mit Berkeley begann, eine größere Monographie über die sozialpsychologische Technik eines kurz vorher an der amerikanischen Westküste aktiven faschistischen Agitators, Martin Luther Thomas. (...) Sie dürfte eine der ersten kritischen, qualitativen Contentanalysen sein, die in den USA durchgeführt wurden. Bis heute ist sie unveröffentlicht.«[24] Unterdessen ist sie veröffentlicht: in den Bänden der Soziologischen Schriften der Werkausgabe zu finden. Diese Arbeiten insgesamt dokumentieren ein für Adorno bezeichnendes Zusammentreffen von spekulativer Theorie und empirischer Forschung.

Adorno war wohl nicht der einzige Intellektuelle, den das

amerikanische Exil in ein gespanntes Verhältnis zur europäischen Intelligenz brachte, aber er hat es, vielleicht von Marcuse abgesehen, wie kein zweiter festgehalten. (George Grosz und Kracauer, Borkenau, Weill, Wittfogel haben ihre ›Amerikanisierung‹ teuer bezahlt, Horkheimer und Brecht sind schleunigst wieder entflohen, Benjamin hat sich ernsthaft nie auf Amerika eingelassen.) Die amerikanischen Erfahrungen haben Adorno zu einer doppelten Ernüchterung geführt. Sie bezog sich einerseits auf die kulturindustriell, medientechnologisch wie marktbestimmte, Zersetzung der bürgerlichen Kultur und andererseits auf die zunehmend problematischer werdende Rolle der großen Kunst. Aus dieser von ihm stetig reflektierten Spannung bezog Adorno für lange Zeit seine kritische Autorität.

In dem Aufsatz »Wissenschaftliche Erfahrungen in Amerika« sagt er: »Allein jedoch, daß ich von objektiven Implikaten der Kunst ausging, anstatt von statistisch meßbaren Hörerreaktionen, kollidierte mit den positivistischen Denkgewohnheiten, wie sie in der amerikanischen Wissenschaft fast unbestritten gelten.«[25]

Die ideologiekritische Debatte über Massenkultur ist weniger Brecht, Benjamin oder Kracauer zu danken, deren Arbeiten nach dem Zweiten Weltkrieg für lange Zeit verschüttet waren, sondern vor allem dem Adornoschen Verdikt. Noch der jüngste Versuch, der von Oskar Negt und Alexander Kluge, die radikalen Veränderungen der Bewußtseinsindustrie zu erfassen, ist, wenn auch leicht verschlüsselt, Adorno gewidmet. Die breit geführten Diskussionen über die Problematik empirischer Kunstsoziologie gehen ebenso auf Adorno zurück. Seine Argumente gegen Alphons Silbermann sind auch heute bedenkenswert: Kunstsoziologie dieser Art impliziert, daß sie »in ihren Empfehlungen nach dem status quo sich zu richten und eben jener Sozialkritik sich zu enthalten habe, deren Notwendigkeit Silbermann doch keineswegs bestreitet. Die Aufstellung sogenannter ›Kulturtabellen‹ für die Programmgestaltung des Rundfunks etwa liefe, wenn ich recht sehe, lediglich auf eine Beschreibung geltender Kommunikationsrelationen hinaus, ohne irgend kritische Möglichkeiten zu eröffnen. Ob im übrigen der Begriff der Kultur selbst diesem Typus von Analyse zugänglich ist, muß bezweifelt werden. Kultur ist der Zustand, welcher Versuche, ihn zu messen, ausschließt. Die gemessene Kultur ist bereits etwas ganz anderes, ein Inbegriff von Reizen und Informationen, dem Kulturbegriff selbst inkompatibel. Daran wird deutlich, wie wenig die von Silbermann wie von vielen anderen geforderte Eliminierung der philosophischen Dimension aus der Soziologie angängig ist. Soziologie entsprang in der Philosophie; sie bedarf auch heute noch, wenn sie nicht gänzlich begriffslos bleiben will, des Typus von Reflexion und Spekulation, der in der Philosophie entstanden war. Schließlich sind die quantitativen Resultate sogar statistischer Erhebungen, wie die statistische Wissenschaft mittlerweile unterstreicht, nicht Selbstzweck, sondern dazu da, daß einem soziologisch an ihnen etwas aufgeht. (...) Die Arbeitsteilung zwischen Disziplinen wie Philosophie, Soziologie, Psychologie und Geschichte liegt nicht in ihrem Gegenstand, sondern ist diesem von außen aufgezwungen.«[26]

VI Konstruktion der Moderne

Der hier vorgelegte Band hat den Titel: »Konstruktion der Moderne. Materialien zur ästhetischen Theorie Adornos«. Damit ist signalisiert, daß die Konzeption der Moderne, die Adorno entwickelt hat, als Zentrum seiner ästhetischen Theorie betrachtet werden kann. Zugleich wird das Mißverständnis ausgeschlossen, Moderne sei lediglich eine kunstgeschichtliche Hilfskategorie. Adorno geht »von der Einheit der modernen Kunst als der einzig legitimen Gegenwartskunst aus«, schreibt Peter Bürger zutreffend in seiner »Theorie der Avantgarde«. »Unter Moderne versteht Adorno die Kunst seit Baudelaire. Der Begriff umfaßt also die Vorbereitung der Avantgardebewegungen, diese selbst und die Neoavantgarde.«[27] In der Tat treten gegenüber dieser Einheit der Moderne die Zäsuren der Avantgardebewegungen, der Massenmedien, der nachauratischen Kunstpraxis, zurück. Adorno hat die Annahme einer epochalen Einheit der Moderne freilich begründet. Und in dieser Begründung zeigt sich erneut die von ihm intendierte Verknüpfung von Gesellschaftstheorie und Ästhetik.

»Konstruktion der Moderne« signalisiert, daß das Selbstbewußtsein der Epoche, der Gegenwart der bürgerlichen Gesellschaft, nicht offen zutage liegt, sondern erst durch Konstruktion herzustellen ist. Denn ›modern‹ scheint auf den ersten Blick selbst eine der leersten Bestimmungen zu sein. Die Rede vom ›modernen‹ Ehepaar, das ein Gleichgesinntes durch Kleinanzeigen sucht, von der ›Modernisierung‹ der Betriebe, Wohngebäude und Verkehrsanlagen, von der Kunst, die sich als ›moderne‹ verkauft und etikettiert, läßt vom geschichtlichen Gehalt der alten »Querelle des antiques et des modernes« nichts mehr ahnen. Assoziieren läßt sich eher Mode, auch (ver)modern.

Die scheinbar komische Assoziation führt uns zur Beunruhigung, die Adorno beschäftigt und die er in der Paradoxie von Statik und Dynamik als Kategorien der Gesellschaft festhält. Offenkundig geht es pausenlos weiter, aber es bewegt sich nichts. Die Menschheit greift zu den Sternen, aber sie findet nichts. Bislang unvorstellbare Mittel werden verfügbar, aber die Menschen regredieren zu Lurchen. Die Intellektuellen, die sich bislang als Vorboten und Statthalter eines Glücks für alle sehen konnten, müssen verzweifeln: kritische Theorie als Seitensprung und Perversion einer bewußtlosen Naturgeschichte? Die »Dialektik der Aufklärung« rekonstruiert aus der Modernität der bürgerlichen Gesellschaft deshalb eine andere Antike: nicht die sinnerfüllten Zeiten der griechischen Heroik, sondern den urgeschichtlichen Mythos, der in seinen zunächst unkenntlichen Verwandlungen fortbesteht.

Wir haben schon erwähnt, daß Adorno – trotz aller, zum Teil äußerst folgenreicher Veränderungen, die der Kapitalismus seit der Mitte des 19. Jahrhunderts erfahren hat – weiter an der Geltung grundsätzlicher Marxscher Bestimmungen bis in die Gegenwart hinein festhält: an der Annahme, daß das Bewegungsgesetz unserer Gesellschaft nach wie vor vom Verwertungszwang des Kapitals bestimmt ist, daß sich die gegenwärtige Gesellschaft nach wie vor auf der Basis kapitalistischer Warenproduktion reproduziert. Die Rückverlängerung, die die »Dialektik der Aufklärung« in die »Urgeschichte« vornimmt, ist Adornos Selbstverständnis zufolge keine prinzipielle Widerlegung der Marxschen Analyse, eher deren geschichtsphilosophische Radikalisierung.

Moderne ist die Epoche der Entfesselung der Produktivkräfte, freilich unter kapitalistischen Bedingungen und unter Desintegration dessen, was Marx als »die größte Produktivkraft« notierte: den Arbeiter selbst. Über der kapitalistischen Produktivkraftentwicklung liegt ein »technologischer Schleier«, der seine Wirkung gerade in dieser Desintegration zeigt. Dennoch hat Adorno auf der Entfesselung der Produktivkräfte beharrt:

»Entfesselung der Produktivkräfte könnte, nach Abschaffung

des Mangels, in anderer Dimension verlaufen, als einzig der quantitativen Steigerung der Produktion (...) Noch der vom bürgerlichen Bewußtsein naiv vollzogene Richtspruch über die Häßlichkeit der von Industrie zerwühlten Landschaft trifft eine Relation, die erscheinende Naturbeherrschung dort, wo Natur den Menschen die Fassade des Unbeherrschten zukehrt. Jene Entrüstung fügt darum der Ideologie von Herrschaft sich ein. Solche Häßlichkeit verschwände, wenn einmal das Verhältnis der Menschen zur Natur des repressiven Charakters sich entäußerte, die die Unterdrückung von Menschen fortsetzt, nicht umgekehrt. Das Potential dazu in der von Technik verwüsteten Welt liegt in einer friedlich gewordenen Technik, nicht in eingeplanten Exklaven.«[28]

Friedlich gewordene Technik wäre für Adorno eine, die des Tauschprinzips ledig geworden wäre und damit die urgeschichtliche Schuld der Ersetzung von Naturgewalt durch Naturbeherrschung ins ›Eingedenken‹ gehoben und Mimesis damit vom Fluch der blinden Anpassung befreit hätte.

In einem groben Zugriff lassen sich drei Punkte der Adornoschen Konzeption von Moderne herausstellen:

– Adornos Begriff von Moderne ist sowohl historisch wie systematisch an der Konstitution des Hochkapitalismus, in der Mitte des 19. Jahrhunderts, festgemacht. Historisch: an dem Prozeß der (vollen) Entfaltung der Universalisierung der Warenproduktion. Die entscheidende Zäsur ist an dem zur universellen Herrschaft gelangten »Tauschprinzip« zu erkennen. Deshalb kann Moderne den Zeitraum von der Mitte des 19. Jahrhunderts bis zur Gegenwart abdecken; deshalb ist Moderne im Prinzip durch ein ideologiekritisches Verfahren einholbar.

– Die ästhetische Theorie Adornos kann als systematische Explikation des Begriffs von Moderne gelesen werden. Der Umstand, daß diese Systematik verdeckt bleibt, ist jedoch selbst noch als deren Konsequenz zu betrachten. Nicht nur ästhetische Theorie und Philosophie sind aufeinander verwiesen, sie gehen vielmehr mit Gesellschaftstheorie und Geschichtsphilosophie, auch Erkenntnistheorie eine untrennbare Verflechtung ein, weil Kunst an einen Begriff von Wahrheit gebunden bleibt, den Adorno in dem »universellen Verblendungszusammenhang« verschwinden sieht.

– Adornos Philosophie will als Versuch gesehen werden, die

Marxsche Kritik der politischen Ökonomie, für ihn im wesentlichen die Marxsche Warenanalyse, mit einer Kritik der instrumentellen Vernunft zu verbinden (und damit kritisch noch gegen Marx zu wenden) und beide in seiner ›Naturkonzeption‹ zu verankern. Die ästhetische Theorie Adornos, als Theorie der Moderne verstanden, hat hier ihren systematischen Bezugspunkt: sie ist der konsequente Ausdruck dieser Intention.

Freilich darf der spekulative Naturbegriff nicht – dies wäre ein grobes Mißverständnis – als ästhetische Bewahrung einer ursprünglichen, schönen Natur verstanden werden. Der zunächst überraschende Rekurs auf das »Naturschöne«, den die »Ästhetische Theorie« mit Kant gegen Hegel vornimmt, gilt dem »Naturschönen an sich«. »Das Naturschöne ist die Spur des Nichtidentischen an den Dingen im Bann universaler Identität«. Was die »Negative Dialektik« erkenntnistheoretisch im Verhältnis von Identität und Nichtidentität an der hegelischen Subjekt-Objekt-Dialektik zu korrigieren sucht, wird zugleich als die Anstrengung der Kunst interpretiert. Ist die Kunst der Moderne auf die Nachahmung des Naturschönen verwiesen – eben des »Naturschönen an sich« – so befolgt sie dieses Postulat ebenso rätselhaft wie negativ: als Herstellung einer »Spur«, als negativen Abdruck des Nichtidentischen, das positiv nicht darstellbar ist.

»Wohl datiert der Begriff des Modernen«, schreibt Adorno, »weit hinter Moderne als geschichtsphilosophische Kategorie zurück; diese aber ist nicht chronologisch sondern das Rimbaudsche Postulat einer Kunst fortgeschrittensten Bewußtseins, in der die avanciertesten und differenziertesten Verfahrensweisen mit den avanciertesten und differenziertesten Erfahrungen sich durchdringen. Die aber sind, als gesellschaftliche kritisch.«[29] Moderne in dieser Bestimmung »muß dem Hochindustrialismus sich gewachsen zeigen, nicht einfach ihn behandeln«. Mit den Begriffen wie Konstruktion, Technik und Material beschreibt Adorno ein ästhetisches Verfahren, mit dem die Moderne künstlerisch auf gesellschaftliche Verhältnisse reagiert und dabei fortschreitend in eine Bewegung gerät, in deren Verlauf sie sich mehr und mehr von Gesellschaft abschirmt, sich mehr und mehr in sich zurückzieht, also esoterischer, hermetischer wird. Diese Tendenz, die auch die Struktur der Werke ergreift, ist als ein Grundzug von Moderne zu betrachten.

»Aus dem materialen Begriff von Moderne folgt, pointiert gegen die Illusion vom organischen Wesen der Kunst, bewußte Verfügung über ihre Mittel. Auch darin konvergieren materiale Produktion und künstlerische. Die Nötigung zum Äußersten zu gehen, ist die einer solchen Rationalität im Verhältnis zum Material, nicht eine zum pseudowissenschaftlichen Wettlauf mit der Rationalisierung der entzauberten Welt. Sie scheidet das material Moderne kategorisch vom Traditionalismus. Ästhetische Rationalität erheischt, daß jedes künstlerische Mittel in sich und seiner Funktion nach so bestimmt sein muß wie möglich, um von sich aus zu leisten, wovon kein traditionales es mehr entlastet. Das Extrem ist von künstlerischer Technologie geboten, nicht bloß von rebellischer Gesinnung ersehnt.«

Gesellschaftliche und ästhetische Produktivkräfte werden zusammen gesehen. Der fortgeschrittenste Stand gesellschaftlicher Produktivkraftentwicklung erscheint, spezifisch verkehrt, im Kunstwerk wieder: als Stand des Problems. Spezifisch verkehrt deshalb, weil es die künstlerischen Verfahrensweisen tendenziell erlauben, das gesellschaftlich präformierte Material, das ihnen vorliegt, nicht nach heterogenen Gesetzen, sondern nach dessen eigener Beschaffenheit zu formen. Aus diesem Grund auch muß sich die Kunst immer stärker gegen die Gesellschaft abschirmen.

»An diesem Aspekt hat so wenig sich geändert, wie an der Tatsache von Industrialisierung als maßgebend für den Lebensprozeß der Menschen; das verleiht dem ästhetischen Begriff von Moderne einstweilen seine wunderliche Invarianz. Sie gewährt freilich der geschichtlichen Dynamik nicht weniger Raum als die industrielle Produktionsweise selbst, die während der letzten hundert Jahre vom Typus der Fabrik des neunzehnten Jahrhunderts über die Massenproduktion bis zur Automation sich wandelte.«

Was Adorno mit Benjamin »Dialektik im Stillstand« nennt, läßt sich mithin als Bewegungsgesetz der Moderne beschreiben: »Das inhaltliche Moment von künstlerischer Moderne zieht seine Gewalt daraus, daß die jeweils fortgeschrittensten Verfahren der materiellen Produktion und ihrer Organisation nicht auf den Bereich sich beschränken, in dem sie unmittelbar entspringen. In einer von der Soziologie noch kaum recht analysierten Weise strahlen sie von dort aus in weit von ihnen abliegende Lebensbereiche, tief in die Zone subjektiver Erfahrung hinein, die es nicht merkt und ihre Reservate hütet. Modern ist Kunst, die nach ihrer

Erfahrungsweise, und als Ausdruck der Krise von Erfahrung, absorbiert, was die Industrialisierung unter den herrschenden Produktionsverhältnissen gezeitigt hat.«

Das Theorem von der warenlogisch determinierten Entfesselung der Produktivkräfte auf die Kunst zu übertragen, macht das kaum geheime Zentrum der Adornoschen Theorie der Moderne, als Theorie der modernen Kunst aus: samt den Schwierigkeiten, die daraus resultieren, daß ästhetische Produktivkräfte mit den gesamtgesellschaftlichen korrespondieren, aber sich nicht decken. Und in dieser Korrespondenz in Schwierigkeiten geraten, wenn gesellschaftliche Rückbildung, Erfahrungsschwund, Abbau der Tradition eine nur mühsam als »Logik« entzifferbare Epoche des Zerfalls markieren. An der immanenten Idee des Zerfalls aber hat Adorno gegen Lukács hegelischen Optimismus ebenso wie gegen die Positivität eines emanzipatorischen Barbarentums (Benjamin, Brecht, auch Bloch) festgehalten.

Logik des Zerfalls heißt also der Kunst der Moderne eine notwendige Intellektualität vorzuschreiben, ein reflexives Bewußtsein, hinter dessen Stand sie nicht ungestraft zurückbleiben kann. Ein bloßes Sich-Überlassen an die Tendenz der »Entkunstung« der Kunst und der »Verfransung« der Künste ist damit nicht gemeint. Vielmehr eine fast verzweifelte Einsicht in die Irreversibilität der Moderne und in das richtige Ende der Kunst. Jenseits der Besonderheit des Werks und dem damit gesetzten Anspruch auf Stimmigkeit und Autonomie ist diese Einsicht nicht realisierbar.

Insofern bleibt also die verschiedentlich formulierte Kritik, Adornos Ästhetik sei nicht imstande, dem selbstformulierten Anspruch auf Modernität ernsthaft Folge zu leisten, solange unter dem Niveau der Adornoschen Überlegungen, wie sie ihm lediglich idealistische Werkzentrierung vorhält. Im Namen einer Rezeptionsästhetik, welche den Wahrheitsgehalt des Werks in die Kontingenz der ästhetischen Erfahrung auflösen will, läßt sich Adorno nicht kritisieren. Denn die begriffskritische Dimension der ästhetischen Erfahrung hat er zum Anlaß einer Revision der Kant-Hegel-Debatte genommen, ohne deshalb den historischen Anspruch des Werkbegriffs leichtfertig aufzugeben. Und die – zweifellos problematische – Fixierung der Kunst auf Negativität und Leid bleibt solange überlegen, wie Kunst lediglich als Freiraum subjektiver Projektionen, als spielerische Enklave inmitten der Leistungsgesellschaft, um ihre Radikalität gebracht wird. Subjektivität ist für Adorno kein privatistisches Korrektiv, sondern eine geschichtsphilosophische Kategorie, die der folgenlosen Auflösung des Kunstbegriffs widerstehen muß.

VII Perspektiven der Diskussion

Hier stellt sich freilich um so dringlicher die Frage nach dem Status der ästhetischen Theorie Adornos, ihrem zugleich gesellschaftstheoretischen, geschichtsphilosophischen und erkenntnistheoretischen Anspruch. Das Interesse an ästhetischer Theorie ergibt sich, so läßt sich vorläufig sagen, zwingend: soziologisch aus dem Theorem vom universellen Verblendungszusammenhang; philosophisch aus der Kritik der Subsumtions- und Identitätslogik des Begriffs.

Die Doppeldeutigkeit von ästhetischer Theorie ist damit noch nicht aufgelöst. Verweist sie, wie einige Kritiker Adornos annehmen, auf ein diskursiv uneinlösbares Programm? Wäre Ästhetische Theorie – die Konzeption wie das so betitelte letzte Werk Adornos – demnach der Schwanengesang der Kritischen Theorie, die damit ihr philosophisch-gesellschaftstheoretisches Scheitern eingestünde? »Die Autoren der ›Dialektik der Aufklärung‹, Horkheimer und Adorno, (. . .) scheinen in der Tat der Ansicht zu sein, daß so gut wie jeder ungebrochene Gedankenzusammenhang unter den gegebenen historisch-gesellschaftlichen Umständen unwahr sei im Sinne der Ideologie. Diese Ansicht kommt mit ihrem eigenen Gehalt nur deshalb nicht in Streit, weil streng vermieden wird, sie unter den Bedingungen von Theorie aufzustellen und thematisch durchzuformulieren.«[30] Vielmehr flüchtet sie sich – so läßt sich mit dieser Kritik an der »Theoriescheu« der Kritischen Theorie weiter argumentieren – in die Zweideutigkeit einer ästhetisierenden Theorie. »Adorno reibt sich an der kategorialen Differenz zwischen dem, worüber etwas gesagt wird und dem, was gesagt wird, diesem für Rationalität konstitutiven Unterschied, weil er ihn – merkwürdige Sprachauffassung – für einen der Sache an sich hält und nicht zugeben möchte, daß damit im Grunde bloß gesagt wird, daß eine Sache mehr als eine – nämlich die eben betrachtete Seite – hat.«[31] Nun hat Adorno nicht anders als Spinoza gewußt, daß der Begriff des Hundes nicht bellen kann. Ihn darüber belehren zu wollen muß ebenso müßig wie unproduktiv erscheinen, weil dann von der Intention einer Kritik an der herrschaftlichen Episteme nichts weiter übrig bleibt.

Die Kritik des Begriffs im Medium des Begriffs, die Kritik der Subjektkategorie im Namen opferloser Subjektivität, die Kritik gesellschaftlicher Naturgewalt im Interesse eines nicht-repressiven, versöhnten Naturverhältnisses läßt sich nicht als ästhetische Grille abtun. In dieser Kritik behauptet sich die Einheit des gesellschaftstheoretischen, geschichtsphilosophischen, erkenntnistheoretischen und ästhetischen Anspruchs, der der Moderne – den zugespitzten Antagonismen der bürgerlichen Gesellschaft – standhält. Unentschieden muß erst erscheinen, fragt man nach dem systematischen Ort von ästhetischer Theorie, ob Kunst als ans Besondere gebundene Praxis die traditionelle Gegenstandsbestimmung der Philosophie aufsprengt oder Philosophie als aufs Ganze gehende Theorie sich auf Kunst zurückzieht, weil nur sie den utopischen Fluchtpunkt gegen die falsche Universalität von Gesellschaft noch aufrichtet. Unentschieden auch deshalb, weil aus der Zuspitzung der kritischen Theorie auf ästhetische Theorie säkularisierte theologische Impulse rekonstruierbar werden, die als »inverse Theologie« Benjamins Spekulation einer paradiesischen Namensprache wieder aufnehmen.[32]

Hinter den skizzierten Interpretationsproblemen wird ein sachhaltiger Streitpunkt erkennbar. Zu klären wäre, ob ästhetische Theorie die Einheit von Gesellschaftstheorie, Geschichtsphilosophie und Erkenntnistheorie am privilegierten Ort der Kunst einzig aufrechterhalten kann oder ob ästhetische Theorie nur ein spezifischer Explikationsbereich ist, dem andere philosophische, soziologische, kulturkritische Explikationsbereiche ohne systematische Privilegierung zugeordnet sind. Diese befänden sich, um Adorno und Benjamin zu variieren, gleich nah zum Mittelpunkt. Ihn – das Nichtidentische – im direkten Zugriff freilegen zu wollen, bliebe ebenso usurpatorisch wie vergeblich.

Es soll hier nicht versucht werden, den Streitpunkt zu entscheiden. Vielmehr ist hervorzuheben, daß der Streitpunkt vermutlich immanent überhaupt nicht entscheidbar ist. Denn nichts spricht dafür, daß eine systematisch-immanente Rekonstruktion allein den hermeneutischen Kanon der Interpretation philosophischer Texte abgibt. Wären die Schriften eines Philosophen von den Nachfolgenden jeweils in der Systematik eines Schulbuchs auszuarbeiten, um die Lücken zu schließen, die die Genialität des Autors aus Flüchtigkeit hinterließ, so wäre dessen geschichtliche Wirkung nur eine Frage des guten Willens. Gewiß sind die Schriften Adornos wesentlich systematischer angelegt als die Benjamins oder Nietzsches; aber auch sie sind von Widersprüchen und Brüchen durchzogen. Und Adorno würde am wenigsten schrecken, aufs eigene Werk gewendet zu sehen, daß (wie Benjamin konstatierte) die philosophischen Synthesen historisch verwittern, daß sie auseinandergebrochen, gegen den Strich gebürstet und in Kontexte rückübersetzt werden müssen. Eine ›unschuldige Interpretation‹ gibt es nicht, ob sie sich nun hinter dem Immanenzgebot zu verschanzen sucht oder es bewußt verletzt. Vielmehr muß sie sich als interessierte Interpretation zu erkennen geben.

Solche Interpretationsinteressen gelten den theoretischen Grundannahmen und den einzelnen, materialen Arbeiten Adornos, gehen aber zugleich darüber hinaus. Sie beziehen sich auf drei weitergehende Schwerpunkte der gegenwärtigen Diskussion, wie sie sich, gewiß etwas vereinfachend festgehalten, abzeichnen: Einen Schwerpunkt bilden Arbeiten, die den historischen Komplex materialistischer Ästhetik und Geschichtsphilosophie genauer analysieren, die z. T. verschütteten Kontroversen wieder aufnehmen und überpersonell wirksame Voraussetzungen der Positionsbildung rekonstruieren. Hierzu rechnen etwa Arbeiten zur Benjamin-Adorno-Kontroverse, zur Brecht-Lukács-Kontroverse oder zur diskursiven Funktion des Verdinglichungs-/Entfremdungstheorems. – Einen anderen Schwerpunkt bilden Arbeiten, die Positionen materialistischer Ästhetik und Geschichtsphilosophie im Blick auf den Stand gegenwärtiger Theoriebildung aufnehmen und sich dabei auf Jürgen Habermas' Transformation der kritischen Theorie, aber auch auf Impulse des sogenannten französischen Poststrukturalismus beziehen. Habermas' Entwurf einer Spätkapitalismustheorie wie auch sein Essay zu Benjamin enthalten, obschon ästhetische Fragen gegenüber eher distanziert, gewichtige Überlegungen zur kritischen Rezeption der alten Debatten unter den veränderten Bedingungen der kulturellen Identitätskrise. Die Impulse des Poststrukturalismus, der kaum unter einen begrifflichen Hut zu bringen ist, zielen auf eine Revision zentraler epistemologischer Kategorien (Subjekt, Ideologie, Diskurs/Text), die Adorno, Benjamin oder Brecht näher steht, als die über Nietzsche, Husserl und Heidegger gelaufene Rezeption der deutschen Theorie erahnen läßt. – Einen dritten Schwerpunkt bilden Arbeiten, die der methodologischen Umsetzung der Positionen materialistischer Ästhetik und Geschichtsphilosophie gelten, um forschungspraktische Konsequenzen für Literaturwissenschaft, Kunstgeschichte und Kultursoziologie ziehen zu können. Diese Arbeiten markieren eine notwendige Verschiebung von der Genialität einzelner Theoriepositionen zur kooperativen Organisation der alten Geisteswissenschaften.

Strenggenommen ist die Abtrennung der genannten Schwerpunkte künstlich, faktisch aber durchaus zutreffend, wie die Beiträge des vorliegenden Bandes und die kommentierte Bibliographie zeigen. Über diese ›Spezialisierung‹ hinauszugelangen, wäre nicht die schlechteste Aufforderung, die damit ausgesprochen wird.

Anmerkungen

1 Th. W. Adorno, Keine Angst vor dem Elfenbeinturm, Interview im Spiegel, 5. 5. 1969, S. 209.
2 Th. W. Adorno, Prismen. Kulturkritik und Gesellschaft, München 1963, S. 7.
3 Th. W. Adorno, Eingriffe. Neun kritische Modelle, Frankfurt 1964, Vorbemerkung (unpaginiert).
4 Ebd.
5 Ebd., S. 13.
6 Was bedeutet Aufarbeitung der Vergangenheit? Bericht über die Erzieherkonferenz am 6. und 7. 11. 1959, hg. von dem Deutschen Koordinationsrat der Gesellschaft für christlich-jüdische Zusammenarbeit, Darmstadt o. J., Diskussion zum Referat Adornos, S. 25.
7 Th. W. Adorno, Erziehung zur Mündigkeit, hg. v. G. Kadelbach, Frankfurt/M. 1971, S. 88. »Ich betrachte das Nachleben des Nationalsozialismus *in* der Demokratie als potentiell bedrohlicher denn das Nachleben faschistischer Tendenzen *gegen* die Demokratie.« Eingriffe, a.a.O., S. 126.
8 Th. W. Adorno, Spätkapitalismus oder Industriegesellschaft? Einleitungsvortrag zum 16. Deutschen Soziologentag, Ges. Schr. 8, Frankfurt/M. 1972, S. 361.
9 Ebd.
10 Ebd., S. 363.

11 Ebd., S. 359.
12 Max Horkheimer, Kritische Theorie der Gesellschaft, Bd. II, hg. von A. Schmidt, Frankfurt/M. 1968, S. 196.
13 Ebd., bs., S. 173 ff.
14 Heinrich Regius (d. i. Max Horkheimer), Dämmerung, Notizen in Deutschland, Zürich 1934, S. 73.
15 Günter Rohrmoser, Das Elend der kritischen Theorie, Freiburg 1976, S. 7.
16 Ebd., S. 28.
17 Ebd., S. 30.
18 Ebd., S. 33.
19 Ebd., S. 32.
20 Ebd., S. 35.
21 Helmut Schelsky, Die Arbeit tun die anderen. Klassenkampf und Priesterherrschaft der Intellektuellen, München 1977.
22 Jürgen Habermas, Kolonialisierung der Lebenswelt? Bemerkungen zur intellektuellen Szene in der Bundesrepublik, Hess. Rdfk., 17. 7. 79, vervielf. Mskr., S. 13.
23 Ebd., S. 18.
24 Th. W. Adorno, Stichworte. Kritische Modelle 2, Frankfurt/M. 1969, S. 142.
25 Ebd., S. 119.
26 Th. W. Adorno, Ohne Leitbild. Parva Aesthetica, Frankfurt/M. 1967, S. 100 f.
27 Peter Bürger, Theorie der Avantgarde, Frankfurt/M. 1974, S. 112.
28 Th. W. Adorno, Ästhetische Theorie, Frankfurt/M. 1970 (Ges. Schr. 7), S. 75 f.
29 Dieses und die folgenden Zitate sind der wichtigen Passage über Moderne in der »Ästhetischen Theorie« entnommen: a.a.O., S. 57 f.
30 Rüdiger Bubner, Was ist Kritische Theorie?, in: Apel u. a., Hermeneutik und Ideologiekritik, Frankfurt/M. 1971, S. 179.
31 Baumeister/Kulenkampff, Geschichtsphilosophie und philosophische Ästhetik. Zu Adornos ›Ästhetischer Theorie‹, neue hefte für philosophie 5/1973, S. 102.
32 Martin Puder, Zur ›Ästhetischen Theorie‹ Adornos, in: Neue Rundschau 3/1971, S. 465-477; Friedemann Grenz, Adornos Philosophie in Grundbegriffen, Frankfurt/M. 1975, 6. Kapitel, bs. S. 211 ff.

I Ästhetische Theorie, heute

Karl Markus Michel
Versuch, die »Ästhetische Theorie« zu verstehen*

Von keinem bedeutenden philosophischen Werk, das ich kenne, wüßte ich so wenig zu sagen, wovon es eigentlich handelt, wie von der *Ästhetischen Theorie*. Manche haben sie flugs der Geschichtsphilosophie zugeschlagen, andere haben sie Adornos ganzem Denken gutgeschrieben, das sie abschließe oder einlöse oder kunstvoll kröne. Wozu übrigens der Titel anstiften mag: Theorie wird ästhetisch – das Buch ist wirklich wunderschön; und eigensinnig und rätselhaft. Doch gewiß ist zunächst einmal, daß es nicht Kunstwerk sein, sondern von Kunstwerken handeln will, von den großen, autonomen, authentischen, genuinen. Aber ist das so gewiß?

Adorno interpretiert diese Werke – weniger in ihrer Besonderheit als in ihrem allgemeinen Charakter –, wie sie wohl noch nie

* Um die Jahreswende 1975/76, als ich diesen Aufsatz schrieb, bewegte sich die materialistische Ästhetik weithin auf einem reduktionistischen Trampelpfad und mußte ihre Gegenbewegung, den flatternden Aufbruch in mehr oder weniger irrationalistische Regionen, notwendig aus sich erzeugen. Für die einen war Adorno ohnehin schon lange tot, während die anderen eben begannen, sich an ihm zu erleuchten: an dem bengalischen Licht, das gerade in seinen dunkelsten Formulierungen glimmt. Mit meinem Aufsatz (für einen damals geplanten Diskussionsband) setzte ich mich bewußt zwischen die Rollstühle von ästhetischem Reduktionismus und ästhetischem Eskapismus: ich nannte ihn »Versuch, die *Ästhetische Theorie* materialistisch zu verstehen« – mit gleicher Betonung auf *materialistisch* wie auf *verstehen:* eine »materiale« Ästhetik, um die es mir ging, muß nicht nur Kunstwerke, sondern auch Kunsttheorien »verstehen«. – Als ich jetzt, nach über vier Jahren, den unpublizierten Aufsatz wieder las, erschien mir zwar manche Beflissenheit darin überflüssig, weil durch neuere Diskussionen überholt, aber ich habe mir erlaubt, das als Bestätigung aufzufassen, und deshalb, von geringfügigen Kürzungen abgesehen, nur *einen* Eingriff vorgenommen: das Wort »materialistisch« aus dem Titel gestrichen, weil mir die Adressaten der damit gemeinten Polemik, die einen wie die anderen, heute kaum noch erreichbar und erreichenswert erscheinen. (März 1979)

interpretiert worden sind, und er macht kein Hehl daraus, daß er ihre bisherigen Interpretationen, einschließlich der überkommenen Kunsttheorie und Kunstphilosophie, für Schmarren hält, ganz zu schweigen von dem, was er als Kennertum und Kunstgenuß verspottet. Die Geschichte der Kunst, so scheint es, war eine einzige Geschichte von Mißverständnissen auf Seiten der Rezeption: dann kam Adorno. Seltsamerweise aber beruft er sich, soweit er Namen nennt, gerade auf solche Werke, die auch bisher schon den Ruhm der Kenner davongetragen hatten, bis hin zu Beckett und Celan. Ist denn der durch das »dubiose Urteil der Geschichte« (448) erstellte Kanon auch der seine? In der Tat räumt Adorno – »mit Widerstreben« – ein, »daß die berühmtesten Werke der berühmtesten Meister, Fetische in der Warengesellschaft, doch vielfach, wenngleich nicht stets, der Qualität nach den vernachlässigten überlegen sind« (291). Ganz wohl ist ihm dabei nicht, aber er hält sich nicht weiter bei der Frage auf, die mich umtreibt, nämlich: wie kann Adorno seinen Kosmos großer Werke (mit nur einigen Akzentverschiebungen) aus Händen übernehmen, denen sie nur Fetische waren? Oder anders: wie kommt es, daß die Menschen *vor* und *ohne* Adorno, wiewohl unter falschen Voraussetzungen, »doch vielfach« wußten, welche Werke zu rühmen (oder zu ächten) seien; ja daß selbst »die neugriechischen Tyrannen wußten, warum sie Becketts Stücke verboten, in denen kein politisches Wort fällt« (348)? Am richtigen Kunstsinn von Patakos und den Seinen oder all denen, die heute irgendwie auf Beckett setzen, kann das, der *Ästhetischen Theorie* zufolge, nicht liegen. So bleibt nur die Erklärung, daß diese Werke nicht, wie gemeinhin unterstellt, unter Tausenden anderer geschaffen und erst durch die ihnen gezollte Aufmerksamkeit zu Recht oder Unrecht geadelt wurden, sondern von vornherein als Meisterwerke entstanden sind, d. h. als Solitäre erkennbar waren und nur der richtigen Würdigung harrten; bis Adorno kam. Eben dies verficht Adorno. »Kein Kontinuum führt vom Schlechten über das Mittlere zum Guten; was nicht gelungen ist, ist immer schon (!) schlecht, darum, weil der Idee von Kunst die des Gelingens und der Stimmigkeit innewohnt« (463). Und fast gleichlautend: »Der Begriff des Kunstwerks impliziert den des Gelingens. Mißlungene Kunstwerke sind keine, Approximationswerte der Kunst fremd, das Mittlere ist schon das Schlechte« (280).

Ist diese These, durch welche die oben gestellte Frage eher übersprungen als beantwortet wird, konstitutiv für Adornos *Ästhetische Theorie?* Ich will sie zum Ausgangspunkt meiner Lektüre machen, die nicht verleugnen kann und mag, daß sie *meine* Lektüre ist. Sie nimmt sich diesen Text nicht vor, um ihm in akademischer Manier gerecht zu werden, sie nimmt ihn vielmehr an, als Herausforderung, ja als Ärgernis, und sucht nach einem Schlüssel für jenen Sinn, der, wie ich glaube, unter dem trotzigen Widersinn so mancher Textstellen verborgen liegen muß. Ich gehe vor in fünf »Lektüren«, denen fünf »Gegenlektüren« folgen, den ersteren spiegelbildlich zugeordnet (und deshalb rückläufig numeriert).

*

»Ich habe oft darüber nachgedacht, wie es sich mit dieser Musik eigentlich verhält. Wir sind doch ganz unmusikalisch; wie kommt es, daß wir Josefinens Gesang verstehen oder, da Josefine unser Verständnis leugnet, wenigstens zu verstehen glauben. Die einfachste Antwort wäre, daß die Schönheit dieses Gesangs so groß ist, daß auch der stumpfste Sinn ihr nicht widerstehen kann... Gerade das trifft aber meiner Meinung nach nicht zu, ich fühle es nicht und habe auch bei andern nichts dergleichen bemerkt. Im vertrauten Kreise gestehen wir einander offen, daß Josefinens Gesang nichts Außerordentliches darstellt...

Ist es denn überhaupt Gesang? Ist es nicht vielleicht doch nur ein Pfeifen? Und Pfeifen allerdings kennen wir alle, es ist die eigentliche Kunstfertigkeit unseres Volkes..., aber freilich denkt niemand daran, das als Kunst auszugeben...«

1. Lektüre
(Die Kunstwerke und die Kunst)

In den beiden zuletzt angeführten Passagen[1] lesen wir, die Idee bzw. der Begriff des Gelingens sei der *Idee von Kunst* bzw. dem *Begriff des Kunstwerks* implizit. Die beiden Ausdrücke scheinen auswechselbar zu sein und sind es auch in vielen Kontexten: was von *den* Kunstwerken prädiziert wird (z. B. »Sie sind die ihrer selbst unbewußte Geschichtsschreibung ihrer Epoche«; 272), wird oft ebenso von *der* Kunst gesagt (»Charakter der Kunst als bewußtloser Geschichtsschreibung«; 384), als sei diese nur der Gattungsbegriff von jenen. Sie ist es nicht, jedenfalls nicht in dem planen Sinn, in dem auf den philosophischen Bäumen Äpfel,

Birnen, Pflaumen usw. zum Obst zusammenwachsen. Das Verhältnis ist schwierig.

»Kunstwerke mit Wahrheitsgehalt (erschöpfen) nicht sich im Begriff der Kunst; l'art pour l'art-Theoretiker wie Valéry haben darauf aufmerksam gemacht.« (337)

»Wie wenig ein allgemeiner Begriff von Kunst an die Kunstwerke heranreicht, demonstrieren die Kunstwerke damit, daß, wie Valéry aussprach, nur wenige den strengen Begriff erfüllen. Schuld trägt nicht allein die Schwäche der Künstler angesichts des großen Begriffs ihrer Sache; eher jener selbst.« (271)

Zweimal also Berufung auf Valéry, aber im zweiten Fall eine fast gegenläufige Folgerung. Sie wird von der folgenden Stelle bestätigt: »Kunst geht auch insofern keineswegs in den Kunstwerken auf, als Künstler immer auch an der Kunst arbeiten, nicht nur an den Werken. Was Kunst sei, ist unabhängig sogar vom Bewußtsein der Kunstwerke selbst« (272). Im nämlichen Kontext spricht Adorno, abwertend, vom »Selbstverständnis von Kunst, deren Werden in ihrem eigenen Begriff lebt« (272), was zumindest zweideutig ist. Aber die Komplikation wird noch größer: »Gegenwärtig jedoch regt Kunst sich dort am lebendigsten, wo sie ihren Oberbegriff zersetzt. In solcher Zersetzung ist sie sich treu« (271). Kunst selbst also zersetzt ihren Oberbegriff, ihr »Werden«. Vom französischen Surrealismus etwa heißt es, daß er

». . . nicht zufällig den Begriff Kunst selbst herausforderte – ein Moment, das seitdem aller authentischen Kunst beigemischt blieb. Da sie aber gleichwohl Kunst blieb, wird man als Kern jener Provokation die Präponderanz der Kunst übers Kunstwerk suchen dürfen. Sie verkörpert sich in den Ismen. Was unterm Aspekt des Werks als mißlungen oder bloßes Beispiel sich präsentiert, bezeugt auch Impulse, die kaum mehr im eigenen Werk sich objektivieren können; solche einer Kunst, die sich selbst transzendiert; ihre Idee wartet der Rettung.« (45)

Das erinnert ein bißchen an den Wettlauf von Hase und Igel: die Kunst ist immer schon da, mal als Begriff, mal als Idee, mal als Kunst schlechthin. Das Kunstwerk bleibt auf der Strecke. In der Tat: »Absehbar wird der Prospekt einer Absage an die Kunst um der Kunst willen. Er deutet sich an in denjenigen ihrer Gebilde, die verstummen oder verschwinden. Auch sozial sind sie richtiges Bewußtsein: lieber keine Kunst als sozialistischer Realismus« (85). (Als ob das hier und heute die Alternative wäre!) Das »um der Kunst willen« ist stärker betont als die »Absage«: es geht, wie so oft bei Adorno, um Rettung. Die kaum verhohlene Wut, mit der er 1968 auf die Diagnose vom Untergang, gar auf die Parole von der Abschaffung der Kunst reagierte, schlägt sich auch in der *Ästhetischen Theorie*, vor allem in den Paralipomena nieder. Daß dabei exakt von der *bürgerlichen* Kunst die Rede war, konnte er leicht unterschlagen: er kennt und meint keine andere; nur setzt er diese Kunst nicht mit der bürgerlichen Welt ineins, sondern ihr entgegen, als ihr Anderes, was aus seiner Perspektive freilich umgekehrt erscheint: die bürgerliche Welt ist das Andere der Kunst. Diese aber wird zum Opfer ihres Begriffs und harrt der Rettung durch ihre Idee, auf daß Kunst sei. Dem entspricht der scheinbar dogmatische Gestus, mit dem Adorno das Sein der Kunst behauptet, während doch »nichts, was die Kunst betrifft, mehr selbstverständlich ist (...), nicht einmal ihr Existenzrecht« (9), wie der erste Satz des Buches es ausspricht. Die Kopula ›ist‹ in Adornos zahllosen prädikativen Sätzen über Kunst meint in Wahrheit: ›soll sein‹.[2] *Kunst soll sein.* Aber: »Notwendig darf sie bloß im Hinblick auf die soziale Gesamttendenz heißen, nicht in ihren singulären Manifestationen« (313). Und: »Glück an den Kunstwerken wäre allenfalls das Gefühl des Standhaltens, das sie vermitteln. Es gilt dem ästhetischen Bereich als ganzem eher als dem einzelnen Werk« (31).

Dennoch, Kunstwerke müssen her, gerade auch im »Zeitalter ihres Verstummens« (»wenn sie nicht mehr sprechen, spricht ihr Verstummen selbst«, 426*), denn eine Kunst ohne Werke, ohne Verdinglichung also, kann sich Adorno nicht vorstellen. Die Dialektik solcher Verdinglichung zum Werk ist ein zentrales Thema des Buches:

»Denn soweit Kunstwerke Werke sind, sind sie Dinge in sich selbst, vergegenständlicht vermöge ihres eigenen Formgesetzes.« (153)

»Das Kunstwerk ist Prozeß und Augenblick. Seine Objektivation, Bedingung ästhetischer Autonomie, ist auch Erstarrung.« (154)

»Die perennierende Revolte gegen die Kunst hat ihr fundamentum in re. Ist es den Kunstwerken wesentlich, Dinge zu sein, so ist es ihnen nicht minder wesentlich, die eigene Dinglichkeit zu negieren, und damit wendet sich die Kunst gegen die Kunst. Das vollends objektivierte Kunstwerk fröre ein zum bloßen Ding, das seiner Objektivation sich entziehende regredierte auf die ohnmächtige subjektive Regung und versänke in der empirischen Welt.« (262)

»Einzig durch ihre gesellschaftliche Resistenzkraft erhält Kunst sich am Leben; verdinglicht sie sich nicht, so wird sie Ware.« (335)

Zugleich aber wird von den Kunstwerken gesagt, sie seien »absolute Ware«. Dieser Begriff, falls es denn einer ist, taucht nur an einer Stelle der *Ästhetischen Theorie* auf, bei der man, wie manchmal bei Adorno, nicht recht weiß, ob nun mit Metaphern und Begriffen gespielt oder Entscheidendes gesagt, d. h. im Gesagten verborgen wird. Es ist da die Rede von den gesellschaftlichen Produktivkräften und Produktionsverhältnissen, die »der bloßen Form nach, ihrer Faktizität entäußert« in den Kunstwerken wiederkehren, »weil künstlerische Arbeit gesellschaftliche Arbeit ist«; nur durch ihre »konstitutive Absentierung von der realen Gesellschaft« seien die Produktivkräfte in der Kunst von den gesellschaftlichen verschieden. Und dann:

»Sind tatsächlich die Kunstwerke absolute Ware als jenes gesellschaftliche Produkt, das jeden Schein des Seins für die Gesellschaft abgeworfen hat, den sonst Waren krampfhaft aufrecht erhalten, so geht das bestimmende Produktionsverhältnis, die Warenform, ebenso in die Kunstwerke ein wie die gesellschaftlichen Produktivkräfte und der Antagonismus zwischen beidem. Die absolute Ware wäre der Ideologie ledig, welche der Warenform innewohnt, die prätendiert, ein Für anderes zu sein, während sie ironisch ein bloßes Für sich: das für den Verfügenden ist. Solcher Umschlag von Ideologie in Wahrheit freilich ist einer des ästhetischen Gehalts, keiner der Stellung der Kunst zur Gesellschaft unmittelbar. Auch die absolute Ware ist verkäuflich geblieben und zum ›natürlichen Monopol‹ geworden . . .« (351)

Das, wie ich meine, entscheidende Gelenk dieser Passage ist der »Umschlag«: die Ware Kunst verhehlt nicht, daß sie, statt für andere zu sein, für sich, d. h. für den »Verfügenden« ist, den, der ihren ästhetischen Mehrwert realisiert. Adorno hat das so nicht ausgesprochen, geschweige denn ausgeführt, aber sicher gemeint. Auf die Frage, *wer* dieser Verfügende sei, gibt die *Ästhetische Theorie* Antwort genug: nicht der Kenner oder der Genießer, nicht einmal der Künstler, sondern – der Philosoph.

2. Lektüre
(Ästhetisches Urteil)

Kunst, emphatisch, ist der ästhetische Mehrwert. Mehrwert muß sein, und seis zum Preis von Warenvernichtung. Das sagt Adorno nicht. Er sagt es anders: »Denkbar, heute vielleicht gefordert sind

Werke, die durch ihren Zeitkern sich selbst verbrennen, ihr eigenes Leben dem Augenblick der Erscheinung von Wahrheit drangeben und spurlos untergehen, ohne daß sie das im geringsten minderte« (265). Adorno denkt hier gewiß nicht an Happenings, eher an den späten Beckett. Er stößt sich im übrigen nicht daran, daß das für ihn so kunstträchtige Verstummen Becketts sich ständig wiederholt, bis zur Geschwätzigkeit – als hinge der ästhetische Mehrwert auch von der Quantität der Waren ab, nicht nur von ihrer Qualität, die praktisch vorausgesetzt wird. Das jedenfalls lassen die eingangs zitierten Sätze über die der Kunst implizite Idee des Gelingens vermuten. Tatsächlich wird das ästhetische Urteil, das über den ästhetischen Wert erst noch zu befinden hätte, in der *Ästhetischen Theorie* kassiert: dialektisch, versteht sich. (In Adornos Ästhetik-Vorlesung von 1950/51, die ich hörte, war es noch ein zentrales Thema, die Ästhetik selbst noch eine *materiale*, die, obwohl sie alle wesentlichen Motive und Begriffe der *Ästhetischen Theorie* schon enthielt, viel mehr die realen als die transzendentalen Bedingungen von Kunst behandelte.) Ich will, wiederum in kursorischer Lektüre, rekonstruieren, was dem ästhetischen Urteil in der *Ästhetischen Theorie* widerfährt.

Im ersten Paralipomenon lesen wir: »Kunst ist, emphatisch, Erkenntnis, aber nicht die von Objekten. Ein Kunstwerk begreift einzig, wer es als Komplexion von Wahrheit begreift. (. . .) jedes andere Urteil über Kunstwerke bliebe zufällig« (391*). Und nicht weniger programmatisch am Ende des ersten Kapitels: »Haftet allem Gefühl vom ästhetischen Objekt, nach Hegels Einsicht, ein Zufälliges an, meist die psychologische Projektion, so fordert es [nämlich das Objekt] vom Betrachter Erkenntnis, und zwar eine von Gerechtigkeit: es will, daß man seiner Wahrheit und Unwahrheit innewerde« (30). »Es will«, diese Figur der Personifizierung, typisch für Adornos ganzes Denken, hat in der *Ästhetischen Theorie*, wo sie schier überbordet, ihre stilistische raison d'être darin, daß Adorno dem Kunstwerk tatsächlich ein Subjekt zuschreibt – seine Sprache, seinen Geist. »Der Geist der Kunstwerke ist nicht was sie bedeuten, nicht was sie wollen, sondern ihr Wahrheitsgehalt« (423*). Ich sehe von der Schwierigkeit ab, daß das Kunstwerk zwar ›will‹, daß man seiner *Wahrheit* innewerde, sein Geist aber nicht das ist, was es ›will‹, sondern sein *Wahrheitsgehalt*, der also gar nicht erfaßt werden ›will‹, obwohl doch, wie

47

aus den voranstehenden beiden Zitaten abzulesen, nur in jener ›Erkenntnis‹, die das Kunstwerk ›ist‹ und vom Betrachter ›fordert‹, beide zusammentreffen können; ich frage also gleichwohl, was der zu erkennende Wahrheitsgehalt sei. »Der Wahrheitsgehalt der Werke ist nicht, was sie bedeuten, sondern was darüber entscheidet, ob das Werk an sich wahr oder falsch ist« (197). *Was* aber entscheidet darüber, und *wie*? Adorno sagt es nicht, sondern fährt ungerührt fort:

». . . und erst diese Wahrheit des Werkes an sich ist der philosophischen Interpretation kommensurabel und koinzidiert, der Idee nach jedenfalls, mit der philosophischen Wahrheit. Dem gegenwärtigen Bewußtsein, fixiert ans Handfeste und Unvermittelte, fällt es offensichtlich am schwersten, dies Verhältnis zur Kunst zu gewinnen, während ohne es ihr Wahrheitsgehalt nicht sich öffnet: genuine ästhetische Erfahrung muß Philosophie werden oder sie ist überhaupt nicht.« (197)

Das ästhetische Urteil ist damit an die Philosophie ausgeliefert, was der Tendenz nach in Adornos gesamtem ästhetischen Werk, wenigstens seit der *Philosophie der neuen Musik* (1949), angelegt ist, wenn auch stets durch eine Gegentendenz nicht eben gebremst, vielmehr intensiviert, durch jene »Intention auf eine materiale Ästhetik, welche die autonomen, zumal die formalen Kategorien der Kunst gesellschaftlich und inhaltlich zum Sprechen bringt«, wie Adorno mit Bezug auf seinen *Versuch über Wagner* (1952) schreibt (421 Fn.*). Im gleichen Kontext der Paralipomena, offensichtlich relativ frühem Material, vertritt er nicht nur die »Entscheidbarkeit technischer Fragen«, sondern auch die technische Entscheidbarkeit von Wahrheitsfragen: »die obersten Wahrheitsfragen des Werkes lassen in Kategorien seiner Stimmigkeit sich übersetzen« (420*).[3] Das war die Position der Ästhetik-Vorlesung von 1950/51: Übersetzung. Sie führte in eine Schwierigkeit, die der Adorno der *Ästhetischen Theorie* durch einfache Elimination des Begriffs, an dem sie auftrat, gelöst hat. Es ist der Begriff des Idioms, im Sinne einer entwickelten Kunstsprache, einer Kontinuität von Problemstellungen und Problemlösungen, in der jedes Kunstwerk steht, ja stehen muß, um als solches zu gelten. »Die Idiome sind die Totenmasken der gesellschaftlichen Situation, die das Kunstwerk hervorgebracht hat.« Wenn jedoch, wie Adorno damals vertrat, die Frage der ästhetischen Qualität nur im idiomatischen Zusammenhang des Werkes gestellt werden kann, andernfalls sinnlos bleibt, dann ist auch seine Stimmigkeit – emphatisch: seine Wahrheit – zu einem größeren oder geringeren Teil eine des Idioms. Da andererseits jedes Werk nur durch seine spezifische Differenz gegenüber dem Idiom, die diesem wieder zuwächst, zum Kunstwerk wird – »Kein gültiges Werk, das nicht über erlernte Regeln hinausginge«, aber: »Nur die vom Idiom getragene Neuerung erweist sich als legitim« –, wird das ästhetische Urteil notwendig mikroskopisch. Diese Spannung zwischen idiomatischem und mikroskopischem Kriterium, die in der Vorlesung ungelöst blieb, ist in der *Ästhetischen Theorie* verschwunden, das Idiom hat ausgespielt: Seit der bürgerlichen Zeit, die Adorno allein interessiert, sind die Kunstwerke »nominalistisch« und »autonom«, es gibt keinen »Stil« mehr, die Idiome zerfallen. Der Ausdruck selbst taucht nur noch als Floskel auf, etwa in Reihungen wie »Gattung, Typus, Idiom, Formel« (522**). Der theoretische Gewinn dieser (kunst)-geschichtlich fragwürdigen Amputation ist klar: die Kunstwerke (und das sind für Adorno allemal die gelungenen, genuinen, autonomen, die ihrem eigenen Formgesetz folgen) werden *an sich* Wahrheit, sie werden geist-unmittelbar. Ihre Technik ist der »Inbegriff« ihrer Sprache, und diese ist ihr Geist – eine »Übersetzung« erübrigt sich, genauer: sie wird unmöglich:

»Schlüsselcharakter hat Technik für die Erkenntnis von Kunst; sie allein geleitet die Reflexion ins Innere der Werke; freilich nur den, welcher ihre Sprache spricht. (...) Läßt kein Werk sich verstehen, ohne daß seine Technik verstanden wäre, so läßt diese ebensowenig sich verstehen ohne Verständnis des Werks.« (317)

Anders gesagt: Was das ästhetische Urteil erst dartun sollte, ist bei Adorno stets schon vorausgesetzt, das Urteil also überflüssig. Er erledigt es auch pragmatisch, zumindest für die moderne Kunst (ich sammle wieder die verstreuten Passagen ein):

»Kunstwerke haben Fehler und können an ihnen zunichte werden, aber es ist kein einzelner Fehler, der nicht in einem Richtigen sich zu legitimieren vermöchte, welches, wahrhaft als Bewußtsein des Prozesses, das Urteil kassierte. (...) Instrumentationslogisch wäre dem letzten Satz der Neunten Symphonie von Mahler entgegenzuhalten, daß zweimal hintereinander beim Wiedereintritt der Hauptstrophe deren Melodie in der gleichen charakteristischen Farbe, dem Solohorn, erscheint, anstatt daß sie dem Prinzip der Klangfarbenvariation unterworfen würde. Beim ersten Mal jedoch ist dieser Klang so eindringlich, exemplarisch, daß die Musik nicht davon loskommt, ihm nachgibt: so wird er zum Richtigen.« (282)

›Das hört sich gut an‹, kann man da nur sagen, wie wenn einem die Beschreibung einer Speise vorgetragen wird. Aber warum nun das ›Nachgeben‹ (zweimal das Solohorn oder zwei Prisen Oregano) gut und richtig sein soll, d. h. besser und richtiger als die ›normale‹ Lösung, läßt sich rational nicht begründen, man kann es nur post festum beteuern; banausisch gesagt: wenns geschmeckt hat. Wenn man jedoch, mit Adorno, den Geschmack nach Hause schickt, zu Essen und Trinken – »Die Kunstwerke sind (...) objektiv (...) geistig: sonst prinzipiell ununterscheidbar von Essen und Trinken« (511**) –, bleibt nur der Geist als Ausgangspunkt und Ziel aller ästhetischen Erfahrung, oder: der Geist im Gespräch mit sich selbst.

Auf die zitierte Passage über Fehler, die zum Richtigen werden, folgt der Satz: »Die Antwort auf die konkrete ästhetische Frage, warum ein Werk mit Grund schön genannt wird, besteht in der kasuistischen Durchführung einer solchen sich selbst reflektierenden Logik« (282). Andere Sätze widersprechen dem:

»Die [musikalische] Entwicklung dürfte zur Verschärfung des sensuellen Tabus [über Suavität] fortschreiten, obwohl es manchmal schwerfällt zu unterscheiden, wie weit dies Tabu im Formgesetz gründet und wie weit bloß in Mängeln des Metiers; eine Frage übrigens, derengleichen viele in ästhetischen Kontroversen aufkommen, ohne daß sie viel fruchteten.« (30)

»Was neuerdings für technische Kriterien gilt, gestattet kein Urteil mehr über den künstlerischen Rang und relegiert es vielfach an die überholte Kategorie des Geschmacks. Zahlreiche Gebilde, denen gegenüber die Frage, was sie taugen, inadäquat geworden ist, verdanken sich (...) bloß noch dem abstrakten Gegensatz zur Kulturindustrie.« (509**)

Da kann nur noch Ästhetik helfen, »... weil die Kunst ihrer erneut bedarf, seitdem Kritik derart desorientiert sich zeigte, daß sie vor der Kunst, durch falsches oder zufälliges Urteil, versagt« (510**). Wurden zuerst Gefühl und Geschmack durch Kritik ersetzt, so weicht jetzt Kritik der Ästhetik, und diese »muß Philosophie werden, oder sie ist überhaupt nicht« (197):

»Ihr Gegenstand bestimmt sich als unbestimmbar, negativ. Deshalb bedarf Kunst der Philosophie, die sie interpretiert, um zu sagen, was sie nicht sagen kann, während es doch nur von Kunst gesagt werden kann, indem sie es nicht sagt.« (113)

»Philosophie und Kunst konvergieren in deren Wahrheitsgehalt: die fortschreitend sich entfaltende Wahrheit des Kunstwerks ist keine andere als die des philosophischen Begriffs.« (197)

Ist damit die ästhetische Sphäre als solche nicht schon aufgehoben? Manchmal fällt es wirklich schwer, aus der *Ästhetischen Theorie* nicht einen sublimen Haß auf alles Ästhetische herauszulesen, im Gegenspiel zu dem beschwörenden Gestus ›es sei‹. Soll Kunst sein, um nicht zu sein? Jedenfalls soll sie nicht sie selbst sein. Wer Kunst »allein als Kunst wahrnimmt und daraus eine Prärogative macht, bringt sich um ihren Gehalt. Denn der kann nicht wiederum bloß Kunst sein, soll er diese nicht zur Tautologie vergleichgültigen« (518**). Hier verrät die Syntax mehr, als vielleicht gemeint ist. Die Trennung von Kunst und ihrem Gehalt, der ›mehr‹ als Kunst sein soll – »Wodurch die Kunstwerke (. . .) mehr sind als sie sind, das ist ihr Geist« (134) –, ist ja gerade das, was die von Adorno angegriffene Einstellung nicht vollzieht, was ihr aber unterstellt wird, weil sonst der Vorwurf der Tautologisierung gar nicht erhoben werden könnte. Ein anderes als gespaltenes – ›genußfeindliches‹ – Verhältnis zur Kunst scheint Adorno nicht dulden zu wollen, obwohl er gelegentlich einräumt, ohne ein Restmoment von naivem Genuß, selbst faulem Zauber (das in der Ästhetik-Vorlesung von 1950/51 noch beträchtlich war) sei keine Kunst denkbar. Aber er mißtraut ihm. Lieber ist ihm der Schock, die Peitsche. In der modernen Musik klingt ihm schon die Dissonanz, die der Suavität den Kampf ansagte, verdächtig, weil sie »allzunahe an ihr Widerspiel, die Versöhnung, heran(drängt)« (30). Die Sirenen sind längst nicht mehr, was sie mal waren. Die Fesseln, die Odysseus einst an den Mast bannten, sind Geißeln geworden: Kunst lockt nicht mehr, sie züchtigt, und das Glück, das der moderne Odysseus verspürt, ist »das Gefühl des Standhaltens«. Aber die Gefährten müssen rudern, wie einst.

3. Lektüre
(Das Subjekt der Kunst)

Die rudernden Gefährten, obschon taub und blind, sind bei Adorno zugleich das *Subjekt* des modernen Sirenengesangs, dessen Adressaten sie folglich nicht sein können. Das Subjekt der bürgerlichen Kunst ist in der *Ästhetischen Theorie* »der Hervorbringende nicht und nicht der Empfangende«, sondern das, »was aus der Kunst rede(t)« (248), nämlich »ein Wir und kein Ich« (250). Der Sprachcharakter der Kunstwerke folgt aus ihrem kollektiven Charakter – oder umgekehrt; oder beides ist eins. Jedenfalls stehen die beiden, ein Benjaminsches Motiv, in enger Beziehung zueinander wie zur Individuation:

»Die Sprache der Kunstwerke ist wie eine jegliche vom kollektiven Unterstrom konstituiert, zumal die solcher, die vom Kulturcliché als einsam, in den elfenbeinernen Turm vermauert, subsumiert werden; ihre kollektive Substanz spricht aus ihrem Bildcharakter selbst, nicht aus dem, was sie im direkten Hinblick auf Kollektive, wie die Phrase lautet, aussagen mögen. (...) Subjektive Erfahrung bringt Bilder ein, die nicht Bilder von etwas sind, und gerade sie sind kollektiven Wesens; so und nicht anders wird Kunst zur Erfahrung vermittelt. (...) Seine latente Kollektivität befreit das monadologische Kunstwerk von der Zufälligkeit seiner Individuation. Gesellschaft, die Determinante der Erfahrung, konstituiert die Werke als deren zentrales Subjekt ...« (133)

»Indem die Produktion ihrer Materie sich überantwortet, resultiert sie inmitten äußerster Individuation in einem Allgemeinen. Die Kraft solcher Entäußerung des privaten Ichs an die Sache ist das kollektive Wesen in jenem; es konstituiert den Sprachcharakter der Werke. (...) Dem ist gemäß der zentrale Sachverhalt, daß aus den Kunstwerken, auch den sogenannten individuellen, ein Wir spricht und kein Ich, und zwar desto reiner, je weniger es äußerlich einem Wir und dessen Idiom sich adaptiert.« (250)

»In der Steigerung ihres Sprachcharakters ist die Geschichte der Kunst, die ihrer fortschreitenden Individualisierung gleichgesetzt wird, ebenso deren Gegenteil. Daß dies Wir jedoch nicht gesellschaftlich eindeutig, kaum eines bestimmter Klassen oder sozialer Positionen ist, das mag daher rühren, daß es Kunst emphatischen Anspruchs bis heute nur als bürgerliche gegeben hat (...). Während Kunst dazu versucht ist, eine nichtexistente Gesamtgesellschaft, deren nichtexistentes Subjekt zu antezipieren, und darin nicht bloß Ideologie, haftet ihr zugleich der Makel von dessen Nichtexistenz an. Dennoch bleiben die Antagonismen der Gesellschaft in ihr erhalten. (...) Paradox hat sie das Unversöhnte zu bezeugen und gleichwohl tendenziell zu versöhnen; möglich ist das nur ihrer nicht-diskursiven Sprache. In jenem Prozeß allein konkretisiert sich ihr Wir. Was aber aus ihr redet, ist wahrhaft ihr Subjekt insofern, als es aus ihr redet und nicht von ihr dargestellt wird.« (251)

Das Wir also redet. Aber es redet verschlüsselt, ja es spricht nicht einmal, es schreibt: »Sprache sind Kunstwerke nur als Schrift. (...) Unablässig wird die Erfahrung der Kunstwerke vom Rätselcharakter bedroht« (189). »Für ihr Rätsel fehlt der Schlüssel wie zu den Schriften mancher untergegangenen Völker« (193).
»... nicht erst, überhaupt wohl kaum durch Bedeutungen sind

Kunstwerke ein Geistiges. Ihre Transzendenz ist ihr Sprechendes oder ihre Schrift, aber eine ohne Bedeutung oder, genauer, eine mit gekappter oder zugehängter Bedeutung« (122). »Prototypisch für die Kunstwerke ist das Phänomen des Feuerwerks (...), Menetekel, aufblitzende und vergehende Schrift, die doch nicht ihrer Bedeutung nach sich lesen läßt« (125). Subjekt der Werke ist also »weder der Betrachter noch der Schöpfer noch absoluter Geist, sondern der an die Sache gebundene« (248), Geist als »ihr Äther, das, was durch sie spricht oder, strenger wohl, zur Schrift sie macht« (135).

Angesichts der wohl hundert über den Text der *Ästhetischen Theorie* verstreuten Bestimmungen dessen, was der Geist, das Geistige der Kunstwerke sei, könnte man leicht seekrank werden. Die Figur, die sie ergeben, hat etwas von einem Rebus. Am deutlichsten ›sprechen‹ die Negativstellen. Geist ist weder der »objektive«, der im Material, in den Verfahrensweisen und Problemstellungen sich niederschlägt, noch der »kollektive« der Epoche, er ist erst recht nicht der »subjektive« der Künstler. Der Künstler – die oben, S. 52 wiedergegebenen Passagen bestimmen seine Rolle schon implizit – wird degradiert zum bloßen »Vollzugsorgan« (249), zum »Exekutor« (403*), zum »verlängerten Werkzeug« (249), bestenfalls zum »Agenten der Gesellschaft«, der »die gesellschaftlichen Produktivkräfte verkörpert« (71). »Der subjektive Prozeß der Hervorbringung ist nach seiner privaten Seite gleichgültig« (249). Darin steckt viel (berechtigte) Polemik gegen die Lust der traditionellen Kunsttheorien an Genie und Schöpfertum, an Künstlerbio- und -pathographien, denen Adorno schroff entgegenhält:

»Als Arbeit, nicht als Mitteilung gelangt das Subjekt in der Kunst zu dem Seinen. (...) Im Produktionsprozeß sieht (der einzelne Künstler) einer Aufgabe sich gegenüber, von der es schwerfällt zu sagen, ob er auch nur diese sich stellte; der Marmorblock, in dem eine Skulptur, die Klaviertasten, in denen eine Komposition darauf warten, entbunden zu werden, sind für jene Aufgabe wahrscheinlich mehr als Metaphern. (...) Die Tathandlung des Künstlers ist das Minimale, zwischen dem Problem zu vermitteln, dem er sich gegenüber sieht und das selber bereits vorgezeichnet ist, und der Lösung, die ebenso potentiell in dem Material steckt.« (249)

Das nun ist nicht mehr Polemik, eher ein Skandalon. Die mehr-als-Metapher von der Hebammenfunktion des Künstlers taucht, nunmehr als zugespitzte These, in den Paralipomena nochmals auf: »In der Tastatur jeden (!) Klaviers steckt die ganze (!) Appassionata, der Komponist muß sie nur (!) herausholen, und dazu freilich bedarf es Beethovens« (403*). (Das ›dazu freilich‹ bleibt – in der ganzen *Ästhetischen Theorie* – ein uneingelöstes Zugeständnis.) Das ließe sich als der Modus *Hände ohne Raffael* charakterisieren, in Umkehrung des in der europäischen Kunstgeschichte grassierenden Topos vom »Raffael ohne Hände«, der bis zu Plotin zurückreicht und bis in die modernsten Kunsttheorien hinein nachwirkt, nachdem er in der idea/natura-Kontroverse von Renaissance bis Romantizismus sein Wesen getrieben hatte, in dem alten und immer neuen Streit zwischen Platonischer Mimesis- und Plotinischer Heuresis-Konzeption, zwischen »Kunst als Affe der Natur« und »Kunst als verbesserte Natur«, Künstler als Magd und als Herrscher (ein Diskurs, der die Ratlosigkeit des Menschen gegenüber dem verrät, worin er – angeblich – am meisten oder reinsten er selbst ist: der Schöpfung von Dingen, die ihm nichts nützen).

»Nimm an«, sagt Plotin, »es liegen zwei Steinblöcke nebeneinander, der eine ungeformt, von der Kunst noch nicht berührt, der andere künstlich bearbeitet zu einer Götter- oder Menschenstatue (...). Dann wird der von der Kunst zu einem Bilde des Schönen geformte Steinblock schön erscheinen, nicht, weil er ein Steinblock ist (denn dann wäre der andere ebenso schön), sondern wegen der Gestalt, die ihm die Kunst gegeben hat. Diese Gestalt besaß nicht der Stoff, sondern sie war im entwerfenden Künstler, und zwar bevor sie in den Stein gelangte. Sie war aber im Künstler, nicht sofern dieser Augen oder Hände besaß, sondern insofern er an der Kunst teilhatte. Es war also in der Kunst diese Schönheit viel größer. Denn die der Kunst innewohnende Schönheit geht nicht selbst in den Stein ein, sondern sie bleibt in sich beruhen, und in den Stein geht nur eine geringere, von ihr abgeleitete, und auch diese beharrt nicht rein in sich selbst und so, wie der Künstler sie wollte, sondern sie offenbart sich nur insoweit, als der Stein der Kunst gehorchte.« (*Enneaden* I, 6, 1; zitiert nach: Erwin Panofsky, *Idea*, 2. Aufl., Berlin 1960, S. 15)

Hier wird ›die Kunst‹ in den Stein (die Natur) hineingeschickt und schwächt sich dabei ab (»denn je mehr die Schönheit, in die Materie hineingehend, in ihr sich ausbreitet, um so schwächer ist sie im Vergleich zu der, die in sich selber verharrt«); *dort*, bei Adorno, wird ›die Kunst‹ aus dem Stein oder dem Klavier (der ersten oder der zweiten, schon beherrschten Natur) herausgeholt, »entbunden«, und zwar desto wahrer, je mehr die Kunst (der

Geist) sich die Natur oder sich der Natur gleichmacht, anstatt ihr einfach Gehorsam abzuverlangen.

»Durch Vergeistigung allein, nicht durch verstockte Naturwüchsigkeit durchbrechen die Kunstwerke das Netz der Naturbeherrschung und bilden der Natur sich an; nur von innen kommt man heraus.« (411*)

»Vergeistigt werden sie nur durch ihre Verdinglichung, ihr Geistiges und ihr Dinghaftes sind aneinander geschmiedet...« (413*)

»In den Kunstwerken ist der Geist nicht länger der alte Feind der Natur. Er sänftigt sich zum Versöhnenden.« (202)

»Was Natur vergebens möchte, vollbringen die Kunstwerke: sie schlagen die Augen auf.« (104)

Die beiden, scheinbar strikt gegenläufigen Bewegungen (Theorien) von Kunst haben jedoch ihren gemeinsamen Fluchtpunkt in der *Substantialisierung der Kunst*. Die Kunstwerke sind nur Epiphänomene: das, was von der Kunst übrigbleibt, indem sie sich objektivieren (Plotin); das, was sie von der Kunst enthüllen, indem sie sich objektivieren (Adorno).

4. Lektüre
(Ästhetische Produktivkräfte)

Es gibt also *die* Kunst. Wie objektiviert sie sich in Kunstwerken, wenn der Künstler nicht Schöpfer sondern nur Handlanger ist? Der von Adorno behauptete »Vorrang der Produktionssphäre in den Kunstwerken ist der ihres Wesens als der Produkte gesellschaftlicher Arbeit gegenüber der Kontingenz ihrer subjektiven Hervorbringung« (393*). Da künstlerische Arbeit gesellschaftliche Arbeit ist, »konzentriert sich« im Modus ihrer Hervorbringung »jeweils die Dialektik von Produktivkräften und Produktionsverhältnissen« (335). Die beiden Altbekannten geistern durch das ganze Buch und sind schwer dingfest zu machen. Sehen wir zu.

»Gesellschaftliche Produktivkräfte sowohl wie Produktionsverhältnisse kehren, der bloßen Form nach, ihrer Faktizität entäußert, in den Kunstwerken wieder, weil künstlerische Arbeit gesellschaftliche Arbeit ist; stets sind es auch ihre Produkte. Nicht an sich sind die Produktivkräfte in den Kunstwerken verschieden von den gesellschaftlichen, sondern nur durch ihre konstitutive Absentierung von der realen Gesellschaft.« (350 f.)

»In der Geschichte der Kunst kehrt die reale [Geschichte] wieder vermöge des Eigenlebens der aus dieser stammenden und dann von ihr abgesonderten Produktivkräfte.« (339)

So ähnlich wurde einst die Existenz von Geistern – Wiedergängern – bestimmt; dunkle Kräfte jedenfalls. Spuken sie nach in Adornos Produktivkräften? Mich interessiert zunächst, ob deren Absentierung von der realen Gesellschaft oder Geschichte, in welcher das Zurückgelassene formal wiederkehrt, eine des ästhetischen Mediums als solchen ist oder sich jeweils im Produktionsprozeß vollzieht. Beides läßt sich dem Text entnehmen: Einerseits »folgen (die Kunstwerke) ihrem Formprozeß, indem sie ihre Genesis verzehren« (267); »ihr immanenter Prozeß tritt nach außen als ihr eigenes Tun, nicht als das, was Menschen an ihnen getan haben« (125); »Kunstwerke begeben sich hinaus aus der empirischen Welt und bringen eine dieser entgegengesetzte eigenen Wesens hervor, so als ob diese ein Seiendes wäre« (10) – das deutet auf einen jeweils eigenen Konstitutionsakt. Andererseits »existiert (Kunst) nur innerhalb einer bereits entwickelten Kunstsprache« (524**); »ihr geschichtlicher Gestus stößt die empirische Realität von sich ab, deren Teil doch die Kunstwerke als Dinge sind« (336); »ein Gesellschaftliches wird sie durch ihr An sich, ein An sich durch die in ihr wirksamen gesellschaftlichen Produktivkräfte« (368); »ihre Gegenposition zur Gesellschaft (...) bezieht sie erst als autonome. Indem sie sich als Eigenes in sich kristallisiert (...), kritisiert sie die Gesellschaft durch ihr bloßes Dasein« (335) – das spricht für ein bereits konstituiertes (oder sich ständig neu konstituierendes) Medium. Gleichviel. Es geht jedenfalls um den »Doppelcharakter der Kunst [und des Kunstwerks] als eines von der empirischen Realität und damit dem gesellschaftlichen Wirkungszusammenhang sich Absondernden, das doch zugleich in die empirische Realität und die gesellschaftlichen Wirkungszusammenhänge hineinfällt« (374 f.) – wie sind in diesem Sonderbereich Produktivkräfte und Produktionsverhältnisse zu bestimmen?

»Die ästhetische Produktivkraft ist die gleiche wie die der nützlichen Arbeit und hat in sich dieselbe Teleologie (!); und was ästhetisches Produktionsverhältnis heißen darf, alles worin die Produktivkraft sich eingebettet findet und woran sie sich betätigt, sind Sedimente oder Abdrücke der gesellschaftlichen. Der Doppelcharakter der Kunst als autonom und fait social teilt ohne Unterlaß der Zone ihrer Autonomie sich mit.« (16)

Der Unterschied wird immer geringer. Und trotzdem gibt es in der Kunst (wie bei den Geistern!) Autonomie – sie werde ich im

Auge behalten müssen. Also: zu den Produktionsverhältnissen zählt zunächst einmal als das »bestimmende« Verhältnis die *Warenform* (351; vgl. das Zitat oben, S. 46); weiter die – meist im Verbund mit den Verfahrensweisen auftretenden – Materialien, die »durch und durch gesellschaftlich« sind und »Zwang ausüben« (222 f.) auf die Verfahrensweisen und deren Fortschritt, der in der zunehmenden »Beherrschung« der Materialien besteht (316). Der »ästhetische Name für Materialbeherrschung« ist *Technik* (316). Die Schwelle zwischen Handwerk und Technik sieht Adorno nicht in der Quantifizierung der Verfahren oder der Einführung von Maschinen (also auch nicht im Benjaminschen »Verlust der Aura«), sondern in dem »Überwiegen freier Verfügung über die Mittel durch Bewußtsein, im Gegensatz zum Traditionalismus, in dessen Hülle jene Verfügung heranreifte« (316). Mit der Technik kommt also das Bewußtsein ins Spiel, das Subjekt: »Technik, der verlängerte Arm des Subjekts, führt immer auch von ihm weg« (51). Dem korrespondiert die Charakterisierung des Künstlers als »verlängertes Werkzeug« (249). Und eben in diesem seltsamen Amalgam von Subjekt und Technik steckt Adornos ästhetische Produktivkraft. »Sie ist aber, tief in die technologischen Prozesse hinein, das Subjekt; zur Technologie ist es geronnen« (69). Der Satz strahlt aus auf Adornos Rede vom »Stand der Produktivkräfte« (oder der Technik), der einschließe, »was möglich, aber nicht verwirklicht ist« (374):

»Der gesellschaftlich fortgeschrittenste Stand der Produktivkräfte, deren eine Bewußtsein ist, das ist im Inneren der ästhetischen Monaden der Stand des Problems. (...) Ein jedes bedeutende Werk hinterläßt in seinem Material und seiner Technik Spuren, und diesen zu folgen ist die Bestimmung des Modernen als des Fälligen, nicht: zu wittern, was in der Luft liegt.« (59 f.)

»Subjektive Regung jedoch, die das Fällige registriert, ist die Erscheinung eines dahinter geschehenden Objektiven, der Entfaltung der Produktivkräfte, welche die Kunst im Innersten mit der Gesellschaft gemein hat, der sie zugleich durch ihre eigene Entfaltung opponiert. (...) Fortgeschrittenes Bewußtsein versichert sich des Materialstandes, in dem Geschichte sich sedimentiert bis zu dem Augenblick, auf den das Werk antwortet (...). In jeder (Epoche) scheinen tatsächlich die ästhetischen Produktivkräfte, Begabungen heranzuwachsen, die gleichwie aus zweiter Natur auf den Stand der Technik ansprechen und in einer Art sekundärer Mimesis ihn weitertreiben ...« (287)

So faszinierend dieser Bogen ist – er überspannt mehr das Problem, als daß er es stellte: wie nämlich gesellschaftliche Produktivkraft zu ästhetischer wird. Allein dadurch, daß sie sich abspaltet und dem Diktat der Produktionsverhältnisse sich (partiell) entzieht? Einige Stellen sprechen dafür: »Die ästhetische Produktivkraft ist die gleiche wie die der nützlichen Arbeit« (16); der Künstler »verkörpert die gesellschaftlichen Produktivkräfte, ohne dabei notwendig an die von den Produktionsverhältnissen diktierten Zensuren gebunden zu sein« (71); »reine Produktivkraft wie die ästhetische, einmal vom heteronomen Diktat befreit, ist objektiv das Gegenbild der gefesselten« (335); »zuzeiten vertreten ästhetisch entfesselte Produktivkräfte jene reale Entfesselung, die von den Produktionsverhältnissen verhindert wird« (57); aber: »Meist siegen, wo die Kontinuität zerreißt, die Produktionsverhältnisse über die Produktivkräfte« (313). Zuzeiten? Meist? Es bleibt unklar, ob die *ästhetische* Produktivkraft nun die gesellschaftliche als »reine« ist, oder ob die *gesellschaftliche* Produktivkraft im Medium der Kunst einen besonderen Charakter annimmt. Wenn Adorno sagt, daß »die Subjektivierung der Kunst durchs neunzehnte Jahrhundert hindurch (...) zugleich deren (!) technische Produktivkräfte entfesselte« (251) und die Moderne geradezu in der »Entfesselung der Produktivkräfte« gründe, die »ebenso gesellschaftlich bestimmt (ist) durch den Konflikt mit den [äußeren] Produktionsverhältnissen wie innerästhetisch als Ausschluß des Verbrauchten und der überholten Verfahrungsweisen« (58), dann heißt das, daß die ästhetische Produktivkraft jedenfalls seit dem 19. Jahrhundert nicht nur »reine«, sondern spezifisch ästhetische ist. Tatsächlich erwähnt er wiederholt einen Bruch in der Mitte des 19. Jahrhunderts, markiert durch Werke wie den *Tristan,* die *Fleurs du mal,* die ersten impressionistischen Bilder Manets: von nun an werde die Kunst im emphatischen Sinne modern, und das heißt soviel wie autonom; als solche beziehe sie ihre strikte Gegenposition zur Gesellschaft.

Daraus leitet Friedemann Grenz (*Adornos Philosophie in Grundbegriffen,* Frankfurt 1974, S. 192) die These ab, nach Adorno hätten sich die gesellschaftlichen Produktivkräfte seit der Mitte des 19. Jahrhunderts nur noch in der Kunst weiterentwickelt, während sie in der statisch gewordenen bürgerlichen Gesellschaft, gefesselt durch die Produktionsverhältnisse, erstarrt seien, was die wachsende »Entfremdung« zwischen Kunst und Gesellschaft bedinge. Das läßt sich meiner Meinung nach aus Adornos Text nicht in dieser Eindeutigkeit herauslesen und ergibt auch nur dann historischen Sinn, wenn man, mit Grenz, die Entwicklung gesellschaftlicher Produktivkräfte ausschließlich als »Befreiungsprozeß« versteht, welcher bei Adorno aber unter anderem Namen läuft, dem der bürgerlichen Emanzipation, d. h. der gesellschaftlichen Entbindung von Subjektivität im Zuge der gesamtnominalistischen Bewegung. Das, was Adorno den »ästhetischen Nominalismus« nennt (und Grenz ausklammert), ist ein Teil jener Bewegung, also kein ›autonomer‹ Entwicklungsprozeß der Kunst, wohl aber ein Prozeß, in dem sich die autonome Entwicklung der neuen, also der bürgerlichen Kunst konstituiert, spätestens vom 18. Jahrhundert an: Alle Formen und Gattungen werden als Fesseln erfahren – »Was einmal objektivierte Produktivkräfte waren, verwandelt sich in ästhetische Produktionsverhältnisse und kollidierte mit den Produktivkräften« (456*) – und deshalb liquidiert; jedes einzelne Kunstwerk ist fortan gehalten, »Form aus deren Negation zu gewinnen« (330), also *seine* Form, *seine* Gattung ›autonom‹ zu setzen (»Bedeutende Künstler antworten auf die nominalistische Situation weniger durch neue Werke als durch Modelle ihrer Möglichkeit, durch Typen«; 457*). Somit »läßt die gesamte neue Kunst als immerwährende Intervention des Subjekts sich verstehen, das in nichts mehr gesonnen ist, das traditionelle Kräftespiel der Kunstwerke unreflektiert walten zu lassen« (51); an dessen Stelle tritt das Konstruktionsprinzip: »Konstruktion ist die Form der Werke, die ihnen nicht länger fertig auferlegt ist (...), sondern die ihrer Reflexion durch subjektive Vernunft entspringt« (330). »Seitdem wird das Gesetz aller Kunst ihr Antigesetz« (333). Und dennoch: »Die Subjektivierung der Kunstwerke durchs neunzehnte Jahrhundert hindurch, die zugleich deren technische Produktivkräfte entfesselte, hat nicht die objektive Idee der Kunst geopfert, sondern, indem sie sie verzeitlichte, sie reiner herauskristallisiert als je klassizistische Reinheit« (326). Und diese *neue* Reinheit – »Nichts Reines, nach einem immanenten Gesetz Durchgebildetes, das nicht wortlos Kritik übte« (335) – setzt die Kunst in unversöhnlichen Widerspruch zur totalen Tauschgesellschaft, in der »alles nur für anderes« ist (335). Kunst wird ein Für-sich (Adorno nennt es lieber ein An-sich) kraft Verdinglichung; »verdinglicht sie sich nicht, so wird sie Ware« (335). Jedoch: »Nur als Geist ist Kunst der Widerspruch zur empirischen Realität, der zu bestimmter Negation der bestehenden Welteinrichtung sich bewegt« (511**), und weiter: »Daß das Moment des Geistes aber den Kunstwerken immanent sei, sagt soviel, wie daß es nicht gleichzusetzen ist dem Geist, der sie hervorbrachte« (512**), – also auch nicht den entfesselten gesellschaftlichen Produktivkräften, die ja als »der Geist des Künstlers und seine Verfahrungsweisen« bestimmt wurde (64). Womit der zweite Bogen, den ich zitierend schlug, im selben Dilemma endet wie der erste. Zu folgern wäre nur, daß das, was die gesellschaftliche Produktivkraft zur ästhetischen macht, irgendein Objektives ist, das sich über ihren Kopf wie ihre Hände hinweg vollzieht:

»Das je eingreifende einzelmenschliche Subjekt ist kaum mehr als ein Grenzwert, ein Minimales, dessen das Kunstwerk bedarf, um sich zu kristallisieren.« (25)
»Der Künstler vollbringt den minimalen Übergang, nicht die maximale creatio ex nihilo. (...) Durch das unendlich Kleine des Entscheidenden erweist der Einzelkünstler sich als Exekutor einer kollektiven Objektivität des Geistes, der gegenüber sein Anteil verschwindend ist.« (402 f.*)
»Die Autorität des Neuen [in der Moderne] ist die des Unausweichlichen. Insofern impliziert es objektiv Kritik am Individuum, seinem Vehikel (...). Das Neue ist keine subjektive Kategorie, sondern von der Sache erzwungen, die anders nicht zu sich selbst, los von Heteronomie, kommen kann.« (38, 40)

Wunderbar, wunderbar. Da ist also – war es eine apparition? – irgend etwas geschehen, und zwar in der Mitte des 9. Jahrhunderts: die Kunst wurde autonom. Das hat sich von langer Hand her angebahnt, durch ständige Intervention des Subjekts, aber das brachte noch nicht die wahre Autonomie. Hölderlin, Beethoven Goya? Nichts da, es mangelt noch an Distanz zur gesellschaftlichen Praxis. Oder Heine, Chopin, Delacroix? Auch noch nicht, zuviel Warencharakter, zuwenig Verdinglichung. Dann aber: Baudelaire, Wagner, Manet! Namen tun freilich nichts, es geht um das Ganze: *die Kunst*. Sie spielt nicht mehr mit, entzieht sich dem Diktat der Produktionsverhältnisse, und schon werden die Produktivkräfte entfesselt; aber mit dem freien Künstlertum ists vorbei, es schlägt die Stunde der Verdinglichung, der Technik, des minimalen Übergangs (z. B. von Wagner zu Mahler zu Schönberg, oder von Proust zu Joyce zu Beckett); das Subjekt qua geronnene Technologie ist nur noch der Exekutor einer kollektiven Objektivität des Geistes, der nicht der der Produktivkraft ist: Die Kunst ist endlich autonom geworden. Sie objektiviert sich, wird ein An-sich, ein Reines. Wird Sprache, Schrift, Rätsel. Wird schierer Geist, der dem Ungeist der Gesellschaft opponiert. Bis zum Verstummen und Verlöschen der Werke in *der* Kunst. Bis zu Beckett. Bis zu Adorno.

Adorno aber sagt auch: das wahre, das kollektive Subjekt der Kunst sei immerhin »so bestimmt wie die herrschenden Produktivkräfte und Produktionsverhältnisse einer Epoche« (251) – also bürgerlich, kapitalistisch. Denn »Kunst wird durchs Gesellschaftsganze, will sagen: ihre je herrschende Struktur vermittelt« (313), und »während sie der Gesellschaft opponiert, vermag sie doch keinen ihr jenseitigen Standpunkt zu beziehen; Opposition gelingt ihr einzig durch Identifikation mit dem, wogegen sie aufbegehrt« (201). Die bürgerliche Kunst, heißt das, ist ein integraler (integrierter) Bestandteil der bürgerlichen Gesellschaft. Das ist, wohlgemerkt, *meine* Lektüre. Adorno selbst sagt: »Ihr gesellschaftliches Schicksal wird der Kunst nicht bloß von außen angetan, sondern ist ebenso die Entfaltung ihres Begriffs« (459*). Ihren Begriff aber, ich kann nichts dafür, entfaltet der Philosoph.

(*Zwischenbemerkung:* Ich bin auf den Einwand gefaßt, *so* dürfe man Adorno nicht lesen. Man dürfe sein Buch nicht als Puzzle betrachten, aus dem sich, mit luck and pluck, ein rundes Bild zusammenfügen lasse. Schließlich habe Adorno, das Editorische Nachwort belegt es, die größte Mühe darauf verwandt, »das Ganze aus einer Reihe von Einzelkomplexen (zu) montieren«: »Das Buch muß gleichsam konzentrisch in gleichgewichtigen paratraktischen Teilen geschrieben werden, die um einen Mittelpunkt angeordnet sind, den sie durch ihre Konstellation ausdrücken« (541). Demnach wäre der Text der *Ästhetischen Theorie* schon das zusammengesetzte Puzzle (nicht ganz fertig freilich, der letzte Arbeitsgang fehlt), das ganz bewußt kein ›anschauliches‹, eher ein *Vexierbild* zeigt? Nun, gerade als solches nehme ich Adornos Text. Ich suche den Dieb – und glaube, ihm auf der Spur zu sein.)

5. Lektüre
(Kunst als Natur-Geist)

Zur Entfaltung und Stützung des Begriffs der Kunst, der in der *Ästhetischen Theorie* sein Wesen treibt, ist nicht weniger nötig als Adornos gesamte Geschichtsphilosophie, wie sie sich, präludiert vom Naturgeschichte-Vortrag (1932), mit und gegen Horkheimer (an dessen Kritischer Theorie Adorno weder Anteil hatte noch nahm) in der *Dialektik der Aufklärung* (1947) entwickelt und in der *Negativen Dialektik* und der *Ästhetischen Theorie* verdichtet hat. Ich will diese Geschichtsphilosophie bei meiner letzten Lektüre weitgehend ausblenden, um ihre Folgen für Adornos Ästhetik nicht vorauszusetzen, wie andere es taten, die aus diesem Werk nur die Früchte eines Systems einheimsten, das doch, wie ich vermute, weniger die Begründung als die Rationalisierung solcher Früchte liefert.

Kurz und bündig: Kunst hat Teil an der Dialektik der Aufklärung, also auch an der von Naturbeherrschung und Identitätszwang, gegen welche sie Einspruch erhebt. Kunst will das Unterdrückte, das Nichtidentische, das Andere: Natur, versöhnen. Da aber jene Dialektik für Horkheimer und Adorno im Mythos beginnt, der seinerseits die ihm geschichtlich vorausgehende Magie säkularisiere, muß Kunst in dieser wurzeln und sie zugleich aufheben:

»Das Kunstwerk hat es noch mit der Zauberei gemeinsam, einen eigenen, in sich abgeschlossenen Bereich zu setzen, der dem Zusammenhang profanen Daseins entrückt ist. (...) Gerade der Verzicht auf Einwirkung, durch welchen Kunst von der magischen Sympathie sich scheidet, hält das magische Erbe um so tiefer fest. Er rückt das reine Bild in Gegensatz zur leibhaften Existenz, deren Elemente es in sich aufhebt. Es liegt im Sinn des Kunstwerks, das zu sein, wozu in jenem Zauber des Primitiven das neue, schreckliche Geschehnis wurde: Erscheinung des Ganzen im Besonderen. Im Kunstwerk wird immer noch einmal die Verdoppelung vollzogen, durch die das Ding als Geistiges, als Äußerung des Mana erschien. Das macht seine Aura aus. Als Ausdruck der Totalität beansprucht Kunst die Würde des Absoluten.« (*Dialektik der Aufklärung*, Amsterdam 1947, S. 30 f.)

In diesem Kurzschluß zwischen (bürgerlicher) Kunst und (vorgeschichtlicher) Magie, dem alle dazwischenliegenden Kult- und Kunstprodukte zum Opfer fallen, zumal die antike, die mittelalterliche, die Renaissancekunst, gründet Adornos Kunstbegriff, der, entsprechend kurzschlüssig gesagt, die ›Moderne‹ absolut setzt: als eine Art anthropologisches Museum, in dem u. a., ein Prunkstück der Sammlung, Beckett als Tsantsa ausgestellt ist.

»Die Aporie der Kunst, zwischen der Regression auf buchstäbliche Magie oder der Zession des mimetischen Impulses an dinghafte Rationalität, schreibt ihr das Bewegungsgesetz vor; nicht ist sie wegzuräumen. Die Tiefe des Prozesses, der ein jegliches Werk ist, wird gegraben von der Unversöhnlichkeit jener Momente; sie ist zur Idee der Kunst, als des Bildes von Versöhnung, hinzuzudenken.« (87)

Dieser von der Idee der Versöhnung nicht aufgehobene Gegensatz zwischen *Magie* (Mimesis, Ausdruck) und *Rationalität* (Verdinglichung, Vergeistigung) hatte in der Ästhetik-Vorlesung von 1950/51 noch die schlichte Definition gefunden: »Kunst ist Magie, befreit von der Lüge, wirklich zu sein«, oder auch: »Kunst ist geronnene Praxis«. In der *Ästhetischen Theorie* dagegen ist Kunst gerade wegen ihres magischen Ursprungs »allergisch gegen Rückfall in Magie« (86): in Praxis. Ihr Weg in die Moderne führt sie immer weiter fort von gesellschaftlichen Bedürfnissen und Zwecken.

»Vorgezeichnet ist dieser Weg vom magischen Ursprung der Kunstwerke: sie waren Teile einer Praxis, welche auf Natur einwirken wollte, schieden sich davon in beginnender Rationalität und begaben sich des Trugs realer Einwirkung.« (210)

»Die Wirkung der Kunstwerke ist die der Erinnerung, die sie durch ihre Existenz zitieren, kaum die, daß auf ihre latente Praxis eine manifeste anspricht; von deren Unmittelbarkeit hat ihre Autonomie allzuweit sich wegbewegt.« (359)

Warum beharrt Adorno gleichwohl auf dem »magischen Erbe« der Kunst? Weil er eines Tages beschlossen hat, die Magie, die für ihn so etwas wie ein anthropologisches, wenn nicht biologisches Radikal ist, aufzuspalten in *Praxis,* die von der Naturbeherrschung, der Wissenschaft, schließlich jeder gesellschaftlichen Zweckarbeit verwaltet wird, und in *Mimesis,* die überall dort noch wirkt, wo der von jenen errichtete Identitätszwang nicht hinreicht. Mimetisches Verhalten, d. h. das, was vom magischen Verhalten übrigbleibt, wenn man die Praxis abzieht, überlebt vor allem, als etwas gleichsam Biologisches, im *ästhetischen Verhalten:*

»Hat die ästhetische Verhaltensweise, früher als alle Objektivation, sich aber seis noch so unbestimmt von den magischen Praktiken einmal abgesondert, so eignet ihr seitdem etwas vom Überrest, wie wenn die in die biologische Schicht zurückreichende, funktionslos gewordene Mimesis als eingeschliffene festgehalten würde (...). In den Zügen eines von der Gesamtentwicklung Überholten trägt alle Kunst an einer verdächtigen Hypothek des nicht ganz Mitgekommenen, Regressiven. Aber die ästhetische Verhaltensweise ist nicht durchaus rudimentär. In ihr, die in der Kunst konserviert (!) wird und deren Kunst unabdingbar bedarf, versammelt sich, was seit undenklichen Zeiten von Zivilisation gewalttätig weggeschnitten, unterdrückt wurde samt dem Leiden der Menschen unter dem ihnen Abgezwungenen, das wohl schon in den primären Gestalten von Mimesis sich äußert.« (487*)

»Ästhetische Verhaltensweise aber ist weder Mimesis unmittelbar noch die verdrängte, sondern der Prozeß, den sie entbindet und in dem sie modifiziert sich erhält. (...) Am Ende wäre das ästhetische Verhalten zu definieren als die Fähigkeit, irgend zu erschauern, so als wäre die Gänsehaut das erste ästhetische Bild. Was später Subjektivität heißt, sich befreiend von der blinden Angst des Schauers, ist zugleich dessen eigene Entfaltung (...). Bewußtsein ohne Schauer ist das verdinglichte. Jener [Schauer], darin Subjektivität sich regt, ohne schon zu sein, ist aber das vom Anderen Angerührtsein.« (489 f.*)

In dieser Spannung zwischen (mimetischem) Erschauern und (verdinglichter) Rationalität bewegt sich also Kunst, jenem durch Naturbeherrschung unterdrückten Anderen beistehend, »für das die identitätssetzende Vernunft, die es zu Material reduzierte, das Wort Natur hat« (198). Sie will es retten, versöhnen. Was nun nicht etwa so geschieht, daß Naturbeherrschung und Identifizierung einfach über Bord geworfen würden, nein, sie kommen in der Kunst überhaupt erst zu sich selbst, Herrschaft und Identität werden gut. (Es sei hier erwähnt, daß bei Adorno fast alle Kategorien janusköpfig sind, genauer: sich bald in guter, bald in böser Gestalt zeigen, wie in der Psychoanalyse die Mutterbrust; nur daß sie nicht für das empirische Subjekt gut oder böse sind, sondern für das transzendentale Subjekt, und das ist letztlich die Gesellschaft, die aber selbst wieder bald gut, bald böse ist, wie der Philosoph, der seinerseits jenseits von beidem ist, es gerade will. »Der Philosoph legt *sich* – also selbst eine abstrakte Gestalt des entfremdeten Menschen – als den Maßstab der entfremdeten Welt an«, schrieb der Philosoph Marx in seiner Hegel-Kritik.)

Ich will versuchen, diesen geschichtsphilosophischen (nicht geschichtlichen) Weg der Kunst zitierend nachzuzeichnen. Der

Geist-Begriff, der in dieser Lektüre zentrale Figur macht, ist (scheinbar?) ein anderer als der oben zitierte, jenes kollektive Subjekt, das aus den Werken spricht. Jetzt ist Geist vielmehr das »Formgesetz« der Kunst (144), von ihrer »Struktur« gesetzt (274), oder das, was sie objektiviert, verdinglicht – ihr »Tödliches« (412 f.*).

»Der Geist der Kunstwerke ist ihr objektiviertes mimetisches Verhalten: der Mimesis entgegen und zugleich ihre Gestalt in der Kunst.« (424*)

»Mimesis ist in der Kunst das Vorgeistige, dem Geist Konträre und wiederum das, woran er entflammt. In den Kunstwerken ist der Geist zu ihrem Konstruktionsprinzip geworden, aber genügt seinem Telos nur dort, wo er aus dem zu Konstruierenden, den mimetischen Impulsen aufsteigt, ihnen sich anschmiegt, anstatt daß er ihnen souverän zudiktiert würde. Form objektiviert die einzelnen Impulse nur, wenn sie ihnen dorthin folgt, wohin sie von sich aus wollen. Das allein ist die Methexis des Kunstwerks an Versöhnung.« (180)

»Das Moment des Geistes ist in keinem Kunstwerk ein Seiendes, in jedem ein Werdendes, sich Bildendes. (...) Kunst möchte gerade durch ihre fortschreitende Vergeistigung, durch Trennung von Natur, diese Trennung, an der sie leidet und die sie inspiriert, revozieren.« (141)

»Die Krisis der Kunst (...) affiziert ihre beiden Pole gleichermaßen: ihren Sinn und damit schließlich den geistigen Gehalt, und den Ausdruck und damit das mimetische Moment. Beides hängt voneinander ab: kein Ausdruck ohne Sinn, ohne das Medium von Vergeistigung; kein Sinn ohne das mimetische Moment: ohne jenen Sprachcharakter von Kunst, der heute abzusterben scheint.« (413*)

Eine bestrickende Engführung: die beiden Motive *mimetisches Moment* (Ausdruck) und *Vergeistigung* (Sinn) greifen ineinander. Verwirrend ist nur, daß der Sprachcharakter der Kunst, der doch bereits (vgl. oben, S. 53) jenem anders, nämlich als Subjekt der Werke bestimmten Geist zugesprochen wurde – Geist als »das, was durch sie spricht oder (...) zur Schrift sie macht« (135) –, nunmehr dem mimetischen Moment gleichgesetzt und dem Sinn, der Vergeistigung gegenübergestellt wird. Gibt es also wirklich zwei Arten von Geist und entsprechend zwei Arten von Sprache in der Kunst? Ich lese weiter, geleitet von der zuletzt zitierten Passage, in der ein noch ›unschuldiger‹ Begriff – »Ausdruck« – auftritt, und zwar auf der Seite des mimetischen Moments (und des Sprachcharakters), vis à vis von Sinn und Vergeistigung.

»Ausdruck von Kunst verhält sich mimetisch, so wie der Ausdruck von Lebendigem der des Schmerzes ist.« (169)

»Ausdrucksvoll ist Kunst, wo aus ihr, subjektiv vermittelt, ein Objektives spricht: Trauer, Energie, Sehnsucht. Ausdruck ist das klagende Gesicht der Werke.« (170)

». . . die Kraft des Ausdrucks, durch dessen Spannung die Kunstwerke mit wortlosem Gestus beredt werden. Im Ausdruck enthüllen sie sich als gesellschaftliche Wundmale, Ausdruck ist das soziale Ferment ihrer autonomen Gestalt.« (353)

»Kunst möchte mit menschlichen Mitteln das Sprechen des Nichtmenschlichen realisieren. Der reine Ausdruck der Kunstwerke (,) befreit vom dinghaft Störenden, auch dem sogenannten Naturstoff, konvergiert mit Natur, so wie in den authentischesten Gebilden Anton Weberns der reine Ton, auf den sie sich kraft subjektiver Sensibilität reduzieren, umschlägt in den Naturlaut; den einer beredten Natur freilich, ihre Sprache, nicht ins Abbild eines Stücks von ihr. Die subjektive Durchbildung der Kunst als einer nichtbegrifflichen Sprache ist im Stande von Rationalität die einzige Figur, in der etwas wie Sprache der Schöpfung widerscheint.« (121)

Ausdruck ist also Sprache, aber nur als subjektiv vermittelter, kraft subjektiver Durchbildung, und das ist die »subjektive Paradoxie von Kunst: Blindes – den Ausdruck – aus Reflexion – durch Form – zu produzieren« (174). Ausdruck, heißt das, wird produziert: im Medium der Vergeistigung. Deshalb sind Ausdruck und Geist nicht ohne einander. Und beide sind Sprache. »Kunst, als ein Geistiges (. . .) ist nicht von Ausdruck zu isolieren, und der ist nicht ohne Subjekt« (68). Und mir ist es tröstlich zu wissen, daß in der Kunst Adornos letztlich alles eins ist. Aber noch bin ich nicht so weit. Mein Blick streift gerade den Satz: »Eines der [archaischen] Modelle von Kunst wäre die Leiche in ihrer gebannten, unverweslichen Gestalt« (417*) – das führt mich zurück zu der oben evozierten Idee einer *Sprache der Schöpfung* (oder *der Dinge;* 121): sie korrespondiert mit der »Idee von Kunst als der Wiederherstellung unterdrückter und in die geschichtliche Dynamik verflochtener Natur« (198), der »Idee der Rettung unterdrückter Natur« (240), also der *Versöhnung von Natur*, was oft mißverstanden wird als Regreß auf eine substantialisierte Natur. Adornos Natur ist in Wahrheit eine Utopie, es gibt sie nur als Versprechen, dessen Einlösung freilich nicht Natur wäre, sondern – *Kunst.* »Kunst ist nicht (. . .) Natur, aber will einlösen, was Natur verspricht« (103). »Ist Natur stumm, so trachtet Kunst, das Stumme zum Sprechen zu bringen« (121). »Was Natur vergebens möchte, vollbringen die Kunstwerke: sie schlagen die Augen auf« (104).

Zum Kontrast ein Zitat aus einem kunstwissenschaftlichen Werk, das 70 Jahre vor der *Ästhetischen Theorie* entstanden ist (Cézanne malte damals gerade an den »Badenden Frauen«, Klimt seinen »Hühnerhof«):

»Solange der Mensch blind und unwissend den Naturgewalten und ihren Kausalitätsgesetzen gegenüber stand, war er in der Kunst am unabhängigsten und ebenbürtigsten der Natur gegenüber. Er handhabte zwar dieselben Gesetze wie die Natur in der toten Materie, aber er schuf auf Grund dessen wirklich schöpferische Werke, deren Vorbild er keinem organischen Wesen verdankte. (...) Heute endlich stehen wir der Natur bis zu einem hohen Grade in der Tat als Wissende gegenüber, beherrschen wir ihre Kausalitätsgesetze in weitem Maße, lassen wir uns durch keine ihrer Erscheinungen mehr verblüffen. Aber parallel mit dieser geistigen Eroberung der Natur sind wir hinsichtlich der Kunst in immer größere Abhängigkeit und Sklaverei von ihr geraten. Schien die Natur in der antiken Kunst nur in verbesserter Gestalt darstellungsfähig, war sie noch in der christlichen Kunst nicht mehr als ein notwendiges Übel zur Versinnlichung geistiger Mächte, so hat sie sich heute mit ihren vergänglichsten Erscheinungen Platz in der Kunst erobert. Verhehlen wir uns daher nicht länger (...), daß heute in direktem Kontrast zur Antike der Satz gilt: *die Natur ist verbesserte Kunst.* Kunst ist nur mehr ein Mittel, um den (für die moderne Kultur so charakteristischen) Naturgenuß zu vermitteln und zu steigern. (...)

Es begreift sich hiernach, daß einstmals ein Typus Jahrhunderte, ja Jahrtausende lang in Geltung bleiben konnte, während heute die Mode täglich neue Kunsterscheinungen gebiert. Zwischen jenen beiden Polen aber, zwischen denen die christlich mittelalterliche Anschauung und Kunst die Mitte hält, vollzieht sich die ganze bisherige Entwicklung des menschlichen Kunstschaffens.«

(Alois Riegl, *Historische Grammatik der bildenden Künste*, Graz/Köln 1966, S. 127 f.)

Es wäre (zu) billig, diesen Text Adornos Kunst als Spiegel vorzuhalten und dann den »Affen der Natur« darin zu finden. Adornos Kunst, die »nicht Natur nach(ahmt), auch nicht einzelnes Naturschönes, sondern das Naturschöne an sich« (113), ist ebenso verbesserte Natur, wie seine Natur verbesserte Kunst ist: ›verbessert‹ durch Kunst wird die zweite, d. h. die beherrschte, unterdrückte Natur; ›verbesserte‹ Kunst aber ist die erste (oder utopische), d. h. die errettete, erlöste Natur, die im Naturschönen sich ankündigt: »Das Naturschöne ist die Spur des Nichtidentischen an den Dingen im Bann universaler Identität. Solange er waltet, ist kein Nichtidentisches positiv da« (114). Kunst hält es, wie gesagt, mit dem Nichtidentischen, dem Vielen, dem Besonderen, dem sie beistehen, das sie retten will (vgl. 14, 284, 299 et passim), und das geht so vor sich:

»Dem Inhalt nach ist Synthesis oder Identität soviel wie Naturbeherrschung. Erhebt alle Dichtung, mit ihren eigenen Mitteln, Einspruch wider jene, so erwacht der Einspruch bei Hölderlin zum Selbstbewußtsein. (...) Philosophisch ist die Anamnesis der unterdrückten Natur, in der Hölderlin bereits das Wilde vom Friedlichen sondern möchte, das Bewußtsein von Nichtidentität, das den Identitätszwang des Logos überflügelt.« (»Parataxis«, *Ges. Schriften* 11, 482)

»Von sich aus will jedes Kunstwerk die Identität mit sich selbst, die in der empirischen Wirklichkeit gewalttätig allen Gegenständen als die mit dem Subjekt aufgezwungen und dadurch versäumt wird. Ästhetische Identität soll dem Nichtidentischen beistehen, das der Identitätszwang in der Realität unterdrückt. Nur vermöge der Trennung von der empirischen Realität, die der Kunst gestattet, nach ihrem Bedürfnis das Verhältnis von Ganzem und Teilen zu modeln, wird das Kunstwerk zum Sein zweiter Potenz. Kunstwerke sind Nachbilder des empirisch Lebendigen, soweit sie diesem zukommen lassen, was ihnen (?) draußen verweigert wird, und dadurch von dem befreien, wozu ihre dinghaft-auswendige Erfahrung sie zurichtet.« (14)

»Kunst, Nachbild der Herrschaft der Menschen über Natur, negiert jene zugleich durch Reflexion und neigt dieser [der Natur] sich zu. (...) Ästhetisch neutralisiert, begibt sich Naturbeherrschung ihrer Gewalt. Im Schein der Wiederherstellung des beschädigten Anderen in der eigenen Gestalt wird sie zum Modell eines Unbeschädigten.« (428*)

»Die authentischen Kunstwerke, die der Idee der Versöhnung von Natur nachhängen, indem sie sich vollkommen zu zweiter machen, haben stets, gleichwie um Atem zu schöpfen, den Drang verspürt, aus sich herauszutreten. Weil Identität nicht ihr letztes Wort sei, haben sie Zuspruch von der ersten Natur gesucht: der letzte Figaro-Akt, der im Freien spielt, nicht weniger als der Freischütz in dem Augenblick, in dem Agathe auf dem Altan der gestirnten Nacht innewird.« (100)

Adornos Beispiele, ich kann mir nicht helfen, sind in der Regel schwach und siech, so als wollte er, der sich so gern über ›Beispiele‹ in philosophischen Texten mokierte, nochmals eigens dartun, daß sie nichts taugen. Anstatt dem Gedanken unter die Arme zu greifen, fallen sie ihm auf die Tasche oder gar – wie oben – in den Rücken. Kann Adorno denn davon absehen, daß die hier bemühte *erste* Natur ganz gewiß *zweite* ist, schon bevor sie mittels Leinwand, Sperrholz und Pappmaché auf die Bühne gestellt wird? Er kann es nicht und fügt deshalb an: »Wie sehr dies Aufatmen vom Vermittelten, der Welt der Konventionen abhängt, ist unverkennbar.« Und der Gedanke geht in die Knie.⁵ Im gleichen Argumentationszusammenhang – erste Natur – sagt Adorno: »Keine Kritik der Naturteleologie kann fortschaffen, daß südliche Länder wolkenlose Tage kennen, die sind, als ob sie darauf warteten, wahrgenommen zu werden . . .« (114). Neckermann machts möglich. Adornos Konzeption von Natur als einem Möglichen, einem Noch-nicht, zugleich einem Mehr-als-Daseienden – »aber schon die Reflexion darauf frevelt fast« (115) – ist wohl insgesamt nur metaphorisch zu verstehen. Gemeint ist: die Kunst. Identität mit sich ist *doch* ihr letztes Wort, und dessen Synonym ist *Hermetismus:*

»Die Würde der Natur ist die eines noch nicht Seienden, das intentionale Vermenschlichung durch seinen Ausdruck von sich weist. Sie ist übergegangen an den hermetischen Charakter der Kunst, ihre von Hölderlin gelehrte Absage an jeden Gebrauch, wäre es auch der durchs Einlegen menschlichen Sinnes sublimierte. Denn Kommunikation ist die Anpassung des Geistes an das Nützliche, durch welche er sich unter die Waren einreiht, und was heute Sinn heißt, partizipiert an diesem Unwesen. Das Lückenlose, Gefügte, in sich Ruhende der Kunstwerke ist Nachbild des Schweigens, aus welchem allein Natur redet.« (115)

»Kunst ist Rettung von Natur oder Unmittelbarkeit durch deren Negation (!), vollkommene Vermittlung. Dem Unbeherrschten ähnelt sie sich an durch unbeschränkte Herrschaft über ihr Material.« (428*)

»Dadurch daß Kunst ihrer eigenen Identität mit sich folgt, macht sie dem Nichtidentischen sich gleich: das ist die gegenwärtige Stufe ihres mimetischen Wesens. Versöhnung als Verhaltensweise des Kunstwerks wird heute gerade dort geübt, wo die Kunst der Idee der Versöhnung absagt, in Werken, deren Form ihnen Unerbittlichkeit diktiert.« (202)

Hier erst, auf dieser letzten Stufe von Adornos Kunstbegriff (bzw. meiner schleppenden Lektüre) kommen so enigmatische Sätze wie »Kunstwerke sind die vom Identitätszwang befreite Sichselbstgleichheit« (190) und »Durch Beherrschung des Beherrschenden revidiert Kunst zuinnerst die Naturbeherrschung« (207) zu ihrer vollen Entfaltung. Verstehen läßt diese sich aber nur vor dem apokalyptischen Panorama eines Zustandes der Welt, in dem es keine Hoffnung gibt, weil das Unwesen und das Unheil, der durch Naturbeherrschung beschworene Naturzwang, so total geworden sind, daß nichts sich diesem Bann entziehen kann, es sei denn die Kunst – aber selbst sie nur um den Preis des Verrats an allem, was ihre Idee ausmacht: um den Preis ihrer Inhumanität, die Adorno als Mimesis an die herrschende versteht und ineins setzt mit dem aus dem Formgesetz abgeleiteten »mimetischen Impuls (...) zur sich selbst Gleichheit« (160), der sie in den Hermetismus führte, womit alle Fäden verknüpft wären – ein wahrhaft atemberaubendes Finale:

»Die Autonomie, die sie erlangte, nachdem sie ihre kultische Funktion und deren Nachbilder abschüttelte, zehrte von der Idee der Humanität. (...) Aber ihre Autonomie beginnt, ein Moment von Blindheit hervorzukehren.« (9)

»Nichts Reines, nach seinem immanenten Gesetz Durchgebildetes, das nicht wortlos Kritik übte (...). Das Asoziale der Kunst ist bestimmte Negation der bestimmten Gesellschaft.« (335)

»Asozialität wird zur sozialen Legitimation von Kunst. Um der Versöhnung willen müssen die authentischen Werke jede Erinnerungsspur von Versöhnung tilgen.« (348)

»Kunst wird human in dem Augenblick, in dem sie den Dienst kündigt. Unvereinbar ist ihre Humanität mit jeglicher Ideologie des Dienstes am Menschen. Treue hält sie den Menschen allein durch Inhumanität gegen sie.« (293)

»Weil der Bann der auswärtigen Realität über die Subjekte und ihre Reaktionsformen absolut geworden ist, kann das Kunstwerk ihm nur dadurch noch opponieren, daß es ihm sich gleichmacht.« (54)

»Die Opposition der Kunstwerke gegen die Herrschaft ist Mimesis an diese. Sie müssen dem herrschaftlichen Verhalten sich angleichen, um etwas von der Welt der Herrschaft qualitativ Verschiedenes zu produzieren.« (430*)

Wo Natur und Geschichte letztlich eins sind, nämlich Verhängnis – »Menschliche Geschichte, die fortschreitende Naturbeherrschung, setzt die bewußtlose der Natur, Fressen und Gefressenwerden, fort« (*Negative Dialektik*, 349) –, bleibt auch für die Kunst kein Schlupfloch. So sehr der Philosoph es anders möchte: sie verfällt schließlich seinem »identitätssetzenden Geist«. Die Stilfigur, mit der er sich dagegen wehrt (sie taucht in der letzten Zitatenfolge mehrmals auf), folgt dem Muster Teufel-mit-Beelzebub (psychoanalytisch: Identifikation mit dem Aggressor) und hat selbst etwas Mimetisches: Magie ohne Praxis (oder aber: fauler Zauber). Die Idee der Rettung flüchtet sich bei Adorno in diese Stilfigur, in der die *Ästhetische Theorie* theologisch wird. Ihre Grundform sehe ich in der These: »Trennung [von der Natur, d. h. der Sündenfall] kann widerrufen werden einzig vermöge der Trennung« (86) – was nur dann einen Sinn ergibt, wenn die zweite Natur zur ersten erlöst wird. Wer steht für diese Resurrektion der Natur ein? Die expliziten theologischen Motive des Buches sind etwas verhuscht, zielen aber doch auf die Frage, »ob Kunst nach dem Sturz der Theologie und ohne eine jede überhaupt möglich sei« (403*). Nur Theologie könnte jenen Sinn, d. h. die Rettung garantieren. Durch ihren Sturz, »die Absenz wie immer auch modifizierten theologischen Sinns«, werde »Metaphysik der Kunst (...) zur Instanz ihres Fortbestehens« (506**).[6] Was aber soll sein nach dem Sturz der Metaphysik? Die *Ästhetische Theorie* gibt Antwort darauf, aber eine dunkle. Weniger verschlüsselt sagte es die *Philosophie der neuen Musik*: Kunst selbst muß durch ihren Opfertod eine neue Religion begründen:

> »Die Schocks des Unverständlichen, welche die künstlerische Technik im Zeitalter der Sinnlosigkeit austeilt, schlagen um. Sie erhellen die sinnlose Welt. Dem opfert sich die neue Musik. Alle Dunkelheit der Welt hat sie auf sich genommen. All ihr Glück hat sie daran, das Unglück zu erkennen; all ihre Schönheit, dem Schein des Schönen sich zu versagen. (...) die neue Musik (ist) spontan angelegt auf das absolute Vergessensein. Sie ist die wahre Flaschenpost.« (*Ges. Schriften* 12, 126)

(Adorno liebte das Bild der Flaschenpost. Leo Löwenthal erzählte mir, daß Adorno einst mit Hanns Eisler und anderen Freunden der Emigration am Pazifik stand und seufzte: »Ach, was ich jetzt möchte, ist: die Quintessenz meines Denkens auf einen Zettel schreiben, in eine Flasche stecken und in den Ozean werfen. Dann wird eines fernen Tages auf einer fernen Insel irgend jemand die Flasche finden und öffnen und lesen...« – »Na was schon, Teddy? –: Mir ist so mies!« konterte Eisler.)

*

> »Josefine behauptet sich, dieses Nichts an Stimme, dieses Nichts an Leistung behauptet sich und schafft sich den Weg zu uns; es tut wohl, daran zu denken. Einen wirklichen Gesangskünstler, wenn einer einmal sich unter uns finden sollte, würden wir in solcher Zeit gewiß nicht ertragen und die Unsinnigkeit einer solchen Vorführung einmütig abweisen. Möge Josefine beschützt werden vor der Erkenntnis, daß die Tatsache, daß wir ihr zuhören, ein Beweis gegen ihren Gesang ist. Eine Ahnung dessen hat sie wohl, warum würde sie sonst so leidenschaftlich leugnen, daß wir ihr zuhören, aber immer wieder singt sie, pfeift sie sich über diese Ahnung hinweg.«

5. Gegenlektüre
(Kunst als Partei)

Adorno kreidet Marx in der *Negativen Dialektik* an, er habe das urbürgerliche Programm der Naturbeherrschung unterschrieben und zur Überwindung eben jenes Herrschaftsbannes, den es geschaffen habe und notwendig fortzeugen müsse, in Dienst genommen: die Errichtung des Reiches der Freiheit müsse also scheitern. Adorno unterschlägt, daß Marx im Begriff der Selbstbefreiung des Proletariats den Prozeß auf »wahre menschliche Freiheit« hin beschwor, die »identisch (ist) mit der Beherrschung der Natur in und außer uns durch vernünftigen Entschluß«. Ich habe soeben nicht Marx zitiert, sondern Horkheimer, jenen der Kritischen Theorie *(Zeitschrift für Sozialforschung,* 1933, S. 412), der als Träger dieses Prozesses freilich nicht mehr das Proletariat, sondern die »vorwärtsstrebenden Kräfte der Menschheit überhaupt« sieht. Adornos Vorwurf gegen Marx trifft demnach ebenso die Kritische Theorie, an deren Entwicklung er, wie gesagt, nicht partizipiert hatte und deren (auch von Horkheimer eher unterdrückte als geförderte) Wiederbelebung in den sechziger Jahren er mit Unbehagen und Abwehr verfolgte. *Kritische* Theorie gibt es für ihn nur als *ästhetische; gute* Naturbeherrschung, solche durch »vernünftigen Entschluß«, kennt er, soweit ich ihn kenne, nur in der *Kunst,* die ihm zufolge die Formen der äußeren Realität nicht etwa abwehrt, vielmehr ähnlich in Dienst nimmt, wie Marx es vom Proletariat erwartet hatte: »Sind jene Formen im auswendigen Dasein die maßgebenden der Naturbeherrschung, so werden sie in der Kunst ihrerseits beherrscht, mit ihnen wird aus Freiheit geschaltet« (207). Freilich nicht, um das Reich der Freiheit zu errichten . . .

Der Begriff der ästhetischen Naturbeherrschung, den Adorno in den fünfziger Jahren noch gleichsam emphatisch gebraucht hatte, im Sinne nicht nur der *Beherrschung,* sondern auch der *Vermenschlichung* des Materials, tritt in der *Ästhetischen Theorie* zurück hinter den der Technik, der Konstruktion, der Durchbildung; und das einzige Mal, wo er exponiert auftritt, ist er im Manuskript wieder gestrichen: »Erst das Kunstwerk, das zum An sich bilderlos sich macht, [trifft das Wesen, und dazu freilich bedarf es der entwickelten ästhetischen Naturbeherrschung]« (425*), worin das »dazu freilich bedarf es Beethovens« aus dem

Hebammen-Theorem nachklingt (vgl. oben, S. 53 f.). Wirkt hier das Tabu der Nähe, die Angst vor Kontamination, die meist mit einer Verschiebung des gefährlich Nahen in eine andere Dimension einhergeht? Ich vermute es. Ja ich behaupte: für Adorno ist die Kunst das, was für die linke Intelligenz hundert Jahre lang das Proletariat war –: das wahre Gedächtnis der Geschichte, weil mit allen Leiden und Opfern beladen; berufen, den Bann der bürgerlichen Gesellschaft zu brechen, weil außerhalb dieser stehend; Garant der Befreiung der Menschheit, weil aller Menschlichkeit beraubt. (»Alle Dunkelheit der Welt hat sie auf sich genommen . . .«, s. o.).

Seit der Mitte des 19. Jahrhunderts, als Adornos Moderne begann, waren die bürgerlichen Intellektuellen von zwei Phänomenen fasziniert, den amorphen (naturhaften) Massen und den hochstrukturierten (rationalen) Arbeitsprozessen. Diese beiden neuartigen, ja befremdlichen Erfahrungen haben in ihren Entwürfen und Erwartungen überraschend zusammengefunden: sie bauten auf die Spontaneität der Masse und auf die Rationalität komplexer Arbeitsprozesse; das eine sollte im anderen ›aufgehoben‹ werden. So kam das Proletariat zu seiner Mission, die Naturbeherrschung zu humanisieren, die Produktivkräfte zu entfesseln, die neue Gesellschaft in Freiheit zu setzen. Es war der neue Heiland. Jedoch nicht schon als solches, als gleichsam rohe (wiewohl unterdrückte) Natur, nicht als Klasse an sich, sondern erst als Klasse für sich, die aus jener herausgeholt werden mußte wie bei Adorno die Statue aus dem rohen Stein, in dem sie liegt, bis der Künstler sie entbindet. Hier nun erhielten die Intellektuellen, »Doktoren der Revolution«, wie Heine sie nannte, eine angemessene Aufgabe, sozusagen als Heiland-Macher: Das Proletariat ist das Material, die Intelligenz das formende Prinzip, das intervenierende Bewußtsein: »Wie die Philosophie im Proletariat ihre *materiellen*, so findet das Proletariat in der Philosophie seine *geistigen* Waffen, und sobald der Blitz des Gedankens in diesen naiven Volksboden eingeschlagen ist, wird sich die Emanzipation der *Deutschen* zu *Menschen* vollziehen« (Marx, »Zur Kritik der Hegelschen Rechtsphilosophie«). Aber so recht glücklich wurden die Intellektuellen dabei nicht, da die erstarkende Arbeiterbewegung, die die geistigen Waffen stumpf werden ließ, ohne die materiellen zu schärfen, sich statt zur Revolution mehr und mehr zur Integration hinbewegte und sich von jenen nicht weiter formen lassen mochte. So fühlten die Intellektuellen sich schließlich im Stich gelassen von dem Proletariat, in das sie so lange ihre Hoffnungen gesetzt hatten. An wen sollten sie sich fürder halten? An Ihresgleichen, die intellektuelle Minderheit, die in Rußland die Revolution verkörperte! Auf sie konnten sie die soteriologische Rolle übertragen, die sie bisher dem Proletariat zugeschrieben hatten; was sie bisher in der Masse gesehen hatten, sahen sie jetzt in der Spitze der Partei: eine mystische Substanz. Den Proletkult durch den Parteikult zu ersetzen bedeutete für den Intellektuellen, daß er Intellektueller bleiben durfte, nicht mehr gehalten war, ein sacrificium intellectus zu begehen, um der höheren proletarischen Weihen teilhaftig zu werden. Die Identifizierung mit der Arbeiterbewegung war praktisch aufgehoben. Theoretisch konnte sie um so leichter aufrechterhalten werden: Die Partei stand dafür ein. Sie mußte dafür einstehen, um sich selbst und ihr Handeln zu rechtfertigen und damit die chiliastische Substanz der rituell verkündeten Wahrheit zu retten, jener höheren Wahrheit, die sich in der Partei verkörperte.

Die Partei als Geist, als kollektives Subjekt – das ist die Position der Lukács'schen Parteimetaphysik, in der die Forderung der Disziplin, für Lenin eine eher praktische Frage, zur »höchsten *geistigen* Frage« wird: »Das bewußte Wollen des Reiches der Freiheit (...) bedeutet das bewußte Sichunterordnen jenem Gesamtwillen, der die wirkliche Freiheit wirklich ins Leben zu rufen bestimmt ist. (...) Dieser bewußte Gesamtwille ist die kommunistische Partei« (*Geschichte und Klassenbewußtsein*, Berlin 1923, S. 318). Solche Disziplin kann nur entstehen als »bewußte und freie Tat des bewußtesten Teiles, der Vorhut der revolutionären Klasse« (a.a.O., S. 323), deren organisatorische Selbständigkeit Bedingung der Autonomie der Partei ist. Und an dieser Vorhut (letztlich dem ZK) haben die Intellektuellen, klassenfremde Elemente also, deren Rolle Rosa Luxemburg aber zugunsten der Spontaneität der Massen unterschätze, entscheidenden Anteil. So Lukács, so die Vorhut. Zurückstecken müssen gegenüber dieser Spitze auch die einfachen Parteiarbeiter; sie sind nichts weiter als Vollzugsorgane, verlängerte Werkzeuge, die aus der Masse die Klasse, aus dieser die Parteimitglieder herausholen (wie der Künstler das Werk aus dem Material). Auf ihr Selbstbewußtsein kommt es nicht an, nur auf den ›Geist‹ des autonomen ZK, der aus der Partei redet. Diese Rede freilich bedarf (wie die der

Kunst) der Philosophie, die sie interpretiert. So konvergieren Partei und Philosophie: in ihrem Wahrheitsgehalt.

Meine polemische Zuspitzung[7] will nicht einen Vergleich erzwingen, noch weniger eines auf ein anderes reduzieren, sondern auf eine Denkfigur aufmerksam machen, die für die europäische Intelligenz typisch zu sein scheint. Es geht um das Bedürfnis nach Rettung und seine Rationalisierungen. Ich behaupte nicht, daß die Metaphysik der Partei und die der Kunst einfach gleichzusetzen seien; ich vermute nur, daß sie ähnlichen Bedürfnissen genügen. Und ich meine, es gibt einige Indizien dafür, daß Adornos Kunstmetaphysik eine Verschiebung der Lukácsschen Parteimetaphysik (die damals viele mit ihm teilten) in einen Bereich ist, in dem das Bedürfnis, für das sie steht, ohne größere Kosten befriedigt werden kann. Zur Erklärung dieser Verschiebung braucht man gar nicht nach besonderen biographischen Motiven (etwa in Adornos amerikanischer Zeit) zu suchen: die allgemeinen Erfahrungen des Stalinismus reichen hin, und Adorno brauchte nicht einmal theoretische Positionen zu revidieren, da er sich mit der marxistischen oder der Kritischen Theorie kaum ›beschmutzt‹ hatte, sondern von seiner (freilich als »immanente Auslegung« der materialistischen Dialektik verstandenen) Naturgeschichte-Konzeption direkt in die der *Dialektik der Aufklärung* einschwenken konnte, die schon die Weichen für die *Ästhetische Theorie* stellte. Die Indizen, die ich erwähnte, sehe ich z. B. in Adornos schier blindem Haß auf Lukács (Tabu der Nähe), der sich gerade nicht auf die (von Adorno verdrängte) frühe Parteimetaphysik, vielmehr auf die (von Adorno symptomatisierte) späte Kunstmetaphysik richtete; und mehr noch in Adornos Einstellung zur Praxis, die von der *Dialektik der Aufklärung* bis zur *Ästhetischen Theorie,* besonders aber in seinen letzten Lebensjahren, eine drastische Veränderung erfuhr. Das, wodurch sich Adornos »Kunst« von Lukács' »Partei« unterscheidet, ist ja nicht der Wahrheits- und Totalitätsanspruch, sondern die Perspektive auf *praktische Verwirklichung* dieses Anspruchs. Bei Adorno ist diese Perspektive streng kunstimmanent und (wie die Kunst selbst) bestenfalls utopisch:

»Gestaltung, welche die wortlosen und stummen Widersprüche artikuliert, hat dadurch Züge einer Praxis, die nicht nur vor der realen sich flüchtet; genügt dem Begriff Kunst selbst als einer Verhaltensweise. Sie ist eine Gestalt von Praxis und muß nicht dafür sich entschuldigen, daß sie nicht direkt agiert: selbst dann vermöchte sie es nicht, wenn sie es wollte, die politische Wirkung auch der engagierten ist höchst ungewiß.« (345)

».. . der Prozeß, den ein jedes Kunstwerk in sich vollzieht, wirkt als Modell möglicher Praxis, in der etwas wie ein Gesamtsubjekt sich konstituiert, in die Gesellschaft zurück.« (359)

»Kunstwerke ziehen Kredit auf eine Praxis, die noch nicht begonnen hat und von der keiner zu sagen wüßte, ob sie ihren Wechsel honoriert.« (129)

»Ihre wahre gesellschaftliche Wirkung ist höchst mittelbar, Teilhabe an dem Geist, der zur Veränderung der Gesellschaft in unterirdischen Prozessen beiträgt (. . .). Wirkung üben Kunstwerke allenfalls in einer kaum dingfest zu machenden Veränderung des Bewußtseins aus.« (359 f.)

Der Praxisbegriff einer versponnenen Geheimgesellschaft könnte kaum unschuldiger sein. Es ist jedenfalls eher eine elitäre als eine prinzipielle Absage an Praxis. Auch in der *Negativen Dialektik* (1966) wird Praxis noch nicht grundsätzlich verdammt: »Wahre Praxis, der Inbegriff von Handlungen, welche der Idee von Freiheit genügten, bedarf zwar des vollen theoretischen Bewußtseins. (. . .) Aber Praxis bedarf auch eines anderen, in Bewußtsein nicht sich Erschöpfenden, Leibhaftigen, vermittelt durch Vernunft und qualitativ von ihr verschieden« (a.a.O., S. 228). Als dann kurz darauf wenigstens die Ahnung einer solchen ›leibhaftigen‹ Praxis auftauchte, ließ Adorno das Visier runter: seine vornehme Distanz schlug um in gereizte Ablehnung einer jeglichen Praxis. Die aus seinem letzten Jahr überlieferten Ausfälle gegen die »borniete Unwahrheit am praktischen Wesen« (358) sind allerdings syntaktisch nur locker an die Kunst geknüpft:

»Praxis war der Reflex von Lebensnot; das entstellt sie noch, wo sie die Lebensnot abschaffen will. Insofern (!) ist Kunst Kritik von Praxis als Unfreiheit; damit hebt ihre Wahrheit an.« (»Marginalien zu Theorie und Praxis« (1969), *Stichworte,* Frankfurt 1969, S. 172)

»Praxis tendiert ihrer schieren Form nach zu dem hin, was abzuschaffen ihre Konsequenz wäre; Gewalt ist ihr immanent und erhält sich in ihren Sublimierungen, während (!) Kunstwerke, noch die aggressivsten, für Gewaltlosigkeit stehen. Sie setzen ihr Memento wider jenen Inbegriff des praktischen Betriebs und des praktischen Menschen, hinter dem der barbarische Appetit der Gattung sich verbirgt, die so lange noch nicht Menschheit ist, wie sie von ihm sich beherrschen läßt und mit Herrschaft sich fusioniert.« (359)

»Pseudo-Aktivität ist generell der Versuch, inmitten einer durch und durch vermittelten und verhärteten Gesellschaft sich Enklaven der Unmittelbarkeit zu retten. (. . .) Jedoch Spontaneität ist nicht zu verabsolutieren (...). Sonst schlägt die Axt im Haus, die nie den Zimmermann erspart, die nächste Tür ein, und das Überfallkommando ist zur Stelle.« (»Resignation« (1969), *Kritik. Kleine Schriften zur Gesellschaft*, Frankfurt 1971, S. 148 f.)

Adornos Gegenzauber – »Mimesis an die Herrschaft« (430), ans Überfallkommando – war nicht nur für die Kunst bestimmt, er übte ihn für sich selbst. In *wessen* Händen damals die Herrschaft lag, wußte er sehr wohl. Wieso aber konnten ihn die schwachen, oft kindischen und allotriahaften Ansätze von Gegenmacht, Gegenpraxis derart verstören, daß er nicht mehr zu differenzieren wußte; Haben sie seine theoretisch gut abgesicherte Verschiebung der Idee der Befreiung, die ohne ›schmutzige‹ Praxis nicht realisierbar ist, in den Sonderbereich der Kunst, die ihre eigene, saubere Praxis betreibt, in Frage gestellt? Dann wäre sein Beharren auf dem Fortbestand der hermetischen Kunst, die sich seiner Theorie zufolge doch selbst paralysiert, ein weiteres Indiz für jene Verschiebung, die durch die Erfahrung des Sündenfalls befreiender Praxis und durch den Wunsch ihrer Rettung motiviert zu sein scheint:

»Der heute mit ebensoviel Geläufigkeit wie Ressentiment propagierte Untergang der Kunst wäre falsch, ein Stück Anpassung. (...) Mit der Empfehlung von Jazz und Rock and Roll anstelle von Beethoven (!) wird nicht die affirmative Lüge der Kultur demontiert sondern der Barbarei und dem Profitinteresse der Kulturindustrie ein Vorwand geliefert.« (473*)
»Das Pseudos des von Intellektuellen proklamierten Endes der Kunst liegt in der Frage nach ihrem Wozu, ihrer Legitimation vor der Praxis jetzt und hier. Aber die Funktion der Kunst in der gänzlich funktionalen Welt ist ihre Funktionslosigkeit (...). Freilich wäre faul und apologetisch die Beteuerung, kein Ende sei abzusehen. Die adäquate Haltung von Kunst wäre die mit geschlossenen Augen und zusammengebissenen Zähnen.« (475*)

Am Ende also geschlossene Augen und zusammengebissene Zähne. (Wie hieß es doch früher: »Was Natur vergebens möchte, vollbringen die Kunstwerke: sie schlagen die Augen auf« (104), und: »Ist die Sprache der Natur stumm, so trachtet die Kunst, das Stumme zum Sprechen zu bringen« (121).) Der von Adorno behauptete totale Verblendungszusammenhang, Reflex jenes universalen Identitätszwanges, den seine Philosophie vindiziert, muß aufrechterhalten werden, selbst um den Preis, daß er auf die

Kunst, die ihn zerreißen soll, zurückschlägt. Es *darf* keine Praxis geben außerhalb jenes totalen Bannes, weil sonst die Kunst (und ihre Philosophie) als einziger Hort *legitimer* Praxis – »Praxis ist nicht die Wirkung der Werke, aber verkapselt in ihrem Wahrheitsgehalt« (367), also ihrem Geist, also ihrem Formgesetz, also ihrem Subjekt, also in dem Wir, das aus ihnen spricht – weil dieses Wir sonst einen gefährlichen Konkurrenten bekäme.

4. Gegenlektüre
(Kunst als Monopol)

»Kein Zufall, daß die Ideale unmittelbarer Aktion, selbst die Propaganda der Tat wiederauferstanden sind, nachdem ehemals progressive Organisationen sich willig integrierten und in allen Ländern der Erde Züge dessen entwickeln, wogegen sie einmal gerichtet waren. Dadurch aber ist die Kritik am Anarchismus nicht hinfällig geworden. Seine Wiederkehr ist die eines Gespensts.« (»Resignation«, a.a.O., S. 149)

Kein Zufall, aber Gespenst. Gespenster sind für Adorno das, was dem Identitätszwang sich ohnmächtig entzieht, ohne Kunst sein zu wollen. Geister, nicht Geist (oder bestenfalls subjektiver). Gespenster sind zu vertreiben, sie haben in Adornos geschlossener Welt aus »gesellschaftlicher Totale« und ästhetischem Widerstand gegen sie keinen Platz, nicht einmal als »Nachbilder«. Adorno leugnet jede andere empirische Realität als die, die der von ihm klagend beschworene Identitätszwang setzt. So wie er nichts anderes kennt als einerseits Bürger und andererseits »Wilde« oder »Primitive« (die offenbar alle gleich sind und keinen anderen Umfang haben als mit dem Mana), so ist ihm auch nicht vorstellbar, daß Praxis und Mimesis, seit sie nicht mehr ungeschieden Magie sind, in andere Kanäle fließen als die der Naturbeherrschung resp. der etablierten Kunst, geschweige denn daß beide außerhalb ihrer bürgerlich anerkannten Domänen zusammenfinden können. Um einen Fall anzuführen, der uns fern genug ist, um die Teilnahme, und nahe genug, um die Beobachtung zu balancieren: die Hexen. Adorno hätte hier wohl nur den Hexen*wahn* gesehen, ein Zwangsverhalten jener, die an Hexen glaubten und sie verfolgten, kaum aber eingeräumt, daß es Hexerei oder eine mit diesem Namen belegte *Praxis* voller Zauber, Sinnenlust und Widerspruch gegen die herrschende wirklich gab.

Sie war, wenn man so will, eine Gestalt der Nichtidentität, die vom patriarchalisch-bürgerlichen Identitätszwang, gegen den sie aufbegehrte, exemplarisch unterdrückt werden mußte: zunächst physisch und dann, dank Aufklärung, auch noch kognitiv: *es gibt keine Hexerei*. Nicht einmal ›kulturell‹ ließ diese Praxis sich retten. Warum nicht? Weil sie der Veredelung, sprich Vergeistigung, nicht fähig war? Denkbar wäre durchaus eine Kultivierung des Reitens auf dem Besenstiel oder der Verwendung von Mistel, Stechapfel, Bilsenkraut als Psychopharmaka. Es gab sie so wenig wie eine Sanktionierung von, sagen wir, Fecht-, Koch- und Liebeskunst als ›Kunst‹. Adornos Auskunft lautet: »Die Kunstwerke sind, ihrer eigenen Beschaffenheit nach, objektiv (...) geistig: sonst prinzipiell ununterscheidbar von Essen und Trinken« (511**), oder vom Stoßen und Streicheln. Das heißt aber: nur was geistig ist, kann (darf) Kunst sein. Das genügt ihm. Ihm genügt auch, daß das, was sich »in der ästhetischen Verhaltensweise versammelt«, nämlich »was seit undenklichen Zeiten von Zivilisation weggeschnitten, unterdrückt wurde«, allein von der Kunst »konserviert« und ausgebeutet, also ein zweites Mal unterdrückt wird (vgl. oben, S. 64). Entweder Zivilisation oder Kunst – ein Drittes gibt es nicht bei Adorno. Wie so oft, wie fast durchweg in der *Ästhetischen Theorie* ist er's zufrieden, das, was nun einmal ist, theoretisch virtuos zu umgarnen, bis es gar nicht mehr herauskann. Nie fragt er, ob es nicht auch anders sein könnte, werden könnte. Nachdem er den Kunst-Geist einmal aus der Gesellschaft abgeleitet hat, als ihr Anderes, kümmert es ihn nicht mehr, warum der sich gerade und ausschließlich in den überkommenen Bereichen von Literatur, Musik, bildender Kunst ergeht und nie auch nur einen Seitensprung macht, als walte hier ein magischer Bann.

Es waltet ein Bann, nur kein magischer. Indem sich jene Kunstarten als autonome etablierten, errichteten sie zugleich ein Kunst-Monopol: ästhetisches Verhalten *mußte* von nun an Kunst sein (wollen), oder es war bestenfalls Kunstgewerbe; andernfalls Zirkus, Spinnerei oder – Wahnsinn. Diese Kanalisierung von ›mimetischen‹ Impulsen seit der Aufklärung war unmittelbarer gesellschaftlich bedingt, als Adorno es wahrhaben möchte, der darin, strikt bürgerlich, nur den Triumph der Kunst über ihre niedere Abstammung und ihre gefährlichen Konkurrenten sieht – den »Sprung«, durch den sie sich von Zweckformen und Kultobjekten »losgerissen« (426*) und »die Schmach ihrer alten Abhängigkeit vom faulen Zauber, Herrendienst und Divertissement« (12) gesühnt hat: der Aufstieg ist gelungen, die bürgerliche Kunst wird geadelt, und ihre heutigen Nachkommen leben vom angehäuften kulturellen Kapital, fern von den armen Verwandten gleichen Namens. Die sozialen Kosten dieses Aufstiegs kümmern Adorno nicht. Er zementiert das bildungsbürgerliche Convenu, das bis heute darauf besteht, hohe und niedere, reine und Gebrauchskunst sauber zu trennen und diese Trennung ganz selbstverständlich, hier auf-, dort abwertend, auf frühere Epochen zu übertragen, denen sie fremd war, ja die den Rang künstlerischer Arbeit eher an ihrem Zweck als an ihrer Zwecklosigkeit maßen, weshalb etwa im 17. Jahrhundert die Fortifikationskunst höher rangierte als die Sonettkunst und alle möglichen Kunstfertigkeiten wetteifernd im strahlenden Gesamtkunstwerk des höfischen Festes konvergierten. Viele Betätigungen und Entdeckungen, die seit der Renaissance als ›kunstfähig« galten, wurden dann im Laufe des 18. Jahrhunderts bürgerlich nutzbar gemacht – oder sie blieben auf der Strecke. Dort blieb aber auch (und erstarrte) all das, was seit dem 19. Jahrhundert bestenfalls noch als bodenständige ›Volkskunst‹ ein gönnerhaftes Interesse fand.

Was ist da eigentlich geschehen? Gewiß, die Kunst hat sich »emanzipiert«. Aber dieser rein teleologische Aspekt, den Adorno hypostasiert, setzt die Kosten des Prozesses, der dahin führte, listig auf die Habenseite der nunmehr befreiten Kunst, und zwar nicht ganz ohne Recht, insofern sie dadurch von mancherlei Aufgaben und Zumutungen ›entlastet‹ wurde. Die Kehrseite aber ist, daß der durch die fortschreitende gesellschaftliche Arbeitsteilung, durch Industrialisierung und Technifizierung bedingte Entlastungsprozeß zugleich zu einer Verarmung der Kunst, ja zu ihrer Verdrängung aus dem realen gesellschaftlichen Lebenszusammenhang führte. Anders gesagt: nur solche ›Kunstfertigkeiten‹, die keinen gesellschaftlichen Nutzen brachten – im Jargon: nicht unmittelbar unter das Kapital subsumiert werden konnten –, wurden als ›schöne Künste‹ anerkannt. Daß dies z. B. bei der Musik erst relativ spät geschah (und selbst für Kant noch nicht ganz gesichert war), erklärt sich daraus, daß die Musik noch im 18. Jahrhundert vor allem gesellschaftliche, d. h. höfische Funktionen zu erfüllen hatte. So gesehen ist die Voraussetzung für die Autonomie der Kunst ihre Funktionslosigkeit, auch wenn es zunächst den gegenteiligen Anschein hatte, nämlich den eines triumphalen Einzugs der bisher als aristokratisches Privileg geltenden Künste ins bürgerliche Alltagsleben. Den Höhepunkt dieses Aneignungsprozesses repräsentiert die erste Weltausstellung (Londoner Glaspalast 1851), diese pompöse »Lektion in gutem Geschmack«, als die sie sich verstand: die Kunst vermählte sich der Industrie, sie wurde ›demokratisiert‹. Es war auch die Zeit der ersten ›Feuilleton‹-(= Fortsetzungs-)Romane von Balzac, Sue, Dumas père, der sensationellen Buch- und Theatererfolge von Autoren, die gewiß mehr nach Lorbeeren als nach Honoraren strebten, aber mit diesen jene ernteten. Doch der Höhepunkt war zugleich der Wendepunkt: die Vorhut der Künstler versagte sich solcher Konsumorientierung, ihre Devise hieß: Abstand vom Markt (oder: dieser Abstand wurde ihr zur Devise, denn zwischen Abneigung und Versagen zu unterscheiden ist müßig, sobald es einmal den *positiven Kodex* des Abstandes gibt, der seine eigene Legitimität, seine esoterischen Maßstäbe setzt). Kurz, man blieb unter sich, blieb ›rein‹, – Adornos Moderne hatte begonnen und überließ den breiten Rest der Kultur der industriellen Verwertung, der öffentlichen Repräsentation und dem privaten Konsum.

Seitdem aber als ›wahre‹ Kunst nur noch die ›reine‹ gilt, deren Zauberkreis oder Schmollwinkel zugleich immer enger wird infolge des Vorrückens der Technologie (man denke nur etwa an den Funktionsverlust der bildenden Kunst durch das Aufkommen photographischer Techniken), schrumpfen auch ihre Aufgaben, damit ihre Möglichkeiten und am Ende die Begabungen, was in dem sich von allen Seiten aufdrängenden ästhetischen Veto ›Das geht nicht mehr‹ seinen ironischen Ausdruck findet. Fast nichts mehr geht. Es soll aber (weiter)gehen. Also revoltiert die Kunst gegen die Kunst, zersetzt ihren Begriff, wie Adorno sehr wohl sieht; er sieht darin freilich nur das Pfand ihrer Autonomie, die Entfesselung der ästhetischen Produktivkräfte, – die doch wohl noch nie so sehr (bis zum Ersticken oder bis zur Explosion) gefesselt waren wie heute, wo dieser Prozeß sich zu vollenden scheint und deshalb die Chance hätte, umzuschlagen.

Er darf nicht umschlagen, befindet Adorno, der das überkommene Kunst-Monopol nicht nur gutheißt, sondern noch verschärft. Denn nicht allein, daß er die niedere Kunst von der hohen, die Zweckkunst von der reinen trennt; er schmäht auch noch den »von wahlverwandten Geisteshistorikern gewürdigten gesunden Humusboden kleiner Meister« und das, »was Lukács als ›normales‹ Kunstwerk zu verfechten nicht sich entblödete« (280). Nur die wirklich gelungenen, d. h. die hermetischen Werke haben Anspruch auf den hehren Namen, alles andere muß hinab. »Schlechte Kunstwerke werden zu schlechten nur dadurch, daß sie objektiv den Anspruch von Kunst erheben, den sie subjektiv (...) dementieren« (445*). Natürlich weiß auch Adorno, daß dieser strenge, einschüchternde Kunstbegriff gesellschaftlich produziert ist, aber er meint damit, da bei ihm alles irgendwie gesellschaftlich ist, nichts Spezifisches. Der Satz etwa: »Die Objektivation der Kunst, von der Gesellschaft draußen (!) her ihr Fetischismus, ist ihrerseits gesellschaftlich als Produkt der Arbeitsteilung« (338), gewönne erst von ›innen‹, von der einmal objektivierten, d. h. institutionalisierten Kunst her eine prägnante Bedeutung, die Adorno freilich kaum akzeptieren würde: Damit die Kunst, besser die Künste, also Literatur, Malerei, Musik usw., zu Institutionen des bürgerlichen Überbaus werden können, muß eine Arbeitsteilung eintreten, die nicht nur die direkte Verbindung von Produktion und Konsumtion auflöst, sondern auch die von Produktion und Objektivation: objektiviert wird Kunst fortan durch Urteile über sie, zu denen zwar nur wenige berufen sind, aber ausgestattet mit dem Anspruch auf Allgemeinverbindlichkeit, der nur an der zugleich damit sich herausbildenden Idee von Kunst-an-sich festgemacht ist. Diese Idee und jener Allgemeinheitsanspruch sind eins. Und sie sind weniger von bestehenden Werken abgeleitet, als daß sie diese erst konstituieren, sie rückwirkend oder vorschüssig zur Kunst erklären oder aber aus dem heiligen Bezirk verweisen. Das spiegelt sich bei Adorno, obschon blind, in Sätzen wie den folgenden:

»Was Kunst sei, ist unabhängig sogar vom Bewußtsein der Kunstwerke selbst. Zweckformen, Kultobjekte können zu Kunst geschichtlich erst werden.« (272)
»Wie aber Gebilde, die nicht als Kunst oder vor dem Zeitalter ihrer Autonomie hergestellt wurden, durch Geschichte Kunst zu werden vermögen, so auch, was heute als Kunst sich in Frage stellt. (...) Ebenso jedoch kann, was einmal Kunst war, aufhören, es zu sein.« (445*)
»Die Konstruktion von derlei Zusammenhängen geleitet zu dem, was Kunst noch nicht ist und woran Ästhetik erst ihren Gegenstand hätte.« (522 f.**)

Das alles aber geschieht bei Adorno in ›der‹ Kunst, durch ihr autonomes Formgesetz, ihren Geist, der sich ›frei‹ entfaltet, nicht im Rahmen irgendeiner Institution, die Adorno viel eher in vorbürgerlichen, vorautonomen Kunstepochen am Werk gesehen hätte. Kaum jedoch ist anzunehmen, daß etwa in der Renaissance ein Auftraggeber oder Mäzen (Papst, Fürst, Kaufmann, Kapitel, Kommune) auf einen Künstler, in dessen Arbeit unmittelbar einzugreifen er sich anmaßte, wie man heute schaudernd sagt, einen solchen Einfluß und Druck ausübte, wie es heute, seis auch mittelbarer, die Kunstkritik und Kunsttheorie und die damit verstrickte Aufführungs-, Ausstellungs- und Verlagspolitik tun. (Ein Beispiel wäre: Adornos Einfluß auf die neue Musik in den fünfziger Jahren.) Inwiefern also ist die Kunst – und nicht nur der Kunstbegriff – in der bürgerlichen Gesellschaft autonom geworden? Und inwiefern wurden damit die ästhetischen Produktivkräfte entfesselt? Wirkt nicht z. B. die ganze Plastik des 19. Jahrhunderts wie ein einziges Niederwalddenkmal, sobald man sie etwa mit der des Quattrocento vergleicht oder auch nur mit der von Reims?

»In dem begrenzten Kreise einer einzigen Bauhütte, unter der Leitung von Meistern, die, wie wir annehmen müssen, mit unbeschränkter Vollmacht ausgestattet waren, im Flusse einer relativ raschen und nie ganz unterbrochenen Bautätigkeit und inmitten einer künstlerischen Bewegung, die ihre Antriebe nicht etwa von außen empfing, sondern, wenn irgendeine, als spontan zu gelten hat, entsteht im Verlauf von weniger als drei Menschenaltern [in Reims] eine gewaltige Menge plastischer Kunstwerke...« (Erwin Panofsky, *Aufsätze zu Grundfragen der Kunstwissenschaft*, Berlin 1974, S. 77)

Wenn Panofsky sagt, daß diese künstlerische Bewegung »ihre Antriebe nicht etwa von außen empfing, sondern, wenn irgendeine, als spontan zu gelten hat«, so ist das sicher historisch zu relativieren; auch die »unbeschränkten Vollmachten« der Meister sieht man heute wohl etwas anders: Der Neubau der Kathedrale, zumal ihre gern als Meisterwerk gerühmte Westfassade, ist in Wahrheit ein Stückwerk, weil hier mancherlei ›äußere‹ Zwänge und Antriebe den ›inneren‹ in die Quere kamen...

»Vor der Emanzipation des Subjekts war fraglos Kunst, in gewissem Sinn, unmittelbarer ein Soziales als danach. (...) Konflikte gab es, seit dem Verdikt im Platonischen Staat, desultorisch, die Idee einer von Grund auf oppositionellen Kunst jedoch hätte niemand konzipiert, und soziale Kontrollen wirkten weit direkter als in der bürgerlichen Ära bis zur Schwelle der totalen Staaten.« (334)

Darin ist Adorno zuzustimmen – wenn man zugleich einräumt, daß »soziale Kontrollen« nicht unbedingt repressiv sein müssen, daß Produktionsverhältnisse in Gestalt ›äußerer‹ Aufträge, Antriebe, Arbeitsbedingungen etc. (z. B. in den mittelalterlichen Bauhütten) unter geschichtlichen Umständen, die eine *materiale* Ästhetik zu ermitteln hätte, durchaus ästhetische Produktivkräfte entfesseln können, während die Autonomie der Kunst, ihre »Verselbständigung der Gesellschaft gegenüber«, zwar »Funktion des seinerseits wieder mit der Sozialstruktur zusammengewachsenen bürgerlichen Freiheitsbewußtseins« ist (334), aber um den Preis einer Kanalisierung des ästhetischen Verhaltens und einer »Neutralisierung (. . .) der ästhetischen Autonomie« (339), wie Adorno selbst gesteht. Das schlägt zurück auf seine These von der Entfesselung der Produktivkräfte in der Moderne. Vielleicht ist sie nur ein Überdruck im Kanal, den sie doch nicht sprengen kann, weil die Wächter (und Verwerter) der Autonomie seit der Mitte des 19. Jahrhunderts jeden Ausdruck ästhetischer Produktivkraft, selbst den, der auf Auslöschung der Kunst zielt, nur wieder der Idee (also der Institution) Kunst zuschlagen. Dort aber, wo dieser Ausdruck, diese Kraft sich mit einer seis auch noch so ohnmächtigen gesellschaftlichen Praxis verbinden, um ein Anderes zu erproben, hört der Spaß auf. Der Identitätszwang, dem gerade Adorno erliegt, duldet keinen.

3. Gegenlektüre
(Kunst als Knoten)

In der *Dialektik der Aufklärung*, die unter dem Etikett »Kulturindustrie« die verheerenden Folgen jener Monopolisierung der Kunst für die Kultur aufspießt, ohne diesen Zusammenhang anzuerkennen, steht immerhin zu lesen:

»›Leichte‹ Kunst als solche, Zerstreuung, ist keine Verfallsform. Wer sie als Verrat am Ideal reinen Ausdrucks beklagt, hegt Illusionen über die Gesellschaft. Die Reinheit der bürgerlichen Kunst, die sich als Reich der Freiheit im Gegensatz zur materiellen Praxis hypostasiert, war von Anbeginn mit dem Ausschluß der Unterklasse erkauft, deren Sache, der richtigen Allgemeinheit, die Kunst gerade durch die Freiheit von den Zwecken der falschen Allgemeinheit die Treue hält.« (a.a.O., S. 161)

Der Ausschluß der Unterklasse ist also der Preis für die Autonomie der bürgerlichen Kunst, durch die sie wiederum der Sache der »richtigen Allgemeinheit« die Treue halten kann. Diese richtige Allgemeinheit erscheint in der *Ästhetischen Theorie* in Gestalt des Wir, das aus den Werken spricht.

»Daß dies Wir jedoch nicht gesellschaftlich eindeutig, kaum eines bestimmter Klassen oder sozialer Positionen ist, das mag daher rühren, daß es Kunst emphatischen Anspruchs bis heute nur als bürgerliche gegeben hat (...). Während Kunst dazu versucht ist, eine nichtexistente Gesamtgesellschaft, deren nichtexistentes Subjekt zu antezipieren, und darin nicht bloß Ideologie, haftet ihr zugleich der Makel von dessen Nichtexistenz an.« (251)

Daraus folgert Adorno nur, daß dieses Subjekt, weil es »so wenig empirisch ist, wie nur das transzendentale der Philosophie«, eben nicht abbildbar sei: »Die Objektivation des Kunstwerks geht auf Kosten der Abbildung...« (252), was ins Schwarze trifft, wenn »Objektivation«, wie oben von mir, als Institutionalisierung, der jeder ästhetischen Produktion auferlegte Zwang, »Kunst emphatischen Anspruchs« zu sein, verstanden wird: Das »Wir« ist gefangen in der Institution und *deshalb* so wenig »gesellschaftlich eindeutig«, nämlich bürgerlich, wie etwa das bürgerliche Recht. – Die *Dialektik der Aufklärung* fährt nach der oben zitierten Stelle fort:

»Ernste Kunst hat jenen sich verweigert, denen Not und Druck des Daseins den Ernst zum Hohn macht (...). Leichte Kunst hat die autonome als Schatten begleitet. Sie ist das gesellschaftlich schlechte Gewissen der ernsten. Was diese auf Grund ihrer gesellschaftlichen Voraussetzungen verfehlen mußte, gibt jener den Schein sachlichen Rechts. Die Spaltung selbst ist die Wahrheit: sie spricht zumindest die Negativität der Kultur aus, zu der die Sphären sich addieren.« (a.a.O., S. 161)

In der *Ästhetischen Theorie* dagegen wird der leichten Kunst selbst noch der *Schein* sachlichen Rechts genommen; die ernste hat ihr schlechtes Gewissen weit hinter sich gelassen, sie tritt vor die Massen und sagt: ihr kriegt nichts.

»Kunst achtet die Massen, indem sie ihnen gegenübertritt als dem, was sie sein könnten, anstatt ihnen in ihrer entwürdigten Gestalt sich anzupassen. Gesellschaftlich ist das Vulgäre in der Kunst die subjektive Identifikation mit der objektiv reproduzierten Erniedrigung. (...) Daß niedrige

Kunst, Unterhaltung selbstverständlich und gesellschaftlich legitim sei, ist Ideologie; jene Selbstverständlichkeit ist allein Ausdruck der Allgegenwart der Repression.« (356)

Aber ist die Spaltung zwischen hoher (elitärer) und niederer (Massen-)Kunst nicht gerade jenem Geist anzulasten, der sich nach Adorno in der bürgerlichen Kunst objektiviert, indem er zwei in der bürgerlichen Gesellschaft unvereinbare Ansprüche stellt: den auf Autonomie und den auf Allgemeinheit? Die Schwelle in der Mitte des 19. Jahrhunderts besiegelte diese Unvereinbarkeit: Jener Geist, der einmal das Reich der Freiheit angestrebt hatte, versöhnte sich nun mit dem der Notwendigkeit, und dazu mußte er sich aufspalten. In der Massenkunst (Gebrauchskunst) verwirklichte sich sein Allgemeinheitsanspruch, in der elitären (hohen und reinen) Kunst sein Autonomieanspruch. Da aber die erstere gern autonom und die letztere gern allgemein sein möchte, bleiben sie doch aneinander gekettet: ihre ›Legitimität‹ beziehen sie letztlich aus derselben Ideologie, ihre ›Selbstverständlichkeit‹ aus dem nämlichen gesellschaftlichen Prozeß, auf den sie nur unterschiedlich reagieren – falls es nicht vielmehr so ist, daß dieser Prozeß selbst, vermittelt über seine Institutionen und deren Träger, auf die einzelnen kulturellen Produkte oder Idiome unterschiedlich reagiert, sie bald höher, bald niedriger einstuft, je nach Projektion. (Sonst wäre auch kaum zu verstehen, warum Adorno gelegentlich nach Bayreuth wallfahrtete und – zwecks Divertissement – Klaviermusik von Liszt so wenig verschmähte wie Schlager à la »Lili Marlen«.) Die gegenseitige Abhängigkeit von hoher und niederer Kunst ist die von Vergeistigung und Unterhaltung, zwei Seiten desselben Kulturprozesses. Daß Adorno sie nicht sieht (oder nur verzerrt, vgl. S. 463 ff.*), liegt wohl daran, daß seine Theorie zwischen der ganz hohen und der ganz niederen Kunst nichts (wahr)haben will, also den tatsächlichen Kulturprozeß mit seinen stets relativen Höhen und Niederungen ausklammert: es gibt nur die ehernen Gipfel und das da unten. Vermittlungen und Abhängigkeiten gibt es nicht, folglich auch keine Geschichte der Kunst:

»Ihre Geschichte reiht sich nicht aus Einzelkausalitäten, keine eindeutigen Notwendigkeiten geleiten vom einen Phänomen zum anderen. Notwendig darf sie bloß im Hinblick auf die soziale Gesamttendenz heißen; nicht in ihren singulären Manifestationen.« (313)

»Tatäschlich übt jener Begriff der Notwendigkeit die subaltern apologetische Funktion aus, Schwarten, an denen schon gar nichts anderes sich rühmen läßt, zu bescheinigen, ohne sie wäre es nicht weitergegangen.« (445*)

»Wird nicht von einem Werk zum anderen übergegangen, so steht doch ihre Sukzession unter der Einheit des Problems. (...) Doch ist auch die Einheit des Problems keine durchgängige Struktur der Geschichte von Kunst. (...) Kontinuität ist überhaupt erst aus sehr großer Distanz zu konstruieren. Die Geschichte von Kunst hat eher Knotenstellen.« (312 f.)

Diese *Knotenstellen* sind die großen Werke: »Sie kommunizieren untereinander allein antithetisch« (313), und dieses ›Allein‹, »nicht die historische Kontinuität ihrer Abhängigkeiten, verbindet die Kunstwerke miteinander; ›ein Kunstwerk ist der Todfeind des anderen‹; die Einheit der Geschichte von Kunst ist die dialektische Figur bestimmter Negation« (60). Von Adornos Begriff der Kunst her gesehen ist das zwingend: Kunst allein ist »notwendig«, nicht die Werke; »kein Kunstwerk muß unbedingt sein« (523**). Natürlich nicht. Aber da sich dieses Verdikt in erster Linie gegen die nicht-gelungenen Werke richtet, kappt es zugleich alle Bedingungen dafür, daß überhaupt ein Werk gelingt. Denn so wenig ohne die ›Idee‹ gewordene Erfahrung von Dichtung, Malerei, Musik irgend jemand etwas dichten, malen, komponieren würde, so sehr ist umgekehrt das immer neue Dichten, Malen, Musizieren die Voraussetzung dafür, daß es jene ›Idee‹ gewordene Erfahrung überhaupt gibt. Insofern sind die »Schwarten« für die »Werke« unabdingbar. Warum wehrt sich Adorno gegen diese Trivialität? Etwa deshalb, weil er sonst einräumen müßte, daß die Werke, die er meint, doch nicht ganz so rein sind, wie er will? Seine Metapher weiß es: »Knoten« kriegt man nicht ohne Fäden oder Seile, auch wenn man *nur* die Knoten haben möchte.

Eine »ästhetische Theorie«, die den Künstler praktisch ausschaltet, indem sie ihn zum blinden Werkzeug degradiert, das eine »kollektive Objektivität des Geistes« nur vollstreckt, wird gleichwohl erklären müssen, woher dieses Werkzeug denn kommt, wie und von wem es in Dienst genommen wird. Die Auskunft, daß in jeder Epoche »tatsächlich die ästhetischen Produktivkräfte, Begabungen (!) heranzuwachsen (scheinen), die gleichwie aus zweiter Natur auf den Stand der Technik ansprechen« (267), wäre nur dann befriedigend, wenn Adorno irgendeinen gesellschaftlich sanktionierten Kanal vorsähe, durch den solche Begabungen, was immer sie sein mögen, identifiziert und auf die ästhetischen Problemstellungen gelenkt werden; was er nicht tut. Er zeigt nur Mißachtung für das Heer der mehr oder weniger begabten Maler, Dichter, Musiker, die sich zwar subjektiv redlich bemühen, aber eben nicht objektiv vollstrecken, was »fällig« ist (vgl. S. 60, 287). Da es ihm einzig um diese Vollstreckung geht: wer oder was garantiert ihm, daß die Beethovens, derer es »dazu freilich bedarf« (403*), auch im richtigen Moment am Werk sind, das heißt an *den* Werken, die allein die »Einheit der Geschichte von Kunst« konstituieren? In der traditionellen Ästhetik leistete diese Garantie für gewöhnlich der Geniebegriff. »Die Allgemeinheit im Besonderen ist [bei Kant z. B.] beschrieben gleichwie ein Prästabiliertes, der Geniebegriff muß dazu herhalten, sie zu garantieren« (300). Diese via regia der bürgerlichen Ästhetik wird von Adorno versperrt:

»Der Geniebegriff ist ein Versuch (...), dem Einzelnen im Sondergebiet Kunst unmittelbar das Vermögen zum übergreifenden Authentischen zu attestieren. (...) Genie soll das Individuum sein, dessen Spontaneität mit der Tathandlung des absoluten Subjekts koinzidiert. Soviel ist richtig daran, wie die Individuation der Kunstwerke, vermittelt durch Spontaneität, das an ihnen ist, wodurch sie sich objektivieren. Falsch aber ist der Geniebegriff, weil Gebilde keine Geschöpfe sind und Menschen keine Schöpfer. Das bedingt die Unwahrheit der Genie-Ästhetik, welche das Moment des endlichen Machens, der τέχνη an den Kunstwerken zugunsten ihrer absoluten Ursprünglichkeit, quasi ihrer natura naturans unterschlägt...« (254 f.)
»Dem privilegierten Genie wird stellvertretend zugesprochen, was die Realität den Menschen allgemein verweigert. Was am Genie zu retten ist, das ist instrumentell zur Sache. (...) Genial sein heißt soviel wie eine Konstellation treffen, subjektiv ein Objektives (...). Die Leistung der Phantasie ist weniger die creatio ex nihilo, an welche die kunstfremde Kunstreligion glaubt, als die Imagination authentischer Lösungen inmitten des gleichsam prä-existenten Zusammenhangs der Werke.« (256)

Schöpfung wird also ersetzt durch *Technik*, an die Stelle der sich im Künstler verkörpernden *prästabilierten Beziehung* von Allgemeinem und Besonderem tritt der vom Künstler nur vollstreckte *prä-existente Zusammenhang* der Werke; und die Frage, woher der Vollstrecker denn komme, bleibt wieder ungelöst.

Wenn eine ausgearbeitete Doktrin ein zentrales Moment ihrer Vorläuferinnen zur Vordertür hinauswirft, kann man darauf gefaßt sein, daß es, verkleidet, zur Hintertür wieder hereinkommt; wenn z. B. eine »theologische Theorie« zwischen dem göttlichen Wort und dem menschlichen Adressaten keinen Mittler (Stifter, Künder, Fürsprecher, Hirten: keine Kirche) anerkennt, sondern eine unmittelbare Beziehung zwischen Mensch und Gott behauptet, muß sie erklären, warum diese Direktverbindung nicht störungsfrei funktioniert, und damit die ›Vermittlung‹ durch die Tatsache ihrer Störung wieder einführen. Gibt es auch bei Adorno eine solche Hintertür? Könnte man ihn so verstehen (wie Friedemann Grenz es nahelegt), daß die gesellschaftliche Produktivkraft, wenn sie nur nicht gefesselt wäre, statt Brötchen, Turbinen, TV-Serien usw. allemal große Kunst erzeugen würde? Daß also alle Produzenten potentielle Kunstproduzenten sind? Wohl kaum. (Und selbst das würde nicht erklären, warum einige wenige es tatsächlich sind.) Die Hintertür scheint wirklich verschlossen zu sein. Die Entstehung von Kunstwerken bleibt ein Geheimnis, ihr Auftreten wahrhaft eine »apparition« (vgl. S. 125 ff.) – etwas Meteorologisches, wofür die Erklärung (noch) fehlt. Und doch sieht Adorno hier eine »kollektive Objektivität des Geistes« walten, die den Künstler als ihren Vollstrecker engagiert: er »arbeitet als Agent der Gesellschaft, gleichgültig gegen deren eigenes (!) Bewußtsein« (71) – nanu? Und wieder: »Gesellschaft, die Determinante der Erfahrung, konstituiert die Werke als deren wahres (!) Subjekt« (133) – also doch? Natürlich, das ist die Lösung, sie liegt mitten im Rätsel: Gesellschaft gibt es zweimal! Die Hintertür bleibt verschlossen, das Genie bleibt draußen, denn das *wahre* Genie ist längst schon drin im hermetischen Haus der Kunst, nämlich die *wahre* Gesellschaft, die der bösen und falschen da draußen entgegensteht, aber nicht etwa als eine andere, vielmehr als eine gleiche, die jedoch das Unwesen jener ›aufhebt‹, indem sie es transzendiert. Das scheint Adorno immer zu meinen, nur leider nie zu sagen, es sei denn in Formulierungen wie diesen:

»Der monadologische Charakter der Kunstwerke hat nicht ohne Schuld des monadologischen Unwesens der [äußeren] Gesellschaft sich gebildet, aber durch ihn allein erlangen die Kunstwerke jene Objektivität, welche den Solipsismus transzendiert.« (455*)

»In jedem (Kunstwerk) hebt sich, worin es seiner Herkunft gleicht, ab von dem, wozu es wurde. (...) Wo Kunstwerke, unabhängig von der individuellen Begabung und gegen sie, unfähig sind zu ihrer monadologi-

schen Einheit, gehorchen sie dem realen [= bösen] geschichtlichen Druck. Er wird in ihnen selbst zu der Kraft, die sie zerstört.« (446*)
»Ihr gesellschaftliches Schicksal wird der Kunst nicht bloß von außen angetan, sondern ist ebenso die Entfaltung ihres Begriffs.« (459*)

Daraus folgt fast zwangsläufig die These von der Kontingenz der Hervorbringung der Werke (›Hände ohne Raffael‹). Denn der Künstler, selbst der ›begabteste‹, gehört ja der ›realen‹ Gesellschaft an, und nur sein Werk, d. h. der minimale Schritt, den er ins Werk setzt, transzendiert diese Gesellschaft in jene andere, wahre hinein, in der ›sein‹ Werk aber ›an sich‹ bereits existiert. Es versteht sich, daß diese Konzeption eines »prä-existenten Zusammenhangs der Werke« sich nur im Blick auf eine entsprechende Idee von Kunst, oder im Rückblick auf eine bereits vollzogene Selektion großer Werke, verifizieren läßt, nicht hingegen an der realen geschichtlichen Entwicklung der Kunst, die ja nur die ihrer »Herkunft« sein könnte, jener Idee also unzumutbar wäre.

Vielleicht hat Adorno, um eine solche Zumutung gar nicht erst aufkommen zu lassen, in der *Ästhetischen Theorie* den heiklen Begriff des Idoms eliminiert (vgl. oben S. 48 f.). Er spricht hier zwar viel von »Technik«, jedoch nur im Sinne jener *passage* vom realen (kontingenten) zum transzendentalen (gesellschaftlichen) Subjekt des Kunstwerks. Kaum je geht er auf innerästhetische Problemstellungen ein, erst recht nicht auf außerästhetische Zwecksetzungen, es sei denn so: »Die Unterordnung autonomer Kunstwerke unter das [in der Sphäre der Unterhaltung herrschende] Zweckmoment, (...) aus dem in langwierigem Prozeß die Kunst aufstand, verletzt sie an der empfindlichsten Stelle« (375), oder: »Die immanente Zweckmäßigkeit der Kunstwerke kam ihnen von außen zu. Vielfach sind kollektiv eingeschliffene ästhetische Formen zwecklos gewordene Zweckformen« (210) – was ihm nur wieder bestätigt, daß »die Geschichte der Kunst (...) die des Fortschritts ihrer Autonomie« ist (17). Dem Satz »Keine widerspruchslose Theorie der Geschichte von Kunst ist zu entwerfen« (313) widerspricht das deshalb nicht, weil dort das An-sich, hier aber die Herkunft gemeint ist, auf die Adorno gar nicht erst eingehen mag; und wenn er es doch mal tut – z. B.: »Bei abrupten sozialen Strukturveränderungen, wie dem Anspruch eines erstarkenden Bürgertums, verändern sich abrupt Gattungen und Stiltypen« (311), oder: »Meist siegen, wo die Kontinuität zerreißt, die Produktionsverhältnisse über die Produktivkräfte« (313) –, dann »indiziert« das für ihn im einen Fall lediglich »die Beschränktheit der Gattungsgeschichte« und im anderen die Richtigkeit der These, daß allein *die* Kunst notwendig ist, nicht einzelne Werke: Die Idee der Kunst bleibt sauber.

Für mich aber indiziert das wiederum, daß Adornos Gesellschaft doppelt da ist: einmal als böse (äußere Zwecke, Warenform, Wirkung) und einmal als gute (Formgesetz, Geist, Sprache der Werke), und wenn es eine Verbindung zwischen den beiden gibt, dann nur durch »reine Produktivkraft«, d. h. durch Technik, die der bösen den Rücken kehrt, um der guten zu dienen. Erst die »zwecklos gewordenen Zweckformen« der Werke sind ihre Sprache. Was sagt sie? Panofsky hat gezeigt *(Meaning in the Visual Arts,* New York 1955, S. 11), daß in frühgotischen Kathedralen die Spitzbögen bereits etwas *sagten,* ehe sie noch etwas *taten* (ehe sie also ihre spezifische Funktion bekamen), während die Strebebögen bereits etwas *taten,* ehe sie noch etwas *sagten,* und andere Elemente stets zugleich etwas taten und sagten. Ich will mit diesem unpassenden Beispiel – es handelt sich natürlich um vor-autonome, überdies um Zweckkunst – nur darauf hinweisen, daß ›Außen‹ und ›Innen‹ oder Zweck und Sprache in der Kunst in einem *positiv* dialektischen Verhältnis stehen, das nicht schon durch den großen Sprung nach vorn, sozusagen vom Wilden zu Beckett, entschieden ist. Ein Adorno näherliegendes Beispiel wäre das Stilmittel des Inneren Monologs: eine gegen Ende des 19. Jahrhunderts eher zufällig (›zweckfrei‹) erfundene Technik, die dann von Schnitzler einigermaßen virtuos (›plaudernd‹) gehandhabt wurde, aber erst bei Joyce zur ›Sprache‹ der Kunst im strengen Sinn werden konnte – weil sie etwas zu *sagen* bekam; weil ein stoffliches Moment, eine Problemstellung, vor der die realistischen Romane des 19. Jahrhunderts bis zu Zola versagt hatten, jetzt erst ästhetisch ›beherrscht‹ werden konnte: der Alltag. In Adornos (ad hoc banalisierter) Terminologie aber sähe das so aus: die gute Gesellschaft qua Subjekt, Geist, Formgesetz des Kunstwerks transzendiert ästhetisch die schlechte Gesellschaft qua Stoff, Zweck, Praxis. Oder: ein »verlängertes Werkzeug« namens Joyce holt aus dem alltagssprachlichen Material, in dem er bereits lag, den *Ulysses* heraus, auf daß Kunst werde, die doch schon war – so what?

Aber nehmen wir lieber ein Adorno-Beispiel, in unverfälschter Terminologie: Im Bezug auf die Hegelsche und marxistische

Inhaltsästhetik, die »undialektisch die Vergegenständlichung der Kunst durch ihre rohe Beziehung auf [bedeutende] Gegenstände« unterschreibe, und auf van Goghs ›Stuhl‹ anspielend, sagt Adorno: »Tatsächlich kann der gemalte Stuhl etwas sehr Wichtiges sein (. . .). Im Wie der Malweise können unvergleichlich viel tiefere, auch gesellschaftlich relevantere Erfahrungen sich niederschlagen als in treuen Portraits von Generalen und Revolutionshelden« (224 f.). Womit – undialektisch – das Wie der Malweise auf die Seite der Stühle geschoben wird und den »sogenannten großen Stoffen« das Nachsehen bleibt. So einfach ist das also. Dabei weiß Adorno es doch besser: »Im Ausdruck enthüllen sie (die Kunstwerke) sich als gesellschaftliche Wundmale; Ausdruck ist das Ferment ihrer autonomen Gestalt.« Jedoch der »Kronzeuge«, den er dafür anführt, Picassos Guernica-Bild, »das bei strikter Unvereinbarkeit mit dem [von wem denn?] verordneten Realismus, gerade durch inhumane Konstruktion, jenen Ausdruck gewinnt, der es zum sozialen Protest schärft jenseits aller [wirklich aller?] kontemplativen Mißverständnisse« (353), dieser Kronzeuge könnte die Anklage gegen die Stoffe leicht zu Fall bringen, wenn sie nicht nachweist, daß der durch den Titel (den Auftrag, den Anlaß) verbürgte Inhalt des Bildes in nur kontingenter Beziehung zu seinem Ausdruck, dem »Ferment seiner autonomen Gestalt« steht; daß also, wenn Picasso – zufällig – nicht dieses Bild gemalt (pardon: aus den Farbtuben herausgeholt) hätte, sondern ein anderes, vielleicht eine weitere Minotauromachie, aber in derselben Technik, mit den gleichen Motiven, die ja alle in seinen früheren Werken schon gegenwärtig sind, daß dies andere Bild dann gleichwohl sich als jenes »gesellschaftliche Wundmal« enthüllt haben würde, das Adorno als Kronzeuge dienen kann – was dieser wohl selbst nicht glaubt. Also ist auch sein Verdikt über die großen Stoffe hinfällig.

Fragen dieser Art, das allein wollte ich dartun, lassen sich nun einmal nicht an einer Handvoll autonomer Werke, denen nur Schwarten, Schlager und Scharteken gegenübergestellt werden, entscheiden; es sind geschichtliche Fragen. Sie haben zu tun mit der Entwicklung von Idiomen, von Problemstellungen, Techniken, Konkurrenzen usw., die nie unabhängig sind von ›äußeren‹ Einwirkungen. Daß eine »widerspruchslose Theorie der Geschichte von Kunst« nicht möglich ist, sagt nur: es *gibt* eine Geschichte der Kunst.

2. Gegenlektüre
(Kunst als Über-Feld)

Die Geschichte von Kunst (Literatur, Musik) ist konventionellerweise entweder die traditionsstiftende (d. h. selegierende) Geschichte von Künstlern und ihren Werken oder die kontinuitätsstiftende (d. h. thesaurierende) Geschichte von Formen und Motiven, etwa im Sinne der »Kunstgeschichte ohne Namen« Wölfflins. Im ersten Fall entsteht, trotz der Gliederung nach Schulen, Stilen, Epochen, der Eindruck der Willkür geistiger Produktion, die dann zur ›Freiheit‹ oder ›Autonomie‹ des wehenden Geistes verklärt wird. Im zweiten Fall wird eine Notwendigkeit der Entwicklung unterstellt, die im Ergebnis als eine ihr ›immanente Logik‹ erscheint. Zwischen den beiden Richtungen gibt es mancherlei laxe, aber auch einige strengere Vermittlungsversuche, vor allem auf der Linie Semper, Riegl, Panofsky. Ich möchte hier kurz auf Riegls mit dem Begriff des »Kunstwollens« verbundenen Versuch eingehen, weil das (glückliche) Scheitern dieser Theorie des Stilwandels für eine am Material orientierte Ästhetik fruchtbar gemacht werden kann; und weil ich hoffe, daß der so oft (auch von Adorno) mißverstandene Begriff des Kunstwollens auf Adornos Autonomie-Begriff ein erhellendes Licht werfen wird.

Alois Riegl führte diesen Begriff um 1900 ein, um die seit dem 19. Jahrhundert als Stilwandel bezeichnete Mutation künstlerischer Formen und Motive zu begreifen.[8] Er gebrauchte ihn fast synonym mit Ausdrücken wie ästhetischer Drang, Trieb, Bedürfnis oder Tendenz, meinte also nicht etwas Bewußtes, auch nicht eine Synthese aus den künstlerischen Absichten einer Zeit, sondern eine reale Kraft, die den Stil prägt. Träger dieser Kraft kann nicht eine bestimmte Epoche oder der ›Zeitgeist‹ sein, weil sonst alle gleichzeitig entstandenen Werke den gleichen Stil haben müßten. Er kann auch nicht ein bestimmter psychologischer Konstitutionstyp sein, weil sonst Kunstwerke gleichen Stils relativ gleichmäßig über die Zeiten und Regionen verteilt sein müßten. Träger des Kunstwollens ist vielmehr (nach Sedlmayr) eine bestimmte Gruppe von Menschen, das Kunstwollen selbst ein überindividueller objektiver Wille, vergleichbar dem ›objektiven Geist‹, und jeder Stilwandel verankert in der Änderung des Geistes einer Gruppe; da aber (nach Hauser) einem solchen Gruppengeist »in der Wirklichkeit überhaupt keine Entstehungsursache (entspricht), sondern nur ein Endeffekt, kein einheitliches und ursprüngliches Agens, sondern lediglich das Ergebnis von bereits vollzogenen Aktionen«, kann (nach Panofsky) das Kunstwollen »nichts anderes sein als das, was (nicht für uns, sondern objektiv) als endgültiger letzter Sinn in künstlerischen Phänomenen liegt«. Was immer es sei: entscheidend sind weniger die Intentionen von Einzelnen oder Gruppen als die jeweiligen künstlerischen Idiome und ihre spezifischen Problemstellungen, an denen allein sich Problemlösungen entwickeln können.

Bei seinem Versuch, die »wesensmäßigen« Richtungen des Kunstwollens und ihre historische Gesetzmäßigkeit zu ermitteln, entdeckte Riegl nun eigendynamische Bewegungen des künstlerischen Materials. Während sich Wölfflin noch mit dem Hinweis zufrieden gegeben hatte, daß eben nicht zu allen Zeiten alles möglich sei, sah Riegl in dem jeweils Möglichen eine innere Notwendigkeit. So liege z. B. in einer optischen Auffassung die Tendenz zu disharmonischen Proportionen, weil die optische Verkürzung den Sinn für Proportionen abstumpfe. Oder: die »Emanzipation« des Freiraums führe zur Emanzipation der Raumfarben und damit auch zur Differenzierung der Farbigkeit. Oder: »Jedes religiöse Symbol trägt in sich die Prädestination, im Laufe der Zeit zu einem vorwiegend oder lediglich dekorativen Motiv zu werden, sobald es nur die künstlerische Eignung dazu besitzt« – d. h. sobald die Problemstellung gelöst, die Lösung imitierbar ist: aus dem Wollen wird ein Können, eine Technik, schließlich eine Industrie[9] (ein Aspekt, der mit Adornos Technik-Begriff unvereinbar ist, weil hier »Gelingen« nicht als absolute Qualität aufgerichtet, sondern geschichtlich begriffen wird; das aber rührt an den Fetisch der »Autonomie«).

Riegl stieß jedoch auch immer wieder auf Phänomene, die seiner Theorie der stetigen Entwicklungsabläufe widersprachen. Schon die soziale Funktion einer Kunstgattung oder die spezifische Begabung einer Gruppe können den »eigendynamischen« Prozeß verzögern oder beschleunigen. Auffälliger noch wird er durch äußere, scheinbar zufällige geschichtliche Momente durchkreuzt. Sie führen nicht nur zu Antizipationen und Anachronismen, sie verändern mitunter selbst »urtümliche« Richtungen des Kunstwollens. So erfährt dieser Begriff, der ursprünglich eine »schicksalshafte« Tendenz meinte, eine starke Relativierung. Das treibende Moment wird mehr und mehr von innen nach außen verlegt, die immanente Entwicklung beschränkt sich auf die technische Lösung von Problemen, die von der Gesellschaft an die Kunst herangetragen werden, aber diese Problemlösungen sind eben solche der jeweiligen Gattung, des Idioms und deshalb unverkennbar durch die ihm eigenen Bedingungen und Tendenzen geprägt.

Von der Prämisse einer autonomen Kunst ausgehend, gelangt Riegl also implizit zu einer Vorstellung von Kunst als gesellschaftlicher Institution, in deren Rahmen erst »eigendynamische« Entwicklungen faßbar werden. Noch näher kommt dieser Vorstellung Erwin Panofsky mit seinem Begriff des »Habitus«, den man als eine überindividuelle geistige Disposition in einem gegebenen gesellschaftlichen Raster auffassen könnte. Wenn, um nur eines seiner Beispiele[10] anzuführen, »die traditionelle Darstellung der Geburt Christi, die die Jungfrau Maria auf ein Lager gebettet zeigt, im 14. und 15. Jahrhundert durch eine neue Darstellungsweise ersetzt wird, nach der sie kniend das Kind anbetet«, so bedeutet das *ikonographisch* die Einführung eines neuen Themas, das in den Schriften des Pseudo-Beneventura und der Hl. Brigitte erstmals angeklungen war; *kompositorisch* bedeutet es die Ablösung eines Vierecksschemas durch ein Dreiecksschema, und *stilistisch* die spezifische Ausdrucksform einer neuen Sensibilität, wie sie dem ausgehenden Mittelalter eigen ist. Das erste wäre eine Problemstellung, das zweite eine Problemlösung und das dritte die Manifestation jenes Habitus, der den individuellen Künstler mit seiner Gruppe, seiner Gesellschaft verbindet und seine Produktion steuert. »In der Terminologie der generativen Grammatik«, sagt Bourdieu, »ließe sich der *Habitus* als ein System verinnerlichter Muster definieren, die es erlauben, alle typischen Gedanken, Wahrnehmungen und Handlungen einer Kultur zu erzeugen – und nur diese.« Bourdieu hat den Begriff weiter entfaltet, im Bezug zu dem des »intellektuellen« oder »kulturellen Kräftefeldes«. Dieses Kräftefeld entwickelt sich im Zuge der gesellschaftlichen Differenzierungen zu einem »immer komplexeren und von äußeren (schließlich durch die Struktur des Feldes selbst vermittelten) Einflüssen immer weniger abhängigen System, einem Beziehungsfeld, in dem die eigentümliche Logik der Konkurrenz um kulturelle Legitimität herrscht«.

»Die Beziehungen zwischen jedem einzelnen Träger des Systems und Mächten oder Institutionen, die gänzlich oder teilweise außerhalb des

Systems wirken, sind stets durch die im Innern des intellektuellen Feldes bestehenden Beziehungen, die Konkurrenz um kulturelle Legitimität, vermittelt.«

»Tatsächlich wird jeder Einfluß und Zwang, den eine Instanz außerhalb des kulturellen Kräftefeldes auf dieses ausübt, stets durch die Struktur dieses Feldes *gebrochen*. (...) Die ökonomischen und sozialen Ereignisse vermögen einen beliebigen Bereich dieses Feldes nur in einem speziellen Sinn zu affizieren, da dieses Feld, indem es unter ihrem Einfluß sich selbst restrukturiert, sie einer Verwandlung ihres Sinnes und ihrer Bedeutung unterzieht. Sie können in die künstlerische Praxis nur eingreifen, indem sie sich in Objekte der Reflexion oder Imagination verwandeln.«
(Pierre Bourdieu, *Zur Soziologie der symbolischen Formen*, Frankfurt 1970, S. 143, 79, 83, 124)

Der Weg von Riegls »Kunstwollen« über Panofsky »Habitus« und Bourdieus »Kräftefeld« führt direkt zu Adornos »Autonomie«, insofern er diesen letzteren Begriff, der nicht wie die ersteren analytisch, sondern apologetisch ist, in seinen Konstitutionsbedingungen erklären hilft. So wie der »Habitus« eine unbewußte Grammatik nicht nur der Erzeugung, sondern auch der Rezeption ist, wird das »intellektuelle Kräftefeld« fast mehr als durch Kreation durch Aneignung bestimmt, Aneignung von Gegenwärtigem wie von Vergangenem, aber auch Aneignung von dem, was von ›außen‹ eindringt: es wird »gebrochen«, verwandelt, integriert – oder aber ausgeschieden. Die Ausscheidung ist das wahre Kunsturteil. Das Kräftespiel innerhalb des Feldes, diese »Konkurrenz um kulturelle Legitimität«, ersetzt das verbindliche Urteil durch unterschiedliche Grade der intellektuellen Anerkennung. Adornos Autonomiebereich – Kunst & Philosophie – ist nun nicht dieses Feld insgesamt, vielmehr ein Überfeld, in dem sich die Brechungsmechanismen von jenem verschärfen, vor allem aber die Ausscheidungskriterien: was übrigbleibt, ist wahrhaft geist-unmittelbar. Das ästhetische Urteil *muß* kassiert werden, weil sonst die Konvergenz von Kunst und Philosophie gestört würde. Damit ist die schon im ›normalen‹ kulturellen Feld heute weit fortgeschrittene Inversion (Selbstbespiegelung) absolut gesetzt. Die reale Geschichte bleibt draußen, als das Andere des Geistes (Kunst & Philosophie). Sie muß um so mehr draußen bleiben, als die *wahre* Geschichte ja vom Geist dieses Überfeldes usurpiert, aufgesaugt ist, er-innert wird: »der Wahrheitsgehalt ist nicht außer der Geschichte sondern deren Kristallisation in den Werken« (200). Die berühmte Bestimmung von Kunst als »bewußtloser Geschichtsschreibung, Anamnesis des Unterlegenen, Verdrängten, vielleicht Möglichen« (384) präzisiert nur das, was ich Inversion des Überfeldes nannte: ein Buch, das sich selbst liest. Hieraus genau folgt Adornos Utopie-Begriff, der den einer versöhnten Natur impliziert:

> »Utopie ist jedes Kunstwerk, soweit es durch seine Form antezipiert, was endlich es selber wäre . . .« (203)
>
> »Daß aber die Kunstwerke da sind, deutet darauf, daß das Nichtseiende sein könnte. Die Wirklichkeit der Kunst zeugt für die Möglichkeit des Möglichen. Worauf die Sehnsucht der Kunstwerke geht – die Wirklichkeit dessen, was nicht ist –, das verwandelt sich ihr in Erinnerung.« (200)
>
> »Zentral unter den gegenwärtigen Antinomien ist, daß Kunst Utopie sein kann und muß und zwar desto entschiedener, je mehr der reale Funktionszusammenhang Utopie verbaut; daß sie aber, um nicht Utopie an Schein und Trost zu verraten, nicht Utopie sein darf. Erfüllte sich die Utopie von Kunst, so wäre das ihr zeitliches Ende.« (56)

Der letzte Satz sagt es: es wäre das Ende. Deshalb *darf* sich die Utopie nicht erfüllen. Im »Reich der Freiheit«, gesteht Adorno, wäre erstmals Kunst nicht mehr notwendig (373). »Der als erster ein Ende von Kunst absah [Hegel], nannte das triftigste Motiv ihres Fortbestandes: den Fortbestand der Nöte selber, die auf jenen Ausdruck warten, den für die wortlosen stellvertretend die Kunstwerke vollbringen« (512**). Daß diese Stellvertretung jedoch allein in jenem Überfeld stattfindet, das sich hermetisch abdichtet gegen das »Auswendige, das bloß Bestehende« (264); ja daß es in dieser Abdichtung, seiner strikten Absage an Wirkung, an Kommunikation, schon den Beweis seiner Opposition sieht – »Alle Kunstwerke, auch die affirmativen, sind apriori polemisch. Der Idee eines konservativen Kunstwerks haftet Widersinn an« (264) –, das läßt Kunst insgesamt, auch die verstummende, konservativ werden und den Blick des Ästhetikers melancholisch: »Es gibt immer weniger Gutes aus der Vergangenheit. Der Vorrat der Kultur schrumpft« (289). So rächt sich die in den Werken eingesperrte Geschichte, die nichts Wirkliches zu beißen kriegt, indem sie jene verschlingt:

> »Die Kunstwerke wandeln sich keineswegs allein mit dem, was verdinglichtes Bewußtsein für die nach geschichtlicher Lage sich ändernde Einstellung der Menschen zu den Kunstwerken hält. Solche Änderung ist äußerlich gegenüber der, welche sich in den Werken an sich zuträgt: die Ablösung einer ihrer Schichten nach der anderen (. . .); die Verhärtung

der transparent gewordenen Werke, ihr Veralten, ihr Verstummen. Am Ende ist ihre Entfaltung eins mit ihrem Zerfall.« (266)

Das Bild vom Kunstwerk als Zwiebel, das einem hier förmlich in die Augen springt, findet seine Bestätigung und Korrektur in einer anderen Passage, die deutlich macht, *wer* hier in Wahrheit am Werke ist: »Nichts ist von der Kritik am Kitsch nachzulassen, aber sie greift über auf Kunst als solche. (...) Was Kunst war, kann Kitsch werden. Vielleicht ist diese Verfallsgeschichte, eine der Berichtigung (!) von Kunst, ihr wahrer Fortschritt« (467*). Kunst selbst also, die Institution, das Überfeld, das über ästhetische Legitimität befindet, degradiert, berichtigt, scheidet aus, was der Idee der Reinheit nicht mehr genügt: der wahre Fortschritt von Kunst ist der ihrer Purgation.

1. Gegenlektüre
(Kunst als absolute Ware)

Das Bild vom Kunstwerk als Zwiebel kommuniziert mit dem Bild vom Kunstwerk als »absoluter Ware« (351), die nicht für andere, nur für den über sie Verfügenden da sein will (vgl. oben, S. 46). Denn die Geschichte, die die Werke verschlingt, ist ihnen ja immanent, ihr »Zeitkern«, ihr »Prozeß, ihr »Geist«, und der über das Werk Verfügende ist, da es ästhetische Erfahrung nur als Philosophie geben kann, auch wieder der Geist. Der Geist konsumiert das Werk, also den Geist. Kunstkonsum ist bei Adorno zur Philosophie geläutert, das Kunstpublikum auf den Philosophen geschrumpft. Damit kommt das, was Nietzsche im Ersten Vortrag »Über die Zukunft unserer Bildungsanstalten« schon zynisch ins Auge gefaßt hatte, zu einer makabren Pointe:

»Sie pflegen zu sagen, es würde kein Mensch nach Bildung streben, wenn er wüßte, wie unglaublich klein die Zahl der wirklich Gebildeten zuletzt ist und überhaupt sein kann. Und trotzdem sei auch diese kleine Anzahl von wahrhaft Gebildeten nicht einmal möglich, wenn nicht eine große Masse, im Grunde gegen ihre Natur und nur durch eine verlockende Täuschung bestimmt, sich mit der Bildung einließe. Man dürfe deshalb von jener lächerlichen Improportionalität zwischen der Zahl der wahrhaft Gebildeten und dem ungeheuer großen Bildungsapparat nichts öffentlich verraten; hier stecke das eigentliche Bildungsgeheimnis: daß nämlich zahllose Menschen scheinbar für sich, im Grunde nur, um einige wenige Menschen [sic] möglich zu machen, nach Bildung ringen, für die Bildung arbeiten.«

Die Voraussetzung für die wenigen großen Werke, über die der wahrhaft Gebildete verfügt, wie auch für seine eigene Existenz ist nicht weniger als dieser ungeheuer große und seit Nietzsches Zeiten noch gewaltig gewachsene Bildungsapparat, der natürlich noch andere Aufgaben zu erfüllen hat, als ein paar große Werke und »einige wenige Menschen« zu erzeugen, aber gerade durch diese unendlich kostspieligen Spitzenprodukte (noch immer!) seine Disziplinierungsfunktion für die breite Masse zu verklären weiß. Bourdieu hat diese Funktion im Begriff der *symbolischen Gewalt* fixiert: »jede Macht, der es gelingt, Bedeutungen durchzusetzen und als legitim durchzusetzen, indem sie die Kräfteverhältnisse verschleiert, die ihrer Kraft zugrunde liegen«. Diese Macht hat ihre breiteste Basis in der Schulpflicht:

»Eine der unbekanntesten Auswirkungen der Schulpflicht besteht darin, daß es ihr gelingt, die beherrschten Klassen zur Anerkennung des legitimen Wissens und Könnens zu bringen (z. B. im Bereich des Rechts, der Medizin, der Technik, der Unterhaltung oder der Kunst), was die Entwertung des Wissens und Könnens, das sie wirklich beherrschen (z. B. Gewohnheitsrecht, Hausmedizin, handwerkliche Techniken, Volkssprache und Volkskunst) zur Folge hat und damit einen Markt für materielle und vor allem symbolische Produktionen schafft, dessen Produktionsmittel (angefangen mit dem Hochschulstudium) das Monopol der herrschenden Klassen sind (z. B. medizinische Diagnose, Rechtsberatung, Kulturindustrie usw.).« (Pierre Bourdieu / Jean-Claude Passeron, *Grundlagen einer Theorie der symbolischen Gewalt*, Frankfurt 1973, S. 57)

Daß Kultur mißlungen sei, war die These der *Dialektik der Aufklärung*. Die *Ästhetische Theorie* verschärft dieses Urteil noch: Kultur ist ein integraler Teil des totalen Verblendungszusammenhangs, dem nur die autonome Kunst sich entwindet. Aber ist diese autonome Kunst nicht auch das letzte Wort jener symbolischen Gewalt, die über dem »legitimen Wissen und Können« wacht und als illegitim ausscheidet, was ihm entgegensteht? Wer heute heilen will, muß Mediziner werden im derzeit einzig legitimen Sinn, sonst ist er ein Quacksalber oder Schlimmeres. Ebenso muß ästhetisches Verhalten Kunst werden, im heute einzig legitimen Sinn, oder es ist Allotria, Wahnsinn, Anarchismus. Das impliziert, daß Kunst zur Profession wird: man ist Maler, Schriftsteller, Musiker, wie andere Metzger, Ärzte, Mechaniker sind, nämlich ein für alle Mal; und wer aufrücken will, muß sich noch weiter spezialisieren: »Kunst vermag einzig noch durch konsequente Arbeitsteilung hindurch ihre humane Allgemeinheit irgend zu realisieren: alles andere ist falsches Bewußtsein« (349). Daß gerade durch solche Verengung der Kanäle die ästhetische Produktivkraft entfesselt werde, kann nur vertreten, wer in dieser zwar »objektiv das Gegenbild der gefesselten, aber auch das Paradigma des verhängnisvollen Tuns um seiner selbst willen« (335) sieht und – akzeptiert. »Legitime« Kunst genügt diesem Paradigma, deshalb taugt sie als Mittel symbolischer Gewalt. Adorno unterstreicht das dadurch, daß er nicht nur alle ästhetischen Produktivkräfte in »legitime« Kunstwerke lenkt, sondern diese selbst schließlich in *der* Kunst auf- und untergehen läßt; *die* Kunst aber ist die Institution, das Überfeld, d. h. die Bedingung und der Rahmen aller legitimen Produktion und Selektion von Werken.

Das gerade darf Adorno – bei Strafe des Bankrotts seiner Theorie von den großen, den gelungenen Werken als alleinigen Repräsentanten von Kunst – nie, niemals aussprechen, nicht einmal denken.[11] Und dennoch muß er es ständig vor (verschlossenen) Augen gehabt haben: Als »Nachbild«, wie er sagen würde, ist jene Institution in der *Ästhetischen Theorie* allgegenwärtig. Viele dunkle Stellen verlieren ihren Rätselcharakter, mancher Tiefsinn wird fast trivial, wenn man nur dem Begriff ›Kunst‹ den der ›Institution Kunst‹ unterschiebt. Nehmen wir z. B. die in der Ersten Lektüre (oben, S. 43 ff.) herangezogenen Passagen über das Verhältnis von Kunstwerk und Kunst, diesen wunderlichen Wettlauf von Hase und Igel: natürlich, es sind *zwei* Igel im Rennen, Kunst als *Produktion* und Kunst als *Institution*; man muß sie nur auseinanderhalten, und schon wird alles klar. Wer wollte bestreiten, daß die »Künstler immer auch an der [Institution] Kunst arbeiten, nicht nur an den Werken«, und daß diese Institution »unabhängig sogar vom Bewußtsein der Kunstwerke selbst« ist, aber auch nicht in ihrem eigenen »Selbstverständnis« aufgeht (272)? Heute jedoch »regt [die Institution] Kunst sich dort am lebendigsten«, wo sie den Kunstbegriff »zersetzt« (271); da aber dieses Moment der Provokation seit dem Surrealismus »aller authentischen Kunst[produktion] beigemischt« war und diese »gleichwohl Kunst blieb« – weil sie ja innerhalb der Institution geschah oder, wie der Surrealismus, nachträglich von ihr heimgeholt wurde –, »wird man als Kern jener Provokation die Präponderanz der [Institution] Kunst übers Kunstwerk suchen dürfen« (45): sie war von vornherein seine raison d'être. Wenn dieses jedoch gegen »die eigene Dinglichkeit« revoltiert, dann »wendet sich die [Produktion von] Kunst gegen die [Institution] Kunst«, und das muß im Extremfall böse enden: das Werk »regredierte auf die ohnmächtige subjektive Regung und versänke in der empirischen Welt« (262). Andererseits aber kann man in den Werken, »die verstummen oder verschwinden«, gut und gern einen Hinweis auf die »Absage an die [Produktion von] Kunst um der [Institution] Kunst willen« erkennen. Und die Alternative »lieber keine Kunst als sozialistischer Realismus« (85) ist, so gesehen, gar nicht mehr überraschend: es gibt nur die Wahl zwischen der bürgerlichen und der sozialistischen Institution – solange eben von *der* Kunst, also der hier und heute »legitimen«, die Rede ist.

Mit dieser Rede aber sanktioniert Adorno das endlose Ende jenes Prozesses, der einst als progressiver begann: mit der ›Emanzipation‹ der Kunstproduktion von feudalen Bindungen, um dann die errungene Freiheit zum Selbstzweck zu erheben und schließlich zu erstarren in trotzig behaupteter Autonomie. Wir verdanken Adornos Essays faszinierende Einblicke in die frühen Phasen dieses Prozesses. Aber fast immer, wenn er in der *Ästhetischen Theorie* von ihm spricht, schlägt die Argumentation in Apologie um, sobald er, was fast zwanghaft geschieht, den Bogen zu seiner Moderne schlägt. Beispielhaft dafür sind seine Hinweise auf die Verschränkung des Warencharakters der Kunstwerke mit der Kategorie des Neuen. Er sieht in der seit dem Ende des feudalen Traditionalismus auftretenden Forderung nach Neuem und Originalem freilich nicht einen für die bürgerlichen Institutionen Literatur, Musik, Malerei etc. konstitutiven ›Innovationszwang‹, der jedes Werk anhält, anders, neuartig zu sein, um seinen Warencharakter in einem zu erfüllen und zu transzendieren; er folgert jene Kategorie vielmehr aus dem »ästhetischen Nominalismus«, der über die Auflösung tradierter Gattungen und Normen zur Objektivierung von Kunst als Kunst führt, und verknüpft diese Bewegung dann temporär mit dem Warencharakter der Werke. So kann er, wo es um die Moderne geht, den ihm lästigen Warencharakter abspalten und die ihm teure Kategorie des Neuen behalten:

»Allbekannt ist, daß die Kategorie der Originalität vor der Geniezeit keine Autorität ausübte. (...) Ist aber Originalität historisch entsprungen, so ist sie auch mit dem historischen Unrecht verflochten: mit der bürgerlichen Prävalenz der Konsumgüter auf dem Markt, die als immergleiche ein Immerneues vortäuschen müssen, um Kunden zu gewinnen. Doch (!) hat Originalität, mit ansteigender Autonomie der Kunst, wider den Markt sich gekehrt, auf dem sie einen Schwellenwert nie überschreiten durfte. Sie hat sich in die Werke zurückgezogen (!), in die Rücksichtslosigkeit ihrer Durchbildung.« (257 f.)

»Das Neue ist Erbe dessen, was vordem der individualistische Begriff der Originalität sagen wollte, den mittlerweile jene ins Feld führen, die das Neue nicht wollen, es der Unoriginalität, alle avancierte Form der Uniformität bezichtigen.« (402*)

»Das Neue ist keine subjektive Kategorie, sondern von der Sache erzwungen, die anders nicht zu sich selbst, los von Heteronomie, kommen kann.« (40)

»Noch die Kategorie des Neuen, die im Kunstwerk repräsentiert, was noch nicht ist und wodurch es transzendiert, trägt das Mal des Immergleichen unter stets neuer Hülle. (...) War die Emanzipation der Kunst nur durch Rezeption des Warencharakters als des Scheins ihres Ansichseins möglich, so fällt umschlagend (!) mit der späteren Entwicklung der Warencharakter aus den Kunstwerken abermals heraus.« (355)

Diese »spätere Entwicklung«, die in der Mitte des 19. Jahrhunderts anhebt – gleichzeitig werde die Kategorie des Neuen »zentral« –, ist eben die der »Moderne«. Wie aber kann der Warencharakter plötzlich aus den Werken »herausfallen«, während es vier Seiten vorher noch hieß, daß »das bestimmende Produktionsverhältnis, die Warenform, ebenso in die Kunstwerke ein(geht) wie die gesellschaftliche Produktivkraft und der Antagonismus zwischen beiden« (351) – können sie denn plötzlich das eine ohne das andere haben? Einfach dadurch, daß die Kunst sich »wider den Markt kehrt«, also das Einverständnis aufkündigt, der Kommunikation absagt? Das bliebe schierer Dezisionismus, der an dem »bestimmenden« Verhältnis nichts ändern würde – oder aber alles: die Kunst verlöre ihre Existenzbasis, denn gerade seit der Mitte des 19. Jahrhunderts wurde der Künstler, soweit er kein Privatvermögen hatte, vom Markt abhängig wie nie zuvor. Illustrieren läßt sich das z. B. – und ich wähle bewußt ein grob ökonomisches Argument, von dem sich Adornos Credo strahlend abheben möge – am literarischen Markt in Frankreich[12], der in den sechziger, siebziger und achtziger Jahren ein starkes Wachstum der Produktion (Titel und Auflagenhöhe) wie der Konsumtion (Breite und Interesse des Publikums) zeigt. Soziale Veränderungen, insbesondere der Ausbau des höheren Schulwesens und die Bildungsbeflissenheit des ökonomisch bedrohten und gegen ›unten‹ allergischen Kleinbürgertums, sind die Ursache dieses Booms, dem am Ende der achtziger und in den neunziger Jahren eine drastische Überproduktionskrise folgt: zu viele Intellektuelle wurden vom expandierenden literarischen Markt angezogen, der jetzt gesättigt ist und infolge der Stagnation des höheren Schulwesens seit 1870 nicht mehr wächst, während die Zahl der aus ihm hervorgegangenen literarischen Debütanten weiter steigt. Im gleichen Maße aber, in dem die soziale Lage der Schriftsteller sich verschlechtert und folglich ihre Konkurrenz sich verschärft, blühen auch die ›Kartelle‹ auf, Künstlergruppen und Schulen (Adornos »Ismen«) mit den dazugehörigen Manifesten, Polemiken, Konversionen etc. Das »intellektuelle Kräftefeld« konsolidiert sich, beansprucht Autonomie, nicht nur politische wie seit der Dreyfus-Affäre, sondern mehr noch ästhetische: die naturalistische Bewegung weicht der symbolistischen, dem *L'art pour l'art*. Damit etabliert sich ein Überfeld, das (auch ökonomisch) getragen wird von dem breiteren kulturellen Feld und sich deshalb ›rein‹ fühlen kann: gerade seine Marktfeindlichkeit ist seine Martkchance; die Konkurrenz um kulturelle Legitimität schlägt sich im Formprinzip nieder, führt über den Markt in den Hermetismus Mallarmés.

Das wäre eine vulgäre Explikation von Adornos Begriff der »absoluten Ware«, der im oben herangezogenen Kontext der *Ästhetischen Theorie* auftaucht und offenbar jenen ›Umschlag‹ der modernen Kunst indiziert, durch den sie ihren Warencharakter abstreift, d. h. sich gegen alles Äußere abdichtet, sich verhärtet, verdinglicht –: »verdinglicht sie sich nicht, so wird [oder bleibt] sie Ware« (335). Sie wird oder bleibt allemal Ware, wie Adorno, der manchmal mit sich handeln läßt, schließlich einräumt. Denn selbst diese absolute Ware »ist verkäuflich geblieben und zum ›natürlichen Monopol‹ geworden«; der »Umschlag von Ideologie in Wahrheit«, der sich in ihr vollzieht, »ist einer des ästhetischen Gehalts, keiner der Stellung der Kunst zur Gesellschaft unmittelbar«. Dann aber ist das Herausfallen des Warencharakters ebenfalls nur eine ästhetische Qualität, keine gesellschaftliche – es sei denn in dem zu unterstellenden Sinn einer gedoppelten Gesellschaftlichkeit: die ›böse‹ Gesellschaf (Ware) transzendiert zur ›guten‹ Gesellschaft (absolute Ware); was jedoch einzig insofern gilt, als Kunst nicht mehr Gegenstand der Konsumtion, nur noch der Kontemplation ist, und das heißt: das Herausfallen des Warencharakters ist letztlich nicht einmal eine ästhetische, es ist eine philosophische Qualität, die auf die moderne Kunst projiziert wird, als sei sie historisch bedingt. Historisch bedingt ist aber viel mehr das philosophische Bedürfnis, diese Kunst vor jeder Berührung mit der äußeren Gesellschaft zu bewahren, ihren Hermetismus zu retten.

Nur so wäre Adornos zwielichtige Waren-Argumentation zu verstehen: Sie soll, meine ich, die für seine Theorie der Moderne zentrale Kategorie des Neuen von der Schmach ihrer »universalen Vermittlung über den Markt« reinwaschen; sie soll die moderne Kunst von dem Verdacht befreien, sie sei auch ›nur‹ bürgerliche Kunst; sie soll das autonome Überfeld, in welchem, der *Ästhetischen Theorie* zufolge, allein der Philosoph zu regieren hat, gegen den Vorwurf feien, als »symbolische Gewalt« an den herrschenden Produktionsverhältnissen teilzuhaben, die den gefesselten Produktivkräften kein anderes Schlupfloch als das in den ästhetischen Hermetismus lassen; vor allem aber soll sie Adorno selbst rechtfertigen: Er braucht die Lossage vom Warencharakter um jener ›verschobenen‹ Utopie willen, die seine Kunsttheorie heckt und hegt und gegen alle Anfechtungen verteidigt; eine Utopie, die ihrem ursprünglichen Inhalt, verändernder Praxis, abgeschworen hat und deshalb jegliche Praxis schmäht, selbst eine mögliche, neue – ganz entgegen seinem Diktum (das freilich anders zu lesen wäre, als er es versteht): »Ob Kunst heute möglich sei, ist nicht von oben her zu entscheiden, nach dem Maß der gesellschaftlichen Produktionsverhältnisse [zu denen auch die Institution Kunst gehört]. Die Entscheidung hängt ab vom Stand der Produktivkräfte. Der schließt aber ein, was möglich, aber nicht verwirklicht ist« (374). Das erste wäre das Neue.

*

»Mit Josefine aber muß es abwärts gehn. Bald wird die Zeit kommen, wo ihr letzter Pfiff ertönt und verstummt. Sie ist eine kleine Episode in der ewigen Geschichte unseres Volkes und das Volk wird den Verlust überwinden. Leicht wird es uns ja nicht werden; wie werden die Versammlungen in völliger Stummheit möglich sein? Freilich, waren sie nicht auch mit Josefine stumm? War ihr wirkliches Pfeifen nennenswert lauter und lebendiger, als die Erinnerung daran sein wird? War es denn noch bei ihren Lebzeiten mehr als eine bloße Erinnerung? Hat nicht vielmehr das Volk in seiner Weisheit Josefinens Gesang, eben deshalb, weil er in dieser Art unverlierbar war, so hoch gestellt?«

Anmerkungen

1 Die erste entstammt den Paralipomena (S. 389-490 des Buches), die Adorno, wie das Editorische Nachwort sagt, in den Haupttext einzuarbeiten vorhatte. Einige dieser Notate sind aber, wie die oben zitierten Stellen zeigen, schon mehr oder weniger gleichlautend im Haupttext zu finden; andere bringen Varianten, die den Haupttext nicht selten erhellen. Es finden sich hier jedoch auch Notizen, die quer zu ihm stehen, sei's weil sie ›überholte‹ Positionen spiegeln, sei's weil sich in ihnen Erfahrungen und Reaktionen aus dem letzten Lebensjahr Adornos niederschlagen, die den Haupttext virtuell sprengen. – Ich zitiere gleichwohl unbekümmert aus beiden Teilen, kennzeichne aber die Zitate aus den Paralipomena durch ein Sternchen hinter der Seitenzahl und die aus der (nicht datierten) Frühen Einleitung (S. 491-544) durch zwei Sternchen, um einen Hinweis auf ihren nicht ganz sicheren Stellenwert zu geben.
2 Vgl. *Negative Dialektik* (*Ges. Schriften* 6, 151): »Die Copula sagt: ›Es ist so‹, nicht anders; die Tathandlung der Synthese, für welche sie einsteht, bekundet, daß es nicht anders sein soll: sonst würde sie nicht vollbracht. In jeglicher Synthesis arbeitet der Wille zur Identität (...). Identität ist die Urform der Ideologie.«
3 Dazu in einer Fußnote: »Der gesamte *Versuch über Wagner* wollte nichts anderes, als die Kritik am Wahrheitsgehalt zu den technologischen Tatbeständen vermitteln.«
4 Entsprechendes gilt für *negative* Urteile wie dieses: »Reimt Schiller in Wallensteins Lager Potz Blitz auf die Gustel von Blasewitz, so übertrumpft das an Abstraktheit den blassesten Klassizismus; dieser Aspekt verurteilt Stücke wie den Wallenstein zur Unerträglichkeit« (450*). Sind hier wirklich, wie Adorno behauptet, »selbständige Details fürs Ganze wesentlich«, oder strahlt vielmehr das Ganze (das Gesamturteil) zurück auf die Details? Man könnte entgegnen: schön, Potz Blitz/Blasewitz gefällt dir nicht, aber wie steht es mit Herz/Schmerz, Lust/Brust, Liebe/Triebe, die im *Faust II*, der dir gefällt, sich nur so jagen?

5 Ein weiteres Beispiel für Adornos Beispiele: »Keine direkte Beziehung besteht zwischen gesellschaftlichem Bedürfnis und ästhetischer Qualität, nicht einmal im Bereich sogenannter Zweckkunst. Die Errichtung von Bauten dürfte in Deutschland seit Jahrhunderten nicht so dringlich gewesen sein wie nach dem zweiten Weltkrieg. Trotzdem ist die deutsche Nachkriegsarchitektur erbärmlich« (466*). Das wäre in jedem Schulaufsatz als Denkfehler anzukreiden. Das gesellschaftliche Bedürfnis nach Wohnraum (selbst nach Bank- und Versicherungspalästen) wird mit dem nach guter Architektur verwechselt, um letzteres kassieren zu können, denn mit dem, »was die Bevölkerung gerade brauchen und was ihnen eben darum um so leichter aufzunötigen ist«, hat Adornos Kunst nichts am Hut. Sie hält sich an das »objektive Bedürfnis, die Bedürftigkeit der Welt, konträr zum subjektiven, heute durchaus nur ideologischen Bedürfnis der Menschen nach Kunst« (51). Kunst nämlich »achtet die Massen, indem sie ihnen gegenübertritt als dem, was sie sein könnten, anstatt ihnen in ihrer entwürdigten Gestalt sich anzupassen« (356) – z. B. durch halbwegs menschenwürdige Wohnungen. Adornos Beispiel ist doch kein Denkfehler, es verschweigt nur, daß für ihn die (soziale) Not eine (ästhetische) Tugend ist.
6 Der Hegelsatz »Die Wissenschaft der Kunst ist uns daher mehr Bedürfnis als die Kunst selbst« hat laut Adorno »angesichts des zunehmend theoretischen Interesses an der Kunst seine prophetische Wahrheit daran, daß jene der Philosophie um der Entfaltung ihres eigenen Gehalts willen bedarf« (141).
7 Ich habe die letzten beiden Absätze z. T. wörtlich aus meinem Aufsatz »Die sprachlose Intelligenz I« (*Kursbuch* 1, 1965, S. 92 f.) übernommen; durch diese mir auferlegte Selbstzitation hoffte ich der Versuchung zu ad-hoc-Formulierungen zu entgehen, die mehr der beabsichtigten Parallelisierung als der Erkenntnis dienen.
8 Zum Folgenden vgl. Hans Sedlmayr, *Kunst und Wahrheit*, rde 71, Hamburg 1958, bes. S. 14 ff.; Arnold Hauser, *Philosophie der Kunstgeschichte*, München 1958, S. 228 ff.; Erwin Panofsky, *Aufsätze zu Grundfragen der Kunstwissenschaft*, Berlin 1974, S. 29 ff.
9 Alois Riegl, *Die spätrömische Kunstindustrie*, Wien 1902, S. 126 ff.
10 Erwin Panofsky, *Meaning in the Visual Arts*, New York 1955, S. 30 ff.
11 Wirkt nicht auch hier, ähnlich wie bei Lukács, ein Tabu der Nähe, nämlich der Nähe zu Adornos anderem mächtigen Antipoden: Arnold Gehlen? Gehlens Institutionentheorie konnte Adorno natürlich nicht akzeptieren, um so weniger, so behaupte ich, als sie mit seiner eigenen Kunsttheorie nicht schlecht harmoniert, obschon sie »die Kunst« nicht eigentlich zu jenen »großen bewahrenden und verzehrenden, uns weit überdauernden Ordnungen und Verhängnissen«

zählt, als die sie die Institutionen begreift (vgl. *Studien zur Anthropologie und Soziologie,* Neuwied 1963, S. 245). Aber mancher Passus Gehlens ließe sich mit nur geringfügigen semantischen Veränderungen fast bruchlos in den Kontext der *Ästhetischen Theorie* integrieren, z. B. dieser: »Wer so ›mit Haut und Haaren‹ in seinen Status [als Künstler] hineingeht, hat keine andere Wahl, als sich von den geltenden [Kunst-]Institutionen konsumieren zu lassen, er findet außerhalb ihrer überhaupt keinen Punkt, wo er hintreten könnte. Diese Würde ist es, die unserer Zeit so weitgehend fehlt, wo die ›Subjekte‹ in dauernder Revolte gegen das Institutionelle sind« (*Urmensch und Spätkultur,* Bonn 1956, S. 233 f.). Der entscheidende Begriff, der bei Adorno *nicht* vorkommt, ist der heimliche Kern seiner Kunsttheorie: nur als Institution verstanden, kann die Kunst vollbringen, was Adorno ihr aufbürdet, und das bleibt nicht ohne Wirkung auf ihren »Wahrheitsgehalt«. – Die Ironie des seltsamen »Streitgesprächs«, das die beiden 1965 führten (abgedruckt bei Friedemann Grenz, a.a.O., S. 224 ff., bes. S. 242 ff.), lag darin, daß Gehlens fast krankhafte Sehnsucht nach einer intakten Institution – ›ach Gott, wissen Sie, ich suche eigentlich in der Wirklichkeit eine honorige Sache, der man dienen kann« (S. 245 f.) – für Adorno, der darin vor allem den Hang zur Anpassung und Unterordnung witterte, in Erfüllung gegangen war: in der Kunst, die eben darum nicht Institution heißen durfte.

12 Vgl. dazu Christoph Charle, »L'Expansion et la crise de la production littéraire«, *Actes de la recherche en sciences sociales,* Nr. 4, Juli 1975, S. 44 ff.

Rüdiger Bubner
Kann Theorie ästhetisch werden?
Zum Hauptmotiv der Philosophie Adornos

Verschwiegene Grundlagen

›Ich will nicht darüber entscheiden, ob meiner Theorie eine bestimmte Auffassung vom Menschen und vom Dasein zugrunde liegt. Aber ich bestreite die Notwendigkeit, auf diese Auffassung zu rekurrieren‹. Diese Sätze finden sich am Ende einer programmatischen Abhandlung über ›Die Aktualität der Philosophie‹, mit der Adorno im Jahre 1931 nicht nur seine akademische Karriere begann[1], sondern auch wesentliche Motive seines späteren Philosophierens exponierte. Die Sätze lassen eine theoretische Selbsteinschätzung erkennen, der der Autor im Grund genommen über die folgenden Jahrzehnte hin treu geblieben ist.

Die Thesen der Philosophie Adornos entspringen, wie alle sinnvollen Aussagen und besonders die Einsichten reiner Theorie, gewissen Grundannahmen. Für die Form ihrer theoretischen Präsentation ist hingegen die bewußte Weigerung verantwortlich, in aller Ausdrücklichkeit auf die Prämissen zu rekurrieren. Die meisten unserer Grundannahmen beim Reden und Denken gelten so selbstverständlich, daß auf sie gar keine Aufmerksamkeit verwandt wird. Die eigentümliche Aufgabe von Theorie ist es aber, über die ersten Voraussetzungen so lückenlos und so gründlich wie möglich Auskunft zu geben. Philosophische Theorie ist seit ihrem Beginn mit dem Ethos der vernünftigen Begründung aufgetreten. Vernünftig meint hier, daß das Verhältnis zwischen dem, was behauptet wird, und dem, was diesen Behauptungen so zugrundeliegt, daß es sie trägt, durchsichtig und zwingend erscheint. Adornos erstaunliche Formulierung, der sich viele andere zur Seite stellen ließen, leugnet nicht etwa diesen Aufbau von Theorie, sondern benutzt die traditionelle Vorstellung, um deren Ansprüche gerade zu bestreiten. Es geht also nicht um einen anderen Typ von Theorie oder gar um den Abschied an alles Theoretisieren, das durch neue irrationale Redeweisen ersetzt würde. Die Orientierung am philosophischen Theoriekonzept bleibt mit Nachdruck erhalten. Nur so bekommt die Weigerung, im altgewohnten Sinne Gründe anzugeben, überhaupt Sinn. Gleichwohl durchzieht nichts so sehr die Philosophie Adornos wie die *konsequente Weigerung, den traditionellen Erwartungen an Theorie zu genügen.*

An der zitierten Stelle mündet die Bestreitung der Notwendigkeit, auf die gegebenenfalls noch auszumachenden Grundannahmen zu rekurrieren, in ein Plädoyer für Essayistik als die angemessene Form philosophischer Äußerung.[2] Die typische Einstellung, unter der die Theorie Adornos entsteht, drückt sich späterhin auf mannigfache Weise immer wieder aus. ›Kritische Theorie‹ bezeichnet das ganze Unternehmen. ›Negative Dialektik‹ formuliert die leitende Intention polemisch gegen Hegel. Ein wichtiges Stichwort heißt ›Dialektik der Aufklärung‹. Die definitive Fassung aber gewinnt Adornos Denken im Zeichen der ›Ästhetischen Theorie‹. Dies nachgelassene Werk erweist sich als das eigentliche philosophische Vermächtnis des Autors. Der schillernde Titel einer ›Ästhetischen Theorie‹ meint bekanntlich nicht allein theoretische Ästhetik als Unterabteilung eines umfassenden Theoriegebäudes. Vielmehr soll das Ästhetischwerden der Theorie selber, die Konvergenz von Erkenntnis und Kunst Thema sein. ›Ästhetik ist keine angewandte Philosophie, sondern philosophisch in sich.‹[3] Was heißt das aber?

Die Achtung vor einem bedeutenden Autor gebietet, ihn philosophisch ernst zu nehmen. Darin liegt stets, daß man ihm die Kapazität zutraut, Antworten auf Probleme zu ermöglichen, die entweder offen daliegen oder durch jenen Philosophen erst ins rechte Licht gerückt werden. Ein solches Zutrauen erlaubt Fragen. Keine Fragen braucht, wer eine Lehrmeinung bloß affirmiert. Diejenigen, die umstandslos oder scholastisch verschlüsselt in verba magistri schwören, sind leicht die geheimen Verächter, da sie den Dienst an einer Philosophie durch den Kult um eine Autorität ersetzen. Offenbar ist jedoch die Phase vorüber, wo die Philosophie Adornos in der stummen Verehrung oder im Jargon der Epigonen zu ersticken drohte. Man kann unbefangener die Philosophie Adornos ernst nehmen, indem man Fragen an sie richtet.

Geschichtsdiagnose

Die Frage, die uns beschäftigt, zielt auf die Gründe, die zur letztendlichen Aufhebung von Theorie in Ästhetik geführt haben. Die Frage aufwerfen heißt, Adornos Weigerung nicht anzuerkennen und auch das Verdikt in Kauf zu nehmen, derlei Räsonnement sei unfein. Eine rein stilistische Suggestion, von der das Verbot ausgeht, nur nicht an die gläserne Geschlossenheit des Gespinstes zu rühren, ist in der Regel eine Erscheinungsform der Sophistik und hat mit der philosophischen Substanz wenig zu tun. Der von daher stammende Einwand, Fragen wie die genannten hätte Adorno doch abgewehrt, sie fänden keinen Ansatzpunkt in der Gestalt seines Werks, ist zurückzuweisen. Das Verstummen angesichts der Gründe, die zu dem Typ von Theorie führen, den Adorno vertritt, macht als solche die Theorie noch nicht plausibel. Weder herrscht ein Naturzwang, der an dieser Stelle magisch den Mund verschließt, noch darf das Nachdenken sich durch irgendwelche Verbotstafeln vor einem vermeintlichen Sakrileg schrecken lassen.

In der Tat gibt Adorno durchaus Erklärungen zur Motivation des Schweigens. Er argumentiert *historisch*. Die Forderung, vorausgesetzte Grundlagen des Theoretisierens zu benennen, gehöre der vergangenen, idealistischen Überschätzung der Philosophie an und hänge noch der Illusion des absoluten Beginns im Denken nach. ›Philosophie aber, die die Annahme der Autonomie nicht mehr macht, die nicht mehr die Wirklichkeit in der ratio begründet glaubt, sondern stets und stets die Durchbrechung der autonom-rationalen Gesetzgebung durch ein Sein annimmt, das ihr nicht adäquat und nicht als Totalität rational zu entwerfen ist, wird den Weg zu den rationalen Voraussetzungen nicht zu Ende gehen, sondern dort stehen bleiben, wo irreduzible Wirklichkeit einbricht ... Der Einbruch des Irreduziblen aber vollzieht sich konkret geschichtlich und darum gebietet Geschichte der Denkbewegung zu den Voraussetzungen hin halt‹.[4]

Zunächst einmal überzeugt es keineswegs, die Suche einer jeden Theorie nach Gründen als Nachklang idealistischer Verstiegenheit zu brandmarken. Seit der sokratischen Aufforderung zum λόγον διδόναι gehört die Rechenschaft darüber, warum man sagt, was man sagt, zur elementaren philosophischen Pflicht. Rationalistische Systeme haben darüber hinaus den Nachweis der absoluten Unüberholbarkeit ihrer jeweiligen Prinzipien beansprucht. Das gilt von Spinoza und besonders von Fichte und Schelling, die beide nicht umsonst auf Spinoza zurückgreifen. Hegel hingegen, den Adorno mit Vorliebe zitiert, wenn es um die idealistische Hybris geht, war im Blick auf die geschwind einander überholenden Versicherungen der Unüberholbarkeit in den Systemen seiner Zeitgenossen durchaus reflektierter. Der Absolutheitsanspruch, den seine Philosophie in der Tat erhob, entstand nicht aus geschichtlicher Blindheit und Willkürsetzung eines abstrakten Prinzips, sondern war konsequent erarbeitet auf der Basis einer Auseinandersetzung der Idee von Philosophie mit den Erfahrungen ihrer geschichtlichen Bedingtheit. Doch steht all das gar nicht zur Debatte[5], wo die einfache Klärung von rationalen Voraussetzungen für Thesen verlangt wird.

Der Verweis auf ein *irreduzibles Sein,* das historisch einbreche, enthält entweder doch eine verkappte Begründung oder ist nicht mehr als eine Beschwörungsformel. Im ersten Fall ergeben sich Schwierigkeiten, die wir alsbald betrachten werden. Im zweiten Fall wäre die ständige Polemik gegen Heidegger gegenstandslos. Die *überraschende Parallelität* der frühen Entwürfe Adornos mit *Heideggers Seinsphilosophie* verdiente allerdings eine genauere Untersuchung. Adorno wird seit jener frühen Zeit[6] nicht müde, die ›neue Ontologie‹ als Form unhistorischer Hypostase an den Pranger zu stellen. Er muß die beunruhigende Nähe Heideggers, dessen Wirkung seit der Veröffentlichung von ›Sein und Zeit‹ (1927) sogleich in die Breite ging, deutlich empfunden haben. Heideggers Erwartung eines Seins, das sich am Ende der Verfallsgeschichte der offiziellen Metaphysik unmittelbar enthüllt und jenseits der philosophischen Sphäre in der Dimension konkreter Existenz erfahren wird, scheint in den Aussagen mitunter ganz ähnlich zu klingen wie die Thesen Adornos. Gegen solch äußeren Anschein unterstreicht Adorno mit Entschiedenheit aber die Differenz der Positionen.

So verfolgt seine Habilitationsschrift über Kierkegaard durchaus die Nebenabsicht, dem Existenzialismus den Kirchenvater des Protestes gegen idealistische Schulphilosophie streitig zu machen.[7] Die fragwürdigen und geschmacklich nicht eben sicheren Versuche Heideggers, nach dem Schwund der Aussagekraft herkömmlicher Philosophensprache seinerseits in dichterische Metaphorik auszuweichen, sind nicht ungerügt geblieben.[8] Der entscheidende Beitrag zur Verdrängung Heideggers aus dem Zentrum der öffentlichen Wirksamkeit ist Adorno allerdings erst spät gelungen. Als mit der zu Ende gehenden restaurativen Nachkriegsphase Heideggers Ruhm verblaßte, kam die als Pamphlet gemeinte Schrift Adornos über den ›Jargon der Eigentlichkeit‹ gerade zur rechten Zeit. Seither ist statt der lakonischen Formel ›Sein‹ die kompliziertere des ›Nichtidentischen‹ in Umlauf. Gemeint ist in beiden Fällen eine dem selbstgewissen philosophischen Begriff entgangene Wirklichkeit, ohne die sein Auftreten gleichwohl keinen Sinn hätte und die anzuerkennen dem Begriff erst im Ernste die Dimension der Wahrheit eröffnet.

Wer sich mit emphatischen Versicherungen nicht begnügt, kann den Verweis auf historische Erfahrung, die den Rückgang auf thematisierbare Denkvoraussetzungen verbietet, als uneingestandene Begründung für den gewählten Typ von Theorie interpretieren. Wir kommen damit zu der zweiten der eben genannten Möglichkeiten, Adornos Äußerung zu verstehen. Die Begründung müßte etwa so ausgeführt werden, daß es gerade heute, unter den gegenwärtigen Bedingungen und nachdem die Gesellschaft den jetzigen Stand erreicht hat, unmöglich geworden ist, in der alten Naivität weiter zu philosophieren. Von entsprechenden Formulierungen hallt Adornos Werk auf mancher Seite wider. Wieso genügt aber die Beschreibung der historischen Stunde, um ›traditionelle Theorie‹ endgültig zu verabschieden und ›kritische‹ allein an ihre Stelle zu setzen? Die pauschale Antwort lautet auf den *lückenlosen Verblendungszusammenhang.*

Ideologie ist gemäß dieser These so total geworden, daß es vor ihr kein Entrinnen gibt, – schon der Versuch wäre Verrat an der wahren Sache des Geistes. Das einfache Aussprechen dessen, was ist, fiele der Verblendung anheim, da es hinzuzufügen versäumte, daß das, was ist, im Ganzen und im Grunde nicht sein soll. Jede Aussage, die der Wahrheit dient, müßte die von ihr getroffene Feststellung im selben Atemzug revozieren. Solch paradoxe Rede läßt aber von vornherein die beschränkten Möglichkeiten der Theorie hinter sich. Alle Hoffnung richtet sich daher auf einen anderen Modus von Rede: auf die Kunst. »Unverhüllt ist das Wahre der diskursiven Erkenntnis, aber dafür hat sie es nicht; die Erkenntnis, welche Kunst ist, hat es, aber als ein ihr Inkommensurables.«[9]

Zwang zur Totalität

Bevor die Kunst jene Ersatzfunktion für Theorie im Zuge der skizzierten Überlegung antreten kann, bleiben jedoch die Schwierigkeiten der unterstellten *Geschichtsdiagnose* zu erörtern. Der Streit geht gar nicht um die realistische Einschätzung der politischen Lage und eventuelle Korrekturen hier und da, auch nicht um die Strategie moralisierender Einschüchterung, die den arglosen Zweifel mit der Anrufung von historischen Katastrophen allzu leicht zum Schweigen bringt. Problematisch ist vielmehr die Erstarrung, in die die Diagnose sich selber versetzt, indem sie tun muß, als stünde es bis auf Punkt und Komma so, wie sie es sagt. Die Ansetzung eines universellen Verblendungszusammenhangs nimmt der Theorie radikal die Freiheit ihres eigenen Operierens. Wie mit einem Zauberschlag erscheint unter jenem Vorzeichen jeglicher Inhalt ohne Ausnahme verdinglicht. Mithin erliegt die Theorie vollends dem Zwang, den zu beschreiben sie ausgezogen war.

Arbeit mit Hypothesen, argumentatives Hin und Her, Erwägen, Prüfen, Verwerfen, Fragen an andere und an sich selbst – all das entfällt, nachdem die Diagnose einmal den universalen Bann beim Namen genannt hat. Danach wäre es planmäßige Selbsttäuschung, wollte Theorie so weitermachen, als sei nichts geschehen. Der Augenblick der Offenbarung historischer Wahrheit ist zugleich der Moment ihres definitiven Entgleitens, ein negativer Kairos. Denn nun weiß die Theorie, die von der unausweichlichen Falschheit aller Erkenntnis Ahnung bekommen hat, daß keine Wahrheit in der Theorie mehr möglich ist, und das unterwirft ihre eigenen Begriffe einem ganz äußeren, heteronomen Determinismus.

Die Erstarrung der Theorie, die vom Gegenstand auf die Thematisierung zurückwirkt, widerspricht aber grundsätzlich den erklärten Intentionen der *Kritik* und *Dialektik*. Gerade die Totalität, die die Theorie dem Faktum des Ideologischen zuspricht, bindet nun ganz folgerichtig der Kritik die Hände. Angesichts der Übermacht des Gegenüber bleibt als einzige Reaktion die strikte Negativität. Mit eben der Ausnahmslosigkeit, die den aktuellen ideologischen Zustand der Theorie zufolge kennzeichnet, ist die Theorie zur unterschiedslosen Denunzierung des Ideologischen in allem und jedem gezwungen. Das falsche Totalitätsideal, das die kritisch gewordene Theorie den traditionellen Systemen nachsagt, sucht sie hinterrücks genauso heim und setzt ihre eigentlich kritische Fähigkeit außer Kraft.

Was sie muß, kann diese Theorie nämlich unbesehen des jeweiligen Gegenstandes schon vorher wissen. Sie muß ihm kritisch begegnen, bevor seine konkrete Gestalt sie etwa verführen könnte, sich unvoreingenommen auf ihn einzulassen. Sie muß die Distanz zu den wechselnden Phänomenen wahren, ja immer neu setzen. Sie muß durch eine unablässige Folge von Reflexionsakten sich wieder und wieder im Gegensatz zum Gegebenen definieren. Sie gehorcht damit einem inneren Zwang zur Selbstbestätigung, der nichts anderes als das Gegenstück der geschmähten Selbstgewißheit des philosophischen Begriffs darstellt.[10] Die kritische Theorie verharrt in einer ungeklärten Frontstellung zum Idealismus, insofern sie sich weigert, den Umstand noch zu reflektieren, daß der Zwang zur Ganzheit, dem sie untersteht, von ihr erzeugt ist.

So historisch und so konkret wie die kritische Theorie ihr Auftreten interpretiert, ist sie also mitnichten. Vielmehr geht sie von sehr umfassenden, apriorischen Annahmen aus. Die früh schon leitenden Denkfiguren bleiben unvermindert auch in der Folge geltend. Eine gelegentliche Äußerung bringt sie am Ende so zur Sprache. ›Tatsächlich erhält eine Ontologie sich die Geschichte hindurch, die der Verzweiflung. Ist sie aber das Perennierende, dann erfährt das Denken jede Epoche, und zuvor die eigene, von der es unmittelbar weiß, als die schlimmste!‹[11] Die vorgängige Sicherheit, daß es immer schon ganz übel steht, läßt die jeweilige Gegenwart im trübsten Licht erscheinen. Die historische Diagnose ist durch ein Vorwissen gesteuert, das sich der Diskussion entzieht.

Folglich ruht jener Theorietyp, in dem auf die de facto tragenden Grundlagen ausdrücklich nicht rekurriert werden soll, weil damit ein historisch obsoletes Modell fälschlich erneuert würde, seinerseits auf einer *ausgewachsenen Geschichtstheorie von ontologischem Rang*. Ohne dieses theoretische Fundament könnte das Postulat, auf traditionelle Theorievorstellungen zugunsten ausschließlicher Ideologiekritik zu verzichten, gar nicht so massiv vorgebracht werden. Natürlich muß bei Strafe des direkten Verstoßes gegen jenes Postulat die in Wahrheit zugrundeliegende Theorie unerörtert bleiben. Die Triftigkeit der Grundlagen ließe sich erst prüfen, wenn in deren Erörterung eingetreten würde. Dann wäre ein undogmatisches Abwägen möglich, das in allen Äußerungen Adornos jedoch mit Bedacht abgeschnitten wird. Man vermag nur den Spuren zu folgen, die der Prozeß des Verschweigens hinterläßt. Diese Spuren führen in den Bereich der Ästhetik.

Keineswegs nämlich steckt hinter dem Redeverbot über die theoretischen Grundlagen pure Geheimniskrämerei. Im Gegenteil bekommt der Prozeß des Verschweigens in der Architektonik der verwickelten Gedankengänge eine neue Funktion zugewiesen. Die Tatsache, daß Theorie hier kein Thema mehr findet, muß so gedeutet werden, daß der Übergang von Philosophie in Ästhetik motiviert erscheint. Um den Abbruch der theoretischen Begründungsleistung als solche noch zum Ausdruck zu bringen, bietet sich eine besondere Form an. Statt nach der wittgensteinschen Maxime darüber zu schweigen, worüber nicht zu reden ist, transformiert Adorno die Ästhetik zur einzig legitimen Rede vom Redeverbot der Theorie.

Dialektik der Aufklärung

Längst ist beobachtet worden, daß die ›Dialektik der Aufklärung‹ den geeigneten Schlüssel für die Problematik der Ästhetischen Theorie abgibt.[12] Die von Horkheimer und Adorno unter dem Eindruck des Exils verfaßten Studien tragen Züge einer Selbstverständigung, die ins allgemein Philosophische umgemünzt wird. Die Arbeit nimmt einen zentralen Ort im Denken der Kritiker ein, weil sie kritische Reflexion nicht wie sonst stets an etwas anderem übt, sondern auf sich selbst wendet.[13] Angesichts der historischen Erfahrungen des Faschismus, aber nicht minder der stalinistischen Perversion der Marxschen Lehre zeigt sich eine Aufgabe als unabweislich, die seit der Begründung einer materialistischen Ideologiekritik durch Marx Desiderat geblieben war.

Wo steht eigentlich diejenige Kritik, die ideologischen Schein durch Rückführung des Bewußtseins auf das Sein umfassend durchschaut? Vom kritischen Bewußtsein muß doch dieselbe Seinsverwurzelung gelten, an die sie andere kritisch erinnert. Wenn es sich dabei nicht, wie die Wissenssoziologie meinte,[14] um eine ›freischwebende Intelligenz‹ handelt, welches ist dann das

Sein, in dem der Kritiker so verwurzelt ist, daß ihn die ideologische Gefahr nicht ereilt? Oder wäre Ideologiekritik insgeheim ebenso ideologieanfällig wie alle von ihr kritisierte Theorie? *Lukács* hatte sich als einer der ersten am Problem der Versteinerung der Aufklärung in Orthodoxie gestoßen und versucht, durch Einführung des hegelschen Reflexionsbegriffs in das Klassenkonzept Abhilfe zu schaffen. Die anregende Rolle von Lukács' großem Buch ›Geschichte und Klassenbewußtsein‹ auf die kritische Theorie Frankfurter Observanz darf nicht unterschätzt werden. Dennoch vermochte die Vereidigung der einzig revolutionären Klasse des Proletariats auf das historisch richtige Bewußtsein den realpolitischen Verfall der ehedem hoffnungsvollen Theorie nicht zu verhindern. Rückschritt im Namen des Fortschritts – gibt es für dieses Rätsel eine Erklärung?

Die Idee einer Dialektik der Aufklärung verheißt hier Antwort, insofern eine Dialektik konstruiert wird, die mit der Aufklärung spielt, statt eindeutig in deren Interessen zu wirken. Anders als bei Marx, für den dialektische Methode und aufklärende Intentionen zusammenfielen, erliegt der Aufklärungsprozeß selber einem hinter dem Rücken vor sich gehenden, dialektischen Umschlag.[15] Die Kritik, die der junge Hegel namens einer höheren Vernunft an der einseitigen Verstandesaufklärung übte, hat diesen Gedanken vorgebildet. Während aber für Hegel die Aufklärungskritik die Aufhebung der abstrakten Einseitigkeit bedeutete und den Gang der *spekulativen Dialektik* inaugurierte, endet die Dialektik der Aufklärung bei Horkheimer und Adorno nicht im vollendeten Begreifen. Die Abschlußgestalt des absoluten Idealismus mahnt ja gerade als permanentes Menetekel. Wie nutzt man aber das dialektische Instrument und stemmt sich gleichzeitig gegen die Konsequenzen?

Es gilt einer automatischen Fortspinnung der dialektischen Kritik an einseitiger Verstandesaufklärung zu der autonomen Theorie im Sinne des hegelschen Systems Einhalt zu gebieten. Dazu muß man der Seite, gegen die das aufklärerische Denken Befreiung verspricht, den Intentionen dieses Denkens zum Trotz eine Art unauflöslichen Ursprungsrechts zuerkennen. Das Privileg jenes Dunkeln, immer schon Gegebenen, Vorweltlichen zeigt sich darin, daß Aufklärung bei allem Bemühen der Durchleuchtung scheitert. Die gutgläubige Anstrengung, die der Rationalität verschlossene Substanz zum Begriff zu erheben, rennt sich den

Kopf ein. Je mehr sie nämlich von sich und der Richtigkeit ihres Tuns überzeugt ist, um so näher gerät sie an das Prinzip heran, das sie bekämpft, bis schließlich die Allgewalt der Vernunft genauso unvernünftig wird, wie die elementare Despotie der Natur, aus der die kulturelle Evolution herauszuführen begann. Damit sühnt die Dialektik der Aufklärung einen Sündenfall, der vor aller Zeit die Menschen aus dem Paradies in die Geschichte entließ.

Zur Bezeichnung dieser schwer überschaubaren Verschränkung führen die Autoren einen Begriff des *Mythos* ein, der durch jüdische Tradition inspiriert sein mag, in jedem Fall aber quer zum üblichen Wortgebrauch steht. Man darf an Rousseaus Ambivalenzen denken, um die vom vollendeten Aufklärungsniveau erst sich ergebende Rückprojektion eines Naturzustandes verständlich zu finden, in dem die Hoffnungen der Aufklärung sich ferne spiegeln, während die Schuld des Kulturprozesses wie abgewaschen erscheint. Mythos ist nicht das Wort für einen Uranfang, aus dem die menschliche Vernunft sich langsam und erfolgreich herausentwickelt hat. Vernunft steckt umgekehrt schon in den ältesten Mythen und das Mythische behält eine Präsenz durch den ganzen Gang der historischen Aufklärung hindurch. Die Kulmination der Erkenntnis ist gar der Rückfall auf den frühesten Stand, womit bewiesen ist, daß allen Erwartungen der Denker zuwider nichts sich geändert hat.

Das Wort Mythos benennt, genau betrachtet, eine Dimension, die der historischen Dialektik entzogen ist, weil sie ihr zugrundeliegt.[16] Die Bewegung der Aufklärung ebenso wie der Gegenschlag stehen zu jener Schicht in Beziehung, die die historischen Prozesse nach dem Gesetz von Abstoßung und Anziehung zu dirigieren scheint. Die Erfolglosigkeit und Begrenzung aller historischen Fortentwicklung offenbart sich; denn in welche Richtung Geschichte auch streben mag, sie kommt von jener Urgegebenheit nicht los.[17] Dem entspricht das freilich vage umschriebene Ideal einer *eschatologischen Versöhnung*, in der alle Spannung beseitigt, aller Irrtum vermieden und alle geschichtliche Veränderung zum Stillstand gekommen wäre. Kunde von einem solchen Zustand, der jenseits unseres rationalen Vermögens liegt, aber deshalb auch der ideologischen Gefährdung des Denkens überhoben ist, haben wir hienieden und einstweilen nur in der Pseudorealität der Kunst.[18]

Es ist unleugbar, daß in diesem Konzept eine philosophische Setzung steckt, die jedoch rational nicht mehr eingelöst werden kann, weil sie auf die ursprüngliche Einschränkung der ratio zielt. So wird es unmöglich, nach dem formalen Schema der Relativität die Einseitigkeiten gegeneinander zu verrechnen, um auf höherer Ebene einen vermittelnden Schluß zu ziehen. Wäre dieser Schritt möglich, so könnte man getrost dem Mythos so viel Recht gegenüber der Vernunft zusprechen, wie diese gegen jenen anmeldet. Die *gleichberechtigte Vermittlung* von Mythos und Vernunft oder von Unmittelbarkeit und Vermittlung, in hegelscher Terminologie gesprochen, brächte die Theorie in Gestalt spekulativer Dialektik zu einer letzten Bewährung. Es wäre schließlich doch die Vernunft selber, die über ihre eigne Anfechtung triumphierte. Der idealistischen Lehre zufolge kann die Beschränkung der Vernunft von niemand sonst als der Vernunft auch wieder aufgehoben werden.

Soll nun der Selbstlauf zum idealistischen System keine Sogkraft entfalten, muß ein Hindernis errichtet werden, das nicht nur faktischer Art ist. Es muß prinzipiell als Hindernis erkennbar sein, ohne daß diese Erkenntnis identisch mit seiner Niederlegung würde. ›Dialektik der Aufklärung‹ ist die begriffliche Fassung des entsprechenden Sachverhalts. Diese Dialektik muß begrifflich einleuchten und darf den Sachverhalt eben durch ihre Begriffsgestalt nicht auflösen. Anders gesagt: die Beschreibung kann sich von dem Umschlag, den sie beschreibt, auf keine Weise distanzieren. Jede theoretische Position außerhalb ist verwehrt. Tua res agitur heißt die Moral, die die Theorie aus der Dialektik der Aufklärung ziehen muß. Indes, wie soll das gehen? Welcher Ort ist noch offen für die Theorie von der unheilbaren Hinfälligkeit aller Theorie?

Die Philosophie hält einen Begriff bereit, der als ein Vernunftprodukt von höchster Subtilität die dem Begriff eigene Grenze begrifflich markiert: den Begriff des *Scheins*. Schein ist das, was nicht Begriff ist, sofern der Begriff davon noch wissen kann. Seit eh und je hat die Philosophie das Wesen der Kunst in diesem Begriff gespiegelt.[19] Schein ist einer der Termini, in denen sich das Problem der Dialektik der Aufklärung artikuliert. Die Ortsangabe für eine diesem Problem angemessene philosophische Lehre muß daher die Scheidelinie zur Kunst überspielen.[20]

Das Dogma vom Gegensatz

Für eine Philosophie, die ihre tiefsten Intentionen in das Medium der Kunst überführen muß, stellt *Schellings* Kunstphilosophie die legitime Berufungsinstanz dar.[21] Schelling wollte die absolute Indifferenz von Subjekt und Objekt, die Philosophie nicht auszusprechen vermag, ohne sie bereits reflexiv zu zerstören, in der Seinsweise der Kunst zur Anschauung bringen. Der letzte Punkt reflexiver Denkleistung, ihre Selbstaufgabe zugunsten einer schlechthin ungebrochenen Einheit, markiert zugleich die Grenze der diskursiven Philosophie des Begriffs. In der Kunst jedoch scheint jene Einheit zwanglos und unverzerrt Wirklichkeit zu werden. Damit das Unternehmen, Kunst für Philosophie sprechen zu lassen, überhaupt gelingt, ist allerdings die Verhältnisbestimmung beider Seiten notwendig.

Schelling bezog sich auf die Vorstellung eines *Organons*,[22] um das Verhältnis zu Begriff zu bringen, in das Philosophie sich zu der nächst verwandten Kunst setzt, um deren Existenz, gerade ohne sie anzutasten, zur Kur der eignen Schwäche zu nutzen. Das bedeutet einmal, Kunst in voller Autonomie zu belassen und nicht an ihre Stelle mehr oder weniger bewußt ein Konstrukt zu rücken, das allein den philosophischen Beweisinteressen gehorcht. Kunst darf nicht als ›ancilla philosophiae‹ definiert sein, weil sie sonst den Dienst gar nicht übernehmen könnte, der ihrer autonomen Gestalt von der Philosophie zugemutet wird. Andererseits muß aber die Funktion, die die Kunst namens der Philosophie übernimmt, charakterisierbar sein. Weder durch ein schwärmerisches Identitätsgefühl, wo eines ins andere verschwebt, noch durch eine neutrale Koexistenz, in der beide Seiten sich gar nichts zu sagen hätten, wäre nämlich etwas gewonnen. Angesichts des Dilemmas ist das aristotelisierende Modell eines Organon freilich eine Notlösung. So wie ein Werkzeug einem Zweck untergeordnet wird, darf Kunst in bezug auf Philosophie um keinen Preis instrumentalisiert werden; denn Kunst ist nur dank der unverwechselbaren Ebenbürtigkeit mit Philosophie tauglich, deren letzten Rätseln Worte zu leihen. Schelling hat infolgedessen späterhin auf das Organonmodell verzichtet und das fragliche Verhältnis von Philosophie und Kunst weniger direkt gefaßt.[23]

Das allgemeine Programm der kritischen Theorie bewegt sich

innerhalb einer Spannung, deren Extreme durch Kants Lehre vom Ding an sich und Hegels absoluten Begriff gekennzeichnet sind, während das Feld der Austragung jener Spannung von Marx und den Junghegelianern bereitet ist. Die unter diesen Bedingungen stehende Ästhetik dürfte indes am ehesten an Schelling anknüpfen, was ihre Interpreten bislang kaum berücksichtigt haben. Folgt man einmal dieser Anregung, so stellt sich deutlicher, als Adorno wahrhaben will, die Frage nach der Bestimmung des Verhältnisses von Philosophie und Kunst. Die Konvergenz beider im Punkte der Erkenntnis hat er allenthalben betont. Weniger leicht aber wird begreiflich, wie die Konvergenz zu denken sei.

Fürs erste impliziert nicht jede Kunst schlechthin Erkenntnis. Im Unterschied zur idealistischen Naivität trennt der Ideologiekritiker säuberlich zwischen den aufklärerischen Werken und solchen, die als Teil der ›Kulturindustrie‹ an der generellen Betörung mitwirken. Diese Differenz fällt nicht ohne weiteres mit der qualitativen Wertung nach rein ästhetischen Kriterien zusammen, sondern setzt ein hochempfindliches Bewußtsein von der gegebenen historischen Lage voraus. Das Sensorium des Kunstkritikers schärft sich durch ein außerästhetisches, d. h. philosophisches und soziologisches Wissen von den Determinanten der Gegenwart und eventuellen Perspektiven der Zukunft. Nun betont Adorno aber stets, daß die ästhetisch gehaltvollen Werke auch die *fortschrittlich* gesonnenen seien. Künstlerische und politische Wertung begegnen einander. Benjamins überanstrengter Versuch, den ›Autor als Produzent‹ so radikal zu verstehen, daß Materialbeherrschung in der Produktion und richtige Tendenz in der Gesinnung zusammenfallen[24], findet hier seinen Nachklang. Perfektion der Technik und Einmütigkeit mit dem Gang der Geschichte laufen auf dasselbe hinaus: auf avancierte Werke.[25]

Dieser Terminus vereinigt die kunstrichterliche Kennerschaft mit der Einschätzung des fortschrittlichen Gehalts im Interesse der Menschen. Mitunter gemahnt die sich dabei einstellende Redeweise von der Versöhnung des Allgemeinen und Besonderen an *klassische Poetik*, an Goethes Symbolbegriff beispielsweise.[26] Sogleich fällt aber der Kritiker dem Poetologen ins Wort, um der Täuschung zu wehren, die sich einschleichen könnte, wenn die Unwirklichkeit der Versöhnung, ihre Absenz und utopische Ferne in Vergessenheit gerät. Die Kunstwerke müssen daher zweierlei zugleich darstellen: das Konkrete und Besondere als eines, das nicht unter dem abstrakten Allgemeinen erstickt, sondern sein Eigenrecht in Übereinstimmung mit ihm geltend macht, und ebenso sehr die Irrealität solcher Versöhnung.[27] Der Gestalt gewordene Widerspruch zwischen Harmonie und ihrer Enttäuschung soll den Rang der wichtigen Werke ausmachen. Was sie historisch bedeuten, muß in ihrem artifiziellen Aufbau seinen Ausdruck finden.

Damit ist verlangt, daß die vermeintlich äußeren Beurteilungskategorien des Interpreten sich unmittelbar *im Werke* niederschlagen. Das Werk selbst spricht aus, wovon eigentlich nur der Deuter des geschichtlichen Prozesses wissen kann. In der Tat ist ein ausgezeichneter Typ von Kunst mit einem derart verinnerlichten Bewußtsein von der eigenen historischen Stellung aufgetreten, *die Moderne*. Die konsequente Absetzbewegung vom Kanon der Tradition, die wir als die Moderne empfinden, scheint das Paradigma zu liefern für Adornos Konzept. Hier ist offenbar der Widerspruch von immanenter Geschlossenheit des Werks und unvermittelter Brechung der erstrebten Harmonie Realität geworden. Der Kritiker findet seine Forderung ganz in die künstlerische Formgebung eingebettet und sieht sich zum bloßen Rezipienten herabgestuft, dem Kunst von sich aus schon entgegen hält, was immer er verlangen kann. Die Rolle des Kritikers würde vollends überflüssig, wenn nicht doch eine Verwicklung einträte. Mitnichten darf jede ästhetische Hervorbringung der letzten hundert Jahre als fortschrittlich hingenommen werden, auch wenn sie noch so ›modern‹ aussieht. Im neueren musée imaginaire gilt es vielmehr nochmals, die Schafe von den Böcken zu trennen. Die Funktion des Kritikers, die man schon mit der Struktur der Werke verschmolzen wähnte, erneuert sich. Die notwendig anzubringende, von den Kunsterscheinungen ihrerseits nicht mehr umfaßte Unterscheidung zwischen guten und schlechten Werken ist die zwischen fortschrittlichen und restaurativen.

An dieser Wiederherstellung der kritischen Aufgabe auch angesichts der Moderne zeigt sich, daß in Wahrheit das Formgesetz der modernen Kunstproduktion bloß zitiert wird, um ein Postulat zu decken, das der kritische Ästhetiker aufgerichtet hat. Die unbelehrte Anschauung allein enthüllt gar nicht den Sinn der Kunst. Man muß über geschichtsphilosophische Kategorien verfügen, um überhaupt in die Struktur der Werke eindringen zu können. ›Eine immanente Methode solcher Art setzt freilich allerorten als ihren Gegenpol das dem Gegenstand transzendente philosophische Wissen voraus. Sie kann sich nicht wie Hegel auf das ›reine Zusehen‹ verlassen.‹[28] Das zeigt die Unterscheidung der avancierten Kunst von aller andern, die ihr nur dem Anschein nach gleichkommt. Ohne solche Kategorien wäre zum Beispiel die Kontroverse, die Adorno zwischen Schönberg und Strawinsky anspinnt, nicht mehr als ein akademischer Streit zweier Kompositionsschulen.[29] Die Philosophie bringt hinzu, was in den unschuldigen Werken als solchen nicht steckt, ja nicht stecken kann: ihre Bedeutung als *Negation des Bestehenden*.

Der Schlußstein der ästhetischen Überlegung ist auf diese Weise eingesetzt. Nun wird klar, warum es eines *äußeren* Vergleichs zwischen Werk und gesellschaftlicher Wirklichkeit bedarf, um in gewissen Werken – beileibe nicht in Kunst überhaupt – das Moment des Widerspruchs zu entdecken. Stünde Kunst überhaupt im Gegensatz zur Realität, so wäre die Unterscheidung ideologieträchtiger von avancierten Werken ohne Sinn. Stellte Kunst die gesuchte Leugnung der Realität im geschlossenen Werke in Vollkommenheit noch einmal dar, so verlöre sie ihre Spitze gegen die Außenwelt, sie machte sich dann im Schutze des zum Bilde erstarrten Protestes einer Harmonisierung zweiter Stufe schuldig. Adorno war daher in der heftigen Abwehr aller engagierten Kunst ganz konsequent,[30] denn nur die Kunst, die ganz sie selbst ist und nicht außerhalb ihrer eine bestimmte Wirkung sucht, hält der dominanten Erscheinungsform der Realität genügend Selbständigkeit entgegen, um im Auge des Betrachters den Gegensatz aufbrechen zu lassen. Der universale Verblendungszusammenhang der gesellschaftlichen Realität und die totale Autonomie der Kunst stehen radikal gegeneinander. Aber erst von einer *dritten Position* jenseits der alltäglichen Verdinglichung und der künstlerischen Produktion erschließt sich jener Zusammenhang. Diese Position hält der Kritiker ein für allemal besetzt.

Bis hierher muß die Analyse vorangetrieben werden, um die oben aufgeworfene Frage einer Beantwortung näher zu bringen. Im Anschluß an die intendierte Überführung von Philosophie in Ästhetik hatte sich die Frage nach der Möglichkeit einer *Bestimmung des beiderseitigen Verhältnisses* gestellt. Ein verworrenes

Ineinanderspiegeln von Gedanken und Kunstwerken ergibt nicht die Erkenntnis, um deretwillen Kunst in die Überlegung eingeführt wird. Es zeigt sich, daß zwei korrespondierende Grundannahmen in ihrem Zusammenwirken die These erlauben, Kunst und Philosophie strebten beide dem Fluchtpunkt der Erkenntnis zu. Es ist auf der einen Seite die Überzeugung vom allumfassenden Ideologiecharakter der Wirklichkeit und auf der anderen ein Insistieren auf der vollendeten Autonomie künstlerischer Technik, die in ihrer Zuspitzung erkenntnisfördernden Eklat auslösen. Die *Doppelung von Realität und Kunst*, die gleichberechtigt eignen Gesetzen folgen und in *unvermittelter Opposition* verharren, muß als ein *Dogma* ursprünglich gesetzt werden, damit die Folgerungen schlüssig erscheinen.

Erst das nicht weiter ableitbare Dogma aber gestattet, Kunst und Philosophie im Blick auf Erkenntnis in jene eigentümliche Beziehung zu setzen. Die Negation, die Kunst als Widerpart der fetischisierten Wirklichkeit ihrem Wesen nach übt, tendiert zum Durchbrechen des Banns und kommt daher wie durch glückliche Fügung einer Philosophie entgegen, die sich der Dialektik der Aufklärung zu entringen sucht. Die in Kunst realisierte Negationsleistung wird als solche faßlich, wenn der kritische Betrachter seine Interpretation hinzubringt. Die kritische Theorie, die in der unendlichen Folge negierender Reflexionen dem falschen Schein auf der Spur ist, erfährt Bestätigung von fremder Seite, indem die Werkgestalt der Kunst objektiv vorstellt, was dem Gedanken noch ungelöste Aufgabe war. Mit anderen Worten: Die in Kunst gelegene Erkenntnisqualität bedarf der Aussprache diesseits der immanenten Produktstrukturen, und die vom Umschlag ins eigene Gegenteil unablässig bedrohte Aufklärung genießt Entlastung, wo gelungene Befreiung vom heteronomen Zwang anschaulich wahrnehmbar wird. Die Korrelation selber aber muß apriori unterstellt werden. Hier herrscht reine Theorie, ohne sich dies einzugestehen.

Mimesis und Werk

Die Komplikation wächst, wenn man sich der Kunsterfahrung selber zuwendet. Das Hinnehmen des Erschauten oder das Hören der Klänge rein für sich erschließt nicht den Wahrheitsgehalt der Werke. Die Ästhetik, die der Moderne ideologiekritische Hilfsdienste abverlangt, muß zuvor dem klassischen Glauben den Abschied geben, Schönheit entsende ihre Strahlen ohne jede Vermittlung. Ursprüngliche Kunsterfahrung bedarf bereits der Theorie. ›Die Forderung der Kunstwerke, verstanden zu werden dadurch, daß ihr Gehalt ergriffen wird, ist gebunden an ihre spezifische Erfahrung, aber zu erfüllen erst durch die Theorie hindurch, welche die Erfahrung reflektiert.‹[31] Erfüllt erst die Theorie das in der Erfahrung Angelegte, so hängt die kritische *Aufklärungsleistung* der Kunst doch wieder von der ungeschmälerten *Autonomie* der künstlerischen Gestalt ab, die nicht im Dienste außerästhetischer Beweisinteressen verfälscht werden darf. Was die Werke ganz aus sich zu sagen haben, eröffnet sich auf einer Folie philosophischen Wissens, wenn dieses Wissen lernt, von sich abzusehen. Die Philosophie muß planmäßig vergessen, was sie zur Deutung hinzubringt. Andernfalls pervertierte die Kunst offensichtlich zu einem Demonstrationsobjekt, das dem Herrschaftstrieb des souveränen Denkens diente, statt ein nicht subsumierbares Eigenrecht anzumelden.

Aus dem selbsterzeugten Dilemma sucht die Ästhetik Adornos einen Ausweg bei dem ältesten Terminus der Kunstphilosophie, der allerdings seinen Stellenwert erstaunlich wandelt. *Mimesis* hieß in der Tradition die nachahmende Darstellung, die einer unabhängig gegebenen und vorrangig existierenden Wirklichkeit folgt. Mimesis galt als begriffsfern, weil abkünftig[32] und wurde einer elementaren anthropologischen Schicht zugerechnet.[33] Die Unbegrifflichkeit und Teilhabe am Urtümlichen wird bei Adorno zur Tugend, während der sekundäre Rang des Abhängigen in aller Mimesis nun aufgewertet erscheint. Die Rückkehr zur mimetischen Haltung soll philosophisch die Schäden wieder gut machen, die die Selbstherrlichkeit des Begriffs angerichtet hatte. ›Nicht anders vermag der Begriff die Sache dessen zu vertreten, was er verdrängte, der Mimesis, als indem er seinen eignen Verhaltensweisen etwas von dieser sich zueignet, ohne an sie sich zu verlieren. Insofern ist das ästhetische Moment, obgleich aus ganz anderem Grunde als bei Schelling, der Philosophie nicht akzidentell.‹[34]

In der Mimesis restituiert der Geist eine quasi vorgeschichtliche Einstellung zu den Sachverhalten. Er schmiegt sich ihnen als seinem Andern widerstandslos an und gibt die ihm eignen Überwältigungsbedürfnisse angesichts des Konkreten auf. Das blinde Nachahmen, das seit der Entfaltung begrifflicher Perfektion die Philosophie für unter ihrer Würde hielt, bietet sich als Korrektiv eines inzwischen leer laufenden, der Inhalte beraubten Kategorienapparats an. Im gleichen Grade, wie die theoretische Souveränität rückgängig gemacht wird, nähert Philosophie sich der vom Begriff gering geachteten Kunst an. Die künstlerische Mimesis gewinnt eine gänzlich neue Bedeutung, nachdem das theoretische Monopol auf die Anverwandlung des Wirklichkeitsgehalts bestritten ist.

Unvermeidlich gerät die Neubewertung der Mimesis als Theoriekorrektiv indes der *herkömmlichen Abbildlehre* der Ästhetik ins Gehege. Vor allem ist es die Fortsetzung traditioneller Grundsätze mimetischer Kunsttheorie im Widerspiegelungsprinzip des Marxismus, die Adornos Einspruch herausfordert. Die Ästhetik des späten Lukács hatte unter marxistischen Prämissen einer durch und durch orthodoxen Abbildungstheorie der Kunst im Blick auf vorgegebene und treu zu schildernde Realität das Wort geredet. Adorno muß gegen solche Mimesis, die Erkenntnis durch Bilder ersetzt und Verschleierung statt Aufdeckung betreibt, mit allem Nachdruck Front machen. ›Lukács' Position hat ihre innerste Schwäche darin, daß er Kategorien, die sich aufs Verhältnis des Bewußtseins zur Realität beziehen, so auf die Kunst überträgt, als hießen sie hier einfach das Gleiche. Kunst findet sich in der Realität, hat ihre Funktion in ihr, ist auch in sich vielfältig zur Realität vermittelt. Gleichwohl aber steht sie als Kunst, ihrem eignen Begriff nach, antithetisch dem gegenüber, was der Fall ist.‹[35]

Der neu akzentuierte Mimesisbegriff ist vor der Übermacht der altgewohnten Vorstellungen nur durch ein ausgeklügeltes Räsonnement zu schützen. Mimesis als elementares Anschmiegen, das die Starre des Begriffs hinter sich läßt, steht nicht wie ein unangetastetes Residuum bereit, auf das der ermattete Begriff jederzeit zurückfallen könnte. Es wäre Täuschung, glaubte die Philosophie, sie könnte wie durch ein ›Sesam öffne dich‹ archaische Schichten der anthropologischen Struktur reaktivieren. Ohne argumentative Erläuterung besagt der Mimesisbegriff gar nichts. Das zeigt sich daran, daß im Streit zwischen Adorno und Lukács Behauptung gegen Behauptung steht und die regelmäßig zitierten Kronzeugen Beckett und Th. Mann nur zu reden beginnen, wenn sie von der einen oder anderen Position zum Reden gebracht werden.[36] So gesehen ermangelt Adornos Rekurs auf Mimesis als eine Art ›Mimikry‹ des Geistes der Überzeugungskraft.

Eine letzte Konsequenz gilt es noch zu betrachten. Die Ästhetik Adornos kann gar nicht umhin, eine *uneingeschränkte Werkkategorie* wieder zu Ehren zu bringen, obwohl sie deren Verfall ständig konstatiert. Wo soll denn jene Versöhnung des Konkreten mit dem Allgemeinen, die über alle begriffliche Schematisierung erhaben ist, stattfinden, wenn nicht in einer an sich seienden Sphäre? Was hält der schlechten Realität den entlarvenden Spiegel vor, wenn nicht eine objektive Instanz? Woran klammerte sich die im Strudel der Dialektik der Aufklärung untergehende Reflexion, wenn nicht an anschauliche Produkte des mimetischen Verhaltens? Die fundamentale Rolle der Werkkategorie für Adornos gesamtes Unternehmen kann gar nicht bezweifelt werden. Die Theorie nicht minder als die materialen Schriften zur Kunstkritik belegen auf jeder Seite den methodischen Ausgriff auf die Gegebenheit von Werken.

Ebensowenig kann es aber einem Zweifel unterliegen, daß gerade die Moderne, auf deren Phänomenen die Ästhetische Theorie aufbaut, einen einzigen Prozeß der *Auflösung der Werkkategorie* darstellt.[37] Falls die Vielfalt künstlerischer Erscheinungen, die man grob genug als ›die Moderne‹ einstuft, überhaupt auf einen gemeinsamen Nenner zu bringen ist, der als einheitliches Merkmal die zusammenfassende Epochenbezeichnung legitimiert, so ist es der Grundzug der Zerstörung der herkömmlichen Werkkategorie. Die Skala reicht von spielerischer Skepsis über ironische Brechung und surrealistische Schocks bis zur systematischen Zersetzung der Einheit, zur radikalen Reduktion des Gestaltens und zum Vordringen der konstitutiven Funktion des Zufalls. Moderne Werke verleugnen den ontologischen Status einer zweiten Wirklichkeit, die obzwar hergestellt, der ersten ebenbürtig wäre. Das Ergon als autarker Sinnträger verschwindet. Wo die Produkte sich nicht zuspitzen zur planmäßigen Enttäuschung einer Rezeptionshaltung, die vollgültige Werke zu erwarten pflegt, geben sie sich mehr oder weniger als Anlaß für die Phantasie und eingreifende Aktivität des Betrachters. Was früher Werk war, überantwortet sich jetzt einem Prozeß der jenseits der fertigen Gestalt erst schicksalhaft beginnt.

Diese Einsicht ist weder neu, noch braucht sie im Blick auf

Adorno erinnert zu werden, der mit großer Einfühlsamkeit die Prozesse moderner Werkauflösung beschrieben hat. Zwei Argumente sind dennoch immer wieder zu hören, die angeblich die These in Frage stellen. Häufig wird gesagt, die Auflösung traditioneller Werkformen schaffe ganz einfach *neue Werke*. Wenn das stimmt, hat die Bewegung der Moderne keineswegs das Revolutionäre an sich, das ihr Selbstbewußtsein ausdrückt. Die Moderne wäre nur eine weitere Phase in der langen Reihe des Stilwandels und der Epochenverschiebung, die die Kunstgeschichte ruhigen Blicks klassifizieren könnte. Vor allem aber erwiesen sich jene Analysen als hinfällig, die der Ästhetischen Theorie Adornos lebenswichtig sind: gerade die entschieden innovative Protestnatur, die die Moderne auszeichnet, soll doch aufklärerisch zu deuten sein.[38] Will man die kritische Ästhetik verteidigen, kann man das zitierte Argument, das beschwichtigt, weil es im Neuen nichts Neues sieht, kaum im Ernste vorbringen.[39]

Ein anderes Argument besagt,[40] die Moderne arbeite nur rückhaltlos heraus, was der Kunst *immer schon* eigentümlich gewesen sei. Zerbrechlichkeit wäre das Urwesen der Kunst und die gehaltvolle Substanzialität dagegen ein falscher Schein. Entweder bedeutet diese Sicht der Dinge eine glatte *Rückprojektion* des Aktuellen auf die gesamte Vergangenheit. Dann wäre die Moderne wiederum nicht modern, sondern das Altbekannte bloß in neuer Beleuchtung. Derart umstandslos von der Gegenwart auf die Geschichte zu schließen und alle historischen Unterscheidungen einzuebnen, dürfte aber untunliche Verkürzungen nach sich ziehen. Oder man unterlegt ein teleologisches Modell, das im Sinne des marxschen Diktums von der Anatomie des Menschen als Schlüssel für die Anatomie des Affen das heutige Entwicklungsstadium als Kulmination der gesamten Geschichte der Kunst nimmt, so daß am Ende einer vollständigen Entfaltung alle Vorstadien überschaubar würden. Abgesehen von der methodisch fragwürdigen Geschichtsteleologie, die auch bei Marx trotz materialistischer Beispiele eine idealistische Herkunft verrät, raubt ein solcher Fortschrittsglaube mit der zunehmenden Durchsichtigkeit der Genese wiederum der Ästhetik ihre kritische Pointe. Keineswegs wächst die rationale Kapazität ihrem Abschluß entgegen – so lehrt gerade Adorno. Vielmehr sei die Kunst, die sich der Rationalisierung sperrt und wie Fausts Gang zu den Müttern

Rückkehr in mimetische Grundschichten betreibt, der letzte Zufluchtsort für das Durchschauen eines ständig sich verdichtenden Trugs in der Geschichte.

An der folgenden *Synthese des Unvereinbaren* führt daher kein Weg vorbei: die Moderne hebt die traditionelle Werkgesinnung auf und darin beruht ihre kritische Qualität – die Moderne artikuliert sich aber auch nur in Werken, da außerhalb der Immanenz artifizieller Strukturen für die kritische Botschaft kein Platz mehr bleibt. Adorno geht diese Paradoxie ganz bewußt ein. Lösen läßt sie sich theoretisch auf keine Weise. Sie kann nur mehr über den Weg in die Kasuistik zerstreut werden, wo fallweise anhand von Analysen der Texte oder Partituren die Spannung zwischen zerstörter und aussagekräftiger Einheit zum Austrag kommt. Das erklärt systematisch die oft bemerkte Stärke, die die Ästhetische Theorie Adornos gerade in ihren Einzelinterpretationen beweist. Der Vorrang der Werke entspricht nicht bloß den besonderen Neigungen und Talenten des Autors, sondern steht fest auf einem systematischen Fundament. Trotzdem vermögen Beispiele für eine Theorie nicht die Gründe für eine Theorie zu ersetzen. So plausibel die allgemeinen Einsichten mitunter an literarischen oder musikalischen Fällen demonstriert werden, so wenig Beweis steckt in der Anwendung. Dafür hängt eine jede Deutung viel zu sehr von den hermeneutischen Ausgangspunkten und dem rhetorischen Geschick ab. Liest man dieselben Werke unter anderem Blickwinkel und mit anderer Intention, so lassen sie sich bis zu einem gewissen Grade stets auch anders verstehen. Der definitive Gestus, mit dem Adornos Deutungen gern Eindruck machen, in dem sie eventuelle Alternativen von vornherein dem Verdacht des Ideologischen oder Banausischen aussetzen, überspielt in Wahrheit diese Unsicherheit. Die mit Absicht betriebene Verlagerung der Grundsatzfragen in Werkauslegungen täuscht illegitim über die Differenz von Ästhetischer Theorie und ästhetischer Erfahrung hinweg.

Ästhetische Erfahrung

Ein besonderes Rätsel bildet im Rahmen der Ästhetischen Theorie Adornos die Rolle der ästhetischen Erfahrung. Strenggenommen läßt sich nämlich gar nicht analysieren, wie die Werke wirken, nachdem eine bestimmte Wirkung von Anbeginn unterstellt ist, insofern die Theorie ihre eigenen Aussagen voll und ganz auf jene Wirkung gründet. Die Möglichkeit der Analyse entfällt, – sind doch die theoretischen Mittel, mit denen ästhetische Wirkung sich analysieren ließe, nach eben dem ästhetischen Paradigma geformt, das ihr Thema wäre. Womit wollte man eine solche Untersuchung dann noch anstellen? Da die Werke letztlich im Dienste der Theorie stehen, um diejenigen Erkenntnisse zu produzieren, die die Theorie von ihnen fordert, ist vor der Begegnung mit dem konkreten Werk das Resultat vorentschieden. Die Theorie weiß, daß Werke kritisch eingreifen, denn sie weiß, daß die Autonomie der Werke dem verblendeten Weltlauf einzig Paroli bietet. Sie weiß deshalb auch, was wirklich avantgardistisch vorwärts weist und was allem modernen Anschein zum Trotz sich in falscher Rückwendung verliert.

Da die Kunst in der ganzen Fülle der Phänomene die strukturelle Einsicht stets erneut dokumentiert, bedürfte es, pointiert gesagt, der Einzelerfahrung am Werke nicht mehr. Denn ohnehin tönt alles so zurück, wie man zuvor gerufen hatte. Der Reiz, der die konkreten Deutungen unbestreitbar begleitet, liegt eher in der Versatilität und Detailversessenheit, mit der das zu erwartende Echo jeweils hervorgelockt wird, als in der Freiheit und Verständnisbreite, mit der der Interpret sich für das Unerwartete bereit hält.

Die *Vorbestimmtheit* einer Erkenntnis in Kunst, die die tatsächliche Erfahrung überflüssig macht, ist in meinen Augen die innerste Grenze der kritischen Ästhetik. Hier rächt sich unter der Hand die Theoriebeladenheit der ästhetischen Konzeption. Natürlich stehen Deutungen allemal im Lichte von mehr oder weniger expliziten Theorien. Legt man aber das gesamte theoretische Potential in die Werke selber, so bedeutet es keine Überraschung, in ihnen genau das zu finden, was man zuvor hineingelegt hatte. Auf diese Weise wird die Ästhetische Theorie selbstgenügsam[41] und schließt sich in einer narzißtischen Spiegelung gegen Zweifel und Erschütterung von außen ab. Fremdes kann ihr nicht begegnen, Neues wird sie nicht erfahren, denn auf jede Möglichkeit hat sie sich vorab schon ihren Reim gemacht. Demgegenüber heißt Erfahrung aber die Bereitschaft zum Unvorhergesehenen, die sich durch keine Theorie ersetzen läßt.

Der wahre Kontrast zur theoretischen Selbstgewißheit, um den es Adornos Ästhetik wesentlich zu tun ist, stellt sich erst ein, wenn die Bereitschaft zur Begegnung mit dem von Theorie nicht bereits Imprägnierten eingeräumt wird. *Ästhetische Erfahrung müßte zur Basis gemacht werden!* Vor allem eine Theorie, die auf Kritik zielt, hätte ästhetische Erfahrung ernstzunehmen. Der aufklärerische Zweifel an der vorgeblichen Authentizität der Wirklichkeit, wie sie ist, muß doch zunächst geweckt werden, da die massive Suggestion der allgegenwärtigen Ideologie von sich aus alle Möglichkeiten zum Zweifel niederhält. Der erstarrte Schein löst sich aber, wenn die Freiheit existiert, dem offiziellen Gesicht der Realität Alternativen zur Seite zu halten. Solche Freiheit gilt es allererst zu erwerben durch ein *zwangloses Spiel der Reflexion*. Das Spiel der Reflexion kommt ursprünglich in jeder ästhetischen Erfahrung in Gang.

In der Tat hat die Begegnung mit ästhetischen Phänomenen im Unterschied zur Alltagserfahrung das Eigentümliche, Ordnungsleistungen des Verstandes weder nötig zu machen, noch von der Gegenstandseite her vorzuschreiben. Auf ästhetische Weise wird Bewußtseinstätigkeit zwar angeregt, aber nicht eingeengt. Diese seltene Erfahrung erschließt dem Bewußtsein neue, bislang nicht realisierte Möglichkeiten. Die unvordenklichen Wege einer Lösung von festgefahrenen Wahrnehmungsformen liegen allesamt beschlossen im aktuellen Angerührtwerden durch Kunst. Besonders die extremen Hervorbringungen der Moderne machen Offenheit und Breite solcher Erfahrung nötig.

Die Beschreibung der ästhetischen Erfahrung im angedeuteten Sinne erinnert mit Bedacht an Kant. Es ist an der Zeit, dessen vermeintlich durch Schelling und Hegel überholte Analyse der Wirkungen ästhetischer Phänomene auf das Bewußtsein wiederzuentdecken.[42] Der kritische Blick auf die Moderne sollte gerade von einem festgelegten Werkkanon entbinden und das Spiel der Reflexion als ein durch Kunst angestoßenes, aber nicht präjudiziertes Freisetzen von Möglichkeiten des Bewußtseins wieder zu Ehren zu bringen. Was Kunst ist, zeigt sich dann darin, daß sie das Denken ohne Gängelband aktiviert und die Reflexion zu einer Selbständigkeit bringt, die nicht weiter auf Prinzipien zu verpflichten ist. Allein die Kunst, die das freie Spiel der Erkenntniskräfte initiiert, indem sie die fixe Bindung an eine vollkommen bestimmte Aufgabe lockert, verzichtet auf eine erneute Indienstnahme des Denkens.

Die Werke hingegen, deren eigenste Wesensbestimmung nach Adornos Behauptung auf nichts anderes als den Namen der Kritik lautet, fördern Kritik nicht. Sie setzen Erkenntnis nicht frei, sondern fesseln sie wiederum. Werke, die in radikalem Gegensatz zur Wirklichkeit aufgehen, sind das Kehrbild derjenigen Abbilder, die sich in harmloser Widerspiegelung des Bestehenden erschöpfen. In beiden Fällen wird das aufnehmende Bewußtsein zu einer eindeutig festgelegten, nahezu mechanischen Reaktion verdammt. Die Dimension der ästhetischen Erfahrung, die sich dort auftut, wo das positive oder negative Müssen endet, bleibt bei dem einen wie dem anderen Werkbegriff unterschlagen.

Dialektik der Grenze oder Philosophie und Kunst

Die Unterbewertung ästhetischer Erfahrung mag ein Vergleich mit Hegels dialektischer Methode erläutern, der Adorno an strategisch entscheidenden Stellen gern folgt. Hegels Einwand gegen die kantische Annahme eines ›Dings an sich‹, das in Adornos ›Nichtidentischem‹ wiederaufersteht, arbeitet mit der *Dialektik der Grenze*. Das Argument besagt, daß etwas nur eingeschränkt werden kann, wenn die jenseitige Position bereits eingenommen ist. Grenzen lassen sich nie von einer Seite aus ziehen. Die Anerkennung einer Grenze impliziert daher ihre mögliche Überwindung. In der Debatte mit Hegel kann Adornos ›Negative Dialektik‹ sich dem Zwang zu jener Konsequenz nicht durch sture Weigerung entziehen. Die Dialektik der Grenze wird vielmehr zunächst ausdrücklich vollzogen, um dann ihrerseits wieder aufgehoben zu werden.[43] Genau dieser Schritt liegt in der *Auswanderung der Theorie in die Ästhetik* vor.

Die Erkenntnis von der Eingeschränktheit der theoretischen Erkenntnis darf kein grenzüberschreitender Beitrag zur letzten Vollendung der Theorie sein. Somit erscheint jene Erkenntnis verkörpert im Kunstwerk gemäß dem unableitbaren Satz von der Konvergenz künstlerischer und philosophischer Erkenntnisintention. Die Konvergenz erlaubt eine Vermittlung nach dialektischem Muster. Die Bestimmung der Ebene der Konvergenz als einer ästhetischen unterbricht dagegen die Vermittlung wieder und verhindert den Abschluß im absoluten System, worin Theorie sich durch ihre Begrenzung hindurch ihrer selbst noch vergewisserte. Nun ist aber die Bestimmung der Ebene als ästhetischer keine evidente Wahrheit apriori, sondern entstammt ihrerseits einem Akt der Theorie, die sich hier die genuine Zuständigkeit abspricht. Ästhetik als Nicht-Theorie kann so nur von der Theorie definiert werden. Damit hat die Dialektik der Grenze jedoch erneut statt. Das ganz Andere ist in bezug auf Theorie das ganz Andere und damit ihr gegenüber so anders doch wieder nicht.

Man kann dieses Verhältnis deuten als die *Umkehr der Relation, in der bei Hegel Kunst und Philosophie zueinander stehen*. Die Unmittelbarkeit der Präsenz des absoluten Geistes, als die Hegels Philosophie die ihr historisch voranliegende und systematisch untergeordnete Kunst auf den Begriff bringt, ruft eine Vermittlung hervor, ohne die der Geist nicht er selbst wäre. Das Geistige herauszuarbeiten heißt notwendig das Künstlerische zerstören, die wesentlich geistige Substanz von Kunst verlangt nach Aufhebung ihrer äußerlichen Erscheinungsform in der Gestalt des Schönen. Die Aufhebung der Unmittelbarkeit besteht im Bestimmen der Kunst durch den philosophischen Begriff. Mit der Erhebung zum Niveau des Begriffs endet aber jede ungebrochene Wirkung des ästhetischen Scheins, die just an der Unmittelbarkeit hängt. Der als Schein erkannte Schein ist depotenziert und hat seinen Zauber verloren. Das Auftreten der Philosophie der Kunst bezeichnet daher in eins das Ende der Kunstepoche.

›Die Kunst ist weder dem Inhalt noch der Form nach die höchste und absolute Weise, dem Geiste seine wahrhaften Interessen zum Bewußtsein zu bringen. Die eigentümliche Art der Kunstproduktion und ihrer Werke füllt unser höchstes Bedürfnis nicht mehr aus.‹ ›Die *Wissenschaft* der Kunst ist darum in unserer Zeit noch viel mehr Bedingung als zu den Zeiten, in welchen die Kunst für sich als Kunst schon volle Befriedigung gewährte. Die Kunst ladet uns zur denkenden Betrachtung ein, und zwar nicht zu dem Zweck, Kunst wieder hervorzurufen, sondern, was Kunst sei, wissenschaftlich zu erkennen.‹[44]

Diesen Prozeß denkerischer Überwindung der Eigenständigkeit künstlerischer Gestaltung macht Adornos Ästhetik in gewisser Weise wieder rückgängig. Zwar entdeckt Philosophie ihre ureigensten Intentionen in Kunst, sie unterwirft die künstlerischen Äußerungen jedoch nicht einem von Hause aus philosophischen Wahrheitsbegriff, denn das müßte die künstlerische Erscheinungsform notwendig entkräften. Um Kunst vor dem Zurücksinken in irrelevante Vorstufen des Geistes zu retten, verzichtet Philosophie lieber auf die Reflexion, die offenbaren würde, daß Kunst als Erkenntnis sich eben nur dem philosophischen Auge preisgibt. Die Philosophie verbirgt vor sich selber, daß sie es war, deren Interpretationsleistung Kunst erst in den Rang der Gleichberechtigung erhob. Der Umstand, daß Philosophie sich diesen ihren konstitutiven Beitrag nicht eingesteht, verleiht der Kunst das Ansehen der Eigenständigkeit. Genau genommen handelt es sich um eine Art Ritterschlag, für den niemand die Verantwortung übernehmen will. Vielleicht steckt darin, allen Gesten der theoretischen Bescheidenheit zum Trotz, eine äußerste Herablassung: die des anonym bleibenden Hoheitsakts.

Im Grunde wären all diese Komplikationen vermeidbar, wenn Philosophie von dem Traum ablassen würde, sie selbst zu sein und doch ein anderes. Die *Ästhetisierung der Theorie belastet eine Theorie des Ästhetischen*. Obwohl der Autonomie der Kunst das Wort geredet wird, sind letztlich wieder die Eigeninteressen der Theorie am Werke, die die Ästhetik einer tiefgehenden Heteronomie unterwerfen. Die Gedankenfolge, die mit dem universalen Verblendungszusammenhang beginnt und über das Dogma vom Gegensatz zwischen Kunst und Wirklichkeit läuft, macht endlich Kunst zum Erfüllungsgehilfen der kritischen Absichten der Theorie. Da diese erklärtermaßen nicht artikulationsfähig sind, werden sie in Werke so eingesenkt, daß die Reaktionen determinierbar bleiben. Theorie herrscht also noch im Akte ihrer ästhetischen Selbstverleugnung. Sie wähnt, sich der unmittelbaren Erfahrung der Kunst anzugleichen, indem sie bereitwillig Abstriche am traditionellen Theorieverständnis macht. Sie verstrickt sich damit in einen Schein, der nicht derjenige ist, von dem sie spricht. Der Versuch, Theorie ästhetisch werden zu lassen, endet in der Verwechslung eines Theoriescheins mit einem Kunstwerk.

Literarisches Postskriptum

Thomas Mann hat richtig gespürt, daß es, in der Sprache seines ›Doktor Faustus‹ geredet, mit dem Teufel zugehen müsse, wo Kunst sich vollends zur Erkenntnis wandelt und die Zerstörung der Werke das äußerste Werk gebiert. Die musiktheoretischen Passagen des Romans, die bekanntlich aus der Zusammenarbeit mit Adorno entstanden sind und teilweise dessen ›Philosophie der neuen Musik‹ paraphrasieren,[45] sind voller Absicht dem ungenannten Widersacher und Inspirator in den Mund gelegt. Mephistophelisch und nach sophistischem Lug und Trug soll es klingen, wenn ›Er‹ lachend sagt:[46] »Mein Lieber, die Situation ist zu kritisch, als daß die Kritiklosigkeit ihr gewachsen wäre!... Was ich nicht leugne, ist eine gewisse Genugtuung, die die Lage des ›Werkes‹ ganz allgemein mir gewährt. Ich bin gegen die Werke im Großen – Ganzen. Wie sollte ich nicht einiges Vergnügen finden an der Unpäßlichkeit, von der die Idee des musikalischen Werkes befallen ist! Die Kritik erträgt nicht länger die ›Fiktion‹, die Selbstherrlichkeit der Form, die das Menschenleid zensuriert, in Rollen aufteilt, in Bilder überträgt. Zulässig ist allein noch der nicht fiktive, der unverstellte und unverklärte Ausdruck des Leides in seinem realen Augenblick...« Darauf erfolgt die bedenkenswerte Antwort: »Rührend, rührend. Der Teufel wird pathetisch. Der leidige Teufel moralisiert. Das Menschenleid liegt ihm am Herzen. Zu seinen Ehren hofiert er in die Kunst hinein...« Die Ironie des Romanciers rührt instinktsicher an die schwache Stelle einer Kunsttheorie, die mit der apokalyptischen Werkdiagnose ganz andere Zwecke verfolgt und deren Offenlegung moralisierend verschleiert. Die Philosophie hofiert die Kunst um ihrer eigenen Schwierigkeiten willen, während sie pathetisch das Menschenleid beschwört.

Anmerkungen

1 Es handelt sich um die Antrittsvorlesung, die jetzt im ersten Band der Gesammelten Schriften zugänglich ist. (Frankfurt 1973, Zitat S. 343) Vgl. auch die Vorrede zur »Negativen Dialektik« (Frankfurt 1966, S. 9).
2 S. a. ›Der Essay als Form‹, Noten zur Literatur I 1958, 21 f.
3 Ästhetische Theorie, Frankfurt 1970, 140.
4 Schr. I 343.
5 Vgl. für Einzelheiten meine Studie »Problemgeschichte und systematischer Sinn der ›Phänomenologie‹ Hegels« (in: Dialektik und Wissenschaft, Frankfurt 1973)
6 S. a. Die Idee der Naturgeschichte (Schr. I).
7 S. Adorno, Kierkegaard, Konstruktion des Ästhetischen, Frankfurt 1962, 124 ff.

8 Parataxis, Zur späten Lyrik Hölderlins, Noten z. Lit. III (Schriften 11, 452 ff.).
9 Ästhetische Theorie, 191.
10 Ich skizziere hier einige Analysen, die schon früher vorgetragen wurden: Was ist kritische Theorie? in: Apel et al., Hermeneutik und Ideologiekritik, Frankfurt 1971.
11 Noten zur Literatur IV, Frankfurt 1974, 146.
12 S. etwa Th. Baumeister /J. Kulenkampff, Geschichtsphilosophie und philosophische Ästhetik, Neue Hefte für Philosophie 5, 1973.
13 Dialektik der Aufklärung, Amsterdam 1947, z. B. 9.
14 S. Horkheimer, Ein neuer Ideologiebegriff? (1930); jetzt in: Kritische Theorie (hrsg. v. A. Schmidt), Frankfurt 1968; ähnlich Adorno, Das Bewußtsein der Wissenssoziologie (Prismen, Frankfurt 1955).
15 In dem Aufsatz über Samuel Becketts ›Endspiel‹ heißt es entsprechend: »Die Irrationalität der bürgerlichen Gesellschaft in ihrer Spätphase ist widerspenstig dagegen, sich begreifen zu lassen; das waren noch gute Zeiten, als eine Kritik der politischen Ökonomie dieser Gesellschaft geschrieben werden konnte, die sie bei ihrer eignen ratio nahm.« (Versuch, das Endspiel zu verstehen; in: Noten z. Lit. II, Frankfurt 1961, 192.
16 S. noch den späten Essay Adornos ›Zum Klassizismus von Goethes Iphigenie‹, Noten zur Literatur IV, a.a.O., 30 ff.
17 »Die Geschichte des Denkens ist, soweit sie irgend sich zurückverfolgen läßt, Dialektik der Aufklärung« (Adorno, Negative Dialektik, Frankfurt 1975, 124).
18 Vgl. Ästhetische Theorie, 16, 67, 114 u. ö.
19 Z. B. Plato, Staat X.
20 Dialektik der Aufklärung, 31; vgl. Philosophie der neuen Musik (1948), Berlin 1972, 20 f., 189.
21 Dialektik der Aufklärung, a.a.O.; Ästhetische Theorie, 120, 197, 511; Negative Dialektik 26 f.
22 System des transzendentalen Idealismus (1800).
23 Philosophie der Kunst (1802/4), Darmstadt 1959, 8 ff. Vorlesungen über die Methode des akademischen Studiums (1803), XIV. Vorlesung.
24 Benjamin, Versuche über Brecht, Frankfurt 1966, 96 ff.
25 Z. B. Adorno, Ohne Leitbild, Frankfurt 1967, 16 ff.
26 A.a.O.; Zum Klassizismus von Goethes Iphigenie, Noten zur Literatur IV, 16 f. – Vgl. Goethe, Maximen und Reflexionen, Nr. 751 u. a. – Dazu treffende Bemerkungen bei G. Kaiser, Adornos Ästhetische Theorie, in: Antithesen, Frankfurt 1973, 309 ff.
27 An seinem Lieblingsbeispiel Beckett demonstriert Adorno aus ›geschichtsphilosophischen Gründen‹ folgende ›Veränderung des dramatischen Apriori: daß kein positiver metaphysischer Sinn derart

mehr substantiell ist, wenn anders er es je war, daß die dramatische Form ihr Gesetz hätte an ihm und seiner Epiphanie. Das jedoch zerrüttet die Form bis ins sprachliche Gefüge hinein. Das Drama vermag nicht einfach negativ Sinn oder die Absenz von ihm als Gehalt zu ergreifen, ohne daß dabei alles ihm Eigentümliche bis zum Umschlag ins Gegenteil betroffen würde‹ (Noten zur Literatur II, 189).
28 Philosophie der neuen Musik, 31 – Der Verweis auf Hegel ist durchaus mißverständlich, denn das ›Zusehen‹, das Hegel als spezifisch für die Methode der ›Phänomenologie des Geistes‹ erklärte (Phän. d. G., ed. Hoffmeister, Hamburg 1952, 72), trifft weder für seine Philosophie überhaupt zu, noch bedeutet das phänomenologische Zusehen rundweg die Abwesenheit systematischer Voraussetzungen (s. dazu meinen oben zitierten Aufsatz in ›Dialektik und Wissenschaft‹).
29 Eine so harmlose Beobachtung wie die von F. Busoni in seinem »Entwurf einer neuen Ästhetik der Tonkunst« von 1916 trifft das Problem keineswegs: »Die vergänglichen Eigenschaften machen das ›Moderne‹ eines Werkes aus; die unveränderlichen bewahren es davor, ›altmodisch‹ zu werden. Im ›Modernen‹ wie im ›Alten‹ gibt es Gutes und Schlechtes, Echtes und Unechtes. Absolut Modernes existiert nicht – nur früher oder später Entstandenes, länger blühend oder schneller welkend. Immer gab es Modernes, und immer Altes« (Neuausgabe Frankfurt 1974, 8).
30 Ästhetische Theorie 134 u. ö.; Engagement (Not. z. Lit. III).
31 Ästhetische Theorie, 185, s. a. 189, 193 f., 391 u. a.
32 Plato, Staat 595 c ff.
33 Aristoteles, Poetik 1448 b 2 ff.
34 Negative Dialektik 26; vgl. Ästhetische Theorie 86 f., 180 f u. ä.
35 Erpreßte Versöhnung, Noten z. Lit. II, Frankfurt 1961, 163.
36 Zur Vorgeschichte und Einordnung dieser Debatte materialistischer Ästhetik vgl. meinen Exkurs in: Über einige Bedingungen gegenwärtiger Ästhetik, Neue Hefte für Philosophie 5, 1973, 50 ff.
37 A.a.O., 60 ff.
38 Nur ein Beispiel für viele: Philosophie der neuen Musik, 112 f.
39 Das gilt gegen P. Bürger, Theorie der Avantgarde (Frankfurt 1974, 76 ff.). Aus gleichen Gründen habe ich Schwierigkeiten, die Bemerkungen von L. Finscher ›Über den Kunstwerkbegriff bei Adorno‹ (erscheint als Beitrag zum Grazer Musikkolloquium 1978) zu verstehen.
40 Es findet sich z. B. bei F. Grenz (Zur architektonischen Stellung der Ästhetik in der Philosophie Adornos, Sonderband ›Text und Kritik‹ zu Adorno, hrsg. v. H. L. Arnold, München 1977, 123), der im übrigen aber in seiner Auseinandersetzung mit meinem oben genann-

ten Aufsatz so viel Übereinstimmung zeigt, daß ich mich nicht widerlegt sehe.
41 Außenstehenden fällt diese Folge besonders auf, wie die im Ganzen verständnisvolle Darstellung von M. Jimenez zeigt (Adorno, -art, idéologie et théorie de l'art, Paris 1973, 270 ff.).
42 Vgl. vom Vf. »Ästhetische Erfahrung und Alltagserfahrung« (NZZ, 5./6. 2. 77) sowie den in Anmerkung 36 genannten Aufsatz.
43 Vgl. Negative Dialektik 9 f., 396 ff., Philosophie der neuen Musik, 20 f., 189.
44 Hegel, Ästhetik (ed. Hotho), Werke X 1, 1842, 13 f., 16.
45 Vor allem in den Romankapiteln XXI und XXV (Ausgabe Frankfurt 1947, S. 287 f., 378 ff. z. B.). Vgl. Manns Brief an Adorno vom 30. 12. 1945 und »Die Entstehung des Doktor Faustus« (Frankfurt 1966, 35 ff., 109 ff.).
46 Doktor Faustus, a.a.O., 381 f.

Der erste Teil dieses Aufsatzes (oben S. 108–123) ist auch erschienen in: *Neue Rundschau*, 1978, Heft 4, S. 537 ff.

Hans Robert Jauß
Negativität und ästhetische Erfahrung
Adornos ästhetische Theorie in der Retrospektive

I.

»Was überhaupt Aussicht hat zu dauern, vermag es nur dadurch, daß es aus dem Bann des Urhebers und seines Clans sich löst; wo dieser Bann fortwährt, wird er dem, was vielleicht überliefert werden könnte, zum Unheil«.[1] Das war auf Siegfried Kracauer gemünzt und zur Rechtfertigung eines Nachrufs geschrieben – eines unvergleichlichen Stücks deutscher Prosa, das gegenläufig zu aller Panegyrik ein Portrait des persönlichsten Wesens mit einer Skizze seiner »objektiven Idee« vereint und derart das Andenken eines lebenslangen Freundes bewahrt.[2] Mit gleichem Recht kann dieser Satz aber auch für seinen Urheber, Theodor W. Adorno, gelten, wenn es nun darum gehen soll, seine Wirkung im Horizontwandel gegenwärtiger ästhetischer Theorie aufzusuchen. Die Aufforderung, bei diesem Anlaß auf meine Kritik von 1972 zurückzukommen,[3] führt mich vor die durchaus willkommene Frage, was die seither von mir und anderen entwickelte Theorie und Geschichte der ästhetischen Erfahrung wohl ihrem dereinstigen Widerpart, der Ästhetik der Negativität, verdankt. Fragen solcher Art unterliegen der Hermeneutik erst retrospektiv möglicher, aus Wirkung und Rezeption erwachsender Einsicht. Darum braucht es kaum zu verwundern, wenn meine Retrospektive auf die ästhetische Theorie Adornos in dem Maße, in dem sie über die nachgelassene letzte Arbeit (1970) auf frühere Schriften wie vor allem auf die *Dialektik der Aufklärung* (1944), die *Philosophie der neuen Musik* (1948) und die *Noten zur Literatur* (1958-1965) zurückgreift, zu einer Revision meiner ersten Kritik führen wird.[4]

Revisionsbedürftig erscheint mir im historischen Abstand die pauschale Vereinnahmung Adornos für Tendenzen der in den Sechziger Jahren herrschenden Ästhetik der Negativität, nicht aber die Kritik, die der Abkehr von dieser die Bahn brach. Der Widerspruch, den meine Kritik erhob, ist auch heute nicht einzuebnen. Damit meine ich im besonderen den Widerspruch zur These vom universellen Verblendungszusammenhang, der die Diagnose der modernen Kulturindustrie ins Unbedachte verallgemeinert, zur Reduktion des Kunstcharakters auf eine Negativität, die den normbildenden Funktionen der vorautonomen Kunst nicht gerecht wird, zum Purismus einer ästhetischen Reflexion, die Kunst von aller Kommunikation fernhalten will, und mit alledem zum Primat ästhetischer Theorie über alle ästhetische Praxis, die nicht schon Interpretation ist. Zu fragen ist vielmehr, ob diese so wirkungsmächtigen Thesen der Ästhetik der Negativität ihre Faszination nicht selbst wieder der plakativen Vereinfachung sehr viel komplexerer Prämissen des Urhebers der ästhetischen Theorie verdanken. Damit soll keineswegs versucht werden, die *Ästhetische Theorie* so umzuinterpretieren, daß Adorno ex post als Vorläufer späterer Theorien erscheint, der als Exponent der Ästhetik der Negativität beiläufig und im Stillen immer auch schon die gesellschaftsbildenden und kommunikativen Leistungen der Künste bedacht hätte. Vielmehr kommt es mir darauf an, seine historische Priorität wie die Überlegenheit seiner dialektischen Methode gegenüber einer Entwicklung ins Licht zu rükken, die in Frankreich in den Sechziger Jahren zu analogen Positionen gelangte. Von Einfluß oder verschwiegener Rezeption dürfte hier kaum die Rede sein; eher könnte man sich fragen, ob der *Dialektik der Aufklärung* in dem Maße, wie sich ihre Prognosen am gesellschaftlichen Prozeß der Welt nach 1945 bestätigten, eine Art von anonymer Wirkung zuzuschreiben ist. Vergleicht man die Ästhetik der Negativität jener Form, die in Frankreich mit der Abkehr vom Strukturalismus entstand, mit Adornos Schriften zur ästhetischen Theorie, so zeigt sich, daß sich diese durch eine seltene Qualität auszeichnet: wie das intransigente Kunstwerk, das am Ende »in Gegensatz zum eigenen Anliegen« treten kann,[5] erreicht auch Adornos ästhetische Theorie immer wieder den Punkt, an dem die Ästhetik der Negativität in die Frage nach der ästhetischen Praxis umschlägt, die alle manifestierte Kunst als hervorbringende, aufnehmende und kommunikative Tätigkeit getragen hat. Daß solche Implikationen erst vom späteren Standort als weiterzuführende Ansätze erkennbar werden, würde Adorno, der Verfasser einer Theorie, »welche der Wahrheit einen Zeitkern zuspricht«,[6] den nach ihm Kommenden gewiß als erster zugestehen.

II.

Begriff und Kategorien der Negativität erfreuen sich in der neueren ästhetischen Theorie einer unverkennbaren und noch wachsenden Beliebtheit. Dies dürfte nicht zuletzt auf dem Vorzug gründen, daß Negativität das Kunstwerk in seiner Konstitution wie in seiner Geschichtlichkeit, als Struktur und auch als Ereignis, zu bestimmen vermag. Negativität kennzeichnet das literarische Werk wie das der bildenden Künste als einen irrealen Gegenstand, der für die ästhetische Wahrnehmung das Wirkliche – eine vorgegebene Realität – verneinen muß, um es ins Bild zu setzen, und der eben dadurch – nach Sartres Phänomenologie des Imaginären – ›Welt‹ konstituiert (»dépasser le réel en le constituant comme monde«).[7] Negativität kennzeichnet das Kunstwerk aber auch im geschichtlichen Prozeß seiner Produktion und Rezeption, sofern es den vertrauten Horizont einer Tradition überschreitet, ein eingespieltes Weltverhältnis verändert oder bestehende gesellschaftliche Normen durchbricht.[8] Negativität kennzeichnet schließlich sowohl die subjektive wie die objektive Seite der ästhetischen Erfahrung. Sie steckt in Kants *Interesselosigkeit des ästhetischen Wohlgefallens,* einer Formel der Negation, mit der die »Fernstellung von Ich und Gegenstand« getroffen ist, »jener Hiatus im Genußleben, der als ästhetische Distanz bezeichnet wird oder als das Moment der Kontemplation«.[9] Sie erscheint andererseits im Verhältnis von Kunst und Gesellschaft, sofern das Kunstwerk, obschon Produkt gesellschaftlicher Arbeit, immer schon »der Empirie durchs Moment der Form opponiert« und gerade nach erlangter Autonomie, wenn sich Kunst den Normen des gesellschaftlich Nützlichen versagt, aus der Gegenposition zur Gesellschaft wieder eine eminent gesellschaftliche Funktion gewinnt.[10] So fruchtbar danach Kategorien der Negativität für die ästhetische Theorie erscheinen mögen, kann man doch zweifeln, ob Leistung, Horizontwandel und gesellschaftliche Funktion der ästhetischen Erfahrung mit alledem schon zureichend beschrieben sind. Dieser Zweifel ist der Ausgangspunkt der nachstehenden Überlegungen.

Die Ästhetik der Negativität hat in Theodor W. Adornos nachgelassener *Ästhetischen Theorie* (1970) wohl ihre entschiedenste Ausprägung erhalten. Danach geht das Erkenntnisinteresse der Kunst und damit der philosophische Rang der Ästhetik aus ihrer Stellung in der Dialektik der Aufklärung hervor. Kunst, die auf dem Weg zu ihrer Autonomie am Prozeß der gesellschaftlichen Emanzipation teil hat, ist in doppelter Hinsicht durch Negativität ausgezeichnet: im Verhältnis zur gesellschaftlichen Wirklichkeit, die sie bedingt, wie zu ihrem geschichtlichen Ursprung, den Tradition vorgibt: »fraglos indessen sind die Kunstwerke nur, indem sie ihren Ursprung negierten, zu Kunstwerken geworden. Nicht ist ihnen die Schmach ihrer alten Abhängigkeit von faulem Zauber, Herrendienst und Divertissement als Erbsünde vorzuhalten, nachdem sie einmal rückwirkend vernichtet haben, woraus sie hervorgingen« (S. 12). Nicht die überlieferten praktischen Funktionen der Kunst im Bereich des Kultischen, der Normierung von Lebensformen oder der Geselligkeit des Spiels (um die polemisch herabgewürdigten ›Dienstleistungen‹ der Kunst neutraler zu benennen) schlagen in Adornos »ästhetischer Geschichtsschreibung« (S. 90) auf der Seite des Sozialen zu Buche. Erst wo sich Kunst aller Dienstbarkeit begibt, in »Widerspruch zu gesellschaftlicher Herrschaft und ihrer Verlängerung in den *mores*« tritt (S. 334), sich von der empirischen Welt als ihrem Anderen trennt und damit bekundet, »daß diese selbst anders werden soll« (S. 264), werde das Soziale der Kunst auf den Begriff gebracht.

Die Kunst gewinnt nach Adorno erst durch ihre Autonomie ihren sozialen Rang; sie wird gerade dadurch eminent sozial, daß sie alle soziale Bindung negiert. Der gesellschaftlichen Wirklichkeit gegenüber bleibt Kunst durch das ästhetische Formgesetz zwar bloßer Schein; sie kann aber eben damit zur Instanz einer gesellschaftlichen Wahrheit werden, vor der sich der falsche Schein des Faktischen, das Unwahre und Unversöhnte des tatsächlichen Zustands der Gesellschaft enthüllen muß. Der so verstandenen Negativität des ästhetischen Scheins entspringt letzten Endes die utopische Figur von Kunst: »was nicht ist, wird jedoch dadurch, daß es erscheint, versprochen« (S. 347). Kunst als Darstellung gesellschaftlicher Wahrheit ist also nicht Mimesis, sondern *promesse du bonheur,* freilich in einem von Stendhal noch nicht gemeinten Sinne: »*Promesse du bonheur* heißt mehr als daß die bisherige Praxis das Glück verstellt: Glück wäre über der Praxis. Den Abgrund zwischen der Praxis und dem Glück mißt die Kraft der Negativität im Kunstwerk aus« (S. 26).

Adornos Ästhetik der Negativität brauchte ihre epochale Abkunft, die bürgerliche Ära von ihrem Zenit bis zu ihrem Niedergang, und ihren polemischen Anlaß, die Absage an die gegenwärtige Kulturindustrie, nicht hinter einem Anspruch auf theoretische Allgemeinheit zu verbergen, den sie für die gesamte vorautonome Kunst nicht einzulösen vermag. Es liegt auf der Hand, daß die paradox zugespitzte These: »Der Praxis sich enthaltend, wird Kunst zum Schema gesellschaftlicher Praxis« (S. 339) zwar gegenüber der totalen Konsum- und Tauschgesellschaft im Zeitalter einer verwalteten Welt ins Recht gesetzt werden kann. Auch ist Adornos ästhetische Theorie das denkbar beste Instrument, um die aus 19. Jahrhundert vererbten trügerischen Antinomien von Formalismus und Realismus, *L'art pour l'art* und *Littérature engagée* zu bereinigen. Nimmt man aber das Hauptstück dieser Theorie: daß das Soziale der Kunst allein der bestimmten Negation einer bestimmten Gesellschaft entspringen könne, beim Wort, so entsteht ein Dilemma, das Adorno selbst wie folgt beschrieb: »Freilich sind darum die positiven und affirmativen Kunstwerke – fast der gesamte Vorrat der traditionellen – nicht wegzufegen oder eilends zu verteidigen durch das allzu abstrakte Argument, auch sie seien, durch ihren schroffen Gegensatz zur Empirie, kritisch und negativ. Philosophische Kritik am unreflektierten Nominalismus verwehrt es, die Bahn fortschreitender Negativität – Negation objektiv verpflichtenden Sinnes – umstandslos als Bahn des Fortschritts von Kunst zu reklamieren« (S. 239).

III.

Eine Lösung dieses Dilemmas ist uns Adornos ästhetische Theorie schuldig geblieben. Unter ihren Prämissen bleibt die Summe der affirmativen Kunstwerke ein Ärgernis, das auch durch eine noch so umständliche Verrechnung für die Bahn des Fortschritts nicht ganz zu bereinigen wäre. Geschichte der Kunst ist nicht auf den Generalnenner der Negativität zu bringen, auch dann nicht, wenn man neben den negativen oder kritischen Werken, die für den Prozeß gesellschaftlicher Emanzipation unmittelbar zu Buche schlagen, eine ungleich größere Reihe positiver oder affirmativer Werke abgrenzt, deren naturwüchsige Tradition die emanzipatorische »Bahn fortschreitender Negativität« einfach hinter sich gelassen hätte. Zum einen, weil Negativität und Positivität in der gesellschaftlichen Dialektik von Kunst und Gesellschaft keine festen Größen sind, ja sogar in ihr Gegenteil umschlagen können, da sie im historischen Prozeß der Rezeption einem eigentümlichen Horizontwandel unterliegen. Zum anderen, weil die Bahn fortschreitender Negativität als kategorialer Rahmen das Soziale der Kunst unangemessen vereinseitigt, nämlich um ihre kommunikativen Funktionen verkürzt, die mit dem bloßen Gegenbegriff der Affirmation weder für die ältere Kunst einfach abgetan noch für die moderne Kunst auch unserer Gegenwart einfach preisgegeben werden können.

Zum ersten: auch Werke negativen Charakters pflegen im Prozeß ihrer Rezeption ihre ursprüngliche Negativität in dem Maße einzubüßen, wie sie selbst wieder ›klassisch‹ werden, durch Einverleibung in Institutionen kultureller Sanktionierung öffentliche Bedeutung erlangen[11] und schließlich als Bildungserbe gerade jene autoritative Tradition wieder befestigen können, deren Geltung sie bei ihrem Erscheinen verneinten oder durchbrachen. Dieser Prozeß ist uns aus moderner Kunst vertraut, wo Manifestationen von Protest, Kritik und Revolte unweigerlich in den Genuß solcher Negationen umzuschlagen pflegen, sobald das provozierte Publikum die Provokation wieder aufgefangen und in ästhetische Distanz gebracht hat. Solche Neutralisierung ist indes nicht erst »der gesellschaftliche Preis der ästhetischen Autonomie« (S. 339). Die Geschichte der Künste, sieht man sie in der erweiterten Perspektive ihrer Rezeption und Interpretation, zeigt immer schon den Pendelschlag zwischen »transgressiver Funktion« und interpretierender Angleichung der Werke.[12] Auch ältere Kunst, die mit der Aureole des Klassischen, Positiven, unvergänglich Idealen, Ordnung und Dauer Verbürgenden auf uns gekommen ist, braucht zur Zeit ihres Erscheinens keineswegs nur den bestehenden Zustand einer Gesellschaft bejaht und verklärt zu haben. Was dem ideologiekritischen Eifer unserer Zeit beispielsweise an Dantes *Divina Commedia,* an Lope de Vegas *Fuente Ovejuna,* an Shakespeares *King Richard III.*, an Racines Tragödie oder an Molières Komödie »affirmativ« erscheinen mag, kann solchen Werken erst aus der homogenisierenden Gewalt der Tradition zugewachsen sein. Wer sie ›systemstabilisierend‹ nennt, verstellt sich den Blick auf ihre ursprünglich heteronome Intention und normbrechende oder normbildende Wirkung. Ganz davon zu schweigen, daß die blanke Negation einer bestimmten Gesellschaft so wenig wie pure Innovation der Form auch schon verbürgt, daß ein Kunstwerk seine avantgardistische Wirkung überdauern und in Klassizität eingehen kann. Klassizität steht offenbar quer zu Adornos »Bahn fortschreitender Negativität«. Gerade auch diejenigen Werke, denen die geschichtliche Kraft eigen ist, den Kanon des Gewohnten und Horizont des Erwartbaren zu übersteigen, sind nicht davor gefeit, ihre ursprüngliche Negativität in den Prozessen kultureller Rezeption allmählich einzubüßen. Klassizität ist nur um den Preis eines zweiten Horizontwandels zu erlangen, der die Negativität des ersten Horizontwandels wieder aufhebt, den ein Kunstwerk mit seinem Erscheinen herbeiführen kann.[13] Klassizität ist das ausgezeichnete Paradigma der Einverleibung von Negativität in Traditionen gesellschaftlicher Affirmation. Der ›List der Vernunft‹ im Hegelschen Geschichtsprozeß entspricht das Klassische als ›List der Tradition‹, die durch Horizontwandel bewirkt und verschleiert, daß die Bahn fortschreitender Negativität der Kunst unmerklich in fortschreitende Positivität der Tradition übergeht.

Zum zweiten: die gesellschaftliche Funktion der Kunst ist auf ihren früheren, vorautonomen geschichtlichen Stufen mit dem Kategorienpaar von Negation und Affirmation nicht zulänglich zu erfassen. Das wird bei Adorno selbst deutlich, wenn er den affirmativen Kunstwerken ständig die Schmach der Dienstbarkeit, der Verklärung des Bestehenden oder der falschen Versöhnung vorwirft[14] und sie dann doch wieder durch eine Hintertüre der Negativität zu retten sucht, wie etwa an folgender Stelle: »Alle Kunstwerke, auch die affirmativen, sind a priori polemisch. Der Idee eines konservativen Kunstwerks haftet Widersinn an. Indem sie von der empirischen Welt, ihrem Anderen emphatisch sich trennen, bekunden sie, daß diese selbst anders werden soll, bewußtlose Schemata von deren Veränderung« (S. 264). Läßt man dahingestellt, ob einer nur »a priori polemischen« Polemik nicht auch Widersinn anhaftet, so ist mit dieser eigentümlichen Negativität doch gewiß nur das Kunstwerk als Gegenstand theoretischer Reflexion, nicht aber als Schema primärer ästhetischer Erfahrung getroffen. Für diese aber ist Polemik gegen das Bestehende oder »Negation objektiv verpflichtenden Sinns« (S. 239) nicht die einzig legitime gesellschaftliche Funktion von Kunst, ohne daß darum das Affirmative in der Praxis der Kunsterfahrung sogleich den Makel konservativer Gesinnung, der Verklärung bestehender Herrschaftsverhältnisse, verdienen würde. Will man in der Konsequenz Adornos einer Literatur von so unleugbar großer gesellschaftlicher Wirkung wie der Heldendichtung nicht kurzerhand den Kunstcharakter absprechen, so muß man die gesellschaftliche Funktion der Kunst nicht von vornherein in der *Negation,* sondern auch und zunächst in der *Formierung* objektiv verpflichtenden Sinnes sehen und anerkennen.

In dieser wie in anderen praktischen Funktionen ist Kunst als symbolische oder kommunikative Handlung offensichtlich nicht mit Adornos Negativkatalog der Affirmation zu bestimmen. »Affirmative Abbildlichkeit« (S. 386), »trostspendende Sonntagsveranstaltungen« (S. 10), Kommunikation als »Anpassung des Geistes an das Nützliche« (S. 115), »subjektive Identifikation mit der objektiv reproduzierten Erniedrigung« (S. 356) und ähnliche Formeln der Absage an alle »verklärende Kunst« und ihren »Schein von Versöhnung« beschreiben nichts von der Rolle, die gerade ästhetischer Erfahrung bei der Bildung, Rechtfertigung, Sublimierung und Veränderung gesellschaftlicher Normen zugekommen ist. Nehmen wir ein Beispiel aus dem Bereich des so geschmähten ›Herrendienstes‹, die Literatur des sogenannten ›Frauendienstes‹, so ist leicht einzusehen, daß hier mit der affirmativen Verklärung der adligen Herrin gerade nicht ein bestehender Zustand von Abhängigkeit verewigt, sondern die spielerische Identifikation mit einer neu sich bildenden Liebesethik ermöglicht wurde. Deren Anteil an der Emanzipation des Gefühls und der Formen der Kommunikation zwischen den Geschlechtern dürfte sozialgeschichtlich kaum überschätzt werden. Gewiß kann auch schon in dieser Phase der ästhetischen Erfahrung ein Moment der Negativität, nämlich die unausgesprochene Negation der kirchlichen Normen von Ehe und Askese, ausgemacht werden. Aber diese implizite Negativität schloß für das Publikum des 12. Jahrhunderts die Affirmation, oder sagen wir besser: die kommunikative Identifikation mit einer sich erst bildenden gesellschaftlichen Norm und Lebensform keineswegs aus, sondern ein.

IV.

Aus dem Dargelegten ergibt sich für unsere Leitfrage das Fazit: Ästhetische Erfahrung wird um ihre primäre gesellschaftliche Funktion verkürzt, solange sie im kategorialen Rahmen von Negation und Affirmation belassen und die konstitutive Negativität des Kunstwerks nicht mit Identifikation als ihrem rezeptionsästhetischen Gegenbegriff vermittelt wird.

Identifikation gehört zu den Erscheinungen ästhetischer Erfahrung, die Adornos ästhetischer Theorie offensichtlich Verlegenheit bereiten. Man vergleiche etwa: »Ästhetische Erfahrung legt zwischen den Betrachtenden und das Objekt zunächst Distanz. Im Gedanken von der interesselosen Betrachtung schwingt das mit. Banausen sind solche, deren Verhältnis zu Kunstwerken davon beherrscht wird, ob und in welchem Maße sie sich etwa anstelle der Personen setzen können, die da vorkommen; alle Branchen der Kulturindustrie basieren darauf und befestigen ihre Kunden darin« (S. 514). Die Reihe der damit als Banausen Gerügten ist stattlicher, als Adorno wohl bedacht hat. Banausisch wäre dann schon das adlige Publikum der Heldenepen, von dem wir aus dem 12. Jahrhundert wissen, daß es seine Söhne gerne ›Roland‹ und »Olivier« getauft hat. Banausen wären dann aber auch noch Diderot und Lessing zu nennen, die als Programmatiker des bürgerlichen Schauspiels forderten, der moderne Dramatiker müsse seinen Helden *mit uns von gleichem Schrot und Korne* schildern, weil allein die Gleichheit des Helden mit dem Zuschauer unser Mitleid zugleich mit unserer Furcht erwecken könne.[15] Gewiß scheint Identifikation, wie sie hier noch im Namen des bürgerlichen Gleichheitsideals gefordert und der Lebensferne des vollkommenen klassischen Tragödienhelden entgegengesetzt wurde, in unserer Zeit durch die Kulturindustrie auf die Ebene des kurzgeschlossenen Tausches von Bedürfnis und Befriedigung oder – schlimmer noch – der »Ersatzbefriedigung am ungestillten Bedürfnis« (S. 362) heruntergekommen zu sein. Doch daraus mit Adorno abzuleiten, Katharsis sei »eine Reinigungsaktion gegen die Affekte, einverstanden mit Unterdrückung« und immer schon auf Wahrung von Herrschaftsinteressen angelegt (S. 354), heißt das Kind mit dem Bade ausschütten und die kommunikative Leistung der Kunst auf der Ebene jener primären Identifikationen wie Bewunderung, Rührung, Mitlachen, Mitweinen verkennen, die nur ästhetischer Snobismus für vulgär halten kann. Gerade in solchen Identifikationen und erst sekundär in der davon abgelösten ästhetischen Reflexion vollzieht sich der Umschlag von ästhetischer Erfahrung zu symbolischer oder kommunikativer Handlung. Negativität braucht darum als Grundbestimmung in der Erfahrung des ästhetischen Gegenstands nicht preisgegeben zu werden, wie sich zeigen wird, wenn wir uns der Frage zuwenden, auf welche Weise ästhetische Distanz und kommunikative Identifikation in der Erfahrung der Katharsis vermittelt sind.[15a]

Die Stärke und Unentbehrlichkeit von Adornos ästhetischer Theorie: der wieder behauptete Standpunkt der ästhetischen Autonomie, nun aber gewendet zur dialektischen Negativität der Kunst, die gegenüber unwahr gewordener Praxis oder »Tätigkeit als dem Kryptogramm von Herrschaft« (S. 358) ihren kritischen Rang bewähren muß, ist um den Preis des Abbruchs aller kommunikativen Funktionen der Kunst erkauft. Kommunikation steht hier insgesamt unter dem Verdacht der »Anpassung des Geistes an das Nützliche, durch welche er sich unter die Waren einreiht, und was heute Sinn heißt, partizipiert an diesem Unwesen« (S. 115). Dem Modernismus in Adornos Ästhetik der Negativität wird ineins mit der kommunikativen Kompetenz der Kunst auch die ganze Sphäre ihrer Rezeption und Konkretisation geopfert (S. 339). Dieser Purismus hat die schwerwiegende Folge, daß Adorno den dialogischen Prozeß zwischen Werk, Publikum und Autor ignorieren und darum die Geschichte der Kunst wider Willen gelegentlich resubstantialisieren muß – im Widerspruch zu seiner leidenschaftlichen Absage an den Platonismus des zeitlos dauernden Schönen (S. 49). Das Kunstwerk, das nur vermöge der Produktivkräfte aus der Gesellschaft stammt und dann von ihr abgesondert bleibt (S. 339), das als »fensterlose Monade« das vorzustellen hat, was es selbst nicht ist (S. 15), muß mit einer geschichtlichen Eigenbewegung, einem »Leben sui generis« ausgestattet werden: »Die bedeutenden kehren stets neue Schichten hervor, altern, erkalten, sterben« (S. 14). Jedes authentische Kunstwerk »wälzt in sich um« (S. 339); Kunstwerke sind »Antworten auf ihre eigene Frage« (S. 17), sie können allein schon »durch geschichtliche Entfaltung, durch correspondance mit Späterem ... sich aktualisieren« (S. 47). Als ob ein Kunstwerk aus eigener Substanz, ohne die aufnehmende, verstehende, auslegende, kritisch umwertende Interaktion seiner von Generation zu Generation sich wandelnden Adressaten, immer wieder neu Bedeutung aktualisieren und eben dadurch sein geschichtliches, nicht zeitloses Wesen verwirklichen könnte!

Droht so das monadenhafte Kunstwerk auf die substantialistische Bahn einer »immanenten Historizität« zu geraten (S. 15; 262 f.), so wird andererseits sein Adressat in die Einsamkeit einer Erfahrung verwiesen, in welcher »der Rezipierende sich vergißt und im Werk verschwindet« (S. 363). Adorno beschreibt diese Erfahrung als »Betroffenheit« oder »Erschütterung«, um sie dem üblichen Erlebnisbegriff oder Kunstgenuß entgegenzusetzen. Aber dieses (der zuvor abgelehnten Katharsis dann doch nicht mehr so unähnliche) »Memento der Liquidation des Ichs, das als erschüttertes der eigenen Beschränktheit und Endlichkeit innewird« (S. 364), vermag auch als »Durchbruch von Objektivität im subjektiven Bewußtsein« (S. 363) die Grenze von kontemplativer Hinnahme zu dialogischer Interaktion nicht zu überschreiten. Obschon zugegeben wird, der Kunst sei »ihr eigenes gesellschaftliches Wesen verhüllt und erst von ihrer Interpretation zu ergreifen« (S. 345), bleibt in Adornos – darin undialektischer – ästhetischer Theorie dem Interpreten wie allen rezipierenden Instanzen der Gesellschaft der aktive Anteil an der Bildung und Umbildung von Bedeutung, durch die ein Werk geschichtlich lebt, versagt.

Was Adorno der gegenwärtigen Kunst im Gesellschaftlichen an kommunikativer Funktion abspricht, soll erst einer befreiten Menschheit der Zukunft zufallen. Paradigma für die »versöhnte Realität und ... wiederhergestellte Wahrheit am Vergangenen«, auf welche »die großen Werke warten« (S. 66 f.), ist überraschenderweise das *Naturschöne*. Auf dieses soll die ästhetische Theorie im Gegenzug zu Hegel (S. 99) wieder hingelenkt werden. Denn »das Naturschöne ist die Spur des Nichtidentischen an den Dingen im Bann universaler Identität« (S. 114). Dahinter steht die Absicht, die »Würde der Natur« als Instanz gegen die mißbrauchte Herrschaft dessen, »was das autonome Subjekt sich selbst verdankt« (S. 98), wieder aufzubauen. Das gelingt Adorno aber nur, indem er der Erscheinung des Naturschönen einen futuristischen Sinn zuspricht, der aller bisherigen Bestimmung und Metaphorik des Naturbegriffs völlig entwachsen ist: »Die Grenze gegen den Fetischismus der Natur jedoch, die pantheistische Ausflucht, die nichts als affirmatives Deckbild von endlosem

Verhängnis wäre, wird dadurch gezogen, daß Natur, wie sie in ihrem Schönen zart, sterblich sich regt, noch gar nicht ist. Die Scham vorm Naturschönen rührt daher, daß man das noch nicht Seiende verletze, indem man es im Seienden ergreift. Die Würde der Natur ist die eines noch nicht Seienden, das intentionale Vermenschlichung durch seinen Ausdruck von sich weist« (S. 115). Diese neue Natur scheint mit der alten Natur nurmehr die Würde zu teilen! Hier hat die Ästhetik der Negativität offensichtlich den Naturbegriff in sich selbst aufgehoben, nämlich stillschweigend vergeschichtlicht und damit das nicht machbare, unverfügbar und immer schon Seiende zum erhoffbaren, dereinst versöhnten, aber noch nicht Seienden avanciert. Wer bereit ist, Adornos Widerspruch gegen Hegels »Theodizee des Wirklichen« (S. 116) aufzunehmen und seine Kritik am Zirkel von Kunst und Konsum weiterzuführen, wird trotz dieser *promesse du bonheur* in seiner Theorie eine Antwort auf die Frage vermissen, wie denn der »Abgrund zwischen der Praxis und dem Glück« nicht bloß durch die Kraft der Negativität im Kunstwerk »ausgemessen« (S. 26), sondern durch ästhetische Praxis auch wieder überbrückt werden kann.

V.

Meine Antwort auf die Frage, wie die ästhetische Theorie wieder praktisch werden kann, nachdem sie ihr genuines Geschäft der Kritik vollzogen und die falsche Aufhebung der autonomen Kunst in einer herrschend gewordenen Kulturindustrie offenkundig gemacht hat, war der Versuch, die verschüttete ästhetische Erfahrung zunächst historisch aus Zeugnissen der Praxis des produktiven, rezeptiven und kommunikativen Verhaltens zur Kunst zu rekonstruieren. Gegen die grandiose Einseitigkeit der These, daß die Kunst erst mit der Erlangung ihrer Autonomie als »bestimmte Negation« des vorgegebenen Zustands der Gesellschaft ihren sozialen Rang gewinne, mußten die eminent gesellschaftlichen Funktionen wieder in den Blick gebracht werden, die den Künsten während der säkularen Tradition ihrer so emphatisch gerügten ›Dienstbarkeit‹, die indes zu keiner Zeit ihre insgeheime Insubordination verhindern konnte, eigentümlich waren. Damit traf meine Kritik an der *Ästhetischen Theorie* zwar ihr Dilemma, daß sie die normbildende ästhetische Erfahrung der älteren Kunst, d. h. die »Formierung objektiv verpflichtenden Sinns«, im kategorialen Gegensatz von Negation und Affirmation nicht erfassen konnte; sie setzte aber einen dreiphasigen Gesamtprozeß voraus, der zumindest Adornos ästhetischer Geschichtsschreibung in der *Dialektik der Aufklärung* nicht unterstellt werden kann. Die später so beliebt gewordene, auch von mir benutzte, aber heute fraglich gewordene Triade von vorautonomer, autonomer und nachautonomer Kunst erscheint dort allenfalls als ein heuristisches Schema für den Prozeß einer fortschreitenden Emanzipation der Künste, welcher gerade nicht durch historische Epochenschwellen gebrochen ist. Am homerischen Epos wird dort die Urgeschichte der Scheidung von Zivilisation und Natur, an Odysseus das vorweltliche Muster moderner Selbstbehauptung expliziert; der instrumentale Geist, der die Beherrschung der außermenschlichen Natur mit der Verleugnung der Natur im Menschen bezahlen muß, gerät durch die Dialektik der Aufklärung auf eine Bahn des Fortschritts, die Regression zugleich ist, so daß »die Unterwerfung alles Natürlichen unter das selbstherrliche Subjekt zuletzt gerade in der Herrschaft des blind Objektiven, Natürlichen gipfelt«.[16] Die Kunst ist in ihrer Geschichte demnach immer schon auf dem Weg zur Autonomie; die »Bahn fortschreitender Negativität«, auf der sich die aufgeklärte Kunst bewegt, ist von der Regression der Massenkunst in die Kulturindustrie begleitet und gleichermaßen bedroht: »Geläutert zum Selbstzweck, erkrankt sie an der Zwecklosigkeit nicht weniger als das Konsumgut an den Zwecken«.[17]

Adornos ästhetische Theorie, die – am eindrucksvollsten in der *Philosophie der neuen Musik* (1948) – die Hegelsche Ästhetik über das vielbeschworene ›Ende der Kunstperiode‹ hinweg zu unserer Gegenwart dialektisch weiterführt, hat den Vorzug, daß sie die Verwurzelung moderner Kunst in der bürgerlichen Aufklärung wieder ans Licht bringt. Sie problematisiert damit den kanonisierten Anfang unserer Moderne, der zumeist in der romantischen Ästhetik der Subjektivität oder in der antiromantischen Wendung gegen diese gesehen wird. Sie rückt diese Epochenschwelle in den übergreifenden Prozeß der Dialektik der Aufklärung ein: gegenüber dem Gang des gesellschaftlichen Lebens, das mit der Verwandlung der Idee in Herrschaft mehr und mehr der Verdinglichung verfällt, bleibt der Kunst nurmehr die

Aufgabe der kompromißlosen »bestimmten Negation«. Die ästhetische Theorie in Frankreich, die nach dem Zweiten Weltkrieg gleichfalls im Zeichen einer Ästhetik der Negativität erneuert wurde, hat ihre geschichtsphilosophischen Zäsuren anders gesetzt und diese mit einer Metaphorik des ›Bruchs‹ (rupture, rejet, transgression) erläutert, die eine undialektische Sicht verrät und darum immer wieder einer »métaphysique de la rupture« verfiel.[18]

Dafür ist schon der Titel des ersten Buches von Roland Barthes: *Le degré zéro de la littérature* (1953) symptomatisch. Hier wird das Revolutionsjahr 1848 zum Endpunkt der *écriture* einer klassischen Periode erhoben, in welcher die bürgerliche Ideologie unangefochten geherrscht habe, so daß die Aufklärung mit der Revolution von 1789 schon gar nicht mehr als eigene Epoche erscheint (wie übrigens auch bei Foucault in *Les mots et les choses* von 1966, wo der Aufklärung im Unterschied zu Renaissance, Klassik und Moderne keine spezifische Episteme zuerkannt wird). Für Barthes ist die Wende von 1848 zugleich Bruch mit aller Tradition und Nullpunkt einer »écriture blanche, libérée de toute servitude à un ordre marqué du langage«.[19] Die Mythologeme ›Tod der Literatur‹ und ihrer ›Stunde Null‹ haben später in der Protestbewegung der Sechziger Jahre Fortune gemacht. Barthes selbst hat seinen ersten utopischen Entwurf einer neuen ›Schreibweise‹ der Negativität, die offensichtlich noch einen Fluchtweg aus der bürgerlichen Vergangenheit suchte, im Literaturstreit von 1965/66 mit seiner Abkehr von den Methoden der akademisch etablierten Literaturwissenschaft praktisch eingelöst.[20] Die *Nouvelle Critique* setzte dem Historismus und der klassischen ›explication de texte‹ die neuen, von der Linguistik ausgebildeten Methoden der strukturalen Textanalyse entgegen. Die französische Ästhetik der Negativität ist dann – anders als die deutsche – aus einem zweiten Paradigmenwechsel: der Kritik an der Ontologisierung des Strukturbegriffs, am referenzlosen und damit weltlosen linguistischen Universum und seiner in sich geschlossenen, subjektlosen Zeichensysteme hervorgegangen. Erst mit dieser Wendung, die Jacques Derrida mit *L'écriture et la différence* (1967) und *De la grammatologie* (1967) eingeleitet haben dürfte, wird *écriture* zum Inbegriff und schnell wuchernden Schlagwort einer Ästhetik der Negativität, die Adornos Theorie vom »intransigenten Kunstwerk«[21] in mancher Hinsicht nahekommt. Der Leitartikel: *L'écriture – fonction de transgression sociale* von Philippe Sollers in *Theorie d'ensemble* (1968), dem literarischen Manifest der Gruppe *Tel Quel*, ist dafür repräsentativ. Der ›semantische Materialismus‹ dieser Gruppe teilt mit Adorno den radikal ideologiekritischen Ansatz, der die Metaphysik des vorgegebenen Sinns (signifié transcendental) nicht mehr hinnimmt, die ›Monopole der Darstellung‹ in Frage stellt und den schönen Schein der zweckfreien Kunst in verschleierte Zwecke der herrschenden kapitalistischen Gesellschaft auflöst.[22] Der totalen Kontrolle der Kunst und Manipulation aller Kommunikation zwischen ihren Konsumenten wird sodann als Antithese die revolutionäre, weil subversive Funktion einer unabschließbaren materialistischen Produktivität entgegengesetzt, aus welcher mit dem geschlossenen Werk nun auch das individuelle Subjekt des Autors ausgetrieben ist: »L'intervention sociale d'un texte (...) ne se mesure ni à la popularité de son audience ni à la fidélité du reflet économico-social (...), mais plutôt à la violence qui lui permet d'excéder les lois qu'une société, une idéologie, une philosophie se donnent pour s'accorder à elles-mêmes dans un beau mouvement d'intelligibilité historique. Cet excès a nom: écriture.«[23]

VI.

Die Formulierung dieser Antithese aus Barthes' *Sade, Fourier, Loyola* (1971) läßt bereits erkennen, worin die französische Ästhetik der Negativität über Adornos *Ästhetische Theorie* hinausgegangen und worin sie hinter seine *Dialektik der Aufklärung* zurückgefallen ist. Zum ersteren gehört die Auflösung des Werks in textuelle Produktivität ineins mit der Austreibung des (cartesianischen) Subjekts, zum letzteren die esoterische Rettung der avantgardistischen Literatur durch ihre undialektische, die Produktivität zum Selbstzweck machende Negativität. Der exoterischen, dem Kanon verfallenen Kunst setzt die französische Avantgarde eine Reihe esoterischer *textes de rupture* entgegen, denen zugeschrieben wird, daß sie vom Kommunikationssystem der offiziellen Kultur nicht integriert werden können, weil sie in ihrem Untergrund gleichsam als ihr Unbewußtes wirken.[24] Für diese Funktion ausersehen sind vorzüglich Sade, Lautréamont, Mallarmé, Artaud, Bataille und die Autoren des ›Nouveau roman«. Nähme man diese Kanonbildung historisch beim Wort, so müßte sie eine seltsame Vorstellung vom Prozeß fortschreitender Negativität in der modernen Literatur ergeben und ineins damit eine stattliche Reihe von klassischen Autoren, die ihre zeitgenössische Gesellschaft dereinst durch *textes de rupture* provozierten (Rousseau mehr als Sade, Zola mehr als Lautréamont, usw.), in das zweite Glied einer vermeintlichen Affirmation relegieren, woraus erhellt, daß dieser Kanon doch wohl nicht mehr als den literarischen Geschmack einer gegenwärtigen Schule zu repräsentieren vermag. Der Theorie der *Tel-Quel*-Gruppe fehlt offensichtlich die Einsicht in den Horizontwandel von ursprünglicher Negativität zu fortschreitender Positivität[25], vor der auch die heute als *textes de rupture* ausgezeichneten Werke nicht gefeit sind, wie ironischerweise ihre Erhebung zu Klassikern der gegenwärtigen Avantgarde bereits anzeigt.

Dieses Dilemma, das ich im Blick auf die *Ästhetische Theorie* als »List der Tradition« beschrieb, löst sich ohne weiteres in geschichtliche Anschauung auf, wenn man literarische Prozesse nicht auf eine Folge von Traditionsbrüchen vereinseitigt, sondern als eine Dialektik von bestimmter Negation und Institutionalisierung begreift, an der die produzierende wie die rezipierende Tätigkeit gleichermaßen beteiligt ist. Der Umschlag der Ästhetik der Negativität in eine Metaphysik der *rupture* ist unvermeidlich, wenn im literarischen Prozeß eine unbegrenzte textuelle Produktivität als allein sinnschaffend angesehen und mit jedem Text nurmehr die Verwerfung von Tradition und die Auflösung des Subjekts erneuert werden soll, so daß die abstrakt gewordene Negation vom Negierten am Ende nichts mehr bewahrt.[26] Daß mit dieser auf Dauer gestellten ästhetischen Revolution unweigerlich alle geschichtliche Dialektik verabschiedet ist, wird in *La révolution du langage poétique* (1974) evident, wo Julia Kristeva der Triade der Hegelschen Logik ein – von Hegel schwerlich gebilligtes – viertes Moment glaubt hinzufügen zu können: *le rejet*, eine aus den Tiefen des Genotextes aufsteigende Negation, die im Phänotext die Abschließung des Subjekts durchkreuzt und nichts anderes sein soll als der zur Quelle ästhetischen Genusses gewordene Todestrieb Freuds: »la pulsion (de mort: négativité, destruction) réitérée se retire de l'inconscient et se place, comme déjà positivée et érotisée, dans un langage qui, de son placement, s'organise en prosodie ou en timbres rythmés«.[27]

Adorno hatte in seiner *Philosophie der neuen Musik* gleichfalls eine Theorie der »intransigenten Werke« skizziert, diese aber nicht der geschichtlichen Dialektik der Aufklärung entzogen: »Das An-sich-Sein der Werke ist auch nach ihrer Entfaltung zur ungeschmälerten Autonomie, nach der Absage an Unterhaltung nicht indifferent gegen die Rezeption. Die gesellschaftliche Isolierung, die von der Kunst aus sich heraus nicht zu überwinden ist, wird zur tödlichen Gefahr ihres eigenen Gelingens.«[28] Damit ist auch schon die Situation der französischen Avantgarde in den sechziger Jahren antizipiert. Der Gruppe *Tel Quel* insbesondere wurde mit Grund vorgeworfen, daß sie sich elitär über den Preis ihrer gesellschaftlichen Isolierung hinwegsetze, wenn sie glaube, mit einer kompromißlos esoterischen Literatur der gesellschaftlichen Repression zu entgehen. Ihre literarischen Texte, mit denen sie das breite, nicht schon wissenschaftlich gebildete Publikum von sich stoße, stünden im eklatanten Widerspruch zu ihrem Anspruch, *écriture* sei ›die Fortsetzung der Politik mit anderen Mitteln‹.[29] Die Folgen dieser Aporie, die das besondere Schicksal der avantgardistischen Kunst unserer Epoche zu sein scheint, hat wohl niemand schärfer gesehen als Adorno. Die gesellschaftliche Isolierung der avantgardistischen Kunst als Folge ihrer Antithese zur anwachsenden Repression schlägt fatalerweise auf das intransigente Kunstwerk selbst zurück: »Die nicht konformierende Musik ist vor solcher Vergleichgültigung des Geistes, der des Mittels ohne Zweck, nicht geschützt. Wohl bewahrt sie ihre gesellschaftliche Wahrheit kraft der Antithese zur Gesellschaft, durch Isolierung, aber diese läßt wiederum auch sie selber verdorren«.[30]

Adornos Analyse der Symptome solcher in die Werke selbst eingehenden Vergleichgültigung und Lähmung, die sich oft auch in einer Produktion verrate, welche sich nur noch an den ›Kenner‹ wende[31], liest sich heute wie eine vorweggenommene Kritik an der Poetik der selbstreferentiellen Dichtung. Diese hat bis vor kurzem auch in der französischen Avantgarde unangefochten geherrscht, scheint aber heute auch dort von der gegenläufigen Tendenz eines ›retour du référentiel‹ abgelöst zu werden. Die hermetische Poesie bekannte sich zu der Formel von Roman Jakobson, poetische Sprache wende die Botschaft auf sich selbst zurück (einer Formel, die für die Dichtung vorwegnahm, was ihr Analogon: ›the medium is the message‹ für die Kulturindustrie einlöste); sie hat dabei die dialektische Beziehung zur verneinten Realität in dem Maße eingebüßt, in dem sie ihr letztes Refugium in der weltlosen Idealität der Sprache suchte. Dem entgegen hat Adorno die Negativität der Dichtung stets als dialektisch bewahrende Aufhebung des Verneinten verstanden und interpretiert. So entschieden seine spätere ästhetische Theorie die monadische Existenz des Kunstwerks hervorkehrt, das vorzustellen habe, was es selbst nicht ist, spricht dieses noch in seiner äußersten Entgegensetzung zur verdinglichten Realität von einer konkreten Welt, die es verneint. Als Beispiel dafür sei hier nur an die Interpretation eines (scheinbar affirmativen!) Gedichts, *Wanderers Nachtlied*, aus Adornos *Rede über Lyrik und Gesellschaft* (1957) erinnert. Sie zeigt, wie das Gedicht im Protest gegen einen bedrückenden gesellschaftlichen Zustand »den Traum einer Welt, in der es anders wäre« ausspricht und wie es zugleich den Horizont der realen Welt mit evoziert, die es verneint: »Noch das *Warte nur, balde / ruhest du auch* hat die Gebärde des Trostes: seine abgründige Schönheit ist nicht zu trennen von dem, was sie verschweigt, der Vorstellung einer Welt, die den Frieden verweigert«.[32]

VII.

Blickt man heute auf die Debatten zur Literaturtheorie, Ästhetik und Hermeneutik in den sechziger Jahren zurück, so verblaßt der so heftig geführte Streit zwischen dem marxistischen und dem bürgerlich genannten Lager, in dem Adornos ästhetische Theorie – wie ein erratischer Block verharrend – von beiden Seiten beansprucht wurde. Dafür gewinnt eine andere Grenzlinie mehr und mehr an Kontur, die sich quer durch die ideologischen Fronten herausgebildet hat: auf der einen Seite hielt die traditionalistische, philologisch orientierte, wie auch die orthodox marxistische Ästhetik noch am klassischen Begriff des autonomen Kunstwerks und seinem Korrelat, der einsamen Kontemplation des Lesers und Betrachters fest, während im ›idealistischen‹ wie im ›materialistischen‹ Lager eine neue Theoriebildung einsetzte, die den ontologischen Vorrang des Kunstwerks über die Weisen seiner Erfahrung hermeneutisch umkehrte. Der seit langem herrschenden Darstellungsästhetik entgegen, die im Werk den Ort einer objektiv in ihm erscheinenden Wahrheit sah,[33] nahm die neue Rezeptionsästhetik Werk und Wirkung ineins, um die Werke in der geschichtlich fortschreitenden Konkretisation ihres Sinns zu begreifen, der sich in der Konvergenz von Wirkung und Rezeption, vorgegebener Werkstruktur und aneignender Interpretation immer wieder neu konstituiert. Ein analoger Schritt über die klassische, am Werkbegriff orientierte Ästhetik hinaus ist bald danach auch in der französischen Literaturtheorie unternommen und 1971 von Roland Barthes auf den programmatischen Nenner: *De l'oeuvre au texte* gebracht worden. Wiederum war es Derrida, der diese Umorientierung der avantgardistischen Theorie mit der provokativen These einleitete, das ›Ende des Buches‹ sei der ›Anfang der *écriture*‹: »L'idée du livre, qui renvoie toujours à une totalité naturelle, est profondément étrangère au sens de l'écriture. Elle est la protection encyclopédique de la théologie et du logocentrisme contre la disruption de l'écriture, contre son énergie aphoristique (...). Si nous distinguons le texte du livre, nous dirons que la destruction du livre, telle qu'elle s'annonce aujourd'hui dans tous les domaines, dénude la surface du texte. Cette violence nécessaire répond à une violence qui ne fut pas moins nécessaire«.[34] Diese Schlüsselstelle ist ein Zeugnis der so überraschenden wie folgenreichen französischen Rezeption von Heideggers *Was ist Metaphysik?* durch Jacques Derrida.[35] Man überschätzt seine Wirkung wohl kaum (die Frage des produktiven Mißverständnisses braucht uns hier nicht zu kümmern), da man in den späteren Schriften der avantgardistischen französischen Literaturkritik den Siegeszug des neuen, bald wieder mythisierten Begriffs *texte* verfolgen kann, der die neu bestimmte Negativität von *écriture* entfaltet. Als Negation vorgegebenen Sinns und als Negation des geschlossenen Werks meint *textualité* den offenen Prozeß der *pratique signifiante*, *texte* die Produktion und das ›Spiel von Differenzen‹; dieses *jeu textuel* äußert sich immanent im Konflikt seiner Elemente oder Schichten und wird aus der Verkettung aller Texte zu einer *intertextualité* gespeist, der zufolge jeder Text die Transformation eines anderen ist. So können am Ende alle Manifestationen einer Kultur auf einen letzten Text, die *réserve signifiante* des ›allgemeinen Textes‹ zurückgeführt werden.

Nichts scheint der ästhetischen Theorie Adornos ferner zu liegen als die Preisgabe der Werkästhetik, als die Ineinssetzung von Werk und Wirkung, von der die deutsche Rezeptionsästhetik ausgeht, und schon gar ihr französisches Korrelat in Gestalt einer Theorie, welche die Geschichte von Werken in einen unendlichen Prozeß der ›Produktion von Differenzen‹ auflöst, in dem schließlich die Dialektik von *production* und *produit,* von Produktivkraft und Vergegenständlichung überhaupt verschwinden und Traditionsbildung unkenntlich werden muß. Hat doch Adorno stets daran festgehalten, daß das authentische, wie noch das nichtigste Kunstwerk unter dem »unentrinnbaren Anspruch« stehe, »in seiner Beschränkung das Ganze zu reflektieren«.[36] In seiner ästhetischen Theorie ist der Werkcharakter des »Artefakts« Bedingung seiner ästhetischen Negativität, die Dichte und Einheit des »Gebildes« Bedingung seiner bestimmten Antithese zur bloßen Empirie und die Forderung, »(nicht) auf die Wirkung zu blicken«,[37] Bedingung der Resistenz gegen die allherrschende Manipulation der Kulturindustrie. Denn diese »hat sich entwickelt mit der Vorherrschaft des Effekts, der handgreiflichen Leistung der technischen Details übers Werk, das einmal die Idee trug und mit dieser liquidiert wurde.«[38] Dies mag erklären, kann aber heute nicht mehr rechtfertigen, daß ich Adornos *Ästhetische Theorie* dereinst kurzerhand in das Lager der traditionalistisch am Werkbegriff orientierten Ästhetik eingereiht habe.[39] Dies muß ich heute insbesondere im Rückblick auf die *Philosophie der neuen Musik* von 1948 revidieren. Dort steht der Prozeß einer Verzeitlichung der Werkstruktur im Mittelpunkt einer Betrachtung der avantgardistischen Musik unserer Moderne und wird beschrieben, wie die Musik Schönbergs und Strawinskys die klassische Idee des selbstgenügsamen, ›runden Werks‹ auflöse: »Die einzigen Werke heute, die zählen, sind die, welche keine Werke mehr sind.«[40] Denn die neue Musik habe sich heute »gegen das geschlossene Werk gekehrt und alles, was mit ihm gesetzt ist (...) Das reale Leid hat sie im Kunstwerk zurückgelassen zum Zeichen, daß es dessen Autonomie nicht länger anerkennt. Ihre Heteronomie fordert den selbstgenügsamen Schein der Musik heraus«.[41] Gewiß lag es Adorno noch fern, seine Einsicht in den modernen Prozeß der Auflösung des autonomen Werks, wofür ihm die historische Priorität zukommt, in die Frage umzuwenden, wie die ästhetische Theorie dann eigentlich all jene Texte verstehen müßte, die noch keine Werke waren. Wenn der Begriff des auratischen Kunstwerks historisch nur für die idealistische Kunstperiode der bürgerlichen Gesellschaft geltend zu machen ist, muß dann nicht die ästhetische Theorie erst einmal versuchen, aus der Geschichte der ästhetischen Praxis zu konstruieren, welche Art von Erfahrung die nicht werkhaft aufgenommene Literatur und Kunst implizierte?[42]

VIII.

Adorno hat die Theorie der ästhetischen Erfahrung vor allem dadurch herausgefordert, daß er die Reinheit der Reflexion, zu der sich das einsame Subjekt vor dem Kunstwerk läutern und erheben soll, gegen alles genießende Verstehen der Kunst ausspielte, in dem ihre kommunikativen Funktionen begründet sind. Er mußte darum auch der rezipierenden Seite einen aktiven Anteil an der Sinnkonstitution versagen. Rezeption, Kunstgenuß, Geschmacksbildung, Identifikation, Katharsis und Kommunikation sind in der *Ästhetischen Theorie* stets unter pejorativen Vorzeichen beschrieben, als falsches Verhältnis zur Kunst, das den Konsumenten im Zeitalter der Kulturindustrie unentrinnbar kennzeichne. Die Gegenfrage, was solche Erfahrungen im Umgang mit Kunst wohl gewesen sein konnten, als sie noch nicht dem kurzgeschlossenen Kreis von gesteuertem Bedürfnis und ästhetischer Ersatzbefriedigung verfallen waren, wird in der *Ästhetischen Theorie* nicht gestellt. Adorno ist vor allem daran gelegen, gegen die Verführungen des Kunstkonsums zu einer Therapie der Negativität aufzurufen: »Der Bürger wünscht die Kunst üppig und das Leben asketisch; umgekehrt wäre es besser.«[43] Er stand mit dieser Tendenz nicht allein. Die avantgardistische Malerei und Literatur nach dem zweiten Weltkrieg hat zweifellos das Ihrige dazu getan, die Kunst gegen die Üppigkeit der Konsumwelt wieder asketisch und damit für den Normalverbraucher ungenießbar zu machen. Die Malerei Jackson Pollocks und Barnett Newmans mit der Wendung zum abstrakt Erhabenen, das Theater seit Beckett und in Frankreich die Revolte des *Nouveau roman* gegen alles ›Erzählen wie Balzac oder Proust‹ sind neben der atonalen oder seriellen neuen Musik für jene asketische Periode moderner Kunst repräsentativ, deren einschlägigste Theorie man gewiß in Adornos Ästhetik der Negativität sehen kann. In dieser findet sich aber auch schon der Zweifel, der den Exzessen asketischer Kunst eine oft übersehene Grenze zieht: »wäre aber die letzte Spur von Genuß exstirpiert, so bereitete die Frage, wozu überhaupt Kunstwerke da sind, Verlegenheit.«[44]

Wenn ich hoffen darf, diese Verlegenheit mit dem Versuch einer Apologie des ästhetischen Genusses ausgeräumt zu haben,[45] bleibt noch die weitere Frage, ob sein Prinzip, »(nicht) auf die Wirkung zu blicken«, in der Tat sein einziges und letztes Wort zum Problem der Rezeptionsästhetik gewesen ist. Hier scheint mir der Rigorismus seiner ästhetischen Theorie dem Ertrag und der Eigentümlichkeit seiner ästhetischen Praxis zu widersprechen. Kaum eine seiner Interpretationen in den *Noten zur Literatur,* von Goethe und Hölderlin über Eichendorff und Heine bis zu Proust und Beckett, die sich nicht dem Problem der Beziehung von Werk und Wirkung gestellt und die nicht Rekonstruktion vergessener oder unterdrückter Bedeutung immer schon als Aktualisation vom Standort gegenwärtiger kritischer Reflexion verstanden hätte! Wer heute, nach der Debatte über die Hermeneutik von Werk, Wirkung und Rezeption, die *Dialektik der Aufklärung* wiederliest, kann aber auch die – für den philologischen Historismus so schockierende – Homerdeutung der beiden Verfasser in anderem Lichte sehen und mit triftigeren Gründen rechtfertigen, warum der (bescheidenerweise so genannte) *Exkurs I: Odysseus oder Mythos und Aufklärung* in Wahrheit eine beachtliche Konkretisation des Sinns der Odyssee und zugleich die dem *Begriff der Aufklärung* korrelate »ästhetische Geschichtsschreibung« darstellt. Odysseus als »Urbild des bürgerlichen Individuums«; seine Irrfahrt als »Weg des leibhaft gegenüber der Naturgewalt unendlich schwachen und im Selbstbewußtsein erst sich bildenden Selbst durch die Mythen«;[46] die Erzählung von den Sirenen als Allegorie der Verschränktheit von Mythos, Herrschaft und Arbeit und zugleich der Trennung von Kunstgenuß und Handarbeit;[47] die listige Verwendung des Namens *Udeis* als Übergang der Sprache in Bezeichnung, womit Odysseus an den Worten entdecke, »was in der entfalteten bürgerlichen Gesellschaft Formalismus heißt«;[48] das homerische Epos im Ganzen als Grundtext des zivilisatorischen Sieges über die Naturgewalt, der schon in der epischen Urgeschichte der bürgerlichen Gesellschaft »die Herrschaft bis ins Denken selbst hinein als unversöhnte Natur«[49] erkennen läßt: wer diesen (hier stark verkürzten) Ertrag des *Exkurses* eine allegorische Deutung nennt, muß diesem heute so verpönten Verfahren seinen ursprünglichen Sinn zurückgeben. Dann ist Adornos Homerdeutung der gelungene Fall einer hermeneutischen Applikation, die nach Peter Szondi heute wie einst die Absicht zu erfüllen hat, »den kanonischen Text, welcher der Homer den Athenern der klassischen Zeit und den Alexandrinern war, aus seiner historischen Entrücktheit hereinzuholen in die Gegenwart, ihn nicht nur verständlich, sondern auch gleichsam gegenwärtig zu machen, ihn als unvermindert gültigen, eben kanonischen, auszuweisen«.[50] Sofern sich Adorno hier nicht damit begnügt zu rekonstruieren, was die eigentliche Intention Homers gewesen, sondern danach fragt, was durch sein Werk ins Spiel kam, unser gegenwärtiges Dasein noch bedingt und unser Umdenken herausfordert, ist seine Deutung paradoxerweise die wünschbarste Bestätigung der von ihm nicht vertretenen Theorie, die auf Wirkung und Rezeption eines Werkes blickt, um seinen Sinn für uns in seiner geschichtlich fortschreitenden Konkretisation zu erkennen.[51]

IX.

Die ästhetische Theorie in Frankreich war und ist nicht weniger einseitig an der produktiven Seite der ästhetischen Tätigkeit orientiert und behauptet nicht weniger rigoros als Adorno eine Position, derzufolge literarische Kommunikation in toto dem Prozeß der gesellschaftlichen Repression und universalen Entfremdung verfallen sei, also nur noch Gegenstand der Ideologiekritik sein könne. Dabei wird nicht allein die rezipierende Seite pauschal dem falschen Bewußtsein zugeschlagen und aus der Sinnproduktion ausgeschlossen. Die Ästhetik der Negativität französischer Provenienz unterscheidet sich von der Adornos insbesondere durch die Austreibung des (cartesianischen) Subjekts (décentrement du sujet): nach dem Vorbild von Freuds Traumanalyse sollen die Selbsttäuschungen des Bewußtseins aufgedeckt, die vermeintlich subjektive Produktion von Sinn auf die materiellen Kräfte der symbolischen Produktion der Sprache zurückgeführt (faire de la langue un travail)[52] und die manifesten Inhalte der Textoberfläche (phénotexte) als Entäußerung der im

Unbewußten wirkenden Sinnarbeit des Genotextes *(travail du pré-sens)* erkannt werden. Julia Kristeva hat darum die Semiotik in eine ›Semanalyse‹ umformuliert, die vor allem durch die Theorie der sogenannten *intertextualité* erfolgreich wurde.[53] Nachdem man mit der werkhaften Gestalt zugleich die semantische Autonomie des literarischen Textes und seine ästhetische Funktion preisgegeben und nachdem man das produzierende wie das rezipierende Subjekt von der Sinnkonstitution ausgeschlossen hatte, war es in der Tat nur noch folgerichtig, Derridas Begriff der *textualité* als eines ›Spiels der Differenzen‹ zu einem ›Dialog der Texte untereinander‹ weiterzuführen,[54] um den Prozeß der fortschreitenden Sinnproduktion nicht ganz in einer schlechten Unendlichkeit verfließen zu lassen. An diesem Punkt der Theoriebildung wird der Rückfall der materialistisch gemeinten Semanalyse in puren Idealismus manifest: im Fortschreiten einer immer nur sich selbst negierenden Sinnproduktion bleiben die Texte gleichsam unter sich, abgelöst von den materiellen Bedingungen ihrer Genesis und Geltung, unabgenützt durch profanen Gebrauch und ungestört von Subjekten, die sie auslegen, zitieren, kritisieren oder vergessen – Goethes *Gesang der Geister über den Wassern* durchaus vergleichbar! Die bei der französischen Avantgarde für obsolet geltende Hermeneutik dürfte die Novität dieser Theorie so neu nicht finden, ist ihr ›Intertextualität‹ doch unter dem altväterischen Namen ›Kontext‹ und aus der theologischen Praxis der Auslegung durch Kontexterweiterung wohl vertraut.[55] Nur daß nach hermeneutischer Auffassung Texte nicht unter sich bleiben können, sondern im Blick auf die hermeneutische Differenz zwischen ursprünglichem Kontext und späteren Kontexten als ein Prozeß literarischer Kommunikation erfaßt werden müssen, der stets durch die auswählende und konkretisierende Tätigkeit der produzierenden und der rezipierenden Subjekte vermittelt ist und oft durch die Frage-Antwort-Relation rekonstruiert werden kann.

Seit der *Dialektik der Aufklärung* ist der ideologiekritische Anspruch, Kunst als eine autonome Sphäre aufzuheben, so sehr der allgemeine Brauch geworden, daß es angezeigt scheint, in Adornos Text die Momente aufzusuchen, in denen seine ästhetische Geschichtsschreibung ex negativo beschreibt, wie sich die Erfahrung von Kunst immer wieder der immanenten Logik gesellschaftlicher Repression entzog.[56] So geht schon seine zu Recht so berühmte Deutung der Sirenenepisode nicht ganz in der Allegorie der Verschränktheit von Herrschaft und Vertretbarkeit, Kunstgenuß und kommandierter Arbeit auf. Der Sirenengesang verspricht höchste ästhetische Lust und ein den Göttern vorbehaltenes Wissen ineins; Odysseus kann von hinnen gehen, *vergnügt und weiser wie vormals* (Vers xii, 188, den Adornos Deutung außer acht läßt), weil sich ihm dank seiner List das Verlangen nach Lust und nach Erkenntnis zumal erfüllt hat. Der homerische Mythos zeigt also auch die Geburtsstunde der ästhetischen Einstellung an. Diese umgreift in ihrem Anfang wie selbstverständlich Genießen und Erkennen[57], so daß Odysseus in seiner Person die ästhetische und die theoretische Neugier noch ungeschieden repräsentiert. Daraus entspringt für Odysseus eine neue Möglichkeit des Glücks, die Adorno verkennt, wenn er in der Situation des an den Mast Gefesselten nur den Verzicht auf das Glück der Selbstpreisgabe und im so vernommenen Gesang der Sirenen nur »entmachtete Schönheit« und Erfüllung »bloß als Schein« sehen will.[58] Die Macht des Kunstschönen entspringt dort notwendig der Entmachtung des unmittelbar genießenden Besitzens und ›Besessenseins‹ – einem Verzicht, der im Bild des freiwillig Gefesselten bereits den Gewinn der Distanznahme vom affizierten Ich wie vom Faszinosum des Gegenstandes erkennen läßt: die Freiheit der ästhetischen Reflexion, sich über den Zwang der (gefesselten) Praxis zu erheben und im Schönen die Welt in ihrer Fülle zu erfahren!

Auf weitere Momente des Prozesses, in dem sich ästhetische Erfahrung dem »Gesetz der universalen Entfremdung«[59] widersetzt hat, brauche ich hier nur noch hinzuweisen. Das Amusement der Kulturindustrie enthüllt keineswegs die »Wahrheit über die Katharsis«, denn deren ursprüngliche Funktion war die Umstimmung des Zuschauers zu ethischer Gelassenheit und zur Anerkennung von Normen des Handelns, also gerade nicht die Herrichtung zur ›Lüge der Innerlichkeit‹.[60] Wie wenig die durch Kunst eröffnete kathartische Erfahrung »den äußeren Herren untertan (war)«, dokumentiert ihre Kritik seit den Kirchenvätern auf das eindrucksvollste. Die neu beginnende christliche Literatur und Kunst der Spätantike hat ihrerseits gegen den herrschenden Kanon und die ästhetische Autonomie der heidnischen Antike heteronome Formen und Haltungen einer ästhetischen Erfahrung entwickelt, die in ihren späteren Verfallsformen kaum noch etwas von ihrem anfänglichen Protestcharakter ahnen lassen: der ästhetisch-kontemplativen Distanz wurde das Ergriffensein in Andacht und Erbauung, der Reinigung durch Katharsis das in die Tat überleitende Mitleid,[61] dem folgenlosen Genuß des Imaginären die fortzeugende Kraft des Exemplarischen und dem ästhetischen Vergnügen der Nachahmung das appellative Prinzip der Nachfolge entgegengesetzt.[62] Den zum Amusement verfallenen Formen ästhetischer Erfahrung hat Adorno gelegentlich – darin Roland Barthes' Dichotomie von *plaisir* und *jouissance* vorwegnehmend[63] – den unbotmäßigen Genuß entgegengehalten. Seine Interpretation der *Histoire de Juliette* von Sade führt den Genuß auf ein nicht mehr nur physisches Bedürfnis zurück: »Natur kennt nicht eigentlich Genuß: sie bringt es nicht weiter als zur Stillung des Bedürfnisses. Alle Lust ist gesellschaftlich, in den unsublimierten Affekten nicht weniger als in den sublimierten. Sie stammt aus der Entfremdung (...) Denken entstand im Zuge der Befreiung aus der furchtbaren Natur, die am Schluß ganz unterjocht wird. Der Genuß ist gleichsam ihre Rache. In ihm entledigen die Menschen sich des Denkens, entrinnen der Zivilisation«.[64] Diese Ausführung beschreibt zwar noch nicht den ästhetischen Genuß, erlaubt aber eine neue Begründung seiner Genese. Genuß wird dann zur ästhetischen Erfahrung, wenn die »Selbstpreisgabe an ein Anderes« nicht mehr Regression in Natur, d. h. in »herrschaftslose, zuchtlose Vorzeit« ist,[65] sondern deren Sublimierung, die dem genießenden Subjekt im Irrealis der ästhetischen Einstellung erlaubt, das Ichfremde sich anzueignen und im Anderssein-können zugleich sein eigenes Selbst zu genießen.[66]

X.

Nicht gestellte Fragen sind die Chance der später Gekommenen. Diese Einsicht, zu der mein Rückblick auf die jüngste Geschichte der ästhetischen Theorie in Deutschland und Frankreich immer wieder geführt hat, wird der historischen Wirkung, aber auch den Grenzen der ästhetischen Reflexion Adornos – so hoffe ich – am ehesten gerecht. Sie führt den Streit zwischen der jüngeren Theorie der ästhetischen Erfahrung und der älteren Ästhetik der Negativität auf eine hermeneutische Differenz oder – wenn man so will – Dialektik zurück, die der verschiedenen historischen und gesellschaftlichen Ausgangssituation entsprang. Adornos ästhetische Theorie und Kunstphilosophie war von der »bestimmten Negation« einer konkreten gesellschaftlichen Entwicklung, seinem Widerspruch gegen eine offen behauptete Diktatur und ihre insgeheimen Apparate der Herrschaft geprägt. Seine Kritik an der formalistischen Vernunft hatte »den geheimen Sinn, die Utopie aus ihrer Hülle zu befreien, die wie im kantischen Vernunftbegriff in jeder großen Philosophie enthalten ist: die einer Menschheit, die, selbst nicht mehr entstellt, der Entstellung nicht länger bedarf«.[67] Als es sich in den sechziger Jahren erwies, daß die »Einlösung der vergangenen Hoffnung« weder im Politischen noch im Ästhetischen von der latenten Kraft einer negativen Utopie erwartet werden konnte, was lag näher, als sich die von Adorno ex negativo am entschiedensten herausgeforderte Frage zu stellen, welche Hoffnung eigentlich aus der Vorgeschichte der ästhetischen Praxis zu gewinnen sei, wenn es nun darum gehen sollte, gegen das »Gesetz der universellen Entfremdung« die subversive Kraft und den offenen Konsens der ästhetischen Erfahrung aufzubieten?

Anmerkungen

1 Aus einem Brief von Th. W. Adorno an den Vf., vom 20. September 1967.
2 In: *Die nicht mehr schönen Künste,* hg. H. R. Jauß, München 1968 (Poetik und Hermeneutik III), S. 6/7.
3 Jetzt in: *Ästhetische Erfahrung und literarische Hermeneutik,* München 1977 (UTB 692), S. 37-46, hier reproduziert in den Abschnitten II-IV.
4 Zitiert wird nach: *Gesammelte Schriften,* Bd. 7: *Ästhetische Theorie,* Bd. 12: *Philosophie der neuen Musik,* Bd. 11: *Noten zur Literatur.*
5 Bd. 12, S. 24.
6 M. Horkheimer und Th. W. Adorno, *Dialektik der Aufklärung – Philosophische Fragmente,* Frankfurt a. M. 1969, S. IX.
7 J.-P. Sartre: *L'imaginaire. Psychologie phénoménologique de l'imagination,* Paris 1940, S. 234.
8 Siehe Vf.: *Literaturgeschichte als Provokation,* Frankfurt 1970, S. 177 ff.
9 L. Giesz: *Phänomenologie des Kitsches,* München ²1971, S. 30.
10 Adorno, Bd. 7, S. 15; im f. mit der Seitenzahl im Text zitiert.

11 P. Bourdieu, *Zur Soziologie der symbolischen Formen*, Frankfurt 1970, S. 103 f.
12 J. Starobinski: *La relation critique*, Paris 1970, S. 9-33.
13 Da Adorno zwischen ursprünglichem Klassizismus und gewordener Klassizität (in meiner Terminologie: zwischen erstem und zweitem Horizontwandel des Rezeptionsprozesses) nicht scharf genug unterscheidet, bleibt seine Polemik gegen die attische Klassizität so ungerecht wie seine Kritik am Klassizismus widerspruchsvoll (vgl. S. 240-244 gegen S. 339: die dort festgestellte »Neutralisierung« tritt schon auf der »Bahn des Klassischen« ein, sie ist nicht erst » der gesellschaftliche Preis der ästhetischen Autonomie«).
14 Vgl. S. 12, 347, 358, 386; in diesem Zusammenhang ist auch die outrierte Polemik gegen unmittelbar gesellschaftliche Funktionen der vorautonomen Kunst wie Unterhaltung (»Stets ragt sie als Zeugnis des Mißlingens von Kultur in diese hinein«, 32), Trost oder Zuspruch (S. 56, 66), ja gegen heitere Kunst insgesamt zu sehen: »Das Unrecht, das alle heitere Kunst, vollends die der Unterhaltung begeht, ist wohl eines an den Toten, am akkumulierten und sprachlosen Schmerz« (S. 67).
15 Diderot, *Entretiens sur le Fils Naturel*, éd. Vernier, *Œuvres esthétiques*, Paris 1959, S. 153; Lessing, *Hamburgische Dramaturgie*, 75. Stück und anderweitig.
15a Hierzu verweise ich auf Kap. A 7 und B 1 von *Ästhetische Erfahrung* . . . (s. o. Anm. 3).
16 *Dialektik der Aufklärung*, S. 6.
17 Bd. 10, S. 30.
18 In diesem Vorwurf gipfelt die Kritik von H. Meschonnic an der *Tel Quel* Gruppe, in: *Pour la poétique II*, Paris 1973, S. 89 und 102; siehe dazu die ausgezeichnete, von mir benutzte Gesamtübersicht über die französische Entwicklung von R. Brütting: *Ecriture* und *Texte – Die französische Literaturtheorie nach dem Strukturalismus*, Bonn 1976, S. 158.
19 *Le degré zéro de la littérature*, Paris 1969, S. 66 f.; der ›Tod der Literatur‹ ist hier auf Mallarmé bezogen: »Mallarmé, sorte de Hamlet de l'écriture, exprime bien ce moment fragile de l'Historie, où le langage littéraire ne soutient que pour mieux chanter sa nécessité de mourir«.
20 Siehe dazu Brütting, a.a.O., S. 69.
21 Bd. 12, S. 24.
22 »Nous avons été amenés à mettre de plus en plus l'accent sur le mode de production du texte littéraire, c'est-à-dire à nous élever contre une pure et simple sanctification du produit (›l'oeuvre‹) et du capitaliste qui en assumerait en quelque sorte le financement et l'accumulation (›L'auteur‹)«, in: *Théorie d'ensemble*, Paris 1968, S. 385 f.

23 R. Barthes: *Sade, Fourier, Loyola*, Paris 1971, S. 16; dt: Frankfurt 1974.
24 »C'est ce dernier type de pratique signifiante – les textes qui ébranlent le système discursif courant et par là les bases mêmes d'une culture – qu il nous semble important d'interroger aujourd'hui«, J. Kristeva (1972), zitiert nach Brütting, a.a.O., S. 122.
25 Was ihr in Frankreich H. Meschonnic vorhielt, vgl. *Pour une littérature II*, a.a.O., S. 67: »La littérature a toujours été contestation translinguistique, et pas seulement avec Dante, Sade, Lautréamont (...) Diderot est au moins autant contestataire que Sade et n'est pas encore digéré-digérable«.
26 Mit Bezug auf J. Kristeva: *Semiotiké – Recherches pour une sémanalyse*, Paris 1969, S. 273: »Dans cet espace *autre* où les lois logiques de la parole sont ébranlées, le sujet se dissout et à la place du signe c'est le heurt de signifiants s'annulant l'un l'autre qui s'instaure. (...) Un sujet ›zérologique‹, un non-sujet vient assumer cette pensée qui s'annule«. Es verwundert kaum noch, daß uns sodann als Verständnishilfe für die Negativität dieses ›Nullsubjektes‹ der Poesie die buddhistische Mystik empfohlen wird.
27 *La révolution du langage poétique*, Paris 1974, S. 151; siehe dazu die Kritik von B. Cerquiglini in: *Annales* 1976, S. 599-603.
28 Bd. 12, S. 24.
29 Nach Brütting, a.a.O., S. 119.
30 Bd. 12, S. 28.
31 Ebd., S. 29/30.
32 Bd. 11, S. 53 f.; dazu Vf.: *Ästhetische Erfahrung...*, a.a.O., S. 338 ff.
33 Siehe dazu R. Bubner: *Über einige Bedingungen der gegenwärtigen Ästhetik*, in: *Neue Hefte für Philosophie*, H. 5, S. 39-74.
34 *De la grammatologie*, Paris 1967, S. 30-31.
35 In der Zusammenfassung von R. Brütting, a.a.O., S. 97: »Dieser Begriff der ›Schrift‹ als Produktion und Spiel der Differenzen soll nach Derrida eine langsame Öffnung der *clôture* der metaphysischen Epoche ermöglichen, die sich wesentlich als *Verdrängung* der produktiven Spur des Produktionsprozesses konstituiert habe, um nur noch einen statischen, synchronischen, taxonomischen, ungeschichtlichen Strukturbegriff bestehen zu lassen. Die *Grammatologie* dagegen sei die Wissenschaft der *Textualität*, die den genuinen Ansatz des Strukturalismus, nämlich sein differentielles Denken zu Ende führen wolle, was (...) paradoxerweise zu einer Vernichtung des Zeichen- und des Strukturbegriffs führt.«
36 *Dialektik der Aufklärung*, S. 153.
37 Bd. 12, S. 9.
38 *Dialektik der Aufklärung*, S. 133.
39 In: *Der Leser als Instanz einer neuen Geschichte der Literatur*, in:

Poetica 7 (1975), S. 335; aus diesem Artikel habe ich am Beginn von Abschnitt VII einige Formulierungen übernommen.
40 Bd. 12, S. 37.
41 Ebd., S. 42, 44/45.
42 Beispiele zur Abgrenzung nicht werkbezogener Rezeptionsweisen von Literatur (darunter die von mir als ›plurale tantum‹ bestimmte Rezeptionsstruktur der mittelalterlichen Lyrik, des Kriminalromans usw.) finden sich in dem Anm. 39 zitierten Artikel.
43 Bd. 7, S. 26/27.
44 Bd. 7, S. 27.
45 In Kap. A 3 von: *Ästhetische Erfahrung ...*, a.a.O.
46 *Dialektik der Aufklärung*, S. 53.
47 Ebd., S. 41: »Das Epos enthält bereits die richtige Theorie. Das Kulturgut steht zur kommandierten Arbeit in genauer Korrelation, und beide gründen im unentrinnbaren Zwang zur gesellschaftlichen Herrschaft über die Natur.«
48 *Dialektik der Aufklärung*, S. 68.
49 Ebd., S. 47.
50 *Einführung in die literarische Hermeneutik*, Frankfurt 1975, S. 16 f.
51 Das Verfahren, Ursprung und Wirkung ohne Ansehen des Zeitenabstands gleichsam hermeneutisch kurzzuschließen, begegnet in der *Dialektik der Aufklärung* auf Schritt und Tritt, nicht selten in gewollt polemischer Zuspitzung, wie z. B. S. 91: »Kant hat intuitiv vorweggenommen, was erst Hollywood bewußt verwirklichte: die Bilder werden schon bei ihrer eigenen Produktion nach den Standards des Verstandes vorzensiert, dem gemäß sie nachher angesehen werden sollen«, S. 16 (Vertretbarkeit beim Opfertier / beim Kaninchen im Laboratorium), S. 43 Ruderer des Odysseus / moderner Arbeiter in der Fabrik), u. a. m.
52 J. Kristeva: *Le texte et sa science*, in: *Semiotiké – Recherches pour une sémanalyse*, Paris 1969, S. 7.
53 Näheres bei Brütting, a.a.O., S. 123 ff.
54 »Le langage poétique apparaît comme un dialogue de textes: toute séquence est doublement orientée: vers l'acte de la réminiscence (évocation d'une autre écriture) et vers l'acte de la sommation (la transformation de cette écriture). Le livre renvoie à d'autres livres«, J. Kristeva: *Semiotiké*, a.a.O., S. 181 f.
55 Wenn R. Barthes der Hermeneutik unterstellt, sie wolle durch Kontexterweiterung die Polysemie auf *einen* Sinn reduzieren, hält er sich an die dogmatische, seit der Aufklärung obsolete Hermeneutik und übersieht zugleich die primäre ›Intertextualität‹, die zwischen dem ursprünglichen und allen späteren Kontexten entsteht und die bekanntlich der Ausgangspunkt aller Hermeneutik seit Schleiermacher ist (Belege bei Brütting, a.a.O., S. 183, Anm. 434).

56 Adornos Kritik am Panideologismus (z. B. in Bd. 11, S. 51: »Kunstwerke jedoch haben ihre Größe einzig darin, daß sie sprechen lassen, was die Ideologie verbirgt. Ihr Gelingen selber geht, mögen sie es wollen oder nicht, übers falsche Bewußtsein hinaus«) am nächsten kommt wohl noch der als Außenseiter geltende P. Macherey, der in *Pour une théorie de la production littéraire* (Paris, 1966) nicht allein den ›drei Illusionen‹ der Literaturkritik (der empirischen, der normativen und der interpretativen) zu Leibe rückte, sondern auch die These vertrat, daß die Fiktion im Text an sich selbst das ideologiekritische Moment sei: »l'illusion *mise en œuvre* n'est plus tout à fait illusoire, ni simplement trompeuse. Elle est l'illusion *interrompue, réalisée,* complètement transformée« (S. 78).
57 Das scheint Adorno übersehen zu haben, wenn er zum ›Kunstgenuß‹ des gefesselten Odysseus bemerkt: »Solange Kunst darauf verzichtet, als Erkenntnis zu gelten, und sich dadurch von der Praxis abschließt, wird sie von der gesellschaftlichen Praxis toleriert wie die Lust«, *Dialektik der Aufklärung,* S. 39.
58 Ebd., S. 40: Der Weg der Zivilisation »war der von Gehorsam und Arbeit, über dem Erfüllung immerwährend bloß als Schein, als entmachtete Schönheit leuchtet.«
59 Ebd., S. 110.
60 Ebd., S. 152; siehe dagegen *Ästhetische Erfahrung...,* a.a.O., S. 47 ff. und Kap. A 7.
61 Von Adorno verkannt, vgl. *Dialektik der Aufklärung,* S. 110.
62 *Ästhetische Erfahrung...,* a.a.O., S. 142 ff.
63 In: *Plaisir du texte,* Paris 1973; dazu *Ästhetische Erfahrung...,* a.a.O., S. 55 f.
64 *Dialektik der Aufklärung,* S. 112 f.
65 Ebd., S. 112.
66 Näherhin erläutert in: *Ästhetische Erfahrung...,* S. 57 ff., 223.
67 Ebd., S. 127.

Peter Bürger
Das Vermittlungsproblem in der Kunstsoziologie Adornos

1. Kunst als unbewußte Geschichtsschreibung

Bevor man einzelne Lösungen eines Problems untersucht, muß man sich zunächst allgemein Klarheit über die *Lösungsmöglichkeiten* verschaffen. Für das Problem der Vermittlung von Kunst und Gesellschaft sehe ich zwei generelle Lösungsmöglichkeiten: 1. Man frage nach den *gesellschaftlichen Instanzen*, über die einmal die Gesellschaft ins Werk hineinwirkt, und zum andern das Werk auf die Gesellschaft zurückwirkt. Lukács und Adorno haben Vermittlung in diesem Sinne nicht erörtert. Wenn sie der Frage nach den gesellschaftlichen Instanzen, die Produktion und Rezeption der Werke allererst ermöglichen, wenig Beachtung geschenkt haben, so erklärt sich das aus einer grundsätzlich anderen Auffassung von Vermittlung. 2. Für die in der Hegel-Tradition stehenden marxistischen Theoretiker bezeichnet Vermittlung nicht ein Mittleres zwischen Verschiedenem, sondern den Prozeß des dialektischen Übergangs des einen in das andere. Auf unsern Gegenstand übertragen bedeutet das: die Vermittlung zwischen Kunst und Gesellschaft ist nicht in einem Dritten (einer gesellschaftlichen Instanz) zu suchen, sondern *im Kunstwerk selbst*. Bei aller Gegensätzlichkeit ihrer ästhetischen Anschauungen sind Lukács und Adorno darin einig: Sie suchen die gesellschaftliche Vermittlung des Kunstwerks in diesem selbst auf.

Gesellschaftliche Kämpfe, Klassenverhältnisse drücken in der Struktur von Kunstwerken sich ab; die politischen Positionen, die Kunstwerke von sich aus beziehen, sind demgegenüber Epiphänomene, meist zu Lasten der Durchbildung der Kunstwerke und damit am Ende auch ihres gesellschaftlichen Wahrheitsgehalts.[1]

Das Zitat enthält zwei für die Kunstsoziologie Adornos wichtige Thesen: Einmal wird die Gesellschaftlichkeit des Kunstwerks nicht an explizit formulierten politischen Positionen festgemacht, sondern an der Werkstruktur. Zum andern wird der Bezug zwischen Werkstrukturen und Gesellschaft als unmittelbarer gefaßt. Wie aber ist dieses »Sich-abdrücken« der gesellschaftlichen

Kämpfe in der Struktur des Kunstwerks zu denken? Nicht als bewußter Prozeß der Auseinandersetzung des Künstlers mit den gesellschaftlichen Verhältnissen seiner Zeit. Denn: »[Kunstwerke] sind die ihrer selbst *unbewußte* Geschichtsschreibung ihrer Epoche« (*ÄT*, 272 Hervorh. von mir). Wo der Künstler es unternimmt, die Gesellschaft seiner Zeit bewußt zu gestalten, ist er Adorno zufolge in Gefahr, diese zu verfehlen. Hingegen wird die Gesellschaft einer Epoche dann getroffen und geht in die Struktur des Werks ein, wenn der Künstler sich ganz auf die Auseinandersetzung mit dem *künstlerischen Material* konzentriert. Mit diesem Begriff, auf den wir unten noch ausführlich eingehen werden, bezeichnet Adorno den historisch erreichten Stand künstlerischer Techniken (und zwar sowohl das, was man traditionell als ›Inhalte‹ bezeichnet, also Themen und Motive, als auch deren ›formale‹ Behandlung). Das künstlerische Material einer Epoche ist Resultat eines historischen Prozesses, in ihm ist geschichtliche Erfahrung abgelagert; daher kann die Auseinandersetzung des Künstlers mit der Gesellschaft als Auseinandersetzung mit dem Material erfolgen.

Versuchen wir, uns das Gesagte am Beispiel von Adornos *Eichendorff-Analyse* zu verdeutlichen. Eichendorffs Material sind die schon zum Requisit erstarrten rauschenden Wälder und Quellen, lieblichen Täler etc. Adorno sucht nun nachzuweisen, daß Eichendorff dieses konventionelle Material nicht naiv verwendet, sondern daß er es in distanzierter Haltung gleichsam zitiert, so auf »die Entzauberung der Welt« hinweisend.[2] »Entzauberung der Welt« aber ist als geschichtlicher Begriff zu verstehen; er setzt die Auflösung traditionaler Bindungen ebenso voraus wie die auf Grund zunehmender Arbeitsteilung sich durchsetzende Entfremdung in den zwischenmenschlichen Beziehungen. Diese geschichtlichen Phänomene werden jedoch im Gedicht nicht direkt angesprochen, erst Adornos Interpretation des Eichendorffschen Umgangs mit dem Material hebt sie ins Bewußtsein.

Nicht die Frage, ob Adornos Interpretation Eichendorffs ihren Gegenstand trifft, steht hier zur Debatte, sondern einzig seine Methode. Wenn die Gesellschaftlichkeit des Kunstwerks in dessen Struktur auszumachen ist, dann folgt daraus, daß auch die Kunstsoziologie nicht auf die immanente Analyse der Werke verzichten kann. Auch sie muß zunächst die Werk*strukturen* zu erfassen suchen. Adorno hat immer wieder die Notwendigkeit der immanenten Analyse betont und sie als ein Sich-in-die-Sache-Versenken beschrieben. Nicht Einfühlung in den Gegenstand – etwa im Sinne von Emil Staiger – meint der Begriff des Sich-Versenkens bei Adorno; er ist vielmehr aus der Tradition der Hegelschen Wissenschaftsauffassung zu verstehen, derzufolge Wissenschaft die Aufgabe hat, die »eigene Arbeit der Vernunft der Sache zum Bewußtsein zu bringen«.[3]

Wenn Adorno von dem »rein der Sache sich Überlassen« spricht,[4] geht es ihm um die Rettung des Einzelwerks in seiner Besonderheit. Gegen eine Erkenntnis, die ihren Gegenstand nach dem Maße ihrer Kategorien zurechtstutzt, und das können sehr wohl auch gesellschaftliche Kategorien sein, möchte Adorno einen Modus von Erkenntnis retten, der dem Besonderen gilt. Damit erhebt er Einspruch gegen eine vorschnelle Unterordnung des Einzelwerks unter allgemeine geschichtliche Tendenzen: »Das Gegenteil einer genuinen Beziehung zum Geschichtlichen der Werke als ihrem eigenen Gehalt ist ihre eilfertige Subsumtion unter die Geschichte, ihre Zuweisung an historische Orte« (*ÄT*, S. 290). Der Literatursoziologe Goldmann ist der hier angesprochenen Gefahr dort erlegen, wo er den Versuch macht, die großen Autoren des französischen 17. Jahrhunderts jeweils *einer* gesellschaftlichen Schicht zuzuordnen.[5] Statt dessen wäre im Sinne Adornos dem widersprüchlichen Gehalt der Einzelwerke nachzugehen. Es fragt sich aber, wie dieser zur Gesellschaft steht, der die Werke sich verdanken. »Der Prozeß, der in den Kunstwerken sich vollzieht und in ihnen stillgestellt wird, ist als gleichen Sinnes mit dem gesellschaftlichen Prozeß zu denken, in den die Kunstwerke eingespannt sind; nach Leibnizens Formel repräsentieren sie ihn fensterlos. Die Konfiguration der Elemente des Kunstwerks zu dessen Ganzem gehorcht immanent Gesetzen, die denen der Gesellschaft draußen verwandt sind« (*ÄT*, S. 350) Adorno hält an einem emphatischen Begriff vom Kunstwerk fest, demzufolge dieses die Wahrheit über die Gesellschaft sagt, deren die kritische Gesellschaftstheorie sich im Medium des Begriffs zu versichern sucht. »Im Wahrheitsgehalt, oder in dessen Abwesenheit, fallen ästhetische und soziale Kritik zusammen«.[6]

2. Künstlerische Produktivkräfte und Produktionsverhältnisse

Im letzten Kapitel seiner *Einleitung in die Musiksoziologie* macht Adorno den Versuch, die Vermittlungsproblematik durch eine Übertragung der Marxschen Begriffe Produktivkräfte und Produktionsverhältnisse auf den Bereich der Kunst zu lösen. Erinnern wir uns an die Marxsche Verwendung des komplexen Begriffspaars: *Produktivkräfte* nennt Marx das technologische Entwicklungsniveau einer Gesellschaft; darin sind sowohl die in Werkzeugen, Maschinen etc. vergegenständlichten Produktionsmittel, als auch die Fähigkeit der Arbeiter, diese zu bedienen, zusammengefaßt. In dem Begriff sind also ein Gegenständliches (die Produktionsmittel, d. h. Werkzeuge, Maschinen) und ein Ungegenständliches (die erworbenen Fähigkeiten der Arbeiter zum Gebrauch der Produktionsmittel) als Einheit gedacht. Das ist deshalb möglich, weil Werke ohne die Fähigkeit, sie anzuwenden, gar keine Produktionsmittel sind; beide sind notwendig aufeinander verwiesen. *Produktionsverhältnisse* sind bei Marx vom Willen der Menschen unabhängige gesellschaftliche Verhältnisse, die die Arbeit und die Verteilung der Arbeitsprodukte regeln. Jede Produktion findet immer in schon vorhandenen Produktionsverhältnissen statt. Produktivkräfte und Produktionsverhältnisse bilden bei Marx eine dynamische Einheit; dynamisch deshalb, weil die Produktivkräfte tendenziell die je herrschenden Produktionsverhältnisse sprengen.

Es ist nun auffällig, daß Adorno in seiner *Musiksoziologie* zwei divergierende Übertragungen des Marxschen Modells vornimmt. Im ersten Fall werden Produktivkräfte und Produktionsverhältnisse zu Momenten des künstlerischen Schaffensprozesses. Die Produktionsverhältnisse werden mit dem Material gleichgesetzt, das der Künstler vorfindet, Produktivkräfte wären die »Verfahrungsweisen« im Umgang mit dem Material (*Musiksoziologie*, S. 233). Noch deutlicher ist eine andere Stelle, in der »Typen und Gattungen« als Produktionsverhältnisse, die Spontaneität des Künstlers dagegen als Produktivkraft aufgefaßt wird (ebd., S. 236 f.). Diese Verwendung des Begriffspaares, die Produktivkräfte weitgehend mit künstlerischer Spontaneität und Produktionsverhältnisse mit tradierten Formen gleichsetzt, bleibt metaphorisch und zwar in einem nicht unproblematischen Sinne. Der

Begriff Produktivkräfte wird hier auf subjektive Fähigkeiten (künstlerische Verfahrungsweise, Spontaneität) eingeschränkt, damit aber das Spezifische des Marxschen Begriffs preisgegeben: nämlich die Produktionsmittel und die Fähigkeiten ihres Gebrauchs als Einheit zu denken. Auch der Begriff Produktionsverhältnisse ist bei dieser Übertragung verkürzt. Zwar sind »Typen und Gattungen« Teil der die künstlerische Produktion bestimmenden Verhältnisse, aber diese sind doch nicht einfach damit gleichzusetzen. Die Gefahr, daß die materialistischen Begriffe nur die traditionelle Vorstellung neu formulieren, der das große schöpferische Individuum als einziger Träger der Evolution der Kunst gilt, zeigt das folgende Zitat.

Produktivkräfte können selbst in der gesellschaftlich partikularen Sphäre der Musik Produktionsverhältnisse verändern, in gewissem Grad sogar schaffen. Wandlungen des Publikumsgeschmacks durch große Produktionen, abrupt etwa durch *Wagner*... sind dafür das Modell (*Musiksoziologie*, S. 234).

Im zweiten Fall werden die Begriffe dagegen in einer sehr viel enger an den Marxschen Gebrauch angelehnten Bedeutung verwendet.

Zur Produktivkraft rechnet dabei nicht nur Produktion im engeren musikalischen Sinn, also das Komponieren, sondern auch die lebendige künstlerische Arbeit der Reproduzierenden und die gesamte, in sich inhomogen zusammengesetzte Technik: die innermusikalisch-kompositorische, das Spielvermögen der Reproduzierenden und die Verfahrungsweisen der mechanischen Reproduktion, denen heute eminente Bedeutung zukommt. Demgegenüber sind Produktionsverhältnisse die wirtschaftlichen und ideologischen Bedingungen, in die jeder Ton, und die Reaktion auf einen jeden, eingespannt ist. Im Zeitalter der Bewußtseins- und Unbewußtseinsindustrie ist, in einem Maß, das zu erforschen eine der zentralen Aufgaben von Musiksoziologie sein müßte, ein Aspekt der Produktionsverhältnisse auch die musikalische Mentalität und der Geschmack der Hörer (*Musiksoziologie*, S. 234).

Analog zur Marxschen Verwendung des Begriffs Produktivkräfte sind hier subjektive Fähigkeiten (Komponieren und Aufführen von Musik) und eine in Apparaten vergegenständlichte Reproduktionstechnik als Einheit gedacht. Desgleichen sind Produktionsverhältnisse als die ökonomischen und ideologischen Bedingungen musikalischer Produktion und Rezeption gefaßt. Hier nun stellt sich die Frage: kann man in einem Begriff künstlerische Technik (Verfahrungsweisen) und materielle Reproduktionstechnik als Einheit fassen. Adorno tut dies, und er gibt dafür auch einen Grund an. Beide Bereiche der Technik stehen miteinander insofern in Beziehung, als ihre Entwicklung dem Prinzip fortschreitender Rationalisierung folgt. Das Argument ist gewichtig, trotzdem ist nicht zu übersehen, daß die Beziehung zwischen den beiden als Einheit gedachten Momenten eine andere ist als im Marxschen Begriff der Produktivkräfte. Produktionsmittel und die Fähigkeit, sich ihrer zu bedienen, sind *notwendig* aufeinander verwiesen; das gilt keineswegs in gleichem Maße für materielle Reproduktionstechnik und künstlerische Technik. Um Gebrauchsgüter herzustellen, sind sowohl Produktionsmittel (Maschinen) erforderlich, als auch die Fähigkeit, sich ihrer zu bedienen; das Entstehen eines Kunstwerks ist aber von den Reproduktionstechniken, die es verbreiten, relativ unabhängig. Adorno macht hier den Versuch, den Benjaminschen Begriff der Technik als Einheit von künstlerischer Technik und materieller Reproduktionstechnik in sein eigenes Denken hereinzunehmen.[7] Selbst wenn man die Gleichsinnigkeit der Entwicklungstendenz von künstlerischer und materieller Technik unterstellt (was allererst aufzuzeigen wäre), bleibt die Verknüpfung in einem Begriff eben wegen der (relativen) Unabhängigkeit beider problematisch.

Da die Übertragung von Begriffen aus dem Bereich gesamtgesellschaftlicher Analyse auf einen gesellschaftlichen Teilbereich nicht unproblematisch ist, wollen wir im folgenden versuchen, die Adornosche Theorie der Vermittlung von Kunst und Gesellschaft zu erörtern, ohne dabei auf die von Adorno verwendeten Marxschen Termini zurückzugreifen. Gerade das beobachtete Schwanken Adornos zwischen verschiedenen Übertragungen der Marxschen Begriffe rechtfertigt diesen Versuch.

3. Zum Begriff des Materials

Im Mittelpunkt von Adornos Theorie der Vermittlung von Kunst und Gesellschaft steht der Begriff des *Materials*, als dem in Kunstwerken vergegenständlichten Stand künstlerischer Formen und Verfahrungsweisen.[8] Eine Schwierigkeit des Begriffs rührt daher, daß er weder der formalen noch der inhaltlichen Seite des Kunstwerks zugeschlagen werden kann. Seine Leistung besteht gerade darin, die Form-Inhalts-Dichotomie zu überwinden. Hierin ist er dem Formbegriff der russischen Formalisten vergleichbar, der ebenfalls traditionell als Inhalte registrierte Momente des Kunstwerks mitumfaßt.[9] An die Stelle des Gegensatzes von Form und Inhalt tritt bei Adorno der Gegensatz von Material und künstlerischer Verfahrensweise, von objektiv Vorgegebenem und subjektiver Auseinandersetzung damit. Der Gegensatz ist deshalb so schwer zu fassen, weil der Begriff der Verfahrensweise nicht nur das bezeichnet, womit der Künstler dem Material gegenübertritt, sondern auch zur Bestimmung des Materials dient: »das Material ist selber stets schon ein von den Verfahrungsweisen Gezeitigtes, durchwachsen von subjektiven Momenten« (*Musiksoziologie*, S. 233). Die Schwierigkeit löst sich auf, wenn man sich verdeutlicht, daß Material, mag es auch immer durch die Arbeit künstlerischer Subjekte der Vergangenheit geprägt sein, dem produzierenden Künstler doch als ein quasi-objektivierter Bestand von Formen und Verfahrensweisen entgegentritt, an denen dieser sich abarbeitet, so den nachfolgenden Künstlern ein verändertes Material hinterlassend.

Der Materialbegriff bezeichnet innerhalb der Theorie Adornos einmal den Ort, wo Kunstwerk und Gesellschaft zusammentreffen, zum andern dient er dazu, die Entwicklung der Kunst als autonome und zugleich als eine der gesamtgesellschaftlichen Entwicklung folgende zu fassen. Anders ausgedrückt: der Begriff soll sowohl die Vermittlung von Einzelwerk und Gesellschaft, als auch die Vermittlung von Kunstentwicklung und Realgeschichte leisten. Die zentrale These Adornos, die Vermittlung von Kunst und Gesellschaft betreffend, besagt, »daß jene Vermittlung nicht äußerlich, in einem dritten Medium zwischen Sache und Gesellschaft stattfinde, sondern innerhalb der Sache« (*Musiksoziologie*, S. 221). Wie aber ist diese Vermittlung innerhalb der Sache zu denken? Adornos Antwort lautet: als gesellschaftliche Determination des Materials. »Die gesellschaftliche Totalität hat in der Gestalt des Problems und der Einheit der künstlerischen Lösungen sich sedimentiert« (ebd.). Was hier »Gestalt des Problems« und »Einheit der künstlerischen Lösungen« heißt, ist nichts anderes als der historische Stand des Materials.

Das Material ist nun für Adorno kein dem Künstler beliebig verfügbares; es stellt vielmehr an den Künstler bestimmte Forderungen. »Die Forderungen, die vom Material ans Subjekt ergehen, rühren vielmehr davon her, daß das »Material« selber sedimentierter Geist, ein gesellschaftlich, durchs Bewußtsein von Menschen hindurch Präformiertes ist«.[10] Indem Adorno das Material als durch die Gesellschaft bestimmtes auffaßt, wird die Auseinandersetzung des Künstlers mit dem Material zugleich zur authentischen Form künstlerischer Auseinandersetzung mit der Gesellschaft. Von hieraus wird verständlich, warum Adorno sich um eine Rettung des Ästhetizismus bemüht, und warum er andererseits politisch engagierte Kunst ablehnt.[11] Der Ästhetizismus ist für ihn die adäquate Antwort auf den historischen Stand des künstlerischen Materials am Ende des 19. Jahrhunderts; engagierte Kunst dagegen, die die Auseinandersetzung mit der Gesellschaft auf der Ebene expliziter Aussagen und nicht auf der Ebene der Materialbearbeitung führt, verfehlt die Autonomie der Kunst.

Mit dem Materialbegriff sucht Adorno darüber hinaus das Problem zu lösen, daß die Entwicklung der Kunst einerseits einem eigenen Bewegungsgesetz folgt, daß aber dieses andererseits dem der Gesellschaft entspricht. Um es mit den Worten Adornos zu formulieren, daß die Kunst »eine sei's auch prekäre Logik des Fortgangs kennt«, andererseits aber »die immanente Logik des Problemzusammenhangs und die auswendigen Determinanten schließlich wieder zusammenzufließen scheinen« (*Musiksoziologie*, S. 221). Für eine theoretischen Anforderungen standhaltende Geschichte der Kunst ist die Lösung dieses Problems von entscheidender Bedeutung. Wo ausschließlich auf die immanente Entwicklungsgesetzlichkeit der Kunst abgehoben wird, kommt es zu einer Verselbständigung der »Geistsphäre«; während bei ausschließlicher Betonung der gesellschaftlichen Determinanten die Geschichte der Kunst nicht mehr die eines eigenen Bereichs ist, sondern sich auf Realgeschichte reduziert. Adorno sucht das Problem mit Hilfe des Materialbegriffs zu lösen. Wenn das künstlerische Material durch die Gesamtgesellschaft bestimmt ist, dann »ist die Auseinandersetzung des Komponisten mit dem Material die mit der Gesellschaft« (*Philosophie*, S. 36). Die Veränderungen, die der Künstler am Material vornimmt (er hinterläßt einen veränderten Materialstand), sind selbst durch das (gesellschaftlich bestimmte) Material vorgezeichnet. »Desselben Ursprungs wie der gesellschaftliche Prozeß und stets wieder von dessen Spuren durchsetzt, verläuft, was bloße Selbstbewegung des Materials dünkt, im gleichen Sinne wie die reale

Gesellschaft« (*Philosophie*, S. 36). Mit anderen Worten: da das künstlerische Material gesellschaftlich bestimmt ist, folgt seine autonome Entwicklung letztlich der gesamtgesellschaftlichen.

4. Zur Historizität von Adornos ästhetischer Theorie

Bevor man den Versuch macht, die Adornosche Auffassung der Vermittlung von Kunst und Gesellschaft immanent zu kritisieren, tut man gut daran, sich noch einmal zu verdeutlichen, daß das künstlerische Medium, auf das seine Überlegungen primär sich beziehen, die Musik ist. Sofern sie nicht in Verbindung zu Texten tritt, ist in der Musik der Gehalt des Werks nur an formalen Momenten ausmachbar, in der Sprache Adornos formuliert: an den Verfahrensweisen im Umgang mit einem vorgegebenen musikalischen Material.

Die These von der Bestimmtheit des künstlerischen Materials durch die gesellschaftliche Totalität gehört zu dem Typus von Aussagen, die sich weder stringent nachweisen noch widerlegen lassen; und zwar weil der Begriff der gesellschaftlichen Totalität in der Stufenfolge der Kategorien eine so hohe Stelle einnimmt, daß mit seiner Hilfe forschungspraktisch relevante Fragestellungen sich kaum formulieren lassen. Wenn es so etwas gibt wie die gesellschaftliche Totalität einer Epoche – und das dürfte zumindest seit dem Bestehen der auf dem einheitstiftenden Prinzip des Markts beruhenden bürgerlich-kapitalistischen Gesellschaft der Fall sein – dann muß man annehmen, daß alles, was unter diese Totalität fällt, auch von ihr bestimmt ist; denn der Begriff der Totalität bezeichnet nicht eine Summe von Einzelelementen, sondern das von diesen gebildete Beziehungsgefüge. Mit andern Worten: die These Adornos von der Bestimmtheit des künstlerischen Materials durch die gesellschaftliche Totalität sagt über dieses noch nichts Charakteristisches aus, da die Aussage auch auf alle andern Momente der Totalität zutrifft.[12] Die Allgemeinheit der These Adornos zeigt sich auch darin, daß sie nichts darüber enthält, wie man sich den Prozeß der Bestimmung des künstlerischen Materials durch die gesellschaftliche Totalität zu denken habe. Wir erfahren diesbezüglich nur, daß die gesellschaftliche Bestimmung des Materials über Subjekte verläuft. Das Material ist ein »durchs Bewußtsein von Menschen hindurch Präformiertes«, das musikalische Material z. B., das Beethoven vorfindet, ist durch Haydn und Mozart geprägt. Damit ist aber das Problem der Bestimmung durch die Gesellschaft nicht gelöst, sondern nur auf eine andere Ebene verschoben: statt nach der gesellschaftlichen Determination des Materials ist jetzt nach der des künstlerischen Subjekts gefragt. Adorno hat das Problem gesehen: »Wie es im einzelnen zur Harmonie zwischen menschlichen Produktivkräften und historischer Tendenz kommt, wird schwer auszumachen sein; das ist der blinde Fleck der Erkenntnis« (*Musiksoziologie*, S. 227). Als möglichen Lösungsversuch verweist Adorno auf die Bedeutung der frühkindlichen Sozialisation, in der der spätere Künstler sich soziale Muster, und damit den »objektiven Geist« der Epoche aneignet (ebd.).

Hier wird die Beziehung faßbar zwischen dem Theorem der *gesamt*gesellschaftlichen Bestimmtheit des künstlerischen Materials und jenem anderen, das besagt, Kunst sei *unbewußte* Geschichtsschreibung. Adorno faßt den Zusammenhang von Kunst und Gesellschaft ausschließlich als solchen zwischen Einzelwerk (bzw. künstlerischem Subjekt) und gesellschaftlicher Totalität. Das Material ist die über Subjekte vermittelte Erscheinungsform der gesellschaftlichen Totalität. Über künstlerische Subjekte vermittelt geht Gesellschaft ins Material ein. Dem Künstler aber bleibt dieser Prozeß notwendig verborgen, er kann die gesellschaftliche Bestimmtheit des Materials nicht erkennen. Der Künstler kennt nur »technische« Probleme, doch in diesen verbirgt sich ein Gesellschaftliches. Aufgrund dieser Auffassung kann Adorno Kunstwerke als unbewußte Geschichtsschreibung begreifen. Daß Adorno Gesellschaft im Kunstwerk nur auf dieser Ebene (als Bezug des künstlerischen Materials zur Gesamtgesellschaft) auszumachen vermag und darauf verzichtet, Einzelwerke und Werkgruppen genauer im jeweiligen Kontext gesellschaftlicher Auseinandersetzungen zu lokalisieren – das läßt sich besser verstehen, wenn man das geschichtliche Modell kennt, von dem ausgehend Adorno seine Theorie entworfen hat. Es besteht Anlaß zu der Vermutung, daß der Übergang vom Ästhetizismus des Fin de siècle zur Avantgarde, und besonders der Übergang von der spätromantischen Musik Wagners zu Arnold Schönberg, für Adorno das Modell darstellt, nach dem er Veränderung im Bereich der Kunst denkt. Dieser Übergang läßt sich als Resultat einer Arbeit am musikalischen Material darstellen. Die Zwölftontechnik wäre die Antwort auf eine Reihe von Problemen, die das von Wagner hinterlassene Material Schönberg aufgab. Will man die Arbeit des Künstlers nicht so fassen, wie sie ihm selbst erscheint, nämlich als Lösung technischer Probleme, die der Entwicklungsstand des Materials stellt, dann muß man das Material als gesellschaftlich bestimmtes begreifen. Indem für Adorno der Übergang vom Ästhetizismus zur Avantgarde zum Modell historischer Veränderung im Bereich der Kunst wird, verallgemeinert er zugleich einen historischen Typus der Beziehung Kunst-Gesellschaft.

Adornos ästhetische Theorie, auf die seine Auffassung der Vermittlung von Kunst und Gesellschaft sich gründet, hat einen bestimmten Entwicklungsstand der Kunst zur Voraussetzung. Dies ist ihr nicht vorzuhalten, sondern macht im Gegenteil ihren geschichtlichen Gehalt aus. Hier liegt aber auch ihre Grenze, die nach dem Ende der historischen Avantgardebewegungen sichtbar geworden ist. Diese läßt sich in erster Annäherung folgendermaßen bestimmen: es ist die Grenze einer Ästhetik der Moderne. Es ist kein Zufall, daß die *Ästhetische Theorie* mit einer Theorie der Moderne beginnt. Hieraus ergibt sich alles weitere: der Materialbegriff aus der Einsicht in die Krise des organischen Kunstwerks; die These von der Entwicklungslogik des Materials aus der Ablehnung der Kunst, die der Moderne nicht entspricht; die unbewußte gesellschaftliche Bestimmung des Materials schließlich als die einzig mögliche materialistische Fundierung der Theorie der Moderne. Versuchen wir, diese Andeutungen zu präzisieren.

Adorno geht davon aus, daß zumindest für die Musikentwicklung in der bürgerlichen Gesellschaft zu einem gegebenen Zeitpunkt sich jeweils *ein* musikalisches Material als das historisch fortgeschrittenste (er sagt: avancierteste) bestimmen läßt. Wenn *das* zutrifft, dann läßt sich die Gesellschaftlichkeit des Materials in der Tat nur gesamtgesellschaftlich bestimmen. Der Gedanke der Entwicklungs*logik* des künstlerischen Materials, der bei Adorno immer wieder anklingt, setzt die für die Moderne charakteristische Trennung zwischen Produzenten und Rezipienten voraus. Solange der Künstler – sei es in direkter mäzenatischer Abhängigkeit, sei es vermittelt über den Kunstmarkt – von den Bedürfnissen seiner Rezipienten abhängig ist, sind Veränderungen des Materials durch die Bedürfnisse der Rezipienten zwar nicht positiv determiniert, aber zumindest begrenzt. Erst nachdem mit der Moderne sich der Künstler von der Befriedigung der Bedürfnisse seiner Rezipienten immer unabhängiger macht, wird es möglich, die Richtung der Veränderung den Widersprüchen des Materials selbst abzugewinnen. Erst jetzt ist eine Entwicklungslogik des Materials denkbar. Will man diese nicht so fassen, wie sie dem Künstler erscheint, nämlich als Abfolge von Lösungen technischer Probleme, dann muß man davon ausgehen, daß das Material gesamtgesellschaftlich bestimmt ist. Anders formuliert: Adornos Theorie der Vermittlung verknüpft die Materialästhetik, wie sie sich konsequent aus der Entwicklung der modernen Kunst ergibt, mit der materialistischen Annahme der gesellschaftlichen Determination in letzter Instanz.

Andernorts habe ich die These zu erhärten versucht, daß Adornos Annahme der Einsträngigkeit der Entwicklung des künstlerischen Materials in der bürgerlichen Gesellschaft für die Gegenwart keine Gültigkeit mehr beanspruchen kann.[13] Spätestens seit dem Ende der historischen Avantgardebewegungen hat man von einem Nebeneinander verschiedener Materialstände auszugehen, ohne daß es möglich wäre, einen dieser Materialstände als den avanciertesten zu bezeichnen. Das Nebeneinander von »realistischer« und »avantgardistischer« Kunst ist heute ein Faktum, gegen das legitimerweise Einspruch zu erheben nicht mehr möglich ist. Wenn das zutrifft, dann ist es heute auch nicht mehr möglich, ein ästhetisches Werturteil auf die Tatsache zu gründen, daß der Künstler in einer bestimmten Materialtradition steht. Adorno und Lukács haben das bekanntlich jeder auf seine Weise getan.

Hier interessiert etwas anderes: nämlich die Folgen für die Methodologie der Kunst- und Literaturwissenschaft. Wenn es stimmt, daß die ästhetische Theorie Adornos und die darauf sich gründende Theorie der Vermittlung von Kunst und Gesellschaft einem Entwicklungsstand der Kunst abgezogen sind, der nicht mehr der unserer Gegenwart ist, dann muß es möglich sein, daraus methodologische Konsequenzen zu ziehen. Dabei gehe ich davon aus, daß Fragen der Methodologie in den historisch-hermeneutischen Wissenschaften nicht unabhängig vom Entwicklungsstand des Gegenstands erörtert werden können, auf den sie sich richten. Ich sehe vor allem drei mögliche Konsequenzen:

1. Das Nebeneinander verschiedener Materialstände in der Kunst der Gegenwart schärft den Blick dafür, daß die Entwicklung der Kunst in der bürgerlichen Gesellschaft weniger einsträngig verlaufen ist als die Adornosche Konstruktion der Entwicklung des msuikalischen Materials von der Wiener Klassik bis Schönberg es nahelegt. Um Mißverständnisse zu vermeiden: das ist kein Einwand gegen Konstruktionen des Typs, wie Adorno sie vornimmt; nur wäre von heute aus auch das in den Blick zu nehmen, was außerhalb der »Entwicklungslogik« bleibt, sei es, weil ein veraltetes Material verwendet wird, sei es, weil – wie im naturalistischen Roman – die Transformation des Materials nicht vollkommen gelingt.

2. Sowohl die These Adornos von der gesamtgesellschaftlichen Bestimmung des Materials als auch die Annahme, daß diese dem produzierenden Künstler unbewußt bleiben muß, wird man als unzulässige Festlegung zu problematisieren haben. Was für bestimmte Entwicklungsphasen der Musik, beispielsweise für den Übergang von der spätromantischen Musik Wagners zur Zwölftontechnik Schönbergs zutreffen mag, läßt sich nicht ohne weiteres auf andere künstlerische Bereiche übertragen. Wer z. B. die Auseinandersetzung zwischen dem Ästhetizismus und dem Naturalismus untersucht, wird zu dem Ergebnis gelangen, daß die Auseinandersetzung um das künstlerische Material des Romans auch im Bewußtsein der Kontrahenten deutlich politische Implikationen hat. Es geht nicht darum, die von Adorno angenommene unbewußt gesellschaftliche Prägung eines künstlerischen Subjekts durch frühkindliche Anpassung an soziale Muster in Frage zu stellen – im Gegenteil, hier dürfte ein Ansatzpunkt zur Zusammenarbeit von Psychoanalyse und Literaturwissenschaft liegen – wohl aber wird man die Einschränkung auf die unbewußte Prägung zurückweisen müssen. Diese trifft zwar auf die Schriftsteller des Fin de siècle zu, deren bewußte soziale Erfahrungen sich auf ein Minimum reduzieren. Im allgemeinen aber wird man neben der unbewußten gesellschaftlichen Prägung des künstlerischen Subjekts die bewußte soziale Erfahrung als ein die künstlerische Produktion prägendes Moment anerkennen müssen. Das hat Folgen für das Problem der gesellschaftlichen Bestimmtheit des Materials. Wenn in die künstlerische Produktion auch bewußte soziale Erfahrungen eingehen, dann wird auch das künstlerische Material nicht nur als ein gesamtgesellschaftlich

bestimmtes, sondern als ein durch ausmachbare geschichtliche Kräfte geprägtes aufzufassen sein. Wie gesamtgesellschaftliche Bestimmtheit des Materials und unbewußte soziale Prägung des Künstlers bei Adorno zusammengehören, so wird man mit der bewußten sozialen Erfahrung des künstlerischen Subjekts die Prägung des Materials durch gesellschaftliche Auseinandersetzungen zusammendenken müssen. Wenn der Materialbegriff nicht mehr auf gesamtgesellschaftliche Bestimmtheit festgelegt ist, kommt ihm bei der Erörterung der Vermittlungsproblematik entscheidende Bedeutung zu.

3. Die Bedeutung des Materialbegriffs besteht unter anderm darin, daß er eine analytische Ebene einführt, die im Einzelwerk auffindbar ist (im Werk wird ein Material bearbeitet) und doch zugleich darüber hinausweist (denn das Material verbindet das Werk sowohl mit andern Werken als auch mit der Ebene ästhetischer und sozialer Normen, die dem Material eingesenkt sind). Gerade wenn man Adornos These von der gesamtgesellschaftlichen Bestimmung des Materials wegen ihrer zu hohen Allgemeinheit kritisiert, ergibt sich die Frage nach der Formbestimmtheit des Materials, d. h. nach den besonderen Verkehrsverhältnissen, die Produktion und Rezeption von Kunstwerken regeln. Das Werk wird nicht in einsamer Auseinandersetzung des Künstlers mit dem Material produziert (mag dies dem Künstler auch so scheinen), sondern innerhalb von Verhältnissen, die sich auf Produktion und Rezeption auswirken, und für die ich den Begriff *Institution Kunst* vorgeschlagen habe. Wenn Adorno dieser Frage nicht nachgeht, so hängt das nicht zuletzt mit seiner Auffassung der Avantgarde zusammen. Insofern ihm nicht der Dadaismus und frühe Surrealismus als Zentrum der Avantgarde gilt, sondern Schönberg, tritt nicht der von den radikalen Avantgardebewegungen intendierte Bruch mit der Institution Kunst in seinen Blick, sondern das avantgardistische Kunstwerk. Mit dem Geschichtlichwerden der Avantgardebewegungen wird die Geschichtlichkeit von Adornos Theorie der Vermittlung erkennbar. Verfehlt ist allerdings der Gedanke, sie wäre deshalb hinfällig. Adornos Theorie hinterläßt uns Probleme. Eben darum ist sie reich an Erkenntnissen.

Anmerkungen

1 Th. W. Adorno, *Ästhetische Theorie*, hrsg. v. Gretel Adorno / R. Tiedemann (Gesammelte Schriften, 7). Frankfurt 1970, S. 344; im folgenden abgekürzt: *ÄT*. – Zur Kritik der ästhetischen Theorie und der Kunstsoziologie Adornos vgl. die Literaturangaben in: *Seminar: Literatur- und Kunstsoziologie*, hrsg. v. P. Bürger (suhrkamp taschenbuch wissenschaft, 245). Frankfurt 1978, S. 473.
2 Th. W. Adorno, *Zum Gedächtnis Eichendorffs*, in: ders., *Noten zur Literatur I* (Bibl. Suhrkamp, 47). 10.-13. Taus. 1963, S. 219.
3 G. W. F. Hegel, *Grundlinien der Philosophie des Rechts* (Theorie Werkausgabe, 7). Frankfurt 1970, S. 85, § 31.
4 Th. W. Adorno, *Rede über Lyrik und Gesellschaft*, in: ders., *Noten zur Literatur I*, S. 77.
5 L. Goldmann, *Sciences humaines et philosophie* (Bibl. Médiations, 46). Paris 1966, S. 114 ff.
6 Th. W. Adorno, *Einleitung in die Musiksoziologie. Zwölf theoretische Vorlesungen* (rowohlts deutsche enzyklopädie, 282/293), o. O. ²1968, S. 229; im folgenden abgekürzt: *Musiksoziologie*. Für die Vermittlungsproblematik ist auch das für diese Ausgabe verfaßte »enzyklopädische Stichwort Musiksoziologie« wichtig.
7 Wenn B. Lindner darauf hinweist, daß Adorno, im Gegensatz zu Benjamin und Brecht, künstlerische und industrielle Technik trennt ((*Brecht/Benjamin/Adorno – Über Veränderungen der Kunstproduktion im wissenschaftlich-technischen Zeitalter*, in: Text + Kritik. Sonderband Bertolt Brecht I. München 1972, S. 25 f.), dann übersieht er, daß Adorno durchaus beide Bereiche der Technik aufeinander zu beziehen sucht. Zwar heißt es bei Adorno: »Nur dem Namen nach ist der Begriff der Technik in der Kulturindustrie derselbe wie in den Kunstwerken. Der bezieht sich auf die Organisation der Sache in sich, ihre innere Logik. Die kulturindustrielle Technik dagegen, vorweg eine der Verbreitung und mechanischen Reproduktion, bleibt ihrer Sache darum immer zugleich äußerlich.« Die Fortsetzung des Adorno-Textes zeigt dann doch wieder eine Annäherung an die Benjaminsche Auffassung: »Ideologischen Rückhalt hat die Kulturindustrie gerade daran, daß sie vor der vollen Konsequenz ihrer Techniken in den Produkten sorgsam sich hütet. Sie lebt gleichsam parasitär von der außerkünstlerischen Technik materieller Güterherstellung, ohne die Verpflichtung zu achten, die deren Sachlichkeit für die innerkünstlerische Gestalt bedeutet, aber auch ohne Rücksicht aufs Formgesetz ästhetischer Autonomie« (Th. W. Adorno, *Résumé über Kulturindustrie*, in: ders. *Ohne Leitbild. Parva Aesthetica* [ed. suhrkamp, 201]. Frankfurt 1967, S. 63 f.). Der industriellen Technik wird Sachlichkeit als Qualität zugesprochen. Der Mangel der Kultur-

industrie ist es, daß sie die in der (industriellen) Technik angelegten künstlerischen Möglichkeiten verfehlt. Wenige Zeilen später fällt der Name Benjamins.

8 Zum Materialbegriff, den Adorno mit Hanns Eisler gemeinsam hat, vgl. den Aufsatz von G. Mayer, *Zur Dialektik des musikalischen Materials,* in: alternative, Nr. 69 (Dezember 1969), S. 239-258.

9 Auch der Materialbegriff der russischen Formalisten meint etwas bereits künstlerisch Geformtes. »Die Eigenart eines Literaturwerks besteht in der Anwendung eines Konstruktionsfaktors auf ein Material, in der ›Formung‹ (eigentlich: in der Deformation) dieses Materials [...] Es versteht sich, daß ›Material‹ und ›Form‹ einander durchaus nicht entgegengesetzt sind; das Material ist selber ›formal‹, denn es gibt kein Material außerhalb der Konstruktion« (J. Tynjanov, *Das literarische Faktum,* in: ders., *Die literarischen Kunstmittel und die Evolution in der Literatur* [ed. suhrkamp, 197]. Frankfurt 1967, S. 19).

10 Th. W. Adorno, *Philosophie der neuen Musik* (Ullstein Buch, 2866). ²Frankfurt 1972, S. 36; im folgenden abgekürzt: *Philosophie.*

11 Zum Problem des Ästhetizismus und des Engagement vgl. u. a. folgende Aufsätze Adornos: *George und Hofmannsthal [...],* in: Th. W. A., *Prismen. Kulturkritik und Gesellschaft* (dtv, 1659). ²München 1963, S. 190-231; *Engagement,* in: Th. W. A., *Noten zur Literatur III* (Bibl. Suhrkamp, 146). 6.-9. Taus. Frankfurt 1966, S. 109-135.

12 Zum Totalitätsbegriff sowie zu L. Goldmanns Versuch, ihn für literatursoziologische Forschung zu operationalisieren vgl. Verf., *Ästhetische Theorie und Methodologie. Zur Problematik des literatursoziologischen Ansatzes von Lucien Goldmann,* in: ders., *Vermittlung – Rezeption – Funktion. Ästhetische Theorie und Methodologie der Literaturwissenschaft* (suhrkamp taschenbuch wissenschaft, 288). Frankfurt 1979.

13 Vgl. meine *Theorie der Avantgarde* (ed. suhrkamp, 727). Frankfurt 1974, bes. Kap. III, 2 und IV.

Dieser Aufsatz ist inzwischen auch erschienen in: Peter Bürger, *Vermittlung-Rezeption-Funktion,* (suhrkamp taschenbuch wissenschaft, 288). Frankfurt 1979.

II Voraussetzungen

Bernhard Lypp
Selbsterhaltung und ästhetische Erfahrung

Zur Geschichtsphilosophie und ästhetischen Theorie Adornos*

Keine Philosophie kann sich dem Schicksal entziehen, geschichtlich behandelt zu werden – so hat es Hegel formuliert. Wenn Berichte von ihrem Glanz und Elend entstehen und ihr der Stempel einer Schule aufgedrückt wird, vollzieht es sich an ihr, indem sie in die Kollektion historischer Mumien eingereiht, zum Gegenstand archivarischer Rekonstruktionen wird. Wenn das lebendige Band mit den Motiven einer Philosophie zerrissen ist, scheint dies die einzige Möglichkeit zu sein, sich in ein Verhältnis zu ihr zu setzen, ohne ihre Sprache einfach zu wiederholen oder sie schlicht zu vergessen. Man möchte fast meinen, der programmatische Satz der »Kritischen Theorie«, das gesellschaftliche Ganze wäre das Unwahre, sei im Blick auf ihre eigene Nachgeschichte und im Wissen um die Mechanismen kollektiven Gedächtnisses formuliert worden. Wie problematisch dieser Satz sein, wie schief er als polemische Umkehr von Hegel auch liegen mag, für Adorno war er verbindlich und eine seiner Theorie vorausliegende Annahme. Ob er die literarische Form des Essays interpretierte oder die gesellschaftliche Physiognomie autoritären Charakters untersuchte, sie blieb der bewegende Kern seiner diagnostischen Analysen. Auch die Verbindung von Geschichtsphilosophie mit der Theorie ästhetischer Ausdrucksformen, die Gegenstand dieses Aufsatzes ist, hat in dieser Annahme ihren vortheoretischen Hintergrund. Mit der Thematisierung dieser Verbindung ist die Vermutung ausgesprochen, sie gehöre zum unüberholten Gehalt der »Kritischen Theorie« und habe durch Adorno ihre bestimmteste Ausführung erhalten.

* Der Aufsatz wurde im Sommer 1971 geschrieben. Zur Veröffentlichung wurde er gekürzt und stilistisch überarbeitet. Die genauere Bestimmung der Partien, in denen über den Zusammenhang von Selbsterhaltung und aufklärerischer Vernunft gehandelt wird, müßte heute auf Untersuchungen zurückgreifen, die besonders in der Umgebung Blumenbergs entstanden sind.

I

1) In der »Dialektik der Aufklärung« haben Horkheimer und Adorno die Entwicklung des Gesellschaftssystems zu einem undurchdringlichen Netz von Herrschafts- und Knechtschaftsverhältnissen als Prozeß beschrieben, der durch die Etablierung von Rationalität und den Rückfall in mythische Verblendung bestimmt ist. Spätbürgerliche Lebensverhältnisse sind nach dieser Beschreibung als Höhepunkt einer Entwicklung zu begreifen, deren Spuren schon in dem Text zum Ausdruck gebracht sind, welcher der sentimentalischen Kulturkritik zu Beginn des 20. Jahrhunderts noch als Darstellung in sich geschlossener und unbeschädigter Kultur galt: in der Homerischen Odyssee. Die Irrfahrten ihres Helden sind Chiffren der Entwicklung des menschlichen Geistes, in ihnen sind die Formen und Schicksale seiner Rationalität antizipiert. Das Paradoxon, das Kontinuität und Diskontinuität der Erfahrung des vorzeitlichen Helden verklammert, muß als Dialektik von Selbsterhaltung durch Selbstverleugnung verstanden werden. Es ist der Kern, aus dem sich die Rationalitätsfiguren entwickeln, durch die Aufklärung als Ganze gekennzeichnet werden kann.

Im Anschluß an Max Weber bestimmte Horkheimer und Adorno Aufklärung als Entzauberung der Welt. Sie haben sich auf dessen religionssoziologische Analysen asketisch-protestantischer Gesinnung und deren Beziehung zu den bürokratischen Organisationsformen der bürgerlichen Gesellschaft gestützt. Nach Weber wird die Welt in der Arbeit dieser Gesinnung zu einem kalkulierbaren Kausalzusammenhang. Obgleich er sich auf der irrationalen Basis des Lebensstroms bewegt, kann er durch gesellschaftliches Handeln, das die Wahl seiner Mittel nüchtern am Erreichen systemimmanenter Zwecke orientiert, im Gleichgewicht erhalten werden. Weber deutete den Mechanismus der Versteinerung dieser Rationalität an, als er von der düsteren Perspektive »chinesischer Erstarrung des Geisteslebens«[1] sprach. Horkheimer und Adorno versuchen, ihn zu beschreiben und den Grund seiner Entwicklung auszumachen: »Alle bürgerliche Aufklärung ist sich einig in der Forderung nach Nüchternheit, Tatsachensinn, der rechten Einschätzung von Kräfteverhältnissen.«[2] Durch diesen Begriff von Rationalität wird der sich bewegende Zusammenhang des Menschen mit seiner und der außermenschlichen Natur unterbrochen. Das Handeln des bürgerlichen Subjekts besteht darin, ihn zu unterdrücken und unter der Herrschaft nüchterner Kalkulation zu verdrängen. Als Regression der aufklärerischen Ratio an die von ihr beherrschte Natur *kehrt* das *Verdrängte* jedoch im Prozeß der Bildung des bürgerlichen Subjekts *wieder*. In der »Dialektik der Aufklärung« bezeichnet der Begriff der Mimesis einen Zustand der Affinität zu menschlicher und außermenschlicher Natur, deren extremer Gegensatz die Ratio als Organ der Aufklärung ist: »Die Ratio, welche die Mimesis verdrängt, ist nicht bloß deren Gegenteil. Sie ist selber Mimesis; die ans Tote.«[3] Der Prozeß der Aufklärung zentriert sich in der Entwicklung eines kalkulierenden Subjekts. Dieses bildet sich durch Unterdrückung menschlicher und Herrschaft über die außermenschliche Natur. Er ist aber auch durch die Wiederkehr der Natur zu kennzeichnen, die im Gange dieser Bildung beschädigt worden ist. Ihren deformierten Formen muß sich die aufklärerische Vernunft schließlich selbst angleichen.

2) Anhand der Freudschen Gedankenfigur der »Wiederkehr des Verdrängten« haben Horkheimer und Adorno den Prozeß sich entfaltender Aufklärung zu denken versucht. Von Beginn an ist Vernunft als aufklärerische Ratio nicht in der Lage, sich auf den Gesamtzusammenhang des Lebens zu beziehen. Vermöge ihrer Partikularität verwirklicht sie sich, obgleich es doch ihr Interesse ist, das Leben des sich bildenden Selbst zu erhalten, nur in der Form der Selbstverstümmelung. So entstehen durch jene Mittel, anhand derer sich das Selbst aus dem Naturzusammenhang emanzipiert, sich von der animistischen Stufe seiner Verbindung mit ihm löst, Lebensverhältnisse, in denen es sich nicht finden kann. Natur als menschliche und außermenschliche ist in den Herrschaftszusammenhang der aufklärerischen Ratio integriert. Als feindliche und unhemmbare Gewalt kehrt sie jedoch wieder und zerstört die Kontinuität einer Biographie, wie sie in Form geschichtlicher Krisen das Gleichgewicht der Zweck-Mittel-Rationalität zerbricht, durch das sich das System der Gesellschaft stabilisiert. Horkheimer hat noch die Erscheinung geschichtlicher Krisen in Gestalt des Faschismus als »Revolten« dieser unterdrückten und als feindlich wiederkehrenden Natur verstehen wollen. Sie entstehen, wenn die aufklärerische Vernunft der Selbsterhaltung so partikular geworden ist, daß ihr System nüchterner Kalkulation nicht aufrecht erhalten werden kann.

»Mimesis ans Tote« bedeutet dann, daß Natur in nicht humanisierbarer Form das System der Gesellschaft beherrscht. Wurde sie mit den Mitteln der Herrschaft unterdrückt, so kehrt sie als herrschende Gewalt wieder. In solcher Wiederkehr hat sich der elementarische Naturzustand in den gesellschaftlichen Kampf um Selbsterhaltung verwandelt.

Dieser, der Freudschen Kulturkritik entlehnte Gedanke, wird in der »Dialektik der Aufklärung« zur These verschärft, der von der aufklärerischen Ratio in Gang gesetzte Kampf um Selbsterhaltung vollziehe sich in geschichtlichen Formen des Klassenantagonismus. Er ist die Folge, nicht der Grund aufklärerischer Ratio. Das Paradoxon von Selbsterhaltung durch Selbstverleugnung also liegt den geschichtlichen Krisen, die in Form von Klassenantagonismen erscheinen, noch zugrunde. Deshalb kann die »Dialektik der Aufklärung« als Versuch gewertet werden, den esoterisch gewordenen geschichtsphilosophischen Gehalt der ökonomischen Theorie von Marx wieder in Exoterik zu übersetzen. Insofern sich Geschichtsphilosophie von empirisch gehaltvollen Aussagen über bestimmte historische Gesellschaftsformationen fernhalten muß, um deren Genese modellhaft erfassen zu können, ist ihr möglicher empirischer Gehalt immer erst post festum einlösbar. Geschichtsphilosophie verfährt in bezug auf ihre möglichen empirisch-historischen Gegenstandsbereiche immer zirkulär. Dadurch ist sie auch kaum von sonstigen Theorieentwürfen unterschieden.

Neben solchen kultur- und gesellschaftskritischen Gedankenfiguren ist die Geschichtsphilosophie der kritischen Theorie von zentralen Passagen aus Hegels »Phänomenologie des Geistes« beeinflußt.[4] In ihnen bestimmte Hegel Aufklärung als Entzweiung eines Universums in die Welten des Glaubens und des Wissens. In dieser Entzweiung verliert das handelnde Individuum den Kontakt mit den Zwecken seines Handelns und *entfremdet* sich in die Welt der Bildung. Als Resultat dieses Entfremdungsprozesses hat Hegel in historischer und struktureller Hinsicht das Erwachen freier Subjektivität bestimmt. Sozialpsychologisch ist der Prozeß der Aufklärung durch Formen der Spaltung des Bewußtseins gekennzeichnet. Seine sprachlichen Äußerungsformen zerfallen in anpassende Schmeichelei und die narzißtische Rede zu sich selbst. Ökonomisch impliziert dieser Prozeß die Polarisierung von Staatsmacht und Reichtum, die zum Klassenantagonismus führt. Desorganisation in ökonomischer und psychologischer Hinsicht ist die Bedingung des Erwachens freier Subjektivität. Positiv jedoch kann Aufklärung durch den Begriff der »Nützlichkeit« beschrieben werden. Ihn hat Hegel als den »Grundbegriff« aufklärerischer Rationalität festgehalten. Durch die Formen des Wissens und Handelns, die sich an ihm orientieren, findet der Prozeß der Entzauberung der Welt statt. Er ist der Grund für das Entstehen von Fluchtreaktionen, in denen zwanghaft festgehalten wird, was als Lebensform bereits zerfallen ist. Sie sind allesamt Formen »unbefriedigter Aufklärung«, Identifikationen mit dem Unwiederbringlichen, das durch die Vernunft der Nützlichkeit zerstört worden ist. Auch nach Hegel ist sie partikular, weil sie den Zwecken der Selbsterhaltung dient. Deshalb beschrieb er die aufklärerische Ratio als »nützliches Mittel, ... im Hinausgehen über das Bestimmte sich selbst zu erhalten«.[5] Horkheimer und Adorno haben mit dem dialektischen Kern der Passagen der »Phänomenologie«, in denen die Bedingungen des Erwachens freier Subjektivität zusammengefaßt sind, die *Urgeschichte der Subjektivität* neu zu formulieren unternommen. Das Paradoxon der Selbsterhaltung durch Selbstverleugnung ist ihr Kristallisations- und Ausgangspunkt. In der Homerischen Odyssee ist es zum Ausdruck gebracht. Die Irrfahrten ihres Helden sind die Allegorie der partikularen Ratio der Aufklärung: »Seine Selbstbehauptung ist, ... wie in aller Zivilisation, Selbstverleugnung.«[6] Das ist der Basissatz der Geschichtsphilosophie der »Dialektik der Aufklärung«; am Versuch, die Genealogie und die Verwandlung dieses Paradoxons als Archäologie der Subjektivität zu entwickeln, ließen sich vielleicht ihre Bedeutung und ihre Grenzen erkennen.

3) Horkheimer hat den Begriff »instrumenteller Vernunft« geprägt, um die Formen von Rationalität zu bestimmen, die sich aus dem Paradoxon von Selbsterhaltung durch Selbstverleugnung entwickelt haben. Das Interesse dieser Prägung war es, »den Begriff von Rationalität zu untersuchen, der gegenwärtiger industrieller Kultur zugrunde liegt«.[7] Diese Untersuchungen stehen in unmittelbarem Zusammenhang mit der Geschichtsphilosophie der »Dialektik der Aufklärung«. Wie in ihr wird Vernunft, die an der Steuerung des Handelns und der Maximierung systemimmanenten Wissens orientiert ist, als »subjektive« klassifiziert. In systematischen und historischen Exkursen versuchte Horkhei-

mer, diese Klassifikation zu materialisieren. Klarer als in der »Dialektik der Aufklärung« hat er anhand des Begriffes instrumenteller Vernunft zum Ausdruck gebracht, daß sie der Bindung an allgemein verbindliche Ziele des Handelns entbehrt. Nach ihm können sie nur in der Weise formuliert werden, wie es in der Kantischen Moralphilosophie geschehen ist. In die kritische Theorie der Gesellschaft sind besonders durch Horkheimer Gedanken der Kantischen Philosophie eingegangen, wenn sie auch in der »Dialektik der Aufklärung« nur als Folie ideologiekritischer Argumentation dient. Adorno hat Elemente der Transzendentalphilosophie erst in seiner »Negativen Dialektik« systematisch einzuholen versucht.

Der entscheidende Mangel instrumenteller Vernunft ist ihr willentlicher oder erzwungener Verzicht, freie und zugleich verständigungsorientierte Lebensverhältnisse zu verwirklichen. Er ist der Grund für ihre bruchlose Angleichung an etablierte Wertvorstellungen und praktizierte Distributionsmechanismen des Gesellschaftssystems. Die ökonomische Ausarbeitung dieser Thesen ist von der Kritischen Theorie nicht in Angriff genommen worden. Für sie galt als exemplarisches Symptom der Angleichung ans Gesellschaftssystem der Zerfall der Persönlichkeit, der sich in der sozialpsychologischen Maske des autoritären Charakters verkörpert. In der ideologiekritischen Auseinandersetzung mit der Kantischen Moralphilosophie stellen die Autoren der »Dialektik der Aufklärung« fest, das Zentrum dieser Theorie, die freie Person, sei in der bürgerlichen Gesellschaft nicht wirklich geworden. Die Behauptung der Freiheit des Willens sei ein Dekret, aus dem Freiheit und Verständigung nicht ableitbar sind; und die kategorische Form, nach der der Wille handelt, sei nichts anderes als das internalisierte gesellschaftliche Überich. In ihm sind eher die gesellschaftlichen Funktionen der Moral repräsentiert als daß er sie transzendieren würde. In der bürgerlichen Gesellschaft, so meint Horkheimer, legitimieren Moralen eine Gesinnung, die den Grund ihres Entstehens im Paradoxon der Selbsterhaltung durch Selbstverleugnung hat. Moralische Imperative und ihre politische Maskierung sind für ihn Mittel, die Prinzipien instrumenteller Vernunft zu stützen.

Auch die Funktionen der Moral hat Horkheimer mit Begriffen aus der Freudschen Psychoanalyse beschrieben. Die Unterdrückung menschlicher Natur, deren Mittel sie ist, kehrt als Sadismus und Perversion in der Biographie des Individuums und im Ganzen der bürgerlichen Gesellschaft wieder. Deshalb stehen neben der Ideologiekritik an der Kantischen Moralphilosophie Interpretationen von de Sade. Sie sind Versuche der Materialisierung dessen, was als »Wiederkehr des Verdrängten« den Prozeß der Aufklärung bestimmt. Aus ihr hat Horkheimer dann das Faktum der »Revolten der Natur« abgeleitet, durch die das Rationalitätssystem der Gesellschaft erschüttert wird. In ihnen zerfällt auch die Identität des Selbst, zu dessen Stabilisierung Natur doch unterdrückt wurde. Die universale Form dieses Zerfalls ist nach der »Dialektik der Aufklärung« die Kulturindustrie. In Passagen über die »Elemente des Antisemitismus« haben ihre Autoren den Zusammenhang zwischen dem Zerfall des Selbst, der Unterdrückung seiner Natur und der Projektion dieser deformierten Natur auf gesellschaftliche Gruppen dargestellt; sie geschieht in kollektiver Form. In Massenbetrug und kollektiver Aggressionsabfuhr ist nach ihnen die Bedeutung des Satzes, das gesellschaftliche Ganze sei das Unwahre, wirklich geworden.

4) Es ist nicht möglich, ein versöhntes Leben als einfachen Naturzustand gegen dieses Faktum zu kehren. Das Motiv der »Dialektik der Aufklärung« ist nicht die schlichte Resurrektion der durch den Prozeß der Aufklärung entzauberten und schließlich verdrängten Natur.[8] Auch der Naturzusammenhang bewegt sich nach dem Muster eines fortschrittslosen Kreislaufs, aus dem sich die Menschen nur vermöge der Angst vor seiner Gewalt emanzipieren. Wird er entzaubert, dann zerfällt auch die Übermacht der Natur über den Menschen. Auch sogenannte natürliche Weltbilder sind Interpretationen, in denen sich die Angst des Wilden vor der Natur objektiviert. Die Namen der Götter sind Zeichen versteinerter Laute der Furcht des Menschen. Aufklärung, in der animistische Globalinterpretationen des Zusammenhangs von Natur und Mensch entzaubert werden, ist für Horkheimer und Adorno »radikal gewordene, mythische Angst«.[9] Sie haben Aufklärung als Angst vor der Wiederkehr deformierter Natur verstehen wollen.

Solche diagnostischen Bemerkungen sind durchherrscht vom Skeptizismus gegen jedes strategische Programm, den Zwangszusammenhang von Natur und Gesellschaft zu durchbrechen. Nach ihm müßte es sich der gleichen Mittel der Gewalt bedienen, der den Zusammenhang der Vernunft der Selbsterhaltung ausmacht und den es gerade zu durchbrechen gilt. Negativ nur ist im Rahmen dieses Skeptizismus der Zustand der Versöhnung von Mensch und Natur benennbar. Er darf nicht einer differenzlosen Regression gleichkommen. In bezug auf sein Verhältnis zu menschlicher und außermenschlicher Natur hat ihn Adorno als das »heimatliche« Gefühl der Nähe eines Fernen beschrieben. Paradox hat er es bezeichnet – als »das Entronnensein«.[10] Auch die Möglichkeit mimetischer Anähnelung an die Natur ist in dieser paradoxen Formulierung »als das dem Mythos erst Abgezwungene«[11] zu denken versucht. In das Gefühl ihrer Nähe einzugehen, kann nicht auf dem Wege einfacher Regression geschehen, denn in ihr wäre der Prozeß der Aufklärung abstrakt negiert. Derjenige, der dem mythischen Zusammenhang der Natur entrinnt, kann ihn, will er ihn nicht ins System der Gesellschaft hinein verlängern, nur verflüssigen, in Vergangenes übersetzen, indem er ihn erzählt. Das hat Adorno an der Odyssee zu demonstrieren versucht. »Es ist die Selbstbesinnung, welche Gewalt innehalten läßt im Augenblick der Erzählung. Rede selbst, die Sprache in ihrem Gegensatz zum mythischen Gesang, die Möglichkeit, das geschehene Unheil erinnernd festzuhalten, ist das Gesetz des homerischen Entrinnens«.[12]

5) Schon in der Vorgeschichte des bürgerlichen Subjekts ist nach der »Dialektik der Aufklärung« Zweideutigkeit die Signatur der Natur. In ihrem sprachlich und in der Führung der Gedanken eindringlichsten Teil, dessen Handschrift unverkennbar auf Adorno zurückgeht, kommt dies besonders zum Ausdruck. Er hat dies durch eine systematische Interpretation der Homerischen Odyssee zu zeigen versucht. Odysseus erweist sich in ihr »als Urbild eben des bürgerlichen Individuums, dessen Begriff in jener einheitlichen Selbstbehauptung entspringt, deren vorweltliches Muster der Umgetriebene abgibt«.[13] Adorno hat die Odyssee insgesamt als die Darstellung des Weges aufgefaßt, auf dem sich das rationale Selbst im Durchgang durch die Mythen bildet. Die Entfaltung des Gegensatzes von Rationalität und Mythologie, ihr gegenseitiges Verwobensein, ist deshalb der Inhalt des Homerischen Epos. Adorno hat es den Grundtext der europäischen Zivilisation genannt. Was im Prozeß aufklärerischer Ratio im allgemeinen in Erscheinung tritt, zeigt sich im einzelnen in der »List der Vernunft«, dem Organ des Helden der Odyssee. Er erfaßt und handhabt den rationalen Kern im Opfer des Wilden

aus der Vorzeit an die Übermacht der Götter der Natur in der Form des Tausches, durch die er die Naturgottheiten betrügt. Das hat Adorno in Berichtigung der These der Irrationalisten, für die das Opfer gleichbedeutend mit dem differenzlosen Eingehen in den Zusammenhang kollektiv Unbewußten ist, scharf pointiert: »Der Doppelcharakter des Opfers ..., die magische Selbstpreisgabe des Einzelnen ans Kollektiv – wie immer es damit bestellt sei – und die Selbsterhaltung durch die Technik solcher Magie, impliziert einen objektiven Widerspruch, der auf die Entfaltung gerade des rationalen Elements im Opfer drängt. Unterm fortbestehenden magischen Bann wird Rationalität, als Verhaltensweise des Opfernden, zur List.«[14] Unter Verzicht auf die unmittelbare Konfrontation mit den mythischen Mächten ist das System dieser List das in der bürgerlichen Gesellschaft entfaltete Rechtssystem. Recht ist nach der »Dialektik der Aufklärung« zu verstehen als »entsagende Rache«,[15] als grandioses System von Kompensationen und Verschiebungen. Da sich Aufklärung als die Kodifizierung von Tauschakten in einem rationalen Rechtssystem charakterisieren läßt, wurde sie in ihr als »Introversion des Opfers«[16] bestimmt. Das Opfer ist die mythische Basis des Rechts. Da der rationale Hintergedanke des Opfers bereits die Intention ist, die Instanzen, denen geopfert wird, durch magische Techniken als scheinhaft zu erweisen und zu betrügen, ist seine Logik die des Betrugs. Sein Fortwirken, so meinen Horkheimer und Adorno wohl, besteht in universalisierten Formen der Selbsterhaltung: »Diese hat sich gewandelt, sie ist nicht verschwunden. Das Selbst trotzt der Auflösung in blinde Natur sich ab, deren Anspruch das Opfer stets wieder anmeldet. Aber es bleibt dabei gerade dem Zusammenhang des Natürlichen verhaftet, Lebendiges, das gegen Lebendiges sich behaupten möchte. Die Abdingung des Opfers durch selbsterhaltende Rationalität ist Tausch nicht weniger, als das Opfer es war. Das identisch beharrende Selbst, das in der Überwindung des Opfers entspringt, ist unmittelbar doch wieder ein hartes, steinern festgehaltenes Opferritual ...«[17] Es wuchert im Recht, als entsagender Rache, fort. Wie das vorweltliche Muster des bürgerlichen Individuums der »Umgetriebene«, so ist das Opfer das mythische Urgestein rationalen Rechts. Auf solchen Voraussetzungen basiert die Ideologiekritik, die von der Kritischen Theorie an der herausgebildeten bürgerlichen Gesellschaft geübt worden ist.

Da sich in den Irrfahrten des Homerischen Helden der Prozeß der Aufklärung paradigmatisch vollzieht, Aufklärung aber als Introversion des Opfers des Lebendigen an die mythischen Gewalten erfaßt werden kann, ist die Bahn seiner Irrfahrten durch das Opfer seiner selbst festgelegt. Kälte[18] als konstitutives Prinzip in der Urgeschichte der Subjektivität kommt besonders in jenen Situationen zum Ausdruck, in denen der Held der Odyssee aus Angst vor der Desintegration seines Selbst seine eigene und die ihn umgebende Natur zu entseelen gezwungen ist. Das Organ dieser Kälte ist die List der Vernunft.

6) Besonders in den Interpretationen der Lotophagenepisode, der Abenteuer des Odysseus und seiner Gefährten bei Kirke, der Konfrontation mit der physischen Übermacht des Polyphem und der Sirenenepisode kristallisiert sich die Arbeit dieser List. Die Erzählung von den Lotophagen repräsentiert die erste der Stationen, in denen das sich behauptende Selbst mit seiner Verfallenheit an die Natur konfrontiert ist. In den Blumenkindern der Odyssee manifestiert sich ihm eine Lebensform, die durch das vollkommene Fehlen aller subjektiven Leistungen der Vernunft charakterisierbar ist. Die Lockung, die sich in ihnen verkörpert, läßt sich durch die Konzeption des Todestriebes kommentieren, die Freud versucht hat. Noch in dem dunklen Begriff der Mimesis, der die »Dialektik der Aufklärung« durchzieht, haben ihre Autoren auf sie zurückgegriffen. Wäre verwirklicht, was das Essen der Lotosfrüchte verheißt, dann wäre dem Selbst der Wille, sich zu behaupten, genommen, mit ihm hätte es die Erinnerung an die Stationen seiner Bildung zugunsten differenzloser Angleichung an die Natur abgelegt. Die Lotosfrüchte sind solche des Vergessens. In der bürgerlichen Gesellschaft kehrt ihre Lockung in Gestalt des Genusses von Drogen wieder. In der »Dialektik der Aufklärung« ist sie ein Exempel für den Willen gesellschaftlicher Gruppen, sich aus den Zentren der Gesellschaft an die Ränder der Welt zurückziehen, um zum Zustand des Sammelns und Essens von Früchten der Natur zurückzugehen. Das Stichwort, in dem das Ablassen von der Vernunft der Realitätsbewältigung in objektiver und des Durchsetzens von Objektbesetzungen in subjektiver Hinsicht bezeichnet ist, ist das der »Lockung . . . des sich Verlierens im Vergangenen«.[19] Wenn ihr nachgegeben ist, kann Vergangenes als solches nicht mehr identifiziert werden. Der Mangel eines solchen Zustands kann mit einer scheinbar paradoxen For-

mulierung beschrieben werden, die Adorno in der »Ästhetischen Theorie« in bezug auf mimetische Verfahrensweisen der Kunst gebracht hat. Mimesis, als praktizierte Regression, ist keine Erkenntnis. Es ist ein Faktum, »daß, was sich gleichmacht, nicht gleich wird ...«.[20] Das idyllische Leben, im Genuß der Lotosdrogen erreicht, enthält der »Dialektik der Aufklärung« zufolge nicht Wahrheit in sich, da sich deren Idee nur bemessen läßt am Widerstand gegen vorhandene Negativität. Mit Proustischer Sensibilität allerdings ist in ihr die Intention nach der Idylle behandelt worden. Im Verlieren in der menschlichen Urgeschichte, die als vergangene gar nicht festgehalten werden kann, blitzt dem Individuum die Möglichkeit einer Erfahrung auf, die unter den Kriterien der Selbsterhaltung nicht stattfinden kann.

Auch die Episode mit Kirke ist durchherrscht von der Drohung der Desintegration und Auflösung des rationalen Selbst. Unter den Händen Kirkes lösen sich die Gefährten des Odysseus in Tiere auf. An ihr besonders tritt die Zweideutigkeit von Natur hervor. Kirke als ihre Repräsentantin gewährt »Glück und zerstört die Autonomie des Beglückten, das ist ihre Zweideutigkeit«.[21] Sie versetzt die Gefährten des Odysseus, die als Beherrschte an der Entzauberung der Welt mitwirken, in den Zustand der Bezauberung zurück. In ihnen findet die bruchlose Wiederkehr verdrängter Natur statt, aber um den Preis ihrer Autonomie, die freilich die Arbeit für Odysseus ist. Deshalb kann die Wiederkehr der Natur nicht als bloße Naturverfallenheit diskreditiert, sie kann jedoch auch nicht als Zustand eines versöhnten Lebens betrachtet werden. Daß es Schweine sind, in deren Gestalt sich die menschliche der Gefährten des Homerischen Helden auflöst, bezeichnet schon das Verhältnis der Zivilisation zur Wiederkehr verdrängter Natur. Sie kann in ihr nur tierisches Schnüffeln wahrnehmen und billigt den Verwandelten nicht den aufrechten Gang zu, der unter dem Druck gesellschaftlicher Überichinstanzen zustande gekommen ist.

In der »Dialektik der Aufklärung« ist die Kirkeepisode mit Anmerkungen zur Stellung der Frau in der bürgerlichen Gesellschaft versehen. Sie besteht aus Projektionen, deren Ursprung in der Unterdrückung und Verdrängung menschlicher Natur durch den Prozeß der Etablierung eines identischen Selbst liegt. Die Frau trifft die Angst vor seiner Auflösung und der Vorwurf, hemmend in den Gang instrumenteller Vernunft einzugreifen. Im

Prozeß der Herausbildung des bürgerlichen Subjekts, der einer fortschreitenden Kälte gegen sich selbst und den anderen ist, kann Liebe daher nur im versteinerten Vertragsverhältnis, in der Rechtsinstitution der Ehe überdauern. Auch das Handeln von Kirke selbst nimmt die Rolle der Frau in der bürgerlichen Gesellschaft vorweg. Sie erwählt sich nicht etwa einen der Gefährten des Odysseus, sondern den listigen Helden selbst; nur an ihm kann sich ihr Zauber bewähren, obgleich er es ist, der ihr den ihren nimmt. Sie will sich dem Herrschenden unterwerfen. Im Zirkel von Herrschen und Beherrschtwerden ist es die Form der Reziprozität als Liebe, die sich in der bürgerlichen Gesellschaft, um an das geliebte Wesen heranzureichen, in Haß verkehrt. Freud hat den Mechanismus solcher Verkehrung als Triebschicksal beschrieben.

Dem Pessimismus der »Dialektik der Aufklärung« zufolge ist kein Punkt ausmachbar, der eine Zäsur im Kontinuum dieses Zirkels bezeichnen und den Blick auf eine ganz anders verfaßte Gesellschaft öffnen würde. Aufgrund der Diagnose, das Ganze des gesellschaftlichen Systems sei das Unwahre, ist es ihr unmöglich, ein Subjekt kontrafaktischen Handelns zu benennen, dessen Kritik am Zustand der Gesellschaft so radikal wäre, daß es zugleich als Träger des geschichtlich Neuen betrachtet werden könnte. Ihre Subjektlosigkeit ist das Elend der kritischen Theorie;[22] daß sie nicht auf die von ihr diagnostizierte Gesellschaft zutrifft, läßt sich so leicht nicht zeigen. Vielleicht, so ließe sich zwischen den Zeilen der »Dialektik der Aufklärung« lesen, ist die Erwartung neuer Subjektivität überhaupt illusorisch. Es wird niemals einen Erfahrungsprozeß geben, der, wie es sich Hegel vorstellte, in der Versöhnung des Subjekts mit der ihm fremd gewordenen Substanz endet, da er das Paradoxon von Selbsterhaltung durch Selbstverleugnung zur Bedingung hat. Und dieses ist, solange der Wille zur Selbsterhaltung *sich nicht selbst verneint*, unaufhebbar. Adornos Programm negativer Dialektik ist von dieser Annahme bestimmt. Hegel ist zwar ihr Adressat, ihre Grundfiguren sind aber nicht von ihm her zu verstehen. Vielleicht hat Marx, als er sich leerer Hegelianismen zu erwehren versuchte, ihr Zentrum in dem Satz getroffen: »Tod und Liebe sind die Mythe von der negativen Dialektik.«[23]

7) Das Stichwort des Entrinnens, durch das die »Dialektik der Aufklärung« den negativen Erfahrungsprozeß des sich behaup-

tenden Selbst zusammenfaßt, erhält seine Plastizität anhand des Kommentars jener Episoden der Odyssee, in denen der vorzeitliche Held physischer Liquidierung ausgesetzt ist. Die Stelle, an der er vermöge instrumenteller Vernunft Polyphem mit der Bezeichnung seiner selbst als Niemand betrügt, hat für die Bedeutung dieses Stichworts Schlüsselcharakter. Sie ist ein Muster der Erfahrung, die sich als Selbsterhaltung durch Selbstverleugnung vollzieht. Ist es das Mittel der List, das es Odysseus ermöglicht, sich der Liquidierung durch den physisch übermächtigen Repräsentanten der Barbarei zu entziehen, so ist es die Angst vor der Auflösung seiner Identität, die ihn zwingt, diesem dennoch seinen wahren Namen nachzurufen. Um sich selbst zu erhalten, hat er sich als Niemand verleugnet, um diese Verleugnung aber ungeschehen zu machen, behauptet er sich nun als Odysseus. Dies ruft von neuem die Mächte auf den Plan, gegen die er sich, ihnen entrinnend, behaupten muß. Der Grund für diese schlechte Unendlichkeit der Erfahrung, die für die Ratio der Aufklärung charakteristisch ist, liegt nach Horkheimer und Adorno darin, daß Aufklärung »Zusammenhang, Sinn, Leben ganz in die Subjektivität zurück(nimmt), die sich in solcher Zurücknahme eigentlich erst konstituiert«.[24] Diese Zurücknahme von Leben in das der Subjektivität nach Maßgabe möglicher Herrschaft ist die Bedingung des unendlichen Regresses der Erfahrung, des fortgesetzten Umschlagens von Aufklärung in mythische Verblendung. Dialektik kann man dieses Oszillieren eigentlich nicht nennen.

Die Episode, in der im Homerischen Epos die Vorbeifahrt des listigen Odysseus und seiner Gefährten an den Sirenen erzählt wird, haben die Autoren der »Dialektik der Aufklärung« als einzige zweimal charakterisiert. Der durch seine List herrschende Odysseus genießt die Arbeit seiner Gefährten und die Lockung der Sirenen, die ihm ein Leben verspricht, das sich außerhalb der Reichweite instrumenteller Vernunft vollzieht. Die Maßnahmen, die auf dem Schiff des Odysseus getroffen werden, haben sie als »ahnungsvolle Allegorie der Dialektik der Aufklärung«[25] bezeichnet, weil sie die Situation der »Verschlingung von Mythos, Herrschaft und Arbeit«[26] demonstrieren. Das sich behauptende Selbst will sich der Lockung der Mächte der Natur überlassen, zugleich hat es Vorsorge getroffen, daß es ihrer Lockung nicht verfällt. »Der gefesselt Hörende will zu den Sirenen wie irgendein anderer. Nur eben hat er die Veranstaltung getroffen, daß er als

Verfallener ihnen nicht verfällt. ... Die Sirenen haben das Ihre, aber es ist in der bürgerlichen Urgeschichte schon neutralisiert zur Sehnsucht dessen, der vorüberfährt.«[27] Das bürgerliche Individuum ist an ihm selbst so strukturiert, wie sich die Konstellation der Vorbeifahrt an den Sirenen darstellt; es ist arbeitendes, herrschendes und durch Sentimentalität gefesseltes. Allem Gesang der Kunst haftet nach Adorno seither an, daß er in seiner natürlichen Gestalt durch die aufklärerische List zum Objekt der Sentimentalität herabgesetzt und dadurch in Schweigen und Ausdruckslosigkeit getrieben ist. Vielleicht ist es die innerste Gegenbewegung aller Sprachen der Kunst, Schweigen und Ausdruckslosigkeit der Sirenen, über deren Schicksal nach ihrer Entzauberung nichts berichtet wird, in Formen des Ausdrucks zu übersetzen.

II

Adorno stellt die »Ästhetische Theorie« vor den Hintergrund geschichtsphilosophischer Diagnosen und der Programmatik negativer Dialektik. Wollte man von ihm absehen, verlöre die Theorie ästhetischer Ausdrucksformen ihre Prägnanz. Er wählt mit Bedacht für sie nicht den Titel »Ästhetik«, denn dieser war in der Tradition, auf die er sich beruft, mit der Architektur eines philosophischen Systems verbunden. Das philosophische System, wie es im Idealismus entwickelt und später zur epigonalen Handhabe geworden ist, galt Adorno immer als Ausdruck zwanghafter Identifizierung der Erfahrung. In der »Negativen Dialektik« hat er die Systemphilosophie des Idealismus als Erscheinung instrumenteller Vernunft betrachtet, als Abdruck von Klaustrophobie, zu der sich die Turbulenzen des Gesellschaftssystems verdichten. In Anlehnung an die Hobbessche Metapher vom übermächtigen Leviathan, der die Menschen verschlingt, hat er das philosophische System als »Bauch« charakterisiert. Diese metaphorische Charakteristik zeigt nur den Versuch an, eine *Dialektik des Nichtidentischen* zu entwickeln. Das Programm negativer Dialektik ist der theoretische Kern, um den sich Geschichtsphilosophie und Theorie ästhetischer Ausdrucksformen gruppieren: »Die spekulative Kraft, das Unauflösliche aufzusprengen, ist ... die der Negation. Einzig in ihr lebt der systematische Zug fort.«[28] Ob das Programm einer Dialektik des Nichtidentischen überhaupt durchführbar ist, könnte nur anhand der »Negativen Dialektik«

überprüft werden. Zentrale Stichworte der Programmatik, wie Paradoxon, Zerfall, Sehnsucht, Läuterung und Untergang führen von Hegel fort und verweisen auf einen Hintergrund stoischen Skeptizismus', dem ein orthodoxer Hegelianer nur mit Achselzucken begegnen kann.

1) Die »Ästhetische Theorie« ist von der These durchzogen, die alles bestimmende Eigenschaft von Kunstwerken sei ihr »Doppelcharakter«. In ihr bündeln sich die Schwierigkeiten, auf die jede ernsthafte Theorie ästhetischer Formen stoßen muß; und aus ihr ergibt sich der Widerspruch, daß die Kunst als soziales Faktum und zugleich als eine Textur gesehen werden muß, die der gesellschaftlichen Wirklichkeit gegenüber durch ihre eigene und autonome Logik bestimmt ist. In kunsttheoretischer Hinsicht wiederholt sich dieser Widerspruch im konträren Gehalt formalistischer und realistischer Programme. Aus der These vom Doppelcharakter der Kunst ergibt sich zwangsläufig, daß die Prämissen beider Programme nicht zur allgemeinen Geltung stilisiert werden können. In der Konzeption eines Sozialistischen Realismus etwa wird sie in dem Satz behauptet, die Funktion der Kunst sei die Spiegelung der gesellschaftlichen Wirklichkeit, und damit sei sie hinreichend gekennzeichnet. Auf welche theoretische Instanz dieses Kunstkonzept auch zurückgehen mag, wie immer es auch modifiziert werden kann, es besagt dennoch, es sei nicht nur wirklichkeitsfernes, sondern sogar gefährliches Phantastentum, die Symbole der Kunst nicht unter die Imperative des gegebenen Gesellschaftssystems zu stellen. Darin, daß es gegeben ist, liegt schon die Affirmation, es sei auch in sich versöhnt. Es ist dann die Aufgabe ästhetischer Ausdrucksformen, gegebene Lebensverhältnisse zu umspielen und ornamentierend zu bestätigen und zu besondern. Konstruktivistische Versuche, sie zu überbieten oder schlicht an ihnen vorbeizugehen, sind negationsverdächtig und Anzeige von Dekadenz, darum auch ästhetisch schlecht – so muß man den Gedankengang verstehen, die Ausdruckskraft ästhetischer Formen habe eben ihre Grenzen.

Für Adorno ist Sozialistischer Realismus die Kunsttheorie festgesetzter *Positivität*. Aus diesem Grund hat er sie abgelehnt. Das Wesen der Kunstwerke kann nicht im Beiherspielen zu gegebenen Lebensverhältnissen gesehen und bestimmt werden. Lieber soll Kunst enden als in Nachahmung und Bestätigung ihr externer Imperative übergehen. Das kann nicht heißen, Kunstwerke hätten gar keinen mimetischen Charakter, es heißt nur, sie seien dadurch nicht hinreichend gekennzeichnet. In einer Reminiszenz an die »Dialektik der Aufklärung« hat Adorno sie beschrieben: »Ihr Zauber ist Entzauberung. Ihr Doppelcharakter ist manifest in all ihren Erscheinungen, sie changieren und widersprechen sich selbst.«[29] Aus ihren Bildern und Klängen spricht auch die Lokkung der Negation und nicht nur der Bestätigung des Gegebenen. Das ist in dem spröden und gedanklich wohl zu nachlässigen Satz ausgedrückt, in dem die Motive negativer Dialektik durchscheinen: »Ästhetische Identität soll dem Nichtidentischen beistehen, das der Identitätszwang in der Realität unterdrückt.«[30]

Der Behauptung des Kunstformalismus, die bestimmende Eigenschaft ästhetischer Ausdrucksformen sei die Kraft, gesellschaftlicher und sonstiger Heteronomie gegenüber, autonome, nur sich selbst verpflichtete Bedeutungszusammenhänge zu artikulieren, kann aber auch nur eingeschränkte Geltung zugestanden werden. An den Begriff von Autonomie, wie er in Verbindung mit der Theorie moralisch-gewissen Handelns für die idealistische Ästhetik verbindlich war, reichen kunstformalistische Programme ohnehin nicht heran. Nach Adorno kann sich, was am Doppelcharakter der Kunst nicht Darstellung der Wirklichkeit ist, nur in deren Kritik artikulieren. Kritische Autonomie gibt es nur aufgrund der Wirkung heteronomen Zwanges. Auch die geschichtsphilosophische Funktion der Kunst ist in diesem Sachverhalt begründet. In ihrer Perspektive ist sie Mnemosyne »Gedächtnis des akkumulierten Leidens«, ganz so, wie die epische Erzählung als Medium des Entrinnens aus dem mythischen Schrecken interpretiert worden ist.

2) Von der These des Doppelcharakters der Kunst her hat Adorno ihr Verhältnis zum Gesellschaftssystem bestimmt. Ästhetische sind wie andere Ausdrucksformen auch in den gesellschaftlichen Produktionsprozeß eingelassen. Es geschieht ihnen nicht nur aus Zufall, daß sie als Produkte zirkulieren. Es ist nicht der Spruch eines Demiurgen, daß sie als symbolische Macht »mißbraucht« und als Mittel sozialer Nobilitierung verteilt werden. Der gesellschaftliche Antagonismus, in dem Produktivkräfte und deren Entfesselung hemmenden Produktionsverhältnisse zueinander stehen, durchdringt auch die Kunst. Das heißt aber auch, daß sich der Produzent nicht willkürlich neben ihn stellen und mit seiner Meinung begleiten kann. Weder kann er das

ästhetische Produkt zu einem autonomen Gebilde deklarieren, noch ihm eine Gesinnung anheften und sich an gegebene Politik akkomodieren. In Wahrheit treibt dieser Antagonismus die Kunst von innen heraus zu einer Erscheinung, die Adorno als ihre »Entkunstung« bezeichnet hat. In der Sphäre ihrer Distribution ist aber ein Begriff von ihr in Geltung geblieben, der in die geschichtliche Phase der Bildung des Bürgertums zurückreicht. Von ihm her gesehen, hat das Faktum des Einbruchs außerästhetischer Gesichtspunkte in die Logik ästhetischer Ausdrucksformen die Doktrin des l'art pour l'art zur Bedeutung gebracht.

Die vulgärmarxistische These, diese Logik ließe sich als Abdruck des Warenfetischismus hinreichend erfassen, ist auch nur eine Reaktion auf diese Doktrin. Man kann zu ihrer Bestimmung die Philologie des Kapitals bemühen, bestätigen läßt sie sich dadurch wohl nicht. Es macht den Prüfstein ästhetischer Theorie aus, ob sie den gesellschaftlichen Funktionswandel und den Wahrheitsgehalt von Kunst zugleich thematisieren und in ein Verhältnis zueinander setzen kann. Die ideologiekritische Reduktion dieses Verhältnisses auf den Warencharakter der Kunst bedient sich dagegen schlichter Gedanken und überführt die Kritik der politischen Ökonomie in einen merkwürdig verklemmten Warenästhetizismus. Dabei kann sie sich nicht einmal auf die Ansätze marxistischer Kunsttheorie berufen, die ästhetischen Ausdrucksformen, in welcher Gestalt sie auch auftreten mögen, dem Fetischismus der Warenproduktion gegenüber eine »defetischisierende« und aufklärende Kraft zuschreiben. Wollte man sie in ihren Implikationen zu Ende denken, dann erwiese sie sich als schlecht formuliertes Korrelat solcher Kunsttheorien, die wie Adorno den Prozeß der Entkunstung der Kunst konstatieren, aus ihm aber die Konsequenz ableiten, das Kunstgewerbe sei an ihre Stelle getreten. Dessen Funktion sei die *Entlastung* von der Fluktuation des gesamtgesellschaftlichen Prozesses und dessen reizüberflutender Oberfläche. In dieser Funktion setze es wenigstens die akustische, optische und sprachliche Steigerung der Wahrnehmungsfähigkeit des Menschen frei – freilich nur von Mustern und Symbolen, die durch den gesellschaftlichen Prozeß schon bereitgestellt sind. Von der ideologiekritischen Nivellierung der Kunstwerke auf die Warenform zur kulturkonservativen Fixierung des Wahrnehmenden zur Charaktermaske der Nachgeschichte ist kein großer Sprung.

Adorno hat in die »Ästhetische Theorie« mit der Insistenz darauf, künstlerische könne analog zu gesellschaftlicher Arbeit beschrieben werden, eine Reihe von Begriffen integriert, die ihre Bedeutung aus der materialistischen Gesellschaftstheorie erhalten. Sie kommentieren den genannten Doppelcharakter der Kunst. Die Werke der Kunst sind durch gesellschaftliche Arbeit produziert, sie sind aber nicht Resultate der Arbeit instrumenteller Vernunft. Diese ist nach der »Dialektik der Aufklärung« nüchterner Kalkulation und den Zwecken menschlicher Selbsterhaltung untergeordnet. Die Werke der Kunst erinnern andere und sie verweisen auf Lebensformen, die sich nicht an den dadurch gegebenen Imperativen orientieren.

In der »Negativen Dialektik« sind materialistische Motive im Stichwort vom »Vorrang des Objektiven« zusammengefaßt.[31] Es ist auch für die Theorie ästhetischer Ausdrucksformen verbindlich; darin unterscheidet diese sich von erkenntnistheoretischen Überlegungen nicht. Kunstwerke unterscheiden sich von Wissens- und Handlungsformen erst, wenn sie unter den Bedingungen des Vorrangs, den das Objektive hat, die Impulse seiner Beseelung durch Subjektivität ausdrücken. Allein ästhetische Ausdruckszäsuren, die in die Objektivität gelegt sind, begründen eine *Sprache der Subjektivität*. Es ist ihr Maßstab, ob sie durch den Vorrang des Objektiven hindurch eine Sprache erreichen, die es beseelt und lebendig erscheinen macht.

3) In der Interpretation der Sirenenepisode, die in der »Dialektik der Aufklärung« gegeben ist, ist der geschichtsphilosophische Hintergrund dieser Annahme zu finden. Durch Arbeit und Herrschaft werden die Mächte der Natur entseelt und zur Sentimentalität verinnerlicht. In den Werken der Kunst aber kehrt die Sprache der Natur nicht in Form der Gewalt und Revolte, sondern als sublime ästhetische Produktion wieder. Die Dialektik der Aufklärung besteht in Bildung und Verstümmelung eines sich erhaltenden Selbst; in der »Ästhetischen Theorie« ist diesem sich potenzierenden Prozeß die These entgegengesetzt, nur in ästhetischen Ausdruckszäsuren sei die Urgeschichte der Subjektivität als Impuls der Beseelung von Objektivität geschrieben. Er macht den Schriftcharakter der Werke aus. Deshalb widersetzen sie sich der Ausdifferenzierung gesellschaftlich anerkannter Rationalitätsformen – und müssen sich ihnen doch mimetisch ähnlich machen. Ausdruck ist die Kategorie, anhand der die Kraft von Formen der

Artikulation bezeichnet wird, die in den Prozeß der Aufklärung als Entzauberung nicht integrierbar sind. Kunstwerken kommt die Eigenschaft, Ausdruck zu haben, nicht dort zu, wo sie »das Subjekt mitteilen, sondern wo sie von der Urgeschichte der Subjektivität, der von Beseelung erzittern«;[32] nach Adorno gelingt das nur, in Gegenbewegung zur Objektivität und in ihrer Negation. Diese sind aufgrund des Doppelcharakters der Kunst selbst gegensätzlich bestimmt. Als *Ausdruck* sind sie ungehemmte Sprache des Subjekts, als *Mimesis* aber dessen Angleichung an die Objektivität. In ihnen kristallisiert sich eine gegensätzliche *Übertragungsbewegung*.

Mimesis ist schon zum Verständnis der »Dialektik der Aufklärung« ein Schlüsselbegriff. Er bezeichnet die allem Lebendigen einwohnende Tendenz, »sich an die Umgebung zu verlieren, anstatt sich tätig in ihr durchzusetzen, den Hang, sich gehen zu lassen, zurückzusinken in Natur. Freud hat sie den Todestrieb genannt, Caillois le mimétisme. Süchtigkeit dieser Art durchzieht, was dem unentwegten Fortschritt zuwiderläuft, vom Verbrechen, das den Umweg über die aktuellen Arbeitsformen nicht gehen kann, bis zum sublimen Kunstwerk.«[33] Als solche ist Mimesis zwar nicht durch die Imperative kalkulierender Vernunft bestimmt, aber sie gleicht sich ihnen doch an, sie ist »Vollstreckung der Objektivität« als Übertragung der Sprache der Natur auf das artifizielle System der Gesellschaft. Diese Gedanken sind alle noch aus der »Dialektik der Aufklärung« zu gewinnen. Zu ihnen tritt in der »Ästhetischen Theorie« nun der Gegensatz von Mimesis und Ausdruck. Ästhetischen Ausdruckszäsuren ist eine Kraft eingesenkt, die sich polemisch gegen die Sphäre der Objektivität wendet, um auf sie die Impulse von Beseelung zu übertragen. Diese Bewegung kennzeichnet die Eigenschaft von Ausdruck, der deshalb im Gegensatz zu mimetischer Anähnelung steht. Eine Sprache, die sich nicht durch diesen Gegensatz charakterisieren ließe, wäre nicht die Natur, welche die mimetische ins System der Gesellschaft hinein verlängert, sie wäre auch nicht die der Kunst, insofern diese unter dem Druck der Artikulation steht; sie wäre eine Sprache solidarischer *Affinität* zu Menschen und Dingen. Das ist der Sprache des Nichtidentischen, zu deren Kennzeichnung Adorno den Begriff der Parataxis gebraucht hat; in Hölderlins Hymnik sah er sie verwirklicht. Mit Hinsicht auf das musikalische Medium entspricht ihm die

Vorstellung einer »musique informelle«, die nicht in subjektivistischem Ausdruckszwang und den Techniken serieller Komposition aufgeht. Parataxis und musique informelle sind nicht nur grammatologische und stilistische, sie sind auch geschichtsphilosophische Begriffe. Sie machen die Sprache eines freien Miteinander des Verschiedenen denkbar.

Ästhetische Ausdrucksformen hat Adorno mit Nachdruck an den Zustand eines unversöhnten Lebens gebunden. Sie sind Sprachen der Negativität, mögen sie auch ihre Intensität von der Möglichkeit seiner Versöhnung haben. Wäre sie wirklich, dann würden sie sich auflösen. Deshalb meint Adorno, Kunst solle eher enden, als Mittel der Nachahmung von Positivität sein. Wie sich die einzelnen Künste an der Idee der Kunst, der eines versöhnten Lebens, abarbeiten, mit ihrer Verwirklichung aber untergehen würden, hat er in einem seiner schönsten Essays zu zeigen versucht: »Die bilderlose Realität ist das vollendete Widerspiel des bilderlosen Zustands geworden, in dem Kunst verschwände, weil die Utopie sich erfüllt hätte, die in jedem Kunstwerk sich chiffriert. Solchen Untergangs ist die Kunst von sich aus nicht fähig. Darum verzehren sich aneinander die Künste.«[34]

Nur indem sie sich einer bilderlosen Realität ähnlich machen, und sich ihrer bildlichen Wiederholung widersetzen, verweisen sie in ihrer Selbstnegation – der Zustand, dem sie sich ähnlich machen, ist ein bilderloser – auf Lebensformen, die ästhetischer Chiffren nicht bedürfen. In diesen Gedankengang sind dialektische Argumentationsformen in der Voraussetzung eingegangen, die Auflösung eines Widerspruchs gelinge nur in seiner äußersten Verschärfung. Im Festhalten an ihm sind die Kunstwerke angesiedelt; das ist der Doppelcharakter der Kunst. Aufgrund der Weigerung, den dialektischen Widerspruch im Begriffe der Negation der Negation aufzulösen, sind Kantische Gedankenfiguren in Adornos Philosophie eingegangen. Sie bestimmen auch die These vom Doppelcharakter der Kunst. Nur wenn ihre Werke ihren eigenen Widerspruch festhalten, können sie Darstellung *und* Kritik der Wirklichkeit sein.

4) In der Wiederaufnahme kritizistischer Theoreme zur Eigenart ästhetischer Symbolik erhalten die Kantischen Gedankenfiguren ihre Kontur. Schon nach ihnen hat sie eine Struktur, die begriffslos ist, und an die Zwecksetzungen instrumenteller Vernunft und die Imperative moralischen Handelns so leicht nicht

gebunden werden kann. Kant hat auf vielen Umwegen versucht, einen »durchgängigen« Zusammenhang zwischen diesen Elementen der Erfahrung herzustellen. Aber zunächst betont er, die eigentümliche Zweckmäßigkeit ästhetischer Symbole liege darin, daß sie von sich aus die Reflexion des Menschen in Gang setzen und seine Erfahrung ohne Rücksicht auf die Zwecke, die sich eine Theorie setzen und die ein Handeln haben muß, erweitern. In solchen Überlegungen hat Adorno die These vom Doppelcharakter der Kunst verankert. Man kann ihn nicht in simplen Gegensatz zu technischen Rationalitäts- und Zweckgesichtspunkten setzen und dann den Verlust irgendwelcher Mitten beklagen. Das heißt aber nicht, man könne ihn nicht von ihnen abgrenzen. Schon in der doch so kulturkritisch gefärbten »Dialektik der Aufklärung« ist das mimetische Verhalten gegenüber der Natur als ein Stück Rationalität bestimmt. Aber dort vollzieht es sich unter den Imperativen der Selbsterhaltung. »Die zum Bewußtsein ihrer selbst getriebene Mimesis«[35] – das sind ästhetische Ausdrucksformen – negieren jedoch diese Imperative. Sie suchen ihre Zweckmäßigkeit in ihnen selbst und lassen sich den Zwecken der Selbsterhaltung nicht subsumieren. Das ist die gesellschaftskritisch gewendete Form der Kantischen Lehre vom Schönen als einer Ausdrucksform, die zweckmäßig ohne Zweck ist. Und erst in der Negation und nicht in simplem Gegensatz erreichen sie diese Zweckmäßigkeit. In ihr sind sie Ausdrucksformen der *Authentizität*. Adorno hat sie anhand der Hegelschen Kategorie des »Fürsichseins« näher bezeichnet. Daß dieses gegenüber etablierter Rationalität blinden Charakter haben kann, macht den exzentrischen und exponierten Gehalt ästhetischer Symbole aus. Zugleich ist er das Zeichen ihrer ungeschützten Offenheit. Solcher Zeichencharakter macht sie zu *Erscheinungen* – sie sind dann nicht einfach schön. Adorno nennt sie in ständiger Rücksicht auf Kant »erhaben«.

Obgleich Hegels Theorie ästhetischer Ausdrucksformen umfassender ist als die Kants, ist sie doch den Motiven ästhetischer Erfahrung nicht so nahe wie diese. Für Adorno ist gerade der Nachdruck, den Kant auf Offenheit und Spontaneität ästhetischer Erfahrung legt, von Bedeutung. In diese Eigenschaften hakt die Reflexion des Erfahrenden ein und steigert seine Erlebnisfähigkeit, ohne sie als Erfüllung empirischer Strebungen zu interpretieren. So muß Adorno Kant gelesen haben. Reflexion und

Erlebnisfähigkeit kann man nicht bloß durch die psychoanalytische Vorstellung sublimierter Wunscherfüllung kommentieren, mag diese unproduktive Meinung auch die freudianisierende Kunsttheorie beherrschen. Was den Charakter symbolischer Erscheinung von Kunstwerken ausmacht, kann man durch sie überhaupt nicht begreifen.

Den Eintritt des »Erhabenen« in ästhetische Ausdrucksformen bezeichnet Adorno als ihren »elementarischen« Zug: »Er vergeistigt als Natur die Kunst.«[36] Er verleiht den Kunstwerken eben jene Widersprüchlichkeit, die sie auch zu Gegenbildern bloßen Daseins werden läßt. Im »Selbstbewußtsein des Menschen von seiner Naturhaftigkeit«,[37] auf das erhabene Erscheinungen verweisen, gipfelt ästhetische Erkenntnis. Zugleich stoßen Ausdrucksformen, die allein diese Erfahrung induzieren und erzwingen, in ihr an die Grenze ihrer Darstellungsfähigkeit. Im Einklang mit der idealistischen Ästhetik kennzeichnet Adorno sie als ihren scheinhaften Charakter. Im Erhabenen durchbrechen die Werke der Kunst ihn ins Scheinlose. Was im Schein des Scheinlosen am wildesten gegeneinander steht, entfaltet Adorno mit den Mitteln der idealistischen Ästhetik. Sie ist auch die einzige, die dazu Kategorien bereitgestellt hat. Adorno greift auf ihre zentralen Stücke, die Analyse des Natur- und Kunstschönen zurück. Mit der Insistenz darauf, in der sich steigernden Reflexion ästhetischer Erfahrung kehre die Sprache der Natur und der Geist, der aus ihr zu sprechen scheint wieder, aktualisiert er Kantische Gedankenfiguren gegen Hegel; mit der Voraussetzung, der Ausdruckscharakter dieser Sprache liege in ihrem immanenten »Gefügtsein«, das nach Kriterien von Geschmack und Wunscherfüllung nicht beurteilt werden kann, wendet er Hegel gegen Kant.

5) Die Aufnahme der Analytik des Naturschönen ist durch die geschichtsphilosophische These bestimmt, die Bedeutung der Zeichen der Natur könne sich nur einem Bewußtsein erschließen, das ihrem blinden Zusammenhang entronnen ist. Daher ist die Erfahrung von Natur deutlicher als in ihrer Kantischen Rekonstruktion historisch tingiert. So waren die Bilder schöner Natur historische Reaktionsformen, die sich gegen in Konventionen festgestellte Lebensverhältnisse wandten. Erst als verschlüsselte Geschichte war Natur ein Schlüsselbegriff für versöhnte Lebensformen. Das zeigt sich an der Wahrnehmungsfähigkeit von Landschaft: »Ihre tiefste Resistenzkraft dürfte die Kulturlandschaft

dadurch erlangen, daß der Ausdruck von Geschichte, der ästhetisch an ihr ergreift, gebeizt ist von vergangenem realen Leiden ... Das vorgeblich geschichtslos Naturschöne hat seinen geschichtlichen Kern.«[38] Um ihn zu begreifen und darstellbar zu machen, hat Adorno der Formel des jungen Marx, die von einer Humanisierung der Natur spricht, eine die negative Dialektik charakterisierende Wende gegeben. Als solche erscheint sie ihm nicht hinreichend bestimmt, weil in ihr Humanisierung und technische Beherrschung nicht klar voneinander unterschieden sind. Das trifft auch zu. Vom Willen, die Natur den Zwecken menschlicher Selbsterhaltung zu unterwerfen, erwartete Marx sogar die Aufhebung der Selbstentfremdung des Menschen. Für ihn war das aufgeschlagene Buch der Natur und der menschlichen Wesenskräfte die »Industrie«. Der kulturellen Form des Naturschönen bleiben ästhetische Ausdrucksformen aber nur verbunden, wenn sie sein potentielles Verschwinden in den Blick rücken. Kant hat daran sogar die Bedeutung der Kunst im ganzen gebunden. Sie wird in späteren Zeiten wenigstens noch ein Bild und die Atmosphäre dessen herstellen, was frühere als Natur erfahren haben. In den Landschaftsdarstellungen der Impressionisten und Sisleys hat Adorno den beseelenden Blick auf kulturell deformierte Landschaft verwirklicht gefunden. Malerei und Musik gelingt es wohl am ehesten, den »elementarischen« Ausdruck der Natur in ihre Medien hineinzunehmen. Außer in einigen Formen der Lyrik bleibt er der prosaischen Kunst nur Gegenstand der Darstellung. Deshalb war es auch die Musik, die in der Schönbergnachfolge eine Ausdruckskraft erreichte, die mit der Sprache der Natur konvergiert. An ihr versuchte Adorno zu demonstrieren, was mit diesem Diktum gemeint ist: ihr Ausdruck »konvergiert mit Natur, so wie in den authentischsten Gebilden Weberns der reine Ton, auf den sie sich kraft subjektiver Sensibilität reduzieren, umschlägt in den Naturlaut; den einer beredten Natur freilich, ihre Sprache, nicht ins Abbild eines Stücks von ihr.«[39]

Die Bedingung des Hervortretens elementarischer Naturlaute sind die Ausdruckszäsuren ästhetischer Symbole. Nur als artifiziell durchgearbeitete kann die Natur ihren nicht identifizierbaren Charakter bewahren und zugleich ihre Stummheit verlieren. Adorno kritisiert die Programme bloßer Sachlichkeit in der Kunst. An Strawinsky und Hindemith versuchte er zu zeigen, wie der Mangel an Durcharbeitung des musikalischen Materials und der Ausschluß von Ausdruck als sogenannter Subjektivismus zusammengehen. Am Beispiel Hindemiths hat er dieser ästhetischen die soziologische Kritik am »Musikantentum« hinzugefügt. Im Verzicht, Ausdruck zu erreichen, fallen die Kunstwerke auf vortechnische, handwerkliche Standards zurück. Mit einem wichtigen Begriff der Freudschen Metapsychologie kann man bezeichnen, was ihnen dann mangelt: sie sind nicht »durchgearbeitet«. Dann ist auch die größte Leistung der Kunst, Sprache authentischer Subjektivität zu sein, nicht zu verwirklichen. Erst ihr gelingt es, die elementarischen Laute der Natur als Lockungen des Unwiederbringlichen darzustellen. Nur in durchgearbeiteten Ausdrucksformen erscheint das Naturschöne als festgestellte Geschichte und als »innehaltendes Werden«[40] und konvergiert mit der Flüchtigkeit des artifiziell erreichten Kunstschönen. Dann wird auch die Unterscheidung von Natur- und Kunstschönem hinfällig. Adorno hat sie nur aus analytischen Gründen getroffen. Im Grunde sind sie »verklammert«, wie er es nennt. Auch das ist ein Aspekt des Doppelcharakters der Künste. Auch in geschichtsphilosophicher Hinsicht trifft er auf sie zu und ist mit den Begriffen des »Schauers« und der »Aufklärung gekennzeichnet. Kunstwerke erinnern den vorweltlichen Schauer und versuchen seine Inkommensurabilität aufzuklären. Seine Spur ist in ihre durchgearbeiteten Formen eingegraben wie es nach Freud die Erinnerungsspuren in den seelischen Apparat sind, der sich in noch undifferenzierten Wahrnehmungen auf die Außenwelt bezieht. Kunst ist die »Erinnerungsspur der Mimesis«.[41]

6) Der Inbegriff der Übersetzung solcher Spuren in eine transparente Textur ist das Kunstschöne als Geistiges. Adorno betont, erst in Hegels Ästhetik sei ein Begriff der Kunst verbindlich geworden, den man nicht mehr aus wie auch immer gearteten Reaktionsweisen auf ihre Produkte gewinnen kann. Erst in ihr ist der Grund ästhetischer Darstellung im Produkt verankert. Der Wahrheitsgehalt der Kunst ist ihr immanentes Gefügtsein. Es besteht aber aus der Verklammerung von Natur- und Kunstschönem. Tritt das Naturschöne als elementarischer Zug in ästhetische Ausdrucksformen ein, dann macht es sie zu erhabenen Erscheinungen. Er macht ihre scheinhaften Grenzen porös, um sie im Scheinlosen aufzulösen. Das Gegenbild des Erhabenen nennt Adorno »apparition«. Das in diesem Begriff Gemeinte kommentiert er durch die Veranstaltung eines Feuerwerks. Als Allegorie

der Himmelserscheinung ist das Feuerwerk Schein, der die Materialien seines Scheinens selbst vollkommen verzehrt. Der Augenblick, in dem alles ihm Äußerliche getilgt ist, ist der des Verlöschens. Damit ist die Flüchtigkeit des Sinnes beleuchtet, auf den das Kunstschöne als Geistiges via negationis bezogen ist. Es ist nur in den Mitteln der Formation und der Dekomposition der Kunstwerke gegeben. Mit dunklen Hinweisen auf die »Negative Dialektik«, die Adorno als »Logik des Zerfalls« konzipierte, hat er die Ausdrucksbewegung der Kunstwerke charakterisiert: »Der Weg zur Integration des Kunstwerks, eins mit dessen Autonomie, ist der Tod der Momente im ganzen ... Im Drang alles Einzelnen der Kunstwerke zu seiner Integration meldet sich insgeheim der desintegrative der Natur an. Je integrierter die Kunstwerke, desto mehr zerfällt in ihnen, woraus sie sind. Insofern ist ihr Gelingen selber Zerfall, und er leiht ihnen das Abgründige.«[42] In Anlehnung an Benjamins Konzeption der *Allegorie,* die in dessen Barockbuch entwickelt ist, hat Adorno dieses »Abgründige« als Grenze ästhetischer Ausdrucksformen markiert. Im Dekompositionsprozeß, in dem sie wie das Feuerwerk ihre eigenen Materialien verzehren, die Mittel ihres Scheinens abbauen, stoßen sie an ihre eigene Grenze. Im Feuer des Wesens, so meint Adorno wohl, reichen sie an den Abgrund von Erfahrung heran. Weil sich aber nicht benennen läßt, was jenseits dieser Grenze liegt, ist der Vergeistigungsprozeß der Kunstwerke in ihre scheinhafte Logik gebannt. Sie ist ihr Wesen, die Auflösung solcher Selbstnegation muß Erfahrungslosigkeit sein. Kant nannte sie das »Ende« aller Dinge.

Schein als bestimmende Eigenschaft des Kunstschönen hat Adorno von Hegels Ästhetik her aufgenommen. Dort war sie, wie es in der Programmformel vom Schönen als sinnlichem Scheinen der Idee zum Ausdruck kommt, mit einem Ideal ästhetischer Ausdrucksbewegung verbunden, die in sich selbst zur Ruhe kommt. Nach dieser Formel können Formen der Negativität, der Destruktion und der Unruhe nicht wirklich verstanden werden. Hegel hat sie thematisiert – aber nur als vermutende Vor- und verzerrende Nachkunst. Ihre Manifestationen sind eben nicht Produkte gelungener Durchbildung und die romantisch-nachkünstlerischen Ausdrucksformen sind nur Anzeige auf die Krise ästhetischen Scheincharakters. Das meint Adorno auch, aber sie muß man gerade als Ausgangspunkt moderner Kunst nehmen.

Diese ist durch ihren *dissonanten* Charakter zu bestimmen. Das ist nur die auf die Sprachen der Kunst angewandte Weigerung, das Scheinen des Wesens in der Grundformel der dialektischen Logik, der Identität von Identischem und Nichtidentischem aufzulösen. Daß Lukács sie nicht angetastet hat, hatte in ästhetischer Hinsicht zur Folge, daß er keinen Zugang zu Formen der Modernität gefunden hat.

7) In Charakteristik und Kritik ästhetischer Ausdrucksformen ist Adorno entscheidend von den Verfahrensweisen neuer Musik beeinflußt und bestimmt. Das läßt sich aus der Bedeutung ablesen, die er der Dissonanz gibt. Da zur Analyse musikalischer Texturen ein höheres Formbewußtsein als zu der Bestimmung anderer Künste erforderlich ist, enthält die »Ästhetische Theorie« Kunsttheorien gegenüber, die sich an anderen Medien der Darstellung orientierten, die unbestreitbar größere Kraft, die Logik ästhetischer Produktionen zu durchdringen. Das wird deutlich, wenn man sie etwa mit den Kunsttheorien von Lukács und Heidegger vergleicht, die beide, mehr oder weniger geglückt, Dichtung zum Ausgangspunkt ästhetischer Theorie genommen haben.

Schon im Nachidealismus wurde die Krise der Ästhetik eingeleitet, die in der Logik des Scheins das Wesen der Kunstwerke sah. So entstanden Ästhetiken des Häßlichen und des Schreckens, ohne daß die entscheidenden Charakteristika der idealistischen verändert wurden. Zudem war mit der Inflation von Ästhetiken aller Art nur ein rudimentäres Verständnis von Theorie verbunden und die Rede vom Schönen wurde einfach in die über das Häßliche verschoben. Adorno versuchte solche Verschiebung durch die Verklammerung von Natur- und Kunstschönem, die Charakteristik gegensätzlicher Übertragungsbewegung von Mimesis und Ausdruck, die geschichtsphilosophisch gedachte Vereinigung von Schauer und Aufklärung in den Kunstwerken und eben durch die Bestimmung ihres dissonanten Gehaltes zu vermeiden. Alle diese Bestimmungen kommen darin überein, ästhetische Zäsuren seien Ausdruck von Negativität.

Auch das Scheinen von Erscheinungen, das anhand der Himmelserscheinung kommentiert wird, ist keine geglückte Integration ästhetischer Materialien und der Bedeutungen, die durch sie zum Ausdruck gebracht sind. Auch in ihm sind Kunstwerke nach Adorno »mit Unstimmigkeit geschlagen«.[43] Dennoch ist ihre scheinhafte Logik nicht mit dem bloß illusionären Charakter von Kunst gleichgesetzt. Schein ist nicht, wie es in der Konsequenz ideologiekritischer Argumentation liegt, blasses Widerscheinen faktischer Verhältnisse; er ist auch durch den Impuls bestimmt, in die ausdruckslose Vielfalt von Erscheinungen wesentliche Zäsuren zu legen. Illusionär ist erst die Forderung nach stimmiger Durchbildung solcher Zäsuren, die auch von der Ideologiekritik von außen an die Kunstwerke herangetragen wird. Adorno betont mit Nachdruck, die authentischen Werke der modernen Kunst hätten sich gegen diese Forderung durch ihren Ausdruckscharakter immun gemacht. Und der ist unabhängig von Themen, Gegenständen und Motiven, denen sie sich zuwenden, zu bestimmen. Sie sind nicht darauf festgelegt, einen Katalog menschlichen Elends und Schreckens zu bestätigen. Adorno hat die Dichtung Becketts als von psychologischen Elementen gereinigte Ausdrucksprotokolle gelesen. Sprache ist zwar ihr Medium, aber nicht ihr Ausdruck; ihr Ausdruck ist das *Ausdruckslose* der Erfahrung. Die konsistenten Werke der Moderne zeichnet der Versuch aus, die Inkommensurabilität ausdrucksloser Schichten der Erfahrung, wenn schon nicht in Ausdruck zu übersetzen, so doch wenigstens als solche sichtbar zu machen. Dieses Faktum zeigt an, was eigentlich die Bedeutung der Sprache der Kunst ist: »Die wahre Sprache der Kunst ist sprachlos«,[44] wenn man unter Sprache den Austausch von Bedeutungen in der Kommunikation versteht und deren Zeichencharakter nur an die artikulierte Rede bindet. Darum ist auch jede Kunsttheorie, die ihre Evidenzen ausschließlich aus der literarischen Symbolik bezieht, von vornherein zur Unvollständigkeit verurteilt.

Die Künste haben ihre Emanzipation aus religiösen und moralischen Legitimationsformen spät vollzogen und sind dann selbst in die Krise ihres Scheincharakters geraten. Schon im 19. Jahrhundert war die ideologische Reaktionsform auf sie im Stichwort der Kunstreligion gegeben. Ihr Gegenbild hatte sie in den Programmen des Funktionalismus und der »Industrialisierung« und Verwissenschaftlichung der Kunst. Adorno hat keine der beiden Traditionen fortgesetzt. Daß er die zweite nicht aufnahm, ist heute bedeutender. Davor bewahrte ihn die schon in der »Dialektik der Aufklärung« niedergelegte Wissenschaftskritik. Vielleicht ist es die wichtigste Einsicht der »Ästhetischen Theorie«, daß sie die Sprache der Kunst nicht als *Komplettierung* wissenschatlicher Symbolsysteme begreift, ihr nicht die Funktion zuspricht, irgendwelche Theoriefetzen zu kommentieren und Bildungsgüter zu bewahren. Darum hat Adorno die suggestive, aber in ihren Konsequenzen unhaltbare Theorie des späten Benjamin vom »Kunstwerk im Zeitalter seiner technischen Reproduzierbarkeit« kritisiert. Die »Ästhetische Theorie« ist von der weniger suggestiven Bemerkung durchzogen, die Kunst sei ins Zeitalter ihrer Reflexion eingetreten. In ihren Werken stehen Schein und dessen Kritik gegeneinander; in diesem Doppelcharakter ist ihre Darstellungskraft begründet.

8) Sucht man nach Modellen, vermöge derer sich Adorno in Distanz zu den Traditionen setzte, deren Sprache er gebrauchte, dann stößt man auf Benjamins frühe Theorie der Erfahrung. In kunsttheoretischer Hinsicht ist diese exemplarisch im Essay über Goethes »Wahrverwandtschaften« und in dem Buch über das barocke Trauerspiel enthalten. Man kann die »Ästhetische Theorie« als Versuch werten, die Ansätze dieser Theorie gegenüber jener vom Kunstwerk im Zeitalter seiner technischen Reproduzierbarkeit, was ihre theologischen Implikationen betrifft, mit größerer Vorsicht zu behandeln, ihren ästhetischen Gehalt aber mit differenzierteren Mitteln aufrechtzuerhalten. Adornos These, die Bedeutung von Kunstwerken bestehe im Paradoxon des Ausdrucks der Ausdruckslosigkeit, ist in dem Aufsatz über Goethes Wahlverwandtschaften vorgebildet: »Kein Kunstwerk (darf) gänzlich ungebannt lebendig erscheinen, ohne bloßer Schein zu werden und aufzuhören, Kunstwerk zu sein. Das in ihm wogende Leben muß erstarrt und wie in einem Augenblick gebannt erscheinen.«[45] Die ungehemmte Ausdrucksbewegung, jene, die sich nicht gegen sich selbst wendet, kennzeichnet Benjamin als scheinhaft: »Was diesem Schein Einhalt gebietet, die Bewegung bannt und der Harmonie ins Wort fällt, ist das Ausdruckslose ... Das Ausdruckslose ist die kritische Gewalt, welche Schein vom Wesen in der Kunst zwar zu trennen nicht vermag, aber ihnen verwehrt, sich zu mischen, ... Im Ausdruckslosen erscheint die erhabene Gewalt des Wahren, ... Dieses nämlich zerschlägt, was in allem schönen Schein als die Erbschaft des Chaos noch überdauert, die falsche, die irrende Totalität – die absolute. Dieses erst vollendet das Werk, welches es zum Stückwerk zerschlägt, zum Fragment einer wahren Welt, zum Torso eines Symbols.«[46] Benjamin hat die Darlegungen zur ausdruckslosen Gewalt scheinlo-

ser ästhetischer Bedeutung aus den Anmerkungen abgeleitet, die Hölderlin anhand seiner Ödipus- und Antigoneübersetzung zur Bedeutung der Zäsur gemacht hat.[47] Die Zäsur ist im rhythmischen Ablauf der Worte der Schnitt, in dem aufgrund »gegenrhythmischer Unterbrechung« das »reine Wort« erscheint. Das Reine ist das Ausdruckslose der Kunstwerke. Durch es haben sie ihren inkommensurablen Zug und die Fremdheit, die ihnen eigen ist. Diese zu begreifen, macht den Kern ästhetischer Theorie aus. Im Trauerspielbuch kennzeichnet Benjamin den Eingriff in die scheinhafte Logik der Kunstwerke als deren »Mortifikation«. Ihr entspricht in den Werken der Kunst selbst die allegorische Entseelung der Bewegung des Lebendigen. Darum sind sie dem Inbegriff einer beseelten Sprache gegenüber Fragmente. Das mangellose Sein, auf das sie gerichtet sind, läge erst im Stande der Erlösung vor Augen des Betrachters. Die Grenze zu ihm markiert die Schranke der Darstellungsfähigkeit allegorischer Ausdrucksformen. In ihm, auf den sie via negationis bezogen sind, würden sie sich auflösen. Adorno nimmt die Gewißheit eines Standes der Erlösung zurück; hält aber den Widerstreit von Schein und Scheinkritik im Kunstwerk aufrecht. Aufgrund dieses Widerstreits sind Kunstwerke Bündel von Dissonanzen, kommentarlose Protokolle der Negativität. Auch die Konzeption negativer Dialektik ist von gedanklichen Motiven solcher Art bestimmt, obgleich sie sich als Auseinandersetzung zwischen Kant auf der einen, Hegel und Marx auf der anderen Seite gibt. In der Auseinandersetzung mit solchen Traditionen hat Adorno nur die größere theoretische Breite gewonnen und zudem Adressaten, deren Wahrnehmungsfähigkeit erst durch sie erregbar ist. Dann hat er das *Paradoxon,* das nach Benjamin der Kristallisationspunkt allegorischer Darstellungsformen ist, bis zur vollkommenen Unverständlichkeit in theoretischer und zur Unmöglichkeit des Handelns in praktischer Hinsicht verschärft. In dieser Immunisierung suchte er Schutz vor vorschnellen Angeboten falscher und nachgeahmter Positivität. Benjamins Theorie vom Kunstwerk im Zeitalter seiner technischen Reproduzierbarkeit ist ein solches Angebot. In ihm ist die Analyse der Ausdrucksbewegung von Kunstwerken unter Verwendung nicht durchdrungener Kategorien der Marxschen Theorie zugunsten der vermeintlichen Sachlichkeit filmischer Epik verabschiedet. Benjamin beschreibt die Ausdrucksbewegung von Kunst als Prozeß, in dem ihre Aura zerfällt;

und Adorno kennzeichnet diese Bewegung als »apparition«, ohne sie in erzwungene Positivität zu wenden. Ließen sich die Verfahrensweisen der Kunst durch eine solche Wende bestimmen, dann hätten die Kunstwerke ihren Doppelcharakter verloren. Dieser ist aber das Zeichen ihrer Authentizität.[48]

Anmerkungen

1 M. Weber. Gesammelte Aufsätze zur Wissenschaftslehre, hrsg. von J. Winckelmann. Tübingen ³1968, S. 184.
2 M. Horkheimer / Th. W. Adorno. Dialektik der Aufklärung. Frankfurt ²1969, S. 64 (fernerhin zitiert als DA).
3 DA, S. 64.
4 Horkheimer und Adorno haben keine vollständige Interpretation der »Phänomenologie« im Auge gehabt. Der Vergleich des phänomenologischen Erfahrungsprozesses mit dem sich entfaltender Vernunft, die an das Paradoxon von Selbsterhaltung durch Selbstverleugnung gebunden ist, kann ohnehin nur Hinweischarakter haben. Daß er diesen aber hat, liegt vermutlich daran, daß man Schlüsselpassagen solcher Bücher wie der »Phänomenologie des Geistes« durch intendierte vollständige Interpretationen überhaupt nicht erreichen kann. Es scheint fast so zu sein, als müsse man sie erst umgehen, um dann wenigstens eines ihrer zentralen Theoreme zu treffen – sei's auch mit der Konsequenz, dieses gegen ihren ursprünglichen Bezugsrahmen in Anspruch zu nehmen.
5 G. W. F. Hegel. Phänomenologie des Geistes, hrsg. von J. Hoffmeister. Hamburg ⁶1952, S. 399.
6 DA, S. 75.
7 M. Horkheimer. Zur Kritik der instrumentellen Vernunft. Frankfurt ²1967, S. 13.
8 Darin unterscheiden sich ihre Autoren von H. Marcuse.
9 DA, S. 22.
10 DA, S. 86.
11 DA, S. 86.
12 DA, S. 86.
13 DA, S. 50.
14 DA, S. 56 f.
15 DA, S. 63.
16 DA, S. 62.
17 DA, S. 61.
18 Vgl. J. Habermas. Urgeschichte der Subjektivität und verwilderte

Selbstbehauptung. In ders.: Philosophisch-politische Profile. Frankfurt 1971, 184-199, bes. S. 185.
19 DA, S. 39.
20 Th. W. Adorno. Ästhetische Theorie. Gesammelte Schriften Bd. 7, hrsg. von G. Adorno und R. Tiedemann. Frankfurt 1970, S. 169 (fernerhin zitiert als ÄT).
21 DA, S. 77.
22 Vgl. M. Theunissen. Gesellschaft und Geschichte. Zur Kritik der kritischen Theorie. Berlin 1969.
23 K. Marx / F. Engels. Werke. Ergänzungsband. Schriften bis 1844. Erster Teil. Berlin 1968, S. 229; Wolfgang Fietkau hat mich auf diese Passagen aufmerksam gemacht.
24 DA, S. 96.
25 DA, S. 41.
26 DA, S. 38.
27 DA, S. 66 f.
28 Th. W. Adorno. Negative Dialektik. Frankfurt 1966, S. 36.
29 ÄT, S. 337.
30 ÄT, S. 14.
31 Vgl. J. Habermas. Urgeschichte der Subjektivität und verwilderte Selbstbehauptung, a.a.O., S. 193 f.
32 ÄT, S. 172.
33 DA, S. 240 f.
34 Th. W. Adorno. Die Kunst und die Künste. In ders.: Ohne Leitbild. Frankfurt 1967, S. 182.
35 ÄT, S. 384.
36 ÄT, S. 292.
37 ÄT, S. 295.
38 ÄT, S. 102.
39 ÄT, S. 121.
40 ÄT, S. 111.
41 ÄT, S. 198.
42 ÄT, S. 84.
43 ÄT, S. 161.
44 ÄT, S. 171. Vgl. Th. W. Adorno. Fragment über Musik und Sprache. In ders.: Quasi una Fantasia. Musikalische Schriften II. Frankfurt 1963, 9-16.
45 W. Benjamin. Goethes Wahlverwandschaften. In ders.: Illuminationen. Frankfurt 1961, S. 127.
46 Ebd.
47 Vgl. den Exkurs zu Hölderlin in Vf.: Ästhetischer Absolutismus und politische Vernunft. Frankfurt 1972, 242-249.
48 Vgl. H. Blumenberg. Sokrates und das ›objet ambigu‹. Paul Valérys Auseinandersetzung mit der Tradition der Ontologie des ästheti-

schen Gegenstandes. In: Epimeleia. Helmut Kuhn zum 65. Geburtstag, hrsg. von F. Wiedmann. München 1964, 285-323, bes. Teil III und IV. Den »rätselhaften« Doppelcharakter von Kunstwerken, ihr obskures Objekt-sein bestimmt Blumenberg dort als »Unbestimmtheit«, die unwahrscheinliche Wirkungen produziert, und setzt sie in ein inkommensurables Verhältnis zur landvermessenden Tätigkeit theoretischer Hypothesenbildung.

Dieter Kliche
Kunst gegen Verdinglichung

*Berührungspunkte im Gegensatz von Adorno und Lukács**

1.

Als 1958 Georg Lukács' *Wider den mißverstandenen Realismus* erscheint, widmet Theodor W. Adorno der Schrift eine ausführliche Rezension, die sich nicht nur auf den schmalen Band bezieht, sondern Lukács' Gesamtwerk meint. Der Grundton der Rezension ist, selbst wenn man Adornos übliche kritische Tonart in Rechnung stellt, außerordentlich scharf polemisch und läßt sich in seiner Gereiztheit nur dadurch erklären, daß er in der Lukácsschen Schrift unter den Avantgardismus gleich Dekadenz subsumiert worden war. Daß Proust, Kafka, Joyce, Beckett einerseits, Benn, Jünger, Heidegger andererseits und schließlich auch Benjamin und er selbst – als theoretische Kronzeugen – der Dekadenz zugerechnet werden, läßt ihn zu der Frage greifen, »ob jemand, der so schreibt, unkundig des Metiers der Literatur, mit der er souverän umspringt, überhaupt das Recht hat, in literarischen Dingen im Ernst mitzureden«.[1]

Scharf konturiert Adorno den Gegensatz zwischen Lukács und sich. Die »wahrhaft avantgardistischen Werke« leben von der

---

* Überarbeitete Fassung eines Aufsatzes, der 1977 in Heft 7 in den *Weimarer Beiträgen* erschienen ist.
  Folgende Schriften erscheinen im Text als Siglen und werden in Klammern mit entsprechender Seitenzahl nachgestellt:
  Georg Lukács: *Geschichte und Klassenbewußtsein*, in: *Werke* (Frühschriften II), Bd. 2, Neuwied und Berlin 1968, als *GK*.
  Georg Lukács: *Die Eigenart des Ästhetischen*, 1. Halbband, in: *Werke:* (Ästhetik Teil I), Bd. 11, Neuwied und Berlin-Spandau 1963, als *Ä I*.
  Georg Lukács: *Die Eigenart des Ästhetischen*, 2. Halbband, in: *Werke* (Ästhetik Teil II), Bd. 12, Neuwied und Berlin-Spandau 1963, als *Ä II*.
  Theodor W. Adorno: *Negative Dialektik*, in: *Gesammelte Schriften*, Bd. 6, Frankfurt am Main 1973, als *NeD*.
  Theodor W. Adorno: *Ästhetische Theorie*, in: *Gesammelte Schriften*, Bd. 7, Frankfurt am Main 1972, als *ÄT*.

gesellschaftlichen Negativität und der Gegnerschaft gegen die
»universale Verdinglichung«. Die Werke Kafkas, Joyces und
Becketts haben, so Adorno, ihre Gewalt darin, daß in »ihren
Monologen die Stunde (hallt), die der Welt geschlagen hat«.
Moderne Kunst ist für Adorno »auf der Spitze des reinen Ausdrucks, die unmittelbar identisch ist mit Angst«.[2]

Lukács' Position in der Realismus-Frage dagegen sei dessen alte
Lieblingsidee der »Immanenz des Sinnes«, er halte sich »unverdrossen ans Erzählte«. Weil die Werke des ästhetischen Traditionalismus Lukácsscher Provenienz mitteilsam die Welt schilderten, bleiben sie in unreflektierter, »in starrer Betrachtung draußen
vorm Gegenstand«. Selbst Lukács' Kronzeugen des Realismus,
Dickens und Balzac, seien »gar nicht so realistisch«.

»Heute sind an beiden Romanciers nicht nur romantische und
archaistisch-vorbürgerliche Züge hervorgetreten, sondern die gesamte *Comédie humaine* von Balzac zeigt sich als eine Rekontruktion der entfremdeten, nämlich vom Subjekt gar nicht mehr
erfahrenen Realität aus Phantasie. Insofern ist er nicht durchaus
verschieden von den avantgardistischen Opfern der Lukácsschen
Klassenjustiz.«[3]

So läuft Adornos Rezension auf eine klar beschriebene, strikte
Entgegensetzung seines modernistischen Ansatzes (Beckett,
Kafka, Joyce) und Lukács' Traditionalismus (der Realismus des
frühen 19. Jahrhunderts) hinaus. Auf dieser Ebene sind in der Tat
die Gegensätze beider elementar. Handelt es sich doch um die
beiden Pole bürgerlicher Kunstentwicklung, die in den ästhetischen Theorien beider die literarische Basis der ästhetischen
Verallgemeinerung abgeben.

Verfolgt man allerdings Adornos Argumente genauer und ins
einzelne gehend, und vergleicht man sie mit denen von Lukács in
der *Eigenart des Ästhetischen,* so schält sich in den Grundauffassungen der ästhetischen Konzeption eine Reihe von überraschenden Gemeinsamkeiten heraus, die Adorno wohl selbst als geheime Konvergenzen gespürt haben mag. *Erpreßte Versöhnung*
überschreibt er seine Rezension. Er meint damit die Anwesenheit
unaufgehobener Tendenzen der »Utopie seiner Jugend«, des
Frühwerks von Georg Lukács: *Die Seele und die Formen, Theorie des Romans* und *Geschichte und Klassenbewußtsein*. Dies ist
der Lukács, auf den Adorno sich wiederholte Male ausdrücklich
und positiv bezieht.

Dem Zusammenhang von sich gegenseitig ausschließender ästhetischer Konzeption und ungeachtet dessen darin enthaltenen methodologischen Berührungspunkten soll im folgenden nachgegangen werden.[4] Dabei kann man, so glaube ich, mit einigem Recht auch davon ausgehen, daß zwischen Adorno und Lukács eine ästhetische Debatte (allerdings ohne durchgehenden Bezug auf den anderen) mit folgenden Stationen stattfindet: 1958 Lukács' *Wider den mißverstandenen Realismus*, im gleichen Jahr Adornos Rezension; 1963 Lukács' *Die Eigenart des Ästhetischen* und schließlich 1968 Adornos *Ästhetische Theorie*.

Dieser Vergleich hat allerdings seine Gefahren, weil er notwendigerweise von den konkreten Kontexten beider Theorien und deren spezifischer Genesis abstrahieren muß: Relativ unvermittelt werden hier zwei ästhetische Konzepte einander entgegengesetzt. Eine Vorverständigung über den Nutzen dieses Verfahrens ist deshalb wohl unabdingbar.

Sowohl Adorno wie Lukács haben heute, vor allem in der BRD, eine je spezifische Nachfolge gefunden – auch in Forschungsansätzen, die sich um einen Ausbau marxistischer Positionen bemühen. Die weitere Vertiefung dieser Positionen stößt unabweislich – das machen die in der aktuellen literaturtheoretischen Diskussion auftauchenden vielgestaltigen Entwürfe und Theorieansätze im Umkreis der Probleme materialistischer Literaturtheorie deutlich – auf methodologische Grundfragen der marxistischen Literaturtheorie und Ästhetik. Für die Einschätzung dieser Debatte ist es deshalb außerordentlich wichtig zu sehen, daß die offenbar so diametralen Konzepte von Adorno und Lukács in einer Grundlinie der Theoriebildung (Auffassung von Entfremdung, Totalität, Kunst-Autonomie, Setzung einer Kunstfunktion der Utopie etc.) Berührungspunkte haben, die in ihren Wurzeln auf Lukács' Theorie der Verdinglichung zurückweisen. Sein Buch *Geschichte und Klassenbewußtsein* – daran haben die Philosophen immer wieder erinnert – spielt in diesem Zusammenhang eine bedeutende Rolle. Adornos wie Lukács' Ästhetik provozieren gerade in den Momenten partieller methodologischer Übereinstimmung die Auseinandersetzung um grundlegende Problemstellungen marxistischer Ästhetik und Literaturtheorie wie Epochenbestimmung und Literaturfunktion, die methodologische Bedeutung der ökonomischen Gesellschaftsformation und Klassenanalyse für eine marxistische Literaturtheorie, die Frage nach dem historischen Substrat der ästhetischen Verallgemeinerungen, die Rolle der Literaturverhältnisse, Probleme von Widerspiegelung und Parteilichkeit.

Eine Grundfrage in den Auseinandersetzungen um die marxistische Ästhetik betrifft das Problem, ob sie geschichtsphilosophisch auf der Entgegensetzung von entfremdeter Welt und Totalitätserlebnis verschaffende Kunst fundiert werden kann[5], oder ob sie nicht vielmehr von einem funktionalen Forschungsansatz her ausgearbeitet werden muß.[6] In der Auseinandersetzung mit Adorno und bei der kritischen Aneignung Lukács' erweist sich diese Frage als ganz besonders dringlich. Allgemein ist es die Frage nach dem Verhältnis des Marxismus zu Hegel – also auch des Verhältnisses der marxistischen Ästhetik und Literaturtheorie zum *Typ* von Hegels Ästhetik. Ihn hat Wolfgang Heise folgendermaßen charakterisiert: Hegels Ästhetik »blieb Bildungsästhetik. Ihre Norm des schönen Werks versammelt in dessen Aura zugleich die Wirklichkeitsferne. Die illusionäre Einheit des ›Wesens‹ als Norm und Gehalt des Schönen, die in der Totalität des Werks Gestalt gewinnt, kapselt dieses gegen die Stürme, Aktionen, Bewegungen des wirklichen Lebens ab.«[7] In der Tradition dieser Hegelschen Bildungsästhetik stehen Adorno und Lukács gleichermaßen.

Soll aber der Vergleich sinnvoll sein, so müssen auch die Grenzen der gewählten Fragestellung markiert werden. Das ästhetische Gesamtwerk beider hatte und hat eine extrem unterschiedliche Funktion in den Klassenkämpfen unseres Jahrhunderts und für die Entwicklung der marxistischen Ästhetik und Literaturtheorie. Von hier aus gesehen sind die Ungleichartigkeit und die Nichtvergleichbarkeit der Lukácsschen und der Adornoschen Ästhetik evident. Lukács' Ästhetik mündet in ein zwar eingeschränktes aber positives Modell von Kunst: in die an die soziale Perspektive des Sozialismus gebundene Theorie des Realismus. Das macht Lukács' gesamtes Schaffen für die marxistisch-leninistische Theorie der Literatur und Kunst bedeutungsvoll und verlangt eben gerade deshalb kritische, die fragwürdigen methodologischen Ansätze nicht kaschierende Aneignung. Wenn hier nur diese Momente herausgehoben werden, so bedeutet das nicht zugleich ein Werturteil über sein Gesamtwerk.

Adornos ästhetisches Modell dagegen bleibt »Negation«; es destruiert alle vorhandenen Kunstfunktionen, ohne an ihre Stelle eine auf soziale Perspektive gerichtete neue Kunstfunktion setzen zu können.

Lukács' Entwicklung steht solcherart einschließlich seiner Irrtümer und Fehler innerhalb der marxistischen Literaturtheorie und Ästhetik. Adorno dagegen bleibt trotz marxistischer Ansätze und überaus beachtenswerter Vorschläge auf dem Standpunkt des bürgerlichen Intellektuellen, und er hat auch aus seinem vehementen Antikommunismus keinen Hehl gemacht. Der polemische Brecht hat diesen Unterschied genau gespürt und in Lukács den Bundesgenossen erkannt, während ihm Adorno schon in den dreißiger Jahren als eines der Urbilder für den bürgerlich-liberalen Intellektuellen, für den Tui diente.

2.

Über die breite und nachhaltige Wirkung von Georg Lukács' Buch *Geschichte und Klassenbewußtsein* gibt es keinen Zweifel. Innerhalb der kommunistischen Bewegung war es Gegenstand ernsthafter Kritik; und auch außerhalb der kommunistischen Bewegung hat es beträchtliche Wirkungen gehabt, so auf den französischen Existentialismus, auf »praxisphilosophische« Ansätze und eben auch in den dreißiger Jahren, im New Yorker Exil, auf die theoretischen Exponenten des »Frankfurter Instituts für Sozialforschung«.[8] Adorno bezeugt an verschiedenen Stellen den nachhaltigen Eindruck des Buches auf sein Denken.

Aber auch in Lukács' eigenem Gesamtwerk nimmt *Geschichte und Klassenbewußtsein* eine zentrale Stelle ein. Es ist ein Buch des Übergangs – und zugleich werden in ihm Grundauffassungen entwickelt, die Lukács zeit seines Lebens vertreten hat. Mit *Geschichte und Klassenbewußtsein* hat man einen Schlüssel zum Gesamtwerk Lukács' in der Hand. In den über vierzig Jahren seit seinem Erscheinen hat Lukács wiederholt scharfe Selbstkritik an dem Buch geübt; dennoch hielt er es für so wichtig und auch noch für so gültig, daß er es in die Luchterhand-Ausgabe seiner Schriften aufnehmen ließ und ihm 1967 eine lange Einleitung widmete, in der der Intention nach ein wichtiger Abschnitt seiner intellektuellen Biographie gegeben wird. Überdies ist es die einzige ausführlichere und zusammenhängende Darlegung der geschichtsphilosophischen Grundlage seiner Konzeption.

Um die Konvergenz der Position von *Geschichte und Klassen-*

bewußtsein mit Adorno an ihrem zentralen Punkt zu zeigen, muß auf die Problemstellung der Entfremdung/Verdinglichung eingegangen werden, wobei vorausgeschickt sei, daß man sich die Wirkung des Buches auf Adorno wohl nicht als eine direkte Übernahme, sondern sicherlich mehr als ein gleichgerichtetes Reflektieren von verwandten theoretischen Positionen aus vorzustellen hat.

Die idealistische Entfremdungs-Verdinglichungs-Konzeption ist der eigentliche und innerste neuralgische Punkt nicht nur von Lukács' Buch *Geschichte und Klassenbewußtsein*, sondern seines Gesamtwerkes und insonderheit seines ästhetischen Gesamtwerkes. Ein Entfremdungsbegriff findet sich bei ihm schon vor 1914. Damals bezog er sich mit ihm gar nicht direkt auf Marx, sondern er wurde ihm, wie Günter Fröschner gezeigt hat, über Georg Simmel vermittelt. Für Simmel ist der Fetischcharakter, »den Marx den wirtschaftlichen Objekten in der Epoche der Warenproduktion zuspricht ... nur ein besonders modifizierter Fall dieses allgemeinen Schicksals unserer Kulturinhalte«.[9]

Charakteristisch für Lukács ist die Konstituierung eines identischen Subjekt/Objekt, das gegen die Entfremdung arbeitet. Alle Vergegenständlichung wird als Entfremdung gesehen. Innerhalb der welthistorischen Dialektik des Weltgeistes fungiert die Subjekt–Objekt-Dialektik als Zurücknahme des entfremdeten Objekts ins Subjekt, diese Zurücknahme ist zugleich (da Identität von Entfremdung und Vergegenständlichung gesetzt ist) Aufhebung der Gegenständlichkeit als Zurücknehmen ihrer Gegenständlichkeit. Diese idealistische Subjekt–Objekt-Dialektik bleibt immer eine Konstante von Lukács' Denken; sie grenzt Dialektik auf Bewußtseinsdialektik ein. Der Stellenwert aber, den sie jeweils in den verschiedenen Etappen im System erhält, ist durchaus verschieden. Vor *Geschichte und Klassenbewußtsein* formt sich die idealistische Subjekt–Objekt-Dialektik als ein religiös-utopisches Ideal der Kunst aus. In *Geschichte und Klassenbewußtsein*, und besonders in dem 1922 entstandenen Aufsatz *Die Verdinglichung und das Bewußtsein des Proletariats*, wird das Klassenbewußtsein des Proletariats zum identischen Subjekt–Objekt, zum entscheidenden geschichtsphilosophischen Hebel gegen die Entfremdung. Nur durch politischen Aktivismus, durch die voluntaristische Umsetzung des Klassenbewußtseins in Wirklichkeit ist nach Lukács' jetziger Überzeugung die Entfremdung zu überwinden. Das ist die revolutionäre Ungeduld und die Hoffnung auf die Weltrevolution – Denkansätze, die Lukács in den frühen zwanziger Jahren mit vielen teilte. Charakteristisch ist, daß die Rolle der Kunst als alleinige Statthalterin des unentfremdeten Bewußtseins jetzt durch das politische Bewußtsein, das Klassenbewußtsein substituiert wird. Wohl ist diese Wende ein Ansatz in Richtung auf eine materialistische Lösung – er bleibt aber ganz und gar innerhalb der idealistischen Konzeption. Mit dem Ende der revolutionären Nachkriegskrise, dem Beginn der relativen Stabilisierung des kapitalistischen Systems und der sich abzeichnenden Gefahr des Faschismus beginnt ein Umdenken, das von Lukács selbst und von anderen oft und ausführlich beschrieben worden ist. Für unseren Zusammenhang ist folgendes wichtig: Ab 1929/1930 erhält in Lukács' theoretischem Denken der Übergang vom Kapitalismus zum Sozialismus nun eine historisch sehr lange Dauer zugesprochen. Die Probleme des Übergangs werden in dieser Sicht auch für die Bestimmung der Rolle der Kunst auf eine historisch sehr lange Sicht konzeptionsbildend. Lukács' ständiger Bezugspunkt ab diesem Zeitpunkt ist eine Literatur, die in Wirkungsweise und Funktion mit dem illusionslosen Blick auf die wirklichen Verhältnisse diesem Übergang Rechnung trägt, indem sie sich klassenmäßig ungeteilt an die breitesten Schichten wendet. Entsprang die Formulierung einer breit angelegten demokratischen Kunstfunktion genau den Bedürfnissen der Stunde und der darauffolgenden Jahre, ja man kann sagen Jahrzehnte, so begünstigte das breite Akzeptiertwerden seiner Theorie andererseits auch die Verfestigung dieser Kunstfunktion in seinem eigenen theoretischen Denken. Weil Lukács davon ausging, daß Kunst in diesem langen historischen Übergang des noch nicht verwirklichten Sozialismus es immer mit Entfremdung als kapitalistischem Phänomen oder als kapitalistischem Überhang zu tun haben wird, fetischisierte sich in seinem Denken auch die »defetischisierende Funktion« der Kunst. Somit läßt sich beobachten, daß nach 1930 auch die Kunst wieder in ihre alten Rechte der Statthalterin unentfremdeten Bewußtseins eingesetzt wird – ein Status, den sie vor dem Intermezzo des politischen Radikalismus bereits einmal innegehabt hatte. Dieser der Kunst zugesprochene Status wirkte seinerseits wiederum auf die Verfestigung eines enthistorisierten Entfremdungsbegriffs.

Im 1967 geschriebenen *Vorwort* zur Neuausgabe von *Geschichte und Klassenbewußtsein* übte Lukács nun aber scharfe Selbstkritik am Gebrauch gerade dieser Kategorie (vgl. *GK*, S. 26). Obwohl diese Kritik sehr entschieden ist, stößt sie aber auch 1967 nicht zum Kern, zu der ökonomischen Wurzel der Entfremdung vor. Jetzt wird von Lukács *Das Kapital* mit den Augen der *Ökonomisch-philosophischen Manuskripte* gelesen. Die korrigierende andere Lesart vom *Kapital* her fehlt. So bleibt auch in der *Ästhetik* die Entfremdung eine allgemeine anthropologische Kategorie. In jenem Kapitel der *Eigenart des Ästhetischen*, das der »defetischisierenden Funktion« der Kunst gewidmet ist, taucht denn auch, trotz der Selbstkritik und gegen die dort gegebenen Einsichten, ein gleicher Begriff von Entfremdung/Verdinglichung wie 1922 wieder auf: Lukács bleibt dort zwar ganz in der Nähe des betreffenden Marx-Textes über den Warenfetischismus, er argumentiert aber zugleich in charakteristischer Weise gegen ihn. Er zitiert die entscheidende Stelle aus dem 1. Band des *Kapital*, an der Marx über das »quid pro quo« der Verwandlung eines gesellschaftlichen Verhältnisses Arbeit in ein dem Produzenten fremdes Verhältnis durch die Warenform spricht. Aber – Lukács nimmt diese Aussage gar nicht in ihrem *ökonomischen Inhalt* ernst, sondern wendet sie sofort und ausschließlich in ein erkenntnistheoretisch-methodologisches Problem. Die hier ausgesprochene Marxsche Erkenntnis sei der paradigmatische Fall einer defetischisierenden Erkenntnis. Dies ist der erste Schritt seiner Argumentation. Der zweite ist eine Art Analogieschluß in die Kunst hinein: Eine solche defetischisierende Rolle, wie sie Marx' Erkenntnis des Warenfetischismus zukommt, hat Kunst sui generis (vgl. *Ä I*, S. 696 ff.).

Lukács meint, »im Sinne der Marxschen Methode vorzugehen«, wenn er vor der allgemeinen Geltung von Fetischisierung und Entfetischisierung ausgeht: »Dadurch entsteht für diese Betrachtung ein breiterer Begriff der Fetischisierung« (*Ä I*, S. 700). Es unterliegt sicherlich keinem Zweifel, daß es bei Marx einen über den ökonomischen Warenfetischismus hinausreichenden Begriff von Fetischisierung gibt. Die crux in Lukács' Argumentation aber liegt in der eigentlich unbesehenen Gleichsetzung von Warenfetischismus, Verdinglichung, Entfremdung, Fetischisierung und der nun auch ausgesetzten Frage nach dem jeweiligen konkreten ökonomischen und epochengeschichtlichen Inhalt der Begriffe.

Hier liegt auch der innerste Begründungszusammenhang für die geschichtsphilosophische Verewigung des Realismus und die Wurzel folgender einliniger Gleichsetzung: ewige Fetischisierung in Bewußtseinsprozessen – ewige defetischisierende Funktion der Kunst – ewige menschheitliche Geltung der realistischen Mimesis. Mit einem idealistischen Entfremdungsbegriff wird ein Kunstbegriff übergeschichtlicher Qualität gewonnen.

Theodor W. Adorno hat in einer interessanten Passage seiner *Negativen Dialektik* den Verdinglichungsbegriff Lukács' aus *Geschichte und Klassenbewußtsein* einer auf den ersten Blick materialistischen Kritik unterzogen. Er wendet gegen die dort praktizierte Auflösung der Verdinglichung ins Bewußtsein ein: So werde das Problem verniedlicht, weil das verdinglichte Bewußtsein nur ein Epiphänomen sei, dessen Quellen man, will man die Verdinglichung denunzieren, tiefer in den *Verhältnissen* und nicht in der *Weise* suchen muß, wie »die Verhältnisse dem Bewußtsein erscheinen« (*NeD*, S. 191).

Wohl hat diese Kritik einen materialistischen Kern, geht sie doch von der Erkenntnis aus, daß Verdinglichung und Verkehrung im Bewußtsein eine Widerspiegelung realer Verkehrungen in den Verhältnissen und Institutionen sind, die die Warenproduktion setzt und erzeugt. Aber der kritische materialistische Impuls reicht eben nur bis zu den Verhältnissen und Institutionen (im kulturkritischen Ansatz die »Kulturindustrie«), die – und hier liegt ein erster Berührungspunkt zu Lukács – weder ökonomisch, klassenmäßig historisch, noch nach den besonderen gesellschaftlichen Praxisformen differenziert erscheint. Auch bei Adorno, man lese die *Negative Dialektik* oder die *Ästhetische Theorie*, werden »Warenfetischismus«, »Verdinglichung«, »Entfremdung« zu einer über die bürgerliche Epoche nach vorn und hinten hinausreichenden allgemeinen Metapher, die ohne die Analyse konkreter ökonomischer Gesellschaftsformationen und des je besonderen Verhältnisses von Produktivkräften und Produktionsverhältnissen bleibt. Allein Kunst (auch dies bleibt ein allgemeiner Begriff) widersetzt sich der verdinglichten Realität; Kunst wird zum Statthalter gesamtgesellschaftlichen, gegen Verdinglichung gerichteten, unentfremdeten Bewußtseins. Kern seiner Lukács-Polemik in der *Negativen Dialektik* ist eigentlich auch ein ganz anderer. Adorno erkennt in Lukács' Dialektik des Verhältnisses Klassenbewußtsein contra Verdinglichung in *Geschichte und*

Klassenbewußtsein den ultraradikalen, den aktivistischen und tendenziell auch anarchistischen Ansatzpunkt. Diesen für die aktuelle Szene der Studentenrebellion der sechziger Jahre abzubiegen und als nicht zu den erlaubten Folgerungen aus seiner eigenen Theorie gehörend darzustellen, ist der eigentliche Grund der Polemik: ».... wer alles, was ist, zur reinen Aktualität dynamisieren möchte, tendiert zur Feindschaft gegen das Andere, Fremde, dessen Namen nicht umsonst in Entfremdung anklingt, absolute Dynamik aber wäre jene absolute Tathandlung, die gewalttätig sich in sich befriedigt und das Nichtidentische als ihre bloße Veranlassung mißbraucht« (*NeD*, S. 191).

Neben der methodischen Gemeinsamkeit deutet sich hier aber auch die zentrale Divergenz zwischen Lukács' und Adornos Kunsttheorie an. Lukács will die Widersprüche, die durch die Entfremdung verursachte Dissonanz zwischen Welt und Individuum im durch ästhetische Form ausgesöhnten homogenen Abbild zur Ruhe bringen und damit auch den Rezeptiven wieder mit der Welt aussöhnen. Auch Adorno gesteht eine ästhetische Aussöhnung der Dissonanzen in der ästhetisch homogenen Form zu, aber diese soll den Rezeptiven nicht mit der Welt versöhnen, sondern im Gegenteil ihm die Dissonanz und Zerrissenheit seines Verhältnisses zu ihr ständig neu denunzieren. Im selben Zusammenhang der Polemik gegen Lukács' Verdinglichungs-Auffassung von 1922 heißt es: »Aus der Dialektik des Bestehenden ist nicht auszuscheiden, was das Bewußtsein als dinghaft fremd erfährt: negativ Zwang und Heteronomie, doch auch die verunstaltete Figur dessen, was zu lieben wäre ... Über die Romantik hinaus, die sich als Weltschmerz, Leiden an der Entfremdung fühlte, erhebt sich Eichendorffs Wort ›Schöne Fremde‹. Der versöhnte Zustand annektierte nicht mit philosophischem Imperialismus das Fremde, sondern hätte sein Glück daran, daß es in der gewährten Nähe das Ferne und Verschiedene bleibt« (*NeD*, S. 191/192).

Die Gemeinsamkeit des erkenntnistheoretischen Grundansatzes unentfremdetes Bewußtsein gegen Verdinglichung hat bei Adorno wie bei Lukács zur Folge, daß Dialektik vorzugsweise als abstrakte Disziplin jenseits von historisch-materialistischer Konkretion erscheint. Die Gefahr einer solchen abstrakten Dialektik hat Adorno selbst gespürt: »Wer der dialektischen Disziplin sich beugt, hat fraglos mit bitterem Opfer an der qualitativen Mannigfaltigkeit der Erfahrung zu zahlen.« Diesen Mangel, der die Unzulänglichkeit des Grundansatzes signalisiert, macht Adorno zum Programm: »Die Verarmung der Erfahrung durch Dialektik jedoch ... erweist sich in der verwalteten Welt als deren abstraktem Einerlei angemessen« (*NeD*, S. 18). Und auch bei Georg Lukács findet sich ein diesbezügliches – zwar früheres, aber für das Gesamtwerk gültiges – Eingeständnis in der *Bucharin-Rezension* von 1925, in der er gegen dessen Tendenz berechtigt Front gemacht hatte, den Marxismus auf eine »allgemeine Soziologie« zu reduzieren: »Denn die Dialektik kann auf eine *spezielle* inhaltliche Erfüllung verzichten: ist sie doch auf das Ganze des Geschichtsprozesses gerichtet, dessen individuelle, konkrete ... Momente ... gerade in dem ununterbrochenen Wechsel ihrer gegenständlichen Struktur ... als *Totalität* zum Erfüllungsgebiet der Dialektik werden« (GK, S. 605). Materialistische Dialektik heißt doch aber in erster Linie – dies trifft die Grenzen von Adorno wie von Lukács –, daß die Methode nur in ihren allgemeinsten Gesetzmäßigkeiten unabhängig von ihrer gegenständlichen Konkretheit existiert, daß materialistische Dialektik also vor allem auch die Aufforderung zu ihrer gegenständlichen Durchführung und Anwendung einschließt. Eine besondere Rolle kommt dabei besonders der Analyse der ökonomischen Gesellschaftsformation, des Zusammenhanges der Produktivkräfte und Produktionsverhältnisse, der marxistischen Klassenanalyse zu – Momente, die für Adorno wie für Lukács stets eine quantité négligeable bleiben.

Schließlich – und hier liegt ein dritter Berührungspunkt – wird in beiden ästhetischen Konzeptionen der Zusammenhang von Dialektik versus Entfremdung/Verdinglichung/Fetischisierung zum *Kunstmodell* und aus der Erkenntnistheorie in die Kunsttheorie transponiert. Die *Negative Dialektik* und *Geschichte und Klassenbewußtsein* sind die »Urformen« der *Ästhetischen Theorie* bzw. der *Eigenart des Ästhetischen:* In beiden Fällen ist die Ästhetik die Fortsetzung der Erkenntnistheorie mit anderen Mitteln. Kunst ist die dialektische Statthalterin unentfremdeten Bewußtseins; notwendigerweise muß sich dieses Bewußtsein auch auf die Vorstellung eines nichtentfremdeten Ganzen beziehen. Bei Lukács ist das die teleologisch gefaßte Totalität, gemäß dem Hegelschen Satz, daß das Ganze das Wahre ist. Auch Adorno hat einen – allerdings ambivalenten – Begriff von Totalität: »Der

Totalität ist zu opponieren, indem sie der Nichtidentität mit sich selbst überführt wird, die sie dem eigenen Begriff nach verleugnet« (*NeD*, S. 150). Deshalb muß Adornos Dialektik auch als *negative* Dialektik erscheinen. Die Totalität ist das schlechte Bestehende und zugleich als »Hoffnung« und Ziel das »Andere«, das von Adorno nur an sehr wenigen Stellen seiner Schriften präzisiert wird, etwa: das »Ideal freien und gerechten Tausches«. »Würde keinem Menschen mehr ein Teil seiner lebendigen Arbeit vorenthalten, so wäre rationale Identität erreicht« (*NeD*, S. 150). Aber sofort destruiert Adorno diese Utopie selbst wieder sehr gründlich: als Hoffnung bleibt so eigentlich nur die abstrakte Kraft der Dialektik, analog die der Kunst, nämlich: zu widersprechen, Widerstand zu leisten. Auf Dialektik wäre, so Adorno, »Hegels Diktum anzuwenden, Dialektik absorbiere die Kraft des Gegners, wende sie gegen ihn« (*NeD*, S. 398).

So laufen beide Ansätze auf dasselbe Kunstmodell hinaus. Christine Glucksmann hat diesen Punkt, ausgehend von den Problemen einer marxistisch-leninistischen Definition der Ideologie, klar charakterisiert:»Bei solcher Betrachtungsweise (der Fetischisierung der Entfremdung, D. K.) kann die Dialektik nur Kritik sein, Überschreitung des Partiellen zugunsten des Ganzen. Man kann *alternativ* (Hervorh. von mir, D. K.) von einer ›*kritischen* Literatur‹, die als Kritik aller Entfremdungsformen verstanden wird, zu einer ›*wahren* Literatur‹ übergehen, die wahr ist, weil sie die werdende Totalität einer proletarischen Klasse oder Kultur ausdrückt.«[10]

Die wirkliche historisch-materialistische Konkretheit des Kunstprozesses wird wegen dieses Kunstmodells bei Adorno genausowenig erreicht wie bei Lukács. Davon wird bei Lukács auch der Aufbau der *Ästhetik* betroffen. Sie gliedert sich in seiner Vorstellung in zwei Sphären, in erstens eine Philosophie der Kunst, die erkenntnistheoretisch-philosophisch mit der dialektischen Methode arbeitet – eine Art Kategorienlehre der Kunst – und zweitens einen historisch-materialistischen Teil. Auf ihn verweist Lukács an unzähligen Stellen (z. B. *Ä II*, S. 264). Bezeichnenderweise allerdings hat Lukács diesen historischen Teil zugunsten der *Ontologie des gesellschaftlichen Seins*[11] zurückgestellt.

3.

Ein Widerspruch bleibt aufzuklären: Wie ist es möglich, daß, so wurde behauptet, bei gleichbleibender stabiler Auffassung in methodologischen Grundfragen sich in *Geschichte und Klassenbewußtsein* einerseits und in der *Eigenart des Ästhetischen* andererseits so extrem unterschiedliche Stellungnahmen zum Widerspiegelungsproblem ausprägen können. Herrschte in *Geschichte und Klassenbewußtsein* eine vehemente und scharfe Ablehnung des Widerspiegelungsgedankens (vgl. *GK*, S. 388-393), so wird in der *Ästhetik* gerade die Widerspiegelung zur tragenden Säule der Konzeption. Sie ist dort so dominierend, daß Wilhelm Girnus von Lukács als einem »Widerspiegelungsfetischisten« gesprochen hat.[12] Diesem Widerspruch muß nachgegangen werden.

Im 1967 geschriebenen Vorwort zur Luchterhand-Neuausgabe von *Geschichte und Klassenbewußtsein* schildert Lukács die biographisch-historische Vorgeschichte des Buches und hebt besonders die Situation hervor, in der er sich im Jahre 1922, dem Jahr der Niederschrift befand. 1922 sei eine »innerlich krisenhafte Übergangszeit« gewesen, in der er in seinem Dualismus zwischen Theoretiker und Praktiker, zwischen Philosoph und Politiker gefangen gewesen sei. Das trifft den Sachverhalt: Einerseits, als Theoretiker, war Lukács ausgesprochen sektiererisch eingestellt. Nach eigenem Zeugnis arbeiteten er und seine Mitstreiter in der Wiener Emigration in allen Fragen die radikalsten Methoden aus; sie wollten auch im Denken den totalen Bruch mit allen aus der bürgerlichen Welt stammenden Institutionen, Lebensformen etc. »Damit sollte das unverfälschte Klassenbewußtsein in der Avantgarde, in den kommunistischen Parteien, in der kommunistischen Jugendorganisation entwickelt werden.« (*GK*, S. 16)

Auch 1921/1922 steht er noch auf ultralinken Positionen und billigt von der theoretischen Position her die Offensivstrategie in der deutschen VKPD. Sein praktisch-politischer Beitrag andererseits aber liegt im ungarischen Kontext. Und hier als Praktiker ist er nun Gegner des ultralinken Belá Kun und Anhänger der antisektiererischen Fraktion von Eugen Landler.

Dieser Widerspruch und vor allem der Weg seiner Lösung sind geradezu ein Emblem: Es zeigt sich im paradigmatischen Fall, wie Georg Lukács zeit seines Lebens Widersprüche *nur methodologisch* aufhob. Denn diese außerordentlich gespannte Theorie-Praxis-Relation von 1922, der Widerspruch zwischen ultralinker theoretischer Position und antisektiererischer praktischer Haltung, der Widerspruch zwischen »linker Phrase« und praktischem Empirismus und Realismus findet keine praktische Lösung, sondern wird theoretisch durch seine schwebende Handhabung der Dialektik abgefangen.

Am deutlichsten läßt sich dieser Zusammenhang in der Bewegung-Endziel-Relation studieren, die Lukács im Abschnitt »Was ist orthodoxer Marxismus« entwickelt. Gegen Bernstein und die ihm nachfolgenden Theoretiker der rechten deutschen Sozialdemokratie stellt er fest, daß die revolutionäre Bewegung kein Endziel als Zustand hat; so etwa, als ob am Ende der Bewegung der »Zukunftsstaat« stände – ein Zustand also, den man zwar anstrebt, der aber im Tageskampf als Ziel vernachlässigt werden könne. Das »Endziel« ist auch kein »Sollen«, keine »Idee«, die außerhalb des wirklichen Prozesses aufzusuchen wäre. Das Endziel sei die Beziehung zum Ganzen der Gesellschaft als Prozeß betrachtet – wodurch die jeweiligen *einzelnen* Momente des Kampfes erst ihren revolutionären Sinn erhalten. Lukács sagt, eine solche Beziehung der Totalität gibt den verschiedenen Momenten des Alltags und des Tageskampfes erst die Chance, *bewußt* gemacht zu werden. Aus der »bloßen Tatsächlichkeit« werden die Momente der aktuellen Tageskämpfe dadurch erst zur Wirklichkeit erhoben. Man dürfe deshalb weder bei dem Endziel als Ideal stehenbleiben, noch bei der nackten, kruden, rohen Empirie, weil sonst keine Orientierung auf das Ziel und keine Wertung der Schritte zum Ziel möglich seien (vgl. *GK*, S. 197). Gegen das Auseinanderreißen von Bewegung und Endziel durch die Opportunisten und Reformisten waren das sicherlich kräftige theoretische Argumente. Für sich besehen aber handelt es sich auch hier um eine schwebende Handhabung der Dialektik. Dialektik ist bei ihm die Aussöhnung der Widersprüche (auch die der Theorie-Praxis-Relation) in einem Subjekt, nicht ihr historisches Austragen im konkreten Feld des Klassenkampfes – und dadurch wird nun bei ihm auch der dialektische Zusammenhang von Bewegung und Ziel zerrissen. Auch hier ist die schwebende Dialektik, bei gleichbleibenden Grundauffassungen in vielen Fragen, relativ ambivalent und ausdeutbar in zwei Richtungen:

Erstens in einer aktivistischen, ultralinken und *subjektivistischen* Richtung. Jeder unmittelbare Schritt, jede unmittelbare revolutionäre Tagesaktion, die von der Arbeiterklasse getragen wird, kann gar nicht falsch sein, weil sie objektiv mit dem Endziel der Arbeiterklasse identisch ist. In dieser Richtung wird das Leninsche »Hauptkettenglied« aktivistisch interpretiert: die »Tat des Proletariats ... (kann) stets nur die konkret-praktische Durchführung des *nächsten Schritts* der Entwicklung sein«. Deshalb sei das »proletarische Denken als praktisches Denken stark pragmatisch«, und mit Engels: »The proof of the pudding is in the eating.« (*GK*, S. 385) Dies korrespondiert auch mit der strikten Ablehnung des Widerspiegelungsgedankens. Ihm anzuhängen, so in *Geschichte und Klassenbewußtsein*, heiße, »metaphysische Dualität« und »kontemplatives Denken« vertreten, denn diese »Wirklichkeit ist nicht, sie wird« (*GK*, S. 390 und 391).

Bei gleichbleibenden Grundauffassungen ist nun aber zweitens mittels der schwebenden Dialektik die Ausdeutung der Bewegung-Endziel-Relation in genau entgegengesetzter, in *objektivistischer* Richtung möglich – und sie wird schließlich im Prozeß der Lukácsschen Desillusionierung im Verlauf der zwanziger Jahre (relative Stabilisierung, Aufbau des Sozialismus in einem Lande) auch so objektivistisch ausgedeutet. In nuce ist die objektivistische Ausdeutung allerdings auch in *Geschichte und Klassenbewußtsein*, in der Kategorie des »zugerechneten Klassenbewußtseins« schon enthalten. Im Prozeß dieser Schwenkung zum Objektivismus tritt die Widerspiegelungsfunktion immer mehr in den Vordergrund. Lukács selbst beschließt das Vorwort von *Geschichte und Klassenbewußtsein* mit einer sehr zurückhaltenden Darstellung dieser Wendung. Ab den dreißiger Jahren, so heißt es dort, stellte er sich die Aufgabe, »eine systematische Ästhetik auf dialektisch-materialistischer Grundlage aufzubauen« (*GK*, S. 39). Nicht nur stand ab »jetzt das Problem der Mimesis im Mittelpunkt meines Interesses, sondern, indem ich vor allem naturalistische Tendenzen kritisierte, auch die Anwendung der Dialektik auf die Abbildtheorie« (*GK*, S. 40). Ab dem Zeitpunkt, ab dem Lukács seine Widerspiegelungstheorie in einer objektivistischen Richtung aufbaute, tauchte bei ihm nun zur Legitimation dieser objektivistischen Widerspiegelungstheorie ein Marx-Zitat sehr häufig auf. Es stammt aus *Der Bürgerkrieg in Frankreich* und lautet in seinem Kernsatz: »Die Arbeiterklasse hat keine Ideale zu verwirklichen; sie hat nur die Elemente der neuen Gesellschaft in

Freiheit zu setzen, die sich bereits im Schoß der zusammenbrechenden Bourgeoisgesellschaft entwickelt haben.«[13] Hier ist Lukács' Credo ausgesprochen, das er zur Begründung und Rechtfertigung seiner Widerspiegelungs- aber auch seiner Parteilichkeitsauffassung von nun an ständig einsetzen sollte.

Hier kann nicht versucht werden, die Lukácssche Widerspiegelungsauffassung, wie sie voll entwickelt in der *Eigenart des Ästhetischen* erscheint, zu skizzieren. Im Blick auf den grundsätzlichen Gegensatz zu Adorno sollen nur einige Momente herausgehoben werden.

Widerspiegelung/Abbildung gebraucht Lukács zunächst zur Kennzeichnung des Umstandes, daß unser Bewußtsein in all seinen Formen Wirklichkeit widerspiegelt. So gibt es nur eine objektive Realität und alle Widerspiegelung bildet dieselbe objektive Realität ab. Dies versteht er als seinen universell gültigen, konsequent materialistischen Ausgangspunkt. In der Universalität der Widerspiegelung sieht Lukács die Grundlage aller Wechselbeziehungen des Menschen mit seiner Umwelt und die Grundlage auch für die antireligiöse »Immanenz der Weltstruktur«, für das Selbstschaffen des Menschen durch seine eigene Arbeit als Basis der Diesseitigkeit seines Weltbildes. (*Ä I*, S. 22)

Unter dem Dach der allgemeinen und universellen Widerspiegelung ist Kunst eine der beiden grundsätzlich zu unterscheidenden Widerspiegelungsarten der Wirklichkeit. Lukács unterscheidet, gestützt auf seine Explikationen zum sogenannten Signalsystem 1', zwischen desanthropomorphisierender Widerspiegelung in der Wissenschaft und anthropomorphisierender Widerspiegelung in der Kunst. Kunst spiegelt spezifisch wider. Diese Besonderheit der ästhetischen Widerspiegelung nennt Lukács *Mimesis*, mit Rekurs auf Aristoteles und dessen Mimesis-Begriff (Nachahmung des »Lebens der Menschen«, vgl. *Ä I*, S. 548)[14] Auch seine *Ästhetik* versteht sich deshalb als »Theorie der Mimesis«.[15]

Unter dem in der *Ästhetik* neuen Begriff der Mimesis verbirgt sich aber die bekannte Vorstellung Lukács' von der universellen Methode der realistischen Typisierung. Mimesis ist dadurch charakterisiert, daß sie »eine die sinnliche Erscheinungsweise mit einbegreifende Totalität des Menschen zu erwecken bestrebt ist«. (*Ä I*, S. 544) Mimetische Widerspiegelung organisiert, »daß die Objektwelt nicht nur in ihrem Wesen, sondern auch in ihrer unmittelbaren Erscheinungsform fixiert und sinnfällig gemacht wird, daß die Dialektik von Erscheinung und Wesen nicht nur in ihren allgemeinen Gesetzmäßigkeiten zur Geltung gelangt, sondern gerade in ihrer Unmittelbarkeit, so wie sie sich den Menschen im Leben darbietet.« (*Ä I*, S. 565)

Will man Lukács' Auffassung der Mimesis, und vor allem auch die *Eingrenzung*, die mit dem Begriff verbunden ist, verstehen, so muß man die funktionale Abgeleitetheit der Mimesis von der *Katharsis* ins Auge fassen. Das kann allerdings hier nicht dargestellt werden. Deshalb soll lediglich darauf verwiesen werden, daß in Lukács' Verständnis die Katharsis überhaupt die Nahtstelle zwischen Ethik und Ästhetik, zwischen Kunst und Leben ist. Die Wirkung der Kunst in die Gesellschaft hinein – so ist seine Überzeugung – vollzieht sich nur über den kathartischen Appell des »Du mußt dein Leben ändern« – dies die letzte Zeile des Rilkeschen Gedichts *Archaischer Torso Apoll*. Aber die Katharsis setzt für den Rezipienten auch das Wiedererkennen der eigenen menschlichen Praxis in der Abbildung voraus, das »Erkenne dich selbst« und das »tua res agitur«.

Mimesis steht auch dafür – das ist eines der groß angelegten und sich durch die beinahe 2000 Seiten der *Eigenart des Ästhetischen* wie ein roter Faden hindurchziehenden Themen –, daß die Kunst diesseitig und von ihrem Wesen her antireligiös ist. Durch die sinnliche Unmittelbarkeit der Welt in der Kunst ist ihr jede Transzendenz des Sinnes über die Diesseitigkeit hinaus verboten. Diesen seinen zentralen Gedanken formt Lukács auch ab 1958, ab seiner Schrift *Wider den mißverstandenen Realismus* zu der von Goethe herstammenden schroffen Gegenüberstellung von Symbol und Allegorie, von symbolischer und allegorischer Kunstauffassung aus. Goethes Aphorismus über das symbolische Verfahren aus den *Maximen und Reflexionen* lautet: »Die Symbolik verwandelt die Erscheinung in Idee, die Idee in ein Bild, und so, daß die Idee im Bild immer unendlich wirksam bleibt, und selbst in allen Sprachen ausgesprochen, doch unaussprechlich bliebe.«[16] Dies drückt auch den Kern von Lukács' Kunst- und Realismus-Auffassung aus. Der Gegentyp künstlerischer Verallgemeinerung von der deutschen Romantik bis zum modernen Avantgardismus, von Schiller bis zu Adorno wird unter die Bezeichnung allegorische Verfahrensweise subsumiert. Schon das Vorwort der *Eigenart des Ästhetischen* intoniert das Thema: »Darum ist der Gegensatz von Allegorie und Symbol, wie Goethe genial gesehen hat, eine Frage von Sein oder Nichtsein für die Kunst« (*Ä I*, S. 28), und die sechs zentralen Mimesis-Kapitel werden flankiert von zwei groß angelegten polemischen Kapiteln (dem vierten und dem sechzehnten), in denen mit dem gegnerischen allegorischen Ästhetik-Typ hart ins Gericht gegangen wird.

Als einen, wenn nicht den bedeutendsten, theoretischen Exponenten des avantgardistisch-allegorischen Ästhetik-Typs hat Lukács ohne Zweifel Adorno im Auge, wenn er ihn auch nur zweimal positiv, als Schreiber der *Philosophie der neuen Musik*, in seinem ziemlich am Rande gelegenen Musik-Abschnitt im Kapitel »Grenzfragen der ästhetischen Mimesis« zitiert. Lukács antwortet nicht offen polemisch, sondern argumentierend auf Adornos Vorwürfe aus *Erpreßte Versöhnung;* oder anders gesagt: Die Präzisierung und der Ausbau der eigenen Position, wie sie unter anderem mit der Einführung des Mimesis-Begriffes geleistet werden sollen, sind polemisch als Erhärtung und klarere Gegenüberstellung zweier sich ausschließender Ästhetik-Auffassungen angelegt.

Theodor W. Adorno reagiert in seiner *Ästhetischen Theorie* auf diese Gegenüberstellung von Allegorie und Symbol mit einer Polemik gegen die symbolische Kunstauffassung. Er bezeichnet sie als »ideologische Kunstreligion«, als »Befriedigung an der im Kunstwerk erreichten symbolischen Versöhnung« (*ÄT*, S. 98). Lukács denke kunstfremd und dogmatisch, wenn er dem Idealismus »die theologische Lehre vom Symbol entlehnt«. »Gerade die radikale Kunst steht, während sie den Desideraten des Realismus sich verweigert, gespannt zum Symbol« (*ÄT*, S. 147). Adorno verficht theoretisch die Belange der »absoluten Metapher« der modernen Lyrik, wenn er feststellt, daß Symbol und sprachliche Metaphern sich in der neuen Kunst tendenziell »gegenüber ihrer Symbolfunktion verselbständigen und dadurch zur Konstitution eines zur Empirie und ihren Bedeutungen antithetischen Bereichs das Ihre beitragen ... avancierte Künstler haben die Kritik des Symbolcharakters selbst vollzogen. Die Chiffren und Charaktere der Moderne sind durchweg absolut gewordene, ihrer selbst vergessene Zeichen« (*ÄT*, S. 147). Deutlicher aber noch als hier drückt sich der Unterschied zwischen Lukács und Adorno in den Widerspiegelungsauffassungen aus. Beide sind jeweils ein Gegenentwurf zur anderen. Um diese Unterschiede deutlich herauszustellen, aber auch, um der weitverbreiteten Auffassung entgegenzuarbeiten, Lukács pflege einen mechanischen Widerspiegelungsbegriff, muß seine *evokative Mimesis* in den wichtigsten Bestimmungen hier knapp zusammengefaßt werden.

Drei Momente beherrschen nach Lukács die mimetische Evokation: Sie setzt erstens ein einheitliches Gebilde aus Widerspiegelungsbildern der Wirklichkeit voraus; sie enthält zweitens die Absicht der Evokation beim Rezipienten durch Auswahl, Anordnung und einheitliche Komposition, wodurch sie drittens die evokativen Wirkungen bewußt leiten will (vgl. *Ä I*, S. 417).

Die für seine Konzeption zentrale Bedeutung der doppelten Gerichtetheit der evokativen Mimesis verdeutlicht Lukács am Beispiel steinzeitlicher Höhlenbilder. Diese Höhlenmalereien – Wisente, Büffel, also Jagdtiere darstellend – sind nur in äußerst schwer zugänglichen, engen Höhlenschläuchen gefunden worden. Überdies sind sie an den Deckenwänden angebracht, so daß der Betrachter auf dem Boden hätte liegen müssen. Das legt für Lukács die Schlußfolgerung nahe, daß diese Darstellungen gar nicht für einen Betrachter gedacht, sie nicht aus der Absicht entstanden waren, bei einem Rezipienten eine visuelle Evokation hervorzurufen, sondern daß es sich bei dieser bildnerischen Darstellung ausschließlich um die Absicht des Gelingens der Jagd, die magische Bannung und Verfügbarmachung des Wilds durch seine realistische Abbildung handelte. Auf die Evokation eines Gehalts bei einem Rezipienten waren diese Bilder nicht gerichtet. »Die eine Seite der Mimesis, das Weltschaffen, fehlt hier ... ebenso vollständig, wie die andere, das realistische Gegenstandsschaffen, in Vollendung vor uns steht« (*Ä I*, S. 469).

Mit dem Komplex der evokativen Mimesis ist aber auch aufs engste Lukács' Bestimmung des Gegenstandes der Widerspiegelung verbunden. Der ästhetische Produktionsvorgang ist in seiner Auffassung davon erfüllt, daß das Subjekt des Schaffens sich der Wirklichkeit bedingungslos hingibt und sie zugleich zu übertreffen sucht. Nicht aber von einem utopischen Ideal her, sondern indem *die* Züge und Tendenzen der Wirklichkeit herausgehoben werden, die ihr an sich innewohnen, in denen aber die Angemessenheit der Wirklichkeit für den Menschen besonders deutlich sichtbar werden kann. Gegenstand der Lukácsschen Widerspiegelung ist, so könnte man sagen, eine »wirkliche«, eine vom Standpunkt der »Gattung« durch das ästhetische Subjekt gesteigerte Wirklichkeit. Hier scheint der Hegelsche idealistische

Wirklichkeitsbegriff durch; aber Lukács wehrt sich zugleich gegen eine demiurgenhafte Auffassung der ästhetischen Setzung, nach der aus etwas Formlosen, dem ungestalteten Chaos des Lebens, eine Formhaftigkeit geläutert würde. Vielmehr muß nach seiner Auffassung der Künstler die ursprüngliche und vorgefundene Formung zerbrechen und für den Stoff und den aus ihm während der künstlerischen Arbeit herausgeschälten »Kern« die ihm angemessene Form finden – in dieser Eigenschaft ist jede ästhetische Mimesis eine »Kritik des Lebens«.

Der mimetisch-gegenständliche Bezug der Abbildung, die Gerichtetheit auf einen markierbaren Stoffbereich, ist für Lukács eben nicht das Wesen der Widerspiegelung. Vielmehr hat dieser Bezug eine Art Stützfunktion für die Evokation beim Rezipienten. Als Vermittlung und »Mitte« wirken hier, wie überall in seiner *Ästhetik*, die Prinzipien der Besonderheit und der Typik. Durch die Dialektik der Besonderheit ist die ästhetische Widerspiegelung zur Evokation einer intensiven Totalität in der Lage. Nach Lukács' hier entwickelter Auffassung bedeutet demzufolge das Typische auch nicht das Einschmelzen der Proportionen der dargestellten Gegenständlichkeit auf ein statistisches Durchschnittsmaß, sondern Typik und Besonderheit sind Begriffe der evokativen Mimesis. Denn Maßstab der Widerspiegelung ist ja nach Lukács' durchgehender Auffassung nicht die empirische Wirklichkeit, sondern ihr durch das ästhetische Subjekt zu generierendes Wesen: der Telos der Gattungsgeschichte des Menschen.

Dieser Begriff und diese Ausdeutung der Mimesis als gegenständlich bezogene Abbildung müssen Theodor W. Adorno außerordentlich gereizt haben, widerspricht er doch aller seiner Kunstkonfession und Kunsterfahrung. Denn von der Musik aus gesehen, dem innersten Bezugspunkt des ästhetischen Reflektierens bei Adorno[17], war der Lukácssche Mimesis-Begriff absolut unbrauchbar. Man muß schon sagen: In *direkter Polemik* gegen Lukács, obwohl in diesem Zusammenhang nicht einmal dessen Name fällt, führt Adorno einen Mimesis-Begriff ein, der das genaue Gegenteil des Lukácsschen meint. Daß Adorno mit seinem Mimesis-Begriff auf Lukács reagiert, dafür spricht im übrigen auch der Umstand, daß in der *Frühen Einleitung* der *Ästhetischen Theorie* (wahrscheinlich 1961 geschrieben) die Mimesis als Begriff nur in einem nebensächlichen Zusammenhang eine Rolle spielt. In der im wesentlichen 1966/1967 ausgearbeiteten *Ästhetischen Theorie* taucht sie nun als ein ziemlich zentraler Begriff auf. (Lukács' *Ästhetik* war 1962 beendet und 1963 veröffentlicht worden!)

Drei wesentliche, allerdings nicht scharf voneinander zu trennende Punkte der Adornoschen Mimesis-Auffassung sollen in ihren inhaltlichen Kontexten hervorgehoben werden: Zum ersten: Adorno vollzieht einen klaren Bruch mit der abbildenden Funktion der Kunst, und er anerkennt zugleich ihren allgemeinen Widerspiegelungscharakter im Sinne eines Determinationsverhältnisses von Wirklichkeit und Kunst, von Kunst und Gesellschaft. In der Ablehnung des Abbildcharakters argumentiert er allgemein erkenntnistheoretisch und man erkennt hier unschwer auch die Argumente des jungen Lukács wieder. So sagt er in der *Negativen Dialektik*, daß der Gedanke kein Abbild der Sache sei, eine andere Auffassung sei »materialistische Mythologie Epikurischen Stils, die erfindet, die Materie sende Bildchen aus«. In dieser Auffassung, so meint Adorno, füge sich der »Inbegriff des Bildes« zum »Wall vor der Realität«. Die Abbildtheorie verleugnet die Spontaneität des Subjekts, ein Movens der objektiven Dialektik von Produktivkräften und Produktionsverhältnissen« (*NeD*, S. 205).

Innerhalb der Kunst anerkennt Adorno die nachahmende Abbildung als eine historische Stufe ihrer Entwicklung. »Kein Joyce ohne Proust und dieser nicht ohne den Flaubert, auf den er herabsah. Durch Nachahmung hindurch, nicht abseits von ihr hat Kunst zur Autonomie sich gebildet, an ihr hat sie die Mittel ihrer Freiheit erworben« (*ÄT*, S. 425). Abbildung und Nachahmung verbieten sich aber der modernen Kunst, weil die Welt zum »caput mortuum« geworden ist; die Künstler der Moderne haben sich zurückgezogen von der Welt. Was jetzt noch in den Werken abgebildet wird, sind die individuellen *Erfahrungen* des Künstlers, die durch »die Idiosynkrasien des Subjekts« gegen die Welt ihren *Ausdruck* erlangen (vgl. *ÄT*, S. 68). »Ausdruck« ist für Adorno allerdings nicht ein Ausdruck von Gefühlen, im Sinne von Sich-Ausdrücken, sondern ein Gestus der Kunst, ein Ausdruck von Dingen und Situationen in der Weise, wie das Kafkasche Werk die Welt ausdrücke (vgl. *ÄT*, S. 171)

Ist nun »Mimesis« bei Adorno allgemein »die nichtbegriffliche Affinität des subjektiv Hervorgebrachten zu seinem anderen, nicht Gesetzten« (*ÄT*, S. 86), so ist das der heutigen Welt angemessene »mimetische Verhalten« der Kunst paradigmatisch im Werk von Samuel Beckett zu finden; denn das »Schäbige und Beschädigte« der Bilderwelt bei Beckett sei »Abdruck, Negativ der verwalteten Welt. Soweit ist Beckett realistisch« (*ÄT*, S. 53). Der Ausdruck von Entfremdungs-Erfahrung im individuellen Werk hat dabei nach Adorno durchaus einen objektiven Bezug insofern, als sich in ihm die *Kollektivität* heutiger Erfahrungen der verdinglichten Gesellschaft manifestiert. Wolfgang Heise hat angesichts dessen mit Recht hervorgehoben, daß Adorno auf solche Weise keine dialektische Abbildbeziehung denken kann. »Er ersetzt diese durch das monadologische Modell, in dem Gesellschaft–Individuum–Einzelwerk, als Produkt, Ausdruck und Reproduktion wohl einen Zusammenhang mit dialektischen Zügen bilden, in dem aber gerade die gesellschaftliche Bewegung dem allgemeinen Schema integriert ist.«[18] Auch die Abbildbeziehung im engeren Sinne, die bei Lukács die einzige und eigentliche war, subsumiert Adorno dann diesem Schema: »Selbst Kunstwerke, die als Abbild der Realität auftreten, sind es nur peripher; sie werden zur zweiten Realität, indem sie auf die erste reagieren; subjektiv Reflexion, gleichgültig, ob die Künstler reflektiert haben oder nicht.« (*ÄT*, S. 425)

Zum zweiten: Dieses mimetische Verhalten der Kunst schlägt sich in Adornos Verständnis nicht in Inhalt, sondern in Form nieder, es ist eine Abbildung auf die Form, Kunstwerke sind für ihn »Bilder ohne Abgebildetes« (*ÄT*, S. 427), »Chiffren« (*ÄT*, S. 425). Indem Kunstwerke den »mimetischen Impuls« in sich hineinlassen, passen sie sich zugleich auch den entfremdeten Zuständen in der Welt wieder an, und durch diese »Mimesis ans Verhärtete und Entfremdete« (*ÄT*, S. 539) gibt moderne Kunst kein Abbild oder Bild der heutigen Welt, wohl aber erscheint in der Formanalogie von entfremdeter Welt und abstraktem Kunstwerk eine Chiffre der entfremdeten Welt. Adorno führt ein Beispiel an: Baudelaire habe weder gegen die Verdinglichung geeifert, noch bildete er sie ab, sondern er »protestiert gegen sie in der Erfahrung ihrer Archetypen, und das Medium dieser Erfahrung ist die dichterische Form« (*ÄT*, S. 39). Dies führt hin zu dem in den Paralipomena der *Ästhetischen Theorie* kunstvoll aphoristisch formulierten Kernsatz der Adornoschen Mimesis-Auffassung, der zugleich sein Grundgesetz der Kunst ist: »Kunst ist so wenig Abbild wie Erkenntnis eines Gegenständlichen ... Vielmehr greift Kunst gestisch nach der Realität, um in der Berührung mit ihr zurückzuzucken. Ihre Lettern sind Male dieser Bewegung. Ihre Konstellation im Kunstwerk ist die Chiffrenschrift des geschichtlichen Wesens der Realität, nicht deren Abbild.« (*ÄT*, S. 425) Gegen Hegels »Inhaltsästhetik« hebt Adorno die mimetische, gegen die Kommunikation gerichtete Tendenz der Sprache (auch hier ist wieder auf die »absolute Metapher« Bezug genommen) in der avantgardistischen Lyrik hervor. Die wahre Sprache der Kunst sei sprachlos, und ihr »sprachliches Moment hat den Vorrang vor dem signifikativen« (*ÄT*, S. 171).

Die Mimesis als Determination der Kunst durch außerkünstlerische Verfahren taucht zum dritten im Zusammenhang des von Adorno konstatierten Wechselspiels des »konstruktiven« und des »mimetisch-expressiven« Elements auf (vgl. *ÄT*, S. 363). »Mimesis« verkörpert für Adorno auch das Vorrationale, Mythische, Zaubrische und Magische. Durch das der rationalen Entwicklung der Welt inhärente »mimetische Tabu« findet die Mimesis heute ihre einzige und letzte Zuflucht in der Kunst, Kunst hat Reste des Magischen und Mythischen in sich, Kunst ist deshalb auch »Mimesis an den Mythos«. Aber das mimetische Moment ist nur der eine Impuls der Kunst, sein Gegenspieler ist die zunehmende Rationalität der Welt und auch der Kunst. So stellt sich die immanente Dialektik der Kunst als Wechselspiel zwischen Rationalität in Gestalt ihrer »Technik«, ihrer »Form«, ihrer »Konstruktion« und ihrer Irrationalität in Gestalt »buchstäblicher Magie«, »Zauber«, »Mimesis« her (vgl. *ÄT*, S. 86 f.). Die Resultante dieses Prozesses aber ist für Adorno, hier folgt er Hegels Diagnose, die fortschreitende Vergeistigung der Kunst und die weitere Ausbreitung des mimetischen Tabus. Dies würde folgerichtig auf die Selbstauflösung der Kunst hinarbeiten, aber Adorno baut hier eine seiner dialektischen Schlingen ein. So ist für ihn die progressive Vergeistigung der Kunst selbst auch als »mimetische Kraft« zu verstehen, weil »wirksam in der Richtung der Gleichheit des Gebildes mit sich selbst, die das Heterogene ausscheidet und dadurch seinen Bildcharakter verstärkt« (*ÄT*, S. 142). Anders gesagt: Auch die moderne Kunst gehorcht der Dialektik von Mimesis und Konstruktion. Einerseits ist nämlich die immer abstrakter werdende Kunst gerade in dieser Geistigkeit eine »Mimesis der abstrakten Welt und ihrer verdinglichten Beziehungen«, andererseits wird der »Form«, der »Konstruktion« und der »Technik« eine immer höhere Bedeutung zugesprochen. Je mehr also die Kunst inhaltlich abstrakter wird, um so mehr muß sich das sinnliche, unmittelbare, anschauliche Moment der Kunst in die artifiziellen Formen verlagern. Es ist deshalb nur folgerichtig, wenn Adorno zu der Schlußfolgerung gelangt, daß der »Formalismus ... der wahre Realismus« sei.[19] Das mimetische Verhalten der Kunst, wie Adorno es sieht, zwingt zu dieser Paradoxie. Hier liegt denn auch die Wurzel des Adornoschen Technik- und Materialfetischs frei. Ausdrücklich heißt es, daß der »innerästhetische Fortschritt« ein »Fortschritt der Produktivkräfte, zumal der Technik« sei, der sich dem »Fortschritt der außerästhetischen Produktivkräfte verschwistert«. (ÄT, S. 56) Der »materiale Begriff der Moderne«, pointiert gegen die Theorie vom organischen Kunstwerk gesetzt, schließt die »bewußte Verfügung über ihre Mittel« ein (ÄT, S. 58). Sicherlich liegen in Adornos Entwürfen an diesem Punkt weit über Lukács' Konzept hinausgehende Ansätze zu einer Differenzierung des Widerspiegelungsgedankens in bezug auf die gesellschaftliche Determination der Kunst auch in ihren Formkonstituenten. Ihre Grenzen finden diese Ansätze aber immer wieder dort, wo Adorno ein solches komplexes Determinationsverhältnis auf eine direkte Analogie einschränkt. Hierin drückt sich letztlich der Utopismus aus, daß die ästhetischen Produktivkräfte »jene reale Entfesselung, die von den Produktionsverhältnissen verhindert« (ÄT, S. 316) wird, vertreten.[20]

Wenn man diese beiden unterschiedlichen Auslegungen des Mimesis-Begriffes bei Lukács und Adorno einmal mit aller gebotenen Vorsicht resümiert, so kommt man zu folgendem Ergebnis: Lukács betont den *gegenständlich-abbildenden* Charakter der Widerspiegelung: für ihn ist die Kunst ein »Spiegel der Welt«. Sie stellt, im engeren Sinn des Wortes, Abbilder der Wirklichkeit her. Diese sind Widerspiegelung »in den Formen des Lebens selbst«. Werden Abbilder anders als auf diese gegenständlich-sinnliche Weise formuliert, so verliert die Kunst ihre Diesseitigkeit, indem die Werke aus der Wirklichkeit heraus auf eine religiöse Transzendenz verweisen.

Anders Adorno: Er betont vorzugsweise den *symptomatischen* Charakter der Widerspiegelung, das *Sich-Widerspiegeln* der Welt in der Kunst, die Widerspiegelungsbeziehung als eine der strukturellen Analogie. Nach seiner Auffassung determiniert die Wirklichkeit die Kunst zum geringsten Teil über ihren gegenständlich-stofflichen Bereich, sondern vor allem über den Einfluß auf ihre Formseite. Im symptomatischen Ausdruck des Kunstwerks spiegelt sich die Welt und ihr Zustand.

Betrachtet man diese gegensätzliche Betonung der Widerspiegelung genau, so gibt sich in beiden Antworten ein wesentlicher Ansatzpunkt einer dialektischen Widerspiegelungsauffassung zwar zu erkennen, in Adornos und in Lukács' ästhetischer Theorie dissoziiert sich dieser Zusammenhang aber extrem zu den beiden Polen hin. Die dialektische Antwort wird weder in diese noch in jene Richtung gehen können. Allerdings müssen wohl beide Momente im Auge behalten werden, denn die »Anwendung der Dialektik auf die Bildertheorie« hat wohl die Gesetzmäßigkeiten gerade dieses Zusammenhanges beider Momente zu erkunden. In beiden Ästhetiken ist eine der beiden Seiten über Gebühr betont und – ohne daß der andere Aspekt völlig ausgeschlossen wäre – als theoretische Grundlegung konzeptionsbildend geworden.

Natürlich schlagen sich hier auch ganz unterschiedliche Erfahrungen und Verallgemeinerungen von Kunst nieder. Durch die Kunstphilosophen hindurch erkennt man die Leser Adorno und Lukács und die Stammbäume ihrer Lektüre: Büchner, Valéry, Baudelaire, Wedekind, Hofmannsthal, Rilke, Proust, Kafka, Joyce und Beckett einerseits; Scott, Goethe, Balzac, Stendhal, Keller, Raabe, Rolland und Thomas Mann andererseits. Beide Linien schließen sich, auch im Verständnis von Lukács und Adorno, gegenseitig aus – handelt es sich doch um zwei Begrenzungen der bürgerlichen Literaturentwicklung. Im Urteil über James Joyce zeigt sich noch einmal in voller Schärfe der tiefe Abgrund zwischen beiden Kunstauffassungen. Für Lukács ist Joyce *das* Beispiel des »ästhetischen Nihilismus«. Er zitiert Ernst Bloch und dessen positiv gemeintes Urteil über den *Ulysses* aus *Erbschaft dieser Zeit* – ein Urteil, dem Adorno sicher voll zugestimmt hat: »Eine taube Nuß und der unerhörteste Ausverkauf zugleich; eine Beliebigkeit aus lauter zerknüllten Zetteln, Affengeschwätz, Aalknäueln, Fragmenten aus Nichts, und der Versuch zugleich, Scholastik im Chaos zu gründen; ein dies irae beliebig aus der Mitte herausgerissen, ohne Gericht, ohne Gott, ohne Ende, mit Traumabsud gefüllt, mit Absud eines abgesunkenen

Bewußtseins, mit gärend neuer Traumessenz zugleich. Das ist die hohlste, die überfüllteste, die haltloseste und die produktivste Grotesk-Montage der Spätbourgeoisie, Hoch-, Breit-, Tief- und Querstapelei aus verlorener Heimat; ohne Wege mit lauter Wegen, ohne Ziele mit lauter Zielen. Montage vermag jetzt viel, leicht beieinander wohnten früher nur die Gedanken, jetzt auch die Sachen, wenigstens im Überschwemmungsgebiet, im phantastischen Urwald der Leere.« (*Ä II*, S. 769)

Das Phänomen Joyce mußte Lukács so schockieren, weil er hier die Vernichtung der unmittelbaren, der sinnlichen Wirklichkeit am Werke sah, und das war für ihn, wie er immer wieder beschwörend argumentiert hat, gleichbedeutend mit dem Versinken der Kunst in Allegorie, in die Religion. Wenn man auch seinem Urteil über James Joyce nicht folgen kann, so muß man ihm doch konzedieren, daß er die letzte Konsequenz aus Adornos Kunsttheorie richtig gezogen hat: Adornos einzige positive Bestimmung der Kunst, das »Andere«, auf das Kunst auch in all ihrer Negativität immer hindeute, ist in der Tat eine religiöse Idee. – Hier ist nun auch der Punkt, darauf muß noch einmal mit allem Nachdruck verwiesen werden, an dem beide Kunstmodelle in ihrer (positiven und »negativen«) sozialen Funktion grundsätzlich und unversöhnlich auseinandertreten.

Aber es gibt auch Berührungspunkte; Gegenstand der Reflexion in *beiden* Ästhetiken sind Balzac und Kafka. Aber so, wie beider Werk in den Ästhetiken von Adorno und Lukács figuriert, ist es nur ein neuerlicher Beweis für ihren krassen Unterschied. Weder paßt Balzac in Adornos noch Kafka in Lukács' System, und so heben sie jeweils auch nur die Züge Kafkas bzw. Balzacs hervor, die in ihr Ästhetik-Konzept subsumierbar sind. Adorno betont den romantischen Charakter von Balzacs Werk und besteht darauf, daß die gesamte *Comédie humaine* »eine mächtige Phantasmagorie« sei.[21] Lukács sieht in Kafka zwar tendenziell die »Allgegenwart des Realismus«[22] durchbrechen, aber indem Kafka unfähig sei, den Grund seiner Angst und seines Schreckens bewußt zu machen, verwandele sich das »Abbilden der Verzerrung« nun doch in ein »verzerrtes Abbild« (*Ä I*, S. 56).

Sind dies also nur scheinbare Berührungspunkte, so erweist sich als feste Brücke zwischen ihren konträren Konzeptionen die gemeinsame und übereinstimmende Orientierung auf die »großen« Werke und die übereinstimmende Betonung der Autonomie der Kunst. Lukács spricht von der »Heerstraße« der großen Kunst, Adorno verweist auf die »Werke oberster Dignität«. So stellt sich notwendigerweise auch bei beiden ein ähnlicher Begriff von Katharsis ein, obgleich Adorno in seiner *Ästhetischen Theorie* entschieden gegen sie Front gemacht hat: Katharsis sei »eine Reinigungsaktion gegen die Affekte, einverstanden mit Unterdrückung« (*ÄT*, S. 354). Aber unter anderem Namen taucht sie schließlich doch wieder auf: »Das von Kunst erschütterte Subjekt macht reale Erfahrungen; nun jedoch, kraft der Einsicht ins Kunstwerk als Kunstwerk solche, in denen seine Verhärtung in der eigenen Subjektivität sich löst, seiner Selbstsetzung ihre Beschränktheit aufgeht. Hat das Subjekt in der Erschütterung sein wahres Glück an den Kunstwerken, so ist es eines gegen das Subjekt.« (*ÄT*, S. 401) Wird der Sinn von Katharsis als Aussöhnung und Versöhnung der Widersprüche abgelehnt, so ersteht sie neu in der Theorie des »Kunstchoks«, der vom Kunstwerk ausgelösten »Explosion« und »Erschütterung«: »Die einzige geistige Kommunikation zwischen objektiven Systemen und der subjektiven Erfahrung ist die Explosion, welche beide voneinander reißt, um mit ihrer Stichflamme sekundenweise die Figur zu beleuchten, die sie mitsammen bilden.«[23] Als »Memento« weist das Kunstwerk auf die »Herstellung richtigen Lebens«: »Es soll anders sein.«[24]

Es ist nur logisch, daß von hier aus auch der Rückgriff auf die klassische Kunstidee der Autonomie und ihre philosophische Ästhetik erfolgt. So spricht Adorno von der »Ergebung des Subjekts ins ästhetische Formgesetz« und fährt fort: »Was die philosophische Ästhetik zum Befreienden, nach ihrer Sprache Raum und Zeit Transzendierenden der Kunst überhöhte, war die Selbstnegation des Betrachtenden, der im Werk virtuell erlischt. Dazu nötigen ihn die Werke, deren jedes index veri et falsi ist; nur wer seinen objektiven Kriterien sich stellt, versteht es; wer um sie nicht sich kehrt, ist der Konsument.« (*ÄT*, S. 396) Ähnlich heißt es bei Lukács: »Die leitend evozierende Macht des homogenen Mediums bricht in das Seelenleben des Rezeptiven ein, unterjocht seine gewohnte Art, die Welt zu betrachten, zwingt ihn vor allem eine neue ›Welt‹ auf, erfüllt ihn mit neuen oder neugesetzten Inhalten.« (*Ä I*, S. 807)

4.

In seinem Buch *Mimesis der Praxis und abstrakte Kunst* hat Friedrich Tomberg den Versuch unternommen, die Mimesistheorie mit der abstrakten Kunst, Lukács mit Adorno auszusöhnen. Er tut dies mit einer geschichtsphilosophischen Konstruktion, in der der Eudaimonie, das ist der auf den Menschen bezogene Telos der Geschichte, eine zentrale Rolle zufällt. Tombergs wichtiger und beachtenswerter Ansatzpunkt ist, daß Mimesis und Mimesistheorien sich wandeln, weil sich die Wirklichkeitserfahrungen und damit die geschichtlichen Bedingungen der Eudaimonie wandeln: Für Aristoteles kann sie getreu widergespiegelt, nachgeahmt werden, da sie im Rahmen der antiken polis für den einzelnen polis-Bürger ja tatsächlich erfahrbar war. In Schillers kunstprogrammatischer Schrift *Über naive und sentimentalische Dichtung* markiert sich eine zweite Stufe, *Antizipation* tritt hinzu. Die in der Wirklichkeit fehlende Eudaimonie stellt der Dichter nun in seinem Werk als Ideal dar. Innerhalb der Mimesistheorie aber war damit ein Widerspruch entstanden, eine Bewegung von Aristoteles weg zu der Platonischen Hypothese einer zweiten Welt. Die Lösung liege in einem dritten Schritt, dessen Quintessenz in Lukács' Begriff der Parteilichkeit gegeben sei. Für Lukács ist die gerichtete Entwicklung der Wirklichkeit, die Eudaimonie, kein bloßes Ideal, sondern – wir erinnern uns an sein bevorzugtes Marx-Zitat – dieses Ideal liegt in seinen Elementen in der Wirklichkeit selbst eingeschlossen. Kunst braucht also die Wirklichkeit nicht zu verlassen, wenn sie die Eudaimonie darstellen will. Lukács' Parteilichkeit ist »freilegende Widerspiegelung«, sagt Tomberg, »Widerspiegelung der gegenwärtig wirklichen Zukunft«.[25] Mit diesen drei Elementen einer Mimesis-Theorie (Widerspiegelung, Antizipation, Parteilichkeit) will Tomberg auch das Problem der abstrakten Kunst bewältigen. Die Protagonisten Adorno und Lukács erscheinen in der Synthese, versöhnt durch das gleiche Ziel der parteilichen Eudaimonie; weniger positiv als Tomberg ausgedrückt: versöhnt durch die Gemeinsamkeit der geschichtsphilosophischen Teleologie. Weil Tomberg selbst im geschichtsphilosophischen Bannkreis seiner Mandanten verbleibt, kann er auch diesen Ansatz der Verbindung geschichtsphilosophischer Teleologie mit einem objektivistischen Parteilichkeitsbegriff nicht prinzipiell kritisieren. In der Analyse aber geht er noch einen Schritt weiter, indem er zeigt, daß aus dieser Konzeption auch eine bestimmte Auffassung des Künstlers folgt, die nun allerdings ohne Kommentar für sich spricht: Träger der Eudaimonie, des Telos der Geschichte, ist für Adorno wie für Lukács »die mehr oder weniger kleine Schar derjenigen, die sich der gesellschaftlichen Notwendigkeit noch bewußt sind«. Dies sind »Wissende«, eine Art Avantgarde, die im ganzen der Gesellschaft immer nur eine Partei unter anderen, nicht die Gesellschaft selbst sind. Der Künstler muß auf jeden Fall zu den »Wissenden« gehören, um als parteilich wirkender Avantgardist in der Kunst »die kommende Eudaimonie« schon aufscheinen zu lassen. Daraus ergibt sich nicht nur »eine objektive Parteilichkeit der Kunst, sondern auch eine ihr adäquate subjektive Parteilichkeit des Künstlers«.[26]

Die objektive Parteinahme in der Auffassung von Adorno und Lukács reduziert sich, so legt es unkritisch auch der Interpret nahe, auf den allgemeinsten humanistischen Impuls des Künstlers. Nur dieser ist in beider Überzeugung dem Wesen der Kunst angemessen. Deshalb verträgt die Kunst, so Lukács, nur eine »eingeborene«, eine »elementare Parteilichkeit« (*Ä I*, S. 568). Und bei Adorno heißt es: »Die Parteiischkeit«, welche die Tugend von Kunstwerken nicht weniger als von Menschen ist, lebt in der Tiefe, in der gesellschaftliche Antinomien zur Dialektik der Formen werden: indem Künstler ihnen durch die Synthese des Gebildes zur Sprache verhelfen, tun sie gesellschaftlich das Ihre; selbst Lukács fühlte sich, in seiner Spätzeit, zu derlei Erwägungen genötigt.« (*ÄT*, S. 345) Die Funktion des Künstlers wird zu der eines Menschheitsphilosophen; Künstler sind Figuren der Totalität, eben »Wissende«. Bei Lukács war es in *Geschichte und Klassenbewußtsein* das Klassenbewußtsein. Später, als der Widerspiegelungscharakter des Bewußtseins anerkannt wurde, der »Volkstribun«, der »philosophische Kritiker«, der Philosoph, der Ästhetiker, der »Parteidichter«, der »Schriftsteller als Partisan« – gleichsam charismatische Führergestalten, die der Widerspiegelung ihr ethisches Profil aufprägen.

Diese Parteilichkeit im Sinne der Menschheit für den Fortschritt (Lukács) bzw. gegen den Fortschritt (Adorno) sind beides konservative und kontemplative Standpunkte, weil die soziale Differenzierung dieser Menschheit als irrelevant für die Kunst und ihr Adressatenproblem angesehen wird. Die Parteinahme des Künstlers vollziehe sich nur von den Belangen der Menschheit her und gehe ausschließlich und unabdingbar über die ästhetisch-homogene Form des Kunstwerks.

Der Schluß von der geschichtsphilosophischen Teleologie zur objektiven Parteinahme der Kunst in diesem Prozeß und von daher auf die subjektive Parteinahme des Künstlers läßt aber auch einen anderen Ansatz der Parteilichkeit – und für die marxistisch-leninistische Parteilichkeit ist es ein bedeutender – verschwinden. So ist in der Kunstpraxis ein völlig anders und entgegengesetzt verlaufender Prozeß des Aufbaus künstlerischer Parteinahme zu sehen, und zwar vom Rollenverständnis des Künstlers als Funktionär und Organisator des gesellschaftlichen Fortschritts, der revolutionären Sache, von der subjektiven Parteinahme für etwas ganz Bestimmtes und Konkretes aus, auch für oder gegen gesellschaftliche Phänomene, Situationen des Klassenkampfes usw. Hier wird die Kunst zum *Mittel*, über sie hinausgehende Ziele zu erreichen, einzugreifen, zu verändern, rhetorisch, propagandistisch zu sein, ja agitatorisch und operativ vorzugehen. Was hier als die zweite, die subjektive Dimension der Parteinahme hervorgehoben wird, hat Hegel im Schritt von der »klassischen« zur »romantischen Kunstform« als das Aufbrechen einer »klassischen« Inhalt-Form-Identität, die es allerdings nur in der Utopie überhaupt gab, schon in ihren ästhetischen Folgen beschrieben. »Gehalt fordert seiner freien Geistigkeit wegen mehr, als die Darstellung im Äußerlichen und Leiblichen zu bieten vermag . . ., die Gestalt (wird) zu einer gleichgültigeren Äußerlichkeit . . ., so daß die romantische Kunst also die Trennung des Inhalts und der Form von der entgegengesetzten Seite als das Symbolische nun von neuem hervorbringt.«[27] Dieser Einbruch des »Surplus der Intention« (Adorno) und des »Überschusses« an Gehalt ist genau der Ansatzpunkt der subjektiven Parteinahme als »ostensibler« Parteinahme, oder wenn man will der *Tendenz*. Der bedeutende funktionale Ansatzpunkt der Parteilichkeit, der hierin begriffen ist, hat in Adornos eigentlicher Ästhetik wie in Lukács' Werk keine theoretische Rolle gespielt, ja beide haben sich diesen Gesichtspunkt wegen der Formautonomie der Kunst geradezu verboten.

Und ein weiterer wichtiger Zusammenhang ist hervorzuheben. Besonders von der subjektiven, ostensiblen Parteinahme aus und der damit einhergehenden sozialen Differenzierung der Adressaten und der Wirkung geraten die institutionelle Realität der Kunst, der systematische Zusammenhang von Produktion, Rezeption, die literarische Öffentlichkeit, die »Apparate«, die Literaturverhältnisse und schließlich auch die Notwendigkeit der Führung der Kunst- und Kulturprozesse durch eine marxistisch-leninistische Partei in den Blick der Produzenten.[28] Es ist geradezu gesetzmäßig zu nennen, daß Johannes R. Becher bei seinen Überlegungen in den zwanziger Jahren, wie der proletarisch-revolutionären Kunst in den Klassenkämpfen ihre neue Funktion zu gewinnen ist, bei Lenins *Parteiorganisation und Parteiliteratur* anlangte. Becher hat genau gespürt, daß in dem »Prinzip der Parteiliteratur« die Aufforderung eingeschlossen ist, die Institution Kunst gemäß den gesellschaftlichen Zielen der Arbeiterklasse zu organisieren. Lukács wie Adorno haben, aus ganz unterschiedlichen Gründen allerdings, diesen Leninschen Ansatzpunkt immer weit von sich gewiesen. Diese Parteilichkeit politischer, sozialer, kulturrevolutionärer Natur als Politik einer Avantgarde in Gestalt der Partei war für Adorno generell suspekt; Lukács sah hier nur immer die Gefahr des Subjektivismus, indem er die proletkultistische und später dogmatische Praxis der Parteilichkeit in den vierziger und fünfziger Jahren verabsolutierte.[29]

Angesichts dessen bleibt festzuhalten, daß die Auffassung der Parteilichkeit als objektiver und subjektiver, als ästhetischer und politischer Parteinahme des Künstlers im dialektischen Zusammenhang mit dem »Prinzip der Parteiliteratur« als dem sozial-organisatorischen Prinzip ihrer Verwirklichung auch erst den Garant darstellt für eine funktionale Auffassung des Widerspiegelungsproblems. Die Reduktion der Parteilichkeit auf den objektiven humanistischen Impuls der Kunst hat bei Adorno wie bei Lukács weitreichende restriktive Folgen für die ästhetische Konzeption. Im Werk von Georg Lukács ist die Ablehnung der subjektiven und politischen Parteinahme des Künstlers eine der stabilsten gedanklichen Motive. Sie hängt eng zusammen mit seiner bereits geschilderten Wendung vom politischen Aktivismus hin zum Objektivismus der realistischen Mimesis am Beginn der dreißiger Jahre. Einer seiner ersten Texte als marxistischer Literaturtheoretiker, der Aufsatz *Tendenz oder Parteilichkeit* von 1932, hat in dieser Hinsicht hohen programmatischen Wert. Mit der dort erstmals erfolgenden Begründung der objektiven Parteilichkeit sollte das subjektive Prinzip der Tendenz und die daran anschließenden Folgerungen ein für allemal aus der marxistischen Ästhetik verabschiedet werden und eine objektive Grundlegung der marxistischen Ästhetik systematisch in Angriff genommen werden. So rigoros die Formulierungen des Aufsatzes waren, so prinzipiell verstand Lukács auch diese Entgegensetzung. Sie taucht wieder auf im Moskauer Exil in seiner Schrift *Der historische Roman* und vor allem nach dem Kriege im Kontext der ungarischen Diskussion wird sie in *Ideologie und Demokratie* (1945) eines der zentralen Motive. Auch die »Prolegomena zu einer Ästhetik«, die 1957 veröffentlichte Schrift *Über die Besonderheit als Kategorie der Ästhetik* führen das Thema in der alten Gegenüberstellung weiter; schließlich findet es sich weitverzweigt und eigentlich überall anwesend auch in der *Eigenart des Ästhetischen* wieder. Zieht man im Blick auf die *Ästhetik* hier Bilanz, so müßte man Lukács' Parteilichkeitsbegriff als objektivistisch qualifizieren.[30] Der Kern dieser objektivistischen Parteilichkeit ist die These, daß nur die Parteinahme relevant und kunstwürdig ist, die der klassisch-utopischen Form-Inhalt-Identität inhärent ist und in ihr aufgeht. Zwar räumt Lukács immer wieder ein, daß, betrachtet man das Werk von Petöfi, Majakowski, Eluard, von Goya und Daumier, das unmittelbare Eingreifen in die aktuellsten Kämpfe Kunstwerke hohen Ranges hervorgebracht habe. Genannt werden aber bezeichnenderweise nur diese »Parteikünstler«, bei denen der unmittelbar parteiergreifende Akzent zugleich zum Träger »hoher Kunst« geworden ist. Es handelt sich hier um Künstler, die trotz ihrer Bezogenheit auf den Augenblick und seine operativen Anforderungen zugleich die Gesetze *der* Kunst erfüllt haben. Hier hat sich in Lukács' Urteil die unmittelbare, subjektive Parteinahme nachträglich historisch geläutert – sichtbar in der »Geltung« dieser Werke. Andere Fälle wie die *Marseillaise* oder *Onkel Toms Hütte* haben einzigartige Wirkungen gehabt; sie riefen Leidenschaften hervor, wodurch dann die »Menschen fähig wurden, praktisch in das gesellschaftliche Leben einzugreifen, für oder gegen bestimmte gesellschaftliche Tatsachen zu kämpfen« (*Ä I*, S. 654). Dies sind für Lukács »wichtige Grenzfälle«. Gar nicht mehr diskutabel aber sind Erich Weinerts operative Gedichte und Upton Sinclairs »journalistische« Romane.

Für Lukács lebt das Kunstwerk in der ausgewogenen Schwebe der realistischen Mimesis: die Besonderheit vermittelt zwischen

Einzelheit und Allgemeinheit. Und obwohl es mannigfachste Variationen dieses ästhetischen Gleichgewichtszustandes geben könne, das Verletzten dieser Einheit in Richtung Allgemeines (Allegorie, Rhetorik) wie in Richtung einzelnes (Naturalismus, Empirismus) steht außerhalb von Kunst und offenbart subjektivistische Parteilichkeit. Die nichtinhärente Parteilichkeit, die willentlich sozial konkret sein und ihre Adressaten auch sozial und von der Situation des Klassenkampfes her genau ins Auge fassen möchte, die sich – strukturell signifikant und funktional orientiert – sowohl dem Pol der Allgemeinheit ostensibel zuwenden wie auf das Einzelne demonstrierend verweisen möchte und gerade in der willentlichen Verletzung einer »klassischen« Inhalt-Form-Identität ihren Aufruf, ihre Gesinnung, Anklage, Tendenz, ihre Absicht und ihr Wollen und ihre Parteilichkeit einbringen will – diese nicht-inhärente Parteilichkeit ist nach Lukács' Gesetzen der realistischen Mimesis subjektivistisch. Mit dieser Kampfstellung trat Lukács 1932 an und sie ist auch sein letztes Wort geblieben.

Adornos Standpunkt in dieser Frage wird deutlich in seinem 1962 gehaltenen Rundfunkvortrag über das *Engagement*. Er setzt sich dort mit Sartres *Qu' est-ce que la littérature* auseinander und macht den existentialistischen Subjektivismus und Idealismus in Sartres Engagement-Position namhaft. Das ist richtig kritisiert, aber in Adornos Kritik geht nun auch der wichtige Sartresche Ansatz der Adressiertheit der Literatur als Botschaft, die Berücksichtigung des dialogischen Partners der literarischen Produktion verloren – Impulse, die auf die Ausbildung der Wirkungsästhetik beispielsweise großen Einfluß genommen haben. Die Ablehnung von Sartres idealistischer Engagementposition, dahinter steht auch die Gegnerschaft zu Brecht, schlägt um in den Objektivismus der ästhetischen Autonomie. In derselben Weise wie Lukács läßt Adorno die Parteinahme nur in einer Form, im »Primat des ästhetischen Objekts« und in der klassischen Form-Inhalt-Identität zu, nun aber von der Formseite her gesehen: »Vermittelt ist das Moment des Wollens durch nichts anders als durch die Gestalt des Werkes ... der Gehalt der Werke ist überhaupt nicht, was an Geist in sie hineingepumpt ward, eher das Gegenteil.«[31]

Eine der weitgreifendsten Konsequenzen nun ist die vom Standpunkt der autonomen Form-Inhalt-Identität aus erfolgende Eingrenzung des Literatur- und Kunstbegriffs: Ein Literatur- und Kunstbegriff entsteht, der ohne differenzierende soziale und historische Funktionen bleibt. Sowohl bei Adorno wie bei Lukács, darauf war bereits verwiesen worden, gibt es einen Begriff der »wahren Kunst« – gleichsam der Höhen- und Kammweg der Literaturgeschichte –, gegen den sich eine die Maßstäbe der Kunst nicht erfüllende, eine funktionale Literatur in den Niederungen und außerhalb der Literaturgeschichte negativ absetzt. Bei Lukács ist ja das idealistische Zusammenfallen von Gehalt und Form im Kunstwerk für die Erreichung der Katharsis unabdingbar, eine direkte Eingrenzung des Literatur- und Kunstbegriffs ist davon direkt abhängig (vgl. *Ä I*, S. 827-835).

In Adornos Gesamtwerk ist eine Dissoziierung von »funktionaler« und »wahrer« Kunst von einem eingegrenzten Kunstbegriff her womöglich noch deutlicher und krasser. Das soll hier nicht ausgebreitet werden, zumal auf die gründliche Analyse dieser Adornoschen Gegenüberstellung durch Juri Dawydow verwiesen werden kann.[32]

Die Eingrenzung des Kunst- und Literaturbegriffs ist aber zugleich auch eine des Einzugsgebietes und der Komplexität der Kunst- und Literaturgeschichte. Begrenzt von den Polen Modernismus und Traditionalismus, kommt in der Lukács-Adornoschen Literaturgeschichte eben auch das nur vor, was dem eingegrenzten Kunstbegriff genügt. Im Urteil über Heine und sein Werk ist dies aufschlußreich sichtbar. Georg Lukács hat sich über Heine nur einmal, 1935, im größeren Zusammenhang geäußert. Der Akzent lag dabei ganz auf »Heine als nationaler Dichter«. Die entscheidenden funktionalen Neuansätze Heines, die gerade in den letzten Jahren von der marxistischen Forschung hervorgehoben werden, fehlen völlig. Der Aufsatz gipfelt in einer Gegenüberstellung von Balzac und Heine: »Balzac stellt die Selbstbewegung der Widersprüche in der Wirklichkeit selbst dar. Er gibt ein Bild von der realen Bewegung der realen Widersprüche der Gesellschaft. Heines Form ist die der extremen Subjektivität, die Reduzierung der direkten Gestaltung der Wirklichkeit auf das lebendige und widerspruchsvolle Zusammenwirken der Widerspiegelung im Kopfe des Dichters.« Dies ist beileibe nicht so neutral gemeint, wie es hier den Anschein hat. Wenn man Lukács' Kategorien kennt, springt die darin enthaltene Kritik ins Auge. Das gilt auch für die Feststellung, daß Heine, aus Gründen der Misere des 19. Jahrhunderts auf den »epischen und dramatischen Realismus« verzichtet habe zugunsten einer lyrisch-ironischen

Form der Poesie und der »extrem subjektivistischen Form der dichterischen ›Reisebilder‹«.[33] 1956 hat Adorno in einem Fragestellungen von Karl Kraus *(Heine und die Folgen)* aufgreifenden Essay *Die Wunde Heine* mit subtiler und Heine sicher näherkommender Analyse seinerseits Heine zu einem Dichter der Moderne stilisiert. Allerdings ist in Adornos Augen Heine nur ein inkonsequenter Modernist: »Heine ragt in die Moderne hinein«, aber anders als Baudelaire, »der der Moderne heroisch Traum und Bild abzwingt, ja ... den Verlust aller Bilder selbst ins Bild (transfiguriert)«. Heine habe sich williger dem Strom überlassen, er »hat gleichsam eine dichterische Technik der Reproduktion, die dem industriellen Zeitalter entsprach, auf die überkommenen romantischen Archetypen angewandt, nicht aber Archetypen der Moderne getroffen«.[34] Er macht Heine zu einem individualistischen Misanthropen und sieht die Bedeutung seines Werkes darin, daß in ihm eine »Chiffre des entfremdeten Menschen« gegeben werde, daß »die Macht des ohnmächtig Spottenden ... seine Ohnmacht übersteigt«.[35]

Beide, Adorno wie Lukács, verfehlen in ihren Urteilen über Heine die ästhetische Relevanz seines Engagements, den Einfluß seiner subjektiven Parteinahme auf die Struktur seiner Dichtung und auch die genrerevolutionären Folgen, die im Falle der *Reisebilder* davon ausgegangen sind. Weil sie diese neue Funktion des Engagements negieren, wird auch die neue poetische Praxis Heines verfehlt und, im Urteil Lukács', der literaturgeschichtliche Neuansatz Heines unterschätzt. Gemessen wird Heine durch das Okular des eigenen engeren Kunstbegriffs: an Balzac einerseits, an Baudelaire andererseits.

Und ein zweites Beispiel sei genannt: Es ist die übereinstimmende Unterschätzung des funktionalen Ansatzpunktes, der in anderen, beispielsweise Schillers, kunsttheoretischen Schriften begriffen liegt. So sieht Adorno in Schillers Abhandlung *Das Theater als moralische Anstalt betrachtet* nur den platonischen Impuls und die Absicht, die Zweckfreiheit der Kunst aus Gründen des Asketismus abzulehnen. Auch hier gilt der Angriff der »Botschaft« des Kunstwerks; in Schiller sieht Adorno den Vorfahren der von ihm inkriminierten Theorie der Tendenz und des Engagements.[36]

Lukács sieht in seiner Einschätzung von Schillers »Theorie der modernen Literatur« in der großen Abhandlung *Über naive und sentimentalische Dichtung* den ganzen Reichtum der Ansatzpunkte der Schrift vorzüglich unter einem Gesichtspunkt, dem Verhältnis zwischen Entfremdung und Realismus. So konstatiert er, daß »die Darstellung des Ideals«, das Sentimentalische bei Schiller, einen starr idealistischen Charakter erhalte. Für ihn bleibt außer Betracht, daß die sentimentalische Brechung des naiven Realismus natürlich auch eine neue Ästhetik involviert, denn das Sentimentalische ist in Schillers Auffassung ja ein positives und aufbauendes Prinzip mit Folgen für die Gattungen und Genres. Die Unterscheidung von »naiv« und »sentimentalisch« reduziert Lukács auf Schillers »Einsicht in den problematischen Charakter der naiven Dichtung, des naturwüchsigen Realismus in der kapitalistischen Epoche«. Er sieht in diesem Gegensatzpaar die Kunstfeindlichkeit des Kapitalismus[37] nur in ihrer restriktiven, Produktion verhindernden Komponente, nicht aber die produktive Funktion, aus der gestörten Einheit von Ideal und Wirklichkeit, Inhalt und Form neue poetische Produktivität zu gewinnen. Für Lukács treibt die Kunstfeindlichkeit des Kapitalismus in direkter Linie die Dekadenz hervor, und der Realismus erweist nach seiner Ansicht seine Kraft gerade darin, daß er weiter realistisch abbildet, sich gegen die Kunstfeindlichkeit behauptet, ihr große Werke abtrotzt.

Für Adorno wirkt die Kunstfeindlichkeit des Kapitalismus über den Warenfetischismus, und zwar so total, daß sich kein Produkt ihm entziehen kann, und auch die Kunst nur dadurch, daß sie sich als totale Negation immer wieder selbst in Zweifel zieht. Fortschritt in der Kunst ist nach seinen Gesetzen der absoluten Modernität nur noch Fortschritt des Materials und der Produktivkraftentwicklung in der Kunst.

So geben beide, das soll hier noch einmal hervorgehoben werden, auf das Problem der Kunstfeindlichkeit des Kapitalismus eine modernistische und eine konservative Antwort, die gleichermaßen unbefriedigend bleiben, weil beide nicht den funktionalen Erneuerungs- und Erweiterungsprozeß der Kunst fassen.[38] Sie gehen somit selbst hinter die Möglichkeiten der Hegelschen *Ästhetik* zurück. Dessen Begriff vom »Ende der Kunst« ist im Kräftespiel des Widerspruchs zwischen System und Methode bei ihm ja durchaus ambivalent zu verstehen: »Ende der Kunst« als absolute Kunstfeindschaft der sich etablierenden bourgeoisen Gesellschaft, aber auch »Vollendung der Kunst« als verschlüsselte

Andeutung und Ahnung der funktionalen Aufbrechung eines »klassischen« Kunstbegriffs, der sich in der »romantischen Kunstform« vor den Augen Hegels ja auch vollzog.[39]

5.

Es läßt sich resümieren: Geht man davon aus, daß ästhetische Theorie und Literaturtheorie Prämissen setzen für die Praxis literaturgeschichtlicher und literaturwissenschaftlicher Analyse, so erweisen sich Adornos wie Lukács' Ästhetik als wenig geeignet, solche Vorgaben zu liefern. Sich als ästhetische Wertphilosophien verstehend, deren besonderer kritischer Ansatz dadurch gekennzeichnet ist, daß sie sich (jeweils unterschiedlich) gegen eine bestimmte historische Praxis funktionaler Kunst wenden, stehen sie damit aber auch quer zur Historizität der Kunst, weil sie von diesem Ansatz her einen aus dem Zusammenhang von idealistischer Geschichtsphilosophie und anthropologisch gefaßter Entfremdung gewonnenen fixen und normierenden Kunstbegriff setzen, der so oder so vermittelt in der Tradition der klassischen deutschen Ästhetik als einer kontemplativen »Bildungs-Ästhetik« steht.

Heißt dies kritisieren zugleich, positivistischen Verzicht auf eine ästhetische und Literaturtheorie zu leisten? Brecht, in der Auseinandersetzung mit Lukács' Theorie des Realismus, fragte 1938, seine praktischen Einwände rekapitulierend, in gleicher Richtung: »Geben wir so die Theorie auf?« Und er antwortete sich selbst: »Nein, wir bauen sie sie auf.«[40]

Aber dieser »Aufbau« der Theorie ist nicht so zu verstehen, als vollziehe er sich in der gegenseitigen Negation oder einfachen Entgegensetzung der Positionen. So verstanden bewegt sich die Theorie immer nur zwischen den Polen eines Dilemmas. Peter Bürger beschreibt die sich dabei einstellenden unfruchtbaren Gegensätze: »Versuche, die Widersprüchlichkeit in der Entwicklung der Kunst dadurch zu tilgen, daß man gegen die ›autonome‹ Kunst eine moralisierende ausspielt, sind insofern verfehlt, als sie das befreiende Moment in der ›autonomen‹ Kunst ebenso übersehen wie das repressive in der moralisierenden.«[41] Und H. R. Jauß sagt 1977, daß die Position Adornos in ein anderes Licht trete, wenn man auf die »materialistische Ästhetik« der letzten Jahre blicke. »Angesichts der extremen puritanischen Askese und des abstrakten Idealismus, die diese Zeitströmung auf verschiedenen Ebenen kennzeichnen, könne nunmehr Adornos dialektische Ästhetik der Negativität gegen die materialistische Reduktion seiner *Dialektik der Aufklärung* . . . fast schon wieder als Geueninstanz aufgerufen werden.«[42]

Die methodologischen literaturwissenschaftlichen Probleme, die sich in diesem Wechsel der Theorien zeigen (Autonomie und Heteronomie der Kunst, soziale Determiniertheit und ästhetische Qualität literarischer Werke, historische und ästhetische, sozialgeschichtliche und werkanalytische Betrachtung usw.) haben auch in der Geschichte marxistischer Ästhetik ihre Tradition[43] und bilden bis heute das Feld des Auf- und Ausbaus ihrer Theorie. Es können dabei aber nicht die Gegensätze der ständig wechselnden Theorien zum Ausgangspunkt genommen werden, sondern die Theoriebildung muß sich über sie stellen und sie als Widersprüche integrieren, indem sie den komplexen Entwicklungsprozeß der literarischen Produktion und Rezeption als die Entwicklung einer in den allgemeinen Geschichtsprozeß eingebetteten spezifischen Kommunikationsweise der Gesellschaft zu ihrem Gegenstand macht. Das heutige Gemeinverständnis marxistischer Literaturtheorie und Ästhetik, daß sie ihre Gegenstände unter diesem funktionalen und kommunikativen Gesichtspunkt angehen müsse, ist ein Programm, das die aus einer besonderen Kunstfunktion hergeleitete Eingrenzung des Kunstbegriffs weit hinter sich lassen muß.

Anmerkungen

1 Theodor W. Adorno: *Erpreßte Versöhnung. Zu Georg Lukács'*: *»Wider den mißverstandenen Realismus«*, in: *Noten zur Literatur II*, Frankfurt a. M. 1961, S. 156.
2 Ebd., S. 174.
3 Ebd., S. 161 und 167 f.
4 In jüngster Zeit hat sich in feuilletonistischer Weise und den Standpunkt Adornos verfechtend Fritz J. Raddatz dem Thema gewidmet; vgl. Fritz J. Raddatz: *Der hölzerne Eisenring, Die moderne Literatur*

zwischen zweierlei Ästhetik: Lukács und Adorno, in: Merkur, 1/1977, S. 28-44.
Raddatz sieht allerdings nur die Unterschiede zwischen beiden Konzeptionen, während Peter Bürger (*Theorie der Avantgarde*, Frankfurt a. M. 1974), Friedrich Tomberg (*Mimesis der Praxis und abstrakte Kunst*, Neuwied und Berlin 1968) und Rolf Günter Renner (*Ästhetische Theorie bei Georg Lukács. Zu ihrer Genese und Struktur*, Bern und München 1976, bes. S. 181-197) direkt oder indirekt auch auf die Gemeinsamkeiten hingewiesen haben. Ausdrücklich hingewiesen werden muß in diesem Zusammenhang auf den Aufsatz von Burkhardt Lindner, *Der Begriff der Verdinglichung und der Spielraum der Realismus-Kontroverse*, in: *Der Streit mit Georg Lukács*, Frankfurt a. M. 1978, S. 91-123, mit dem der vorliegende Aufsatz viele gemeinsame Positionen hat.

5 Hierbei spielte die Diskussion um das Entfremdungsproblem und den Humanismus-Gedanken bei Marx eine wichtige Rolle: Vgl. Wolfgang Heise: *Über die Entfremdung und ihre Überwindung*, in: Deutsche Zeitschrift für Philosophie 6/1965, S. 684-710 und Manfred Buhr: *Entfremdung – philosophische Anthropologie – Marx-Kritik*, in: Die marxistische Philosophie und der ideologische Kampf der Gegenwart, Berlin 1970, S. 179-220.
Vgl. auch die französische Diskussion: Louis Althusser: *Marxismus und Humanismus*, in: L. A.: *Für Marx*, Frankfurt a. M. 1968, S. 168-202 und Lucien Sève: *Marxismus und Theorie der Persönlichkeit*, Berlin 1973, bes. S. 61-176.
Zur Rolle Roger Garaudys in diesem Zusammenhang vgl. die *Einleitung* von Karlheinz Barck und Brigitte Burmeister zu dem Band *Ideologie – Literatur – Kritik. Französische Beiträge zur marxistischen Literaturtheorie*, Berlin 1977.

6 Vgl. die Gemeinschaftsarbeit: *Ästhetik heute*, Berlin 1978, wo mit diesem Ansatz auch zum ersten Mal versucht wird, das Modell einer Ästhetik als *Kunst*ästhetik zu überwinden: »es muß ausgegangen werden von der konkret historischen Funktion ästhetischer Beziehungen der Menschen im Realprozeß der Geschichte und im Alltag und nicht von irgendwelchen, meist an anderen geistigen Aneignungsweisen gebildeten philosophischen und kunsttheoretischen Vorgaben und Kriterien.« (S. 7)

7 Wolfgang Heise: *Über die Geschichtlichkeit der Wahrheit der Poesie. Überlegungen zu Hegel.* In: Jürgen Kuczynski / Wolfgang Heise: *Bild und Begriff*, Berlin 1975, S. 228.

8 Günter Fröschner (*Die Herausbildung und Entwicklung der geschichtsphilosophischen Anschauungen von Georg Lukács*, Phil. Diss., Institut für Gesellschaftswissenschaften beim ZK der SED 1965) verweist auf Daniel Bell: *The Debate on Alienation*, in: Revisionism.

Essays on the History of Marxist Ideas, London 1962, S. 195-211.
9 Zitiert bei Günter Fröschner: *Die Herausbildung und Entwicklung*, a.a.O., S. 116.
10 Christine Glucksmann: *Über die Beziehung von Literatur und Ideologien*, in: *Ideologie – Literatur – Kritik. Französische Beiträge ...*, a.a.O., S. 121.
11 Zum Zusammenhang von Ästhetik und Ontologie bei Georg Lukács vgl. Rolf Günter Renner: *Ästhetische Theorie bei Georg Lukács ...*, a.a.O., S. 220 ff.
   In jüngster marxistischer Kritik des Arbeitsbegriffes in Lukács' *Ontologie* (Peter Ruben und Camilla Warnke: *Arbeit – Telosrealisation oder Selbsterzeugung der menschlichen Gattung? Bemerkungen zu G. Lukács' Konzept der »Ontologie des gesellschaftlichen Seins«*, in: *Deutsche Zeitschrift für Philosophie* 1/1979, S. 20-30) wurde nachgewiesen, daß Lukács den Arbeitsbegriff verkürzt, wenn er ihn »als Realisierung teleologischer Setzungen, als Verwirklichung der durch das Bewußtsein formulierten Ziele oder Zwecke« (S. 22) betrachte. Umgekehrt sei »die Arbeit die genetische Vorbedingung der teleologischen Zwecksetzung ... Teleologische Setzungen sind Ausdruck des in und vermittels der Arbeit hervorgebrachten Bewußtseins, also nicht Voraussetzung der Arbeit schlechthin, sondern vielmehr deren ideelle Momente!« (S. 23)
   Diese Auffassung der Arbeit impliziere bei Lukács die Annahme des Primats des Bewußtseins gegenüber der materiellen Arbeit, »also den Verlust des Materialismus in der Gesellschaftsanalyse«. (S. 24)
   Aus diesen Prämissen schlußfolgern die Autoren, daß es sich bei Lukács' Arbeitsbegriff »nicht um die konkret-allgemeine, sondern um die abstrakt-allgemeine Bestimmung der Arbeit (handelt), die ihre ontologische Entsprechung in einer speziellen historischen Gestalt der abstrakten Arbeit besitzt ... Unter der Voraussetzung des Gegensatzes von Arbeit und Eigentum ... wird die konkrete Arbeit durch die abstrakte Arbeit kommandiert. Und auf diese historische Bedingung trifft die von Lukács unterstellte Reduktion der Arbeit auf die Realisation von Zwecken zu, sofern sie nämlich vom Gesichtspunkt der Kommandeure gedacht wird. Arbeit als Telosrealisation ist der Arbeitsbegriff von nicht materiell Produzierenden, die aber an den Arbeitsprodukten interessiert sind und deren Erzeugung zu organisieren haben.« (S. 25)
12 Wilhelm Girnus: *Betrachtungen zur »Ästhetik« von Georg Lukács*, in: *Wozu Literatur*, Leipzig 1976, S. 217.
13 Karl Marx: *Der Bürgerkrieg in Frankreich*, in: *MEW*, Bd. 17, S. 343.
14 Zur Diskussion der Problematik des Mimesis-Begriffes vgl.: Hermann Koller: *Die Mimesis in der Antike Nachahmung, Darstellung, Ausdruck*, Bern 1954; Wilhelm Girnus: *Zweitausend Jahre Verfäl-*

schung der aristotelischen Poetik, in: *Wozu Literatur*, Leipzig 1976 und den noch ungedruckten Beitrag von Martin Fontius, der 1980 in einer Kollektivarbeit zur marxistischen Widerspiegelungstheorie im Aufbau-Verlag Berlin und Weimar erscheinen wird.
15 Georg Lukács: *Nachwort* (zu) *Probleme der Ästhetik*, in: *Werke*, Bd. 10, S. 787.
16 Johann Wolfgang Goethe: *Maximen und Reflexionen*, in: *Kunsttheoretische Schriften und Übersetzungen, Berliner Ausgabe*, Bd. 18, Berlin und Weimar 1970, S. 638.
17 Die *Philosophie der neuen Musik* (1958), auf die hier nicht eingegangen werden kann, ist unter diesem Blickwinkel die eigentliche ästhetische Theorie Adornos.
18 Wolfgang Heise: (Annotation von) *Theodor W. Adorno: Ästhetische Theorie, Frankfurt a. M. 1972*, in: *Referatedienst*, 1/1972, S. 99.
19 Theodor W. Adorno: *Voraussetzungen*, in: *Noten zur Literatur III*, Frankfurt a. M. 1966, S. 144.
20 Zur Kritik der Adornoschen Position an diesem Punkt vgl.: Jürgen Fredel: *Kunst als Produktivkraft. Kritik eines Fetischs am Beispiel der »Ästhetischen Theorie« Theodor W. Adornos*, in: *Autonomie der Kunst. Zur Genese und Kritik einer bürgerlichen Kategorie*, Frankfurt a. M. 1972, und Waltraud Schröder: *Anthropologisierung der Ästhetik*, in: *Weimarer Beiträge*, 12/1973.
21 Theodor W. Adorno: *Balzac-Lektüre*, in: *Noten zur Literatur II*, Frankfurt a. M. 1965, S. 40.
22 Georg Lukács: *Wider den mißverstandenen Realismus*, Hamburg 1958, S. 50.
23 Theodor W. Adorno: *Veblens Angriff auf die Kultur*, in: *Prismen*.
24 Theodor W. Adorno: *Zur Dialektik des Engagements*, in: *Die Neue Rundschau*, 2/1962, S. 109.
25 Friedrich Tomberg: *Mimesis der Praxis und abstrakte Kunst...*, a.a.O., S. 30 f.
26 Ebd., S. 66.
27 G. W. F. Hegel: *Ästhetik*, Bd. 1, Berlin und Weimar 1965, S. 297.
28 Vgl. dazu Peter Bürger: *Theorie der Avantgarde*, a.a.O.; Bürger entwickelt hier den kunsttheoretischen Zusammenhang von Avantgarde und deren Intention auf die Veränderung der Institution Kunst.
29 Vgl. dazu P. W. Alexejew und A. J. Iljin: *Das Prinzip der Parteilichkeit*, Berlin 1975, S. 110 ff.
30 »Semiotisch gesehen leugnet der Objektivismus den pragmatischen Aspekt der menschlichen Aussagen, Theorien usw. oder hält ihn – sofern er ihn anerkennt – für eine willkürliche Zutat, die eliminiert werden müsse.« (*Philosophisches Wörterbuch*, Bd. 2, Leipzig 1969, S. 802).

31 Theodor W. Adorno: *Engagement*, in: Noten zur Literatur III, a.a.O., S. 134.
32 Juri Dawydow: *Die sich selbst negierende Dialektik. Kritik der Musiktheorie Theodor Adornos*, Berlin 1971.
33 Georg Lukács: *Heinrich Heine als nationaler Dichter*, in: *Deutsche Realisten des 19. Jahrhunderts*, Berlin 1952, S. 132.
34 Theodor W. Adorno: *Die Wunde Heine*, in: *Noten zur Literatur I*, Frankfurt a. M. 1968, S. 149.
35 Ebd., S. 152.
36 Vgl. Theodor W. Adorno: *Engagement*, a.a.O., S. 131.
37 Georg Lukács: *Schillers Theorie der modernen Literatur*, in: *Goethe und seine Zeit*, Berlin 1953, S. 139.
38 Vgl. dazu Karlheinz Barck: *Autonomie der Literatur und Kunstfeindlichkeit des Kapitalismus*, in: *Funktion der Literatur*, Berlin 1975, S. 156-166.
39 Zur Ambivalenz des »Endes der Kunst« bei Hegel vgl. Ingrid Pepperle: *Bemerkungen zu Hegels Konzeption vom Ende der Kunst*, in: *Funktion der Literatur*, a.a.O., S. 140 bis 145.
40 Bertolt Brecht: *Praktisches zur Expressionismusdebatte*, in: B. B.: *Schriften zur Literatur und Kunst, Bd. II*, Berlin 1966, S. 20.
41 Peter Bürger: *Theorie der Avantgarde*, a.a.O., S. 55.
42 Hans Robert Jauß: *Ästhetische Erfahrung und literarische Hermeneutik I*, München 1977, S. 71.
43 Zur paradigmatischen Bestandsaufnahme dieser Probleme marxistischer Ästhetik bei Franz Mehring vgl. Klaus-Michael Bogdal: *Franz Mehring als Literaturkritiker*, in: Bogdal/Lindner/Plumpe (Hg.) *Arbeitsfeld materialistische Literaturtheorie*, Frankfurt a. M. 1975, S. 75-118.

Burkhardt Lindner
»Il faut être absolument moderne«
Adornos Ästhetik: Ihr Konstruktionsprinzip und ihre Historizität

> »Ist in der schlechten Unendlichkeit der ziellos sich reproduzierenden Gesellschaft das Bild der Natur entstellt und in das Nichts gedrängt als der einzigen Lücke in der totalen Gefangenschaft, so wird dieses Nichts zum Etwas im Namen der Hölle, die gegen die trugvolle Geschlossenheit des Systems von Werk und Gesellschaft sich mobilisiert.«
>
> *Adorno 1939/1952 und passim.*

Modernität, Rimbauds »Il faut être absolument moderne«, steht als Leitmotiv über den ästhetischen Schriften Adornos. Als Fragmente einer Konstruktion der Moderne, die philosophische Ästhetik als universelles System nicht mehr zuläßt, stellten sie den Anspruch, von der avanciertesten Kunstepoche auszugehen, die avancierteste Ästhetik vorzulegen und diese aus der unerbittlichen Reflexion der Katastrophe der bürgerlichen Gesellschaft zu formulieren. Daß Philosophie heute vor den Phänomenen der modernen Kunst meist beziehungslos versage, verweise darauf, wie der Essay »Wozu noch Philosophie« feststellt, daß das Rimbaudsche Diktum kein bloß ästhetisches Programm sei, sondern kategorischer Imperativ einer Philosophie, die der geschichtlichen Tendenz nicht ausweicht. Die geschichtliche Tendenz aber gehe auf die endgültige Katastrophe, sowenig sich Auschwitz noch eigentlich durch die Selbstliquidierung der Menschengattung noch überbieten läßt. Dahingestellt bleibt, inwieweit das Ende der Moderne als nukleare Explosion im All verpufft oder als perennierende Regression sich naturgeschichtlich behauptet: die Utopie wäre vergebens gewesen.

Auszugehen ist indes heute davon, daß Adornos Konzeption historisch geworden ist. Nicht etwa weil die Katastrophe verhindert oder die Utopie gegenstandslos geworden wäre. Vielmehr wird erkennbar, daß Adornos intellektuelle Strategie einer geschichtlich-theoretischen Konstellation zugehört, deren Umrisse hervorzutreten beginnen. Adornos Ästhetik ist ihrem Konstruktionsprinzip nach eine geschichtsphilosophisch-ideologiekritische Reflexion aus der Perspektive des (drohenden) Endes der Kunst. Diese seit Jochmann und Hegel virulente Frage ist nun nicht einfach empirisch entscheidbar. Sie impliziert vielmehr einen historischen Begriff von Kunst und die Bestimmung des Erkenntnisobjekts von Ästhetik, damit also auch Grundannahmen über den Theoriestatus von Ästhetik als einer wissenschaftlichen Disziplin. Deshalb sind Voraussetzungen der Adornoschen Ästhetik im Kontext konkurrierender Positionen herauszuarbeiten: um (auch gegen Rezeptionsklischees) den historischen Einsatz des Konstruktionsprinzips erkennbar zu machen. Gegen das Klischee, Adorno konzipiere Ästhetik als esoterische Flucht aus einer melancholisch gewordenen Gesellschaftsphilosophie, wird Adornos Beharren auf der Krise der Kunst hervorgehoben. Gegen das andere Klischee, Adornos Ästhetik repräsentiere die zusammengefaßte, letzte Möglichkeit von Ästhetik heute, wird die historische Grenze seiner Konstruktion der Moderne hervorgehoben. Um der detaillierten Darstellung willen – der folgende Text geht auf Vorlesungen zurück – bleibt die Diskussion über ›postautonome‹, ›postmoderne‹ Ästhetik hier stärker beiseite als ursprünglich beabsichtigt.

I. Dekadenz oder Moderne?

Das Interesse an einer philosophischen Reformulierung der Kunstautonomie verbindet die beiden ›erfolgreichsten‹ Konzeptionen materialistischer Ästhetik, die von *Lukács* und die von *Adorno*. Daß beide einander abgelehnt haben, ändert an dieser objektiven Übereinstimmung zunächst nichts, sie steht jenseits persönlicher Ranküne, mit der jeweils die Schriften des anderen diskreditiert wurden. Einsicht in die gemeinsamen Prämissen eröffnet vielmehr den Zugang zur spezifischen Differenz und läßt den Einsatz von Adornos Ästhetik als einer Theorie der Moderne erkennen.

*Zwei Versionen einer materialistischer Reformulierung
der Kunstautonomie*

Mit seinem Aufsatz »Tendenz oder Parteilichkeit?« (1932) beanspruchte Lukács, »einen Komplex von theoretischen Schiefheiten und Halbheiten aus unserer Literaturauffassung« auszuscheiden.[1] »Unsere Literaturauffassung« heißt hier: Literaturtheorie als Teil des mit dem revolutionären Proletariat verbundenen Marxismus. Und die »theoretischen Schiefheiten«, von denen Lukács spricht, meinen die Auswirkungen eines ungeklärten Tendenzbegriffs. Lukács mißt dieser theoretischen Unklarheit eine hemmende und desorientierende Wirkung für die Kunstpraxis und Kunstrezeption zu, die im Namen des Proletariats und auf der Höhe der marxistischen Gesellschaftsanalyse zu leisten wäre. Seine Konsequenz, die der Aufsatz bereits im ersten Abschnitt ankündigt, lautet: an die Stelle des Tendenzbegriffs hat der Begriff der »Parteilichkeit« zu treten.

Zwar zeigt Lukács für die linke Aufwertung des Tendenzbegriffs historisches Verständnis – der Zensurbegriff ›tendenziöses Schrifttum‹ wurde zu einem positiven Kampfbegriff politisch engagierter Künstler umfunktioniert –, aber er spricht dem Begriff zugleich jeden theoretischen Erklärungswert ab. In der positiven Umwertung des Tendenzbegriffs durch die engagierten Künstler werde eine »bürgerliche Terminologie« und damit eine »bürgerliche Formulierung des Problems« übernommen: nämlich der falsche Gegensatz von »reiner Kunst« und »Tendenz«. Falsch sei dieser Gegensatz deshalb, weil er eine unvermittelte und sachlich unbegründete Alternative aufreiße: Entweder gelange die Verteidigung der Tendenzkunst dazu, alle Fragen der Formvollendung der Kunst auszuklammern, Kunst also rein auf den direkten Agitationsgehalt und -effekt im Klassenkampf zu reduzieren, oder es werde dem direkten Bekenntnis einer politischen Tendenz selbst höchster ästhetischer Wert eingeräumt. Der Versuch, politische Kunst, Tendenzkunst, gegen die reine, unpolitische Kunst zu stellen, sei selbst noch bürgerlich und unmarxistisch. Mit dem Tendenzbegriff werde von vornherein ein grundsätzlicher Fragenkomplex der marxistischen Theorie verzerrt: die Dialektik des subjektiven und des objektiven Faktors in der gesellschaftlichen Entwicklung. Wird der *subjektive Faktor* in der Geschichte dialektisch richtig erfaßt, dann hört das Dilemma von reiner Kunst und Tendenzkunst auf zu existieren. Darin erweist sich die marxistische Identität von autonomer und parteilicher Kunst. Dieser Identität gibt Lukács einen Namen – noch nicht in diesem Aufsatz – aber in den anderen, vor allem in der Expressionismusdebatte: »*Realismus*«. Realismus, oder, wie Lukács gern sagt, »großer Realismus«, ist der Orientierungspunkt, von dem aus er die Möglichkeit einer historisch systematischen Ästhetik begründet, die an die Stelle der alten Ästhetik Hegels treten und die verschiedenen Einzeläußerungen der marxistischen Klassiker zu einem weltanschaulich geschlossenen System vereinigen soll. Die programmatischen Aufsätze aus der »Linkskurve« und der Exilzeit, die Sammlung der Schriften von Marx und Engels »Über Kunst und Literatur« und der mehrbändige Torso der »Ästhetik« unterstehen diesem Ziel.

Inwiefern können ästhetische Autonomie und Parteilichkeit identisch werden? Lukács führt eines seiner Lieblingszitate an. In der Schrift über den »Bürgerkrieg in Frankreich« hatte Marx geschrieben:

»Die Arbeiterklasse hat keine fix und fertigen Utopien durch Volksbeschluß einzuführen. Sie weiß (...), daß sie (...) lange Kämpfe, eine ganze Reihe geschichtlicher Prozesse durchzumachen hat, durch welche die Menschen wie die Umstände gänzlich umgewandelt werden. Sie hat keine Ideale zu verwirklichen; sie hat nur die Elemente der neuen Gesellschaft in Freiheit zu setzen, die sich bereits im Schoß der zusammenbrechenden Bourgeoisgesellschaft entwickelt haben.« Lukács schließt an das Marx-Zitat an: »Es ist also gerade die Erkenntnis der gesellschaftlichen Notwendigkeit, die (...) die richtige (und wichtige) Stelle des subjektiven Faktors in der Entwicklung bestimmt.«[2]

Der Marxismus propagiere keine subjektiven Ideale, utopistischen Gesellschaftsentwürfe oder abstrakt-moralischen Normen, sondern artikuliert die Einsicht in die Gesetzmäßigkeiten des historisch-gesellschaftlichen Gesamtprozesses. Das Proletariat ist der epistemologische Ort größtmöglicher Einsicht in die gesellschaftliche Totalität und Prozeßhaftigkeit. Durch die in der Partei zusammengeschlossene Avantgarde vorangetrieben, konstituieren sich die Arbeiter aus einer Klasse ›an sich‹ als Klasse ›an und für sich‹, realisieren durchs proletarische Klassenbewußtsein die Identität von Subjekt und Objekt. Objektivität des Geschichtsprozesses und Autonomie des bewußten, kollektiven Handelns bilden – welthistorisch zum erstenmal – eine dialektische Einheit.

Diese objektive, geschichtliche Wahrheit ist Gegenstand des progressiven Künstlers. Der »proletarisch-revolutionäre Schriftsteller, der den Marxismus beherrscht«, braucht hinsichtlich des Gegenstands und des Ziels seiner literarischen Produktion keine Zweifel zu haben. Er braucht seine politischen Forderungen nicht als subjektive Tendenz zu artikulieren, nicht als bloßen Wunsch oder abstrakte Parole die Verhältnisse umzuwälzen.

Er wird vielmehr »das, was der klassenbewußte Teil des Proletariats aus Einsicht in die treibenden Kräfte des Gesamtprozesses, als Vertreter der großen welthistorischen Interessen der Arbeiterklasse will und tut, als einen Willen und eine Tat (...) gestalten, die, dialektisch aus diesem Gesamtprozeß selbst entsprungen, die unerläßlichen Momente dieses objektiven Wirklichkeitsprozesses selbst sind.« Die »Darstellung der objektiven Wirklichkeit mit ihren wirklichen treibenden Kräften, mit ihren wirklichen Entwicklungstendenzen«, also die »Selbstbewegung der Wirklichkeit selbst«, ist nicht tendenziös gefärbt, sondern wahr, wirklich und parteilich zugleich: parteilich für »jene Klasse, die Trägerin des geschichtlichen Fortschritts unserer Periode ist: das Proletariat.«³

Anders gesagt: weil Gegenstand der Kunst die allgemeine objektive Fortschrittstendenz des historischen Prozesses ist, braucht Kunst Wirklichkeit nicht agitatorisch zu entstellen, sondern nur realistisch deren historisches Wesen zu »gestalten«: in lebenswahrer Typik die Figuren, repräsentativer Verknüpfung der gesellschaftlichen Schauplätze und perspektivischer Verknüpfung der Ereignisse ästhetisch zu verdichten. Der Kampf für die Fortgeltung der realistischen Darstellungsprinzipien gegen deren Liquidierung durch bürgerliche und pseudorevolutionäre Modernismen ist deshalb ein Kampf für die Einheit von humanistischem Erbe und authentischem Marxismus.

Mit dem Begriff des »Realismus« stellt Lukács eine progressive Kontinuität zwischen bürgerlicher Kunstautonomie und proletarisch-parteilicher Kunstautonomie her. Denn das Interesse an umfassender Wirklichkeitseinsicht und der Vervollkommnung der anthropomorphisierenden Darstellungsmittel der Kunst, das mit der bürgerlichen Emanzipation der Kunst zum autonomen, diesseitigen Erkenntnismedium einsetzt, ist trotz aller immanenter Widersprüchlichkeit und historischer Grenze mit dem marxistischen Interesse deckungsgleich. Deshalb sind echte Künstler, große Schriftsteller, auch wenn sie ideologische Vorbehalte gegenüber dem Proletariat haben, Verbündete, nicht aber subjektivistische oder dokumentaristische Avantgarden, die Kunst mit formalistischem Experiment verwechseln.

Daß große Kunstwerke die gesellschaftliche *Totalität* einer Epoche realistisch, lebenswahr gestalten und darin die Einheit von Subjekt und Objekt als Telos der Geschichte zum Ausdruck bringen, verweist zunächst auf den Totalitätsbegriff von »Geschichte und Klassenbewußtsein«. Zugleich freilich macht sich eine Verschiebung, die aus der Enttäuschung über die den Rückgang der weltrevolutionären Dynamik herrührt, geltend. Denn indem die Kunst, von der in »Geschichte und Klassenbewußtsein« nur nebenher die Rede ist, die realistische Gestaltung der marxistischen Wahrheit aufgebürdet wird, treten gewissermaßen an die Stelle der Avantgardepartei als höchster Bewußtseinsinstanz marxistische Philosophie und Kunst. Die künstlerische Realisierung der Wahrheit und marxistische Geschichtsphilosophie autonomisieren sich gegenüber der Partei, deren Hilflosigkeit angesichts des Rückgangs der Weltrevolution und der Epoche eines europäischen Faschismus offenkundig wurde. Lukács' Wendung vom Politiker und Funktionär zum Philosophen und Kunsttheoretiker, die mit der erzwungenen Selbstkritik der »Blumthesen« zusammenfällt, entspringt gerade dem Bedürfnis, dem Stalinismus entzogene Korrektivpositionen auszuarbeiten. Auch die Linkskurven-Aufsätze, darunter »Tendenz oder Parteilichkeit?«, sind nicht als Komintern-Auftragsarbeiten gegen Brecht und Ottwalt zu begreifen, sondern als Fortsetzung der Volksfrontkonzeption der »Blumthesen« auf der Ebene von Literaturtheorie und Ästhetik.

Dreißig Jahre später nimmt Adorno die Tendenzproblematik wieder auf. War Lukács von der Opposition reine Kunst vs Tendenzkunst ausgegangen, um sie als falsche und undialektische Alternative zu erweisen, so setzt Adorno in vergleichbarer Absicht bei der opposition l'art pour l'art vs Engagement an. Adorno schreibt:

> »Jede der beiden Alternativen negiert mit der anderen auch sich selbst: engagierte Kunst, weil sie, als Kunst notwendig von der Realität abgesetzt, die Differenz von dieser durchstreicht; die des l'art pour l'art, weil sie durch ihre Verabsolutierung auch jene unauslöschliche Beziehung auf die Realität leugnet, die in der Verselbständigung von Kunst gegen das Reale als ihr polemisches a priori enthalten ist.«[4]

Autonome Kunst zeichnet sich dadurch aus, daß sie die empirische Alltagsrealität transzendiert, ohne sich deshalb in ein idealistisches Jenseits zur Gesellschaft zu flüchten. Im »Engagement«-Aufsatz reflektiert Adorno nicht darüber, daß er in der Ablehnung engagierter Kunst – konkreter: Brechts oder Sartres oder der dokumentarischen Agitprop – mit der Lukácsschen Intervention übereinstimmt. Jeder Hinweis auf die alten Debatten um Parteilichkeit und Tendenz ist getilgt, obschon Sartres Schrift, deren deutsche Publikation Anlaß für Adornos Aufsatz war, ohne Kenntnis dieses Kontextes nicht zu verstehen ist.

Auch in der drei Jahre vorher (1958) erschienenen Abrechnung Adornos mit Lukács' Realismustheorie ist Ähnliches zu beobachten. Die heftige, bis ins Persönliche gehende Polemik dürfte nicht allein die Lukács'sche Verachtung für die Frankfurter Schule als »Grand Hotel Abgrund« entgelten. Adornos Empfindlichkeit dürfte vor allem daher rühren, daß Lukács sich mit seiner Realismustheorie als der wahre Repräsentant materialistischer Autonomieästhetik begreift. Einen solchen Anspruch will Adorno nicht anerkennen; höchstenfalls als Symptom eines schlechten Gewissens, das Lukács, nachdem er freiwillig die Unabhängigkeit seines Denkens dem »Osten« opferte, noch zeige.

Lukács »kann des Bewußtseins nicht sich entschlagen, daß ästhetisch die gesellschaftliche Wahrheit nur in autonom gestalteten Kunstwerken lebt. Aber diese Autonomie führt im konkreten Kunstwerk heute notwendig all das mit sich, was er unterm Bann der herrschenden kommunistischen Lehre nach wie vor nicht toleriert. (...) So rechtmäßig auch Lukács in der Tradition der großen Philosophie Kunst als Gestalt von Erkenntnis begreift, nicht als schlechthin Irrationales der Wissenschaft kontrastiert, er verfängt sich dabei in eben der bloßen Unmittelbarkeit. (...) Kunst erkennt nicht dadurch die Wirklichkeit, daß sie sie, photographisch oder ›perspektivisch‹, abbildet, sondern dadurch, daß sie vermöge ihrer autonomen Konstitution ausspricht, was von der empirischen Gestalt der Wirklichkeit verschleiert wird. Noch der Gestus der Unerkennbarkeit der Welt, den Lukács an Autoren wie Eliot oder Joyce so unverdrossen bemängelt, kann zu einem Moment von Erkenntnis werden, der des Bruchs zwischen der übermächtigen und unassimilierbaren Dingwelt und der hilflos von ihr abgleitenden Erfahrung. Lukács vereinfacht die dialektische Einheit von Kunst und Wissenschaft zur blanken Identität, so als ob die Kunstwerke durch Perspektive bloß etwas von dem vorwegnähmen, was dann die Sozialwissenschaften brav einholen. Das Wesentliche jedoch, wodurch das Kunstwerk als Erkenntnis sui generis von der wissenschaftlichen sich unterscheidet, ist eben, daß nichts Empirisches unverwandelt bleibt, daß die Sachgehalte objektiv sinnvoll werden erst als mit der subjektiven Intention verschmolzene.«[5]

Adornos Kritik, Lukács' Ästhetik und Realismustheorie halte empirische Realität und ästhetischen Schein nicht auseinander, verfechte eine wissenschaftlich-photokopische Realismuskonzeption und verleugne die Bedeutung der subjektiven Intention im Werk, ist alles andere als zutreffend. Im Gegenteil: die als Gegenposition formulierten Bestimmungen könnte Lukács durchaus unterschreiben. Die aus Marxscher Gesellschaftstheorie und Hegelischer Geschichtsphilosophie inspirierte Rehabilitierung der Autonomie der Kunst erzeugt weit größere Affinität in der Problematik, als die beiderseitige Polemik auf den ersten Blick verrät. Die Affinität läßt sich in identischen Grundannahmen zusammenfassen:

– daß Kunst Besonderes und Allgemeines als individuelles Produkt, als Einzelwerk, vermittle;
– daß im Kunstwerk das Ganze der Gesellschaft erscheine;
– daß Kunstwerke Ideologie kritisieren;
– daß Autonomie und nicht unmittelbares Engagement die Gesellschaftlichkeit der Kunst ausmache.

Erst jenseits von Adornos Denunzierung, Lukács verfechte einen primitiven Abbildrealismus, der die Eigenart des Ästhetischen nicht gelten lasse, wird die Differenz in der materialistischen Reformulierung der Kunstautonomie erkennbar. »Autonome Kunstwerke«, heißt es im »Engagement«-Aufsatz, »negieren bestimmt die empirische Realität, zerstören die zerstörende«;[6] nur durch konsequente Absage an Konzeptionen engagierter Kunst und realistischer Gestaltung sei noch deren ideellem Anspruch zu genügen. Ist die Realität eine zerstörende, kann Kunst weder engagiert-eingreifend oder realistisch-gestaltend positiven Sinn erzeugen. Während für Lukács das Kunstwerk wie ein konzentrierender Spiegel den historischen Prozeß, und damit die historische Mission der Arbeiterklasse, ins Bild setzt, so daß wir uns in diesem Spiegel wiedererkennen können, ist bei Adorno (um im Bild zu bleiben) dieser Spiegel zerkratzt oder blind.

»Becketts Ecce homo ist, was aus den Menschen wurde. Gleichwie mit Augen, denen die Tränen versiegt sind [die gewissermaßen überverzweifelt sind], stumm blicken sie aus seinen Sätzen.« Das »minimale Glücksversprechen darin (...), das an keinen Trost sich verschachert, war um keinen geringeren Preis zu erlangen als den der vollkommenen Durchartikulation bis zur Weltlosigkeit.«⁷

Vollkommene Durchartikulation des autonomen Kunstwerks bis zur Weltlosigkeit: das ist gegen Lukács' Identifizierung von Welthaftigkeit und Autonomie gerichtet. Waren wir bei Lukács auf eine ungebrochene Fülle geschichtsphilosophischer Garantien gestoßen, die den Wahrheitsgehalt der Kunst mit der Wahrheit des Geschichtsprozesses lebenswahr und diesseitsoptimistisch verschmelzen ließen, so treffen wir bei Adorno auf die Negation solcher Identität von Geschichtsprozeß und Kunst. Autonomie der Kunst bestünde, anders gesagt, in ihrem Vermögen, die Totalität des Weltlaufs zu negieren und den ›subjektiven Faktor‹ gerade nicht mit der Objektivität von Geschichte verschmelzen zu lassen. Die Weltlosigkeit der neueren Kunst ist kein Defizit, sondern ihre Erkenntnisqualität, trifft das ›unwahre Ganze‹.

Damit konkretisiert sich der Gegensatz zwischen den beiden Versionen materialistischer Autonomieästhetik handgreiflich im Gegensatz von *Dekadenz vs. Moderne*. Beide Begriffe, die im 19. Jahrhundert eine spezifische Bedeutung gewannen, werden jeweils erweitert eingesetzt, um die Krisenprozesse zwischen jenem und dem 20. Jahrhundert zusammenzufassen. Beide, Adorno wie Lukács, gehen von einer Diagnose des sozialen und ideologischen Verfalls der bürgerlichen Gesellschaft aus: Polar aber steht sich gegenüber, was beide jeweils unter fortschrittlicher/avancierter Theorie und Kunst verstehen.

Während »décadence« bei Adorno die historisch-spezifische Bedeutung des Nietzsche-Kontextes behält⁸ und »Moderne« der übergreifende Epochentitel für die zugespitzte Selbstkritik der antagonistischen bürgerlichen Gesellschaft wird, appelliert Lukács an die ›unverbrauchten Werte‹ des Lebensvoll-Gesunden, Realistischen, Fortschrittsgewissen. Dekadenz ist eine Periode der Vorherrschaft des Verfalls – sonst nichts. In ihr geben subjektiv-ehrliche, aber ideologisch ohnmächtige Kritiker der bürgerlichen Gesellschaft und offen-reaktionäre Apologeten der imperialistischen und faschistischen Entartung der bürgerlichen Gesellschaft den Ton an. Die Kunst zieht sich vom Realismus zurück; subjektivistisches Interesse an Innerlichkeit und objektivistisches Interesse an Faktographie bilden die zwei Seiten einer Medaille, der »Dekadenz«. Die Unfähigkeit zur dialektischen Totalitätserfassung und -gestaltung kennzeichnet die »avantgardistische« Intelligenz. Sie beschreibt, dokumentiert, montiert, agitiert, mythologisiert, verfremdet – bringt aber kein gestaltetes Kunstwerk hervor. So sehr Adorno die politisierten Avantgarden ablehnt, so wenig teilt er Lukács' Verdikt über die Dekadenz. Ihm setzt er einen Begriff der Moderne entgegen, mit dem er die Objektivität artistischer Positionen seit Baudelaire, Flaubert, Wagner und Heine anzeigen will. George, Borchardt, Berg, Schönberg, Valéry, Kafka, Joyce, Proust, Beckett und Celan sind ihm Zeugen dessen, daß ein materialistisches Plädoyer für das autonome Werk fällig sei.[9] Was Lukács unter das Dekadenzverdikt von Subjektivismus und Nihilismus stellt, wird von Adorno als avancierte Subjektivität autonomer Form rehabilitiert.

Subjektivität und Kunstmonade

Lukács sieht in den von ihm unter »Dekadenz« subsumierten Tendenzen die Konsequenz aus einem *verdinglichten* Geschichtsbewußtsein, das zu einer dialektischen Totalitätserfassung nicht imstande ist.

Flaubert und Zola (vs. Balzac, Scott, Dickens), die oppositionelle Literatur des Expressionismus, die subjektivistischen und objektivistischen ›Avantgarden‹ (Joyce, Proust, Dos Passos, Ottwalt, Brecht) werden der Kontinuität einer verhängnisvollen Abkehr von dem bereits erreichten Stand der realistischen Kunst zugerechnet. Dem »Erzählen«, bzw. allgemeiner: dem »Gestalten«, steht dessen Destruktion durch »Beschreiben«, »Reportage«, »Montage« gegenüber. Alle »Antigestaltungstechniken«, die neue Kunst und neue Wirklichkeit zu erschließen vermeinen, fetischisieren die verdinglichte Oberfläche und unterliegen dem durch den Warenfetischismus konstituierten gesellschaftlichen Schein. Von hier aus ist die existierende Empörung gegen die kapitalistische Unmenschlichkeit, das Proletariat, und der Prozeß des Neuen im Kapitalismus entweder gar nicht mehr zu erkennen oder aber nur abstrakt und verzerrt zu erfassen.

»Die Herrschaft der kapitalistischen Prosa über die innere Poesie der menschlichen Praxis, das immer Unmenschlicherwerden des gesellschaftlichen Lebens, das Sinken des Niveaus der Menschlichkeit – all dies sind objektive Tatsachen der Entwicklung des Kapitalismus. Aus ihnen entsteht notwendig die Methode des Beschreibens. (...) Wird aber die

Empörung gegen die kapitalistische Unmenschlichkeit dichterisch gestaltet, so ist das Stilleben der beschreibenden Manier in die Luft gesprengt, die Notwendigkeit der Fabel, der erzählenden Methode, entsteht von selbst.«[10]

Für Lukács spiegeln die sich avantgardistisch verstehenden Künstler und Intellektuellen in dem, was sie als Radikalität der Form und der neuen Gehalte ausgeben, tatsächlich nur künstlerische Schwäche und ideologische Desorientierung. Hier setzt der Einspruch Adornos an:

»(...) Lukács, der beansprucht, radikal historisch zu denken, müßte sehen, daß jene Einsamkeit selber, in der individualistischen Gesellschaft, gesellschaftlich vermittelt ist und von wesentlich geschichtlichem Gehalt. In Baudelaire, auf den schließlich alle Kategorien wie Dekadenz, Formalismus, Ästhetizismus zurückdatieren, ging es nicht um das invariante Menschenwesen, seine Einsamkeit oder Geworfenheit, sondern um das Wesen der Moderne.«[11]

Wenn die im materialistischen Kontext erstmals von Lukács mit allem Nachdruck aufgeworfene Verdinglichungsthese zutrifft, der zufolge die univeselle Vergesellschaftung der kapitalistischen Moderne in dem der Warenform gehorchenden Rationalisierungsprinzip besteht, dann kann Kunst sich diesem Prozeß nicht entziehen. Sie muß darauf mit der Veränderung ihrer bisherigen Formen und Verfahrensweisen reagieren. Isolierung, Sinnzerfall, Hermetismus, Artifizialität sind für Adorno deshalb nicht Indizien eines ›ideologischen Verfalls‹. Was Lukács als abstrakte und antihumanistische Subjektivität denunziert, muß vielmehr als genaueste, künstlerisch bewußte Konsequenz aus fortschreitender Verdinglichung begriffen werden.

»Avantgardisten haben sich denn auch über die ihnen von Lukács zugeschriebene Position objektiv in ihren Werken hinausbewegt. Proust dekomponiert die Einheit des Subjekts vermöge dessen eigener Introspektion: es verwandelt sich schließlich in einen Schauplatz erscheinender Objektivitäten. Sein individualistisches Werk wird zum Gegenteil dessen, als was Lukács es schmäht: wird anti-individualistisch. Der monologue intérieur, die Weltlosigkeit der neuen Kunst, über die Lukács sich entrüstet, ist beides, Wahrheit und Schein der losgelösten Subjektivität. Wahrheit, weil in der allerorten atomistischen Weltverfassung die Entfremdung über den Menschen waltet und weil sie – wie man Lukács konzedieren mag – darüber zu Schatten werden. Schein aber ist das losgelöste Subjekt, weil objektiv die gesellschaftliche Totalität dem Einzelnen vorgeordnet ist und durch die Entfremdung hindurch, den gesellschaftlichen Widerspruch zusammengeschlossen wird und sich reproduziert. Diesen Schein der Subjektivität durchschlagen die großen avantgardistischen Kunstwerke, indem sie der Hinfälligkeit des bloß Einzelnen Relief verleihen und zugleich in ihm jenes Ganze ergreifen, dessen Momente das Einzelne ist und von dem es doch nichts wissen kann.«[12]

Mit Lukács' Version einer für eine dialektische Fassung des ›subjektiven Faktors‹ hat dies wenig mehr zu tun. Dessen Realismuskonzeption hat zur Prämisse, daß lebenswahr gestaltete Charaktere (als je konkrete Einheit von Individualität und Typik) sich in einer konkret vielfältigen gesellschaftlichen Wirklichkeit betätigen. Wie widersprüchlich, tragisch und kunstfeindlich die objektive historische Konstellation auch immer beschaffen sein mag, Kunst kann und muß das deutlichere, gesteigerte Spiegelbild des Sinnverlangens gesellschaftlicher Praxis aufbieten und in Einzelschicksalen die vorwärtstreibenden Kräfte der gesellschaftlich-geschichtlichen Entwicklung gestalten. Der Realismus ist zugleich moralische Norm für den Rezipienten, sein Bewußtsein und sein Handeln am seelischen Niveau der künstlerischen Erfahrung zu erheben und zu erweitern, die unvermeidliche Partikularität und Kontingenz des je Einzelnen in einer umfassenderen Sinnerfüllung zu überwinden. »Die Welthaftigkeit der ästhetischen Widerspiegelung«, formuliert Lukács in einer exponierten Passage seiner »Ästhetik« über die Differenz von ethischer und künstlerischer Praxis, beziehe sich auf die Weltgeschichte in Form eines »verkürzten, typisierten Abbilds in die intensive Totalität der Kunstgestaltung, wodurch in einem symbolisch gewordenen Einzelfall der Sinn der jeweiligen Tat für die Entwicklung des Menschengeschlechts in dessen Selbstbewußtsein gehoben wird.«[13] Kein ethischer Akt kann, außerhalb der Kunst, eine derartige symbolische Repräsentanz erlangen; nicht zuletzt deshalb ist für Lukács der Realismus und seine moralisch-geschichtsphilosophische Implikation auf ewig unverzichtbar. Und eine Verewigung der Kunstautonomie wiederum, als Medium einer moralischen Verdiesseitigung des Deutschen Idealismus, soll garantieren, »daß wir philosophisch das volle Recht besitzen, an unserer Perspektive unerschüttert festzuhalten, unbekümmert darum, welcher Zeitspanne es bedarf, um sie adäquat ins Leben zu rufen«[14] – jede realhistorische Widerlegung ist nur ein um so notwendigerer Umweg.

Der Autor der »Minima Moralia« ist vor solcher Zuversicht

gefeit. Ist das Ganze das Unwahre und die herrschende Gesellschaft eine falsche, so läßt sich das richtige Leben nicht antizipieren: es bleibt ein ›anderer Zustand‹, der sich nicht ausmalen läßt. Auch Kunst und gerade sie findet keine Garantie, ihre Versöhnungsimpulse realistisch zu wenden. Die Garantien, aus denen Kunst ihre Übereinstimmung mit dem historischen Prozeß bezog, sind zerfallen. Sie wird damit auf sich selbst zurückgewiesen, auf die Zuspitzung und Reflexion ihrer spezifischen Mittel. *Erst eigentlich in der Moderne und als Moderne wird sie autonom.* Sie sagt allen heteronomen Darstellungserwartungen ab. In ihrer eigenen Krise kommt sie zu sich selbst, zugleich esoterisch, destruktiv schockhaft die Krise der bürgerlichen Gesellschaft erfassend, das Endspiel der Menschheit.

»Der Primitivismus, mit dem Becketts Dichtungen abrupt anheben, präsentiert sich als Endphase einer Regression, nur allzu deutlich in ›Fin de partie‹, wo wie aus der weiten Ferne des Selbstverständlichen eine terrestrische Katastrophe vorausgesetzt wird. Seine Urmenschen sind die letzten. Thematisch ist bei ihm, was Horkheimer und ich in der ›Dialektik der Aufklärung‹ die Konvergenz der total von der Kulturindustrie eingefangenen Gesellschaft mit den Reaktionsweisen der Lurche nannten.«[15]

Aus der gesellschaftlichen Gesamtverfassung der Epoche resultierte, daß der positive Realismus, den Lukács normativ mit der Kunstautonomie identifizieren will, im Zuge eben der Entwicklung der autonomen Kunst seine Gültigkeit einbüßt und nicht zur ästhetischen Durchbrechung der Verdinglichung taugt, »deren Kritik Lukács' eigene Sache war«.[16]

In mehreren kleineren Essays zum *Roman*, dem literarischen Paradigma des Realismus bei Lukács, hat Adorno diese Überlegung ausgeführt. In sie sind übrigens Anstöße von Lukács' früher »Theorie des Romans« sowie von Benjamins Essay »Der Erzähler« eingegangen, die Adorno gegen Lukács' spätere Kanonisierung des Realismus wendet.

»Zerfallen ist die Identität der Erfahrung, das in sich kontinuierliche und artikulierte Leben, das die Haltung des Erzählers einzig gestattet. (...) Etwas erzählen heißt ja: etwas Besonderes zu sagen haben, und gerade das wird von der verwalteten Welt, von Standardisierung und Immergleichheit verhindert. Vor jeder inhaltlich ideologischen Aussage ist ideologisch schon der Anspruch des Erzählers, als wäre der Weltlauf wesentlich noch einer der Individuation, als reichte das Individuum mit seinen Regungen und Gefühlen ans Verhängnis noch heran, als vermöchte unmittelbar das

Innere des Einzelnen noch etwas (...) Will der Roman seinem realistischen Erbe treu bleiben und sagen, wie es wirklich ist, so muß er auf einen Realismus verzichten, der, indem er die Fassade reproduziert, nur dieser bei ihrem Täuschungsgeschäfte hilft. Die Verdinglichung alle Beziehungen zwischen den Individuen, die ihre menschlichen Eigenschaften in Schmieröl für den glatten Ablauf der Maschinerie verwandelt, die universale Entfremdung und Selbstentfremdung, fordert beim Wort gerufen zu weden (...).[17]

Alle Darstellungsprinzipien, die bei Lukács den Roman zur vorbildlichen realistischen Gattung erheben, sieht Adorno außer Kraft gesetzt: Eine Homologie zwischen realistischer Gestaltung und Totalität der historisch-gesellschaftlichen Praxis besteht nicht. Der gesamtgesellschaftliche Antagonismus läßt sich nicht länger in die Perspektive des Handlungsverlaufs, die Typik der Figuren, die moralischen Bewährungsfunktion der Schauplätze und die gelassene Distanz des epischen Erzählens übersetzen. Die Prämisse, der Autor wisse genau, wie es zugegangen sei, und das Postulat der Einheit von Kommentar und Handlung seien überholt: mit dem Tabu über die Reflexion hat der Roman zu brechen, weil die heldenzentrierte Fixierung des Erzählens, die »ästhetische Distanz«, unglaubwürdig wird.

»Die ästhetische Distanz variiert jetzt »wie Kameraeinstellungen des Films: bald wird der Leser draußen gelassen, bald durch den Kommentar auf die Bühne, hinter die Kulissen, in den Maschinenraum geleitet. Zu den Extremen, an denen mehr über den gegenwärtigen Roman sich lernen läßt als an irgendeinem sogenannten ›typischen‹ mittleren Sachverhalt rechnet das Verfahren Kafkas, die Distanz vollends einzuziehen. Durch Schocks zerschlägt er dem Leser die kontemplative Geborgenheit vorm Gelesenen.«[18]

Solche Schockeffekte können erst dadurch gelingen, daß der Roman durch die Medien der Kulturindustrie das Monopol auf die Darstellung empirisch-ausgebreiteter Realität und durch die Psychoanalyse das Monopol psychologischer Introspektion verliert. Der Roman sieht sich gegenüber seiner traditionellen Funktion entlastet, eine vom Individuum aus als sinnvoll erlebbare Welt zu konstituieren; er wird *monologisch*. Dadurch gewinne er genaueren Aufschluß über den Zustand von Realität, als es das Realismuspostulat noch behaupten kann.

»Das dichterische Subjekt, das von den Konventionen gegenständlicher Darstellung sich lossagt, bekennt zugleich die eigene Ohnmacht, die

Übermacht der Dingwelt ein, die inmitten des Monologs wiederkehrt. So bereitet sich eine zweite Sprache, vielfach aus dem Abhub der ersten destilliert, eine zerfallene assoziative Dingsprache, wie sie den Monolog nicht bloß des Romanciers, sondern der ungezählten der ersten Sprache Entfremdeten durchwächst, welche die Masse ausmachen.«[19]

Die Werke der Moderne werden monologisch. Der Roman folgt darin einer generelleren ästhetischen Tendenz, die zuerst *Lyrik* zum Konstituens ihrer Gattungsform ausgeprägt hat: der Bruch zwischen Individuum und Gesellschaft, zwischen Unmittelbarkeit und Natur, zwischen Esoterik und Kommunikation. Adornos »Rede über Lyrik und Gesellschaft« geht von der Subjektivität, Privatheit von Lyrik aus. Sie sei als ihr Gesellschaftliches zu erweisen. Unverständlichkeit und Gesellschaftsferne müssen als Indizien gelesen werden: für »den Protest gegen einen gesellschaftlichen Zustand, den jeder Einzelne als sich feindlich, fremd, kalt bedrückend erfährt«. Erst die rückhaltlose ästhetische »Versenkung ins Individuierte« läßt den Anspruch des richtigen Allgemeinen hervortreten: ex negativo, indem »Unentstelltes, Unerfaßtes, noch nicht Subsumiertes« als Leiden zum Index von Objektivität wird. Denn das Allgemeine ist bislang ein »schlechtes«, ein »zutiefst Partikulares«.[20]

»Aber indem solche Kunstwerke gerade das Grauen ohne Kompromiß verkörpern und alles Glück der Betrachtung in die Reinheit solchen Ausdrucks werfen, dienen sie der Freiheit, die von der mittleren Produktion nur verraten wird, weil sie nicht zeugt von dem, was dem Individuum der liberalen Ära widerfuhr. Ihre Produkte sind über der Kontroverse zwischen engagierter Kunst und l'art pour l'art, über der Alternative zwischen der Banausie der Tendenzkunst und der Banausie der genießerischen.«[21]

Sind sich Adorno und Lukács darin einig, die Herausbildung der klassischen Kunst und Ästhetik als Emanzipationsprozeß gegenüber kultischer Indienstnahme zu begreifen, so unterscheidet sich die daraus gezogene Konsequenz prinzipiell. Statt die klassisch-realistische Werkform zum universellen Modell von Kunstautonomie zu erheben, sieht Adorno in der Kunst der Moderne den Autonomieanspruch ganz zu sich kommen und damit auch einen avancierten Zugang zur klassischen Kunst ermöglicht.

Dieser Anspruch wird im Axiom von der ›*Gesellschaftlichkeit des ästhetischen Bruchs mit Gesellschaft*‹ festgehalten und zur

Grundlage einer materialistischen Reformulierung der Autonomieästhetik gemacht: »Kunst ist die gesellschaftliche Antithesis zur Gesellschaft, nicht unmittelbar aus dieser zu deduzieren«, heißt es lapidar und apodiktisch auf den ersten Seiten der »Ästhetischen Theorie«. Dieser antithetische Anspruch werde gerade dann um so reiner hervortreten, »je weniger das Gebilde das Verhältnis von Ich und Gesellschaft von sich aus thematisch macht, je unwillkürlicher es vielmehr im Gebilde von sich aus kristallisiert«.

An die Stelle des von Lukács exponierten Realismus-Modells tritt bei Adorno – im Rückgriff auf Benjamin – das Modell des Kunstwerks als *Monade*.

»Das Verhältnis des Kunstwerks zur Gesellschaft ist der Leibnizschen Monade zu vergleichen. Fensterlos, also ohne der Gesellschaft sich bewußt zu sein, jedenfalls ohne dieses Bewußtsein stets und notwendig sie begleitet, stellen die Werke und die begriffsferne Musik zumal, die Gesellschaft vor; man möchte glauben: desto tiefer, je weniger sie auf die Gesellschaft hinblickt.«[22]

»(...) das ist an den wahrhaft avantgardistischen Werken evident. Sie objektivieren sich in rückhaltloser, monadologischer Versenkung ins je eigene Formgesetz, ästhetisch und vermittelt dadurch auch ihrem gesellschaftlichen Substrat nach. Das allein verleiht Kafka, Joyce, Beckett, der großen Musik ihre Gewalt. In ihren Monologen hallt die Stunde, die der Welt geschlagen hat: darum erregen sie so viel mehr, als was mitteilsam die Welt schildert.«[23]

Daher rührt Adornos Postulat, das Verfahren der kritischen Analyse müsse »nach der Sprache der Philosophie«, »immanent« vorgehen. Nur so lasse sich der innere soziale Gehalt eines ästhetischen Gebildes erkennen.

»Gesellschaftliche Begriffe sollen nicht von außen an die Gebilde herangetragen, sondern geschöpft werden aus der genauen Anschauung von diesen selbst. (...): nichts, was nicht in den Werken, ihrer eigenen Gestalt ist, legitimiert die Entscheidung darüber, was ihr Gehalt, das Gedichtete selber, gesellschaftlich vorstellt. Das zu bestimmen verlangt freilich Wissen wie vom Inneren der Kunstwerke so auch von der Gesellschaft draußen. Aber verbindlich ist dies Wissen nur, wenn es in dem rein der Sache sich Überlassen sich wiederentdeckt.«[24]

Wie aber läßt sich das Modell des Kunstwerks als Monade, das Paradox seiner gesellschaftlichen Ungesellschaftlichkeit mit einem materialistischen Anspruch verbinden, den Adorno zweifellos hat? Verständlich wird dies nur, wenn man die zentrale Stellung des *Form*begriffs bei Adorno bedenkt. Immer wieder beharrt er darauf – so in den Einleitungspassagen der »Ästhetischen Theorie« und der »Philosophie der Neuen Musik« – daß die ungelösten Antagonismen der gesellschaftlichen Realität in den Kunstwerken als immanente Probleme ihrer Form transformiert werden. Indem es keinem Heteronomen sich beugt, sondern sich nach dem je eigenen Formgesetz konstituiert, widersteht das Kunstwerk der verdinglichten Gesellschaft und ihrer Pseudokommunikation. Form ist Widerstand gegen gesellschaftliche Vereinnahmung, sie leistet Kritik und Transzendierung des Bestehenden. Deshalb bestimmt Adorno den Künstler, der sich ganz aufs monadologische Werk und seine Formprobleme einläßt, als Träger der gesellschaftlichen Utopie. Durch seine »Arbeit«, durch die »technische Selbsteinschränkung« der künstlerischen Subjektivität nach Maßgabe der Immanenzlogik und Stimmigkeit des Werks, wird er zum »Statthalter des gesellschaftlichen Gesamtsubjekts«, wie seine Interpretation der Valéryschen Kunstkonzeption formuliert.[25]

Adornos Interesse an der fortgeschrittensten autonomen Kunst, das sich von Lukács' Unverständnis gegenüber der Moderne deutlich abhebt, entspringt keineswegs einer positiven Einschätzung des modernen Kapitalismus. Im Gegenteil: die Annahme eines universellen Verblendungs- und Verdinglichungszusammenhangs, in dem die Individuen zu Lurchen regredieren, konstatiert radikaler als Lukács einen Verfall der bürgerlichen Gesellschaft. Soll das Interesse an einer philosophisch-materialistischen Begründung der Kunstautonomie um so mehr die Krise der realgeschichtlichen Perspektive kompensieren?

II. Der Intellektuelle als stellvertretender Gefangener

Materialistische Ästhetik, die aus einer geschichtsphilosophischen Reaktualisierung der Marxschen Konzeption von Geschichte und Gesellschaft hervorging, wollte keine einzelwissenschaftliche Fachdisziplin sein, sondern verstand sich als Teil einer Theorie der bürgerlichen Gesellschaft insgesamt. Das Stichwort *Verdinglichung* verwies bereits darauf. An der emphatischen Bedeutung dieses Begriffs läßt sich die Anstrengung der radikalen bürgerlichen Intelligenz gewahren, eine geschichtsphilosophische Diagnose der bürgerlichen Gesellschaft zu stellen.

Lukács hatte in der vormarxistischen »Theorie des Romans« die Hegelsche Überlegung wieder aufgenommen, Gesellschaft sei als »zweite Natur« zu betrachten, und diese kontemplative Reflexionsbestimmung der bürgerlichen Gesellschaft in »Geschichte und Klassenbewußtsein« auf die Universalisierung der Warenform bezogen. Zugleich nimmt Lukács auf, was Simmel als Verdinglichung und Max Weber als Rationalisierung thematisieren. Rationalisierung, das Prinzip der Kalkulierbarkeit, prägt Weber zufolge alle Bereiche der Bürgerlichen Gesellschaft: Kapitalistische Wirtschaft, bürokratische Herrschaft, Technik sind die herausragenden Träger dieses Prozesses, der die Überlegenheit der modernen okzidentalen Gesellschaften gegenüber früheren oder außereuropäischen begründet.[26]

Im Zwiespalt von Lebensphilosophie und Soziologie verarbeiten Simmel und Max Weber auf verschiedene Weise den Prozeß einer ›*Modernisierung*‹ der bürgerlichen Gesellschaft. An Phänomenbereichen der Technik, der Großstadt, der Geldwirtschaft, der Bürokratisierung, dem kulturellen Historismus registrieren sie die Krise traditionaler Regulations- und Sinnerzeugungsmechanismen, wobei sie diese Krise als unumkehrbaren, schicksalhaft auferlegten Prozeß deuten. Diese ambivalenten Krisenerfahrungen in einer Perspektive gesellschaftlicher Umwälzung aufzulösen, in der der gesellschaftliche Prozeß den verselbständigten Charakter einer »zweiten Natur« verliert, ist die Anstrengung von »Geschichte und Klassenbewußtsein«.

In diesem Buch werden die Entfremdungserfahrungen der nachmarxschen deutschen Soziologie und Lebensphilosophie durch einen hegelianischen Totalitätsbegriff und das zentrale Argumentationsstück des Warenfetischismus zur geschichtsphilosophischen Konstruktion einer radikalen Krise der bürgerlichen Gesellschaft vorangetrieben: der Arbeiter als Ware *ist* der historische Ort radikalster Verdinglichung und zugleich im Konstitutionsakt des Proletariats als bewußter Klasse die sich formierende Subjekt–Objekt-Identität, der Beginn der Geschichte aus Vernunft und Praxis. Die epochale Bedeutung von »Geschichte und Klassenbewußtsein« für die geschichtsphilosophische Erneuerung und Revision des Marxismus in der ersten Hälfte dieses Jahrhunderts rückt mittlerweile immer deutlicher in den Blick. Das Verdinglichungs-/Entfremdungstheorem bildet gewissermaßen die diskursive Schaltstelle, von der aus divergierende Positionen produktiv ausgebildet wurden.[27]

Lukács selbst hat aus dem politischen Scheitern von »Geschichte und Klassenbewußtsein« die Konsequenz gezogen, die hegelianischen Elemente seiner marxistischen Geschichtspilosophie zu verstärken, um ihren Fortschritts- und Vernunftbegriff gegenüber den realhistorischen Niederlagen des Proletariats zu immunisieren. Insofern ist der emphatische Realismusbegriff nicht als taktisches Zugeständnis im Rahmen der Volksfrontkonzeption gedacht, sondern auf die Objektivität einer humanistischen Geschichtsvernunft bezogen. In ihr sind die Dekadenz- und Krisenerfahrungen prinzipiell aufhebbar und müssen auch in diesem Sinne künstlerisch gestaltet werden.

Im Vergleich dazu hat Adorno sehr viel strikter am Verdinglichungstheorem festgehalten. Und zwar paradoxerweise aus einer noch verschärften Diagnose politischer Auswegslosigkeit heraus. Stehen am Ende der liberalistischen bürgerlichen Gesellschaft Faschismus, Stalinismus und amerikanischer Monopolkapitalismus, welche auf verschiedene Weise das klassenbewußte Proletariat auflösen, so bleibt als einzige Hoffnung: »An dem verdinglichten Menschen hat Verdinglichung ihre Grenze.«[28]

An der Wiederaufnahme des Verdinglichungstheorems in der Kritischen Theorie sind *zwei Momente* hervorzuheben: zum einen die Wendung zum Bewußtsein des einzelnen, das die Erfahrung gesellschaftlicher Totalität nicht in der Perspektive eines progressiven Klassenbewußtseins machen kann. Zum andern die Abkehr von einem ungebrochenen Vernunftbegriff, der sich als Inbegriff objektiver Fortschrittsgesetzlichkeit versteht.

Die Differenz im Vernunftbegriff – um zunächst das zweite Moment genauer darzustellen – ist an der Konzeption der »Dialektik der Aufklärung« deutlich ablesbar. Der Versuch, dem durch den Nationalsozialismus unübersehbar gewordenen Rückfall in die Barbarei mittels philosophischer Reflexion standzuhalten, scheint sich mit Lukács' »Die Zerstörung der Vernunft« zu decken. Indes, wo dieser das Schema von progressiver Rationalität und dekadentem Irrationalismus der historischen Abfolge der bürgerlichen Gesellschaft unterlegt, geht die »Dialektik der Aufklärung« weiter.

»Wir hegen keinen Zweifel – und darin liegt unsere petitio principii –, daß die Freiheit in der Gesellschaft vom aufklärenden Denken unabtrennbar ist. Jedoch glauben wir genauso deutlich erkannt zu haben, daß der Begriff eben dieses Denkens, nicht weniger als die konkreten historischen Formen, die Institutionen der Gesellschaft, in die er verflochten ist, schon den Keim zu jenem Rückschritt enthalten, der heute überall sich ereignet. Nimmt Aufklärung die Reflexion auf dieses rückläufige Moment nicht in sich auf, so besiegelt sie ihr eigenes Schicksal.«[29]

Um eine solche Reflexion leisten zu können, gilt es, schonungslos und mit radikalem bösen Blick »die Geschichte des Denkens als Organ der Herrschaft«[30] zu rekonstruieren.

Dialektik der Aufklärung ist keine List der Vernunft auf dem Wege ihrer Realisierung als Selbstbewußtsein. Der Titel bezeichnet vielmehr einen Zwiespalt in der Vernunft selbst, der historisch immer wieder in einer ›schlechten Dialektik‹, in der Regression aufgelöst wird. Aufklärung, das emanzipatorische Denken, erzeugt ihren eigenen Irrationalismus.

»Vernunft als das transzendentale überindividuelle Ich enthält die Idee eines freien Zusammenlebens der Menschen, in dem sie zum allgemeinen Subjekt sich organisieren und den Widerstreit zwischen der reinen und empirischen Vernunft in der bewußten Solidarität des Ganzen aufheben. Es stellt die Idee der wahren Allgemeinheit dar, die Utopie. Zugleich jedoch bildet Vernunft die Instanz des kalkulierenden Denkens, das die Welt für die Zwecke der Selbsterhaltung zurichtet und keine anderen Funktionen kennt als die der Präparierung des Gegenstandes aus bloßem Sinnenmaterial zum Material der Unterjochung.«[31]

Die Forderung nach einer Selbstkritik und Selbstreflexion der Vernunft gewinnt ihren spekulativen Impuls dadurch, daß der Begriff der Verdinglichung anders aufgefaßt wird, als »Geschichte und Klassenbewußtsein« dies tat. Wird von dort der Gesichtspunkt der Parzellierung und der Fetischisierung der Mittel übernommen, so verändert sich nunmehr die Bestimmung des durch Verdinglichung Ausgeschlossenen: nicht das verweigerte Totalitätsbewußtsein des Praxis-Subjekts, sondern die *unterdrückte Natur* bildet den spekulativen Bezugspunkt. Ihr gegenüber – innerer wie äußerer, erster und ungesellschaftlicher wie zweiter und gesellschaftlicher – etabliert sich Vernunft als Herrschaft. Die auferlegte Emanzipation aus unverschuldeter Unmündigkeit schlägt in schuldhafte Repression um. Die Anstrengungen der Befreiung verkehren sich. »Der Bürger in der sukzessiven Gestalt des Sklavenhalters, freien Unternehmers, Administrators ist das logische Subjekt der Aufklärung.«[32] Daß in der Neuzeit die unvorstellbar angewachsenen Mittel der Naturbeherrschung zum Selbstzweck geworden sind, daß Herrschaft, statt zum Gegenstand der Abschaffung zu werden, sich auf jeder Stufe neu befestigt, ist das Skandalon, das die »Dialektik der Aufklärung« thematisiert.

Von einer konservativ-romantischen Technik-Kritik unterscheidet sich deren Vorgehen schon dadurch, daß es den historischen Prozeß der Zivilisation an der Ausgangsbedingung übermächtiger Natur festmacht. Die Urgeschichte der Zivilisation unterstand den kontingenten Bedingungen übermächtiger Naturgewalt, die die ohnmächtige Menschheit durch Magie, Mimesis, Opferritual zu bannen suchte. Der zwangshafte Charakter dieser Selbstbehauptung war vorgezeichnet. Aber – und dies ist das Hauptargument der »Dialektik der Aufklärung« – die ursprüngliche Gewalt wird im weiteren Prozeß der Zivilisation nicht reflektiert. Die Überwindung der ursprünglichen Gewalt ist eine scheinhafte, als bloß verdrängte kehrt sie in neuer Gestalt wieder. »Jeder Versuch, den Naturzwang zu brechen, indem die Natur gebrochen wird, gerät um so tiefer in den Naturzwang hinein. So ist die Bahn der europäischen Zivilisation verlaufen.«[33] Im selben Maße wie die reale Naturübermacht überwunden wird, wird Herrschaft als »zweite« gesellschaftliche Natur über den Menschen aufgerichtet.

Daß die Steigerung der Produktivkräfte und die Effektivierung exakter Erkenntnis, Konsequenz der kapitalistischen Produktionsweise, notwendig war, um die materiellen Bedingungen der Abschaffung von Hunger, Dummheit und Gewalt zu erzeugen, wird von Adorno nicht in Zweifel gezogen. Wie die Horkheimerschen Aufsätze der dreißiger Jahre beharrt er darauf, jene materiellen Bedingungen einer herrschaftsfreien, solidarischen Gesellschaft seien erreicht. Aber eben als ›objektive Möglichkeit‹, deren Objektivität gerade fraglich wird. Denn das Prinzip universeller Vergesellschaftung, Verdinglichung, schlägt nicht, wie »Geschichte und Klassenbewußtsein« annahm, in die Konstituierung des neuen, proletarischen Praxis-Subjekts um. Im Gegenteil. Eine Regression im Massenmaßstab, ein Rückfall in die Barbarei hat stattgefunden und der Weltzustand nach Auschwitz treibt, auch wenn das herrschende Bewußtsein es verleugnet, auf die Katastrophe zu. Das Proletariat als politische Formation ist zerfallen, ins System integriert, und zugleich werden die Traditionen eines freiheitlichen Bürgertums zerstört; das Bündnis des Gedankens und der Tat, das Marx proklamierte, hat die objektiven Voraussetzungen verloren.

Verdinglichung minus Praxissubjekt ist die Formel, die Adorno als konsequenten ›Schüler‹ von »Geschichte und Klassenbewußtsein« charakterisiert. Seine Konsequenz besteht darin, das Prinzip der Vergesellschaftung als Verhängnis zu kritisieren.³⁴ ›Zuletzt‹ subsumiert es alle Individuen als verdinglichte unter sich. Die durchgeführte Vergesellschaftung ist »totalitär«; Totalität jedenfalls, wie sie Lukács' Buch emphatisch als die zentrale marxistische Kategorie erneuerte, ist nicht länger eine Kategorie der Gewißheit, sondern Indiz für Unterdrückung. »Das Ganze ist das Unwahre«,³⁵ heißt es polemisch gegen Hegel und Lukács. Und obschon Adorno verschiedentlich vom »Gesamtsubjekt« als Träger der richtigen Gesellschaft spricht, ist doch unverkennbar, daß er von der Vorstellung, die »richtige Gesellschaft« sei als Identität eines kollektiven Subjekts in Großformat zu begreifen, abrückt.

In der Zersetzung der großen idealistischen Blöcke – Totalität, Subjekt, Praxis, Vernunft – begründet sich seine negative Rückkehr zur Philosophie. War die Verabschiedung der Philosophie voreilig, so kann diese doch positiv nicht wieder in Kraft gesetzt werden. Lukács' Vertrauen auf den Progreß der Gattungsvergegenständlichung, Blochs Vertrauen auf die antizipatorische Spontaneität des Subjekts und die Teleologie der unerkannten Natur, Benjamins hasardieuses Bündnis von Materialismus und Messianismus sind noch zu positiv.

»Nicht das Gute, sondern das Schlechte ist Gegenstand der Theorie.« (...) »Weil Geschichte als Korrelat einheitlicher Theorie, als Konstruierbares, nicht das Gute, sondern das Grauen ist, so ist Denken in Wahrheit ein negatives Element.« (...) »Philosophie (...) im Angesicht der Verzweiflung« transformiert Dialektik zur »Negation der Negation, welche nicht in Position übergeht«.³⁶

Ist im »emphatischen Begriff der Wahrheit (...) die richtige Einrichtung der Gesellschaft mitgedacht«, so sind Wahrheit und Utopie keine positiv formulierbaren Kategorien; einzig am »gesellschaftliche(n) Unwahre(n)« haben sie ihren »Index«.³⁷ Nur negativ kann sich »Philosophie, als der zugleich konsequente und freie Gedanke«[38], noch artikulieren. Denn weder kann ›hinter‹ der »zweiten Natur«, der wahnsinnig gewordenen Vernunft der Vergesellschaftung, eine heile »erste Natur« freigelegt werden, noch kann an den bestehenden Formen von Praxis und Vergegenständlichung die positive Antizipation der richtigen Gesellschaft abgelesen werden. Durch die Prämisse eines universellen Verblendungszusammenhangs von Gesellschaft besetzt Adornos Philosophie eine eigentümliche Zwischenposition: gegen die ideologisierte Praxis stellt sie den Gedanken, der zugleich gegen die idealistischen Hypostasen seine Schuld und Ohnmacht sich eingestehen muß. Gegen die Feuerbachthesen und gegen philosophia perennis schreibt Adorno eine letzte Philosophie.

Die Kritik der wahnsinnig gewordenen Vernunft der Vergesellschaftung, die ohne hinter Gesellschaft zurückzufallen, Vernunft von ihrer Verschwisterung von Herrschaft heilen will, hat ihr Zentrum in der *Selbstkritik des Identitätsbegriffs*. Dieser gehorcht dem Prinzip bloßer, naturhafter Selbsterhaltung. Noch die obersten philosophischen Kategorien waren Ausdruck dieses Zwangs: die traditionelle Definition von Wahrheit als adaequatio rei et intellectus, das cartesische, später transzendentale ego cogito, die großen identitätsphilosophischen Systeme, zeugen von der usurpatorischen Anstrengung des Begriffs, nichts ihm Anderes zuzulassen.

»Das Tauschprinzip, die Reduktion menschlicher Arbeit auf den abstrakten Allgemeinbegriff der durchschnittlichen Arbeitszeit, ist urverwandt mit dem Identifikationsprinzip.« (...) »Identität ist die Urform von Ideologie. Sie wird als Adäquanz an die darin unterdrückte Sache genossen; Adäquanz war stets auch Unterjochung unter Beherrschungsziele, insofern ihr eigener Widerspruch.« Naturgewalt behauptet »sich in der Philosophie, weil der identitätssetzende Geist identisch ist mit dem Bann der blinden Natur dadurch, daß er ihn verleugnet«.[39]

Die Kritik repressiver Identität spricht im Namen des »Nichtidentischen«, dem »Besonderen«, dem »Vielen«, das positiv nicht auf den Begriff gebracht werden darf, weil es damit bereits wieder subsumiert wäre. Daraus ergibt sich die Anstrengung der »Negativen Dialektik« »über den Begriff durch den Begriff hinauszugelangen«.[40]

Die Kritik des Identitätsbegriffs gilt keineswegs nur einer philosophischen Kategorie allein; sie hängt mit der »Wendung aufs Subjekt«[41] zusammen, und zwar auf den Einzelnen, *Leidenden*, wie sie Schopenhauer, Kierkegaard, Nietzsche gegen den absoluten Idealismus geltend gemacht haben. »Das Bedürfnis, Leiden beredt werden zu lassen, ist Bedingung aller Wahrheit. Denn Leiden ist Objektivität (...).«[42] Widerfährt dem bürgerlichen Individuum »Liquidation anstatt Aufhebung«,[43] so ist Reflexion auf »das alte Subjekt, das historisch verurteilte, das für sich noch ist, aber nicht mehr an sich« zurückverwiesen.[44] Im Essay »Fortschritt« zitiert Adorno Peter Altenberg: »Wahre Individualität ist, das im voraus allein zu sein, was später alle, alle werden müssen.«[45] *Das Ziel vollständiger Individuierung bildet das Maß der richtigen Gesellschaft;* nur sind in der falschen die Menschen ohne Ausnahme »zu beschädigt«, als daß ein einzelner ihr positiv entrinnen könnte.

Auch die »Dialektik der Aufklärung« ist Anamnese und Selbstreflexion des bürgerlichen Subjekts: des »Furchtbaren«, das die Menschheit sich antun mußte, »bis das Selbst, der identische zweckgerichtete, männliche Charakter des Menschen geschaffen war«, und das »noch in jeder Kindheit wiederholt« wird.[46] Dem »letzten Feinde der Bürger« und »letzten Bürger zugleich«, wie Adorno sich, den Intellektuellen, in den »Minima Moralia« nennt,[47] erscheint noch die Urgeschichte als Geschichte der gewaltförmigen Subjektkonstitution des ersten Bürgers.

Die Irrfahrt und Heimkehr des (im doppelten Sinne) verschlagenen Odysseus berichtet noch einmal in entstellter Form von den alten Gewalten der Urgeschichte. Das Epos erzählt diesen Prozeß als Abenteuerfolge eines Helden und seiner Gefährten. Damit ist das Epos Anamnese der vorangegangenen Gewalt, nachdem diese realgeschichtlich gebrochen ist. Aber indem die Praktiken der List, des Betrugs, des Opfers und der Entsagung gerade die Überlegenheit des Helden ausmachen, bleibt die Anamnese im Bann der Selbsterhaltung. Die Entzauberung der Mythen durch Aufrichtung eines starren Selbst bezahlt, das die Möglichkeit eines gewaltfreien Verhältnisses zur inneren und äußeren Natur nicht kennt, wird noch einmal ratifiziert. Die in den Mythen festgehaltene Gewalt wird nicht aufgelöst.

Entstellte Anamnese und *vergebliche Entzauberung* der alten Gewalten kennzeichnen die Odyssee. Darin ist sie »Urgeschichte« des bürgerlichen Subjekts.[48] Wohl verzeichnet sie die Schrecken der übermächtigen Natur (Polyphem, Skylla und Charybdis) wie deren Lockung (Kirke, Lotophagen, Sirenen), unterwirft indes dieses Material einer Zensur (vergleichbar der Freudschen Traumzensur). Odysseus opfert die Gefährten ebenso wie die eigenen Sehnsüchte, um sich am Ende als Eigentümer von Frau, Sklaven und Grundbesitz in seiner angestammten Herrschaft wiederzufinden. Ist er den alten Gewalten nicht zum Opfer gefallen, so hat er auch sie nicht verändert. Das Epos legitimiert noch einmal, daß Selbsterhaltung der einzige Weg des Entrinnens sei.

Die Reise des Odysseus zeichnet Stadien der »Transformation des Opfers in Subjektivität«[49] nach. Der listenreich überwundene Naturzwang kehrt unkenntlich als introvertierte Selbsterhaltung im Innern wieder.

»Das identisch beharrende Selbst, das in der Überwindung des Opfers entspringt, ist unmittelbar doch wieder ein hartes, steinern festgehaltenes Opferritual, das der Mensch, indem er dem Naturzusammenhang sein Bewußtsein entgegensetzt, sich selber zelebriert. (...) In dem Augenblick, in dem der Mensch das Bewußtsein seiner selbst als Natur sich abschneidet, werden alle Zwecke, für die er sich am Leben erhält, der gesellschaftliche Fortschritt, die Steigerung aller materiellen und geistigen Kräfte, ja Bewußtsein selber, nichtig, und die Inthronisierung des Mittels als Zweck, die im späten Kapitalismus den Charakter offenen Wahnsinns annimmt, ist schon in der Urgeschichte der Subjektivität wahrnehmbar.«[50]

Das Principium Individuationis untersteht bis heute dem Bild des Gefängnisses; die »Ideologie des Subjekts« sucht die reale Gefangenschaft zu leugnen. (Der Hinweis auf Adornos Selbstdiagnose des Intellektuellen als ›stellvertretendem‹ Gefangenen im universellen Verblendungs-, Schuld- und Zwangszusammenhang kann erklären, warum eine Position der totalisierten Gesellschaftskritik paradoxerweise nicht zum Verstummen und zur Resignation führte. Für Adorno war damit eine stimulierende, epistemologische Ausgangslage gewonnen, von der aus er mit seiner Rückkehr aus dem Exil eine immense Publikationskraft entwickelte. Getrennte Bereiche, die allenfalls das mindere Niveau des Feuilletons wieder zusammenführte – Marxismus, Soziologie, Philosophie, Kulturkritik, Kunsttheorie, Musikwissenschaft, Literaturinterpretation – wurden von einer fachlich-überfachliche Kompetenz beanspruchenden Rede gleichermaßen einer ›zweiten Reflexion‹ unterworfen. Was die Frankfurter Schule in ihrer ersten Phase als arbeitsteilige Gruppierung kritischer Wissenschaftler initiierte, wurde, überspitzt gesagt, unter veränderten Bedingungen als ›Ein-Mann-Unternehmen‹ erprobt. Die Wirkung Adornos im Nachkriegsdeutschland leitet sich davon her, daß er einen gesamtgesellschaftlichen Theorieanspruch aufrichtete, der quer zu den restaurierten akademischen Einzeldisziplinen stand, deren Existenz aber keineswegs überging. Und daß er diesen Theorieanspruch in unterschiedlichsten Textformen geltend machte, die nebeneinanderstehen. Eine Analyse der publizistisch-schriftstellerischen Produktionsmechanismen, die über die Textgestalt der Adornoschen Rede näheren Aufschluß gäbe, muß hier beiseite bleiben. Sie wäre zudem nicht in bezug auf einen einzigen Philosophen methodologisch zu gewinnen, sondern müßte die mit der Frühromantik, Kierkegaard, Nietzsche, Benjamin markierbare Linie des Philosophen als »Schriftsteller« rekonstruieren. In einem solchen Kontext ließe sich die Funktion polemischer Sätze möglicherweise neu bestimmen, in denen sich die subtile Reflexion durch Drastik entschädigt: alle Kultur nach Auschwitz ist Müll, die Menschen sind zu Lurchen regrediert, es gibt keine Theorie mehr, Praxis ist versperrt, Begriffe sind vor der Aufklärung wie Rentner vor den industriellen Trusts, im Kosewort der Liebenden klingt die Lust am Fleisch des Totemtiers nach; usw.)

»Was die Transzendentalphilosophie an der schöpferischen Subjektivität pries, ist die sich selbst verborgene Gefangenschaft des Subjekts in sich. In allem Objektiven, das es denkt, bleibt es eingespannt wie gepanzerte Tiere in ihre Verschalungen (...) Gefangenschaft wurde verinnerlicht: das Individuum ist nicht weniger in sich gefangen als in der Allgemeinheit, der Gesellschaft« (...) – »So schleppen Tiergattungen wie der Dinosaurier Triceratops oder das Nashorn die Panzer, die sie schützen, als angewachsenes Gefängnis mit sich herum.«[51]

Dem Bild des in der aufgenötigten Apparatur des survival erstarrenden und verendenden Subjekts steht ein anderes gegenüber, das das letzte Stück der »Dialektik der Aufklärung«, »Zur Genese der Dummheit«, beschreibt:

»Das Wahrzeichen der Intelligenz ist das Fühlhorn der Schnecke ›mit dem tastenden Gesicht‹, mit dem sie, wenn man Mephistopheles glauben darf, auch riecht.«[52]

Dummheit ist das vernarbte Wundmal eines vergeblichen Tastversuchs des Geistes, vergleichbar der Freudschen »Denkhemmung«; Wiederholungszwang, Versteinerung ist die selbstauferlegte Rache für das Scheitern, ›wehrlos und furchtlos durchs Leben zu wandeln‹.[53] Das in seiner Verletzlichkeit zärtliche Begreifen wäre die Utopie.

Sätze über die Utopie stehen bei Adorno im Konjunktiv – anders als die indikative Rede Benjamins vom messianischen Zustand – und sie übertreten fast schon das Bilderverbot, das negative Dialektik gegenüber dem Versöhnten aufrichtet. Müßig scheint deshalb, darüber zu spekulieren, wieweit Adornos Erkenntnisutopie nicht letztlich doch das Gedächtnis des geschichtlichen Grauens abschütteln möchte. Es ist aber für jede geschichtsphilosophische Utopie, sofern sie sich materialistisch versteht, ein Problem, die Kritik der Gegenwart auf Rechnung künftiger *Transparenz* vorzunehmen. Das haben Theologie und absoluter Idealismus besser und konsequenter gekonnt. Mit dem Bilderverbot soll das Problem abgesperrt und als unbestimmte Sehnsucht hinter dem Geschäft der positivitätslosen Negation stehen gelassen werden; es *verschiebt* zugleich das Problem an die Bilder, die Kunst: ist ästhetische Erfahrung als letzte Zuflucht einer traumatisierten Geschichtsphilosophie aufzufassen, insofern Kunst der rückhaltlosen Individuierung und der Überwindung des Begriffsimperialismus am nächsten kommt? Gewinnt ästhetische Theorie die zweideutige Stellung einer Philosophie, die Wahrheitsanspruch aus Wirkungen zieht, die sie als Kunstwerk macht?

Beides ist zu verneinen. Ästhetische Prinzipien argumentativer Prosa, wie sie Essay, Dialog, Aphorismus oder die »Fackel« von Kraus ausbilden, setzen die Abgrenzbarkeit der Kunst nicht außer Kraft. Und die Favorisierung der Kunstwerke als Erfahrungs- und Erkenntnisobjekte macht aus der Kunstkritik nicht schon, wie Friedrich Schlegel wollte, Kunst in zweiter Potenz. *Adornos Ästhetik ist darin konsequent, daß sie Kunst nicht von der Dialektik der Aufklärung, dem zirkelhaften Verhältnis von Naturzwang und Naturbeherrschung, ausnimmt.* Daß philosophisches Bewußtsein so wenig der modernen Kunst standhält, hänge mit deren Negativwerden zusammen. Dies zum Gegenstand einer Konstruktion der Moderne zu machen, ist der Einsatz der ästhetischen Theorie, dessen Rekonstruktion die historische Grenze erkennen läßt.

III. Konstruktion der Moderne: Einsatz und Grenze

Um Adornos ästhetische Konzeption kritisieren zu können, muß man sie auf dem Niveau der Schwierigkeiten nehmen, die sie selbst artikuliert und zu lösen sucht. Dies geschieht aber nicht, solange außer acht bleibt, daß für Adorno Kunst und Kunstautonomie keine schlechterdings positive Instanz bilden. Eine Philosophie, die ihre historisch-gesellschaftliche Aktualität in der Katastrophik und im Schuldzusammenhang von Gesellschaft begreift, und Herrschaft noch in der Gewaltförmigkeit von Vernunft aufspüren will, kann nicht plötzlich aus ihrer Systematik herausspringen, also Kunst qua philosophischer Ästhetik zur utopischen Insel im Unwahren Ganzen aufrücken lassen. Zu einem beträchtlichen Teil ist die Rezeption Adornos, seiner Favorisierung wie seiner Ablehnung, diesem Fehler erlegen; nicht zuletzt entsprang daraus auch das germanistische Interesse, eine Ästhetik zu finden, die zugleich gesellschaftstheoretisch-radikal und ästhetisch up to date war.

Schein und Lüge

Aus der Systematik des eigenen Theorieanspruchs ist für eine Position Negativer Dialektik der grundsätzliche Vorbehalt gegenüber der Affirmations- und Kompensationstendenz des sinnlichen Scheins zwingend gesetzt. Die Kritik an idealistischer Ästhetik kann nicht (wie bei Lukács) wieder zurückgenommen und ins positive materialistische Wissen von der objektiven Tendenz des historischen Progreß übersetzt werden. Daß Kunst nur als Gegenstand philosophischer Interpretation ihren Wahrheitsgehalt zu erkennen gebe, diese allgemeine Konzeption des hegelianischen Neomarxismus wird von Adorno darin verschärft, daß Kunst in ihrer bloßen Existenz selbst kritikbedürftig sei. Auch die Moderne, die auf die Versöhnung im Schönen Schein nicht mehr vertraut, ist davon nicht ausgenommen. (Hier bezieht sich Adorno übrigens auf die Kritik-Konzeption Benjamins, wobei er den Stellenwert des Sachgehalts, der historischen Realien, zugunsten dem der Materialität der Form zurückdrängt.)

Damit soll nicht bestritten werden, daß das Ideal eines nichtherrschaftlichen Denkens, das der Negativen Dialektik vorschwebt, eine Affinität zu Kunst besitzt, insofern diese das

Besondere und Dingliche nicht dem Begriff zu opfern brauche. Dennoch ist es falsch, darin ein Ästhetisch-Werden der Theorie zu konstatieren.

»Philosophie, die Kunst nachahmte, von sich aus Kunstwerk werden wollte, durchstriche sich selbst. (...) Der philosophische Begriff läßt nicht ab von der Sehnsucht, welche die Kunst als begriffslose beseelt und deren Erfüllung ihrer Unmittelbarkeit als einem Schein entflieht. Organon des Denkens und gleichwohl die Mauer zwischen diesem und dem zu Denkenden, negiert der Begriff jene Sehnsucht. Solche Negation kann Philosophie weder umgehen noch ihr sich beugen. An ihr ist die Anstrengung, über den Begriff durch den Begriff hinauszugelangen.«[54]

Daß Ästhetik einen Teilbereich der Philosophie und keinen Zwischenbereich zwischen dieser und den Werken darstellt, hat Adorno verschiedentlich unmißverständlich festgestellt. Stehen Schein und Begriff, wie zwei Königskinder, durch die falsche Vergesellschaftung abgetrennt, einander verzehrend gegenüber, so ist es doch die Philosophie, die dieses Verhältnis konstituiert. Denn die Anstrengung der Philosophie, durch den Begriff in negativer Dialektik über den Begriff hinauszugelangen, finden nicht in der begriffsfernen Kunst ihre Erfüllung. Im sinnlichen Schein, den die Kunst organisiert, steckt unauslöslich das Moment des Trugs, das Adorno – ein ›materialistischer Platoniker‹ – in starken Worten immer wieder thematisiert:

Es »ist der Fleck der Lüge von Kunst nicht wegzutreiben; nichts bürgt dafür, daß sie ihr objektives Versprechen halte. Darum muß jede Theorie der Kunst zugleich Kritik an ihr sein. Selbst an radikaler Kunst ist soviel Lüge, wie sie das Mögliche, das sie als Schein herstellt, dadurch herzustellen versäumt.«[55]

Auch radikaler Kunst, der Kunst der Moderne, die Kryptogramme des Untergangs und des Sinnzerfalls zeichnet und Abstoßendes und Schreckliches aufnimmt, um dem Schein von ästhetischer Versöhnung unversöhnlich abzusagen, bleibt dieses Stigma. Der verschlungene Begriffs-Monologue intérieur der »Ästhetischen Theorie« umkreist wieder und wieder diesen Punkt.

Kunstautonomie heißt also Adorno nicht, wie es oberflächlicher Interpretation erscheinen mag, verbürgter Ort der Wahrheit. Der Begriff der Autonomie bezeichnet vielmehr die historische Problematik der Kunst selbst. »Geschichte der Kunst als die des Fortschritts ihrer Autonomie«[56] ist dadurch gezeichnet. Nur wenn man den Zusammenhang von Autonomiekritik und Autonomiepostulat bei Adorno verfolgt, läßt sich der Problem- und Erfahrungsgehalt seiner Konstruktion der Moderne erkennen. Und zugleich wird damit erkennbar, wo Kritik an Adornos Konzeption einsetzen muß und aufzuzeigen hat, daß deren Theorieanspruch insgesamt historisch geworden ist. Aktualität ist ihr – wie den konkurrierenden materialistischen Ästhetik-Konzeptionen – nur durch kritische Zerlegung hindurch und durch Einsicht in die historische Grenze der Theoriekonstellation, der sie zugehört, zu erhalten. Darzustellen sind die Aporien, auf die sich Adornos Anstrengung sowohl hinsichtlich der ›externen‹, sozialen Geschichtlichkeit von Kunstautonomie wie hinsichtlich der ›internen‹, formimmanenten Geschichtlichkeit von Kunstautonomie stößt.

Extern: Kunstautonomie und Gesellschaftsgeschichte

Allgemein gesagt unterstellt die ästhetische Konzeption Adornos Kunst der *Ideologiekritik*, obschon Kunst auch selbst Ideologiekritik leiste. Denn nur das »Denken des Kunstwerks«, das deren »innerem sozialen Gehalt« als dem »Wahrheitsgehalt« gilt, vermag zu artikulieren, worin das Werk übers »falsche Bewußtsein« hinausgeht.[57] Das Moment von Ideologie ist freilich nicht primär an je und je verschiedenen Inhalten, die die Werke verarbeiten, festzumachen, es ist vorab schon durch den Autonomiestatus selbst gegeben. Den Zwiespalt von ästhetischer Affirmation des Bestehenden und Gesellschaftskritik, der mit dem Autonomiestatus gesetzt ist, hat die »Dialektik der Aufklärung« suggestiv bereits in einer Episode der »Odyssee« angezeigt gefunden. Um der unwiderstehlichen Lockung der Sirenen zu entgehen, die die Selbsterhaltung der Schiffsmannschaft bedroht, und zugleich ihren vielwissenden Gesang hören zu können, läßt Odysseus sich an den Mast fesseln, während die Ruderer, um nicht abgelenkt zu werden, sich die Ohren verstopfen müssen. Die Szene antizipiert nach der Lektüre der »Dialektik der Aufklärung« den affirmativen Charakter der bürgerlich idealistischen Kultur, in der das Kunst-Schöne Autonomie gewinnt, um als idealer Gegenstand auratisch-unnahbar und sehnsüchtig-unerreicht von der Praxis abgetrennt zu bleiben.

»Das Gehörte bleibt für (Odysseus) folgenlos, nur mit dem Haupt vermag er zu winken, ihn loszubinden, aber es ist zu spät, die Gefährten, die selbst nichts hören, wissen nur von der Gefahr des Lieds, nichts von seiner Schönheit, und lassen ihn am Mast, um ihn und sich zu retten. Sie reproduzieren das Leben des Unterdrückers in eins mit dem eigenen, und jener vermag nicht mehr aus seiner gesellschaftlichen Rolle herauszutreten. Die Bande, mit denen er sich unwiderruflich an die Praxis gefesselt hat, halten zugleich die Sirenen aus der Praxis fern: ihre Lockung wird zum bloßen Gegenstand der Kontemplation neutralisiert, zur Kunst. Der Gefesselte wohnt einem Konzert bei, reglos lauschend wie später die Konzertbesucher, und sein begeisterter Ruf nach Befreiung verhallt schon als Applaus. So treten Kunstgenuß und Handwerk im Abschied von der Vorwelt auseinander. Das Epos enthält bereits die richtige Theorie.«[58]

Insofern bleibt Kunstautonomie ihrer sozialen Genese nach in den »Schuldzusammenhang« von Gesellschaft verflochten und kann ihn nicht einfach suspendieren.

Das »Versprechen des Kunstwerks, durch Einprägung der Gestalt in die gesellschaftlich tradierten Formen Wahrheit zu stiften, ist so notwendig wie gleißnerisch. (...) Insofern ist der Anspruch der Kunst stets auch Ideologie«.[59]

Die skizzierte Argumentation legt nahe, in der ideologiekritischen Analyse der widersprüchlichen gesellschaftlichen Institutionalisierung von autonomer Kunst das Zentrum der ästhetischen Theorie Adornos zu vermuten. Tatsächlich ist dies nicht der Fall. Die ideologiekritische Reflexion auf die gesellschaftliche Institutionalisierung autonomer Kunst wird eher zur ›flankierenden‹ Absicherung der Formimmanenz genutzt. Nach drei Aspekten können wir diese negative Voraussetzung von Adornos Theorie der Moderne kritisch festhalten:

1. Hohe vs. niedere Kunst: Von »Anbeginn« war die

»Reinheit der bürgerlichen Kunst, die sich als Reich der Freiheit im Gegensatz zur materiellen Praxis hypostasierte, (...) mit dem Ausschluß der Unterklasse erkauft, deren Sache, der richtigen Allgemeinheit, die Kunst gerade durch die Freiheit von den Zwecken der falschen Allgemeinheit die Treue hält. Ernste Kunst hat jenen sich verweigert, denen Not und Druck des Daseins den Ernst zum Hohn macht und die froh sein müssen, wenn sie die Zeit, die sie nicht am Triebrad stehen, dazu benutzen können, sich treiben zu lassen. Leichte Kunst hat die autonome als Schatten begleitet. Sie ist das gesellschaftlich schlechte Gewissen der ernsten. (...) Die Spaltung selbst ist die Wahrheit: sie spricht zumindest die Negativität der Kultur aus, zu der die Sphären sich addieren.«[60]

Die Spaltung von ernster und niederer Kunst führt Adorno auf die Bedingungen des Marktes zurück, durch den die feudale oder kultische Auftragsbeziehung aufgelöst und Kultur zum Gegenstand bürgerlichen Warenverkehrs gemacht wird. Nun bedürfte freilich die These, die Dichotomie von ernster und unterhaltender Kunst sei durch die kapitalistische Kulturwarenproduktion hervorgerufen, einer historischen und korrigierenden Präzisierung. Denn keineswegs kennt erst die bürgerliche Gesellschaft eine solche Trennung; keineswegs waren die vorbürgerlichen Kulturen, wie die These von der Spaltung nahezulegen scheint, homogen und ungespalten. Aber Adorno sind die in der bürgerlichen Gesellschaft neu entstehenden und in sich selbst wieder widersprüchlichen Formen der ›Populärkultur‹ höchst gleichgültig. Anders als Bloch, Benjamin, auch Kracauer hat er diesen nicht autonomiebestimmten Bereichen der ›zweiten Kultur‹ keine geschichtsphilosophische Inspiration abgewonnen. Er konzentriert sich auf das große, autonome Werk und dessen durch den Markt gesetzten Widerspruch. Einerseits opponieren die reinen Kunstwerke dem »Warencharakter der Gesellschaft«, indem »sie ihrem eigenen Gesetz folgen«; andererseits aber lebt die »Zwecklosigkeit« des großen neueren Kunstwerks gerade »von der Anonymität des Marktes«.[61]

2. Kulturindustrie: Adorno begreift diesen marktbestimmten Widerspruch des autonomen Werks als historisch produktive Konstellation. Sie wird freilich in dem Augenblick bedroht, wo durch die neuen kulturindustriellen Verwertungsformen auch der Bereich der ernsten, autonomen Kunst primär zum Gegenstand von Konsum und Profit gemacht wird:

> »Indem (...) der Anspruch der Verwertbarkeit von Kunst total wird, beginnt eine Verschiebung in der inneren ökonomischen Zusammensetzung der Kulturwaren sich anzukündigen.«[62]

Das Spannungsverhältnis von Autonomie und Warencharakter wird eingeebnet. Was man den Gebrauchswert in der Rezeption der Kulturgüter nennen könnte, werde »durch den Tauschwert ersetzt«. Statt daß die bisher von der Kunst ausgeschlossenen Massen Kunst in Besitz nehmen, wird Kultur zum Ramsch, zur Reklame, zum Amüsement. »Technisch so gut wie ökonomisch verschmelzen Reklame und Kulturindustrie.«[63]

Kulturindustrie bezeichnet den Vorgang einer »falschen Aufhebung«, nämlich der Liquidation des Spannungsverhältnisses von Kunstautonomie und Gesellschaft. Sie löscht die transzendierenden Impulse der reinen Kunst. Hatte die kritische Theorie zunächst in der faschistischen Kulturpolitik den bestimmenden Vorgang einer solchen falschen Aufhebung gesehen, so erscheint nach den Erfahrungen des amerikanischen Exils nunmehr die monopolkapitalistische Verwertung der Kultur als das fortgeschrittenste Stadium der Zersetzung.

In dieser Situation bleibt nach Adorno der Ästhetik wie der Kunst nur die Möglichkeit, um so unerbittlicher am Autonomiepostulat festzuhalten, auch wenn die Bedingungen des Gelingens immer aussichtsloser scheinen.

»Ästhetik heute hat keine Macht darüber, ob sie zum Nekrolog für die Kunst wird, nicht aber darf sie den Leichenredner spielen.« Der Kunst »bleibt die Autonomie irrevokabel. Alle Versuche, durch gesellschaftliche Funktion der Kunst zurückzuerstatten, woran sie zweifelt und woran zu zweifeln sie ausdrückt, sind gescheitert.«[64]

Kulturindustrie, wie sie Adorno analysiert, ›erledigt‹ nicht nur die Spannung zwischen niederer und höherer Kunst, sie macht auch die Politisierungs- und die Medienkonzeptionen hinfällig, die von einer irreversiblen Krise der bürgerlichen Kunstautonomie ausgehen und die Bedingungen einer progressiven Massenkultur zu bestimmen suchen. – Nun geht es nicht darum, ob eine pessimistische Einschätzung der kapitalistischen Kulturindustrie sich bislang als die ›realistischere‹ erwiesen hat; das kann nur Anlaß sein, die ›Debatte‹ zwischen Adorno, Benjamin, Brecht neu zu rekonstruieren. Für die ästhetische Theorie Adornos systematisch und immanent genommen bedeutet die Kulturindustrie-Theorie, daß historische Alternativen und Gegenbereiche zur Kunstautonomie kategorial nicht mehr in den Blick treten können.

3. Kunstsoziologie: Adornos parti pris fürs autonome Werk beschränkt den soziologischen Anspruch seiner ästhetischen Theorie. Daß seine Kritik an positivistischer Rezeptionsforschung gültig ist, zumal Adorno auf eigene Erfahrungen mit empirischen Untersuchungen sich berufen kann, bleibt damit unbezweifelt. Aber die empirisch-quantifizierenden Methoden zur Erforschung der gesellschaftlichen Bedeutung kultureller Objekte sind nur ein Teil sozialwissenschaftlicher Kategorienbildung. Daß materialistische Ästhetik ihrem eigenen Anspruch nach sich mit sozialwissenschaftlichen Konzepten – Klasse und

Schicht, Funktion, Norm, Institution, Rolle usw. – auseinandersetzen muß, ist durch die Kritik am Positivismus Silbermanns oder der amerikanischen »communication research« nicht schon widerlegt. Adorno, selbst mit der zeitgenössischen Entwicklung der Sozialwissenschaften bestens vertraut, hat dennoch deren Bedeutung für die ästhetische Theorie zurückgewiesen. Die Vorlesungen zur »Einleitung in die Musiksoziologie« lassen dies am deutlichsten erkennen. Denn dort diskutiert Adorno sozialwissenschaftliche Kategorien (wie: gesellschaftliche Funktion, Wirkung, Zurechenbarkeit kultureller Gebilde zu sozialen Klassen und Trägergeschichten u. ä.) mit dem Ziel, deren Äußerlichkeit gegenüber dem inneren sozialen Gehalt von Kunst darzulegen. Charakteristisch etwa die Ablehnung des Funktionsbegriffs:

> »Von der autonomen Kunstsprache der Musik ist im Geist der Zeit eine kommunikative übrig. Diese erlaubt so etwas wie soziale Funktion. Sie ist der Rest, der von der Kunst übrig bleibt, wenn das Moment der Kunst an ihr einmal zerging.«[65]

Kulturindustrie läßt gerade die »heteronomen Momente« an Kunst wieder hervortreten: das »Außerkünstlerische des Wirkungszusammenhangs«. Gerade deshalb muß in Adornos Konzeption authentische Kunst sich um so massiver gegen jede kommunikative Funktion schützen. In einer »virtuell durchfunktionalisierten, vom Tauschprinzip total durchherrschten Gesellschaft« gewinnt Kunst eine »Funktion zweiten Grades«, die »Funktion des Funktionslosen«.

Intern: Logik des Produziertseins
(Material und mimetisches Verhalten)

In seinem Brief vom 18. 3. 1936 an Benjamin hatte Adorno als Kritik der Benjaminschen Reproduktionsthesen formuliert:

> »Sie unterschätzen die Technizität der autonomen Kunst und überschätzen die der abhängigen; das wäre vielleicht in runden Worten mein Haupteinwand.« Und er spricht von der »mir in der eigenen musikalischen Erfahrung täglich evidenteren Erfahrung, daß gerade die äußerste Konsequenz in der Befolgung des technologischen Gesetzes von autonomer Kunst diese verändert und anstelle der Tabuierung und Fetischisierung dem Stand der Freiheit, des bewußt Herstellbaren, zu Machenden annähert. Ich wüßte kein besseres materialistisches Programm als jenen Satz Mallarmés, in dem er die Dichtungen als nicht inspiriert sondern aus Worten gemacht definiert.«[66]

Die Kritik richtet sich gegen Benjamins Thesen, die der traditionellen auratischen Kunst die Auradestruktion der neuen Reproduktionsmedien entgegenstellen und sie mit der Perspektive eines radikalen Umschmelzungsprozesses der Künste verbinden. Adorno beharrt demgegenüber auf der immanenten Technizität, die im Autonomiestatus der Kunstwerke selbst angelegt ist. Vergleichbar hat er gegen Lukács argumentiert, daß dieser

»verstockt sich weigert, der literarischen Technik ihr zentrales Recht zuzusprechen. Statt dessen hält er sich unverdrossen ans Erzählte. Aber einzig durch ›Technik‹ realisiert die Intention des Dargestellten (...) in der Dichtung sich überhaupt. (...) Konstruktion kann hoffen, die Zufälligkeit des bloß Individuellen immanent zu bemeistern, gegen die Lukács eifert. (...) Lukács sollte der Gedanke vom Schlüsselcharakter der Entfaltung der technischen Produktivkräfte wahrhaft vertraut sein. Gewiß war er auf die materielle, nicht auf die geistige Produktion gemünzt. Kann aber Lukács im Ernst sich dagegen sperren, daß auch die künstlerische Technik nach einer Logik sich entfaltet, und sich einreden, die abstrakte Beteuerung, innerhalb einer veränderten Gesellschaft gälten automatisch und en bloc andere ästhetische Kriterien, reiche aus, jene Entwicklung der technischen Produktivkräfte auszulöschen und ältere, nach der immanenten Logik der Sache überholte, als verbindlich zu restaurieren?«[67]

In solcher Kritik an Benjamin wie an Lukács ist das *Programm der Adornoschen Ästhetik* erkennbar. »Die Fähigkeit, Kunstwerke von innen, in der Logik ihres Produziertseins zu sehen«, heißt es in einem anderen Essay zu Valéry, »ist wohl die allein mögliche Gestalt von Ästhetik heute.«[68] Diese setzt auf die Kategorien einer Eigenlogik der künstlerischen Technik, der Logik des Produziertseins. Wie aber hängt das Verhältnis von »innerästhetische(m) Fortschritt« und »Fortschritt der außerästhetischen Produktivkräfte« zusammen?

»Der Begriff der künstlerischen Technik ist spät aufgekommen; noch in der Periode nach der Französischen Revolution, als ästhetische Naturbeherrschung ihrer selbst sich bewußt ward, fehlt er; freilich nicht die Sache.«[69]

Was Adorno hier »ästhetische Naturbeherrschung« als Definienz von ästhetischer Technik nennt, ist mit kapitalistischer oder industrieller Naturbeherrschung nicht gleichzusetzen, hat aber doch mit ihr zu tun.

»Die ästhetische Produktivkraft ist die gleiche wie die der nützlichen Arbeit und hat in sich dieselbe Teleologie; und was ästhetisches Produktionsverhältnis heißen darf, alles worin die Produktivkraft sich eingebettet findet und woran sie sich betätigt, sind Sedimente oder Abdrücke der gesellschaftlichen.«[70]

Allgemein genommen heißt dies: Kunst (als fait social, aber nicht nur als das) ist »ein Moment in dem Prozeß, der von Max Weber so genannten Entzauberung der Welt«. Sie ist damit also in den Prozeß der »Rationalisierung verflochten; alle ihre Mittel und Produktionsverfahren stammen daher.«[71] Kunst kann nicht einfach die Wunden der Industrialisierung wieder schließen, etwa die zerstörten Städte durch romantische Landschaftsbilder wohnlich machen.

Was Adorno metaphorisch »Verflechtung« von allgemeiner Rationalisierung und künstlerischer nennt, zeigt zugleich eine Differenz zwischen beiden an. Denn Autonomie verdankt sich einer spezifischen Technik.

»Was am Kunstwerk als seine eigene Gesetzlichkeit auftritt, ist zweifellos spätes Produkt der innertechnischen Evolution sowohl wie der Stellung von Kunst mitten in fortschreitender Säkularisation.« Aber:
»Retrospektiv ist Technik als Konstituens von Kunst auch für die Vergangenheit unvergleichlich viel schärfer zu erkennen, als Kulturideologie konzediert (. . .).« Technik heißt »Verfügung als Prinzip«, »Primat des Machens«: und zwar gerade darin, Werke »verbindlich zu organisieren«.[72]

Die Technizitätsanforderung macht sich also geschichtlich als »Kanon von Verboten« geltend, als Standard des »Verbrauchten und der überholten Verfahrensweisen«. Deshalb lautet das Formgesetz der Moderne: »authentische« Kunstwerke können den Autonomiestatus nur als jeweils »avancierte« gewinnen: Nur das »Fortgeschrittenste« könne sich gegen den Zerfall in der Zeit behaupten. Generell für die Moderne ist damit die Absage an die Versöhnungseffekte der organischen Werkstruktur gefordert.

Was innertechnische Evolution der ästhetischen Naturbeherrschung meint, hat Adorno exemplarisch in der »Philosophie der Neuen Musik« entworfen. Schönbergs Zwölftonmusik bringt nach Adornos Rekonstruktion am deutlichsten den Prozeß der immanenten Technizität und Rationalität zum Ausdruck. Von hier aus läßt sich der traditionelle Begriff des künstlerischen *Materials* als ein technischer neu bestimmen.

»Die Annahme einer geschichtlichen Tendenz der musikalischen Mittel widerspricht der herkömmlichen Auffassung vom Material der Musik. Es wird physikalisch, allenfalls tonpsychologisch definiert, als Inbegriff der je für den Komponisten verfügbaren Klänge. Davon ist aber das kompositorische Material so verschieden wie die Sprache vom Vorrat ihrer Laute. (...) Alle seine [des Materials] spezifischen Züge sind Male des geschichtlichen Prozesses. (...) Die Forderungen die vom Material her ans [künstlerische] Subjekt ergehen, rühren vielmehr davon her, daß das ›Material‹ selber sedimentierter Geist, ein gesellschaftlich, durchs Bewußtsein von Menschen hindurch Präformiertes ist. Als ihrer selbst vergessene, vormalige Subjektivität hat solcher objektive Geist des Materials sein eigenes Bewegungsgesetz. Desselben Ursprungs wie der gesellschaftliche Prozeß und stets wieder von dessen Spuren durchsetzt, verläuft, was bloße Selbstbewegung dünkt, im gleichen Sinne wie die reale Gesellschaft, noch wo beide nichts mehr voneinander wissen und sich gegenseitig befehden. Daher ist die Auseinandersetzung des Komponisten mit dem Material die mit der Gesellschaft, gerade soweit diese ins Werk eingewandert ist und nicht als Äußerliches, Heteronomes, als Konsument oder Opponent der Produktion gegenübersteht.«[73]

Adornos Begriff des Materials zielt offensichtlich nicht darauf, epochale Einschnitte gesellschaftlichen Funktionswandels zu erfassen, wie sie etwa die Ablösung der Polyphonie durch die Homophonie oder die Einführung der Zentralperspektive in die Künste seit der Renaissance markieren. Sein Begriff des Materials, als je historische Einheit von Stoff und Technik, ist an eine bestimmende historische Konzeption geheftet: an die Idee der rationalen Durchorganisierung des gesamten musikalischen (oder gattungsspezifischen) Materials. Darin sieht er den Schlüssel zur Eigendynamik der Kunstentwicklung, die die Moderne beschleunigt vorantreibt. In der Zwölftonmusik wird die verborgen wirksame Tendenz endgültig zum Programm erhoben. Deren Regeln gehorchen Adorno zufolge vollständig dem technischen Stand und geschichtlichen Zwang des Materials. Fast grausam merzen sie den historisch überholten Schein des Organischen aus. Im vollen Bewußtsein und in vollständiger Beherrschung der Tradition bürgerlicher Musik brechen sie mit deren bisherigen Lösungen.

Für die Geschichte der großen bürgerlichen Musik läßt sich damit das *Schema einer immanenten Objektivität* der gesellschaftlichen Problemstellung rekonstruieren.

Der »Grundthese von Webers Musiksoziologie, der von der fortschreitenden Rationalität (...), hing Beethoven objektiv nach, ob er es wußte oder nicht. Er erzeugte die totale Einheit des obligaten Stils durch

Dynamisierung. (...) Die Konzeption liegt gleichsam bereits vorgezeichnet im Stand des Problems, das ihm die Sonatenform Haydns und Mozarts darbot (...).«[74]

Vom Begriff des Materials aus kann Adorno, insbesondere in der musikalischen Analyse, das Zusammentreffen von technischer Verfahrensweise, künstlerischer Subjektivität und Stoff im Einzelwerk analysieren. Dadurch erlangen insbesondere seine musikalischen Einzelanalysen ihre bestechende Subtilität. Zugleich freilich wird im Begriff des Materials ein prinzipielleres Problem erkennbar. Die allgemeine Tendenz zur »bewußte(n) Verfügung übers Naturmaterial« der Töne, nämlich »die Emanzipation des Menschen vom musikalischen Naturzwang und die Unterwerfung der Natur unter menschliche Zwecke«,[74a] bleibt ambivalent. Wie soll sie noch als Einspruch gegen die gesamtgesellschaftliche Technisierung, Rationalisierung, Verdinglichung gedacht werden können, wenn sie ihr derart strukturell gleich ist?
Deshalb beschreibt Adorno die Zwölftonmusik nicht einfach als Position des Fortschritts, sondern rekonstruiert an ihr eine Dialektik des Fortschritts, eine Umschlagstendenz von Rationalität zu Irrationalität. Das Programm einer autonomen *Produktionsästhetik*, das die Moderne rein entfaltet und in den Begriffen Material, Technizität, Produktionslogik, Konstruktion formuliert, bedarf also eines *Gegenmoments*, wenn die kritische Differenz zur allgemeinen gesellschaftlichen Entwicklung aufrechterhalten werden soll.

»In der Idee des integralen, in sich lückenlos geschlossenen und bloß seiner immanenten Logik verpflichteten Kunstwerks, welche aus der Gesamttendenz der abendländischen Künste zur fortschreitenden Naturbeherrschung, konkret: zur vollkommenen Verfügung über ihr Material folgt, ist etwas ausgelassen. Kunst, die dem zivilisatorisch-rationalen Zug sich einfügt und ihm die historische Entfaltung ihrer Produktivkräfte verdankt, meint doch zugleich auch den Einspruch gegen ihn, das Eingedenken dessen, was in ihm nicht aufgeht und was er eliminiert; eben das Nichtidentische, worauf das Wort Abweichung anspielt. Sie verschmilzt darum nicht bruchlos mit der totalen Rationalität, weil sie dem eigenen Begriff nach Abweichung ist, nur als solche in der rationalen Welt ihr Lebensrecht hat und die Kraft, sich zu behaupten. Wäre sie bloß identisch mit der Rationalität, sie verschwände in dieser und stürbe ab, während sie ihr doch nicht ausweichen darf, wenn sie nicht hilflos Reservate besiedeln will, ohnmächtig gegenüber der unaufhaltsamen Naturbeherrschung und ihren gesellschaftlichen Verlängerungen, und gerade als geduldete erst recht jener hörig.«[75]

Daß Adorno im Kontext dieser Überlegung das »Nichtidentische« an der Kategorie des »Zufalls« festmacht – der Zufall bildet gewissermaßen die Stelle des Widerstands, des Nicht-Verfügbaren – hat ihn offenbar selbst nicht befriedigt. In einer längeren Passage der »Ästhetischen Theorie« hat er die dialektische Differenz zwischen ästhetischer und gesamtgesellschaftlicher Technologie anders zu bestimmen gesucht. Die Passage beginnt mit dem lapidaren Satz: »Kunst ist Zuflucht mimetischen Verhaltens.«[76] Mit dem Begriff des *mimetischen Verhaltens* will Adorno offenbar eine Gegenkategorie zum Technikbegriff und seiner irreversiblen Eigendynamik einführen, die zugleich auch die Differenz von ästhetischer und außerästhetischer Technik besser fassen läßt. Ihm geht es darum, eine Dialektik von Rationalität und Mimesis zu formulieren, wobei Mimesis das Moment der magischen Herkunft von Kunst ebenso meint, wie das Moment des Idiosynkratischen und Infantilen am Künstler. Mimesis heißt das begriffslose, leibliche Nachbilden. Es tradiert ein ebenso urzeitliches wie infantiles Verhaltensmuster: auf die übermächtig lockende oder drohende Natur durch Nachahmung, durch nachahmende Anpassung zu reagieren.

Im mimetischen Verhalten stellt das künstlerische »Subjekt«, auf wechselnden Stufen seiner Autonomie, sich zu seinem anderen, davon getrennt und doch nicht durchaus getrennt. Kunst artikuliert damit die »Idee der Rettung unterdrückter Natur« und gerät zugleich in unauflöslichen Konflikt mit dieser Idee.[77] Kaum hat Adorno seine Neigung zur Überführung der Dialektik ins Spiel von Paradoxien weiter getrieben als in diesem Zusammenhang. Denn *einerseits* konstituiert sich Kunstautonomie durch Absage an die kultischen und magischen Ursprünge und richtet damit den Maßstab der Entzauberung rationaler Produktion über sich auf. *Zugleich* aber verstrickt sich dieser Anspruch in die Dialektik der Aufklärung und kulminiert im Auseinandertreten von subjektiver Willkür und mythischer Beschwörung, wie die »Philosophie der Neuen Musik« festhält. *Andererseits* bleibt Zauber und Magie, das Rudiment vorautonomer Künste, unausrottbar, auch nachdem dessen Säkularisierung im Kult des Schönen Scheins widerlegt wurde. Es ist notwendig, damit Kunst die versteckte und verleugnete Irrationalität der naturbeherrschenden Mittel im Kapitalismus aufdeckt. *Zugleich* aber kann dieser Einspruch das regressive Moment nicht abschütteln: im faulen Zauber entzaubert Kunst die entzauberte Welt. Das Ineinander von Regression und Rationalität bleibt der Kunst auferlegt, ohne daß sie es hinter sich lassen könnte.

Zweifellos will Adorno durch die Kategorie des »mimetischen Verhaltens« einen Gegenpol zum Technizitätspostulat der Kunstautonomie einsetzen. Und es ist signifikant, daß er dabei – in vollem Gegensatz zu Lukács' Erneuerung des aristotelischen Mimesisbegriffs – nicht symbolisch-anthropomorphes Abbilden meint, sondern archaisch-frühkindliches Sich-Überlassen an Triebregungen und Dinge. Mimetisches Verhalten ist ein regressives Moment, das in die Technizitätsforderung deshalb eingesetzt und ihr entgegengesetzt wird, weil die herrschende Gestalt von Technizität und Rationalität gerade in der Ausmerzung der archaischen Geschichte im Bewußtsein des Subjekts besteht.

Am weitesten geht deshalb die ästhetische Theorie Adornos dort, wo sie von der bürgerlichen Gesellschaft nicht subsumierte Bereiche, die *vorgeschichtlichen* und *zwielichtigen* Randzonen gewissermaßen, zum Fluchtpunkt der Interpretation macht. »Erst wer der dem Clown und den Kindern gemeinsamen, sinnfremden Sprache mächtig wäre«, – heißt es in einer Notiz zu Chaplin, die nicht zufällig Habermas in seinem Gedenkartikel für Adorno herangezogen hat, – verstünde die Figur des Clowns, »in dem Natur schockhaft Abschied nimmt (...), Natur, so unerbittlich verdrängt vom Prozeß des Erwachsenwerdens, wie jene Sprache den Erwachsenen unwiederbringlich ist.«[78]

Es darf aber nicht übersehen werden, daß jene Zonen des Noch-Nicht-Subsumierten zwar in spekulativer Formulierung geltend gemacht, hingegen aber nicht stofflich oder systematisch zur tragenden Konzeption des mimetischen Verhaltens ausgearbeitet werden. So wie Adorno die ›niederen‹ Kunstbereiche aus dem Horizont der Ästhetik ausgrenzt, obschon manche apodiktische Formulierung genau das Gegenteil erwarten ließe, so kann auch hier von einer Rehabilitierung des Clownesken, der öffentlichen Lustbarkeit (Zirkus, Apparition) oder der kindlichen Nachahmungslust nicht die Rede sein. Im mimetischen Verhalten zittert allenfalls die Erinnerung daran nach; es soll nach Adornos Bestimmung nichts mit dem anschaulichen, vergegenständlichenden Moment von Mimesis zu tun haben. Er vergleicht es einer zuckenden Handschrift, der psychosomatischen écriture, der Kritzelei. Denn mimetisches Verhalten heißt in der Moderne Mimesis an Verdinglichung, ans Todesprinzip. Verdinglichung soll durch die Rationalisierung der ästhetischen Technik befolgt, zugleich durch mimetische Anpassung radikalisiert und zum Umschlag genötigt werden: die Sprache der Dinge und die nicht von Menschen gemachte Natur freigeben. Adorno hat in diesem Sinne eine Charakteristik der Benjaminschen Philosophie, auf die jene Motive zurückgehen, vorgenommen.

Indem mimetisches Verhalten an Verdinglichung fixiert wird, geht die Funktion dieser Kategorie, ein Gegenprinzip zur Eigendynamik ästhetischer Naturbeherrschung zu bilden, verloren. Adornos Konstruktion der Moderne, die Bestimmung der Autonomie als historischer Prozeß einer immanenten Entwicklungslogik des Materials, stößt damit an eine Grenze, die sie nicht überschreiten kann, ohne die eigene Konzeption in Frage zu stellen.

Das Ende der Kunst?

Soweit, die eigene Konzeption noch einmal umzustürzen oder in Frage zu stellen, ist Adorno nicht gegangen. Wenn der erste Satz der »Ästhetischen Theorie« damit einsetzt, daß »an Kunst (...) nichts mehr selbstverständlich ist, (...) nicht einmal ihr Existenzrecht«, so bedeutet das kein Abrücken von der Idee einer materialistischen Reformulierung der Autonomieästhetik, sondern vielmehr ein um so verzweifelteres Einklagen der Nötigung zu autonomer Kunst.

Adorno hat sich einerseits geweigert, obschon der versiertere Soziologe im Vergleich zu Lukács, Bloch oder Benjamin, soziologische Kategorien (Funktion, Institution, Norm, kulturelle Trägerschicht u. ä.) einer Neubestimmung materialistischer Ästhetik zugrundezulegen und die Auswirkungen der neuen Reproduktionsmedien anders als negative zu diskutieren. Dies erklärt sich aus dem Globalisierungseffekt des Verdinglichungstheorems, das eine unvermittelte Konfrontation von Werk und gesellschaftlicher Totalität nahelegt, und aus der Diagnose der Kulturindustrie als falscher Aufhebung der Kunst und herrschender Ideologieform der spätkapitalistischen Gesellschaften.

Andererseits hat Adorno am zugespitzten Postulat der Autonomie hoher Kunst nur in der Form einer geschichtsphilosophischen Dialektik der Aufklärung festgehalten. Philosophische Kunsttheorien, die Autonomie aus der Positivierung von Mimesis oder Antizipation ableiten, werden von ihm deshalb verworfen. Kunstautonomie steht in Korrelation zum Prozeß gesamtgesellschaftlicher Verdinglichung, nur durch den schmalen Spalt der ästhetischen Differenz getrennt, durch den negativ das Nichtidentische aufscheint. Ästhetische Erfahrung ist Methexis ans Finstere, Tödliche.

An beiden Punkten hatte Kritik anzusetzen, doch darf sie nicht den spezifischen Erfahrungsgehalt von Adornos Konzeption übersehen. Die Konstruktion der Moderne gilt der Traditionslinie des ›Ästhetizismus‹. Baudelaire, Mallarmé, Schönberg, Joyce, Kafka, Beckett, um einige Leitfiguren zu nennen, repräsentieren mit ihren Werken, was Adorno als avancierte Kunst gilt. Damit rehabilitiert er einen historischen Komplex, der im Kontext materialistischer Ästhetik eher Ablehnung und Unverständnis provoziert hatte. Lukács' Abkanzlung der Dekadenz oder Brechts nicht eben einsichtsvolle Notizen zu Baudelaire sind bekannt, und sie sind doch noch vergleichsweise subtil gegenüber der Beschimpfung, die im Namen des Sozialistischen Realismus vorgenommen wurde und peinlich mit einem anderen Kampf gegen entartete Kunst harmoniert. Den Ästhetizismus, die hermetische Kunstautonomie zum Gegenstand einer materialistisch, gesellschaftstheoretisch konzipierten Ästhetik gemacht zu haben, bleibt deshalb das bedeutende Verdienst Adornos. Keine Neubestimmung materialitischer Theorie kann dies überspringen.

Die Erfahrungen des »Artisten«, der sich als Isolierter und Verfemter aus dem gesellschaftlichen Reproduktionszusammenhang (scheinbar) entlassen sieht, in ihrer Übersetzung in die Produktionslogik der Werke geschichtsphilosophisch auszulegen, ist die Hauptintention der ästhetischen Theorie. Rimbauds Satz: »Il faut être absolument moderne« spricht programmatisch aus, was bereits Hölderlins Vers »Das geht aber/ Nicht« als Einsicht festhält: daß es einen irreversibel sich verändernden stand dessen, was ästhetisch noch möglich ist, gäbe. Die Kategorien, die die Moderne als genuin ästhetische freisetzt, enthalten zugleich ein normatives Moment, diktieren einen geschichtsphilosophischen Standard: Technizität, Materialbewußtsein, Fragmentcharakter des Werks, Esoterik, Krise des ästhetisch gesetzten Sinns, Gesellschaftlichkeit des ästhetischen Formgesetzes. Die Verpflichtung der Kunst auf den historischen Index des Materialstandes und auf die Selbstkritik des ästhetischen Scheins ist kaum anderswo so unerbittlich ausgesprochen.

Zugleich ist die Feststellung unumgänglich, daß Adorno damit eine bestimmte Entwicklungslinie, die der hermetischen Moderne, zum Inbegriff von Kunst generalisiert und dadurch den Kategorien einen Allgemeinheitsanspruch auferlegt, den sie nicht tragen können. Die ästhetische Theorie muß die Konstruktion ihres Erkenntnisobjekts mit einem Purismus bezahlen, der sinnliche Lust oder operatives Engagement tabuisiert und sich – wie dargelegt – in externe und interne Aporien verstrickt, die sie als objektive der Sache selbst behauptet. Wenn die Fortschritte der Kunst weitgehend in der Rationalisierung der durch die Kunstautonomie konstituierten Materialbasis bestehen, dann zehrt die Moderne von der eigenen Substanz, ohne die Materialbasis regenerieren zu können. Die Wiederaufnahme dessen, was durch die historische Autonomisierung ausgeschieden wurde, ist dann nur äußerst eingeschränkt denkbar. Das Ende der Moderne fällt mit dem Ende der Kunst zusammen.

Tatsächlich setzt die »Ästhetische Theorie« mit dieser Konsequenz ein, mit dem radikalen Zweifel an der Möglichkeit und Berechtigung von Kunst heute. Diesem Zweifel entspringt eine fast verzweifelte Nötigung zur Ästhetik: nicht um Kunst als ewige Instanz neu zu begründen, sondern um – so paradox es klingt – ihr ›richtiges‹ Ende geltend zu machen.

›Während die Situation Kunst nicht mehr zuläßt – darauf zielt der Satz über die Unmöglichkeit von Gedichten nach Auschwitz –, bedarf sie doch ihrer. Denn die bilderlose Realität ist das vollendete Widerspiel des bilderlosen Zustandes geworden, in dem Kunst verschwände, weil die Utopie sich erfüllt hätte, die in jedem Kunstwerk sich chiffriert. Solchen Untergangs ist die Kunst von sich aus nicht fähig.«[79]

Kunstwerke bleiben ohnmächtige Statthalter des geschichtsphilosophischen Untergangs von Kunst, indem sie rätselhaft die unentzifferbar sinnferne Sprache der Natur und der Kindheit als Ahnung eines mimetischen, nicht begriffsimperialistischen Verhaltens präsentieren. Verschwände dieser einzig negativ, sinndestruktiv darstellbare Impuls, bevor die richtige Gesellschaft einträte, so wäre dies eben »ein falscher Untergang der Kunst«.[80]

Hinter dem Begriff des Untergangs lassen sich die Aporien einer materialistischen Umstülpung des Hegelschen Begriffs der »Aufhebung«, jener Triplizität von negare, levare und conservare erkennen.[81] Was in Hegels Bewußtseinsphilosophie der Geist als Substanz und Subjekt bewerkstelligen kann: den historischen Prozeß ins absolute Wissen zu überführen, kann unter dem nachhegelischen Anspruch der »Verdiesseitigung« und des Ideologieverdachts gegenüber der Autonomie des objektiven Geistes nicht einfach materialistisch gewendet werden, so als könnten die spekulative Würde der Aufhebung und der materialistische Anspruch der »Verwirklichung« zusammenfallen. Die Abspaltung der autonomen Werke läßt sich nicht durch »Verwirklichung« aufheben.

Vielleicht aus diesem Grund hat Adorno derart auf dem Stigma der Kunst bestanden, »auf dem Leid (...), das ihr Ausdruck ist und an dem Form ihre Substanz hat«.[82] Die Negativität seiner ästhetischen Theorie rührt daher, daß sie um der vergeblichen Hoffnung auf materialistische »Aufhebung« der Kunst willen das Bilderverbot über Kunst unversöhnlich aufrichtet. Erst in Kritik an dieser geschichtsphilosophischen Gedankenfigur treten die unverzichtbaren Elemente seiner ästhetischen Schriften hervor: jenseits der Identifizierung von Kunst und Leiden.

»Das unsichere Verhältnis der Gegenwart zu den zwanziger Jahren wird bedingt von geschichtlicher Diskontinuität. (...) Die Tradition, auch die antitraditionelle, ist abgebrochen, halbvergessene Aufgaben sind zurückgeblieben. (...) Zur eigenen Konsequenz ist weiterzutreiben, was 1933 von einer Explosion begraben ward, die in ganz anderem Sinn Konsequenz der Epoche war.«[83]

Konsequenz hieße, von dem geschichtsphilosophischen Einsatz einer Produktionslogik der Moderne abzurücken, ohne dahinter zurückzufallen. Das Ende der Moderne, so wie sie Adorno als Epoche konstruiert, ist nicht das Ende der Kunst.

Anmerkungen und Nachweise

1 Georg Lukács, Tendenz oder Parteilichkeit?, in: G. L., Schriften zur Literatursoziologie, ed. Ludz, Neuwied 1963 (2. Aufl.), S. 109.
2 Ebd., S. 116 f.
3 Ebd., S. 120 f., 118 f.

4 Engagement, in: Noten zur Literatur III, Frankfurt/M. 1965, S. 110.
5 Erpreßte Versöhnung. Zu Georg Lukács: Wider den mißverstandenen Realismus, in: Noten zur Literatur II, Frankfurt/M. 1963, S. 169, S. 167 f., S. 164.
6 Engagement, a.a.O., S. 128.
7 Ebd., S. 129.
8 Z. B. in: Versuch über Wagner, München/Zürich 1964.
9 Engagement, a.a.O., S. 133 und: »An der Zeit sind nicht die politischen Kunstwerke, aber in die autonomen ist die Politik eingewandert und dort am weitesten, wo sie politisch tot sich stellen« (ebd., 135).
10 Georg Lukács, Erzählen oder Beschreiben? Zur Diskussion über den Naturalismus und Formalismus, in: G. L., Werke Bd. 4, Probleme des Realismus, Neuwied 1971.
11 Erpreßte Versöhnung, a.a.O., S. 162.
12 Ebd., S. 165.
13 Georg Lukács, Ästhetik, Taschenbuchausgabe Bd. IV, S. 14, Neuwied 1972.
14 Ebd., S. 251.
15 Erpreßte Versöhnung, a.a.O., S. 166.
16 Ebd., S. 153.
17 Der Standort des Erzählers im zeitgenössischen Roman, in: Noten zur Literatur I, Frankfurt/M. 1963, S. 62 f.
18 Ebd., S. 69 f.
19 Ebd., S. 71 f.
20 Rede über Lyrik und Gesellschaft, in: Noten zur Literatur I, a.a.O., S. 78, S. 74.
21 Ebd., S. 71 f.
22 Einleitung in die Musiksoziologie. Zwölf theoretische Vorlesungen, Frankfurt/M. 1962, S. 218. – Die Übernahme Benjaminscher Theoreme bedürfte einer ausführlichen Analyse. Ausdrücklich ist in diesem Zusammenhang auf die Dissertation von Norbert W. Bolz, Geschichtsphilosophie des Ästhetischen. Hermeneutische Rekonstruktion der »Noten zur Literatur« Th. W. Adornos, zu verweisen. (Diss. Phil. FU Berlin 1976).
23 Erpreßte Versöhnung, a.a.O., S. 172 f.
24 Rede über Lyrik und Gesellschaft, a.a.O., S. 76 f.
25 Der Artist als Statthalter, in: Noten zur Literatur I, a.a.O., S. 190; analog: Philosophie der neuen Musik, Frankfurt/M. 1958, S. 199.
26 Diese Zusammenhänge werden dokumentiert bei Joachim Israel, Der Begriff der Entfremdung. Makrosoziologische Untersuchungen von Marx bis zur Soziologie der Gegenwart, Reinbek 1972, S. 126 ff.
27 Georg Lukács, Geschichte und Klassenbewußtsein, darin bs.: Die Verdinglichung und das Bewußtsein des Proletariats, Neuwied 1970.

- Zur epistemologischen Bedeutung des Verdinglichungsbegriffs für die historischen Positionen materialistischer Ästhetik cf. Burkhardt Lindner, Der Begriff der Verdinglichung und der Spielraum der Realismus-Kontroverse, in: H. J. Schmitt, Der Streit mit Georg Lukács, Frankfurt/M. 1978, S. 91-123, sowie den Aufsatz von Dieter Kliche im vorliegenden Band. Speziell zur Adornoschen Adaption des Verdinglichungsbegriffs: Friedemann Grenz, Adornos Philosophie in Grundbegriffen. Auflösung einiger Deutungsprobleme, Frankfurt/M. 1975 (2. Aufl.), S. 35-56.
28 Reflexionen zur Klassentheorie, in: Soziologische Schriften I, (Ges. Schriften Bd. 8), Frankfurt/M. 1972, S. 391.
29 Dialektik der Aufklärung, Amsterdam 1947, S. 7.
30 Ebd., S. 141.
31 Ebd., S. 102 f.
32 Ebd., S. 102, cf. S. 60: der Begriff des Bürgers datiere nicht erst vom Ende des Feudalismus.
33 Ebd., S. 24. Der spekulative Naturbegriff gehört zum schellingisch-romantischen Erbe, das die marxistische Geschichtsphilosophie im 20. Jahrhunderts reaktiviert und gegen eine Fetischisierung der Produktivkräfte setzt. Er enthält zugleich freilich die Gefahr, die materiellen Bedingungen gesellschaftlicher Produktion und Reproduktion durch ästhetische Utopie zu überspringen.
34 Cf. Gesellschaft, in: Soziologische Schriften I (Ges. Schr. Bd. 8), a.a.O., S. 9-19.
35 Minima Moralia. Reflexionen aus dem beschädigten Leben, Frankfurt/M. 1964, S. 57.
36 Dialektik der Aufklärung, a.a.O., S. 258, S. 267; Minima Moralia, a.a.O., S. 333, Negative Dialektik, Frankfurt/M. 1966, S. 396.
37 Zur Logik der Sozialwissenschaften, in: Soziologische Schriften I (Ges. Schr. Bd. 8), a.a.O., S. 64 f.
38 Wozu noch Philosophie, in: Eingriffe. Neun kritische Modelle, Frankfurt/M. 1964, S. 24.
39 Negative Dialektik, a.a.O., S. 147, S. 149, S. 348.
40 Negative Dialektik, a.a.O., S. 25; cf. ebd., S. 19: »das Begriffslose mit Begriffen auftun, ohne es ihnen gleichzumachen.«
41 Was bedeutet: Aufarbeitung der Vergangenheit, in: Eingriffe, a.a.O., S. 144.
42 Negative Dialektik, a.a.O., S. 27.
43 Dialektik der Aufklärung, a.a.O., S. 241.
44 Minima Moralia, a.a.O., S. 8.
45 Fortschritt, in: Stichworte. Kritische Modelle 2, Frankfurt 1969, S. 38.
46 Dialektik der Aufklärung, a.a.O., S. 47. Zu Kafka: »Das Selbst, die innerste Position des Mythos, wird zertrümmert, verworfen der

Trug bloßer Natur«, Prismen. Kulturkritik und Gesellschaft, München 1963, S. 281.
47 Minima Moralia, a.a.O., S. 24.
48 Dialektik der Aufklärung, a.a.O., S. 71 u. ö.
49 Ebd., S. 72.
50 Ebd., S. 70 f.
51 Zu Subjekt und Objekt, in: Eingriffe, a.a.O., S. 159 f. und Negative Dialektik, a.a.O., S. 180.
52 Dialektik der Aufklärung, a.a.O., S. 308.
53 Hölderlin-Zitat in Glosse über Persönlichkeit, in: Stichworte, a.a.O., S. 56. – Es besteht ein objektiver Zwiespalt zwischen Adornos Forderung nach unreglementierter Erfahrung des einzelnen und abgelegenen Gegenstands und seiner Forderung nach negativer Reflexion des unwahren Ganzen, cf.: Burkhardt Lindner, Herrschaft als Trauma. Adornos Gesellschaftstheorie zwischen Marx und Benjamin, in: Text + Kritik Sonderband Th. W. Adorno, hg. v. H. Scheible, München 1977, S. 72-91.
54 Negative Dialektik, a.a.O., S. 24, S. 25.
55 Ästhetische Theorie (Ges. Schr. Bd. 7), Frankfurt/M. 1970, S. 129.
56 Ebd., S. 17.
57 Rede über Lyrik und Gesellschaft, a.a.O., S. 75 ff.
58 Dialektik der Aufklärung, a.a.O., S. 48.
59 Ebd., S. 156.
60 Ebd., S. 161.
61 Ebd., S. 186 f.
62 Ebd., S. 187 f., 194.
63 Ebd., S. 194. – Der Streit zwischen Adornos Kulturindustrietheorie und den vorangegangenen Positionen von Brecht (Der Dreigroschenprozeß) und Benjamin (Der Autor als Produzent; Das Kunstwerk im Zeitalter seiner technischen Reproduzierbarkeit) ist heute neu zu konstruieren: Burkhardt Lindner. Technische Reproduzierbarkeit und Kulturindustrie. Benjamins ›Positives Barbarentum‹ im Kontext, in: B. L. »Links hatte noch alles sich zu enträtseln...«. Walter Benjamin im Kontext, Frankfurt/M. 1978, S. 180-223. Weder das Theorem ›Kultur als Ware‹ noch das Theorem ›Reproduktion als Produktivkraft‹ reichen *für sich* aus, um die komplexen Veränderungen der kulturellen Konstellation im Spätkapitalismus zu erfassen.
64 Ästhetische Theorie, a.a.O., S. 13, S. 9. – Die autonomieästhetische Werkzentriertheit, die Adorno und Lukács zur Prämisse machen, verdeckt den institutionalisierten Produktions- und Funktionszusammenhang, in dem die Werke stehen. Die Form-Inhalt-Struktur des Einzelwerks muß aus diesem Spannungsverhältnis begriffen werden. cf. P. Bürger, Aktualität und Geschichtlichkeit, Studien zum gesellschaftlichen Funktionswandel der Literatur, Frankfurt/M. 1977.

65 Einleitung in die Musiksoziologie, a.a.O., S. 51.
66 Der Brief ist vollständig abgedruckt in: Th. W. Adorno, Über Walter Benjamin, hg. v. R. Tiedemann, Frankfurt/M. 1970, S. 126-134.
67 Erpreßte Versöhnung, a.a.O., S. 166 f.
68 Valérys Abweichungen, in: Noten zur Literatur II, a.a.O., S. 43.
69 Ästhetische Theorie, S. 94.
70 Ebd., S. 16.
71 Ebd., S. 86.
72 Ebd., S. 12, S. 94 f.
73 Philosophie der neuen Musik, a.a.O., S. 37 f.
74 Philosophie der neuen Musik, a.a.O., S. 220.
 Zum Materialbegriff: Günther Mayer, Zur Dialektik des musikalischen Materials, in: alternative 12. Jg. 1969, H. 69 S. 239 ff. – Konrad Boehmer, Zum Problem der Fortschrittlichkeit des musikalischen Materials, in: Sozialistische Zeitschrift für Kunst und Gesellschaft 1970, H. 5/6, S. 4-33, Wolfgang Burde, Versuch über einen Satz Theodor W. Adornos, in: Neue Zeitschrift für Musik 1971, H. 6, S. 578-583. Mit der Orientierung an reiner Tonmusik hängt zusammen, daß die Differenz und Spannung zwischen Material und Stoff vernachlässigt wurde. Letzterer meint die Erfahrung der Realien (i. S. Benjamins), die nie im Material aufgehen können.
74a Das Altern der Neuen Musik, in: Dissonanzen, Göttingen 1963, S. 154.
75 Valérys Abweichungen, a.a.O., S. 56.
76 Ästhetische Theorie, a.a.O., S. 86.
77 Ebd., S. 86 f., S. 240.
78 Zweimal Chaplin, in: Ohne Leitbild. Parva Aestetica, Frankfurt/M. 1967, S. 91, analog: Ästhetische Theorie, a.a.O., S. 180 ff.
79 Kunst und die Künste, in: Ohne Leitbild, a.a.O., S. 182.
80 Ebd., S. 180, Philosophie der neuen Musik, a.a.O., S. 108 f.
81 Den Gegensatz falscher Untergang/Liquidierung vs Aufhebung/Verwirklichung, an dem Adorno und Marcuse die Kritik der bürgerlichen Kultur festmachen, exponiert Heinz Paetzold, Neomarxistische Ästhetik I u. II, Düsseldorf 1974. Wenn in dieser sehr nützlichen Einführung Lukács und Brecht gar nicht und Benjamin völlig verkürzt aufgenommen werden, so begibt sich der Verfasser von vornherein der Möglichkeit, das Aufhebungstheorem zu problematisieren. Dagegen: Burkhardt Lindner, Aufhebung der Kunst in Lebenspraxis? Über die Aktualität der Auseinandersetzung mit den historischen Avantgardebewegungen, in: W. M. Lüdke (Hg.), ›Theorie der Avantgarde‹. Antworten auf Peter Bürgers Bestimmung von Kunst und bürgerlicher Gesellschaft, Frankfurt/M. 1976, S. 72-104.
82 Ästhetische Theorie, a.a.O., S. 387. Die Sistierung der Künste an das Leid hat Adorno sogar, in interessierter Textblindheit, aus Hegels

Ästhetik herausgelesen; cf.: Jürgen Trabant, ›Bewußtseyn von Nöthen‹. Philologische Notiz zum Fortleben der Kunst in Adornos ästhetischer Theorie, in: Text + Kritik Sonderband Theodor W. Adorno, a.a.O., S. 130-135. Hinter dem ästhetischen Interesse am Leid steht die Sprachmetaphysik des frühen Benjamin (cf. Martin Puder, Zur ›Ästhetischen Theorie‹ Adornos, in: Neue Rundschau 1971, H. 3, S. 465-474, sowie die angegebene Dissertation von Norbert W. Bolz), die die Idee einer göttlichen Namensprache gegen den Sündenfall der adamitischen Überbenennung stellt. Der reine Name ist herrschaftslose Individuierung: die Utopie der Versöhnung von sinnlicher Existenz und geistigem Begriff.
83 Jene zwanziger Jahre, in: Eingriffe, a.a.O., S. 64 f.

Irving Wohlfarth
Dialektischer Spleen
Zur Ortsbestimmung der Adornoschen Ästhetik

Für Ingeborg

»Zum Bilde der ›Rettung‹ gehört der feste, scheinbar brutale Zugriff«

Walter Benjamin

Adorno wollte nicht »gewürdigt« werden. Folgender Beitrag ist die undankbare Polemik eines dankbaren Schülers, dem sein Lehrer einmal wünschte, »sich nicht vom Betrieb verbraten zu lassen«. Der Ratschlag soll hier gegen seinen eigenen Betrieb gewendet werden, um die politische Adorno-Rezeption zu erneuern, die vor einem Jahrzehnt von der Studentenbewegung ausging. Es war jedoch alles andere als eine »antiautoritäre« Geste, wenn auch ein Reflex auf seine eigenen Widersprüche, ihn zum »Hauptfeind Nummer Eins«[1] zu erklären. Um Gerechtigkeit walten zu lassen, muß Kritik allerdings – so Baudelaire – »parteiisch, leidenschaftlich, politisch«, kurz: ungerecht sein. Auch meine Kritik ist überspitzt, weil sie ihre Spitze zugleich gegen einen *inneren* Adorno kehrt. Sie trifft zuallererst den Verfasser selbst und setzt einen Standpunkt voraus, der noch nicht der seine ist. Inwieweit sich dieser heute oder überhaupt erreichen läßt, ist freilich die Frage, die Adorno denjenigen hinterlassen hat, die mit ihm aus der Selbstbeschäftigung hinauswollen. Jeder Hegelianer weiß, daß dieses Hinaus nicht »aus der Pistole geschossen« kommen kann. Aber wenn Blanquis Tat die Schwester von Baudelaires Traum gewesen sein soll,[2] so haben sich erst recht seit Adornos Tod die – allerdings sehr zweideutigen – objektiven Zusammenhänge zwischen einer geschichtsphilosophischen Verzweiflung und den Impulsen politischer Revolte aufgedrängt, die er, selbstverständlich ohne die geringste Heuchelei, desavouiert hätte. Sie tragen alle die Signatur desselben geschichtlichen Kontinuums. Daß schon Baudelaires viertes Spleen-

Gedicht solche Übergänge inszeniert hat, deutet, wenn nicht auf das »perennierende Unheil«, so zumindest auf die Insistenz eines geschichtlichen Wiederholungszwangs, mit der ohne defaitistischen Terror oder terroristischen Defaitismus zu rechnen ist.

1. »Öffne Dich, Sesam: ich möchte hinaus«

> »Quand la terre est changée en un cachot humide,
> Où l'Espérance, comme une chauve-souris,
> S'en va battant les murs de son aile timide
> Et se cognant la tête à des plafonds pourris...«[3]

Wollte man die marxistische Ästhetik auf ihre Anfänge zurückverfolgen, so dürften diese paradoxerweise am besten durch einen vormarxistischen Essay vertreten werden, von dessen Idealismus sich freilich auch sein Verfasser lossagen sollte. Dennoch ist Georg Lukács' *Theorie des Romans* paradigmatisch für eine Phase materialistischer Literaturkritik, die sich erst jetzt dem Ende nähert. Indem sein geschichtsphilosophischer Versuch verschiedene Motive des deutschen Idealismus vereinigt, führt er die triadische Eschatologie vor, die Marx' positivistische Kritiker regelmäßig als den verborgenen Kern seines revolutionären Materialismus wiederentdeckt haben. Er bestimmt den Roman als »die Form der vollendeten Sündhaftigkeit«[4], das »Epos einer gottverlassenen Welt«, das auf das verlorene Paradies der griechischen Epik zurück- und seine Wiedergewinnung durch eine erneuerte vorausweist, wenn die Versöhnung von Subjekt und Objekt die Entfremdung zwischen dem Individuum und einer als »zweiten Natur« erfahrenen Welt aufhebt; und er schließt mit der Frage,

> »ob wir wirklich im Begriff sind, den Stand der vollendeten Sündhaftigkeit zu verlassen, oder ob erst bloße Hoffnungen die Ankunft des Neuen verkünden; Anzeichen eines Kommenden, das noch so schwach ist, daß es von der unfruchtbaren Macht des bloß Seienden wann immer spielend erdrückt werden kann.« (ebd., S. 158)

Diesem abstrakt-utopischen Sehnen entspricht, wie Lukács rückblickend betonen sollte, eine »Stimmung permanenter Verzweiflung über den Weltzustand« (ebd., S. 6), ausgelöst durch den »Kriegsausbruch 1914, die Wirkung, die die kriegsbejahende Stellungnahme der Sozialdemokratie auf die linke Intelligenz ausgeübt hatte«. »Wer sollte uns vor der westlichen Zivilisation retten?« (ebd., S. 5). Die Antwort fand er im Marxismus und formulierte sie in *Geschichte und Klassenbewußtsein* (1923). Nun wurde die Eschatologie der *Theorie des Romans* durch eine Terminologie säkularisiert, die deren Subjekt–Objekt Problematik unter die »Antinomien des bürgerlichen Denkens« stillschweigend einordnete. Der historische Auftrag des proletarischen »Subjekt–Objekts« ersetzte die Suche des »problematischen Helden« im bürgerlichen Roman, und die ästhetische Ironie, die alle subjektiven Standpunkte im Namen einer abwesenden Objektivität relativiert hatte, wurde durch die totale Perspektive aufgehoben, die einer universalen Klasse zugerechnet werden kann. Damit war der Ansatz zur späteren anti-modernistischen Realismustheorie schon vorgezeichnet.

Fünf Jahre später veröffentlichte Walter Benjamin das Hauptwerk seiner Frühzeit, *Ursprung des deutschen Trauerspiels*, das der *Theorie des Romans* implizit verpflichtet ist. Auch dieses Werk erscheint rückblickend als ›idealistischer‹ Vorbote eines späteren ›Materialismus‹ und als Variante desselben urbildlichen Schemas. Wie der Roman soll das Trauerspiel (und, worauf der späte Lukács nicht zufällig hinwies, die ihm entsprechende Moderne) dem Zeitalter vollendeter Sündhaftigkeit entspringen, und sein Protagonist, der Allegoriker, erliegt ebenfalls der Stimmung permanenter Verzweiflung. Den unter Saturn Geborenen erscheint Geschichte – *Natur-Geschichte* – gleichsam als prähistorische Steppe:

>»Während im Symbol mit der Verklärung des Untergangs das transfigurierte Antlitz der Natur im Lichte der Erlösung flüchtig sich offenbart, liegt in der Allegorie die facies hippocratica der Geschichte als erstarrte Urlandschaft dem Betrachter vor Augen.« (*GS*, 1, 1, S. 343)

Dem gefallenen, isolierten Subjekt ist alle Hoffnung auf eine noch offen theologisch verstandene Erlösung verwehrt. Auch hier kann die Verzweiflung nur durch den eschatologischen Glauben aufgehoben werden, daß vollendete Sündhaftigkeit, wie in Marx' Verelendungstheorie, kraft ihrer Vollendung die dialektische Negation erzeuge. Erzählt *Die Theorie des Romans* den Sündenfall als Gattungsgeschichte im doppelten Sinn, so faßt ihn *Ursprung des deutschen Trauerspiels* sprachtheologisch.

Diese Konvergenz gründet letztlich im geschichtlichen Kontext.

Ästhetische Theorie fungiert hier *unter anderem* als objektives Korrelat eines biographischen Selbstverständnisses. Ironie und Allegorie sind nicht so sehr eine Heideggersche »Rhetorik der Zeitlichkeit« (Paul de Man) sondern die Melancholie des eingesperrten Subjekts, genauer: des großbürgerlichen jüdischen Intellektuellen auf der Suche nach politischer Erlösung in einer gottverlassenen Welt. Auch Benjamin entdeckte im Marxismus ein zeitgemäßes Mittel gegen die Melancholie. Aber als die russische Revolution, auf die er gesetzt hatte, gleich Saturn ihre Kinder zu fressen begann, ließ sich die alte Trauer nicht mehr, wie die Ironie bei Kierkegaard und Lukács, als »gemeistertes Moment« aufheben. Ein Vierteljahrhundert nach der *Theorie des Romans* – ausgelöst diesmal durch den Ausbruch des *Zweiten* Weltkriegs, die fortschreitende Verbürgerlichung der Sozialdemokratie und den Hitler-Stalin Pakt – kehrt die »permanente Verzweiflung« in Benjamins *Über den Begriff der Geschichte* wieder. »Der Spleen ist das Gefühl, das der Katastrophe in Permanenz entspricht« (*GS*, 1, 2, S. 660). Kaum mehr kann der Gefahr durch ein inzwischen in den Untergrund gegangenes Heilsversprechen, »den Strohhalm, nach dem der Ertrinkende greift« (*GS*, 1, 3. S. 1243), begegnet werden. Der »Engel der Geschichte«, der wie gelähmt auf den wachsenden Trümmerhaufen starrt, sieht die Welt gleichsam mit den Augen des barocken Allegorikers. Doch während dieser, wie Faust, zuletzt gerettet wird, um vom Alptraum der Geschichte »in Gottes Welt zu erwachen« (*GS*, 1, 1, S. 406), ist der Engel dem »Sturm, den wir Fortschritt nennen« (*GS*, 1, 2, S. 698), nahezu ausgeliefert. Es ist kaum Zufall, daß Benjamin gegen Ende der dreißiger Jahre auf Blanquis Schrift *L'Eternité par les Astres* stieß, die ein Leben vergeblicher Agitation mit einem quasi wissenschaftlichen Mythos von der ewigen Wiederkehr des Gleichen besiegelte und ›Revolutionen‹ nurmehr in den festen Bahnen der Planeten suchte; oder daß er in jenem trostlosen Testament nicht nur eine endgültige Kapitulation, sondern auch den niedergehaltenen Pessimismus Blanquis erkannte, der, *als* unterdrückter, auch von jeher die *Triebkraft* seiner revolutionären Putschversuche gewesen war[5]:

> »Des cloches tout à coup sautent avec furie
> Et lancent vers le ciel un affreux hurlement,
> Ainsi que des esprits errants et sans patrie
> Qui se mettent à geindre opiniâtrement...«

Die Theorie des Romans, Geschichte und Klassenbewußtsein, Ursprung des deutschen Trauerspiels: diese Werke verhalfen dem jungen Adorno zum Bruch mit der Schulphilosophie, und der erste Teil der *Dialektik der Aufklärung*, Schlüsseltext seiner Philosophie, schloß im wesentlichen an die Geschichtsphilosophie des späten Benjamin an. Anders als seine Vorgänger konnte sich Adorno, dank ihrer Schriften, sehr früh als materialistischer Ästhetiker verstehen; sein Denken wurde aber gleichzeitig durch die Problematik und Motive deren vormarxistischer Phase geprägt. Seither waren ihm intellektuelle Umwälzungen einer einmal gewonnenen Position nicht nur fremd, er mißtraute ihnen. Gab eine Neuveröffentlichung der *Theorie des Romans* dem späteren Lukács Anlaß zur erneuten Selbstkritik, so ließ eine ähnliche Gelegenheit Adorno jene beargwöhnen, die den Werken ihrer Jugend abschwören, und – das vom Philosophen des *Anderen!* – seine »tiefe Abneigung« bekunden, »je ein neues Leben zu beginnen«[6]. So konnte er regelmäßig zentrale Themen seines Denkens auf sein Frühwerk zurückführen. Derselbe, der später auf der Nicht-Referierbarkeit philosophischer Gedankengänge bestand, signalisierte in seiner programmatischen *Idee der Naturgeschichte* (1932) mit Kursivschrift die bündige Doppelthese seiner gesamten Philosophie. Ausgehend von den Begriffen der »zweiten Natur« (Lukács) und der »Natur-Geschichte« (Benjamin), wollte er

»*das geschichtliche Sein in seiner äußersten geschichtlichen Bestimmtheit, da, wo es am geschichtlichsten ist, selber als ein naturhaftes Sein*«

und umgekehrt

»*die Natur da, wo sie als Natur scheinbar am tiefsten in sich verharrt (...) als ein geschichtliches Sein*«

begreifen[7]. Nicht mehr die Wiedergewinnung »irgendwelcher urgeschichtlicher Grundphänomene« (ebd., S. 359) sei das Problem, *pace* Benjamin, sondern die Wiederkehr des Immergleichen innerhalb der geschichtlichen Dynamik selber. (Fast wörtlich wird das prähistorische Wesen der jüngsten Geschichte in der satirischen Graphik von Grandville bis zu den *cartoons* der amerikanischen Zeitschrift *The New Yorker* festgehalten, wo die Vorstandsräte Sauriern gleichen.) Oder, mit der Doppelformel aus der *Dialektik der Aufklärung*: »schon der Mythos ist Aufklärung, und: Aufklärung schlägt in Mythologie zurück«.[8]

Diese psychoanalytisch orientierte »negative Dialektik« setzt mit einer Umgliederung der triadischen Eschatologie an. Der paradiesische Zustand fällt weg,[9] und die Gegenwart wird nurmehr im unerbittlichen, wenn vielleicht schon apokryphen Licht »messianischer Erlösung« als Hölle bestimmt, weil umgekehrt »die vollendete Negativität, einmal ganz ins Auge gefaßt, zur Spiegelschrift ihres Gegenteils zusammenschießt«.[10] Diese utopische dritte Phase, die letztlich über die Dialektik selbst als die allzu immanente Logik einer unfreien Gesellschaft hinausweist, kann nur aus der *positiven* Verschränkung der ersten zwei Momente: Mythos und Aufklärung, Natur und Geschichte, Natur und Geist, usw. entstehen. Ihre ›undialektische‹ oder *negativ* dialektische Spaltung in unvereinbare Gegensätze soll die katastrophale Genesis abendländischer Geschichte ausgemacht haben. Der »Prozeß der Zivilisation« (N. Elias) wäre bisher die Reproduktion – nicht die Heilung – seines konstitutiven Bruchs gewesen. Während das letztlich anti-hegelsche Denken eines Nietzscheaners wie Georges Bataille den Widerspruch zwischen Eros und Kultur nicht missen will, stellt Adorno allen derartigen Antagonismen die, wenn auch noch so ferne Möglichkeit ihrer Versöhnung entgegen. Einerseits wird die falsche Versöhnung zwischen Individuum und Gesellschaft als groteske Parodie im Namen bestehender Dissonanz und realer Widersprüche angegriffen, andererseits wird, jenseits aller Negativität, mit paradoxer, fast theologischer Zuversicht gerade so unversöhnlichen Autoren wie de Sade, Nietzsche und Beckett, als »Dunkelmännern« der Aufklärung, eine utopische Perspektive abgewonnen. Entsprechend legt Adornos Geschichtsphilosophie Freudsche Modelle zugrunde, deren nur bedingt aufhebbare Spannungen sie nunmehr am Modell der Klassengegensätze zu den dialektischen Antinomien eines *bisherigen* Bewußt- und Unbewußtseinsstandes rechnet. *Ontologische* Widersprüche werden dabei als dumpfes Echo auf eine immergleiche Natur-Geschichte, als resignativen Verzicht auf das Mögliche, als Gegenstück zum Positivismus verdächtigt. Utopie vertritt hier das immerfort verdrängte »Andere«, das »Nichtidentische«, das sich bisher nur in fragmentarischer, zumal ästhetischer Form vorausahnen ließ. Innerhalb der westlichen Tradition wäre Identität somit eine gut funktionierende, den formallogischen Gesetzen von Identität und Widerspruch unterworfene Schizophrenie. Ängstlich klammerte sich die Kultur an ihr Unbehagen. Das *tertium non datur* drückte dabei das Vorurteil gegen eine Utopie aus, die jedermann – daran scheint Adorno nie zu zweifeln – dennoch heimlich als die Wahrheit weiß. Der Satz vom Widerspruch widerspräche sich selbst. Solange A gleich A zu sein beansprucht, indem es B ausschließt, und seine Identität nach der leeren Tautologie Gottes: »Ich bin, der ich bin« bestimmt, müßte es den Konflikt, den es meiden soll, erzeugen und sich dem anderen, den es doch nicht unterdrücken kann, endlich ergeben. (Man vergleiche hierzu, als »Abenteuer der Dialektik«, R. D. Laings Darstellungen der schizophrenen Dissoziation). Die Phylogenese europäischer Geschichte konstruiert Adorno als »Wiederkehr des Verdrängten«. Die abendländische Zivilisation soll vom Trauma ihrer Geburt nicht losgekommen sein. »Jeder Versuch, den Naturzwang zu brechen, indem Natur gebrochen wird, gerät nur um so tiefer in den Naturzwang hinein« (*DA*, S. 24). Je länger also die Aufklärung den Mythos unterdrückt, desto mythischer wird sie, und solange Geschichte Naturbeherrschung ist, bleibt sie Natur-Geschichte. Das ›Erbe‹ ist der Erbfluch.

Die erste größere Abhandlung Adornos, *Kierkegaard. Konstruktion des Ästhetischen* (1929-30), gründet auf einem solchen Verständnis von Natur-Geschichte. Das Motto entnimmt er Poes *Descent into the Maelstrom*:

»Das Schiff schien wie durch Magie mitten im Falle an der Innenfläche eines Trichters von gewaltigem Umkreis und ungeheurer Tiefe zu hängen. Seine vollkommen glatten Seiten hätte man für Ebenholz halten können, wäre nicht die bestürzende Schnelligkeit ihres rasenden Umlaufs gewesen und der funkelnde, gespenstige Glanz, der von ihnen ausging, da die Strahlen des Vollmonds (...) bis in die verborgensten Tiefen des Abgrunds hinab niederströmten.« (*KKA*, S. 8)

Diese Beschreibung stellt sich als Allegorie sowohl der Geschichte als auch des Subjekts heraus. Eine hinab- statt hinaufführende Spirale widerlegt jegliche progressistische Geschichtsauffassung: die ›Revolution‹ wird diesmal auf ohnmächtiges Kreisen innerhalb eines Trichters reduziert, und der »sich entlaufende« Fortschritt der Aufklärung fällt unaufhaltsam zurück in den Mythos, der der *Idee der Naturgeschichte* zufolge alles »wie in einen Trichter« (*PF*, S. 364 f.) in sich hineinzieht. Hatte Marx Revolutionen die »Lokomotiven der Weltgeschichte« genannt, so sah Benjamin die einzige noch mögliche als den »Griff nach der

Notbremse« (*GS*, 1, 3, S. 1232). Gleichfalls entspricht die dynamische Statik des Strudels kaum einer *revolutionären* Auffassung historischer Dynamik sondern dem jetzt fast gegensatzlosen Marxschen Begriff der »Vorgeschichte«. Zudem wird die rasende Katastrophe vom trügerisch strahlenden Mondlicht nur halb beleuchtet und gerät zum ästhetischen Schauspiel. Indem der Mondschein die Gefahr ›symbolisch‹ verklärt, verdeckt er den Mythos als Zauber: in der Terminologie Adornos und Benjamins, als Phantasmagorie, Schein, Bann. Und als Poes Strudel zum faschistischen Massenschicksal wird, stellt Adorno die epidemischen Ausmaße fest, die die ›ästhetische‹ Kontemplation des eigenen Untergangs inzwischen angenommen hat.

Gilt der Strudel auch als Metapher für das bürgerliche Subjekt, so deshalb, weil dieses, gleich einem Demiurgen, getrieben ist, »sich eine Welt nach seinem Bild zu schaffen« (Marx). Philosophischer Idealist und pragmatischer Realist zugleich, ähnelt es auch Midas, »dem traurigsten aller Alchimisten« (Baudelaire). Das Subjekt ist somit nicht nur Opfer des Strudels, sondern auch sein Erzeuger. Der Allegoriker Kierkegaard zieht die Welt in die Leere einer »objektlosen Innerlichkeit« (*KKA*, S. 56 ff.) hinein; deren »kreisende Selbstreflexion« gleicht einem Sog. Kierkegaards wiederholte Beschreibung des bürgerlichen Interieurs wird von Adorno als materielle Metapher idealistischer Innerlichkeit gedeutet. In seiner Verschlossenheit nimmt das isolierte Subjekt die Außenwelt verkleinert durch den verzerrenden »Spion« an der Wohnungstür wahr. Das bürgerliche Individuum wäre als fensterlose Monade selber die *camera obscura* der Ideologie (Marx). Diese »Immanenz« eines Subjekts, das – gleich dem willkürlichen Herrscher des dritten Baudelaireschen Spleen-Gedichts und dem in seiner gottverlassenen Zelle vergrabenen *mauvais moine* – dem eigenen Bannkreis nicht entkommen kann, wird zum lebenslänglichen Thema Adornos. Sein wiederkehrendes Motto, »Wirf weg, damit du gewinnst«, dessen dialektisch-theologische Ökonomie er übrigens niemals in Frage stellt, ist auch das des überlebenden Erzählers bei Poe, dessen ums Leben *kämpfender* Bruder heillos untergeht.

Adornos Kierkegaard-Buch reproduziert insofern die Struktur, die der *Theorie des Romans* und dem *Ursprung des deutschen Trauerspiels* gemeinsam war, als auch hier die »objektive Verzweiflung« (*KKA*, S. 149 ff.) seines Verfassers gleichsam innerhalb eines Denkraums untergebracht wird, der als topische Lösung ihre utopische Erlösung darstellen soll.[11] Materialistische Dialektik hat hier die Funktion, das System idealistischer Innerlichkeit durch geschichtliche Er-Innerung aufzuschließen. Sie liest den Text gegen den Strich und spielt die Materialität scheinbar rein illustrativer Metaphern gegen den systematischen Zusammenhang aus. So ist etwa das Interieur nicht länger der Immanenz eines kontrollierten philosophischen Diskurses als bloßes Bild für den Begriff der Innerlichkeit unterworfen, sondern wird in materialistischer Umkehrung als deren eigentlicher Wohnsitz, als geschichtlicher Stellenwert des Systems selber freigestellt. Dialektische Kritik weigert sich, *ganz* immanent zu sein, da sie gerade die mythische Immanenz des Subjekts anvisiert. Die Methode wird damit gegen den Inhalt mobilisiert, um seinem Sog entgegenzuwirken. Denn »Faszination« ist in Kierkegaards Werk »die gefährlichste Macht«:

> »Wer immer ihm sich ergibt, indem er eine der großen und starren Kategorien hinnimmt, die er unaufhörlich ihm vor Augen stellt; wer ihrer Größe sich beugt, ohne je der Konkretion sie gegenüber zu stellen und zu forschen, ob sie ihr angemessen sei, der ist ihm verfallen wie einem mythischen Bereich. Wie dort der Zauberspruch so herrscht in seinem Umkreis logische Immanenz, der alles sich einfügen muß, was immer erscheint.« (*KKA*, S. 22 f.)

Aber es macht stutzig, daß die Dialektik, die dem subjektiven Allegoriker seine geschichtliche Stelle zuweist, auch ihrerseits der Allegorie gleichgesetzt wird. Heißt das etwa, daß das dialektische Schema die subjektive Verzweiflung nunmehr *reproduziert*, die es – wie Kierkegaard seine Metaphern – nicht mehr meistern kann? Daß Allegorie gleichzeitig als Gegenstand *und* Methode auftritt, legt die Frage nahe, ob Adorno nicht selber eine materialistische Reinkarnation des Kierkegaardschen Subjekts ist. Er siedelt den späten Idealisten an jener »historischen Umschlagstelle« an, wo »das mythisch-historische Bild vom Interieur philosophisch zu sich selbst« kommt und »bloßer Geist, beim Namen gerufen«, seine Macht verliert (*KKA*, S. 105). Aber verliert er sie wirklich? Scheint nicht rückblickend bei Adorno selber der Idealismus mit geläufiger Selbstkritik, die selber zur ›zweiten Natur‹ wird, seinen »Übergang zum Materialismus« – so heißt noch ein Abschnitt der *Negativen Dialektik* – mythisch-dialektisch zu üben; als »Dialektik im Stillstand« gleich Kierkegaard auf der Stelle zu treten;

immer wieder, wie Tantalus, nach der blauen Blume des Nichtidentischen zu tasten; weiterhin in einem philosophischen Gehäuse sitzen zu bleiben, das er schon als Ruine vorfand? Die »großen, starren Kategorien«, die *er* ständig vor Augen stellt – »vollendete Negativität«, »verwaltete Welt«, »Verdinglichung«, »das Ganze ist das Unwahre«, usw. – nehmen sich ihrerseits wie eine nicht unproblematische Allegorie des Spätkapitalismus aus, der durch den »Spion« eines melancholischen Dialektikers am Institut für Sozialforschung wahrgenommen wird. Das Gesetz von Kierkegaards Sprache ist »die Wiederholung: Wiederholung beschwörender Formeln«, in der Hoffnung, die verborgene Wahrheit »möchte aufspringen, wenn die rechte Zahl der Anrufungen erfüllt ist« (*KKA*, S. 106 f.). Man braucht nur negative Theologie mit negativer Dialektik, die Anrufung des verborgenen Gottes mit der des Nichtidentischen zu ersetzen, und die Selbstwiederholungen des späten Adorno fangen an, einer längst untersuchten »dialektischen Anrufung« zu gleichen. »Sesam, öffne Dich! ich will hinaus« war *seine*, freilich ironische Zauberformel. Es war zwar die Wahrheit der Praxis, nicht die ontologische, die in den Augen des späten Adorno »verstellt« erschien, aber es war dennoch das selbe Wort, das über fünfunddreißig Jahre hinweg in scheinbar disparaten Zusammenhängen wieder auftauchte.

»Im Fuchsbau der unendlich reflektierten Innerlichkeit ihn zu stellen, gibt es kein Mittel, als ihn bei den Worten zu nehmen, die, als Fallen geplant, endlich ihn selber umschließen. Die Auswahl der Worte, deren stereotypische, nicht stets geplante Wiederkehr zeigen Gehalte an, die selbst die tiefste Absicht des dialektischen Verfahrens noch lieber verstecken als offenbaren möchte.« (*KKA*, S. 24)

Kurz, Adorno wäre ausgezogen, die hoffnungslos idealistische Position des isolierten Privatiers zu entlarven, nur um dann von diesem Elan schrittweise zurückzustecken. Demnach wäre die *déformation professionnelle* seiner philosophischen Karriere selber einer gewissen Dialektik der Aufklärung unterworfen; und Faszination wäre die gefährlichste Macht auch seines Werks.

Seit der *Dialektik der Aufklärung* sind Adornos »philosophische Fragmente« zu einer systematischen Einheit zusammengewachsen, deren wiederkehrende Motive unablässig umformuliert werden. Diesen immanenten Prozeß »unendlich reflektierter« Nuancierung von außen her zu kommentieren ist deshalb schwierig, weil kaum eine Behauptung riskiert werden kann, der nicht schon längst von innen her strategisch vorgebeugt wurde. Treten Derrida zufolge sämtliche systemsprengenden Denkfiguren im Hegelschen System auf, um es gegen das Andere – was eben nicht *bloß sein* Anderes wäre – um so besser abzusichern, so warnt der Nachhegelianer Adorno, der seinerseits bei Benjamin eine Immunisierungsstrategie zu durchschauen meint, zielsicher vor *genau* dem »Mißbrauch« der Dialektik (*MM*, S. 330 ff., 172 ff.), der bei ihm selber oft zu beobachten ist. Subtil und plump zugleich grenzt er Philosophie vom »plumpen Denken« ab: sie zusammenzufassen täte einer Dialektik Gewalt an, der es um die Gewaltlosigkeit geht. Läuft der Unbefangene daher immer Gefahr, die Dialektik zu kurz kommen zu lassen, so ist der Eingeweihte oft nahe daran, sich auf den dialektischen Flipperautomaten eingespielt zu haben, ohne zu merken, daß er selber inzwischen bei den anderen Epigonen in der Sammellade gelandet ist. »Wie man's macht«, wiederholte Adorno, der sich als »alten Hasen« bezeichnete und wohl vom Fuchs einiges abgelernt hatte, »macht man's falsch«. Doch wenn sich die bisherige Adorno-Rezeption weitgehend in plumpe Gegnerschaft und defensive Feinsinnigkeit aufteilte, und der produktivste Kopf der Frankfurter Schule so wenig Schule gemacht hat, so liegt das eben *auch* am Fuchsbau selber. Adornos Denken beschwört zuweilen dieselbe Klaustrophobie herauf, die es verklagt. Ist Aufklärung »totalitär« (*DA*, S. 16), so spielt sich die eindrucksvolle Darstellung ihrer Dialektik ebenfalls in einem geschlossenen Raum ab. Auf derartige Kritiken hat Adorno immer geantwortet, sie verwechselten den Boten mit seiner Botschaft. Systematisch und antisystematisch zugleich, muß negative Dialektik – so wurde argumentiert – sich System, Logik und Identität zu eigen machen, um sie jemals aufschließen zu können; und solange die Weltwirtschaft nur abstrakte Tauschwerte herstellt, bleibt die voreilige Forderung nach Konkretion eine Ideologie, die erst nach dem langen Marsch durch die »Eiswüste der Abstraktion«[12] erfüllt werden kann. Adorno mit seiner eigenen Argumentation abzuschirmen, hieße indessen, eine Antwort auf die Frage schuldig bleiben, ob sich sein Denken das System, in dessen Kraft es gut dialektisch eingeht, nicht *zusätzlich*, und diesmal auf unkontrollierte Weise, aneignet, und damit dessen Vormacht gleichzeitig übertreibt und bestätigt: »Wahr sind nur die Gedanken, die sich nicht verstehen.« Wären Adornos Gedankengänge mythischer im System verwickelt, als sie dialektisch eingestehen, dann hätte Lukács nicht *ganz* unrecht, die allegorische Moderne für die abermalige Verzerrung einer verzerrten Welt zu halten. Die negative Fixierung auf eine gottverlassene Welt setzt sich sowohl aus abstrakter als aus bestimmter Negation zusammen. Nachdem die negative Dialektik alle Glaubenssprünge seit Kierkegaard zu vergeblichen Ausbrüchen erklärt hat, – seien es die Fetische der Lebensphilosophen, das phänomenologische Zurück-zu-den-Sachen, Brechts episches Theater, die Politisierung Benjamins, der ›Aktionismus‹ der Studenten, usw. – ist sie schließlich zur Einzelhaft in der *bürgerlichen* Bastille verurteilt, die sie doch aufbrechen wollte:

> »– Et de longs corbillards, sans tambour ni musique,
> Défilent lentement dans mon âme; l'Espoir,
> Vaincu, pleure, et l'Angoisse atroce, despotique,
> Sur mon crâne incliné plante son drapeau noir.«

Kant hatte die Hoffnungen eines aufsteigenden Bürgertums vertreten, als er Aufklärung mit dem »Ausgang des Menschen aus seiner selbstverschuldeten Unmündigkeit« gleichsetzte. Hat das niedergehende Bürgertum inzwischen eine Unmündigkeit durch eine andere ersetzt, so ist der Dialektiker der Aufklärung an seiner unausweichlichen »Verstricktheit« im »Schuldzusammenhang« *auch* mitschuldig. Diese Dialektik will verstanden werden. Dazu wäre sein Werk dem Doppelangriff sowohl immanenter wie transzendenter Kritik auszusetzen, den sein programmatischer Aufsatz »Kulturkritik und Gesellschaft« von einer materialistischen Theorie der Kultur und deren bestallten Kritiker fordert.

2. Der Familienroman

> »Es scheint, als sei Adorno durch die schneidende Kritik am ideologischen Dasein des bürgerlichen Individuums hindurch unwiderstehlich in dessen Ruine gebannt. (...) ›nicht die Erste Philosophie ist an der Zeit, sondern eine letzte‹. Diese letzte Philosophie Adornos hat sich von ihrem Abschied nicht verabschieden wollen und können.«[13]

> »Die Allegorie hält an den Trümmern fest. Sie bietet das Bild der erstarrten Unruhe. Der destruktive Impuls Baudelaires ist nirgends an der Abschaffung dessen interessiert, was ihm verfällt« (*GS*, 1,2 S. 666).

Kulturkritik gerät jenem Aufsatz zufolge in einen fatalen Widerspruch. Indem er die eigene Bildung zur Schau trägt, umgeht der Kulturkritiker jegliche Kritik an der Kultur selber. Diese ist jedoch als scheinbar autonome Sphäre des Geistes, dessen idealistische Selbstgenügsamkeit in der materiellen Arbeitsteilung gründet, Ideologie im klassischen Sinn. Adorno nannte das die »Erbsünde« der Kultur. Aber wenn bürgerliche Kulturkritik sich als widersprüchliches Symptom herausstellt, so muß sich ihrerseits materialistische Ästhetik notgedrungen in dieselbe Schuld verstricken. Zudem geraten ihre Exponenten auch untereinander in unvermeidbare Konflikte. Grundverschiedene politische Gegebenheiten nötigen sie, die unverträglichsten Stellungen zu beziehen. Kaum zu überbrücken ist die Kluft, die etwa Gramscis »organischen Intellektuellen« von Adornos rücksichtsloser Negativität trennt, oder seine subtile Hermetik von der These Eisensteins, der Film sei ein Traktor, der das Gehirn des Zuschauers durchpflügen soll. Gleichwohl wurden die Positionen von Theoretikern wie Lukács, Bloch, Benjamin, Adorno und Brecht durch wechselseitigen Einspruch – für und wider die Sowjetunion, den Westen, die Partei, den Realismus, die Avantgarde, die Kulturindustrie, usw. – wesentlich mitbedingt. Noch an den entlegensten Stellen spürt man das Bedürfnis, die eigene Linie vor den anderen zu legitimieren. Lukács' Verwendung vom Hegelschen Begriff der »konkreten Möglichkeit« ist eines Sinnes mit der Entschlossenheit eines Parteimitglieds, die geschichtliche Dialektik durch kollektive Praxis voranzutreiben; umgekehrt entspricht Adornos Gegenangriff auf den Dezisionismus einer einsamen politischen Enthaltsamkeit, die sich auf den Stillstand jener Dialektik beruft. Persönliche, politische und ästhetische Aspekte sind hier kaum auseinanderzuhalten. In diesem Sinn kann Adornos gesamte Ästhetik ohne Psychologismus als ausgeführte *apologia pro vita sua* gelten. Aber fungiert sie nicht *auch* als das materialistische Alibi, die dialektische Rationalisierung eines linken Großbürgers? Werden nicht zuweilen unanfechtbare Argumente strategisch genutzt, um eigene Widersprüche durch verschobene Angriffe zu verdecken? Geraten nicht gewisse Traumata[14], die freilich so unauslöschlich wie exemplarisch sind, zum ausschließlichen Modell einer Geschichtsphilosophie, die unterdessen zur Nacht wird, in der alle Katzen *braun* sind? Derart zentrale Fragen, auf die Adorno natürlich Antworten wußte, lassen sich nur von Fall zu Fall, Zeile für Zeile entscheiden.

Ein solcher Fall ist die Modernismus-Debatte, in der Lukács Adorno als »nichtkonformistischen Konformisten« abtut, der sich gemütlich im »Grand Hotel Abgrund« eingerichtet hat, während dieser wiederum Lukács »erpreßte Versöhnung« mit dem Sowjetmarxismus vorwirft. Der Antagonismus läßt sich in aller Schärfe an der Gegenüberstellung von zwei äußerst exponierten Zitaten aufzeigen, die die Positionen ihrer Verfasser mit jener Radikalität formulieren, die beide an den großen bürgerlichen Denkern zu schätzen wußten. Zunächst eine Stelle aus der Streitschrift *Wider den mißverstandenen Realismus:*

»Dostojewskij gibt in seinen ›Erinnerungen aus einem Totenhaus‹ eine äußerst lehrreiche Beschreibung der Sträflingsarbeit. Wir sehen die Zwangsarbeiter – trotz der brutalen Disziplin – de facto müßig herumstehen, die Arbeit zum Schein und schlecht verrichten, bis ein neuer Aufseher kommt und ihnen eine ›Aufgabe‹ gibt, nach deren Vollendung sie nach Hause gehen können. ›Die Aufgabe war groß‹, sagt Dostojewskij, ›aber – Himmel! – wie sie sich jetzt an die Arbeit machten!‹«

Daraus folgert Lukács, daß »jede echte Bewegtheit des Menschen zumindest die subjektive Sinnhaftigkeit seiner Aktivität voraussetzt«.[15] Demnach bestimmt sich der Mensch einzig durch Praxis, die die »schlechte Unendlichkeit« unbestimmter Subjektivität auf eindeutiges Handeln festlegt. Indem Lukács konkrete gegen abstrakte Möglichkeit ausspielt, wendet er den Hegelschen Angriff auf die Romantik gegen die Avantgarde. Aber die Wahl dieses begrifflichen Instrumentariums ist gleichzeitig Ausdruck einer politischen Option für die Partei: jenes Bruchs mit seiner Jugend, den freilich die *Theorie des Romans* mit der Beschreibung des Romans als »Form der gereiften Männlichkeit« und dem Ausblick auf eine neue überindividuelle Ordnung – Dostojewskijs Rußland, später durch die Sowjetunion abgelöst! – schon angelegt hatte. Die Parabel vom neuen Aufseher im Sträflingslager soll offenbar den Übergang vom Kapitalismus (oder Feudalismus) zum Sozialismus lehren. Einerseits: brutale Disziplin, hoffnungslose Langeweile, Ziellosigkeit, Entmenschlichung – kurz, die Symptomatik kapitalistisch-modernistischer »Dekadenz«.

Andererseits: Mobilisierung der Massen und Verwandlung entfremdeter in zielgerichtete Arbeit, die durch straffe Reglementierung (durch die Partei?) kollektive Befreiung verspricht – der sozialistische Aufbau. In den Augen eines Nichtbolschewiken wie Adorno müßte eine solche Auffassung des Sozialismus als Ablösung eines Aufsehers durch einen anderen schon prinzipiell als unhaltbar erscheinen. Eine *sozialistische* Spielart der »verwalteten Welt« wäre kein Bruch mit der Vorgeschichte, sondern deren Fortsetzung. Denn Adorno unterscheidet nicht zwischen Mobilisierung und Manipulierung der Massen. Jegliche Agitation gilt ihm als verdinglichende Lüge, auch wenn sie der Wahrheit dienen soll.[16] Schließlich könnte er Lukács sogar vorhalten, daß dem offiziellen Optimismus antimodernistischer Gesinnung nur ein Geringes fehlt, damit er selber ins Absurde abrutscht, dem er doch bloß *diametral* entgegengesetzt ist. An Lukács' Diktum, das Fehlen »zumindest subjektiver Sinnhaftigkeit« setze »jede Bewegtheit zu einem bloßen Schein herab«, hätte ja die Moderne von Baudelaire bis Beckett nichts auszusetzen. Nur akzentuiert sie *l'amour du mensonge*, während das »ontologische Bedürfnis« (*ND*, S. 67 ff.) nach möglichst objektivem Sinn diesen subjektiv heraufbeschwört, als handele es sich darum, die alte Verzweiflung zu verschütten,[17] wenn nicht gar einen Grand Hotel Aufbau zu errichten.

In der *Negativen Dialektik* werden Arbeitslager und Modernismus ganz anders in Beziehung gesetzt:

»Einer, der mit einer Kraft, die zu bewundern ist, Auschwitz und andere Lager überstand, meinte mit heftigem Affekt gegen Beckett: wäre dieser in Auschwitz gewesen, er würde anders schreiben, nämlich, mit der Schützengrabenreligion des Entronnenen, positiver. Der Entronnene hat anders recht, als er es meint; Beckett, und wer sonst noch seiner mächtig blieb, wäre dort gebrochen worden und vermutlich gezwungen, jene Schützengrabenreligion zu bekennen, die der Entronnene in die Worte kleidete, er wolle den Menschen Mut geben: als ob das bei irgendeinem geistigen Gebilde läge; als ob der Vorsatz, der an die Menschen sich wendet und nach ihnen sich einrichtet, nicht um das sie brächte, worauf sie Anspruch haben, auch wenn sie das Gegenteil glauben.« (*ND*, S. 358 f.)

An diesen zwei Zitaten wird die ganze Schwierigkeit deutlich, die ›Einheit von Theorie und Praxis‹ unter zeitgenössischen Bedingungen herzustellen. Während bei Lukács Praxis zum Prüfstein wird, beharrt Adorno auf vorbehaltloser Theorie. Es ist, als ob die Parole Gramscis »Pessimismus des Intellekts, Optimismus des Willens« auseinandergefallen wäre und sich jede Hälfte für die bessere ausgäbe.[18] Auf der einen Seite: der lange Marsch aus der Gefangenschaft im Gleichschritt des Fünfjahresplans; auf der anderen: die Verleugnung wahren Widerstands durch eine Schützengrabenreligion. Die »männliche Bruderschaft« (Malraux), die in existenziellen Grenzsituationen entsteht und die Kollektivform »gereifter Männlichkeit« darstellt, ist für Adorno kein Vorbild. Er bewundert die Kraft des Überlebenden und verdammt zugleich dessen Religion. Doch ist jene ohne diese offensichtlich nicht denkbar. Ohne sie wäre Beckett gebrochen worden. Die buchstäbliche Widerstandsfähigkeit des Überlebenden mag bewundernswert sein, aber fast noch bewundernswerter erscheint die sublime, die kaum zu überleben vermöchte. Als wäre Widerstand im primären Sinn, *qua* Kampf ums Leben, die sekundäre, schon vor jeder Qual gebrochene Form einer tieferen Weigerung »mitzumachen«, deren letztlich metaphysische Impulse – so weit geht Adorno – dennoch nichts an revolutionärem Potential einbüßen. Von solcher Weigerung ginge demnach in schwerer Zeit eine nachhaltigere politische Wirkung aus als vom routinemäßigen Aufruf zur politischen Tat.[19] »Das Leben lebt nicht«, und als schuldverstrickte ist Selbstbehauptung eine Aporie, mit der weiterzuleben ist. In diesem Sinne überlebt heute auch die authentische Moderne, Adorno zufolge, auf bewußt posthume Weise. Des Treibens müde, schleppt sie dennoch die Schuld möglichst energisch weiter. Damit wiederum stößt negative Dialektik, als Philosophie eines Entronnenen, der jede Ersatzreligion von sich weist, wiederholt an die Grenze des Selbsterhaltungstriebs. Sollte es doch noch möglich sein, nach Auschwitz Gedichte zu schreiben, so stellt Adorno die

> »minder kulturelle Frage, ob nach Auschwitz noch sich leben lasse, ob vollends es dürfe, wer zufällig entrann und rechtens hätte umgebracht werden müssen. Sein Weiterleben bedarf schon der Kälte, des Grundprinzips der bürgerlichen Subjektivität, ohne das Auschwitz nicht möglich gewesen wäre: drastische Schuld des Verschonten. Zur Vergeltung suchen ihn Träume heim wie der, daß er gar nicht mehr lebte, sondern 1944 vergast wurde, und seine ganze Existenz danach lediglich in der Einbildung führte, Emanation des irren Wunschs eines vor zwanzig Jahren Umgebrachten.« (*ND*, S. 353 f.)

Im Anblick des Faschismus spannt sich Adornos Philosophie bis zur Zerreißprobe zwischen historischem Materialismus und einer Schopenhauerschen Problematik, auf die sich die deutsche *décadence* von Wagner bis Mann berufen hatte.[20] Wie bei Schopenhauer sollen Kunst und Philosophie das *principium individuationis* entschleiern, das sich ›naturgeschichtlich‹ im sozialdarwinistischen Lebenskampf reproduziert. Aber während dort der Stellenwert der Kunst als Übergangslösung zwischen weltlichem Lebenswillen und buddhistischer Selbstverleugnung bestimmt wird, lokalisiert ihn Adornos Ästhetik als Zufluchtsstätte für die Revolution, die in der Praxis ausblieb.

»Die Verstelltheit wahrer Politik hier und heute, die Erstarrung der Verhältnisse, die nirgendwo zu tauen sich anschicken, nötigt den Geist dorthin, wo er sich nicht zu encanaillieren braucht. (...) [Es] ist den Kunstwerken aufgebürdet, wortlos festzuhalten, was der Politik versperrt ist. (...) An der Zeit sind nicht die politischen Kunstwerke, aber in die autonomen ist die Politik eingewandert, und dort am weitesten, wo sie politisch tot sich stellen.«[21]

Die *Verstelltheit wahrer Politik;* Bedingungen, die *sich nirgends anschicken;* der *Geist*, der sich nicht *encanaillieren* soll ... : ein altväterlicher »Adel des Geistes« tritt hier ungeniert mit der abstrakt allegorischen, selber fast verdinglichten Behauptung universaler Verdinglichung und einer angedeuteten Metaphysik des Exils zu einer materialistischen Ästhetik zusammen, deren Überwinterungsstrategie sich kaum von einer Politik der inneren Emigration unterscheidet. Mallarmés eingefrorener Schwan könnte paradoxerweise als ihr Sinnbild gelten. Bei Adorno selber steht sie unter dem Zeichen des *angelus novus,* dessen Verwandlung aus einem noch unschuldig-engagierten Appell an die Mitbürger in ein Bild stummer Verstrickung die authentische Moderne ankündigen soll:

»Paul Klee hat im ersten Weltkrieg oder kurz danach Karikaturen gegen den Kaiser Wilhelm als unmenschlichen Eisenfresser gezeichnet. Aus diesem ist dann – es wäre wohl genau nachzuweisen – im Jahr 1920 der angelus novus geworden, der Maschinenengel, der von Karikatur und Engagement kein offenes Emblem mehr trägt, aber beides weit überflügelt. Mit rätselhaften Augen zwingt der Maschinenengel den Betrachter zur Frage, ob er das vollendete Unheil verkünde oder die darin verkappte Rettung. Es ist aber, nach dem Wort Walter Benjamins, der das Blatt besaß, der Engel, der nicht gibt sondern nimmt.«[22]

Der messianische Engel, der nimmt, antwortet auf die Schützengrabenreligion, die gibt. Seinem hilflos gebannten Blick wird eine Macht zugeschrieben, mit der sich scheinbar konstruktive Kritik nicht mehr messen kann. Die Ohnmacht sogenannter Praxis; das praktische Potential ausdauernder Kontemplation; der Widerstand, der den Widerstandskampf »überflügelt«; die Ästhetik als die wahre Politik; dezisionistisches Engagement, auch das richtige, als unfreiwillige Verstrickung – das Pathos solcher Umkehrungen, auf welches sich Adorno trotzig verließ, läßt sich allzu leicht manipulieren, und noch ihre Wahrheit wird manchmal von einem unterdrückten, aber kaum überhörbaren Stoßseufzer der Erleichterung Lügen gestraft. Hier etwa wird dem erhabenen Engel die sehr pragmatische Funktion zugewiesen, Alternativen (aber damit auch sich selber) zur Karikatur zu verharmlosen.

Nicht weniger ambivalent ist indessen die Gewalt, die sein erstarrender Ausdruck auf Adorno ausübt. Sicherlich gelingt es seiner allegorischen Geschichtsphilosophie, dem quälend-gequälten Engel »die Treue zu halten«. Benjamin schrieb zuletzt von der »Notwendigkeit einer Theorie der Geschichte, von der aus der Faschismus gesichtet werden kann« (*GS*, 1,3, S. 1244). *Dialektik der Aufklärung* liefert eine solche Theorie. Aber um den Faschismus geschichtsphilosophisch zu sichten, sichtet sie Geschichte als Vorfaschismus. Wie bei Benjamin der Blick des Engels, das innere Auge eines »Ertrinkenden« (ebd., S. 1243), Vergangenheit zu einem einzigen Augenblick zusammenrafft, so verkoppeln Adornos Sätze mythische Urgeschichte mit totalitärer Gegenwart.[23] Adäquat soll nur eine radikal verkürzte Perspektive sein, weil Wahrheit nicht plausibel sondern selber übertrieben ist. Adorno *vorzuhalten*, er sei vom Alptraum des Faschismus besessen, hieße tatsächlich, den Augenzeugen für das Trauma verantwortlich zu machen, das er weder vergessen wollte noch konnte. Der beharrliche Blick soll im Gegenteil dazu befähigen, die Katastrophe zu bannen, ohne von ihr gebannt zu werden.[24] Aber wer verbürgt, daß die Weigerung, die Augen abzuwenden, nicht zum widerstands*losen* Entsetzen erstarrt? Dann wäre Adorno, wie vom *Medusen*blick getroffen, dem »Verblendungszusammenhang« selber erlegen. Zwischen Grauen und Faszination besteht, wie der Erzähler des *Descent into the Maelstrom* wußte, ein enger – Adorno würde sagen: mythischer – Zusammenhang.

Das Opfer, als dessen Emanation Adorno sich träumte, hatte

keinen Namen. Aber man denkt sofort an Walter Benjamin, der wie Kafka »tot zu Lebenszeiten und der wirklich Überlebende«[25] war. Adorno lesen, heißt, Benjamin zwischen den Zeilen mitlesen. Andere Gegenpositionen verabschiedete er unbedenklich, mit Benjamin hat er sich zeitlebens auseinandergesetzt.[26] In den dreißiger Jahren verteidigte er den früheren ›theologischen‹ gegen den ›materialistischen‹ Benjamin, um dreißig Jahre später in dessen Namen von eigenen Studenten in Frage gestellt zu werden. Konnte er damals das gemeinsame Ziel noch auf die – allerdings sehr allgemeine – Formel einer »dialektischen Selbstauflösung des Mythos«[27] bringen, so mußte ihm der brechtische Einschlag des *Kunstwerk*-Aufsatzes als undialektischer – und damit mißlungener – Bruch mit dem Mythos erscheinen. Ein längeres Zitat aus jener Programmschrift belegt die aufkommende Divergenz:

»Die Einzigkeit des Kunstwerks ist identisch mit seinem Eingebettetsein in den Zusammenhang der Tradition. (...) Die ursprüngliche Art der Einbettung des Kunstwerks (...) fand ihren Ausdruck im Kult. Die ältesten Kunstwerke sind (...) im Dienst eines Rituals entstanden (...). Es ist nun von entscheidender Bedeutung, daß diese auratische Daseinsweise des Kunstwerks niemals durchaus von seiner Ritualfunktion sich löst. (...) Diese mag nun so vermittelt sein wie sie will, sie ist auch noch in den profansten Formen des Schönheitsdienstes als säkularisiertes Ritual erkennbar. Der profane Schönheitsdienst (...) läßt (...) bei der ersten schweren Erschütterung, von der er betroffen wurde, jene Fundamente deutlich erkennen. Als nämlich mit dem Aufkommen des ersten wirklich revolutionären Reproduktionsmittels, der Photographie (gleichzeitig mit dem Anbruch des Sozialismus) die Kunst das Nahen der Krise spürte, die nach weiteren hundert Jahren unverkennbar geworden ist, reagierte sie mit der Lehre von l'art pour l'art, die eine Theologie der Kunst ist. Aus ihr ist dann weiterhin geradezu eine negative Theologie in Gestalt der Idee einer »reinen« Kunst hervorgegangen, die nicht nur jede soziale Funktion sondern auch jede Bestimmung durch einen gegenständlichen Vorwurf ablehnt. (In der Dichtung hat Mallarmé als erster diesen Standpunkt erreicht.)

Diese Zusammenhänge zu ihrem Recht kommen zu lassen, ist unerläßlich für eine Betrachtung, die es mit dem Kunstwerk im Zeitalter seiner technischen Reproduzierbarkeit zu tun hat. Denn sie bereiten die Erkenntnis, die hier entscheidend ist, vor: die technische Reproduzierbarkeit des Kunstwerks emanzipiert dieses zum ersten Mal in der Weltgeschichte von seinem parasitären Dasein am Ritual. (...) *In dem Augenblick (...), da der Maßstab der Echtheit an der Kunstproduktion versagt, hat sich auch die gesamte soziale Funktion der Kunst umgewälzt. An die*

Stelle ihrer Fundierung aufs Ritual tritt ihre Fundierung auf eine andere Praxis: nämlich ihre Fundierung auf Politik.« (*GS*, 1,2, S. 480 ff.)

Der »Verlust der Aura« wird hier als weltgeschichtliche Einladung zu einer revolutionären Ästhetik verstanden. Die Anfangsszene von Eisensteins *Oktober,* in der die monumentale Statue des Zaren durch die vereinte Kraft der Masse vom Sockel herabgestürzt – und somit »nähergebracht« (ebd., S. 479) – wird, kann als dessen politisches Modell gelten. Als Scholem einwand, daß die zwei Teile des Aufsatzes – metaphysische Aura, revolutionäre Zertrümmerung – nicht zusammenhingen, erwiderte Benjamin, das vermißte philosophische Band würde von der Revolution wirksamer geliefert als von ihm.[28] Fast scheint es, als wollte er mit revolutionärer Ungeduld die bürgerliche Periode überspringen. Ihre Produktivmittel geben die Stoßkraft her, Sonstiges ist nicht zu gebrauchen. Weitere »Vermittlungen« werden um des Bruchs willen bewußt ausgespart. Kommt die bürgerliche Phase im weltgeschichtlichen Übergang vom Ritual zur Politik nur vorübergehend vor, so wird die geschichtliche Perspektive deshalb so drastisch verkürzt, weil damit sichtbar wird, daß bürgerliche Autonomie, aller Ideologie zum Trotz, sich nicht vom Mythos befreit, sondern ihn in säkularisierter Gestalt fortgesetzt hat. Zwischen einer auf Ritual und einer auf Politik fundierten Kunst wird ihr Anspruch, sich nicht länger bevormunden zu lassen, zerrieben. Mallarmés »poésie pure« schrumpft zusammen zu einer Defensivstrategie gegen das aufkommende Zeitalter politisch-technischer Reproduzierbarkeit; ein anderer Artist, Valéry, fungiert im Motto als dessen Seismograph; und sogar die dadaistische Selbstzerstörung der Kunst soll eine schon überwundene Phase markieren. Innerhalb eines solchen Schemas hätte etwa Thomas Manns *Doktor Faustus,* wo sich die antimodernistische Ästhetik eines Lukács und die modernistische eines Adorno kreuzen, keinen Platz gehabt. Lukács' Alternative »Franz Kafka oder Thomas Mann« wäre durch eine implizite Wahl zwischen Mann und Brecht ersetzt. Nicht einmal radikalste künstlerische Selbstkritik, Leverkühns Zurücknahme der Neunten Symphonie, ist aus dieser Sicht zu verantworten: auch sie gehört nunmehr einer totgeborenen Problematik an. Ästhetische Autonomie ist so unhaltbar wie deren Medium, das bürgerliche Subjekt. Beides ist fallenzulassen. Benjamin geht davon aus, daß die einzigen aussichtsreichen Posten im Klassenkampf die vorgeschobenen sind. Rückzugsaktionen sind demnach zum Scheitern verurteilt. Im *Kunstwerk*-Aufsatz, *Der Autor als Produzent, Moskau* und anderswo sägt Benjamin wohlwissend am Ast, auf dem der angeblich »freischwebende Intellektuelle« sitzt.[29] Was ohnehin fällt, wird gestoßen. Die Kritik am verblendeten Subjekt, die bei Adorno im Anschluß an Teilaspekte eines früheren Benjamin ohne (oder gegen) dessen spätere Selbstkorrektur noch *allgemein* gehalten wird, erfährt hier eine deutliche Politisierung. Im »Literaturkampf« stellt sie sich als Doppelstrategie dar. Diese ist daran zu erkennen, daß der *Kunstwerk*-Aufsatz eine Brechtische Liquidierung bürgerlicher Ästhetik verantwortet, während sich Benjamin weiterhin mit deren Gegenständen befaßt und seine Kafka- und Baudelaire-Deutungen vor Brecht verteidigt, der ihm wiederum das eigene schriftstellerische Unbehagen vor einem fiktiven revolutionären Tribunal nicht verheimlicht (*VUB*, S. 118 f.).

Aber auch eine solche Dialektisierung plumpen Denkens mußte Adorno bedrohen, Hatte er sich doch schon endgültig für jene schwindende Basis, die Zirkulations- und Vermittlungssphäre, entschieden, die ihm als ein durch die kapitalistische Warenwirtschaft widerruflich gegebener Spielraum *zwischen* Ritual und Politik galt. Angesichts eines mythischen Kontinuums zog Benjamin immanenter Kritik, die ihrem Gegenstand *allzu* immanent verhaftet bleibt, einen (un)dialektischen Sprung vor, der die Unterbrechung des Immergleichen versprach. Eine solche Geste, hielt ihm Adorno dann vor, mußte durch ihr dialektisches Gegenstück: eine materialistische Theorie der autonomen Kunst eines Mallarmé ergänzt werden (*UWB*, S. 128). Stand deren fortgeschrittene Technik in keinerlei Widerspruch zu ihrer Esoterik, dann war Benjamins eigene Einsicht in das »seltsame Wechselspiel zwischen reaktionärer Theorie und revolutionärer Praxis« (*GS*, 2,1, S. 342) an dieser Stelle gegen ihn auszuspielen. Wo er sich mit denen solidarisiert hatte, die darauf gefaßt waren, »die Kultur, wenn es sein muß, zu überleben« (ebd., S. 219), harrte der materialistische Kulturkritiker selbstkritisch innerhalb der »affirmativen Kultur« (Marcuse) aus . Je offenkundiger es wurde, daß der Übergang vom archaischen Ritual zur kommunistischen Politik realiter *eine* Knechtschaft durch eine andere ersetzt hatte, desto mehr sah sich Adorno gerechtfertigt, sich hinter seiner Rückzugsposition zu verschanzen. Die »negative Theologie«, die

Benjamin als falschen Rückzug vor der Revolution abgelehnt hatte, erschien ihm zunehmend als ihre letzte Zuflucht. Das bürgerliche Subjekt, dessen Ideologie Freiheit zumindest versprach, war nicht *nur* »die späte und dennoch der ältesten gleiche Gestalt des Mythos« (*ND*, S. 185). Es war vielmehr die Sache einer materialistischen Kritik, die idealistischen Lügen ihrer Wahrheit zu überführen. Ideologie und Wirklichkeit zugleich, verdankte das bürgerliche Individuum seine geschichtliche Existenz derselben ›freien‹ Wirtschaft, die ihr jetzt allerdings durch die Zurücknahme schützender Vermittlungen den Boden endgültig entzog:

> »Kunst als getrennter Bereich war von je nur als bürgerliche möglich. Selbst ihre Freiheit bleibt als Negation der gesellschaftlichen Zweckmäßigkeit, wie sie über den Markt sich durchsetzt, wesentlich an die Voraussetzung der Warenwirtschaft gebunden. Die reinen Kunstwerke, die den Warencharakter der Gesellschaft allein schon dadurch verneinen, daß sie ihrem eigenen Gesetz folgen, waren immer zugleich auch Waren. (...) Die Zwecklosigkeit des großen neueren Kunstwerks lebt von der Anonymität des Marktes. So vielfach vermittelt sind dessen Forderungen, daß der Künstler von der bestimmten Zumutung, freilich nur in gewissem Maß, dispensiert bleibt, denn seiner Autonomie, als einer bloß geduldeten, war durch die ganze bürgerliche Geschichte hindurch ein Moment der Unwahrheit beigesellt, das sich schließlich zur gesellschaftlichen Liquidation der Kunst entfaltet hat.« (*DA*, S. 186 f.)

Wahrheit und Unwahrheit bürgerlicher Autonomie waren somit einer historischen Dialektik unterworfen, der Rechnung zu tragen war. Sie ohne Umstände bejahen, hieß, das Pathos der »Gedankenfreiheit« mit der Freiheit verwechseln, unter Brücken zu schlafen. Aber sie deshalb – ohne Aussicht auf Wiedergewinnung – wegzuwerfen, bedeutete für Adorno die Preisgabe einer Utopie, für die gerade seinesgleichen (als dessen noch so problematische »Statthalter«) einzustehen hatten.[30] In dem Maße, als der Zerfall des bürgerlichen Individuums einer *totalitären* Mobilisierung der Massen Vorschub leistete, die das Allgemeine und das Besondere falsch versöhnte, sah Adorno die dringlichste Aufgabe darin, dem Bestehenden weiterentwickelte Reste individueller Autonomie »abzutrotzen«. Nur das verschwindende bürgerliche Ich war also imstande, wie ›naturgeschichtlich‹ auch immer der ungleich massiveren Archaik des »Weltlaufs« standzuhalten. Adorno hat scheinbar nie daran gezweifelt, daß die Revolution *nicht* stattfinden würde. 1938 zitierte Benjamin die »Brechtsche Maxime: Nicht an das gute Alte anknüpfen, sondern an das schlechte Neue« (*VUB*, S. 135). 1945 wählte Adorno als Motto folgenden Aphorismus von F. H. Bradley: »Where everything is bad, it must be good to know the worst.« Stets hat er das Schlimmste befürchtet. Das schlechte Neue erschien ihm in allen seinen Teilen so viel schlimmer, daß das Gute Alte als das geringere Übel betrachtet werden mußte. Was immer auch die Grenze immanenter Selbstkritik überschritt, galt ihm als gefährliche Regression. Das bürgerliche Selbst *ohne weiteres* mit Mythos gleichzusetzen, war selber Rückfall in den Mythos.

Deshalb kehren mythische und psychoanalytische Motive in Adornos permanenter Auseinandersetzung mit Benjamin so regelmäßig wieder. Zur Analyse des auf sich selbst zurückgeworfenen Subjekts sollen, dem *Kierkegaard*-Buch zufolge, psychoanalytische Kategorien deshalb untauglich sein, weil sie dessen Immanenz bislang selber unterliegen (*KKA*, S. 26). Aber je politischer Benjamins Wille, diese aufzubrechen, desto psychologischer gerät Adornos Widerstand. Auf Anna Freuds Begriff einer »Identifikation mit dem Angreifer« wird fast stereotyp zurückgegriffen. »Sie haben«, schrieb er,

> »die Kunst aus den Winkeln ihrer Tabus aufgescheucht – aber es ist, als fürchteten Sie die damit hereinbrechende Barbarei (wer könnte sie mehr mit Ihnen fürchten als ich?) und hülfen sich damit, daß Sie das Gefürchtete zu einer Art inversen Tabuierung erhöben.« (*UWB*, S. 130)

Nur sieben Jahre vorher hatte Dialektik als das Mittel gegolten, das Kierkegaardsche Interieur aufzuschließen. Nun sollte sie die Kunst vor dem Einbruch nicht weiter identifizierter Barbaren hüten. »Der Zweck der Revolution«, fuhr er fort, »ist die Abschaffung der Angst. Darum brauchen wir keine Angst vor ihr zu haben und darum auch nicht unsere Angst zu ontologisieren« (ebd., S. 132). Aber wer ontologisiert hier wessen Angst? Wenn Adorno »nie ganz die Befürchtung los wird, die man um einen Schwimmer hegt, der mit mächtiger Gänsehaut ins kalte Wasser sich stürzt« (*BR*, S. 785), so wird *sein* Leser den Verdacht nicht los, daß es sich um Adornos eigene Angst handelt. Benjamins noch so sublimierter Impuls, auf großbürgerliche Privilegien zu verzichten, muß ihn getroffen haben. Die Unterscheidung, die er zwischen der gemeinsamen »Generallinie« und einer durch den

Eindringling Brecht verursachten Abweichung traf, deutet *auch* auf Klassengegensätze. Beruhten doch, so meinte Adorno, die auftretenden Differenzen auf Gemeinsamkeit, so daß seine Aufgabe darin bestehen mußte, Benjamins »Arm steifzuhalten, bis die Sonne Brechts einmal wieder in exotische Gewässer untergetaucht« (ebd., S. 134) war. Aber Benjamins ganze Umorientierung galt jener »Sonne (...) am Himmel der Geschichte«, der sich dem Gewesenen »kraft eines Heliotropismus geheimer Art« zuzuwenden strebt (*GS*, 1,2, S. 694 f.). Weit entfernt, eine bloße Phase zu sein, war seine Politisierung aus »Solidarität mit den Erfahrungen« entstanden, die sie »alle« gemacht hatten (*BR*, S. 793). Adornos Versuch, die Reihen zu schließen, war keine adäquate Antwort auf die konsequente Forderung, die *Der Autor als Produzent* oder *Erfahrung und Armut* an den bürgerlichen Schriftsteller gestellt hatten: daß er seine kulturellen Erbstücke im Leihhaus gegen »die kleine Münze des ›Aktuellen‹« eintausche;[31] seine Lage als Produzent innerhalb kapitalistischer Produktionsverhältnisse durchdenke; kurz, daß er seine Klasse verrate:[32]

»Dieser Verrat besteht (...) in einem Verhalten, das ihn aus einem Belieferer des Produktionsapparates zu einem Ingenieur macht, der seine Aufgabe darin erblickt, diesen den Zwecken der proletarischen Revolution anzupassen.« (*VUB*, S. 115)

Inwieweit der entscheidende »Schmelzvorgang – mehr oder weniger vollendet« – zustande kommen konnte, mußte natürlich von der »Temperatur« des »Klassenkampfs« abhängen (ebd., S. 108). So prekär die Aussichten auch sein mochten, Adornos Gleichsetzung von revolutionärem Verzicht mit mythischem Opfer stellte eine allzu eilige Vorentscheidung dar. Seine Kritik bürgerlicher Identität hütete sich, die Identität des Dialektikers aufs Spiel zu setzen. Ein möglichst differenziertes Sensorium, das sich provokatorisch auf die »Nuance ums Ganze« kapriziert, wurde vielmehr als das unverzichtbare Medium dialektischer Analyse in Schutz genommen. Während Benjamin vom revolutionären Künstler und Intellektuellen die »Unterbrechung« seiner bürgerlichen »Laufbahn« (*GS*, 2,1, S. 309) erwartete, stellt sich dieser laut Adorno in den Dienst der Revolution, indem er an seiner Stelle als Stellvertreter des fehlenden geschichtlichen Gesamtsubjekts wirkt. Legitimiert Adorno den Artisten als »Statthalter« (*G. Schr*, 11, S. 114 ff.), so hatte Benjamin, wenn auch in kritischeren Zeiten, die Position des »ideologischen Mäzens« (*VUB*, S. 104) als unhaltbar verworfen. Und wo Adorno vor Selbstvergewaltigung warnte, schrieb Benjamin mit nüchternerem Pathos davon, »sich selbst fallen zu lassen« (ebd., S. 65). Mochte eine solche Geste, nach Adornos Maßstäben beurteilt, ›undialektisch‹ anmuten, dann vielleicht nur deshalb, weil sie das destruktive gegen das konservierende Moment Hegelscher Aufhebung ausspielte. Damit wird das undialektische, »rechtserhaltende« (*GS*, 2,1, S. 190 ff.) Verbot sichtbar, das in Adornos Dialektik steckt: die – gewaltsame – Tabuisierung der Gewalt. Nur auf sehr sublimierter Ebene, innerhalb gesetzlich geschützter Grenzen, wird negative Dialektik als der Versuch definiert, die Logik des Systems gegen es selbst zu kehren. Sonst ersetzt eine diffizile »Gehirnakrobatik« den »Zwang zur Entscheidung« (*VUB*, S. 109), den sie bis zu jenem unbestimmten Zeitpunkt hinausschiebt, da die Revolution unter so idealen Bedingungen stattfinden kann, daß sie somit überflüssig wird. Damit gerät das unglückliche Bewußtsein in die Nähe der schönen Seele.

Benjamin habe sich, schrieb ihm Adorno anläßlich seiner Baudelaire-Arbeit,

> »Gewalt angetan (...), um dem Marxismus Tribute zu zollen, die weder diesem noch Ihnen recht anschlagen. Es gibt in Gottes Namen nur die eine Wahrheit, und wenn Ihre Denkkraft sich dieser einen Wahrheit in Kategorien bemächtigt, die Ihnen nach Ihrer Vorstellung vom Materialismus apokryph dünken, so werden Sie von dieser einen Wahrheit mehr heimbringen, als wenn Sie sich einer Denkapparatur bedienen, gegen deren Griffe Ihre Hand ohne Unterlaß sich sträubt.« (*BR*, S. 787 f.)

Hier beschwört der Atheist unentwegt die monotheistische Wahrheit; der Materialist konzipiert Dialektik gleichsam als klassenlose Angelegenheit, die dank irgendeiner unsichtbaren Hand allen Seiten Nutzen bringt; und der Kritiker bürgerlicher Innerlichkeit will die Wahrheit *heimgebracht* wissen. Das zuversichtliche Bewußtsein, daß alle Wege nach Rom führen und Widersprüche nicht nur produktive Spannungen erzeugen, sondern sich gewaltlos aufheben lassen, glaubt noch im Jahre 1938 die Zeit auf seiner Seite zu haben. Es vereint materialistischen Geist mit idealistischer Ökonomie.[33] Aber wie, wenn die »Wahrheit«, deren »emphatischen« Begriff Adorno zunehmend für sich in Anspruch nahm, uns »davonlaufen« (*GS*, 1,2, S. 695) sollte? Ausweichend hielt sich Adorno, auch in widersprüchlichster Lage, an eine präetablierte Harmonie – jenen »spannungslosen« Zustand (*GS*, 4,1, S. 16), den der theologische Benjamin, auf den er sich berief, erst dem eschatologischen *Ende* der Geschichte vorbehalten hatte. Aber welche Harmonie kann noch den Widerspruch meistern zwischen einem derartigen Rückhalt und der Beteuerung, daß sich negative Dialektik, rückhaltloser als die Hegelsche, an die Gegenwart entäußert? Die Theorie soll gefährlich leben, aber trotz aller Kritik an der »sturen« Selbsterhaltung (be)hält sie sich zurück. Sieht man einmal von ihrem unerbittlichen Verzicht auf jegliche ideologische Unschuld ab, bringt sie keine weiteren Opfer, tut sich keine Gewalt an. *Damit* tut sie sich Gewalt an und opfert allzuviel. Adorno blieb das *enfant terrible* materialistischer Philosophie, weil er durch sein Leiden hindurch deren *enfant gâté* war. Seine Stärken waren eins mit seinen Schwächen. Im unerschütterlichen Bewußtsein, es gebe nur die eine Wahrheit, geriet er ob seiner ›elitären‹ Vorlieben niemals in Verlegenheit. War keiner von der »Verstrickung« des »Geistes« im »Schuldzusammenhang« tiefer überzeugt, so war auch niemand gegen die Stimme eines marxistischen Überichs so taub. Bekennertum, anschließende Abschwörung, »amor intellectualis zum Küchenpersonal« (*MM*, S. 26) – solche Gewohnheitssünden des Linksintellektuellen waren ihm gleichermaßen fremd. Niemand war gegen die Versuchung so immun, träge Verhältnisse, die man nicht zum Tanzen bringen kann, überspringen zu wollen. Zwar wich er vor Polarisierungen ängstlich zurück, dafür ließ er sich jedoch nie durch falsches Entweder–Oder erpressen. Aber auch nicht durch wahres: dem Zwang opponieren, der in *jeder* Alternative steckt, bedeutet nicht nur, den Dezisionismus bekämpfen, sondern sich gegen jegliche tätige Entscheidung entscheiden.

Nichts zwingt *uns* in einer trägeren Konjunktur, eine Kontroverse zwischen unseren Guten Alten einseitig zu entscheiden, die sich in der damaligen Notlage auf Entscheidungen zuspitzen mußte. Es geht vielmehr darum, die Spannung jener Debatte nützlich zu machen. Beide Seiten wollten ohnehin den eigenen Standort als ergänzende Gegenposition verstanden wissen. Hat Adorno mit seiner nüchternen Einschätzung der geschichtlichen Lage Recht behalten (und keine Gulags erst nachträglich entdecken müssen), so wurden dadurch Benjamins Spekulationen keineswegs widerlegt. Dieser ging eine ungleiche Wette im Namen einer Rettungsaktion ein, die dem angelus novus jenen Anblick lückenloser Katastrophe ersparen sollte, der Adorno veranlaßte, sich in seinem Fuchsbau zurückzuziehen. Eine derartige Spannung gehört auf absehbare Zeit zu den Antinomien *materialistischen* Bewußtseins. Fehlte einer der Pole, so müßte er erfunden werden; und mit dem Tode Benjamins begann Adornos Denken an jenem »Spannungsverlust« zu kranken, dem er das »Altern der neuen Musik« zuschrieb. Gide hat davor gewarnt, sich vom eigenen Elan hinreißen zu lassen. Als »Besitzer« eines »großen empfindlichen Werks« (Kafka) begnügte sich Adorno zunehmend, die Gänge seines »Baus« abzugehen. Der antisystematische Impuls gerann zum geschlossenen System, »schnurrte ab«, wurde zum »klappernden« Symptom der eigenen Diagnose. »Der Bann, der Lukács umfängt und ihm die ersehnte Rückkunft zur Utopie seiner Jugend versperrt«, schrieb er, »wiederholt die erpreßte Versöhnung, die er am absoluten Idealismus durchschaut« (*G. Schr.* 11, S. 280). Der Fluch, dem er selber erlag, wo er sich gehen ließ, beschwörte seinerseits die mythische Immanenz wieder herauf, die er am subjektiven Idealismus durchschaute und nun dessen materialistischen Kritiker gefangenhielt.

Wurde Benjamin zu einem marxistischen Flaneur, so ließe sich Adorno nicht *ganz* zu Unrecht als materialistischer Dandy bezeichnen. So fließend die Übergänge auch sind,[34] unterscheidet Baudelaire scharf zwischen der leidenschaftlichen Neugierde des Flaneurs und dem illusionslosen Besserwissen des Dandys. Gilt jener als der »Maler des modernen Lebens«, so behält dieser, sich selbst *als* Selbst überlebend, das letzte Wort:

»Le monde va finir. La seule raison pour laquelle il pourrait durer, c'est qu'il existe. Que cette raison est faible, comparée à toutes celles qui annoncent le contraire, particulièrement à celle-ci: qu'est-ce que le monde a désormais à faire sous le ciel? (...) Nouvel exemple et nouvelles victimes des inexorables lois morales, nous périrons par où nous avons cru vivre. La mécanique nous aura tellement américanisés (...) que rien parmi les rêveries sanguinaires, sacrilèges, ou anti-naturelles de l'utopiste ne pourra être comparé à ses résultats positifs. Je demande à tout homme qui pense de me montrer ce qui subsiste de la vie.« (*OC*, S. 1262 f.)

In diesem trostlosen Bild des nahenden Zeitalters technischer Reproduzierbarkeit als »Sturm, der nichts Neues enthält« – Benjamins Sturm, den »wir den Fortschritt nennen« – malt Baudelaire die Zukunft als vollendete Natur-Geschichte aus. Daß die Vernunft in der Geschichte immanent auf Amerikanisierung hinausläuft; daß die Verheißung »universalen Fortschritts« sich in die Wirklichkeit »universaler Verwüstung« und allgemeiner Prostitution, und die bürgerliche Gesellschaft in eine positivistische Parodie utopischer Spekulationen verwandelt – diese allegorische Weltbetrachtung kehrt, mit ein bißchen anderen Worten (»Tauschprinzip«, »Für-Anderes-Sein«, »instrumentelle Vernunft«, usw.) in der Kritischen Theorie wieder. Baudelaire ahnt, daß »die Herrschenden dazu gezwungen werden, zu Mitteln zu greifen, die die gegenwärtige Menschheit, so abgebrüht sie auch schon ist, erschaudern ließen« (ebd.). Die *Dialektik der Aufklärung* lehrt ebenfalls, daß dieses inzwischen eingetretene Unheil der Logik der bürgerlichen Gesellschaft einbeschrieben ist. Zwar schreibt Adorno die Katastrophe, anders als Baudelaire, nicht dem neuen Bürgertum sondern einem archaischen Selbsterhaltungsprinzip zu, das er bis auf Odysseus, den ersten Bürger (*DA*, S. 62 ff.), zurückverfolgt. Und führt er Baudelaires konservative These aus, derzufolge die Gesellschaft ihr Daseinsrecht eingebüßt und den eigenen Übergang überlebt hat, dann mit der neuen Begründung, daß die möglich gewordene Revolution nicht stattfand. Aber von solchen grundlegenden Divergenzen wird die Parallele bezeichnenderweise kaum tangiert. Der zeitgenössische Dandy müßte ja ein bloßer Epigone sein, wollte er nicht für den Sozialismus eintreten, den seine Ahnen meistens zurückwiesen. Umgekehrt hätte ein ins neunzehnte Jahrhundert versetzter Adorno wohl auch politisch den radikal-konservativen Künstlern nahegestanden, deren Sache der wirkliche im Namen des historischen Materialismus verteidigen sollte.

Die Haltung, mit der der Baudelairesche Dandy auf die geschichtliche Katastrophe antwortet, ist kaum von der bürgerlichen Verhärtung zu unterscheiden, die jene aufkommen ließ. Er mag sich als aussterbender Aristokrat schildern, der der »steigenden Flut der Demokratie« (*OC*, S. 1180) hoffnungslos ausgeliefert ist, aber was er der bürgerlichen Gesellschaft entgegenhält, ist in Wirklichkeit ihr innerstes Prinzip. Nicht *ganz* unähnlich, entgegen allem Schopenhauerschem Mitleid, sieht *Adornos* »Identifikation mit dem Angreifer« aus, deren Dialektik ihm schmerzhaft vertraut war:

»Die Kälte die [man] entwickeln muß, ist von der bürgerlichen nicht zu unterscheiden. Auch wo es protestiert, versteckt sich im monadologischen Prinzip das herrschende Allgemeine. (...) Es ist ein so altes

Bestandstück der bürgerlichen Ideologie, daß jeder Einzelne in seinem partikularen Interesse sich besser dünkt als alle anderen, wie daß er die anderen als Gemeinschaft aller Kunden für höher schätzt als sich selbst.« (*MM*, S. 23-24)

Da der Intellektuelle »der letzte Feind der Bürger« und »der letzte Bürger« ist, gibt es »aus der Verstricktheit keinen Ausweg« (ebd., S. 33). Der Anti-Bourgeois *muß* also an die erstarrende Dialektik des bürgerlichen Subjekts gebannt bleiben. Auch auf Adornos philosophische Fragestellung ist Baudelaires bekanntes Diktum anzuwenden, alles spiele sich zwischen der *concentration* (oder *centralisation*) und der *vaporisation* (oder *prostitution*) des Ichs ab (*OC*, S. 1271 ff.). Das Wagnis besteht allemal darin, dem Problem selber die Lösung abzulisten. So soll die Anonymität der Großstadt dem Flaneur Anlaß bieten, kraft seiner »Einfühlung in die Warenseele« (*BR*, S. 792) eine »heilige Prostitution der Seele« (*OC*, S. 244) zu üben. Derartige Versuche, in die Kraft des Gegners einzugehen, sind offensichtlich von einer Identifikation mit dem Angreifer nicht säuberlich zu trennen. Adornos Hoffnung, das Individuum wegwerfend wiederzugewinnen bliebe also, wie Benjamins gegenläufige Hypothese einer kritischen Masse, eine gewagte Spekulation. Im Namen einer utopischen »Logik des Zerfalls« (*ND*, S. 146) soll die Kraft des altbürgerlichen Ichs gegen dessen urgeschichtliches Prinzip mobilisiert werden. Aber da sich inzwischen die zwei Pole des Ichs, *prostitution* und *concentration*, im Zuge einer ganz anderen Logik des Zerfalls zusammenschlossen, droht es auf das bloße Fürsichsein zurückgeworfen zu werden, dessen Verklärung der posthume Dandy der allgemeinen Prostitution entgegensetzte. Die einzige andere Alternative zur »Selbsterhaltung ohne Selbst« wäre ein Subjekt, das sich kaum aufs Überleben versteht.

Adornos Denken kreist somit um die Thematik des *fin de siècle*. Seine Philosophie der neuen Musik ist zwischen den Deckeln des *Doktor Faustus* gut untergebracht; und Wiesengrund-Adorno klingt Tonio Kröger nicht unähnlich. Der musikalische Berater Thomas Manns gehört dem Umkreis nicht nur der Schönberg-Leverkühn-Schule sondern auch der Buddenbrooks an. Der Verfall jener Familie, der die Krise der bürgerlichen Gesellschaft an derjenigen ihrer Oberschicht darstellte, war der Nährboden ästhetischer Dekadenz. Gleichzeitig entstand bei den jüdischen Verwandten ein heterogener linker Flügel (Lukács, Bloch, Horkheimer, Benjamin, Adorno, Marcuse, usw.), der im Marxismus den Unterbau entdeckte, der es ihm ermöglichte, Kunst und Philosophie in weltverändernder Absicht zu interpretieren. Zwischen großbürgerlichem Ursprung und sozialistischem Ziel, Marxismus und Ästhetik, bildete sich ein geschichtlich einmaliges Bündnis heraus. Die Entstehungsperiode marxistischer Ästhetik fiel mit der Spätphase eines Familienromans zusammen. Waren gewisse Familienauseinandersetzungen damit gegeben, so betrafen sie auch das Verhältnis zur gemeinsamen Herkunft. Niemand blieb ihr treuer als Adorno, die Hegelsche Eule der Familie, die Wiedergeburt Hanno Buddenbrooks, in politischeren Zeiten, als materialistische Instanz ästhetischer Dekadenz.[35] Wer nicht mit fünfzehn Jahren von zu Hause weglief, meinte Benjamin, wird niemals wissen, was Freiheit ist. Die Signale »deuten oder sie nutzen, das ist die Frage. Beides aber ist unvereinbar.« Denn ehe wir sie »lesen«, ist es schon »zu spät« (*GS*, 4,1, S. 141). Verstehen wir es, einen der entscheidendsten Leser unserer Zeit rechtzeitig zu nutzen, so wird sein Gedankenbau, wie einst Kierkegaards, als luftigere Ruine offenliegen. »Denn das Haus, dies große Haus [herkömmlicher Philosophie] ist längst baufällig geworden«, schrieb der junge Adorno zur Ehrenrettung der Fassadenkletterer, die dort herausholen, was sie brauchen:

»es drohen auch alle die Dinge verloren zu gehen, die darin aufbewahrt werden und von denen manches unersetzlich ist« (*PF*, S. 340)

Postscriptum

Um möglichen Mißverständnissen nochmals vorzubeugen: Eine solche Polemik kann nicht *gegen*, sondern höchstens *mit* Adorno recht behalten. Vorangehendes müßte also gleichzeitig umgekehrt formuliert werden. Tragen doch die Akzentverschiebungen des Adornoschen Denkens primär dem *geschichtlichen* Wiederaufbau Rechnung. Und wer weiß inzwischen nicht, daß man sich gegen ›Adorno‹ sträubt, weil man ihn nicht wahrhaben *will*? Welcher Tor bezweifelt noch, daß die Welt eine »Höllenmaschine« ist und daß voluntaristische Alleingänge nichts gegen Restaurationsperioden vermögen? Wußte nicht die *Dialektik der Aufklärung* über die Allgegenwart der Gulags zutiefst Bescheid, die eine ernüchterte Linke erst jetzt entdeckt? Was soll's also, den frühen gegen den späten Adorno, den Adorno der sechziger gegen den Benjamin der dreißiger Jahre – von dem niemand angeben kann, wo er heute stünde – ein Jahrzehnt später nochmals auszuspielen? Kurz, dieser Aufsatz oszilliert zwischen den Spannungspolen, von denen er berichtet. Diese dürfen einander nicht – in manisch-depressivem Zyklus oder ödipalem Widerstreit – bloß ›mythisch‹ spiegeln. Aber je überlegener der Vater (»Pessimismus des Intellekts«), desto freimütiger kann sich der Sohn (»Optimismus des Willens«) mit ihm herumbalgen. Der Familienroman geht weiter.

Der Beitrag ist ursprünglich in Englisch geschrieben worden und vom Verfasser in Zusammenarbeit mit Karla Schultz übersetzt worden. Für produktive Gespräche dankt der Verfasser Burkhardt Lindner.

Anmerkungen

1 So: ein studentisches Flugblatt 1968.
2 Vgl. Walter Benjamin, *Gesammelte Schriften* (im folgenden *GS*), hg. von R. Tiedemann und H. Schweppenhäuser, Frankfurt 1974, 1,2, S. 604.
3 Charles Baudelaire, *Spleen IV, Œuvres Complètes* (im folgenden *OC*), hg. von Y. G. le Dantec, Bruges 1968, S. 71. Vgl. Adorno: »Der Geist, der ein Neues meint, soweit er nicht selber nur ein Stück Apparatur ist, stößt sich im hoffnungslos wiederholten Versuch den Kopf ein wie ein Insekt, das gegen die Scheibe nach dem Licht fliegt« (*Stichworte, Kritische Modelle 2*, Frankfurt 1969, S. 45). Vgl. auch das komplementäre Bild aus Kafkas *Bau:* »Mit der Stirn bin ich tausendundtausendmal (...) gegen die Erde gerannt, war glücklich, wenn ich sie mir blutig schlug, denn dies war ein Beweis der beginnenden Festigkeit der Wand, und habe mir auf diese Weise (...) meinen Burgplatz wohl verdient« (*Sämtliche Erzählungen*, Frankfurt 1970, S. 362).
4 Georg Lukács, *Die Theorie des Romans*, Neuwied 1965, S. 157. Eine Anspielung auf eine Formel Fichtes.
5 »Die Frage kann aufgeworfen werden, ob es nicht in Blanquis politischer Aktion Züge gibt, die sie als Aktion eben des Mannes kennzeichnen, der im hohen Alter die ›Eternité par les astres‹ geschrieben hat. (...) Der Gedanke ist nicht von der Hand zu weisen, das geringe Interesse, das Blanqui von jeher den theoretischen Fundamenten des Sozialismus gewidmet hat, möchte seinen Grund in einem eingewurzelten Mißtrauen gegen die Feststellungen haben, die auf den warten, der sich allzu eingehend in die Struktur von Welt und

Leben versenkt. So einer eingehenden Versenkung wäre Blanqui dann, im Alter, schließlich doch nicht entgangen« (Walter Benjamin, *Charles Baudelaire. Ein Lyriker im Zeitalter des Hochkapitalismus*, hg. von R. Tiedemann, Frankfurt 1969, S. 188 f.).
6 *Kierkegaard. Konstruktion des Ästhetischen* (im folgenden *KKA*), Frankfurt 1962, S. 294.
7 *Philosophische Frühschriften* (im folgenden *PF*), hg. von R. Tiedemann, Frankfurt 1973, S. 354 f. Dieser erste Band der Gesamtausgabe dokumentiert, in Tiedemanns Worten, den »vollzogenen Übergang der Adornoschen Philosophie vom transzendentalen Idealismus zum Materialismus; in Wahrheit den Beginn der Adornoschen Philosophie« (ebd., S. 383). Will Adorno schon 1931 die Philosophie aus ihrer Krise retten, dann nur durch eine philosophische Praxis, deren Deutungen die überlieferten Rätselfragen *zerstören* (ebd., S. 338 f.). Marx' elfte Feuerbachthese gegen die Philosophen wird zum sprengenden Motto der Philosophie selber. Adornos destruktiver Elan – *Die Aktualität der Philosophie* wird im selben Jahr geschrieben als Benjamins *Destruktiver Charakter* – wird jedoch zunehmend sublimiert.
8 *Dialektik der Aufklärung* (im folgenden *DA*), Amsterdam 1944, S. 10.
9 Ausdrücklich im Exkurs über Odysseus in *DA:* »Die Definition des Novalis, derzufolge alle Philosophie Heimweh« – Heimweh, laut der *Theorie des Romans,* nach dem epischen Weltzustand selber – »sei, behält recht nur, wenn dies Heimweh nicht im Phantasma eines verlorenen ältesten aufgeht, sondern die Heimat (...) als das dem Mythos erst Abgezwungene vorstellt« (S. 97).
10 *Minima Moralia* (im folgenden *MM*), Frankfurt 1962, S. 354. Adorno glaubt nicht mehr an eine revolutionäre Dynamik der Extreme, nur noch an deren Erkenntniswert. Aber wie soll eine solche »Spiegelschrift« von jener *abstrakten* Negation des Bestehenden unterschieden werden, die Benjamin im Falle Bergsons als »komplementäres Nachbild« (*GS,* 1,2, S. 609) bestimmt?
11 Wie bei Hegel, Lukács und Benjamin fungiert die Methode als Telos des Inhalts: als das absolute Wissen eines allwissenden Erzählers, als der »transzendentale Orientierungspunkt« (Lukács) und somit als die wahre Transzendenz, d. h. der nicht mehr verborgene, weil in Immanenz und immanente Kritik übergegangene Gott. In *Der verborgene Gott (Le Dieu Caché)* (Neuwied 1973) wird die marxistische Methode von Lucien Goldmann explizit als die heuristische Aufhebung der negativen Theologie bestimmt.
12 *Negative Dialektik* (im folgenden *ND*), Frankfurt 1966, S. 7.
13 Hans-Jürgen Krahl, *Konstitution und Klassenkampf,* Frankfurt 1971, S. 285.

14 Vgl. dazu Burkhardt Lindner »Herrschaft als Trauma«, in *Text + Kritik*, Sonderband Adorno, München 1977, S. 72 ff.
15 *Wider den mißverstandenen Realismus*, Hamburg 1958, S. 36.
16 »Propaganda macht aus der Sprache ein Instrument, einen Hebel, eine Maschine. (...) Im tiefsten weiß jeder, daß er durch das Mittel selbst zum Mittel wird wie in der Fabrik. (...) Die Propaganda manipuliert die Menschen: wo sie Freiheit schreit, widerspricht sie sich selbst« (*DA*, S. 306. Läßt sich aber derart unmittelbar kantische Ethik in politische Philosophie übersetzen, wenn diese mehr als bloße Gewinnung sein will? Wäre nicht hier *Benjamin* der bessere Dialektiker? »Und da die Organisation das eigentliche Medium ist, in welchem die Verdinglichung der menschlichen Beziehungen sich abspielt – das einzige übrigens auch in dem sie könnte überwunden werden (...)« *GS* 3, S. 220 f.). Folglich schreiben Adorno und Horkheimer nur für neue Engel: »Wenn die Rede heute an einen sich wenden kann, so sind es weder die sogenannten Massen, noch der Einzelne, der ohnmächtig ist, sondern eher ein eingebildeter Zeuge, dem wir es hinterlassen, damit es doch nicht ganz mit uns untergeht« (ebd., S. 307).
17 Als *positive* Verdrängung kann die Verschüttung des Abgrunds jedoch durchaus revolutionär wirken. Siehe oben Fußnote 5 und Benjamins Bemerkung zum theatralischen Raum bei Brecht: »Es geht um die Verschüttung der Orchestra. Der Abgrund, (...) der unter allen Elementen der Bühne die Spuren ihres sakralen Ursprungs am unverwischbarsten trägt, ist funktionslos geworden« (*Versuche über Brecht*, im folgenden *VUB*, hg. von R. Tiedemann, Frankfurt 1971, S. 7). – Das »Lehrstück Lukács« ist allerdings ein schwieriges. Hier wurde inzwischen das Vergrabene zu einer Fundgrube: vgl. *Frühe Schriften zur Ästhetik* (*Werke*, Bd. 16 und 17, Neuwied 1974-75) und die aufschlußreichen Aufsätze von Ferenc Fehér und Gyorgy Márkus in *Die Seele und das Leben*, Frankfurt 1977. »Monatelang trägt sich Lukács« – 1911 – »mit Selbstmordgedanken. Aus der Depression ergreift er schnurstracks die Flucht in die Arbeit (...)« (ebd., S. 194). Damit wird gleichsam im vorhinein seine frühe durch seine späte Dostojewski-Moral überdeckt. Später sollte Lukács sogar die *Existenz* jenes früh geplanten Dostojewski-Buchs verleugnen, dessen Rohentwurf unlängst im Tresor einer Heidelberger Bank aufgetaucht ist (ebd., S. 275). Der Modernismus des künftigen Hegelianers wurde unhegelisch aufgehoben, das Verdrängte kehrte beim psychologiefeindlichen Marxisten wieder. Denn der vormarxistische Lukács arbeitet in rasendem Tempo einen wesentlichen Teil der Denkrichtungen durch, die seine ideologiekritischen Fleißarbeiten als dekadenten Sündenkatalog fein säuberlich tabuieren. Ist es ein Zufall, wenn – um ein in unserem Zusammen-

hang aktuelles Beispiel zu nennen – unter den rastlosen Denkexperimenten, die nach einem Ausweg aus der vollendeten Sündhaftigkeit tappen, schon 1915 eine Dialektik des Terrorismus konzipiert wird, die uns heute an Leben und Tod von Ulrike Meinhof erinnern muß: »Hier muß – um die Seele zu retten – gerade die Seele geopfert werden; man muß aus einer mystischen Ethik heraus zum grausamen Realpolitiker werden und das absolute Gebot, das *nicht* eine Verpflichtung gegen Gebilde ist, das Du sollst nicht töten, verletzen« (ebd., S. 318)? Hier sind Adornos Bedenken gegen Selbstvergewaltigung kein Luxus, sondern ein Existenzminimum.

18 Die Spannung zwischen Literatur und Politik tritt ebenfalls in folgendem Dialog zutage. Brecht wendet ein, daß Kafkas Tiefe eben Tiefe sei und nicht weiterführt. »In die Tiefe zu dringen«, entgegnet Benjamin, ist »meine Art, mich zu den Antipoden zu bewegen« (*VUB,* S. 122).

Wo Brecht und Adorno jeweils sozialistische Politik und künstlerische Moderne voreinander schützen, sucht Benjamin ein positives Verhältnis zwischen beiden wiederherzustellen. Für Adorno bleibt die Einheit von Theorie und Praxis – außer in sublimierter, eben theoretisch-ästhetischer Form – verstellt.

19 Aber wo der tatsächliche politische Widerstandskampf von einer Ästhetik des Widerstands ausgespart oder bloß gewürdigt wird, droht diese, zur schlechten Metaphysik zu werden. Aus zuschauerhafter Ferne schrumpfen dann reale Gegensätze zu eitlen Variationen des Weltbetriebs zusammen. Schon *Die Idee der Naturgeschichte setzt* Natur und Geschichte allegorisch mit »Vergängnis« gleich (*PF,* S. 357 ff.), und noch die *Negative Dialektik* rechtfertigt ein »Gefühl des nicht ganz Dabeiseins«, das »reflektierten Menschen« eigentümlich sei (ND, S. 354). Benjamin setzt dagegen auf »Zerstreuung« und »Geistesgegenwart«, welche bei Adorno nur noch als konformistisches Eingespieltsein vorkommen.

20 Vgl. in diesem Zusammenhang die schwermütige Deutung der Vorbeifahrt an den Sirenen, die etwa ›Marx‹ und ›Schopenhauer‹ als hilflose Antipoden, symmetrische Folgen der urgeschichtlichen Katastrophe, einander zuzuordnen scheint. Allegorisch stellen die rudernden Sklaven »Praxis«, ihr Herr Odysseus »Kunstgenuß« dar (*DA,* S. 44 ff.)

21 *Gesammelte Schriften* (im folgenden *G. Schr.*), hg. von R. Tiedemann, Frankfurt 1974, 11, S. 430.

22 Ebd. Vgl. zur Genese von Klees Bild die abweichende Arbeit von O. K. Werckmeister »Walter Benjamin, Paul Klee und der ›Engel der Geschichte‹«, *Neue Rundschau* 1976, Erstes Heft, S. 16 ff. Auch für Werckmeister gilt der Blick des Engels der Geschichte, aber die Sehweise ist eine metaphysische. Adornos eigene Metaphysik der

Geschichte kommt in gewissen Schopenhauerschen Stellen der *Negativen Dialektik* am deutlichsten zum Vorschein.

23 Verkürzung gehört zur Technik des modernen Allegorikers. Geschichte schrumpft zur »ewigen Wiederkehr des Gleichen«, zur »Natur-Geschichte«, zum »Immergleichen« zusammen, und Gesellschaft wird aus biologischer, anthropologischer, sogar astronomischer Sicht wie im Teleskop betrachtet. Vgl. dazu die Anfangszeilen von Nietzsches *Über Wahrheit und Lüge im außermoralischen Sinn*, Adorno/Horkheimers *Kritik der Geschichtsphilosophie* (*DA*, S. 264 ff.) und folgende Briefstelle Benjamins: »Es sind auf diesem Planeten schon sehr viele Kulturen in Blut und Grauen zugrunde gegangen. Natürlich muß man ihm wünschen, daß er eines Tages eine erlebt, die beide hinter sich gelassen hat – ja, ich bin, ganz wie Scheerbart, geneigt, anzunehmen, daß er darauf wartet. Aber ob *wir* ihm dieses Geschenk auf den hundert oder vierhundertmillionsten Geburtstagstisch legen können, das ist eben furchtbar fraglich (*Briefe*, im folgenden *BR*, hg. von Th. W. Adorno und G. Scholem, Frankfurt 1966, S. 698). Eine solche Perspektive macht die Spannung zwischen Melancholie und Revolution unübersehbar. Diese ist nicht länger der Logik der Geschichte als deren Telos immanent. Geschichte ist vielmehr der fatale Immanenzzusammenhang, den die Revolution – als »Sprung«, »Eingriff«, usw. – entgegen aller Wahrscheinlichkeit, wie schwach und momentan auch immer, unterbrechen müßte.

24 Einen solchen Widerstand stellt Adorno zufolge der ausdruckslose Erzählstil dar, der als »Schweigen, dessen Erstarrung der wahre Rest aller Rede ist« (*DA*, S. 98), bei Homer wie bei Kafka, das Grauen, das er berichtet, gleichzeitig unterbricht. Aber auch hier droht mythische Faszination. Vgl. dazu Günther Anders, *Kafka. Pro und Contra*, München 1951.

25 Franz Kafka, *Tagebücher*, Frankfurt 1967, S. 392.

26 Vielleicht nur in seinem Verhältnis zu Brecht, dessen Einfluß auf Benjamin er konsequent bekämpft, tritt eine annähernd intime Spannung zutage; Lukács dürfte ein zu globaler Widersacher gewesen sein. Adorno verhält sich zu Brecht ähnlich wie Lukács zu Kafka. Der Ästhetiker will seinen Respekt für einen Schriftsteller nicht ganz verhehlen, den seine Theorie nur unbefriedigend einordnen kann. Adorno versucht Brecht doch noch unterzubringen, indem er die Errungenschaften des epischen Theaters in diejenigen der autonomen Kunst zurückübersetzt und durch solche ›Umfunktionierung‹ die Konkurrenz zu schlucken sucht. Vgl. dazu »Engagement« in G. Schr., 11, S. 415 ff., und seine Analyse des Idealismus als Freßwut, *ND*, S. 31-32.

27 *Über Walter Benjamin*, im folgenden *UWB*, Frankfurt 1968, S. 126.

28 Vgl. Gershom Scholem, *Judaica 2*, Frankfurt 1970, S. 214 f.
29 Das tut vielleicht Adorno auch, dem selbst das Überleben zur Antinomie gerät – aber eben nur ganz allgemein. Vgl. in anderem Zusammenhang Brecht: »Mag ›Mahagonny‹ so kulinarisch sein wie immer – eben so kulinarisch, wie es sich für eine Oper schickt – so hat es doch schon eine gesellschaftsändernde Funktion; es stellt eben das Kulinarische zur Diskussion, es greift die Gesellschaft an, die solche Opern benötigt; sozusagen sitzt es noch prächtig auf dem alten Ast, aber es sägt ihn wenigstens schon (zerstreut oder aus schlechtem Gewissen) ein wenig ab...« (*Gesammelte Werke*, Frankfurt 1967, Bd. 17, S. 1016). Während sich Adorno das Verhältnis zwischen hoher und niedriger Kunst zunehmend als Aporie darstellt, kehrt Brecht die niedrige gegen sich selbst. »Wo andere auf Mauern oder Gebirge stoßen, auch da sieht er einen Weg« (*GS*, 4,1, S. 398). Adornos kontroverse Deutung der Jazzsynkopierung als die Selbstkastrierung der Masse stimmt genau mit Benjamins Beschreibung der ausgeleierten Männer von Mahagonny als »Exzentriks« überein. Aber worauf dieser anspricht, ist, daß auch unter den Hoffnungslosesten Hoffnung zumindest momentan aufblitzen soll: »Nein, sagen die Männer von Mahagonny / (...) Jedermann streikt! An den Haaren / Kannst du uns nicht in die Hölle ziehen / Weil wir immer in der Hölle waren.« Ein Wunschtraum, vielleicht – aber ist es nicht auch eine Form der Selbstkastration, das Abgeschnittene seines Daseins über das gesellschaftlich Vorgezeichnete hinaus zusätzlich zu verinnerlichen? – In seiner Rezension »Zur Musik der Dreigroschenoper« (*Bertolt Brechts Dreigroschenbuch*, hg. von S. Unseld, Frankfurt 1960, S. 184 ff.), die er umgehend gegen seine Liebhaber verteidigte, hatte jedoch der junge Adorno seine Vorbehalte gegen leichte Musik mit einer differenzierten Analyse von Weills aufrührerischer, zugleich etwas kompromittierter Musik sehr eindrucksvoll zusammengedacht. Die späteren Fronten waren offenbar noch nicht errichtet.
30 Trotz beschädigtem Leben und kollektiver Regression meint Adorno bei den *happy few*, die allseits verschont wurden, einen Fortschritt an »Differenziertheit« zu gewahren. Vgl. *ND*, S. 48 ff.
31 *GS*, 2,1, S. 219. Benjamins gleichlautender Einwand gegen Blochs *Erbschaft dieser Zeit* ist eine potentielle Verurteilung der späteren Tendenz Adornos, sich schriftstellerisch einzurichten und auszubreiten: »Der schwere Vorwurf, den ich dem Buch mache (...), ist, daß es den Umständen, unter denen es erscheint, in gar keiner Weise entspricht, sondern so deplaziert auftritt wie ein großer Herr, der zur Inspektion einer vom Erdbeben verwüsteten Gegend eingetroffen, zunächst nichts eiligeres zu tun hätte, als von seinen Dienern die mitgebrachten – übrigens teils schon etwas vermotteten – Persertep-

piche ausbreiten (...) zu lassen. (...) In solcher Lage – in einem Elendsgebiet – bleibt einem großen Herrn nichts übrig als seine Perserteppiche als Bettdecken wegzugeben« (*BR*, S. 648 f.). Auch Benjamin blieb nichts anderes übrig als den Verkauf des angelus novus, der bei Adorno zum halben Fetisch wird, zu erwägen. – Gewiß, Benjamins *Gesten* bleiben weit hinter ihrem revolutionären *Anspruch* zurück. Es wird notgedrungen nur *kultur*bolschewistisch »gesprengt«. Daß sich sein Programm bisher *nur metaphorisch* einlösen ließ, bezeugt aber noch nicht, daß die – nicht umsonst heftig besetzten – Kontroversen innerhalb der großbürgerlichen Linke *bloß verbal* waren oder sind. Siehe unten Fußnote 32.

32 Man vergleiche das Motiv des Klassenverrats bei Benjamin und Adorno. Wer der bürgerlichen Arbeitsteilung zu widerstehen weiß, gilt diesem schon als »Deserteur«. In der »Für Marcel Proust« überschriebenen Eingangsbetrachtung der *Minima Moralia* verrät sich ein solcher Verrat als der des Großbürgers am Kleinbürger. Vgl. zu Adornos »Versuch, bei der Oberschicht Schutz zu suchen vor dem, was weiter unten als unausweichlich hereinbrechende Katastrophe sichtbar (...) wurde«, Peter von Haselbergs materialreiche Erinnerungen »Wiesengrund-Adorno« (*Text + Kritik, loc. cit.*, S. 15 ff.). Solche Impulse passen schlecht, trotz Adornos gelegentlicher kommunistischer Orthodoxie (ebd., S. 14), zur behaupteten *Äquivalenz* zwischen der »Dialektik« des »Obersten« und der des »Untersten« (*UWB*, S. 129). Letztere wird allzu oft mit einer Anspielung auf das »Chthonische« oder den Zirkus erledigt, der die Kultur nach unten transzendiere. – Wirft Adorno Benjamin anläßlich seiner ersten Baudelaire-Arbeit eine bloß metaphorische Zuordnung von Über- und Unterbau vor, so ist manchmal seine eigene Verwendung materialistischer Terminologie ebenfalls metaphorisch. Sie beruht dann, selber ›Überbau‹, auf einer Basis, die sie nicht mehr ganz wörtlich nehmen kann, ohne ihren Spielraum zu verlieren. Ein derartiges Schwanken zwischen Terminologie und Metaphorik ist Ausdruck eines *freischwebenden* Materialismus. Gewiß, der gesamte kulturelle Überbau ist selber ein – sehr bedingt – freischwebender, und die Termini einer materialistischen Kulturtheorie, die ursprünglich auf den Unterbau gemünzt wurden, müßten entsprechend verschoben werden. Nicht *ob*, sondern *wie* man theoretisch und praktisch schwebt, ist also die Frage. Alles hängt dann von der *Qualität* der Sublimierung und der *Stringenz* der bricolage ab.

33 Vgl. zur Hegelschen Ökonomie Jacques Derridas Aufsatz »Von der beschränkten zur allgemeinen Ökonomie« in *Die Schrift und die Differenz* (fr. *L'Ecriture et la Différence*), Frankfurt 1976, S. 380 ff. Vgl. Jean-Francois Lyotard, *Des Dispositifs Pulsionnels* (Paris, 1973), wo auch – viel unvorsichtiger, euphorischer, *ohne viel Aufhebens*

– Dialektik als Logik des Kapitals, Kritik, gerade immanente, als beschränkt, und Adorno als Teufel hingestellt werden! Gerade dort jedoch, wo alte Rationalisten solche ›unhaltbaren‹ Gesten als »neuen Irrationalismus« ablehnen, bekommen sie plötzlich – das wußte Adorno besser als seine Schüler – ihren guten, das heißt jedoch: dialektischen Sinn.

34 Baudelaire verwischt wieder den Unterschied, indem er den Flaneur als »*Prinzen*« beschreibt, »*der überall sein Inkognito genießt*« (*OC*, S. 1160). Vgl. v. Haselberg über Adorno: »Die in den *Minima Moralia* nur eben angedeutete Selbstcharakterisierung als der Frosch aus dem Grimmschen Märchen (...) war sicher nicht allein auf die äußere Erscheinung bezogen gedacht, sondern ausgleichend ebenso auf den verzauberten Prinzen« (*loc. cit.*, S. 16). – Adorno als Dandy zu bezeichnen mag selber eine dandyhafte Provokation sein. Aber nicht nur beruft sich seine Ästhetik, scheinbar gewollt anachronistisch, auf l'art pour l'art, dessen Verkörperung der seinerseits bewußt anachronistische Dandy für Baudelaire gewesen ist. Seine Lehre von der Kunst als fensterloser Monade, deren Innern der bevorzugte Ort »bewußtloser Geschichtsschreibung« ist, rettet ein ästhetisches Interieur aus jenem neunzehnten Jahrhundert, das er nicht umsonst zu den glücklicheren Perioden der Menschheitsgeschichte rechnet *(ND u. KKA),* ins zwanzigste hinüber. Das Innen wird zum Medium des Draußen. Damit spitzt sich alles auf eine Unterscheidung zwischen guter und schlechter Fensterlosigkeit, Melancholie und Depression, Seismograph und Spion zu.

35 »Er wußte sich aufgehoben in einem von ihm oft zitierten Vers Georg Trakls: *Wie ist doch alles Werdende so krank,* und seine Ausdeutungen der Wiener Schule fußten auf der Überzeugung, daß Bewußtsein Sensibilität und diese physische Anfälligkeit zur Voraussetzung hat – daß es hier aber kein Zurück und kein Genug geben darf, will einer zu höherer Freiheit gelangen« (v. Haselberg, *loc. cit.*, S. 17).

Hartmut Scheible
Die Kunst im Garten Gethsemane
Ästhetik zwischen Konstruktion und Theologie

Nominalismus

In einer Fußnote zur »Philosophie der neuen Musik« zitiert Adorno eine Tagebucheintragung Kafkas, die geeignet ist, die grundsätzliche Schwierigkeit, der alle moderne Kunst sich ausgeliefert sieht, schlaglichtartig zu beleuchten: »Theaterdirektor, der alles von Grund auf selber schaffen muß, sogar die Schauspieler muß er erst zeugen. Ein Besucher wird nicht vorgelassen, der Direktor ist mit wichtigen Theaterarbeiten beschäftigt. Was ist es? Er wechselt die Windeln eines künftigen Schauspielers.«[1] Das ist das Menetekel aller Kunst im Stande des radikalen Nominalismus, jenes Zustandes, in dem keine künstlerischen Formen, keine Konventionen mehr vorgegeben sind. (Den Begriff »Nominalismus« entlehnt Adorno dem mittelalterlichen Universalienstreit, bei dem es um die Frage ging, ob die Dinge als unveränderliche Wesenheiten die sie bezeichnenden Begriffe notwendig prägen oder ob nicht vielmehr erst die Begriffe, als bloße »Nomina«, allgemeine Vorstellungen erst hervorbringen.) Wo alle überindividuellen künstlerischen Konventionen ihre Verbindlichkeit verloren haben, da muß der Künstler, auf sich selbst gestellt, die Synthetisierung noch des geringsten Details zum Werk aus eigener Verantwortung leisten.

Allerdings ist für Adorno die Ursache für den Zerfall der künstlerischen Konventionen nicht, wie etwa in Hans Sedlmayrs »Verlust der Mitte«, durch das Instrumentarium der Kulturkritik zu erfassen, vielmehr ist der Zerfall der Konventionen selbst ein Teil des Prozesses, durch den Aufklärung alle Begriffe, sofern sie mehr bedeuten als das bloße entqualifizierte Datum, zersetzt. »Die Kategorien, in denen die abendländische Philosophie ihre ewige Naturordnung bestimmte«, schreiben Horkheimer und Adorno in der »Dialektik der Aufklärung«, »markierten die Stellen, die einst Oknos und Persephone, Ariadne und Nereus innehatten. Die vorsokratischen Kosmologien halten den Augenblick des Übergangs fest. Die Feuchte, das Ungeschiedene, die Luft, das Feuer, die dort als Urstoff der Natur angesprochen werden, sind gerade erst rationalisierte Niederschläge der mythischen Anschauung (...). Durch Platons Ideen werden schließlich auch die patriarchalischen Götter des Olymp vom philosophischen Logos erfaßt. Die Aufklärung aber erkannte im platonischen und aristotelischen Erbteil der Metaphysik die alten Mächte wieder und verfolgte den Wahrheitsanspruch der Universalien als Superstition. In der Autorität der allgemeinen Begriffe meint sie noch die Furcht vor den Dämonen zu erblicken, durch deren Abbilder die Menschen im magischen Ritual die Natur zu beeinflussen suchten. Von nun an soll die Materie endlich ohne Illusion waltender oder innewohnender Kräfte, verborgener Eigenschaften beherrscht werden. Was dem Maß von Berechenbarkeit und Nützlichkeit sich nicht fügen will, gilt der Aufklärung für verdächtig.«[2] Im strengen Sinne dialektisch ist dieser Prozeß, weil er zwar einerseits die Emanzipation der Menschen von vorrationalen Bindungen befördert, andererseits aber durch die Zerstörung der Universalien jene Spannung zwischen Besonderem und Allgemeinem tilgt, die das Besondere davor bewahrt, nicht zum unmittelbar Beherrschbaren zu werden. »Anstatt den Gegenstand zur Erfahrung zu bringen, exponiert ihn das gereinigte Wort als Fall eines abstrakten Moments, und alles andere, durch den Zwang zu unbarmherziger Deutlichkeit vom Ausdruck abgeschnitten, den es nicht mehr gibt, verkümmert damit auch in der Realität. Der Linksaußen beim Fußball, das Schwarzhemd, der Hitlerjunge und ihresgleichen sind nichts mehr als das, was sie heißen.«[3]

Die Dialektik dieses Prozesses der Emanzipation von überindividuellen Normen gilt nicht weniger für den Zerfall künstlerischer Konventionen. »Die abendländische expressive Musik, seit dem Beginn des siebzehnten Jahrhunderts, nahm einen Ausdruck an, den der Komponist seinen Gestalten... zuerteilte (...), ohne daß die ausgedrückten Regungen beanspruchten, im Werk unvermittelt gegenwärtig und wirklich zu sein. Die dramatische Musik, als die wahre musica ficta, bot von Monteverdi bis Verdi den Ausdruck als stilisiert-vermittelten, den Schein der Passionen. Wo sie darüber hinausging und Substantialität jenseits des Scheins ausgedrückter Gefühle beanspruchte, haftete dieser Anspruch kaum an einzelnen musikalischen Regungen, die solche der Seele widerspiegeln sollten. Ihn verbürgte einzig die Formtotalität, welche über die musikalischen Charaktere und ihren Zusammenhang gebot.«[4] Es ist deutlich, daß bürgerliche Kunst bei dem bloßen Schein individuellen Ausdrucks keinesfalls stehenbleiben konnte. Denn die bürgerliche Ideologie hat ihre Substanz, ihren Wahrheitsgehalt nirgend anders als in der Substantialität des Einzelnen, einer Substantialität, die schlechterdings unvereinbar ist mit dem feudalen Schein, der, säkularisierter Abglanz des Scheins der alle Einzelnen überwölbenden göttlichen Weltordnung, an die Werke bis zur Schwelle der Moderne den Schein der Geschlossenheit vermittelte. So setzt, mit Alexander Gottlieb Baumgarten, bürgerliche Ästhetik folgerichtig ein mit der Gleichsetzung des schlechthin Individuellen mit dem schlechthin Poetischen: »Im Gedicht die darzustellenden Dinge so viel als möglich determinieren ist poetisch. Individuen sind allseitig determiniert; also sind Einzelvorstellungen sehr poetisch.« (»Meditationes de nonnullis ad poemata pertinentibus«, 1735).[5] Insofern bedeutet also die neue Musik gerade keinen Abbruch der bürgerlichen Tradition, sondern, im Gegenteil, deren Vollstreckung. »Es sind nicht Leidenschaften mehr fingiert« – so beschreibt Adorno den »Funktionswechsel des musikalischen Ausdrucks« bei Schönberg – »sondern im Medium der Musik unverstellt leibhafte Regungen des Unbewußten, Schocks, Traumata registriert. Sie greifen die Tabus der Form an, weil diese solche Regungen ihrer Zensur unterwerfen, sie rationalisieren und sie in Bilder transponieren. ... Die ersten atonalen Werke sind Protokolle im Sinn von psychoanalytischen Traumprotokollen.«[6]

Der zweideutige Begriff »vollstrecken« wurde mit Bedacht gewählt, um das Verhältnis Schönbergs zur Tradition bürgerlicher Kunst zu charakterisieren. Denn wenn einsichtig ist, daß Schönberg in dieser Tradition steht – insofern könnte man sagen, daß erst Schönberg das ästhetische Programm Baumgartens ganz erfüllt habe –, so ist nicht minder verständlich, daß eben diese radikale Bürgerlichkeit als Bruch der Tradition rezipiert werden mußte. »Was die radikale Musik erkennt, ist das unverklärte Leid der Menschen«,[7] schreibt Adorno lapidar; zugleich erklärt diese Feststellung die Ablehnung der neuen Musik durch das Publikum: »Die Wut über die Avantgarde ist so unmäßig, geht so weit über deren Rolle unter der späten Industriegesellschaft ... hinaus, weil das verängstigte Bewußtsein in der neuen Kunst die

Pforte verriegelt findet, durch welche es der totalen Aufklärung zu entfliehen hoffte: weil Kunst heute, wofern ihr überhaupt Substantialität zukommt, ohne Konzession all das reflektiert und zum Bewußtsein bringt, was man vergessen möchte.«[8]

Vor dem Hintergrund dieser Sätze ist das Verhältnis zur Tradition zu präzisieren. Was dabei zunächst ins Auge fällt, ist die Tatsache, daß die Einschätzung des Individuationsprinzips sich grundlegend verändert hat. Hatte Baumgarten es noch ohne Einschränkung als beglückend empfinden können – je mehr Individualität, so lassen sich die zitierten Sätze aus den Meditationes paraphrasieren, desto größer das Potential an Glück, desto schöner auch das Kunstwerk –, so hat sich diese Einschätzung in ihr Gegenteil verkehrt, wenn nun das Individuellste als Ausdruck »realen Leidens« verstanden wird. Diese radikale Veränderung in der Einschätzung des Individuationsprinzips aber wäre undenkbar ohne die veränderte Einstellung zur Entwicklung der Produktivkräfte, die ihr zu Grund liegt. Solange die Entfaltung der Produktivkräfte als Wegbereiterin der Emanzipation der Gattung interpretiert werden kann, wird auch das Bewegungsgesetz der bürgerlichen Gesellschaft, die Dissoziation des die Welt sinnhaft überwölbenden ordo zugunsten der Autonomie des Individuums, als verheißungsvoll begrüßt. An die Stelle des sinnstiftenden göttlichen Heilsplans, in dem die Menschen sich geborgen fühlen konnten, kann einstweilen ohne weiteres als harmoniestiftende Institution der Markt treten: Solange der Wirtschaftsprozeß des autonomen, verantwortlich entscheidenden Individuums bedarf, solange dieses also einen Zuwachs an Substantialität verzeichnen kann, solange auch wird die Abstraktheit des neuen Ordnungsmechanismus nicht wahrgenommen. Beginnt dagegen die Abstraktheit der durch den Markt hergestellten Ordnung deutlicher hervorzutreten, so wird es notwendig, diesen Substanzverlust durch die »Konstruktion« eines neuen, den Mangel des Marktmechanismus behebenden Sinnzusammenhanges auszugleichen.

Insofern besteht, wie Adorno in der Ästhetischen Theorie« zu Recht bemerkt, »die Geschichte der gesamten bürgerlichen Kunst« vor allem in der »Anstrengung, die Antinomie des Nominalismus wenn nicht aufzulösen, so ihrerseits zu gestalten, Form aus deren Negation zu gewinnen«.[9] Das bedeutet, daß die Kunst im Stande des Nominalismus nicht einfach die überkommenen Formen preisgeben kann – »Losgelassener ästhetischer Nominalismus ... terminiert in der buchstäblichen Faktizität und sie ist mit Kunst unvereinbar«[10] –, sondern daß jedes Werk zur bestimmten Negation der überkommenen Form werden muß. Während die bloß abstrakte Negation der Form nichts anderes bedeutete als deren bloße Preisgabe und damit in »buchstäbliche Faktizität« einmündete, zielt die bestimmte Negation der Form auf deren Rettung, das heißt: die überindividuelle Verbindlichkeit der Form, die bisher durch die Konvention gewährleistet war, muß nun das je einzelne Werk von sich aus leisten. Bestimmte Negation der konventionellen Form ist mithin vor allem Negation des bloßen Scheines der Verbindlichkeit, Ersetzung des Scheins, der seine Legitimation bezog aus einer dem einzelnen Werk übergeordneten Weltordnung, durch das substantielle, nicht länger scheinhafte Sein des Individuums. Insofern wiederholt sich in jedem einzelnen Werk die Antinomie des bürgerlichen Individuums, das, indem es die eigene Substantialität verwirklicht, zugleich seine Vereinzelung betreibt und damit die Möglichkeit untergräbt, sein Dasein als sinnvolles interpretieren zu können. Denn Sinn – das wäre wohl die kürzestmögliche Definition – bedeutet nichts anderes als das Gegenteil von Vereinzelung, die Erfahrung des eigenen Lebens in einem überindividuellen Zusammenhang. »Was den ›Sinn‹ von Musik« – man wird sagen können: was Sinn überhaupt – »ausmacht, ist nichts anderes als der Zusammenhang. Schönberg ist so weit gegangen, die Kompositionslehre geradewegs als Lehre vom musikalischen Zusammenhang zu definieren, und alles, was in Musik mit Grund sinnvoll genannt werden kann, hat Anspruch darauf, weil es als Einzelheit über sich hinausgeht und auf das Ganze sich bezieht.«[11]

Es bedeutet keine unzulässige Vereinfachung, sondern bezeichnet vielmehr die zentrale Problematik der Ästhetik Adornos, aus diesen Überlegungen zu folgern, daß bürgerliche Kunst im strengen Sinne schlechterdings als unmöglich erscheint. Denn so wenig zweifelhaft es ist, daß die Substantialität des bürgerlichen Individuums gekoppelt ist an das Konkurrenzprinzip, so gewiß ist auch, daß die Ausbildung bürgerlicher Individualität und die Destruktion von Sinn zusammenfallen, und zwar spätestens dann, wenn das Bürgertum nicht länger, durch den Kampf gegen die ihm vorausgehende Herrschaftsform, zur Klassensolidarität gezwungen ist. Solange das Bürgertum sich gegen den Feudalismus durchzusetzen hatte, solange blieb, durch das gemeinsame Ziel, der Preis bürgerlicher Emanzipation: fortschreitendes Sinndefizit durch immer weiter vorangetriebene Vereinzelung der Subjekte, verdeckt. Daher auch läßt sich, entgegen dem angeblichen Bilderverbot, die geheime Utopie Adornos sehr genau lokalisieren: seine Utopie ist der bürgerliche Salon, der Ort, an dem der Bürger kraft der Substantialität seiner Person sich gegenüber der bisher herrschenden – und insgeheim bewunderten – Klasse behaupten kann. »Unwiderstehlich an der Musik des jungen Beethoven der Ausdruck der Möglichkeit, alles könne gut werden. Die sei's noch so fragile Versöhntheit mit der Objektivität transzendiert das Immergleiche. Die Augenblicke, in denen ein Partikulares sich befreit, ohne selbst schon wieder durch die eigene Partikularität anderes einzuengen, sind Antezipationen des Unbeengten selbst; solcher Trost strahlt vom früheren Bürgertum bis in sein spätes Zeitalter.«[12] Es ist bezeichnend, daß die Hoffnung, »alles könne gut werden«, für Adorno nach dieser Zeit nur noch durch die Erfahrung des *Naturschönen* möglich ist. In der »Ästhetischen Theorie« ist davon die Rede, »daß südliche Länder wolkenlose Tage kennen, die sind, als ob sie darauf warteten, wahrgenommen zu werden. Indem sie so strahlend unverstört zum Ende sich neigen, wie sie begannen, geht von ihnen aus, nicht sei alles verloren, *alles könne gut werden*«.[13] Während es die *Geschichte* war, die diese Hoffnung verbürgte, solange das Bürgertum noch, um den Ausdruck von Lukács aufzugreifen, eine historische »Perspektive« – nichts anderes bedeutet Adornos Formulierung »Versöhntheit mit der Objektivität« – aufzuweisen hatte.

Die Feststellung, daß bürgerliche Kunst eigentlich nicht möglich sei, trifft daher erst ganz zu, als, mit dem endgültigen Übergang der ökonomischen Macht an das Bürgertum, die historische Perspektive, die abhängig war von dem Fortbestehen feudaler Macht, schwindet: In der Tat setzt unmittelbar nach 1848, mit den Fixpunkten »Fleurs du Mal« und »Tristan«, jene Moderne ein, von der aus, Adornos »methodischem Prinzip«[14] zufolge, »Licht« auf alle vorhergehende Kunst fallen soll. Erst von diesem Augenblick an wird das Problem unabweisbar, ob eine Gesellschaft, die ihr Bewegungsgesetz in der unaufhaltsamen Vereinzelung der Individuen hat und damit in Sinnverlust terminiert – »Alle vorgegebenen Bindungen«, heißt es in der »Dialektik der

Aufklärung«, »verfielen (...) dem tabuierenden Verdikt (...) Aufklärung macht ihrem Prinzip nach selbst vor dem Minimum an Glauben nicht Halt, ohne das die bürgerliche Gesellschaft nicht existieren kann«[15] – überhaupt in der Lage sein kann, Kunst, die ihr Wesen eben in dem hat, was über das bloß Faktische hinausgeht, hervorzubringen.

Daher ist der Anbruch der Moderne identisch mit der Krise des Scheins. Denn der ästhetische Schein, durch den das bloß Faktische zum sinnvollen Ganzen synthetisiert wird, ist, als Säkularisierung des göttlichen ordo, etwas schlechthin Vorbürgerliches. Der Schein ist daher mit dem Feudalismus, als der weltlichen Repräsentanz des ordo, zwar sehr wohl vermittelbar, nicht jedoch mit dem Bürgertum. Im bürgerlichen Zeitalter wird deshalb tendenziell alle Kunst, die am Schein festhält, zur Ideologie, sie wird, indem sie die historische Realität ausblendet, zum Gegenteil von Erkenntnis.

Die Rebellion der Avantgarde gegen den ästhetischen Schein, das Phänomen der »Entkunstung« der Kunst, von dem Adornos Ästhetische Theorie ausgeht, geht hierauf zurück. Wenn bürgerliche Kunst ihre Substanz an der Rettung des durch das Allgemeine unterdrückten Besondere hat – dies war bereits der Impuls der Ästhetik Baumgartens, der das Besondere gegen die abstrahierenden Gesetze der Naturwissenschaften im Anschluß an Descartes in Schutz nahm –, dann kann sie sich nur dadurch treu bleiben, daß sie, um wieder Erkenntnis zu werden, mit dem Schein radikal bricht. Daher ist die neue Musik, die die somatischen Zuckungen des unterdrückten Einzelnen wie in Protokollsätzen aufzeichnet, in der Tat »keine Ideologie mehr«.[16] Der Preis allerdings, den sie hierfür zu entrichten hat, ist hoch: sie leistet, indem sie das Einzelne aus der Vorherrschaft des unterdrückenden Allgemeinen befreit, auf Sinn Verzicht, da Sinn, wie bereits gesagt, sich nur im Medium dessen konstituieren könnte, was über das Einzelne hinausginge. Indem bürgerliche Kunst sich ganz verwirklicht, schafft sie sich ab. Daher ist es folgerichtig, daß Adorno in der Ästhetischen Theorie die »Rettung des Scheins« zum »Zentrum von Ästhetik« heute erklärt.[17] Nur durch den Rückgriff auf das vorbürgerliche Moment des Scheins kann bürgerliche Kunst gerettet werden. Adornos Ästhetik ist im Kern der Versuch, das nicht Säkularisierbare dennoch zu säkularisieren.

Versucht man, jene Verfahrensweisen zu beschreiben, durch die Kunst gleichsam aus eigener Kraft die Überwindung des nominalistischen Dilemmas leisten soll, so treten die Begriffe »Konstruktion«, »Material« und »Ausdruck« in den Vordergrund; zwischen ihnen vermittelt der Begriff der »Idiosynkrasie«. »Konstruktion« und »Material« verweisen inhaltlich auf denselben Sachverhalt, die Ablösung von vorgegebenen Konventionen; sie unterscheiden sich dadurch, daß »Konstruktion« eher der Subjektivität des Künstlers zuzuordnen ist, während »Material« den eher objektiven Aspekt der dem Künstler zur Verfügung stehenden Formensprache akzentuiert; entscheidend ist, daß es sich tatsächlich nur um verschiedene Akzentsetzungen, kaum um einen Unterschied in der Sache handelt. »Idiosynkrasie« bezeichnet das schöpferische Potential des Künstlers – man könnte mit einigem Recht sagen, daß »Idiosynkrasie« bei Adorno an die Stelle des Begriffs der »Intuition« getreten ist, »Ausdruck« schließlich ist das eigentliche Ziel der künstlerischen Verfahrensweise, nämlich die Erscheinung eines subjektiven Moments, in dem zugleich dessen kollektiver Gehalt sichtbar wird: »Ausdruck« wäre insofern der »gerettete« Schein, in dem die subjektive Regung ohne Reglementierung durch ein allgemeines Prinzip erschiene, und doch über sich hinauswiese, also nicht auf »Sinn« Verzicht zu leisten hätte.

Konstruktion

Den Höhepunkt bürgerlicher Kunst sieht Hegel in der niederländischen Malerei, weil hier auch das Alltägliche und Zufällige in das Kunstwerk hineingenommen, zum Bild integriert werden kann. Läßt diese integrative Kraft der Kunst, die Hegel – durchaus materialistisch – darauf zurückführt, daß die Niederländer ihre Freiheit wie ihr Land fremden Mächten, dem katholischen Habsburg und dem Meer, abgetrotzt haben, im geringsten nach, so wird das Kunstwerk vom Zerfall beherrscht. Wenn alles Gegenstand der Kunst werden kann, wird sie selbst beliebig. Die integrative, den Zufall bannende Kraft des Werks beginnt gerade dann zu versagen, wenn ihr alles zugänglich zu sein scheint.

Es ist bezeichnend, daß Adorno die Notwendigkeit von »Konstruktion« historisch eben dort ansetzt, wo Hegel, im Augenblick der Vollendung bürgerlicher Kunst, bereits deren Niedergang geahnt hatte: »Hat seit dem Beginn des neueren Zeitalters, drastisch in der niederländischen Malerei des siebzehnten Jahrhunderts und im frühen englischen Roman, Kunst kontingente Momente von Landschaft und Schicksal als solche des aus der Idee nicht zu konstruierenden, von keinem ordo überwölbten Lebens in sich hineingenommen, um jenen Momenten innerhalb des ästhetischen Kontinuums aus Freiheit Sinn einzuflößen, so hat die zunächst und in der langen Periode des bürgerlichen Aufstiegs verborgene Unmöglichkeit der Objektivität von Sinn kraft des Subjekts schließlich auch den Sinnzusammenhang der Kontingenz überführt, die zu benennen einmal Gestaltung sich vermaß.«[18] Es ist offenbar, daß diese geschichtsphilosophische Analyse dem »methodischen Prinzip« der »Ästhetischen Theorie« folgt, daß vom Jüngsten her Licht auf das Ältere fallen solle. Dieser »jüngste« Entwicklungsstand wird, in demselben Zusammenhang, folgendermaßen umschrieben: »Der Prozeß zwischen Ganzem und Einzelnem ist, nachdem die oberste Instanz versagte, an das Untere zurückverwiesen, an die Impulse der Details, gemäß dem nominalistischen Stande. Nur ohne jegliche Usurpation eines vorgegebenen Übergreifenden ist Kunst überhaupt noch vorzustellen.«[19] Zweierlei also ist festzuhalten: Konstruktion wird notwendig in dem Augenblick, da das Bürgertum die Macht des feudalen Systems endgültig gebrochen und damit seine vorwärtsweisende historische Perspektive gleichsam eingeholt hat: Insofern ist sie der innerästhetische Ersatz für die verlorene Perspektive in der geschichtlichen Realität.

Darüber hinaus aber ist bemerkenswert, daß gerade die radikale Historisierung der Kunst, die Adorno durch sein »methodisches Prinzip« geleistet zu haben beansprucht, auf eigentümliche Weise enthistorisierend wirkt. Nur aufgrund jenes methodischen Prinzips werden Formulierungen möglich wie »den Sinnzusammenhang selbst der Kontingenz *überführt,* die zu benennen Gestaltung einmal sich *vermaß*«. Gewiß erscheint aus der Perspektive der Gegenwart jener Sinnzusammenhang, der sich in den Werken der frühbürgerlichen Epoche herstellte, zwar als vergangen, aber eben nicht als – und eben dies suggerieren die Formulierungen Adornos! – *von Anfang an* scheinhaft. Es ergibt sich also der überraschende Befund, daß gerade das »methodische Prinzip«, das die ästhetischen Kategorien radikal historisieren sollte, um sie auf diese Weise zur theoretischen Erfassung der Kunst als einem

»durch und durch Historischen« geeignet zu machen, tendenziell zu Urteilen *sub specie aeternitatis* führt.

Gewiß verfallen auch die Werke der Epoche, in der das Bürgertum noch eine historische Perspektive aufzuweisen hatte, der Kritik, weil sichtbar geworden ist, daß sich entgegen dem bürgerlichen Universalitätsanspruch, mit dem Fortschritt der Vernunft identisch zu sein – auf den Schein dieser Identität geht der Schein des Gelungenseins dieser Werke zurück – nur das partikulare Interesse der bürgerlichen Klasse durchsetzte. Eine solche Kritik jedoch wäre ihrerseits historisch motiviert, während die von Adorno formulierte Kritik, weil sie unterschwellig wohl von einem *absoluten, der Geschichte enthobenen Standpunkt* ausgeht, geeignet ist, jeden »nur« in der Geschichte erreichten Fortschritt als scheinhaft abzuwerten. Es ist offenbar die Feststellung, daß von der gegenwärtigen Gesellschaft eine Wendung zum Besseren nicht zu erwarten sei, die Adorno veranlaßt, von einem transhistorischen, letzten Endes theologisch vermittelten Standpunkt aus zu urteilen; dafür sprechen auch grämliche Bemerkungen wie »Es gibt immer weniger Gutes aus der Vergangenheit.«[20] Es hat daher zumindest den Anschein, als ob Adorno, ausgehend von der Perspektivlosigkeit der Gegenwart, dazu neigte, geschichtlichen Fortschritt *überhaupt* geringzuschätzen: von einem absoluten Standpunkt muß alles geschichtlich Gewordene als nichtig erscheinen. Das aber hätte zur Folge, daß die Kritik am geschichtlich gewordenen Unheil umschlüge in Affirmation, weil es, der Geschichte entrückt, endgültig von jeder möglichen Veränderung abgeschnitten wäre.

Material

Mit dem Begriff der »Konstruktion« ist zugleich das Problem gegeben, nach welchen Kriterien eine Form »konstruiert« werden müsse, um dem nominalistischen Gebot, nicht länger von übergeordneten Konventionen, sondern »von unten«, vom Einzelnen auszugehen, gerecht zu werden. Als Antwort führt Adorno die »Verwandlung der ausdruckstragenden Elemente in Material«[21] an. »Material« ist, so lautet die in der »Ästhetischen Theorie« gegebene Definition, »womit die Künstler schalten: was an Worten, Farben, Klängen, bis hinauf zu Verbindungen jeglicher Art bis zu je entwickelten Verfahrungsweisen fürs Ganze ihnen sich darbietet: insofern können auch Formen Material werden; also alles ihnen Gegenübertretende, worüber sie zu entscheiden haben.«[22] Nur dadurch kann das Material zum Maßstab der Konstruktion werden, daß es geschichtlich vermittelt ist; zugleich wird durch diese geschichtliche Vermittlung der Bestand an verfügbarem Material – und damit die Verfügungsgewalt des Künstlers – entscheidend begrenzt: »Alle seine spezifischen Züge sind Male des geschichtlichen Prozesses. Sie führen die historische Notwendigkeit mit sich, je weniger sie unmittelbar als historische Charaktere lesbar sind. Im Augenblick, da einem Akkord sein historischer Ausdruck nicht mehr sich anhören läßt, verlangt er bündig, daß seinen historischen Implikationen Rechnung trage, was ihn umgibt. Sie sind zu seiner Beschaffenheit geworden. (...) Die Forderungen, die vom Material ans Subjekt ergehen, rühren (...) daher, daß das ›Material‹ selber sedimentierter Geist, ein gesellschaftlich, durchs Bewußtsein von Menschen hindurch Präformiertes ist. Als ihrer selbst vergessene, vormalige Subjektivität hat solcher objektive Geist des Materials seine eigenen Bewegungsgesetze. Desselben Ursprungs wie der gesellschaftliche Prozeß und stets wieder von dessen Spuren durchsetzt, verläuft, was bloße Selbstbewegung des Materials dünkt, im gleichen Sinne wie die reale Gesellschaft. Daher ist die Auseinandersetzung des Komponisten mit dem Material die mit der Gesellschaft (...).«[23]

Indem das Material erkannt wird als durch und durch historisch determiniert, verändert sich der Begriff des Künstlers: er wird zum Gegenteil des aus Phantasie in freier Willkür schaffenden Genies. Der Komponist »ist kein Schöpfer. (...) Der Stand der Technik präsentiert sich in jedem Takt, den er zu denken wagt, als Problem: mit jedem Takt verlangt die Technik als Ganze von ihm, daß er ihr gerecht werde und die allein richtige Antwort gebe (...) nichts als solche Antworten, nichts als Auflösung technischer Vexierbilder sind die Kompositionen (...) Was er« – der Komponist – »tut, liegt im Unendlich Kleinen. Es erfüllt sich in der Vollstreckung dessen, was seine Musik objektiv von ihm verlangt. Aber zu solchem Gehorsam bedarf der Komponist allen Ungehorsams, aller Selbständigkeit und Spontaneität. So dialektisch ist die Bewegung des musikalischen Materials.«[24] In polemischer Abgrenzung gegen die Selbstherrlichkeit des idealistischen Subjekts beschreibt Adorno die »Tathandlung« des Künstlers noch in der »Ästhetischen Theorie« als »das Minimale, zwischen dem Problem zu vermitteln, dem er sich gegenüber sieht und das selber bereits vorgezeichnet ist, und der Lösung, die ebenso potentiell in dem Material steckt.«[25]

Es ist deutlich, daß diese Konzeption des Materials, die von der »Philosophie der neuen Musik« bis zur »Ästhetischen Theorie« im wesentlichen unverändert bleibt, von grundlegender Bedeutung ist. Sie begründet *zunächst* die strikte Ablehnung jeder Art von Rezeptionsästhetik; da den Bedürfnissen des Publikums Objektivität abgesprochen wird – schon in der »Dialektik der Aufklärung« ist die Rede von dem durch die Kulturindustrie hergestellten »Zirkel von Manipulation und rückwirkendem Bedürfnis, in dem die Einheit des Systems immer dichter zusammenschließt«[26] –, ist allein von den Kunstwerken, deren Material durch die gesellschaftlichen Prozesse geprägt ist, Aufschluß über die Objektivität des Bestehenden zu erwarten: »Unterstellt man, wie im Lebensprozeß der Gesellschaft, auch in der Kunst, und für die Ästhetik, den Vorrang der Produktion über die Rezeption, so ist impliziert die Kritik herkömmlichen, naiven Subjektivismus. Nicht ist auf Erlebnis, schöpferischen Menschen und dergleichen zu rekurrieren, sondern Kunst zu denken gemäß der objektiv sich entfaltenden Gesetzmäßigkeit der Produktion.«[27] *Sodann* ist durch den Materialbegriff und den eng mit ihm zusammenhängenden Begriff der Technik eine »Kritik des ästhetischen Relativismus« möglich; sie hat ihre »stärkste Stütze (...) an der Entscheidbarkeit technischer Fragen (...) die obersten Wahrheitsfragen des Werkes lassen in Kategorien seiner Stimmigkeit sich übersetzen. (...) Die immanente Stimmigkeit der Kunstwerke und ihre metaästhetische Wahrheit konvergieren in ihrem Wahrheitsgehalt.«[28] *Schließlich* erlaubt der Materialbegriff eine Antwort auf die Frage, wie Kunst überhaupt noch möglich sein soll in einem Zeitalter, in dem – zum erstenmal in der Geschichte – kein übergreifendes Weltbild bzw. keine abgrenzbare Klasse mehr sichtbar ist, deren Ausdruck Kunst sein könnte. »Die Welt wie sie ist«, heißt es in der »Negativen Dialektik«, »wird zur einzigen Ideologie und die Menschen deren Bestandteil. (...) Ideologie überlagert nicht das gesellschaftliche Sein als ablösbare Sicht, sondern wohnt ihr inne. Sie gründet in der Abstraktion, die zum Tauschvorgang wesentlich rechnet.«[29] Mit der notwendig sich vollziehenden Zunahme der Abstraktion verschwindet tendenziell der von Adorno stets emphatisch gebrauchte Begriff der Erfahrung: »In der zur Statik erneuerten Gesellschaft, die sich abzeichnet, scheinen dem Vorrat der apologetischen Ideologie keine neuen Motive mehr zuzuwachsen; vielmehr werden die gängigen soweit verdünnt und unkenntlich, daß sie von aktuellen Erfahrungen nur schwer desavouiert werden können.«[30] Was anders wäre – in diesem Punkt unterscheidet die Ästhetische Theorie Adornos sich übrigens am nachdrücklichsten von Ernst Blochs »Ästhetik des Vorscheins« – ist nur noch negativ erfahrbar, im Leiden, das, als Leiden, an den Einzelnen gebunden ist: »Ort von Erfahrung in allen bestehenden Gesellschaften sind die Monaden. Weil Individuation, samt dem Leiden, das sie involviert, gesellschaftliches Gesetz ist, wird einzig individuell Gesellschaft erfahrbar. Die Substruktion eines unmittelbaren Kollektivsubjekts wäre erschlichen und verurteilte das Kunstwerk zur Unwahrheit, weil sie ihm die einzige Möglichkeit von Erfahrung entzöge, die heute offen ist.«[31]

Wenn Erfahrung nur noch negativ, als subjektiv empfundenes Leiden, möglich ist, dann kann das nominalistische Kunstwerk, das »nicht anders mehr gelingen kann, als soweit das Subjekt es von sich aus füllt«,[32] allein noch dieses Leiden des Subjekts zum Inhalt haben: Kunst besteht fort als »Bewußtsein von Nöten«.[33] Daher ist das Kunstwerk prinzipiell nicht in der Lage, konkrete Hinweise auf einen qualitativ anderen Zustand zu vermitteln, von der Konzeption des Kunstwerks als des Vorscheins eines noch nicht Seienden zu schweigen. Eher noch als das Kunstwerk – zu dieser Konsequenz sieht Adorno sich gegen Ende des Haupttextes der »Ästhetischen Theorie« genötigt – wäre Gesellschaftstheorie in der Lage, einen anderen gesellschaftlichen Zustand anzudeuten: »Die wahre Schwelle zwichen Kunst und anderer Erkenntnis mag sein, daß diese über sich selbst hinauszudenken vermag, ohne abzudanken, Kunst aber nichts Stichhaltiges hervorbringt, was sie nicht von sich aus, auf dem geschichtlichen Standort, auf dem sie sich findet, füllte. Die Innervation des ihr geschichtlich Möglichen ist der künstlerischen Reaktionsform wesentlich. (. . .) Will Kunst, um theoretisch höherer sozialer Wahrheit willen, mehr als die ihr erreichbare und von ihr zu gestaltende Erfahrung, so wird sie weniger, und die objektive Wahrheit, die sie sich zum Maße setzt, verdirbt sich zur Fiktion.

Sie verkleistert den Bruch von Subjekt und Objekt.«[34] Vor dieser Bemerkung, die geeignet ist, das von Adorno stets behauptete Verhältnis von Kunst und Gesellschaft grundsätzlich in Frage zu stellen, muß es als äußerst problematisch erscheinen, daß Adornos Gesellschaftstheorie zielstrebig in eine Philosophie der Kunst einmündete. Die bedrückende Vermutung ist nicht von der Hand zu weisen, daß – entsprechend der bereits erwähnten Abwertung alles nur geschichtlichen Fortschritts vom Standpunkt eines Absoluten aus – auch Adornos Theorie der Gesellschaft von Anfang an nicht auf Veränderung der sozialen Realität hin angelegt war, sondern, wie die Ästhetik, in der Hoffnung auf eine schließlich doch noch erfolgende *Erlösung*, die dann nur als *religiöse* gedacht werden kann.

Idiosynkrasie

Wenn dem Subjekt, als dem »Organon von Kunst«, nur noch negative Erfahrung möglich ist, dann stellt sich die Frage, ob die bestimmte Negation des Bestehenden, die das Kunstwerk doch sein soll, nicht dazu tendiert, abstrakt, bloße Verdoppelung des mehr oder weniger diffus empfundenen Leidens zu werden. Hiergegen werden die Begriffe der Form und der Idiosynkrasie, die ihrerseits von Mimesis nicht abzulösen ist, angeführt. Indem die Künstler auf die Materialien idiosynkratisch reagieren, durch den »Refus« der Materialien, die, bedingt durch den Entwicklungsstand der – außerästhetischen – Produktivkräfte, die subjektive Erfahrung nicht mehr zu tragen vermögen, wird subjektive Erfahrung *geformt, zum Werk objektiviert:* nur als Geformtes aber vermag es in bestimmten Gegensatz zur Empirie zu treten. »Im ästhetischen Fürsichsein steckt das von kollektiv Fortgeschrittenem, dem Bann entronnene. Jede Idiosynkrasie lebt, vermöge ihres mimetisch-vorindividuellen Moments, von ihrer selbst unbewußten kollektiven Kräften. Daß diese nicht zur Regression treiben, darüber wacht die kritische Reflexion des wie immer auch isolierten Subjekts.«[35]

Dem Begriff der Idiosynkrasie kommt also zentrale Bedeutung zu, und zwar aufgrund seines Doppelcharakters, der ihn teilhaben läßt sowohl an archaischer *Mimesis,* der noch nicht vom Besonderen abstrahierenden Angleichung an die Natur, als auch an *Reflexion,* dem Medium des Allgemeinen. »Idiosynkrasie ... heftet sich an Besonderes«, heißt es im Kapitel über Antisemitismus in der »Dialektik der Aufklärung«. »Als natürlich gilt das Allgemeine, das, was sich in die Zweckzusammenhänge der Gesellschaft einfügt. Natur aber, die sich nicht durch die Kanäle der begrifflichen Ordnung zum Zweckvollen geläutert hat, der schrille Laut des Griffels auf Schiefer, der durch und durch geht, der haut goût, der an Dreck und Verwesung gemahnt, der Schweiß, der auf der Stirn des Beflissenen sichtbar wird; was immer nicht ganz mitgekommen ist oder die Verbote verletzt, in denen der Fortschritt der Jahrhunderte sich sedimentiert, wirkt penetrant und fordert zwangshaften Abscheu heraus. – Die Motive, auf die die Idiosynkrasie anspricht, erinnern an die Herkunft. Sie stellen Augenblicke der biologischen Urgeschichte her: Zeichen der Gefahr, bei deren Laut das Haar sich sträubte und das Herz stillstand. In der Idiosynkrasie entziehen sich einzelne Organe wieder der Herrschaft des Subjekts; selbständig gehorchen sie biologisch fundamentalen Reizen.«[36] Idiosynkrasie also vermittelt zwischen archaischer Mimesis, die das Besondere noch nicht der Herrschaft des Begriffs unterwirft, und der Kunst der Avantgarde, die allein noch im Stande der vollendeten Abstraktheit aller Lebensverhältnisse dem Besonderen, dem somatischen Impuls zum Ausdruck verhilft.

Ausdruck

Aber Idiosynkrasie rettet nicht nur das durch die »instrumentelle« Vernunft unterdrückte Besondere, sie enthält zugleich ein allgemeines Moment, da sie, als Rudiment von Mimesis, auf kollektives Verhalten verweist. Während das Sinnversprechen traditioneller Kunst als Ideologie, ihre Formimmanenz als durch Herrschaft vermittelt erkannt ist – »Es war der Klassensinn der traditionellen Musik, durch ihre bruchlose Formimmanenz wie durchs Angenehme der Fassade zu proklamieren, daß es im Wesen keine Klassen gäbe«[37] –, verweist allein die Kunst der Avantgarde auf eine Kollektivität, die dem Besonderen nicht länger vorgeordnet ist, sondern die am Besonderen ihre Substanz hat. Solche nicht länger ideologische Kollektivität erscheint als »Ausdruck«, der, nach dem Zerfall der ausdruckstragenden Formen, nur noch dort authentisch ist, wo sein Inhalt, das Besondere, nicht mehr als Fiktion, sondern unmittelbar, als Ausdruck von Leiden erscheint: »Worin der Gedanke hinaus ist über das, woran er widerstrebend sich bindet, ist seine Freiheit. Sie folgt dem Ausdruckszwang des Subjekts. Das Bedürfnis, Leiden beredt werden zu lassen, ist Bedingung aller Wahrheit. Denn Leiden ist Objektivität, die auf dem Subjekt lastet; was es als sein Subjektivstes erfährt, sein Ausdruck, ist objektiv vermittelt.«[38] Nur wenn das Kunstwerk das Besondere, und zwar ausschließlich das Besondere, zum Inhalt hat; nur »wo es in der monadologisch verschlossenen eigenen Struktur die ihm objektiv vorgezeichnete, seine Situation, so weit treibt, daß es zu deren Kritik wird«,[39] wird das Besondere zum Allgemeinen, das im »Ausdruck« erscheint.

Daher geht noch von der modernen Kunst, die ihre Substanz hat an der Negation allen vorgegebenen Sinnes, ein Sinnversprechen aus. Allerdings kann dieser Sinn nur ein negativer sein, da auch die Kollektivität, die ihn hervorbringt, negativ ist: kein klassenbewußtes Kollektiv, eher die Gemeinschaft einer leidenden Menschheit, die auf Erlösung hofft. »Die Schocks des Unverständlichen, welche die künstlerische Technik im Zeitalter ihrer Sinnlosigkeit austeilt, schlagen um, sie erhellen die sinnlose Welt. Dem *opfert* sich die neue Musik. Alle Dunkelheit und *Schuld* hat sie *auf sich genommen*. All ihr Glück hat sie daran, das Unglück zu erkennen; all ihre Schönheit, dem Schein des Schönen sich zu versagen. *Keiner will mit ihr etwas zu tun haben*, die Individuellen wie die Kollektiven.«[40] In diesem Satz, in dem die neue Musik beschrieben wird wie Christus im Garten Gethsemane, tritt der latent »ägyptische« Zug von Adornos Philosophie, die Lehre, alles Leben müsse, um wahres Leben zu werden, durch den Tod hindurchgehen, nach außen und gibt seinen theologischen Gehalt frei.

Anmerkungen

1 Philosophie der neuen Musik. Gesammelte Werke, hrsg. v. Rolf Tiedemann, XII, Frankfurt am Main 1975, 101.
2 Max Horkheimer und Theodor W. Adorno, Dialektik der Aufklärung, Frankfurt am Main 1969, 11seq.
3 Op. cit., 173.
4 Philosophie der neuen Musik, 44.
5 »In poemata res repraesentandas quantum pote determinari poeticum.« »Individua sunt omnimode determinata, ergo repraesentationes singulares sunt admodum poeticae.« Alexander Gottlieb Baumgarten, Meditationes philosophicae de nonnullis ad poema pertinentibus, 1735, §§ 18, 19. Zu den zitierten Sätzen schreibt Baeumler zu Recht: »In diesen knappen Sätzen ist für die ästhetische Theorie mehr geleistet als in den wortreichen Büchern Bodmers und Breitingers von 1740, von denen man in Unkenntnis der ›Meditationen‹ Baumgartens Ästhetik gewöhnlich abhängig sein läßt.« (Alfred Baeumler, Das Irrationalitätsproblem in der Ästhetik und Logik des 18. Jahrhunderts bis zur Kritik der Urteilskraft. Halle an der Saale 1923, Neuausgabe Darmstadt 1967. 219) – Eine vollständige deutsche Fassung der Meditationes ist abgedruckt bei Albert Riemann, Die Aesthetik Alexander Gottlieb Baumgartens. Halle 1928. – Zur Begründung der Ästhetik durch Baumgarten cf. Hartmut Scheible, Ästhetik von Opitz bis Adorno, München 1980.
6 Philosophie der neuen Musik, 44.
7 Op. cit., 46seq.
8 Op. cit., 22.
9 Ästhetische Theorie, 330. Gesammelte Werke, hrsg. v. Rolf Tiedemann und Gretel Adorno, Frankfurt am Main 1970.
10 Op. cit., 327.
11 Philosophie der neuen Musik, 120seq.
12 Negative Dialektik. Frankfurt am Main 1966, 299.
13 Ästhetische Theorie, 114 (Hervorhebung nicht im Original).
14 Cf. Ästhetische Theorie (Frühe Einleitung), 533.
15 Dialektik der Aufklärung, 100.
16 Philosophie der neuen Musik, 124.
17 Ästhetische Theorie, passim, bes. 156, 164.
18 Op. cit., 234seq.
19 Op. cit., 234.
20 Op. cit.
21 Philosophie der neuen Musik, 27.
22 Ästhetische Theorie, 222.
23 Philosophie der neuen Musik, 38seq., 39seq.
24 Op. cit., 42.

25 Ästhetische Theorie, 249.
26 Dialektik der Aufklärung, 129.
27 Ästhetische Theorie (Frühe Einleitung), 527.
28 Op. cit., 419, 420.
29 Negative Dialektik, 269, 345.
30 Op. cit., 105.
31 Ästhetische Theorie, 385.
32 Op. cit., 68.
33 »Dieses Theorem gehört«, wie Jürgen Trabant bemerkt hat, »inhaltlich ganz allein zu Adornos ästhetischer Theorie und den historischen Erfahrungen, die diese reflektiert. Die philosophiegeschichtliche Filiation des Theorems von Hegel her beruht auf einem amüsanten Lesefehler Adornos.« Jürgen Trabant, »Bewußtseyn von Nöthen«. Philologische Notiz zum Fortleben der Kunst in Adornos ästhetischer Theorie. In: Text + Kritik, Sonderband Theodor W. Adorno, München 1977, 130-135; 132. Cf. zuvor schon Norbert Mecklenburgs zutreffende Vermutung in: N. Mecklenburg, Harro Müller, Erkenntnisinteresse und Literaturwissenschaft. Stuttgart, Berlin, Köln, Mainz 1974.
34 Ästhetische Theorie, 385.
35 Op. cit., 69.
36 Dialektik der Aufklärung, 188seq.
37 Philosophie der neuen Musik, 124.
38 Negative Dialektik, 27.
39 Ästhetische Theorie, 385.
40 Philosophie der neuen Musik, 126. (Hervorhebungen nicht im Original)

III Implikationen und Modelle

Norbert W. Bolz
Nietzsches Spur in der Ästhetischen Theorie

Man kann einer Spur nicht nachfragen, ohne sie zu verwischen. Denn sie ist das Unwillkürliche. Nietzsches Spur in Adornos Ästhetischer Theorie zu folgen, kann deshalb nur heißen, einige Motive des Anti-Idealisten, die der Hegelianer dialektisch weitergedacht hat, zu profilieren, ohne sie in eine wirkungsgeschichtliche Linie zu zwingen.

I

Nietzsche hat in seinem kritischen Prozeß gegen die Kunstreligion Richard Wagners ein Modell transzendenter Kunstkritik angedeutet, das Adornos dialektische Ästhetik musiksoziologisch ausführt. Mit Nietzsches Kritik der narzißtischen Positivität Wagners,[1] jenem »Glück des Künstlers an sich selber«, dem sich der ästhetische »Wille zur Logik« des Kunstwerks in einem regressiven »Strom von Behagen« verflüchtigt,[2] überschreitet die Ästhetische Theorie die Immanenz künstlerischer Stimmigkeit und vermittelt deren Logik mit Ideologiekritik: Wagners Verwerfung der ästhetischen Dialektik von konstruktiver Identität und expressiver Nichtidentität wird musiksoziologisch als Index gesellschaftlicher Unwahrheit gedeutet.

Den Rausch- und Surrogatcharakter der Wagnerschen Musik, die eine kollektive Regression in Szene setzt, hat schon Nietzsches Kritik der Mängel kompositorischer Technik auf eine tragende gesellschaftliche Ideologie durchsichtig gemacht. Adorno erhebt die »Vermittlung des Meta-Ästhetischen und Künstlerischen«[3] dann zum Verfahrensparadigma: statt werkgeschichtlich zu interpretieren, um dann nach dem Muster orthodoxer Kunstsoziologie eine Ideologiekritik der Inhalte aufzusetzen, möchte Adornos »materiale Ästhetik« die »objektiven Vermittlungen«[4] der kompositorischen Struktur gesellschaftlich ausdeuten. Exemplarisch hat Nietzsche dies dort geleistet, wo er die technologische Verdinglichung des musikalischen Ausdrucks bei Wagner nachweist: Ausdruck, der gegen die Verdinglichung revoltiert, wird als inszenierter selber dinghaft. »Wagner kann malen, er benutzt die Musik nicht zur Musik, er verstärkt Attitüden«.[5] Nietzsches Kritik des manipulierten Ausdrucks in Wagners Musik richtet sich gegen Schauspielerei und Stilauflösung,[6] in der alle ästhetische Logik in Reihungen konvulsivischer Affekte und persuasiver Klangfarbenmalerei verschwimmt. »Die Farbe des Klanges entscheidet hier; *was* erklingt, ist beinahe gleichgültig.«[7]

Für Nietzsche perfektioniert sich »das Raffinement als Ausdruck des *verarmten* Lebens«[8] in Wagners Werk zur Signatur seiner gesellschaftlichen Gegenwart – der ›dekadenten‹ Moderne. Im inszenierten Ausdruck erkennt er die Liquidation des Subjekts und damit auch des Ausdrucks. Wo die avantgardistische Kunst, auf die Adorno philosophisch reagiert, Nietzsches historische Erfahrung ästhetisch zu sich kommen läßt, verhält sie sich asketisch gegen den notwendig immer auch disponierten Ausdruck, in dem sich ein bürgerliches Ich als selbständig behauptet und sein Funktionieren in der entfremdeten Gesellschaft überspielt. Deshalb konvergiert die moderne Expression mit Ausdruckslosigkeit, in der die Kunst den Tod des Subjekts diskontiert: »Ausdruck ist das klagende Gesicht der Werke.«[9]

Adornos Geschichtsphilosophie des Expressiven folgt der Kritik Nietzsches an Wagner bis zur ästhetischen Einsicht, daß dieser *»das Sprachvermögen der Musik ins Unermeßliche vermehrt«* hat,[10] ohne nun jedoch, wie Nietzsche es noch versucht, das Schauspielerische, Szenische an Wagners Werk als Dekadenzerscheinung abzutun, sondern er erkennt die Verwandtschaft von Sprachlich-Szenischem und Musikalischem im mimetischen Impuls.

Das dialektische Modell transzendenter Kritik kann also nicht an Nietzsches Wagner-Polemik direkt abgelesen, wohl aber, mit immanenten Strukturanalysen zusammengedacht, aus ihr herausgetrieben werden. Denn obwohl Nietzsche das Ereignis Wagner zum Resumee der Modernität stilisiert – »Durch Wagner redet die Modernität ihre *intimste* Sprache«[11] –, zerfällt seine Kritik doch in Kurzschlüssen zwischen einer Kritik der Ideologie und einer ästhetischen.

»Höhere Kritik«[12] und Kunstkritik, gesellschaftlicher Wahrheitsgehalt und artistische Stimmigkeit stehen aber in einem dialektischen Verhältnis, das Adorno entwickelt – keineswegs sind sie identisch, wie Nietzsche im ›Fall Wagner‹ unterstellt. Das

Auseinanderweisen von gesellschaftlichem Wahrheitsgehalt und ästhetischer Logizität des Kunstwerks setzt eine Dialektik der kritischen Verfahrensweisen in Gang, denn manche Gebilde »sind wahr als Ausdruck eines an sich falschen Bewußtseins. Das ist einzig von transzendenter Kritik zu treffen«,[13] jener höheren, die Adorno in Nietzsches Wagner-Polemik exemplarisch vollzogen sieht. Dabei übersteigt die Kritik des ästhetischen Wahrheitsgehalts die bloße Frage nach der werkimmanenten Sinnerfahrung, und die zunächst rein wirkungsästhetisch angelegte Argumentation Nietzsches wird unmittelbar ideologiekritisch. »So wenig es in der Kunst auf die Wirkung, so sehr es auf ihre eigene Gestalt ankommt: ihre eigene Gestalt wirkt gleichwohl. Deshalb sagt die kritische Analyse der Wirkung manches über das, was die Kunstwerke in ihrer Dinghaftigkeit in sich verschließen.«[14]

Doch Nietzsches wirkungsästhetische Wagnerkritik ruht einer starren Antithese von Schauspielerei und Echtheit auf, die von einer dialektischen Ästhetik verflüssigt werden muß; dies nicht nur, weil der von Nietzsche noch anti-ideologisch konzipierte Terminus »Echtheit«, der in Adornos Authentizitätsbegriff kunstlogisch präzisiert wiederkehrt, vom Jargon der Eigentlichkeit diskreditiert wurde. Gerade an Nietzsches Polemik gegen Wagner kann der Terminus Echtheit nämlich als Transposition des Identitätsprinzips in die Ethik durchschaut werden: dem hinter Rollen versteckten Schauspieler wird der ›echte‹, mit sich identische Mensch entgegengestellt. Dabei erscheint bei Nietzsche der Schauspieler auch und gerade soziologisch als paradigmatische Figur der dekadenten Moderne – »jetzt erlahmt die bauende Kraft«,[15] der moderne Rollenspieler ist kraftlos und sich selbst entfremdet: »er sondert jene kleinen, gemachten Dinge ab, welche einzeln und kaltblütig vor dem Spiegel eingeübt sind und nicht ins Ganze hineinwachsen wollen«.[16] Aber hier, in der soziologischen Überdeterminierung des Schauspielers als gesellschaftliches Paradigma der dekadenten Moderne, kippt Nietzsches Kritik des sich selbst verleugnenden Mimen in die blinde Ablehnung des Schauspiels um, während doch aller Kunst ein ›theatralisches‹ Moment eigen ist – Mimesis.

II

Brüche in Nietzsches Texten, Widersprüche seiner Reflexionsansätze bereiten zumeist schon den dialektischen Entwicklungsschritt vor, mit dem Adorno die Sphäre lebensphilosophischer Denkfiguren überschreitet. Dies zeigt sich deutlich an Nietzsches ambivalentem Verhältnis zu Konventionen, die zunächst aus einem gesellschaftlichen Entfremdungsprozeß der Sprache abgeleitet werden. Erkrankt sei sie im Übergang von der ursprünglichen Artikulation der Gefühle zur terminologischen Rede: »der Wahnsinn der allgemeinen Begriffe« macht die moderne Sprache spröde gegen den Ausdruck des gesellschaftlichen Leidens und die Mitteilung von Empfindungen, die aller Konvention – der sklavisch reproduzierten Sprachschablone – diametral entgegengesetzt sind. Dies »Leiden der *Konvention*« – »das heißt des Übereinkommens in Worten und Handlungen ohne ein Übereinkommen des Gefühls« – denkt Nietzsche zunächst in starrer Antithese zum Trost des Ästhetischen: in ihm »*ertönt die in Liebe verwandelte Natur.*«[17] Doch hat Nietzsche die Dialektik der Konvention schon in seiner Unzeitgemäßen Betrachtung über den Nutzen und Nachteil der Historie für das Leben über jene Antithese hinausgetrieben und zugleich gesellschaftlich bestimmt: gerade wo die Konventionen geleugnet und abstrakt negiert werden, wie, nach Nietzsches Gegenwartsdiagnose, in Deutschland, ist ihre Macht am größten und ungebrochen – sie »zeigt sich im Negativen«. Derart hat Nietzsche die im Gehäuse privater Innerlichkeit inszenierte Natursehnsucht seiner bürgerlichen Zeitgenossen als politisches Reversbild totaler gesellschaftlicher Unmündigkeit, u. d. h. der ungebrochenen Herrschaft fremdverordneter Konventionen, durchschaut. »Indem man zum Natürlichen zurückzufliehen glaubte, erwählte man nur das Sichgehenlassen, die Bequemlichkeit und das möglichst kleine Maß von Selbstüberwindung.«[18] Die Dialektik dieser Denkfiguren gewinnt Nietzsche jedoch nur um den Preis einer Entschärfung des Konventionsbegriffs. War dieser zunächst immer auch Inbegriff von Leiden, so hypostasiert ihn Nietzsche – auf dem Hintergrund der angedeuteten Dialektik – zur Bedingung ästhetischen Gelingens. »Jede reife Kunst hat eine Fülle von Konvention zur Grundlage: insofern sie Sprache ist. Die Konvention ist die Bedingung der großen Kunst, *nicht* deren Verhinderung.«[19]

Nietzsche hat diese Überlegungen nicht mehr bis zu einer ästhetischen Dialektik von Innovation und Konvention weitergetrieben und er verdeckt deren Index gesellschaftlichen Leidens, wo er die ästhetischen Konventionen als arbiträre, bloß spielerische Übereinkünfte der Artisten deutet. Adorno zufolge ist dies das »Pseudos der Nietzscheschen Verteidigung der Konventionen, entsprungen in ungebrochenem Widerstand gegen die Bahn des Nominalismus und in Ressentiment gegen den Fortschritt ästhetischer Materialbeherrschung«.[20] Kunstgeschichtlich scheint der ästhetische Nominalismus die geschichtsphilosophische Dialektik der Konvention einseitig gegen diese zu entscheiden, da sich avantgardistische Werke nach Adornos Begriff auf andere nur noch durch Negation beziehen. Dies schließt auch eine ästhetisch begründete Metakritik der bürgerlichen Fortschrittskritik mit ein, die sich unmittelbar auf Nietzsche stützt: »Der ›Fortschritt‹ ist bloß eine moderne Idee, das heißt eine falsche Idee.«[21]

Die problematische Kategorie des Fortschritts, der als einer der Naturbeherrschung immer auch fortschreitende Beherrschung der Subjekte war, ist im Bürgertum in Verruf geraten, seit gesellschaftlicher Fortschritt eins wäre mit der Überwindung der bürgerlichen Gesellschaft. Darauf und auf eine komplementäre Ästhetisierung des Lebens antwortet Adorno mit der ästhetisch-kritischen Kategorie eines Fortschritts in der künstlerischen Materialbeherrschung. Als Medium der Emanzipation ästhetischer Subjektivität steht die Materialbeherrschung in dialektischem Verhältnis zur je herrschenden künstlerischen Konvention und objektiven Formverpflichtung, dem terminus a quo ästhetischen Fortschritts.

Adorno trägt die Dialektik in kritischem Verhältnis zu Nietzsche, zumal dessen These aus, das »*Notwendige am Kunstwerk*« werde allgemein übertrieben und trete eigentlich hinter den artistischen »Spielsachen«, gleichgültigen Materialien, die man »hinzutun oder weglassen« könne, zurück. »Die Formen eines Kunstwerks, welche seine Gedanken zum Reden bringen, also seine Art zu sprechen sind, haben immer etwas Läßliches, wie alle Art Sprache.«[22] Gerade Nietzsches Bestimmung des Kunstwerks durch seine Freiheit-in-sich präsupponiert aber autoritative Konventionen, die eine ästhetische Totalität a priori sichern. Da diese jedoch in einem geschichtsphilosophischen Stand, den Lukács transzendentale Obdachlosigkeit nannte, unwiederbringlich verloren ist, scheint sich die kritische Modernität Nietzsches für Adorno auf das ironische Inszenieren entsubstantialisierter Formen zu reduzieren.

Doch Adorno hat auch diese kritische Weiterentwicklung Nietzschescher Denkfiguren dialektisch angelegt: dessen Bestimmung von Kunst durch ästhetische Übereinkunft bewahrt bei aller Rückständigkeit gegenüber der Avantgarde eine kulturelle Perspektive der Gewaltlosigkeit, aus der die ästhetische Progression der Moderne, nämlich die unaufhaltsame Liquidation von Konventionen, eine regressive Dimension zu erkennen gibt: die konventionslose, autonome Moderne exponiert sich der Gefahr, nicht einmal das Organisationsniveau der zerfallenden Kultur zu erreichen, zu der sie sich antithetisch verhält.

Das Problem der Konventionen läßt sich im Horizont einer Ästhetischen Theorie zunächst als das der Nietzscheschen Kulturkritik reformulieren: sie setzt eine Restsubstantialität jener Kultur voraus, die sie als dekadent kritisiert; mithin zehrt der Geist der Kulturkritik von dem des Bestehenden, das von ihr bei seiner eigenen Ratio genommen wird. So wendet Adorno Reflexionsfiguren Nietzsches, indem er sie weiterdenkt, gegen diesen selbst, dessen Härte von der Hoffnung grundiert scheint, die Aufhebung der Illusionen über die Gewaltstrukturen des Bestehenden würde diese selbst aufheben. Deshalb kann Adorno Nietzsches Kulturkritik als extremierte Form gerade jenes Liberalismus deuten, gegen den der Umwerter angeht. »Die liberalen Institutionen hören alsbald auf, liberal zu sein, sobald sie erreicht sind«[23] – liberale Kritik des Liberalismus konturiert schon die Dialektik, die in Adornos Ästhetischer Theorie zu sich kommt.

In einer weiteren Reformulierung des Konventionsproblems diskutiert Adorno im Anschluß an Nietzsche das Verhältnis von ästhetischem Material und Signifikanz. Daß nichts in der Kunst an und für sich bedeutungsvoll sei, hat Nietzsche, auf Musik bezogen, in die These gefaßt, daß alle »Bedeutsamkeit erst in den Klang *hineingelegt*«[24] werde – vom rezipierenden Subjekt. D. h. in Adornos Lesart, daß Intentionen zwar das Material besetzen, ihm zugleich aber auch widersprechen. Nun darf jedoch nicht die intentionslose Dimension des ästhetischen Materials als Ansich hypostasiert werden, wie es Nietzsche in der Konsequenz seiner These von der vollständigen Heteronomie des Bedeutens fordert.[25] Denn das Material ist für Adorno sedimentierter objektiver Geist, der zum subjektiven der Intention in dialektische Beziehung tritt.

Gerade der in Material, Form und Konvention des künstlerischen Verfahrens abgelagerte objektive Geist, der die autonomen Kunstwerke mit der Gesellschaft vermittelt, vor der sie zurückweichen, prägt den Prozeß und die Logik der einzelnen Gebilde. »Dennoch ist ihre Logizität nicht à la lettre zu nehmen. Darauf zielt Nietzsches Bemerkung – die allerdings die Logizität der Kunst amateurhaft unterschätzt –, daß in den Kunstwerken alles nur so erschiene, als ob es so sein müsse und nicht anders sein könne.«[26] »Diese vielen kleinen Züge und Ausfeilungen« am Kunstwerk, die Nietzsche zu »Spielsachen« degradiert,[27] sind nach Adorno Momente des Nichtidentischen, die die integrale Konstruktion des modernen Artisten »ihrer immanenten Notwendigkeit zu absorbieren«[28] sucht, statt sie, wie der abstraktive Begriff, zu vernichten.

III

Nur im Horizont der Dialektik von integraler Konstruktion und Nichtidentischem, Kunstfremdem – und damit, für den Künstler: Ichfremdem –, bzw. der Veränderung einer artistischen Konzeption im Selbstprozeß der ästhetischen Objektivation kann Adorno noch einmal den Begriff des Genialen motivieren. »Das Moment des Ichfremden unterm Zwang der Sache ist wohl das Signum dessen, was mit dem Terminus genial gemeint war.«[29] Hier folgt Adorno der Spur Nietzsches, der das Genie durch die Fähigkeit charakterisierte, »den *kairos,* ›die rechte Zeit‹ – zu tyrannisieren, um den Zufall am Schopf zu fassen!«[30] Der historische Augenblick des ästhetischen Gelingens verknüpft die artistische Objektivationsleistung mit Glück und Zufall – dem Nichtsubjektiven, Unkalkulierbaren.[31] Deshalb konstituiert sich das geniale ästhetische Subjekt allererst im künstlerischen Objektivationsprozeß und ist nicht etwa dessen Apriori. Es ist »in seine Schöpfungen verkleidet, bis ins Unerkennbare; das ›Werk‹, das des Künstlers, des Philosophen, erfindet erst den, welcher es geschaffen hat, geschaffen haben soll«.[32] Der Ort des Ichfremden, Nichtidentischen am Kunstwerk sind unaufgelöste Stoffschichten der integral geplanten Konstruktion. In der Sympathie für dies Stoffliche meldet sich eine rationalismuskritische Skepsis gegen die verfälschenden Abstraktionen des Geistes. Dessen Ablösung vom sinnlichen Substrat des Denkens hat »den Intellekt selbst zertrümmert«.[33]

Damit antizipiert Nietzsche einen zentralen Befund der dialektischen Ästhetik Adornos: die Dialektik der Vergeistigung im Kunstwerk. Der Geist, der an seiner Stofflosigkeit zerbricht, gravitiert als zerfallender von sich aus zum Stofflichen. Es zerfällt die Identität des ästhetisch konstruktiven Geistes an sich in Verschiedenheit. »Der Primat des Geistes in der Kunst und das Eindringen des zuvor Tabuierten sind zwei Seiten des gleichen Sachverhalts.«[34] So reflektiert das Kunstwerk die Antithese seiner Formenordnung zum Chaos der Welt nochmals in sich. Ein Gedanke Nietzsches bezeichnet die utopische Differenz der ästhetischen Ordnung zur gesellschaftlichen Notwendigkeit: »Der Gesamtcharakter der Welt ist dagegen in aller Ewigkeit Chaos, nicht im Sinne der fehlenden Notwendigkeit, sondern der fehlenden Ordnung, Gliederung, Form, Schönheit, Weisheit, und wie alle unsere ästhetischen Möglichkeiten heißen.«[35]

Die Dialektik, die zwischen der integralen Konstruktionsabsicht des ästhetischen Subjekts und dem hereinragenden Kunstfremden spielt, und den in ihr kristallisierten Geniebegriff hat Nietzsche auf die Antike bezogen. Er empfindet seine Gegenwart »in nächster Nähe der alexandrinisch-griechischen Welt«,[36] die Adorno analog als Urgeschichte der Bürgerlichkeit deutet. Gemeinsam ist ihnen die Konzeption einer Dialektik der Aufklärung, die sich im Verhältnis von Mythos und Genius ästhetisch konkretisiert. Schon Nietzsche hat von der Unmöglichkeit gesprochen, einen von der Natur abgeschiedenen, reinen Begriff von Humanität zu gewinnen und an den »unheimlichen Doppelcharakter«[37] der Natur erinnert, den jeder Mensch an sich trage: Existenzbedrohung und zugleich Substrat von Menschlichkeit zu sein. Daß die Emanzipation des Menschen aus der Naturverfallenheit nicht durch die Liquidation der Natur, die er ja auch ist, gelingt, hat die Kunst im Verhältnis von Genius und Mythos durchfiguriert: das Schöne überlebt und konstituiert sich nur durch Mimesis ans Schreckliche. So hat Humanität ihr dialektisches Modell daran, »wie der Grieche zu seinem Mythus stand, als zu einem etwas, an dem man formt und dichtet, zwar mit

Liebe und einer gewissen scheuen Andacht, aber doch mit dem Hoheitsrecht des Schaffenden.«[38] Damit wird, durch einen rein ästhetisch konzipierten Humanitätsbegriff vermittelt, Nietzsches Beschwörung der griechisch-alexandrinischen Welt auch für Adorno maßgebend. »Die von Nietzsche erkannte Geschichte des hellenischen Geistes ist unverlierbar, weil sie in sich selbst den Prozeß zwischen dem Mythos und dem Genius austrug und darstellte.«[39]

Kunst will den Mythos entmächtigen, indem sie ihn nachahmt – das Gegenteil von Identifikation. Identifizierendes Verhalten, das im Zauberkreis des Bestehenden verbleibt, objektiviert sich nach der Seite der Produktion in Abbildung, rezeptiv im Genuß, dessen Kritik Adorno im Anschluß an Nietzsche formuliert. Gegen alle bloß Genießenden hat dieser kritisch auf den naiven, vorästhetischen Status des Kunstgenusses hingewiesen, dessen Distanzlosigkeit den transzendierenden Geist im Ästhetischen liquidiert und sich lustvoll mit dem Leiden identifiziert. »Genuß und Unschuld nämlich sind die schamhaftesten Dinge: Beide wollen nicht gesucht sein.«[40] Da der Kunstgenuß kompensatorisch über die erzwungene Askese des gesellschaftlichen Lebens hinwegtäuschen möchte, verfällt er Adornos Kritik, denn der Genuß des Geistes im Kunstwerk verdeckt, daß der Geist das Leben ist, »das selber ins Leben schneidet«.[41] Dialektisch exponiert wird hier die später lebensphilosophisch erstarrte Antithese von Geist und Leben, wie sie dann der bürgerliche Roman im Konflikt von Bürger und Künstler durchfigurierte.

»Das ganze menschliche Leben ist tief in die Unwahrheit eingesenkt«,[42] und nur seine Potenzierungsform: »der *höchste* Mensch« als ästhetisch auskristallisierter Idealtypus, der »*den Gegensatz-Charakter des Daseins* am stärksten darstellte«,[43] erscheint Nietzsche noch wahrheitsfähig. Durch die Dialektik der Vergeistigung aber kommuniziert auch die Kunst mit dem Schuldzusammenhang des Lebendigen, den sie denunziert: zwar werden im gesellschaftlichen Fortschritt der kulturellen Sublimierung »die Formen unseres Lebens immer *geistiger*«,[44] doch der »Geist ist das Leben, das selber ins Leben schneidet«.[45] – »Die vom Vitalismus seit Nietzsche endlos nachgeplapperte Antithese von Form und Leben hat davon zumindest etwas gespürt. Kunst gerät in die Schuld des Lebendigen, nicht nur, weil sie durch ihre Distanz die eigene Schuld des Lebendigen gewähren läßt, sondern mehr noch, weil sie Schnitte durchs Lebendige legt, um ihm zur Sprache zu verhelfen, es verstümmelt.«[46]

Nietzsche hat die »Identität von Dasein und Verschuldetsein«[47] am geschichtsphilosophischen Paradigma der griechischen Kulturentwicklung aufgewiesen, deren Vergeistigungsprozesse an die urgeschichtliche Grausamkeit, von der sie emanzipierten, gekettet blieben. Doch entfaltet er, wie dann auch Adorno, diese tragende geschichtsphilosophische Denkfigur einer Dialektik der Vergeistigung rein ästhetisch: in seiner Interpretation Homerischer Epik. Modern werden Homers epische Formen als historische Allegorien gelesen; Individuen und Gegenstände verwandeln sich in Darstellungsmedien historischer Tendenzen, die sich in der Sprache konkretisieren, d. h. die gegenständliche Konkretion schlägt um in eine Szenerie geistiger Erfahrungsprozesse. »Es kämpfen keine Individuen, sondern Ideen miteinander«[48] – wie in Adornos ebenfalls an ästhetischer Erfahrung gewonnener Dialektik der Aufklärung wird Homers Epik als geschichtsphilosophische Umschlagstelle der intentionslosen Darstellung nach Maßgabe gegenständlicher Konkretion in eine historische Allegorie interpretiert: die Odyssee, Schelling folgend, als eine des Geistes.

Die ästhetische Distanz zum Mythos verleiht die Kraft, ihn als Allegorie der Geschichte zu deuten. Nietzsche hat das an Homer genauso exakt registriert, wie bei Wagner die Inversion: eine mythische Deutung von Geschichte; »so ungemein ist sein Schaffen, daß er durch alles *Gewordene* nicht erdrückt wird, sondern nur in ihm sich auszusprechen vermag.«[49] Der geschichtsphilosophische Umschlag gegenständlicher Konkretion des Epischen in eine historische Konkretion der Idee bezeichnet den Augenblick ästhetischer Wahrheit im Horizont jener Dialektik der Vergeistigung als Glück des Geistes im artistischen Gelingen: »und wenn nur ein einziges Mal unsre Seele wie eine Saite vor Glück gezittert und getönt hat, so waren alle Ewigkeiten nötig, um dies *eine* Geschehen zu bedingen – und alle Ewigkeit war in diesem einzigen Augenblick unseres Jasagens gutgeheißen, erlöst, gerechtfertigt und bejaht.«[50]

Nietzsche exponiert hier die für Adornos Ästhetische Theorie konstitutive Dialektik des schönen Scheins. Das Glück des Geistes im Augenblick der ästhetischen Wahrheit ist zugleich auch die Unwahrheit, weil es das Bestehende legitimiert; kein Augenblick ist wahrhaft erlöst, ohne daß das Ganze erlöst wäre. Dies schreibt allem Denken Negativität ein, denn das nur geistige Glück ist keines. Moderne, hochvergeistigte Kunstwerke reflektieren das, indem sie ihren eigenen Glücksanspruch – die Antizipation eines versöhnten Zustandes – denunzieren. »Ist apparition das Aufleuchtende, das Angerührtwerden, so ist das Bild der paradoxe Versuch, das Allerflüchtigste zu bannen. In Kunstwerken transzendiert ein Momentanes; Objektivation macht das Kunstwerk zum Augenblick.«[51]

So kann Adorno das Kunstwerk als Prozeß bestimmen: es wird schon durch sich selbst zu einem anderen. Seine Objektivation ist immer auch Selbstentfremdung, denn nach seiner Wahrheit erscheint es nur im historischen Augenblick. Nietzsche hat diesen eigenartigen Charakter des Kunstwerks durch die Grenzen ästhetischer Objektivation bestimmt: »wir Verewiger der Dinge, welche sich schreiben *lassen*, was vermögen wir denn allein abzumalen? Ach, immer nur das, was eben welk werden will und anfängt, sich zu verriechen! Ach, immer nur abziehende und erschöpfte Gewitter und gelbe späte Gefühle!«[52] Lebensphilosophisch und schon im Tonfall des späteren Jugendstil antizipiert Nietzsche die These der Ästhetischen Theorie, Dauer sei für die Kunst in der Erscheinung ihrer Wahrheit nicht möglich. Die ästhetische Objektivation scheint a priori verspätet und erreicht ihre historische Wahrheit nur im Augenblick, im Entschwinden. »Wir verewigen, was nicht mehr lange leben und fliegen kann, müde und mürbe Dinge allein!« Die Selbstentfremdung der ästhetischen Wahrheit läßt sich als Verblassen der »Neuheit« beschreiben – »Schon habt ihr eure Neuheit ausgezogen« – und die Gestalt des Wahren erscheint in einem »plötzlichen Funken«.[53] Die absolute Spontaneität des Neuen, seine Konzentration im Moment des reinen Ausdrucks trägt die ästhetische Wahrheit im Augenblick des Erscheinens.

Paradox an aller ästhetischen Objektivation ist der Versuch, Neuheit als augenblickliche Gestalt der Wahrheit zu verewigen. Doch konservierte Neuheit widerstreitet ihrem eigenen Begriff und ist deshalb nur als verschwindende, untergehende zu objektivieren, denn das ästhetisch fixierte Neue, Zentrum des Kunstwerks, ist sich selbst nicht mehr gleich. Nietzsche hat den notwendigen Untergang des Neuen im Kunstwerk dialektisch als Übergang gedacht – nach dem Modell totaler Selbstentäußerung: »wie sollten Erstlinge nicht Opfer sein! – Aber so will es unsere

Art; und ich liebe die, welche sich nicht bewahren wollen. Die Untergehenden liebe ich mit meiner ganzen Liebe; denn sie gehen hinüber.«[54]

Innovation und Konvention, der Augenblick des Erscheinens von Wahrheit und deren Selbstentfremdung in der erstarrten Form können nun im dialektischen Reflexionsmodell vermittelt werden. Untergang als Übergang – dieser Gedanke bleibt für Adornos Ästhetische Theorie bis hinauf in die Problemdimension ihrer konstitutiven Kategorien verpflichtend. »Im Zeitalter der Unversöhnlichkeit traditioneller Ästhetik und aktueller Kunst hat die philosophische Kunsttheorie keine Wahl als, ein Wort Nietzsches zu variieren, die untergehenden Kategorien als übergehende zu denken in bestimmter Negation. Die motivierte und konkrete Auflösung der gängigen ästhetischen Kategorien allein ist übrig als Gestalt aktueller Ästhetik; sie setzt zugleich die verwandelte Wahrheit jener Kategorien frei.«[55]

IV

Adornos Ästhetische Theorie, vielleicht die letztmögliche Gestalt von Geschichtsphilosophie, ist Antimetaphysik mit der paradoxen Intention, die metaphysische Wahrheitsidee im Zerfall zu retten. »Eine antimetaphysische Weltbetrachtung – ja, aber eine artistische.«[56] Nietzsches Programm, das Adorno dialektisch einlöst und durch Insistenz auf dem Wahrheitsanspruch von Kunst zugleich negiert, verbindet die »*artistische* Welt-Betrachtung«[57] mit einer Psychologie des Künstlers, seiner Distanz und Grausamkeit der ästhetischen Analyse. Der Artist, von Nietzsche als »*Zwischen-Spezies*« bezeichnet, in der sich Neurotisches und Kriminelles mischen, löst dabei den Schauspieler als figuralästhetisches Paradigma der dekadenten Moderne ab: »»von der Kriminalität der Tat durch Willensschwäche und soziale Furchtsamkeit abgetrennt, insgleichen noch nicht reif für das Irrenhaus, aber mit seinen Fühlhörnern in beide Sphären neugierig hineingreifend«,[58] hält der Künstler mit der gesellschaftlichen Entwicklung Schritt, und gerade die ästhetische Distanz, das bloß tentative Austasten der gesellschaftlichen Möglichkeiten scheint seine Gleichzeitigkeit zu begründen.

Damit nimmt der Artist jedoch das Gegebene unwidersprochen

und kritiklos hin; denn von welchem Ort aus sollte ohne jede Idee eines wahren Zustandes dem bestehenden widersprochen werden? »Nichts Anti-Artistischeres als den konsequenten Positivismus. Nietzsche ist all das bewußt gewesen.«[59] – »Gegen den Positivismus, welcher bei den Phänomenen stehn bleibt ›es gibt nur Tatsachen‹, würde ich sagen: nein, gerade Tatsachen gibt es nicht, nur *Interpretationen.*« Mit dieser Aufklärungskritik im Geiste der Aufklärung begründet Nietzsche, der das Begehren zum hermeneutischen Apriori erhebt, sein eigenes erkenntnistheoretisches Programm des »Perspektivismus«.[60] Dessen Paradigma scheint aber selbst ästhetisch, und die anknüpfenden Denkfiguren Nietzsches führen, ohne daß er eine »Selbstreflexion der Aufklärung« im Medium eines kritischen Wahrheitsbegriffs je leistete, ins Zentrum der Ästhetischen Thoerie. »Sie drücken aus, daß Wahrheit selbst, deren Idee Aufklärung auslöst, nicht ist ohne jenen Schein, den sie um der Wahrheit willen exstirpieren möchte; mit diesem Moment von Wahrheit ist Kunst solidarisch.«[61]

Das Verschlungensein von Wahrheit und Schein im Kunstwerk hat sein Urbild in dem mythischen der Aufklärungsdialektik, deren welthistorisch-ästhetische Dimension: die Urgeschichte des bürgerlichen Individuums, Adorno von Nietzsche bezieht. »Das Individuum, der differenzierende apollinische Trieb, Formen und damit – scheinbar – Individuen schaffend. Der apollinische Homer ist nur der Fortsetzer jenes allgemein menschlichen Kunstprocesses, dem wir die Individuation verdanken. Der Dichter *geht voran,* er erfindet die Sprache, differenziert.«[62] Derart wird die Individuation schon urgeschichtlich als ästhetischer Prozeß gedacht, der sein Paradigma im Künstler findet.

Wie bei Nietzsche durch eine Kritik des Geniebegriffs, der das Handwerkliche, Moment der Arbeit abblendet – »Die vollendete Kunst der Darstellung weist alles Denken an das Werden ab; es tyrannisiert als gegenwärtige Vollkommenheit.«[63] –, vermittelt, hat Adorno die Figur des Artisten als Statthalter des Gesamtsubjekts konzipiert: der Künstler objektiviert einen *»Kollektivgeist«*.[64] Dies folgt konsequent aus der Überlegung, der Untergang – totale Selbstpreisgabe – sei als Übergang zu denken. »Die Kraft solcher Entäußerung des privaten Ichs an die Sache ist das kollektive Wesen in jenem; es konstituiert den Sprachcharakter der Werke. Die Arbeit am Kunstwerk ist gesellschaftlich durchs

Individuum hindurch, ohne daß es dabei der Gesellschaft sich bewußt sein müßte; vielleicht desto mehr, je weniger es das ist.«[65]

Doch die Beziehung des Artisten zur gesellschaftlichen Realität ist noch verschachtelter, dialektisch potenzierter: das Pathos der totalen Entäußerung ist, will es der totalen Vergesellschaftung entrinnen, durch sein Widerspiel vermittelt: das *»Pathos der Distanz«*.[66] Es ist das ästhetisch kanonisierte Verbot, sich über die universale Entfremdung in einer Illusion des Glücks der nahen Dinge zu täuschen, und zwingt den Artisten zu vollständiger Vereinzelung. Dabei scheint sich das ästhetische Pathos der Distanz von sich aus dem aristokratischen Gestus anzunähern, wo es als Kritik aller mediokren Humanität einsam die Idee *»vornehme*(r) Menschlichkeit«[67] vertritt. Die außerordentlich exponierte, veränderte Stellung des Künstlers in der Gesellschaft und zu ihr hat Nietzsche als Dialektik der rückhaltlosen Vereinzelung beschrieben. »Der Boden der neuen Kunst ist nicht mehr das *Volk*, wohl aber versteht man das Volk idyllisch und strebt nach ihm hin. (...) Dadurch hat der Volksbegriff etwas Magisches bekommen: in seiner Verehrung spricht sich die Entfremdung von ihm aus. – Das Individuum herrscht, d. h. es enthält jetzt in sich die Kräfte, die früher in großen Massen latent lagen.«[68]

Zwar ist der Artist seiner Gesellschaft entfremdet, doch bilden seine ästhetischen Objektivationsleistungen in pathetischer Distanz zum Bestehenden ein Modell der Selbstverwirklichung, das den Satz ins Recht setzt, »daß die Arbeit eine Schmach sei – und zwar im Gefühle der Unmöglichkeit, daß der um das nackte Fortleben kämpfende Mensch *Künstler* sein könne.«[69] Konsequent plädiert Nietzsche deshalb dafür, die Künstler als »bevorzugte Klasse dem Existenzkampfe« zu entrücken. Damit aber ist das Privileg künstlerischen Schaffens unlösbar mit Schuld und Scham verknüpft, denn die Möglichkeitsbedingung von Kunst ist die sklavische Unterdrückung der Mehrheit – jedes Kunstwerk »ruht auf einem erschrecklichen Grunde«:[70] der erzwungenen Mehrarbeit der Masse. Doch in aller Ungerechtigkeit, in der sich die Geschichte der Herrschaft fortschreibt, bezeichnet jenes Privileg der Arbeitsteilung, in dem sich Fröhliche Wissenschaft, Kunst und Zarathustras Freude am eigenen Geist einrichten, zugleich auch die reale Möglichkeit eines humanen Zustandes, der nicht hinter der gesellschaftlichen und historischen Trennung von Theorie und Praxis zurückbleiben kann. Diesen antizipatorischen Zug der – soziologisch gesprochen: dritten Personen, zu denen die von entfremdeter Arbeit dispensierten Künstler rechnen, hat Nietzsche agnosziert. »Dem privilegierten Genie wird stellvertretend zugesprochen, was die Realität den Menschen allgemein verweigert. Was am Genie zu retten ist, das ist instrumentell zur Sache.«[71] Adorno prolongiert Nietzsches Überlegungen zum ästhetischen Privileg, indem er sie auf dem kategorialen Niveau des gelungenen Kunstwerks reformuliert: pathetische Distanz und ästhetische Autonomie, Privileg und Gelingen werden nun zusammengedacht. Nietzsches gesellschaftsgeschichtliche Begründung der »monologischen Kunst«[72] kanonisiert Adorno für die avantgardistische Moderne – sie ist die weltvergessene Kunst der modernen Einsamkeit; fensterlose, blinde Monade.[73]

Nietzsche begreift sie als Signatur einer deutschen Kultur, die eigentlich noch gar keine ist. Aus ihr ragen die wenigen gelungenen Kunstwerke der »große(n) Einsiedler« als »vereinsamt hingestellte Felsen«[74] auf. So erweisen sich die ästhetischen Bestimmungen des Monologischen und der Vereinsamung sowohl als solche des cultural lag, wie als Widerstandszellen gegen die kompensatorischen Ideologien des Präfaschismus. Mit diesem verweigert Nietzsche die Kommunikation: »meine Humanität besteht *nicht* darin, mitzufühlen, wie der Mensch ist, sondern es *auszuhalten*, daß ich ihn mitfühle ... Meine Humanität ist eine beständige Selbstüberwindung. – Aber ich habe *Einsamkeit* nötig, will sagen, Genesung, Rückkehr zu mir«;[75] derart wird das extremierte Fürsichsein des Individuums – hegelisch ein notwendiges, aber vergängliches Moment des Gesellschaftsprozesses – für Nietzsche, wie ähnlich schon bei den Frühromantikern, zum Substrat; dies ist aber nicht mehr ethisch, sondern nur noch rein ästhetisch zu denken: »das *souveräne Individuum*, das nur sich selbst gleiche, das von der Sittlichkeit der Sitte wieder losgekommene, das autonome übersittliche Individuum (denn ›autonom‹ und ›sittlich‹ schließen sich aus)«[76] realisiert sich einzig im monadologischen Kunstwerk der Moderne.

V

Wie zuvor nur Hegel hat Nietzsche ein geschichtsphilosophisches Bewußtsein vom Absterben der Kunstwerke entwickelt. Die Antinomien von Bildung und Leben, von wachsender Materialbeherrschung und wachsender Oberflächlichkeit spiegeln sich in der von ästhetischer Vergänglichkeit und der philologischen Musealisierung der Kunstwerke: Kunst wird zum Kulturbestand depotenziert. Gegen die philologische »Belehrung ohne Belebung«[77] fordert Nietzsche eine kritisch gegenwartsbezogene Kunstrezeption in der Absicht, »unzeitgemäß – das heißt gegen die Zeit und dadurch auf die Zeit und hoffentlich zugunsten einer kommenden Zeit – zu wirken.«[78]

Der Gedanke, daß in gewissen Graden »das Vergangene vergessen werden muß, wenn es nicht zum Totengräber des Gegenwärtigen werden soll«, kommt in einer Dialektik von Erinnerung und Vergessen zu sich: Adornos Muster der Aneignung von Tradition. Zu ihr bewahre die Treue, wer »Vergangenes und Fremdes umzubilden«[79] suche, nicht es konserviere; dies korrespondiert der Begrenztheit des Lebens der Kunstwerke, deren Wahrheitsgehalt nicht überzeitlich ist. »Die Hegelsche Perspektive eines möglichen Absterbens der Kunst ist ihrem Gewordensein gemäß.«[80]

Die erkenntnistheoretische Spitze des Arguments von der Historizität jeder Konstellation ästhetischer Momente richtet Nietzsche gegen den »*Erbfehler der Philosophen*«: die Illusion einer aeterna veritas; noch das abstrakte Erkenntnisvermögen sei historisch. »Alles aber ist geworden; es gibt *keine ewigen Tatsachen:* so wie es keine absoluten Wahrheiten gibt.«[81] Konsequent haben denn auch Schopenhauer und Nietzsche moderne Genialität an die komprehensive, lebendige Erinnerung des historischen Gewordenseins geknüpft. »Die vollendet gedachte Historie wäre kosmisches Selbstbewußtsein.«[82] Adornos ästhetische Theorie verifiziert dies für den Mikrokosmos des Kunstwerks: historisch ist es auf Tradition und Gesellschaft, die es negiert, bezogen; historisch ist es aber auch in sich, im Prozeß seiner Motive und Momente. »Axiomatisch ist für eine umorientierte Ästhetik die vom späten Nietzsche gegen die traditionelle Philosophie entwickelte Erkenntnis, daß auch das Gewordene wahr sein kann. Die traditionelle, von ihm demolierte Ansicht wäre auf den Kopf zu stellen: Wahrheit ist einzig als Gewordenes.«[83] Objektiv am Ästhetischen ist sein historischer Gehalt, das konkret Gezeitigte – nichts Invariantes; deshalb versagt alle moderne Ästhetik als normative.

Mit Nietzsche macht die Ästhetische Theorie gegen die Ideologie der zeitlos-allgemeinen Wahrheit Front, die sich zuletzt an vermeintlich unsterbliche Kunstwerke geheftet hat. Dagegen beschreibt Adorno die Gestalt des Absoluten als historische Konkretion, und gerade die Konstellationen des Allerzeitlichsten entziffert er als Paradigmen der Ideen. Sie werden als historische Unikate konstruiert: »keine apriorischen Wahrheiten (*solche* suchten die an Glauben Gewöhnten!), sondern *freie* Unterordnung unter einen herrschenden Gedanken, der seine Zeit hat«.[84] Daß jedes Kunstwerk als Wahres ein Gewordenes sei, verweist nicht nur auf die doppelte Historizität von Kunst, sondern auch aufs Produziertsein. Als Arte-fakt ist dem Gebilde jedoch eine Zweckrationalität eigen, gegen die es seinem kritischen Begriff nach revoltiert. »In der Geschichte von Kunst kehrt die reale wieder vermöge des Eigenlebens der aus dieser stammenden und dann von ihr abgesonderten Produktivkräfte.«[85] Damit kann sich das Kunstwerk zwar zum emanzipatorischen Modell gesellschaftlicher, verändernder Praxis formen, teilt zugleich aber auch die »notwendige Schmach«[86] der Arbeit und möchte sie verdecken. So liegt das ästhetische Vollkommenheitsideal nach Nietzsches Einsicht mit dem Produziertsein des Kunstwerks in Widerstreit: es möchte die Arbeit, der es sich doch verdankt, als Spur von Naturverfallenheit überblenden. »*Das Vollkommene soll nicht geworden sein.* – Wir sind gewöhnt, bei allem Vollkommenen die Frage nach dem Werden zu unterlassen: sondern uns des Gegenwärtigen zu freuen, wie als ob es auf einen Zauberschlag aus dem Boden aufgestiegen sei. Wahrscheinlich stehen wir hier noch unter der Nachwirkung einer uralten mythologischen Empfindung.«[87]

Mythisch ist die Vorgeschichte von moderner Kunst, von der diese sich abstößt. Die, nach Nietzsche, uralte mythologische Empfindung, das Furchtbare der archaischen Naturverfallenheit sei im Augenblick seiner kultischen Nachahmung gebannt, fixiert noch die moderne Kunst, die sich »angesichts der Idee von Versöhnung« von den »alten Schreckbilder(n)«[88] emanzipierte, an die Zeitform der Gegenwart. Dennoch dauert die mythische

Vergangenheit im Kunstwerk fort, da die Ablösung von ihr historisch mißlang. »Alle guten Dinge waren ehemals schlimme Dinge, aus jeder Erbsünde ist eine Erbtugend geworden.«[89] Daß sich in diesem Prozeß Herrschaftsgeschichte spiegelt, hat Nietzsche als doppelte, nach Gesellschaftsklassen polarisierte Vorgeschichte von Gut und Böse bezeichnet: Gutes ist nur historisch »verfeinerte Bosheit«.[90] So zentriert der Artist, das figuralästhetische Paradigma der dekadenten Moderne, sein Werk um ästhetische Innovationen, die den herrschenden Formenkanon sprengen – nur durch Überschreitung der künstlerischen Konvention entspricht er seinem fortschrittlichen Begriff. »Das gute Gewissen hat als Vorstufe das böse Gewissen – nicht als Gegensatz: denn alles Gute ist einmal neu, folglich ungewohnt, wider die Sitte, *unsittlich* gewesen.«[91]

Damit nimmt Nietzsche in außerordentlich differenzierter Weise die zentrale ästhetische These Adornos vorweg, der schöne Schein des Kunstwerks entmächtige den naturgeschichtlichen: Kunst sei Entronnensein vom Mythos durch Mimesis an ihn. Schon bei Nietzsche erscheint der zivilisatorische Prozeß als herrschaftsgeschichtlicher Übergang vom mimetischen zum instrumentellen Geist – Natur wird als bedrohliche nachgeahmt, um sie zu beherrschen. »Alles Furchtbare *in Dienst nehmen*, einzeln, schrittweise, versuchsweise: so will es die Aufgabe der Kultur; aber bis sie *stark genug* dazu ist, muß sie es bekämpfen, mäßigen, verschleiern, selbst verfluchen. Überall, wo eine Kultur *das Böse ansetzt*, bringt sie damit ein *Furcht*verhältnis zum Ausdruck, also eine *Schwäche*. – *These:* alles Gute ist ein dienstbar gemachtes Böses von ehedem.«[92] »Nietzsches Satz, alle guten Dinge seien einmal arge Dinge gewesen, Schellings Einsicht vom Furchtbaren am Anfang könnten an der Kunst erfahren worden sein. Der gestürzte und wiederkehrende Inhalt wird zur Imagination und zur Form sublimiert.«[93] Demnach gehen im Konstitutionsprozeß des modernen Kunstwerks älteste Kräfte ins Profane ein und sedimentieren sich als Substanz des Gebildes. Theologumena können in seinem Gravitationszentrum zu Kraftquellen der Wahrheit werden.

Nietzsche hat dies zunächst mit der endlichen Formungskraft der Welt begründet: ihr fehle »das Vermögen zur ewigen Neuheit.«[94] Abermals wird diese These ästhetisch motiviert: Schönheit falle dem Menschen nicht zu, sondern sei Produkt, Resultat historisch akkumulierter Arbeit. »Alles Gute ist Erbschaft«[95] – diesen nur scheinbar affirmativen Vergangenheitsbezug leitet die Einsicht, »daß damals allerdings *Kraftquellen* entsprungen sind, so mächtig, daß ohne sie alle Mühlen der modernen Welt nicht mit gleicher Stärke getrieben würden.«[96] – »Das Beste an uns ist vielleicht aus Empfindungen früherer Zeiten vererbt, zu denen wir jetzt auf unmittelbarem Wege kaum mehr kommen können.«[97] Nietzsche hat jedoch auch die volle Dialektik des Vergangenheitsbezuges aufgewiesen, die Adorno dann geschichtsphilosophisch als eine der Aufklärung insgesamt bestimmt; die historische Erbschaft des Guten ist verschlungen mit urgeschichtlicher Grausamkeit, ästhetisch: dem Häßlichen. Kulturgeschichte kann in dieser Perspektive als Prozeß der Sublimation von Grausamkeit beschrieben werden, der darin terminiert, daß sich Aufklärung im ethischen Rigorismus Kants unmittelbar gegen ihren humanen Begriff wendet. »Zu verlangen, daß die Pflicht *immer* etwas lästig falle, – wie es Kant tut – heißt verlangen, daß sie niemals Gewohnheit und Sitte werde: in diesem Verlangen steckt ein kleiner Rest von asketischer Grausamkeit.«[98]

Die asketische Grausamkeit des ethischen Formalismus hat sich, nach Adorno, an den ästhetischen der modernen Kunst vererbt: »Grausamkeit in ihr ist nicht nur ein Dargestelltes. Ihr eigener Gestus hat, wie Nietzsche wußte, ein Grausames. In den Formen wird Grausamkeit zur Imagination: aus einem Lebendigen, dem Leib der Sprache, den Tönen, der sichtbaren Erfahrung etwas herauszuschneiden. Je reiner die Form, je höher die Autonomie der Werke, desto grausamer sind sie.«[99] Das scheint zeitgefordert. Schon Nietzsches imago des Philosophen der Zukunft trägt neben dem kritischen und experimentalen einen Zug »besonnene(r) Grausamkeit«,[100] die ihn als einen Zeitanalytiker charakterisiert, dessen Härte sich im Geist von Humanität gegen die mittlere Menschlichkeit richtet. Seine Askese, wie nach Adornos Theorie auch die der Kunst, kritisiert die erzwungene innerweltliche. Die Grausamkeit des Zukunftsphilosophen wie der modernen Kunst soll die verdeckte, im Puritanismus verklärte der bestehenden Gesellschaft beim Namen nennen, bis »auch unter solcher schmeichlerischen Farbe und Übermalung der schreckliche Grundtext *homo natura* wieder herauserkannt«[101] wird.

Konsequent hat deshalb Nietzsche, als philosophischer Doppelgänger Baudelaires, von seiner Gegenwart und zugleich gegen sie das Böse gefordert: »die Maske des nicht länger viktorianisch unterdrückten Triebes«,[102] der, was für alle Kunst konstitutiv sein dürfte, wahlverwandt ist mit Innovation. »Das Neue ist aber unter allen Umständen das Böse«;[103] »die Triebe werden zu Dämonen umgeschaffen«.[104] Böse erscheinen nach Nietzsches Einsicht gerade die Produkte höchster Individuation, Ausnahme-Erscheinungen, die vermöge äußerster Exponiertheit und Verfeinerung ihre Gegenwart erkennen: durch Übertreibung. »Der Wert aller morbiden Zustände ist, daß sie in einem Vergrößerungsglas gewisse Zustände, die normal, aber als normal schlecht sichtbar sind, zeigen«;[105] damit jedoch hält Nietzsche den Begriff der Dekadenz dialektisch offen und bestimmt sie zeitsymptomatologisch – auch ihre Kritik ist »selbst nur wieder ein Ausdruck der *décadence*«;[106] und deutlich begreift er seinen Sinn für Nuancen, die verfeinerte Beobachtungsgabe und die »Filigran-Kunst« differenzierter Erkenntnis, die es dem Umwerter der Werte erlaubt »Perspektiven umzustellen«,[107] als Resultat gesellschaftlicher Dekadenz.

Zu sich kommen diese Überlegungen Nietzsches wiederum in einer ästhetischen und zugleich lebensphilosophischen Bestimmung, die Adornos Thesen zur ästhetischen Dissoziation der Kunsttotalität antizipiert. Das gesellschaftliche Ganze ist tot als Totalität – dies spiegelt das Kunstwerk. Nietzsche charakterisiert die literarische Dekadenz dadurch, »daß das Leben nicht mehr im Ganzen wohnt. Das Wort wird souverän und springt aus dem Satz hinaus, der Satz greift über und verdunkelt den Sinn der Seite, die Seite gewinnt Leben auf Unkosten des Ganzen – das Ganze ist kein Ganzes mehr. Aber das ist das Gleichnis für jeden Stil der *décadence*: jedesmal Anarchie der Atome, Disgregation des Willens«.[108]

Wo der Lebensphilosoph eine »Logik der *décadence*«[109] gar mit dem Nihilismus als historisch notwendiger Verfallskurve des Bestehenden identifiziert, rücken ästhetische Befunde in eine ähnliche geschichtsphilosophische Position, wie die Ästhetische Theorie insgesamt in Adornos übergreifender Denkfigur einer Logik des Zerfalls. Auch Nietzsche begreift die Moderne unter der Perspektive einer historischen Akkumulation von Verfallssymptomen, die das Bestehende verrätseln und zugleich die Sensibilität ausbilden, es zu verstehen und umzuwerten. »Soviel ist wahr am Gezeter über Dekadenz, daß die subjektive Differenzierung einen Aspekt von Ichschwäche hat«,[110] doch ist dialektisch gerade dieses »nicht Widerstand leisten können, wo ein Reiz gegeben ist, sondern ihm folgen *müssen:* diese extreme Irritabilität der *décadents*«[111] – paradigmatisch: der Künstler – die Möglichkeitsbedingung immanent kritischer Darstellung und Umwertung. Zugleich jedoch hat Adorno darauf hingewiesen, daß die Ichschwäche als Preis für die kritische Sensibilität des dekadenten Artisten diesen immer auch in die bedrohliche Nähe jener Kulturindustrie rückt, gegen die er revoltiert. Das dokumentiert die Vergeblichkeit, »abstrakt die Grenzen ziehen zu wollen zwischen ästhetischer Fiktion und dem Gefühlsplunder des Kitsches.«[112]

Wo die zerfallene Kultur zur zweiten wird, wie etwa in der falsch wiederauferstandenen nach dem Zweiten Weltkrieg, schließt sich die moderne Barbarei mythisch mit der urgeschichtlichen zusammen. Noch diese Erfahrung, auf der Adornos zerfallslogische Theorie der Kulturindustrie aufruht, hat Nietzsche in einem Aphorismus über die moderne Unruhe vorweggenommen, der zugleich die Grenze ästhetischer Objektivation bestimmt: »Diese Bewegtheit wird so groß, daß die höhere Kultur ihre Früchte nicht mehr zeitigen kann; es ist, als ob die Jahreszeiten zu rasch aufeinanderfolgten. Aus Mangel an Ruhe läuft unsere Zivilisation in eine neue Barbarei aus.«[113] Deren Physiognomie ist vor allem negativ: durch den Verlust der Differenz von gesellschaftlich Allgemeinem und individuiertem Einzelnen geprägt. Das Endspiel der Zivilisation, wie es die Stücke Becketts inszenieren, kann deshalb nicht mehr »tragisch« gestaltet werden. Das Restsubjekt trägt keine Differenz mehr zum Bestehenden. Die tragische Darstellung würde das, was ist, beschönigen, da sie gerade in der Auseinandersetzung mit »einem Problem, das Grauen erweckt«, doch noch einen »Zustand *ohne* Furcht vor dem Furchtbaren« bezeichnet.[114]

So kann der Ort des für Adorno avanciertesten ästhetischen Bewußtseins, des Beckettschen, nur durch die Negation der Tragödienbestimmungen Nietzsches hindurch gekennzeichnet werden: die Unmöglichkeit des Tragischen zeigt den Tod des Subjekts an – ohne daß es noch eine andere »Kunst des metaphysischen Trostes«[115] gäbe. »Der metaphysische Trost (...) daß das Leben im Grunde der Dinge, trotz allem Wechsel der Erscheinungen unzerstörbar mächtig und lustvoll sei«,[116] vergeht mit dem Leben. Das denkt Adorno als Endstadium der Kunst. »Ihr allein noch möglicher parti pris ist der für den Tod, ist kritisch und metaphysisch in eins.«[117] – »Die kindisch-blutigen Clownsfratzen, zu denen bei Beckett das Subjekt sich desintegriert«,[118] präsentieren die Katastrophe als Parodie auf die »komische Lösung«, die Nietzsche für die »Tragödie der Tragödien«[119] erwogen hat. Komisch ist, daß das moderne Bewußtsein gerade in nächster Nähe der Wahrheit sich als falsches erfährt, denn sie entzieht sich seiner Reflexion.

Statt der Wiederkehr Nietzsches in der neuen Philosophie Frankreichs mit Vorbehalten und dem Verdacht des Irrationalismus zu begegnen, müßte das Denken Negativer Dialektik konkret benennen, mit welchem Verzicht die poststrukturalistischen Einsichten erkauft sind. Dabei wäre von Benjamins Nietzsche-Kritik prinzipiell zu lernen, daß ein Verzicht auf geschichtsphilosophische Erkenntnis, der sich selbst als Befreiung vom teleologischen Denken mißversteht, an den »Abgrund des Ästhetizismus«[120] führt. Tendenziell rückt, wie bei Nietzsche, in der Neuen Philosophie die Kunst in die Mitte des Daseins und dezentriert den Menschen, indem sie ihn zu ihrer Erscheinung depotenziert. Transzendierendes Denken, das sich selbst um jede geschichtsphilosophische Erkenntnis bringt, verblaßt zur bloß kulturellen Utopie. Dazu paßt, bei Nietzsche und der Neuen Philosophie, die Weigerung, das Denken systematisch auf sozioökonomische Bestimmungen der Gegenwart zu beziehen: es ist antibürgerlich in einem nicht klassenspezifischen Sinn. Diese ahistorische, atopische Klassenflucht des Nietzscheanischen Denkens läßt sich nun aber ihrerseits konkret historisch und politisch bestimmen: »gegen die proletarische Revolution der Commune setzt Nietzsche das Konzept einer bürgerlichen Kulturrevolution«.[121]

Zweifellos war Nietzsches Philosophie von jeher tauglich, die bürgerliche Ideologie gegen den Sozialismus mobil zu machen. Auch heute geben sich, im Poststrukturalismus, die Liebhaber Nietzsches offen antimarxistisch. U. a. resultieren daraus zwei Fragen. Was bedeutet Nietzsches Denken für eine Kritische Theorie der Gesellschaft und des Ästhetischen? Können Nietzsches Texte den Schauplatz einer längst notwendigen Kontroverse zwischen Negativer Dialektik und Poststrukturalismus bilden?

Georg Lukács hat einmal darauf hingewiesen, daß sich in Nietzsche höchste kulturelle Sensibilität und ein entschiedener Wille zum gesellschaftlichen Nicht-Wissen zusammenfinden. »Jedoch gerade diese Verknüpfung von brutal ordinärem Antisozialismus mit einer raffinierten, geistreichen, zuweilen sogar richtigen Kultur- und Kunstkritik (man denke an die Kritik Wagners, des Naturalismus usw.) macht seine Inhalte und Darstellungsweisen so verführerisch für die imperialistische Intelligenz.«[122] Demnach ist das Faszinosum Nietzsche nur aufzulösen, indem die materialistische Dialektik den Poststrukturalismus über seinen antimarxistischen Affekt aufklärt.

Daß der Mensch nicht das ewige Zentrum der Metaphysik, sondern ein Ende sei, ist eine der zentralen Thesen Nietzsches, die sich sowohl in die Rede des Pariser Poststrukturalismus als auch in die Negative Dialektik eingeschrieben haben. Der Übermensch ist Nietzsches Name für das Jenseits dieses Endes, während sich etwa Foucault damit begnügt, ein gleichsam naturgeschichtliches Ende des humanistischen Konzepts Mensch zu konstatieren. Ähnlich, doch historisch spezifiziert, spricht Adorno vom Ende des bürgerlichen Individuums, dessen Modus der Erfahrung sein Denken sich verpflichtet weiß. Wo Foucault den Aufgang der Sprache im Untergang des Menschen feiert, konstruiert Adorno die Trauer über die Vergängnis von Humanität. Daran zeigt sich, daß die Negative Dialektik und der Poststrukturalismus die Philosophie Nietzsches von genau entgegengesetzten Polen aus aktualisieren. Man übertreibt wohl kaum, zu sagen, daß Adorno Nietzsche auf den Geist bringt, der Poststrukturalismus aber bringt ihn auf den Leib. Hier verschärft sich das bekannte Problem, daß Nietzsche von politisch antipodischen Denkern in Anspruch genommen wird: die Linke selber wird in ihrem Zugriff auf Nietzsche widersprüchlich. Seine Texte haben keine eigentliche Wirkungsgeschichte. Sie unterliegen einer permanenten Umwertung.

Anmerkungen

1 *Ästhetische Theorie* (zit.: ÄT), S. 391.
2 Nietzsche, *Werke*, hrsg. v. K. Schlechta (zit.: I, II, III), Bd. II, S. 705.
3 ÄT 421 Anm.
4 Ebd.
5 III 836.
6 Vgl. II 916, III 836.
7 II 915.
8 II 933.
9 ÄT 170.
10 II 919.
11 II 904.
12 ÄT 288.
13 ÄT 196.
14 ÄT 359.
15 II 224 f.; vgl. II 223 ff.
16 I 1257.
17 I 388.
18 I 234.
19 III 754. – So findet die Lüge der Konvention in Nietzsche ihren klugen Apologeten: die Konventionen eröffnen die autonomiestiftende Distanz der Kunst vom Empirischen. Adorno reformuliert diesen Gedanken in seiner Frage nach dem Ichfremden in der immanenten Logik des Werkes. Lautet die Frage von innen gestellt: Welche Kräfte bilden ein Werk?, so fragt Foucault von außen: Was ist ein Autor? Foucault entziffert so die Konventionen als Regularitäten eines Diskurses und verweist damit implizit auf Nietzsches Formbegriff, der mit Zwang und Disziplin – dem soldatischen Ideal – assoziiert ist.
20 ÄT 303.
21 II 1166.
22 I 560.
23 II 1014.
24 I 573.
25 Dieser irrigen Hypostasis korrespondiert die Methode der Genealogie, wie Foucault sie im Anschluß an Nietzsche entwickelt hat. Sie bezieht innerhalb einer fiktiven erkenntnistheoretischen Antithetik zwischen Ursprungsweihe und Arbitrarität die schlecht abstrakte Position einer Antimetaphysik, von der aus sich jeder hermeneutische Akt als gewaltsames Umprägen des Interpretandums darstellt: »Wenn Interpretieren hieße, eine im Ursprung versenkte Bedeutung langsam ans Licht zu bringen, so könnte allein die Metaphysik das Werden der Menschheit interpretieren. Wenn aber Interpretieren

heißt, sich eines Systems von Regeln, das in sich keine wesenhafte Bedeutung besitzt, gewaltsam oder listig zu bemächtigen, und ihm eine Richtung aufzuzwingen, es einem neuen Willen gefügig zu machen, es in einem anderen Spiel auftreten zu lassen und es anderen Regeln zu unterwerfen, dann ist das Werden der Menschheit eine Reihe von Interpretationen.« (M. Foucault, *Von der Subversion des Wissens*, München 1974, S. 95) Deutung sei Indienstnahme und Entwicklung, nicht die ursprungsmythische Erfüllung einer Bestimmung, wie die Metaphysik suggeriere, sondern eine Abfolge systematischer Unterwerfungen.

26 ÄT 206.
27 I 560.
28 ÄT 155.
29 ÄT 254.
30 II 746.
31 Im Augenblick des Gelingens privilegiert das Ästhetische jene Modalkategorie, die erkenntnistheoretisch Nietzsche von Marx und den historischen Materialismus vom Poststrukturalismus trennt: den Zufall. Am daseinsanalytisch radikalisierten Marxismus Marcuses wird die Differenz besonders deutlich: Notwendigkeit ist die der radikalen Tat des Revolutionärs zugeordnete Modalkategorie, denn sie wendet die Not in einem Akt, der nicht ebensowohl nicht geschehen könnte. Es folgt der revolutionäre Akt aus einem inneren Muß der Existenz: »der radikalen Tat ist ihre Notwendigkeit *immanent*.« (Marcuse, *Schriften I*, Ffm 1978, S. 351) Kein größerer Gegensatz dazu ist denkbar als Foucaults an Nietzsche gewonnene Theorie vom »Einbruch des Ereignisses«, die den historischen Kampf um die gesellschaftliche Macht in seinen entscheidenden Augenblicken als zufallsbestimmt ansieht. Die Kräfte der Geschichte gehen in ein Würfelspiel ein (Foucault, Subversion, a.a.O., S. 98), und dem Historiker stellt sich das Problem, den Zufall zu denken, d. h. durch ein Denken der Diskontinuität das Denken der Immanenz zu sprengen.
32 II 743.
33 III 388.
34 ÄT 144.
35 II 115.
36 I 380.
37 III 291.
38 I 377.
39 ÄT 83.
40 II 446.
41 II 361.
42 I 472.
43 III 595.

44 I 449.
45 II 361.
46 ÄT 217.
47 III 293.
48 Nietzsche, *Gesammelte Werke Bd. IX*, S. 287.
49 Nietzsche, *Werke*, hrsg. v. Colli/Montinari *Bd. IV, 1*, S. 280.
50 III 893.
51 ÄT 130.
52 II 756.
53 Ebd.
54 II 447.
55 ÄT 507.
56 III 481. – Es ist für das Verständnis der philosophischen Ausrichtung der Ästhetischen Theorie entscheidend, zu sehen, daß sie Nietzsches Artistenmetaphysik wiederholt. Ästhetik ist für Adorno zugleich »Zufluchtsstätte der Metaphysik« und deren Kritik (ÄT 510 f.). Diesen Doppelcharakter der Ästhetik prägt die dialektische Stellung der Kunst zur Aufklärung und zum Positivismus (ÄT 418). Schon Nietzsche artikuliert die Metaphysik des Ästhetischen als Kritik des transzendentalen Subjekts und der Wissenschaften.
57 III 867.
58 III 708.
59 ÄT 418.
60 III 903.
61 ÄT 418.
62 Nietzsche, *Musarionausgabe Bd. II*, S. 383.
63 I 554.
64 I 562.
65 ÄT 250.
66 II 1206.
67 II 1205.
68 Nietzsche, *Musarionausgabe Bd. III*, S. 367.
69 A.a.O., S. 278.
70 III 277.
71 ÄT 256.
72 II 241.
73 Vgl. ÄT 268 f.
74 III 462.
75 II 1080.
76 II 801. – Die Einsicht in den ästhetischen Charakter des bei Nietzsche sich abzeichnenden autonomen Subjekts müßte dem Poststrukturalismus zur kritischen Selbstreflexion verhelfen. Bei Deleuze erscheint Nietzsches autonomes übersittliches Individuum in koketter Buchstäblichkeit im Diskurs des Meisters, der nicht mehr antwortet,

nur noch spricht und die Erfahrung der Aufklärung mit Herrschergebärde zunichte macht. Wo Deleuze das ästhetische Modell politisch wiederholt, produziert er Herrenmoral. »Das Produkt der Kultur ist nicht der dem Gesetz gehorchende Mensch, sondern das souveräne und gesetzgebende Individuum, das sich durch die Macht über sich selbst, über das Schicksal, über das Gesetz auszeichnet: der Freie, Leichte, *der Unverantwortliche.*« (G. Deleuze, *Nietzsche und die Philosophie,* München 1976, S. 150)

77 I 209.
78 I 210.
79 I 213.
80 ÄT 12 f.
81 I 448.
82 I 810.
83 ÄT 12.
84 III 430.
85 ÄT 339.
86 III 277.
87 I 545.
88 ÄT 76.
89 II 855.
90 I 484.
91 I 771.
92 III 527 f.
93 ÄT 76 f.
94 III 459.
95 II 1023.
96 I 827.
97 I 582.
98 I 1201.
99 ÄT 80. – Es führt, der Spur des Dionysischen folgend, erstmals Nietzsches Tragödientheorie auf ein Substrat der Grausamkeit in der Kunst, von dem erst wieder Artauds Theater in seiner Rückkehr zum grausamen Ursprung der griechischen Tragödie ein volles Bewußtsein bewiesen hat. »In den Formen wird Grausamkeit zur Imagination« (ÄT 80). Nietzsches Deutung des mythischen Denkens bei Wagner folgend, interpretiert Adorno die formstiftende Grausamkeit als Mimesis an den Mythos.
100 II 675.
101 II 696.
102 ÄT 382.
103 II 39.
104 III 418.
105 III 781.

106 II 955.
107 II 1071.
108 II 917.
109 III 775.
110 ÄT 355.
111 III 698.
112 ÄT 355.
113 I 620.
114 I 1005.
115 I 102.
116 I 47.
117 ÄT 201.
118 ÄT 370.
119 II 140.
120 W. Benjamin, *Gesammelte Schriften Bd. I*, Ffm 1974, S. 281.
121 G. Mattenklott, »Nietzsches Geburt der Tragödie als Konzept einer bürgerlichen Kulturrevolution«, in: Mattenklott/Scherpe, *Positionen der literarischen Intelligenz*, Kronberg 1973, S. 118.
122 G. Lukács, *Die Zerstörung der Vernunft II*, Darmstadt 1974, S. 14.

Jochen Hörisch
Herrscherwort, Geld und geltende Sätze
Adornos Aktualisierung der Frühromantik und ihre Affinität zur poststrukturalistischen Kritik des Subjekts

Den Gesprächspartnern in Düsseldorf

I

In *Faust – Der Tragödie zweiter Teil* entströmt dem Munde der »schönsten Frau«,[1] von der es heißt: »Nie wird sie mündig«,[2] eine epische Rede, die nur ein Thema kennt: »des Herren ... Herrscherwort«.[3] Unmündig berichtet Helena von männlicher Rede, die über »Ruf und Schicksal« derjenigen entscheidet, deren »Gemahl« entweder »kein erquicklich Wort«[4] oder aber »wie vom Gott bewegt«[5] spricht. Das verbindet Helena mit Iphigenie, die gleichermaßen feststellt: »Zu Haus und in dem Kriege herrscht der Mann«,[6] um hingegen später zu betonen: »Allein dem harten Worte,/ Dem rauhen Ausspruch eines Mannes mich/ Zu fügen, lernt ich weder dort noch hier«[7]: weder im Hause der Eltern noch im Tempel einer Gottheit. Wenn Helena und Iphigenie, weniger Akteure als Opfer in – wie Adorno erkannte – »Zivilisationsdramen«,[8] gleichwohl sagen können: »Ich habe nichts als Worte, und es ziemt/ Dem edlen Mann, der Frauen Wort zu achten«,[9] so danken sie die Möglichkeit weiblicher Einsprache gegen des »Herren Herrscherwort« dem Umstand, daß diesem nicht nur eine verbindliche göttliche Stimme, sondern eine schöne Pluralität von Unsterblichen soufliert. Doch erst die Frühromantiker haben die pathogenen Konsequenzen erkannt, die aus der christlich monotheistischen Überwindung einer olympischen Diskurspluralität, die Götter und Göttinnen als Sprechende zuläßt, sich ergeben. Nachdem nicht länger mehr, wie die *Hymnen an die Nacht* ihren Aufweis der christlichen Monopolisierung mannigfaltiger antiker Reden bebildern, »himmlische Schaaren .../ in fröhlicher Lust« mit »befreundeten/ fröhlichen Menschen«[10] aleatorisch verkehren, tritt mit den Göttern auch die menschliche Gattung in den Bann »Nur Ein(es) Gedanke(ns)«.[11] Dessen Korrelat »war der Tod«,[12] über den »selbst die Götter keinen Rath«[13] wußten, den aber der Eine, der von sich behauptet, Weg, Wahrheit und Leben zu sein, angemessen zu deuten verspricht. Der Preis, den dieses Versprechen forderte, war die Preisgabe jener spezifisch antiken Zweideutigkeit,[14] die der Unsterblichen widersprüchliche Reden mit sich brachten und die den Sterblichen die Maxime ermöglichten: »Mit seltner Kunst flichst du der Götter Rat/ Und deine Wünsche klug in *eins* zusammen«.[15]

Daß nach der christlichen Vertreibung der olympischen Göttervielzahl hinter des Herren Herrscherwort keine weiteren Reden mehr zu vernehmen waren, hat den okzidentalen Diskurs ständig restriktiver und zentrierter werden lassen. Den olympischen Göttern, deren Kosmos Schauplatz der großen Dramen Goethes ist, schien, wie Zarathustra als die antichristliche Revokationsfigur schlechthin erzählt, der Anspruch einer verbindlichen Wahrheit über zahllose Geschichten so befremdlich, daß sie darüber sich zu Tode lachten: »Mit den alten Göttern ging es ja lange schon zu Ende: – und wahrlich, ein gutes fröhliches Götter-Ende hatten sie! / Sie ›dämmerten‹ sich nicht zu Tode – das lügt man wohl! Vielmehr: sie haben sich selber einmal zu Tode – *gelacht!* / Das geschah, als das gottloseste Wort von einem Gotte selber ausging – das Wort: ›Es ist *ein* Gott! Du sollst keinen andern Gott haben neben mir!‹ – / – ein alter Grimm-Bart von Gott, ein eifersüchtiger, vergaß sich also: – / Und alle Götter lachten damals und wackelten auf ihren Stühlen und riefen: ›Ist das nicht eben Göttlichkeit, daß es Götter, aber keinen Gott gibt?‹«[16] Und Johannes als der für Phänomene objektiver Sprachgewalt sensibelste unter den Evangelisten gibt untergründig zu verstehen, daß die Geschichte des christlichen Diskurszentralismus die Geschichte einer diskursiven Nachlässigkeit ist. Dem »gottlosesten Wort«, das *eine* hypostasierte Verbindlichkeit an die Stelle zahlloser Metamorphosen-Diskurse setzt, entspricht das identitätsfixierte Sprachverständnis eines hohen römischen Verwaltungsbeamten, der durch die tautologische Verdoppelung eines Satzes seine Verkürzung einer Diskursgeschichte zu einer puren Behauptung rechtfertigt: »PJlatus aber schreib eine Vberschrifft / vnd setzte sie auff das Creutze / vnd war geschrieben / JHESUS VON NAZARETH DER JÜDEN KÖNIG. Diese Vberschrifft lasen viel Jüden / denn die stete war nahe bey der Stad / das Jhesus gecreutziget ist. Vnd es war geschrieben auff Ebreisch / Griechisch / vnd Latinische sprach. Da sprachen die Hohenpriester der Jüden zu Pilato / Schreib nicht der Jüden König

/ Sondern das er gesaget habe / Ich bin der Jüden König. Pilatus antwortet / Was ich geschrieben hab / das hab ich geschrieben«.[17] Die Einschreibung des Pilatus läßt, wie schriftgelehrte Hohepriester sofort konstatieren, statt der Geschichte einer ungeheuren Behauptung nur eben diese Behauptung zu Wort kommen, welche Reduktion durch die selbstrekursive Weise ihrer Begründung kompensiert wird: »Was ich geschrieben hab / das hab ich geschrieben.«

Diese exzentrischen und peripheren Geschichten erzählen von der Pathogenese okzidentaler Rationalität, die ihre hypostasierte Geltung der ungeheuren Kraft des Vergessens verdankt. Geschichtsphilosophische Aphasie ist das Opfer, das die spezifisch abendländische Vernunft, die nicht zufällig in zeitlos selbstrekursiven Wendungen ihrer selbst inne zu werden versuchte, erst funktionieren ließ. Sie ist auf die Tilgung des »Drangs, Vergangenes als Lebendiges zu erretten«,[18] verwiesen. Auch die von Kritischer Theorie als Urszene okzidentaler Aufklärung symptomatisierte Vorbeifahrt des Odysseus am Sirenengesang ist um die Subreption einer schönen Stimmenpluralität unter des listigen »Herren Herrscherwort« konstelliert. Erhebt Odysseus, der seiner Mannschaft zu ertauben befiehlt, sich zum Herrn des Diskurses, der allein noch die »Verlockung ... des sich Verlierens im Vergangenen«[19] gewahrt, so allegorisiert er zugleich die Entsprechung dieser despotischen Diskursordnung. Auf eigene Veranlassung ohnmächtig an den Mast gebunden, mortifiziert das seine Vorwelt überwindende Subjekt seinen Wunsch: den Wunsch, kein Subjekt mehr sein zu müssen.

Die Frühromantiker Friedrich Schlegel und Novalis haben diesen Wunsch mitsamt seiner Vorgeschichte zu einem Zeitpunkt wiederentdeckt, da die Erkenntnis- und Subjektivitätstheorie sich anschickte, die letzten Spuren jener Pathogenese zu tilgen und die realgeschichtlich wahr gewordene Herrschaft von Subjektivität über ihr Anderes wie über sich selbst mit dem Gestus letzter Gültigkeit begrifflich zu sanktionieren. Ihre ästhetische Opposition gegen die systemphilosophische Verweigerung gattungsgeschichtlichen Eingedenkens teilen sie mit Hölderlin und Jean Paul, die gleichermaßen an die hybriden Folgen der christlichen Monopolisierung göttlicher Diskurse erinnern:

»Darum, o Göttlicher! sei gegenwärtig,
Und schöner, wie sonst, o sei

Versöhnender nun versöhnt daß wir des Abends
Mit den Freunden dich nennen, und singen
Von den Hohen, und neben dir noch andere sein«.[20]

Anders als Hölderlin, der den Göttlichen »schöner wie sonst« und also »mit den Freunden« und den »anderen« versöhnt zu sein bittet, versteht Jean Pauls *Vorschule der Ästhetik* sich nicht zur Bitte, sondern einzig zur Diagnose: »Das Christentum vertilgte, wie ein Jüngster Tag, die ganze Sinnenwelt mit allen ihren Reizen, drückte sie zu einem Grabeshügel ... zusammen und setzte eine neue Geister-Welt an die Stelle«[21] Wenn die avancierte Poesie um 1800 gegen die systemphilosophische Apotheose identifizierender Synthesis an die dieser geopferten Mannigfaltigkeit von Göttern, Menschen und »Reizen« erinnert, so betreibt sie jene »philosophische Archäologie«,[22] die der späte Kant als Desiderat von Geistphilosophie erkannte. Und der Gestus dieser »philosophischen Archäologie«, die jene subkutanen Strukturen und Zwangszusammenhänge namhaft macht, deren Verkennung das transzendentalphilosophische Subjekt sein identitätsfixiertes Selbstverständnis verdankt, ist es, der die Kritische Theorie so interessiert die Frühromantiker lesen hieß. Daß die *Ästhetische Theorie* Adornos nicht nur eine Formel des frühen Schlegel zu ihrem Titel wählte,[23] sondern auch als die ungeschriebene frühromantische Ästhetik, so diese nach den Erfahrungen der Weltkriege noch möglich ist, plausibilisiert werden kann, gibt sie freilich nur verrätselt zu verstehen. Das entspricht der in Adornos Œuvre virtuos gepflegten Geste esoterischer Anspielung. Diese ist so wenig willkürlich, wie sie sich der Tradition schamhafter Verweigerung des unmittelbaren Ausdrucks metaphysischer Intentionen verpflichtet weiß. »Für den Alexandrinismus, die auslegende Versenkung in überlieferte Schriften«,[24] optieren die Frühromantiker wie Adorno, um Denken vor der Verblendung durch vermeintlich autarke Optionen zu bewahren. Alexandrinisch ist freilich auch Adornos Kunst der Aussparung von Verweisen auf übernommene Motive. Immerhin sollte ein Aphorismus Friedrich Schlegels – »In dem, was man Philosophie der Kunst nennt, fehlt gewöhnlich eins von beiden; entweder die Philosophie oder die Kunst.« – der *Ästhetischen Theorie* als Motto voranstehen.[25]

Adornos Favorisierung Friedrich Schlegels und Hardenbergs unter den dissidenten Geistern um 1800 hat philosophiegeschichtliche und sachliche Gründe. Die Geschichte der Kritischen

Theorie wie des Neomarxismus überhaupt ist die Geschichte der Renaissance und der marxistischen Anverwandlung frühromantischer Einsichten. Blochs *Geist der Utopie* folgt in zentralen Passagen wie der über das Bild zu Sais[26] Deutungen Hardenbergs; Lukács' frühe Essays *Die Seele und die Formen* verstehen sich wie seine *Theorie des Romans* als wiederbelebendes Zitat der »Ästhetiker der Frühromantik«;[27] Herbert Marcuses Arbeit *Der deutsche Künstlerroman* (Diss. 1922) begreift Hardenbergs *Heinrich von Ofterdingen* als vollendetes Paradigma des romantischen Projekts poetischer Rationalitätskritik;[28] und Walter Benjamins epochale Dissertation über den *Begriff der Kunstkritik in der deutschen Romantik* versammelt bereits jene Motive und Denkmodelle, die für ihn selbst wie für die Kritische Theorie überhaupt bestimmend wurden. Daß um 1920 jene Theoretiker, deren Namen später um die Begriffe ›ästhetischer Neomarxismus‹ oder ›Kritische Theorie‹ sich konfigurieren, gleichzeitig und unabhängig voneinander den fast vergessenen Texten der frühen Romantik sich zuwenden, ist durch geschichtsphilosophische Affinitäten motiviert: die frühromantische wie die neomarxistische Ästhetik reagieren seismographisch auf die Erfahrung scheiternder Revolution. Sind, wie Schlegel vermerkt, »*Revoluzion . . .* (und) kritische Philosophie . . . uno actu entstanden«,[29] so verstehen sich die frühromantische und die neomarxistische Kritik kritischer Subjektivitätsphilosophie als trauerndes Eingedenken des Umstands, daß verfehlt wurde, was 1789 oder 1917/18 »an der Zeit«[30] war. Frühromantische und kritische Theorie, beide postrevolutionären Ursprungs, sind so anachronistisch wie die postrevolutionären Zustände selbst, die das Vertrauen in die Gleichung von aufgeklärter Rationalität und befreitem Leben verdarben. »Philosophie, die einmal überholt schien, erhält sich am Leben, weil der Augenblick ihrer Verwirklichung versäumt ward«.[31] Der Initialsatz negativer Dialektik zitiert nicht nur affine Formulierungen der Frühromantiker, sondern rechtfertigt auch die Anknüpfung an vergessene Traditionen ästhetischer Kritik reflektierender Subjektivität. Als »philosophische Archäologie« liest Adornos Œuvre die Texte der Frühromantiker, die große Subjektivitätsphilosophie archäologisch lassen, um Subjektivität vom Bann verdinglichender Reflexionsfixierung, die Befreiung verstellte, zu befreien. So erklärt sich philosophiegeschichtlich wie geschichtsphilosophisch die Wiederkehr zentraler frühromantischer Reflexionsfiguren in der *Ästhetischen Theorie:* die Kritik rationalitätsfetischistischer Subjektivität, die archäologische Rekonstruktion ihrer Genese aus der Tauschabstraktion, die Erinnerung an die Entstehung des »Herrscherworts« und die ästhetische Wendung subjektzentrischen Denkens sind die gemeinsamen Motive Adornos und der Frühromantiker, die dem »Alp (der Geschichte, der) auf dem Gehirne der Lebenden«[32] lastet, durch eine Subversion »geltender Sätze« wehren wollen (II).

Im Frühjahr 1961 trug Adorno zentrale Passagen der entstehenden *Negativen Dialektik* am Collège de France in Paris vor. Nicht auszuschließen, freilich auch nicht zu beweisen, daß seinen vermutlichen Hörern, den als Strukturalisten oder Poststrukturalisten nunmehr in Deutschland verzögert Rezipierten, sich einiges von der »Aufgabe« mitteilte, »mit der Kraft des Subjekts den Trug konstitutiver Subjektivität zu durchbrechen«.[33] Affinität und Differenz von Kritischer Theorie und Poststrukturalismus (III) sind jedenfalls unübersehbar geworden. Jenseits der Frage nach philologischen Abhängigkeiten nötigt ein Zwang in der Sache, die Genealogie von »Herrscherworten« und »geltenden Sätzen« zu rekonstruieren, nachdem deutlich wurde, daß der Bann über die Möglichkeit rechten Lebens durch eine bloße Kritik der politischen Ökonomie nicht zu brechen ist.

II

Das geschichtsphilosophische Dilemma des Subjekts, »um der Unbedingtheit der eigenen Herrschaft willen die objektiven Bestimmungen seiner selbst verleugn(en)« zu müssen,[34] haben die Frühromantiker seinem entwickeltsten Begriff abgelesen. Gegen Fichtes frühe Hypostasis von Subjektivität als ursprünglicher Identitätsgleichung verwiesen sie auf die »Urgeschichte des Subjekts«,[35] die dieses verdrängt, wenn es sich im »unvermeidlichen Cirkel«[36] selbstrekursiven »Ich=Ich«-Sagens um das Eingedenken seiner Genese bringt. »Philosophie ist von Grund aus antihistorisch.«[37] Die aus Fichtes Ichthematik exkommunizierte Frage nach deren Genese wehrt, wie die Frühromantiker gewahrten, ihrer Verdrängung, indem sie die konzedierte Zirkularität der Subjektivitätsgleichung Fichtes als vermittelnde Manifestation einer unvermittelbaren Widerspruchsstruktur dechiffriert. Ist nämlich das Ich Wissendes, Gewußtes und der Identifikationsvollzug beider zugleich und in derselben Hinsicht, so dementiert die Ichstruktur, was sie doch gerade garantieren soll: Identität. »Reines Ich ist nie Ganzes«, argumentiert Novalis im Interesse der Befreiung des Subjektes vom Identitätszwang. »Es ist nur Theil, wenn es Theil ist – Es sezt aber einen Theil, folglich muß es Theil und Theilendes – also Ganzes und Theil zugleich seyn«.[38] Sich zugleich als setzende Totalitätsstruktur und als gesetzter »Theil« seiner eigenen Konstitution verstehend, verwickelt sich ein transzendentalphilosophisch verstandenes Ich in einen sein Selbstverständnis destruierenden »Widerspruch«.[39] Dieser hat zum Effekt, daß »jeder Mensch ... nur ein Stück von sich selbst (ist)«.[40] Was am transzendentalphilosophischen Begriff des Selbst nicht aufgeht, ist die das Subjekt spaltende wie konstituierende Widerspruchsstruktur, die einzig durch seine Herrschaft über anderes und über sich selbst domestiziert werden kann. Dem identitätstheoretischen Subjektbegriff ist Gewalt unabdingbar. Fichtes euphemistische Wendung vom Primat praktischer über theoretische Philosophie[41] gibt das latent zu verstehen. Nur wenn das Subjekt seinen genuinen Widerspruch, den der Selbstreferenz, zur Einheit seiner selbst gewaltsam synthetisiert, vermag es, sein Anderes zu beherrschen. »Ratio wird zur irrationalen Autorität«,[42] will sie ihrem Anderen ihre Überlegenheit demonstrieren.

Verrät Transzendentalphilosophie ihre Utopie – ein Subjektverständnis, das jedem erlaubt, »Niemandes Herren und Niemandes Knechte zu seyn«[43] –, sobald sie das Subjekt unter den Oktroi von Zwangsidentität stellt, so arbeiten die Frühromantiker an einer Sabotage des Identitätsbegriffs. Ihnen wurde an dem, was reflektierende Subjekte sich selbst und anderen antun, einsichtig, daß der »Satz des Widerspruchs ... ein Widerspruch des Satzes (ist) ... Der Satz des Widerspruchs (ist) nicht wahr, oder er widerspricht seiner Antithese – *alles widerspricht sich,* gilt eben so gut«.[44] »Den Satz des Widerspruchs zu vernichten ist vielleicht die höchste Aufgabe der höhern Logik.«[45] Daß das mit sich selbst identische Subjekt zugleich sich selbst widerspricht, verweist auf ein Problem der »pragmatischen Geschichte des menschlichen Geistes«,[46] das Fichte gewahrte, um es sogleich wieder in die instantane Selbstreferenz des Geistes zurückzunehmen. Hingegen haben die Frühromantiker diesen Wink zur These radikalisiert, »*elementar* (sei) das Historisch *Transcendentale*«;[47] nur wenn »das Transcendentale ... historisirt«⁴⁸ werde, sei der Bann über das Subjekt zu brechen. Dem frühromantischen Projekt einer Historisierung des Transzendentalen, das Kant als notwendig apriorisch und also zeitvorgängig charakterisierte, wurde eine sensationelle Einsicht zuteil: Novalis und Friedrich Schlegel dechiffrieren, wie etwa eineinhalb Jahrhunderte später erst wieder die Kritische Theorie, die Synthesisleistung der Vernunft als Deckfigur der Synthesisleistung des Warentausches und des Geldes. Die – subversiver Lektüre der *Wissenschaftslehre* sich verdankende – divinatorische Formulierung des Novalis, der kaum willkürlich seine poetischen und philosophischen mit ökonomischen Interessen und einer mittleren Managementtätigkeit verband, könnte verblüffender nicht sein: »Die WissenschaftsLehre oder die reine Philosophie ist das Relationsschema der Wissenschaften überhaupt. / Sie entsteht aus dem *Einfall* statt würcklicher nahmhafter, individueller Dinge– allgemeiner Dinge, denen jedes Ding substituirt werden kann (vid. Begriff von *Geld*) (...) Constructions oder Verhältnißformeln wurden – allgemein *Geltende* Sätze. / (...) Diese Erscheinung entsteht aus der Behandlung dieser Gegenstände, als Waaren.«⁴⁹

Damit antizipiert Novalis eine Argumentationsfigur, die zur subjektkritischen Schlüsselattitude Adornos wurde. Sie beruht auf dem Nachweis, daß geltende Sätze nicht einer hypostasierten gleichermaßen autonomen wie verbindlichen Vernunftstruktur, sondern vielmehr dem Äquivalententausch sich verdanken. Denn es ist der »Einfall« des allgemeinen, substituierbaren Warendinges in eine Welt individueller Namen und Dinge, der Abstraktion real betreibt und zugleich dem Denken einbildet. Werden »Gegenstände« als »Waaren« behandelt, die ihrer Unterschiedlichkeit zum Trotz durchs allgemeine Äquivalent Geld gleichgesetzt werden, so wird, wie Novalis und später Adorno im Anschluß an Sohn-Rethel und Lukács⁵⁰ gezeigt haben, real wie reflexiv von den individuellen Qualitäten sinnlicher Mannigfaltigkeit abstrahiert. Setzt der Tausch gleich, was nicht gleich ist, so praktiziert er jene Identität, die immer eine über Nichtidentische ist und die transzendentalphilosophisch aufgeklärte Vernunft sich als genuine Leistung zuzurechnen verblendet genug ist. Vernunft und Verstand nämlich stehen im Bann des »Waarentheaters«,⁵¹ dessen Regisseur den universellen Namen des »annihilierendsten Signifikanten«⁵² trägt: Geld. »Menschen, die das *Geld* nicht kennen, sind unstreitig von dem alten Stamm der Tradition in Asien und Europa stets entfernt geblieben.«[53] Mit dem Geld und der inflationären Ausbreitung des Äquivalententauschs ward, wie G. Thomson[54] gezeigt hat, jene spezifisch okzidentale Denkform gültig und erschreckend produktiv, die Novalis als »Petrificirten und Petrificirenden Verstand«,[55] Friedrich Schlegel als »Gedankenversteinerung«[56] und Adorno als Dialektik der Aufklärung namhaft machte. Sie sozialisiert die Subjekte im Namen des Identitätszwangs, der als Implikat des Äquivalententauschs die Antwort auf die Rätselfrage ist, wie das transzendentale Ich, das »kein persönliches« ist, mit dem »transzendentalen Wir«[57] eins sein könne. Im Tausch verpflichten sich die Subjekte, ohne dessen sich bewußt sein zu müssen, auf die Anerkennung der Identitätskategorie, die dieser realabstrakt den Tauschenden wie den getauschten Waren oktroyiert. »Der Handelsgeist ist der *Geist der Welt*. Er ist der *großartige* Geist schlechthin. Er setzt alles in Bewegung und verbindet alles.«[58] Marx, mit Freud und nach den Frühromantikern Entdecker des unbewußten Regelsystems »Geist«, das den Subjekten um so zwanghafter sich einbildet, je verbissener diese auf ihrer Autonomie insistieren, kann deshalb formulieren: »Sie (die Tauschenden) wissen es (das Geheimnis von Gleichsetzung) nicht, aber sie tun es.«[59]

»Die universale Herrschaft des Tauschwerts über die Menschen, die den Subjekten a priori versagt, Subjekte zu sein, Subjektivität selber zum bloßen Objekt erniedrigt, relegiert jenes Allgemeinheitsprinzip, das behauptet, es stifte die Vorherrschaft des Subjekts, zur Unwahrheit.«[60] Doch nicht nur die Geste subversiver Lektüre von großen Texten der »reinen Philosophie« und von Systemen »geltender Sätze« hat Adorno den Frühromantikern abgelesen. Auch den Impuls zur ästhetischen Rettung reflexionslogisch verblendeter Subjektivität teilt er mit Novalis und Friedrich Schlegel. Der »Begierde des Rettens«[61] zerfallender Subjektivität, die die frühromantischen und Adornos Texte treibt, liegt die Einsicht zugrunde, daß diese zum anderen Schauplatz des Warentauschs depotenziert wurde. Was am Subjekt als destruktionslogischer Selbstwiderspruch erscheint, wird vom tauschkonstitutiven Widerspruch, dem Gleichsetzen des Nichtgleichen, projiziert; die instantane Identifikation des wissenden mit dem gewußten Ich entspricht der vom Tausch supponierten Zeitlosigkeit der zu tauschenden Dinge; und hinter der »durchgängigen

Identität des Selbstbewußtseins«[62] über mannigfaltige Ichzustände diaphaniert das synthetisierende Allgemeinäquivalent Geld.[63] Obwohl despotisch wie des »Herren Herrscherwort«, wird es weniger zum Herrn des Diskurses als vielmehr zum Strukturierungsprinzip herrschender Diskurse, denen intersubjektive Verbindlichkeit ohne die Anonymität ihrer »geltenden Sätze« kaum zukäme. Der philosophischen Zentrierung von Individualität als Konstitutionsort geltender Sätze entspricht deren fortschreitende Abstraktion. Individualität wird in eben dem Maße, wie Philosophie sie fetischisiert, zur teilbar allgemeinsten Struktur. Während Systemphilosophie im Bann dieser Paradoxie steht und vom »paranoischen Eifer«[64] getrieben wird, sich vor der Erfahrung des Nichtidentischen zu immunisieren, entäußert sich das frühromantische wie Adornos Denken an den »Schmerz« der Individuationsprozesse, den Subjektivitätstheorie systematisch vergißt. Einzig dieser anamnetische Gestus feit ästhetische Theorie, zu der Geistphilosophie, die ihrer selbst inne wird, sich notwendig transfiguriert, vor den Verkennungen zentrischer Systeme. Deckt sie an diesen uneingestandene, da selbstdestruktive Widersprüche auf, so wird Theorie im Augenblick des Eingedenkens der dem Selbst eingeschriebenen Schmerzen ästhetisch: »Sollte einfaches Selbstgefühl – Schmerz seyn (...). Teleologie des Schmerzes. Die Realität des Schmerzes ist die Realität des gemeinen, rohen Bewußtseins.«[65]

So entdeckt die Frühromantik das Leiden als principium individuationis und als das »Geheimniß der Individualität«,[66] das Transzendentalphilosophie um den Preis verdecken kann, sich in uneingestandene Widersprüchlichkeiten verwickeln zu müssen. Dieser Schmerz der Individuation rührt her von der Inskription einer Zwangsidentität, die sich als apriorische Vernunftstruktur ausgibt und doch auf die »geltenden Sätze« transsubjektiver Tauschregeln abbildbar ist. Sie zu subvertieren ist der Impuls der frühromantischen »Ideenparadiese«[67] und der Modellensemblen Adornos, die daran erinnern, daß das »ächte Individuum ... das ächte Dividuum«[68] ist. Der Geschichte der Transformation von Dividuen in Individuen ist einzig ästhetisch gerecht zu werden – ist sie doch eben Geschichte und keine irreduzible Struktur. Enthüllt sich, wenn die Frühromantiker die Transzendentalphilosophie dissident lesen, die »Realitaet ... (als) Schein«,[69] der den Subjekten sich verbindlicher, als Realitaet je es vermöchte, einschreibt, so muß »der Philosoph zum Dichter«[70] werden, der von der Pathogenese des Subjekts erzählt. »Das rechtfertigt den Übergang von Philosophie an Deutung, die weder das Gedeutete noch das Symbol zum Absoluten erhöht, sondern, was wahr sei, dort sucht, wo der Gedanke das unwiderbringliche Urbild heiliger Texte säkularisiert.«[71] Die Deutung heilig schöner Texte im Interesse ihrer Säkularisierung ist den Frühromantikern wie Adorno unabdingbare Voraussetzung des Versuchs, Subjektivität vom Bann der Identitätskategorie zu befreien. Denn »Schönheit ist der Bann über den Bann«,[72] den die Tauschabstraktion um die Subjekte legt. In ihren zentralen Passagen nimmt die *Ästhetische Theorie* das Theorem von der tauschabstraktiven Soziogenese des Subjekts wieder auf,[73] um Kunst als Medium der Subversion des universalen Äquivalententauschs zu bestimmen. »Kunstwerke sind die Statthalter der nicht länger vom Tausch verunstalteten Dinge.«[74] Ihnen ist, wie schon die Frühromantiker gewahrten, die enigmatische Kraft eigen, noch im Rahmen von gänzlich identitätsfixierten Denk- und Verkehrsformen den Widerspruch zu behaupten. Die »Ästhetik ist die Wurzel der Dialektik«[75] und so des Widerspruchsdenkens, weil das Schöne als schlechthin Nutz- und Funktionsloses dem subsumtiven Zugriff der Tauschabstraktion sich entzieht. »Imago von nicht Vertauschbarem«[76] ist Kunst dank der ihr eigentümlichen »Funktionslosigkeit«.[77] Verlor sie mit der Transformation archaisch-magischer in tauschrationale Vergesellschaftungsweisen ihre soziale Funktion, so wurde sie mit der Universalisierung des Äquivalentauschs zum a-sozialen Überfluß schlechthin. »Das Asoziale der Kunst«,[78] das den Knaben Lenker im zweiten *Faust* »Bin die Verschwendung, bin die Poesie«[79] sprechen heißt, verweist nicht nur auf die Unmöglichkeit, Kunst restlos den distributionslogischen Kategorien des Warentauschs zu unterstellen. Es indiziert und affiziert auch das asozial Nichtidentische des Subjekts – dessen Wunsch, keines zu sein.

Als »höchsten Satz aller *Wissenschaft* und *Kunst*« hat Novalis die Un- und Wunschgleichung »Ich = Nicht-Ich«[80] genannt. Während der Identitätszwang der Tauschabstraktion diesen Wunsch nach Alterität mortifiziert, leiht Kunst den Subjekten ihre aleatorische Sprache, die durch den »Terror des Idealismus«[81] ihren Wunsch aus der Sprache verwiesen sahen. »Nicht für sich, dem Bewußtsein nach, jedoch an sich will, was ist, das

Andere, und das Kunstwerk ist die Sprache solchen Willens.«[82] Dem um seinen Wunsch betrogenen Subjekt dient der romantische Poet wie der kritische Theoretiker als »transcendentaler Arzt«, der die Verblendung des Identitätsdenkens bannt. »Poesie ist die große Kunst der Construction der transcendentalen Gesundheit.«[83] Ist, »vollständiges Ich zu seyn, ... eine Kunst«,[84] solange das Verständnis des Ich im Banne des »Princips des Centralen ..., (des) Geld(s)«[85] steht, so vermag einzig Kunst, dem verstümmelten Subjekt rettend zu soufflieren, seine Utopie sei seine »opferlose Nichtidentität«.[86]

III

Wie die Frühromantiker und die Kritische Theorie durchschaut auch der dissidente Strukturalismus von Lacan, Derrida, Foucault und Deleuze »die gesamte Sphäre der Individuation ... als Epiphänomen«[87] transsubjektiver Regelsysteme. Nicht nur am italienischen Titel des *Don Giovanni – il dissoluto –*, sondern an großer Kunst überhaupt, die den Wunsch aus ihrer Sprache noch nicht exkommuniziert hat, wurde Adorno des von den Frühromantikern zur Sprache gebrachten Subjektwunsches inne: der »Auflösung der begränzten Ichheit«.[89] Um diesen Wunsch gleichsam archäologisch wieder freizulegen, prozediert auch die strukturalistische Subversion des Subjekts reflexionskritisch. Mit den Frühromantikern und Adorno ist ihr die Geste einer Dechiffrierung imaginär sich verkennender Subjektivität gemeinsam. Die frühromantische Fichtekritik, Adornos Kant-, Hegel- und Husserldeutung und die strukturalistische Relektüre Descartes und Husserls treffen sich in der Feststellung, »Denken (sei) ... eine besondre *verkehrte* Gestalt der Ichheit«.[90] Den überstrapazierten Ritualen akademischer Identitätsgewinnung durch Proklamation exklusiver Gruppen- und Schulzugehörigkeit ist die Verkennung selbst der offensichtlichsten Affinitäten von Kritischer Theorie und Poststrukturalismus anzulasten.[91] Beiden gilt der transzendentalphilosophische Subjektbegriff als Effekt einer Verkennung; beide bilden imaginäre Selbstverständnisformen auf tiefenstrukturale Codierungen und Semiotechniken (familiale Sozialisation, Tauschregeln, pädagogische Einschreibungen etc.) ab; beide betreiben methodisch die Konjunktion unterschiedlicher Disziplinen wie Marxismus, Psychoanalyse und Semiologie; beide versuchen archäologisch, die Spuren onto- wie philogenetisch verdrängter Zwänge zu dechiffrieren; beide sind an exzentrischen, häretischen oder peripheren Texten und Reden, an jenem »obstinaten Gemurmel einer Sprache«[92] interessiert, das die zentrischen herrschenden Reden begleitet und unterminiert; und beide fragen nach dem vom szientistischen Diskurs tabuisierten Verschränkungen von Wunsch, Wahrheit, Wirklichkeit und Sprache. Beschreiben Kritische Theorie und Poststrukturalismus demnach gleichermaßen »jenen anderen Schauplatz der sinnvorgängigen Sinnproduktion«,[93] so sind ihre Beschreibungsgesten doch denkbar different. Dem depressiven Gestus Kritischer Theorie kontrastiert der »fröhliche Positivismus«[94] der neueren Franzosen um so greller, als Affinität die Themen und Motive beider bestimmt. Zwar weiß auch negative Dialektik: »Philosophie ist das Allerernsteste, aber so ernst wieder auch nicht«;[95] dennoch scheint ihr die häretische Tradition fröhlicher Wissenschaft, an die die Frühromantiker anknüpfen[96] und die der Poststrukturalismus fortzusetzen versucht, nach der Einsicht in das »Mißlingen der Kultur«[97] und in das geschichtsbestimmende »Gesetz des Verhängnisses«[98] kaum mehr akzeptabel.

Hingegen betreibt der fröhliche Positivismus der neueren Franzosen latent Identifikation mit dem Aggressor von Subjektivität, indem er jedes Programm und Projekt einer Subversion der transsubjektiven Symbolordnung als phantasmatisch charakterisiert. Lacan und Derrida gilt das Subjekt so sehr als sub-iectum der ihm heteronomen Ordnung, daß Widerstand gegen die Gesetze zweiter Natur a priori gescheitert scheint. Und die anti-ödipale Widerstandslist von Deleuze' und Guattaris Schizo ist zu todverfallen, um glückend subversiv sein zu können. »Die Sehnsucht des objektiv geschwächten Subjekts nach heteronomer Ordnung« ist nicht länger nur »ein Hauptstück deutscher Ideologie«.[99] Subkutaner Masochismus, die Wahrheit bislang noch jedes Positivismus, bestimmt zentrale Theoreme der französischen Semiologie. Sie entspricht damit freilich dem vermutlichen Stand der Gattungsgeschichte, die zwar nach wie vor kein Gattungssubjekt kennt, aber kaum mehr verrätselt zu erkennen gibt, daß ein Übergewicht an Destrudo- gegenüber Libido-Potentialen dessen Funktion einzunehmen droht. Stilisiert anachronistisch halten die Frühromantiker und Adorno demgegenüber dem schieren

Wunsch, zu sein und Dasein schön zu deuten, die Treue, nachdem sie seiner Bedrohung durch die »geltenden Sätze«, die Subjektivität verstummen lassen, inne geworden sind. Ist »das wunderbarste ... Phaenomen, ... *das eigene Daseyn*«,[100] durch »Herrscherworte« und »geltende Sätze« um die Möglichkeit seines Ausdrucks gebracht, so schreibt die frühromantische wie Adornos ästhetische Theorie die »*Nothwendigkeit aller Kunstwercke*«[101] dem Umstand zu, daß einzig das Schöne den Wunsch zu sein nicht immer schon zum Begehren logifiziert und verstümmelt hat. Kunst allein vermag, erschrockenen Kindern gleich, diesen Wunsch sprechen oder stammeln zu lassen: »Unbewußtes Wissen flüstert den Kindern zu, was da von der zivilisatorischen Erziehung verdrängt wird, darum ginge es: die armselige physische Existenz zündet ins oberste Interesse, das kaum weniger verdrängt wird, ins Was ist das und Wohin geht es. Wem gelänge, auf das sich zu besinnen, was ihn einmal aus den Worten Luderbach und Schweinstiege ansprang, wäre wohl näher am absoluten Wissen als das Hegelsche Kapitel, das es dem Leser verspricht, um es ihm überlegen zu versagen.«[102] Anders als der Strukturalismus hat Kritische in ästhetischer Theorie ihr Telos. Sie lauscht den Kunstwerken flüsternde Wünsche ab und vertraut so auf die Möglichkeit einer schönen Subversion jener sprachlichen Exzentrierung des Wunsches, die die Semiologie für unabwendbar erklärt. Sprache ist kaum, der Äquivalententausch aber ist durchaus negierbar. Daß die Subjektivitätskritik des Poststrukturalismus im Namen der Sprache, die der Kritischen Theorie aber unter Verweis aufs Tauschgesetz ergeht, begründet ihre gestische Differenz. Kritische Theorie verzweifelt, weil die zweite Natur hypostasierter Gewalten wohl abschaffbar ist, nicht aber – etwa zugunsten des Potlatsch, der den Äquivalententausch erlösen könnte – abgeschafft wurde. Der Poststrukturalismus aber wird fröhlich positivistisch, weil ihm die Unterscheidung erster und zweiter Natur und mit ihr die Möglichkeit, ästhetisch das Imaginäre real werden zu lassen, obsolet wurde. Versöhnt wären beide, wenn der Kinderwunsch und das absolute Wissen ins Eins fielen.

Anmerkungen

1 v. 7397.
2 v. 7431.
3 v. 8540.
4 v. 8535.
5 v. 8540.
6 Iphigenie, v. 25.
7 Ibid., vv. 1828-1830.
8 Adorno: Zum Klassizismus von Goethes Iphigenie; Noten zur Literatur IV. GS 11. Ffm 1974, p. 499.
9 Iphigenie, v. 1863 sq.
10 Novalis: Schriften I – Das dichterische Werk, ed. P. Kluckhohn/R. Samuel. Darmstadt 1977, p. 140, v. 396 sq.
11 Ibid., p. 142, v. 418.
12 Ibid., v. 425.
13 Ibid., v. 421.
14 Cf. Faust II, v. 8532.
15 Iphigenie, v. 740 sq.
16 Nietzsche: Also sprach Zarathustra; WW, ed. K. Schlechta, Bd. II. München 1966, p. 431.
17 Johannes XIX,, 19-22 (Luther-Übersetzung, nach der Ausgabe von 1544).
18 Adorno/Horkheimer: Dialektik der Aufklärung. Ffm 1971, p. 32 sq.
19 Ibid., p. 32.
20 Hölderlin: Friedensfeier (erster Versentwurf); Stuttgarter Ausgabe Bd. 2, p. 131, v. 56 sqq.
21 Jean Paul: Vorschule der Ästhetik; in: WW, ed. N. Miller, Bd. 5. München 1973, p. 93.
22 Kant: Akademie-Ausgabe Bd. XX, p. 341. Cf. hierzu: W. Hogrebe: Archäologische Bedeutungspostulate. Freiburg/München 1977.
23 F. Schlegel: Über das Studium der griechischen Poesie (1795/96); in: Schriften zur Literatur, ed. W. Rasch. München 1970, pp. 95, 131 u. ö.
24 Adorno: Zur Schlußszene des Faust – Noten zur Literatur II; GS 11. Ffm 1974, p. 129.
25 Cf. das editorische Nachwort zu Adorno: Ästhetische Theorie, GS 7. Ffm 1972, p. 544.
26 Fassung von 1923. Ffm 1973, p. 283 sqq.
27 G. Lukács: Die Theorie des Romans (1920). Neuwied/Berlin 1971, p. 64. Zur Frühromantikrezeption bei Lukács cf. W. Michel: Marxistische Ästhetik – Ästhetischer Marxismus Bd. I. Ffm 1971.
28 In: Schriften I. Ffm 1978, pp. 108-120, 333.
29 F. Schlegel: Philosophische Lehrjahre 1796-1806, Erster Teil; KA

Bd. XVIII, ed. E. Behler. München/Paderborn/Wien 1963, p. 361 (V. Epoche/Fragment Nr. 497).
30 Diese – die Diskrepanz zwischen geschichtsphilosophisch Fälligem und Verfehltem festhaltende – Wendung ist stilistische Schlüsselattitude der Frühromantiker wie Adornos. Sie dürfte auf Goethes *Märchen* zurückgehen.
31 Adorno: Negative Dialektik; GS 6. Ffm 1973, p. 15.
32 Marx: Der achtzehnte Brumaire des Napoleon Bonarparte; MEW Bd. 8, p. 115.
33 Negative Dialektik, p. 10.
34 Ibid., p. 274.
35 Ibid., p. 186.
36 Fichte: Grundlage der gesammten Wissenschaftlehre (1794); in: WW, ed. I. H. Fichte, Bd. I. Reprint Berlin 1971, p. 92.
37 Novalis: Schriften III – Das philosophische Werk II, ed. R. Samuel. Darmstadt 1968, p. 464.
38 Novalis: Schriften II – Das philosophische Werk I, ed. R. Samuel. Stuttgart 1965, p. 138. Cf. hierzu und zum folgenden J. Hörisch: Die fröhliche Wissenschaft der Poesie – Der Universalitätsanspruch von Dichtung in der frühromantischen Poetologie. Ffm 1976. Kap. 2.
39 Novalis: Schriften II, p. 138.
40 F. Schlegel: Philosophische Lehrjahre I, p. 115 (II, 1043).
41 Cf. etwa Fichte: Erste Einleitung in die Wissenschaftslehre, WW, l. c., Bd. 1, p. 440: »Die Intelligenz ist dem Idealismus ein *Thun*, und absolut nichts weiter.«
42 Negative Dialektik, p. 258.
43 Fichte: Über Geist und Buchstab in der Philosophie; WW, l. c., Bd. VIII. Reprint Berlin 1971, p. 287.
44 F. Schlegel: Philosophische Lehrjahre I, p. 86 (II, 673).
45 Novalis: Schriften III, p. 570.
46 Fichte: Grundlage, l. c., p. 222.
47 F. Schlegel: Philosophische Lehrjahre I, p. 101 (II, 863).
48 Ibid., p. 92 (II, 756).
49 Novalis: Schriften III, p. 378 sq.
50 Cf. insbesondere A. Sohn-Rethel: Geistige und körperliche Arbeit – Zur Theorie der gesellschaftlichen Synthesis. Ffm 1972. Cf. dazu J. Hörisch: Identitätszwang und Tauschabstraktion – Alfred Sohn-Rethels soziogenetische Erkenntnistheorie; in: Philosophische Rundschau 1,2/1978, pp. 42-54.
51 Novalis: Schriften II, p. 449.
52 J. Lacan: Schriften I, ed. N. Haas. Ffm 1975, p. 37.
53 F. Schlegel: Philosophische Lehrjahre I, p. 483 (VII, 130).
54 G. Thomson: Die ersten Philosophen – Forschungen zur altgriechischen Gesellschaft II. Berlin 1968.

55 Novalis: Schriften IV – Tagebücher, Briefwechsel, Zeitgenössische Zeugnisse, ed. R. Samuel. Darmstadt 1975, p. 333 (Brief an F. Schlegel vom 18. 6. 1800).
56 F. Schlegel: KA Bd. III, ed. H. Eichner. Paderborn/München/Wien 1975, p. 8.
57 F. Schlegel: Philosophische Lehrjahre I, p. 31 (II, 135).
58 Novalis: Schriften III, p. 464.
59 Marx: Das Kapital I. MEW Bd. 23. Berlin 1969, p. 88.
60 Negative Dialektik, p. 180. Cf. die affinen Formulierungen ibid., pp. 22, 57, 101, 149 sq. u. ö.
61 Negative Dialektik, pp. 250, 377 sqq.
62 Kant: Kritik der reinen Vernunft, B 135.
63 Cf. Marx: Das Kapital, l. c., p. 67 Fn.: »In gewisser Art gehts dem Menschen wie der Ware.«
64 Negative Dialektik, p. 33.
65 Novalis: Schriften III, p. 404.
66 Ibid., p. 433.
67 Ibid., p. 446. Cf. G. Neumann: Ideenparadiese – Aphoristik bei Lichtenberg, Novalis, F. Schlegel und Goethe. München 1976.
68 Novalis: Schriften III, p. 451.
69 Ibid., p. 406.
70 Ibid.
71 Negative Dialektik, p. 64.
72 Ästhetische Theorie, p. 77.
73 Ibid., pp. 128, 203, 337, 351, 373.
74 Ibid., p. 337.
75 F. Schlegel: Philosophische Lehrjahre II, ed. E. Behler; KA Bd. XIX. München/Paderborn/Wien 1971, p. 108 (X, 235).
76 Ästhetische Theorie, p. 128.
77 Ibid., p. 336 sq.
78 Ibid., p. 335.
79 Faust II, v. 5572.
80 Novalis: Schriften II, p. 542.
81 Ästhetische Theorie, p. 99.
82 Ibid., p. 199.
83 Novalis: Schriften II, p. 535.
84 Ibid., p. 294.
85 Schlegel: Philosophische Lehrjahre I, p. 307 (IV, 1355).
86 Negative Dialektik, p. 227.
87 Ibid., p. 262.
88 Ibid., p. 237.
89 Schlegel: Philosophische Lehrjahre II, p. 95 (X, 123).
90 Ibid. (X, 120).
91 Zumal die erste Rezeptionsphase der neueren französischen Theorien

in Deutschland ist durch angestrengte Grenzziehungen gekennzeichnet. In jüngster Zeit mehren sich hingegen die Arbeiten, die auf die gemeinsamen Themen und Motive wie auf den Zwang der Sache, der sie hervorbringt, aufmerksam machen. Cf. u. a.: F. A. Kittler/H. Turk (ed.): Urszenen – Literaturwissenschaft als Diskursanalyse und Diskurskritik. Ffm 1977 und W. Hamacher: pleroma – zu Genesis und Struktur einer dialektischen Hermeneutik bei Hegel; in: G. W. F. Hegel: Der Geist des Christentums – Schriften 1796-1800, ed. W. Hamacher. Ffm etc. 1978.

92 M. Foucault: Wahnsinn und Gesellschaft. Ffm 1969, p. 12.
93 J. Kristeva: La sémiologie: science critique et/ou critique de la science; in: M. Foucault et al.: Théorie d'ensemble. Paris 1968, p. 90.
94 M. Foucault: Archäologie des Wissens; übers. U. Köppen. Ffm 1973, p. 182.
95 Negative Dialektik, p. 26.
96 Cf. J. Hörisch: Fröhliche Wissenschaft, l. c., p. 158 sqq.
97 Negative Dialektik, p. 359.
98 Ibid., p. 169.
99 Ästhetische Theorie, p. 239.
100 Novalis: Schriften II, p. 362.
101 Ibid., p. 649.
102 Negative Dialektik, p. 359.

W. Martin Lüdke
Zur ›Logik des Zerfalls‹

*Ein Versuch, mit Hilfe der ›gezähmten Wildsau
von Ernsttal‹ die Lektüre der Ästhetischen Theorie
zu erleichtern*

> »(...) ein Ereignis aus Ernsttal, dem Leiningschen Besitz. Dort erschien eine Respektsperson, die Gattin des Eisenbahnpräsidenten Stapf, in knallrotem Sommerkleid. Die gezähmte Wildsau von Ernsttal vergaß ihre Zahmheit, nahm die laut schreiende Dame auf den Rücken und raste davon. Hätte ich ein Leitbild, so wäre es jenes Tier.«
>
> *Theodor W. Adorno (»Ohne Leitbild«)*

Dialektik, so meinte Adorno einmal an prominenter Stelle, schäme sich nicht der Reminiszenz an die Echternacher Springprozession. Bekanntlich geht es dort drei Schritte vor und zwei zurück. Diese Gangart auf ihn selbst gewendet, von heute aus also zwei Schritte zurückgegangen: muß es da nicht fast wünschenswert erscheinen, daß sich Adorno jenes Tier zum Leitbild genommen, daß er seine fortwährenden Skrupel vor Definitionen und Leitbildern überwunden, daß er die spekulative Kraft seines Denkens, auf den Rücken der vermeintlich gezähmten Natur gebunden, derart entfesselt hätte.

Natürlich bereitet eine solche Vorstellung einige Schwierigkeiten. Wer Adorno kannte, seine Art zu sprechen, seine Art, sich zu bewegen, seine Art zu denken, wird sich eher an die Respektsperson als an ›jenes Tier‹ erinnert sehen. Trotzdem könnte es der Mühe wert sein, sich Adorno unter diesem Leitbild zu vergegenwärtigen.

Dabei ginge es nicht nur um den anarchischen Impuls der Adornoschen Philosophie; die Kritik von Herrschaft und zwar von Herrschaft jedweder Form steht schließlich im Zentrum; es ginge auch, vielleicht vor allem, um die Methode eines Denkens, das sich den Methoden verweigert, weil es sich auf die Gegenstände einlassen will, mit denen es sich befaßt. Um ein Denken also, das schnell als unsystematisch abgetan werden kann, sprunghaft, assoziativ, nicht den Bedingungen von Theorie gehorcht, kurzum: sich einen Teufel drum schwert, was die Kollegen, heute nach C 4 besoldet, davon halten. Ein solches Denken ist naturgemäß subversiv, weil es sich nicht an die etablierten Einteilungen der akademischen Disziplinen hält, weil es nicht – notfalls immer auch auf Kosten des Gegenstandes – eine konsistente Theorie ausbrüten will.

Adornos Denken war auf Erfahrung aus. Selbst als Hochschullehrer hat er keine Verfahren vermitteln wollen, die mehr oder weniger beliebig von der einen auf die andere Sache übertragbar sind, sondern – immer ausgehend von der Frage: cui bono? Wem nützt es? – Wege weisen wollen, die zur Erfahrung von Gegenständen führen.

Sicher lassen sich nun auch in den Adornoschen Schriften, bis hin zur »Ästhetischen Theorie«, jederzeit Formulierungen finden, die »abgeschnittene Brüste, Beine von Modepuppen in Seidenstrümpfen« als Beleg heranziehen, und zwar für Annahmen mit einem, dann überraschend allgemeinem Geltungsanspruch. Sicher auch ist der Sprung vom spekulativen Gedanken zur ›kruden Empirie‹ häufig genug in einem Nebensatz vollzogen.

Das heißt: Adornos Denken entzieht sich dem methodisch/systematischen Zugriff. Gleichwohl sind bestimmte Grundfiguren auszumachen. Die Grundannahmen seines Denkens lassen sich systematisch rekonstruieren. Im Zentrum dabei steht, wie ich vermute, das Motiv einer Logik des Zerfalls.

Es soll hier, im folgenden, herausgeschält und vorgestellt werden. Und zwar nicht nur aus einem systematischen Interesse heraus, denn in dieser Hinsicht scheint mir klar zu sein, daß sich die Grundannahmen der Adornoschen Theorie heute nicht mehr umstandslos unterschreiben lassen. Mein Interesse ist vielmehr, der Frage nachzugehen, ob Grundfiguren des Adornoschen Denkens diesem ›Leitbild‹ zuzuordnen sind, das seines wäre, wenn er eines (gehabt) hätte.

Es geht mir also um die (überaus sympathische) Vorstellung eines Denkens, das mit den Stieren von Pamplona und der gezähmten Wildsau von Ernsttal im Odenwald mehr gemeinsam hat als mit der überlegenen Gestik einer in jeder Hinsicht disziplinierten Wissenschaft.

Die traurige Wissenschaft, von der Adorno eingangs der »Minima Moralia« spricht, hat demgegenüber nämlich überaus fröhliche Seiten. (Von den ›fröhlichen Seiten des Adornoschen Denkens‹ mag auf den folgenden Seiten nur wenig zu spüren sein. Nicht allein, weil die Frage nach den Grundfiguren im Vordergrund steht – und unter den gegenwärtigen Bedingungen auch im Vordergrund stehen muß –, sondern vor allem deshalb, weil die Entfaltung des kritischen und des anarchischen, des utopischen und schließlich fröhlichen Potentials der Adornoschen Philosophie notwendigerweise über Adorno hinaus zu gehen hätte. Womöglich sehr weit, zumal dann, wenn sich ein solcher Versuch, das heißt eine wirkliche Aktualisierung der Gehalte dieses Denkens, auf deren Grundlagen (und Grundfiguren) beziehen (lassen) will. Anders gesagt: es ist, theoretisch gesprochen, vor allem ein Problem der Praxis.)

I Das doppelte Problem

»In einem philosophischen Text sollen alle Sätze gleich nah zum Mittelpunkt stehen.«[1] Die bekannten Schwierigkeiten, Adorno zu lesen, gehen auf diese Maxime zurück. Die Schwierigkeiten, die Schwierigkeiten der Lektüre zu beheben, ebenso. Von »Kierkegaard. Konstruktion des Ästhetischen«, der 1933 erschienen Habilitationsschrift Adornos bis hin zur »Ästhetischen Theorie«, 1970 posthum veröffentlicht, scheint es in dieser Hinsicht bei Adorno keine Entwicklung zu geben. Die Texte gleichen sich: in einer musikalischen Schrift kommt »am Horn« etwas »zutage«,[2] was in soziologisch/gesellschaftstheoretischen Überlegungen am »Grundrhythmus« des Jazz wie an der »Kadenz auf der Wechseldominante von a-moll«[3] belegt werden kann. Die Nachlaßverwaltung von Adorno hat darum mit Recht darauf hingewiesen, daß »noch die peripherste Konzertkritik mit Werken wie der ›Negativen Dialektik‹«, allerdings: »unterirdisch«, kommuniziere.

Sozialwissenschaftler, die es sich leicht machen woll(t)en, können Adornos Gesellschaftstheorie auf die Philosophie abdrängen und dort als Spekulation bewundern, was sich ihrem Begriff von Wissenschaft so gar nicht fügen will. Philosophen, mit ähnlichen Absichten beseelt, tun sich da schon etwas schwerer. Sie müssen, weil die Hegelsche Tradition ihre Disziplin weiterhin belastet, die

Grundannahmen der Adornoschen Theorie mit einer schon eindrucksvollen Konsequenz ignorieren, um – dank der Affinität Adornos zu ästhetischen Problemen – sein Werk gleich vollends als Kunst zu deklarieren.

Wer sich also an den heutigen Standards von Wissenschaft orientiert, den Bedingungen, denen sich gegenwärtig eine Theorie, sagen wir: vermeintlich, zu stellen habe, wird sicherlich mit Adornos Theorie seine Schwierigkeiten haben. Nicht nur, weil sich die Texte gleichen: das simple Schema von Dialektik, der berüchtigte Dreischritt, ist bei Adorno ebenso aufgesprengt wie der diskursive Gang einer Darstellung, dem auch dieses Schema folgt. Als Abdruck jenes Zwangs beschrieben, gegen den sich Dialektik richten soll, wird sie so noch gegen sich selbst gerichtet.

Die zentrale Intention der Adornoschen Theorie, begrifflich über den Begriff hinauszugelangen, oder, wie es in der »Negativen Dialektik« heißt: »Nur Begriffe können vollbringen, was der Begriff verhindert«,[4] macht im Grunde schon die ganze Schwierigkeit aus. Denn zu diesem Zweck muß »Dialektik, in eins Abdruck des universalen Verblendungszusammenhangs und dessen Kritik, in einer letzten Bewegung sich noch gegen sich selbst kehren. Die Kritik an allem Partikularem, das sich absolut setzt, ist die am Schatten von Absolutheit über ihr selbst, daran, daß auch sie, entgegen ihrem Zug, im Medium des Begriffs verbleiben muß. Sie zerstört den Identitätsanspruch, indem sie ihn prüfend honoriert. Darum reicht sie nur soweit wie dieser. Er prägt ihr als Zauberkreis den Schein absoluten Wissens auf. An ihrer Selbstreflexion ist es, ihn zu tilgen, eben darin Negation der Negation, welche nicht in Position übergeht. Dialektik ist das Selbstbewußtsein des objektiven Verblendungszusammenhangs, nicht bereits diesem entronnen. Aus ihm von innen her auszubrechen, ist objektiv ihr Ziel.«[5]

Formulierungen dieser Art, etwa: Dialektik zerstöre den Identitätsanspruch, indem sie ihn prüfend honoriert, sie sei das Selbstbewußtsein des objektiven Verblendungszusammenhangs und aus ihm von innen auszubrechen sei objektiv ihr Ziel, lassen sich sicherlich auch in eine konventionelle Theoriesprache übertragen. Allerdings ist die Gefahr, daß das Telos solchen Denkens dabei auf der Strecke bleibt, kaum zu vermeiden, Dialektik, die den Identitätsanspruch zerstören will, ist auf die Rettung des Nichtidentischen aus, d. h., um den utopischen Impuls auf eine schlichtere Formel zu bringen: auf die Errichtung einer befreiten Gesellschaft, auf die Aufhebung von Zwang und Herrschaft.

Ob zu diesem Zweck die traditionellen Verfahren traditioneller Wissenschaft geeignet sind, darf wohl mit einigem Recht bezweifelt werden.

Herkömmliche Wissenschaft ist schließlich ein integraler Bestandteil dessen, was Adorno den objektiven Verblendungszusammenhang nennt.

Auch hier liegen Schwierigkeiten im Umgang mit Adornos Texten. Das geht hin bis zu der Schwierigkeit, ihn zu zitieren. Denn alles scheint im Fluß, in Bewegung: die Bestimmungen lassen sich schwerlich fixieren; jede – scheinbar – handfeste Formel wird im nächsten Satz (-teil), im nächsten Abschnitt wieder zurückgenommen, relativiert, aufgehoben. Adorno gibt eine Unmenge Definitionen von Dialektik und verweigert zugleich jede (einzelne) Definition.

In einem philosophischen Text sollen eben alle Sätze gleich nah zum Mittelpunkt stehen.

Auch deshalb könnte es nützlich sein, zu fragen *was* und auch *wo* dieser Mittelpunkt ist.

Denn, wie schon gesagt, die konsequente Verweigerung jeder Systematik im herkömmlichen Sinn könnte schließlich selbst einer systematischen Begründung zugänglich sein.

II Die Voraussetzungen

Die ästhetische Theorie Adornos will ihrem eigenen Anspruch nach als Einheit von Gesellschaftstheorie, Geschichtsphilosophie, Erkenntnistheorie und philosophischer Ästhetik verstanden werden. Ein solcher Anspruch ist, vorsichtig gesagt, auf Anhieb kaum plausibel zu machen. Wahrheit jedoch sei, meinte Adorno einmal, objektiv und eben nicht plausibel. Um Wahrheit geht es dabei. Allerdings um einen objektiven, mithin emphatischen Begriff von Wahrheit, dessen Begründung heute sicher schwierig geworden ist, der aber, andererseits, nicht umstandslos beiseite gelegt werden sollte.

Etwas verkürzt läßt sich sagen: die ästhetische Theorie Adornos ist sowohl Ausdruck wie Konsequenz dessen, was die »Negative Dialektik« bereits mit ihrem Titel bezeichnet. Das heißt: die

Stellung der Ästhetik im Ganzen der Adornoschen Philosophie kann als systematische Konsequenz der Negativität beschrieben werden.

Aus dieser besonderen Stellung der Ästhetik folgen dann natürlich umgekehrt erhebliche Konsequenzen für die Bestimmung dessen, was als Philosophie, Erkenntnistheorie eingeschlossen, und Geschichtsphilosophie sowie Theorie der Gesellschaft gelten kann.

Diese zentrale Rolle der Kunst und, weil Kunst auf Philosophie verwiesen bleibt, der Ästhetik erinnert naturgemäß an die Konstruktionen des deutschen Idealismus, den Übergang von Kant zu Hegel.

Kants Ästhetik, die »Kritik der Urteilskraft«, war als ein Brückenschlag zwischen theoretischer und praktischer Philosophie gedacht. Sie sollte ein »Verbindungsmittel der zwei Teile der Philosophie zu einem Ganzen »abgeben.[6] Die Dichotomie zwischen der Gesetzmäßigkeit der Natur, den Verstandesgesetzen, und dem Endzweck der Freiheit, dem Vernunftgesetz, sollte durch die Zweckmäßigkeit der Kunst, das Prinzip der Urteilskraft, überbrückt werden.

Schelling hat an Kant angeknüpft. Er radikalisierte die Kantische Konzeption und erhob so, in dieser Hinsicht folgerichtig, die Kunst zum Organon der Philosophie. »Das Kunstwerk reflektiert uns«, meinte Schelling, »die Identität der bewußten und bewußtlosen Tätigkeit. (...) Der Grundcharakter des Kunstwerks ist also eine bewußtlose Unendlichkeit (Synthesis von Natur und Freiheit).«[7] Aus dieser Bestimmung bezieht die Kunst ihre Bedeutung im Schellingschen System der Philosophie.

Adorno, zwar offensichtlich an dieser Konzeption orientiert, hat sie aber geradezu umgestülpt. Bernhard Lypp beschreibt diesen Vorgang: »Der Bezug von Philosophie und Kunst aufeinander ist, was die Kraft ihrer Darstellung betrifft, in negativer Verkehrung zwar, aber logisch auf die gleiche Weise gedacht, wie es im Idealismus zwischen den ausgeführten Positionen Kants und Hegels der Fall war. Berühren sich dort Philosophie und Kunst im Ideal zu lösender Probleme, im Indifferenzpunkt sich potenzierender Reflexion, so tun sie es hier in umgekehrter Richtung, in der Depotenzierung dieses Ideals, der Darstellung einer ›Logik des Zerfalls‹. War dort das Verhältnis von Philosophie und Kunst als sich ins Absolute steigerndes zweier Potenzen des Bewußtseins gedacht, so hier als dessen negative Depotenzierung.«[8]

War also im deutschen Idealismus die Kunst letztlich Ausdruck einer Positivität, deren Entzweiung in ihr als aufgehoben gelten konnte, war damit sowohl die Stellung wie die Funktion von Kunst der Indikator einer letztlich absoluten Affirmation, so wird bei Adorno dieses Verhältnis genau umgekehrt. Die Stellung der Kunst (und ihre Funktion) bestimmt sich jetzt im Ausdruck absoluter Negativität. In der Kunst ist nicht mehr die Entzweiung der Positivität aufgehoben, die Antagonismen der Realität sind in der Kunst nicht mehr geschlichtet, Kunst ist nicht mehr Vor-Schein (wie bei Bloch) möglicher Wirklichkeit, nicht die Antizipation von Versöhnung – sondern vielmehr: Negation von Negativität.[9]

Lypp hat diesen Zusammenhang von Ästhetik, einer der Adornoschen Ästhetik zugrunde liegenden Naturkonzeption, dem spezifischen Mimesisbegriff mit der Logik des Zerfalls zwar bezeichnet,[10] ohne ihn aber eigentlich zu explizieren.

Erst die Beschreibung der Verknüpfung von Geschichtsphilosophie und Ästhetik, die in einen wechselseitigen Begründungszusammenhang gebracht sind, läßt den Kern der Adornoschen Philosophie sichtbar werden: die konstitutive Bedeutung der Naturkonzeption[11] für die Ästhetik erweist sich nämlich zugleich als genuin geschichtsphilosophisches Moment. Das Telos von Geschichtsphilosophie und Ästhetik, oder vorsichtiger gesagt: das bestimmende Interesse beider, ist identisch. Beide sind wechselseitig aufeinander verwiesen: einerseits, weil der geschichtsphilosophische Stand sowohl die Stellung wie die Funktion der Ästhetik bestimmt, andererseits, weil die Ästhetik, und vielleicht nur die Ästhetik, Indikator der – wie Adorno sagte – geschichtsphilosophischen Stunde ist.

Die Geschichtsphilosophie bedarf also der Ästhetik, um ihrer selbst willen, weil nämlich nur noch im Zusammenspiel von Kunst und philosophischem Begriff historische Wahrheit zu erfahren ist.

Und damit ist die Ästhetik selber zugleich als Geschichtsphilosophie bestimmt. Die Begründung dieser strukturellen Beziehung läßt sich freilich erst in einer Darstellung der Logik des Zerfalls einholen.

Lypp, der meines Wissens zuerst auf diesen Zusammenhang

aufmerksam gemacht hat, meint dazu: »Mit dem dialektischen Kern besonders der Passagen der ›Phänomenologie‹, in denen der Zerfall substantieller Sittlichkeit, die Entfremdung des Geistes in die Welt der Bildung und die Aufklärung konstatiert wird, kritisiert die ›negative Dialektik‹ das Herrschaftsdenken instrumenteller, allein die Zweck-Mittel-Rationalität berücksichtigender Vernunft. Mit entscheidenden Anklängen an die zwischen Wissen und Handeln vermittelnde Funktion der Kantischen Einbildungskraft versucht sie mit dem jungen gegen den späten Hegel das Bild freier Erfahrung als ein archetypisches Schematisieren der Einbildungskraft in einer ästhetischen Systematik aufzurichten.«[12]

Die Kritik der negativen Dialektik an einer instrumentalisierten Vernunft, von der Lypp sprach, geht damit über in die Kritik an Dialektik selber: das Herrschaftsdenken unterwirft nämlich letztlich auch noch das Denken der Herrschaft, anders gesagt, die Vernunft der Instrumentalisierung instrumentalisiert die Vernunft.

Dieser Prozeß ist in der »Dialektik der Aufklärung« so ausführlich wie eindringlich beschrieben worden. Die Marxsche Dialektik von Produktivkräften und Produktionsverhältnissen wird in dem erweiterten Bezugsrahmen von Natur und Naturbeherrschung reformuliert und kritisch gegen Marx gewendet. Das emanzipatorische Potential der Produktivkräfte, an das Marx seine Hoffnungen knüpfte, wird als zugleich destruktives entlarvt. »Keine Universalgeschichte«, so beschreibt Adorno in der »Negativen Dialektik« diesen Sachverhalt, »führt vom Wilden zur Humanität, sehr wohl eine von der Steinschleuder zur Megabombe.« Denn die Verschlingung dieser beiden Prozesse, der des Fortschritts mit dem der Regression, hat zur Folge gehabt, daß – in einer Formulierung von A. Wellmer gesagt – »die Verdinglichung der Subjekte im gleichen Maße vorangeschritten ist wie der äußeren Natur«.[13]

Von hier aus erst kann verständlich werden, weshalb Horkheimer und Adorno die in der Marxschen Kritik der politischen Ökonomie implizierte Revolutionstheorie als unzureichend verwerfen. Statt dessen suchen die Autoren der »Dialektik der Aufklärung« nach einer Erklärung für die verschiedenen Transformationsprozesse, die der Kapitalismus durchlaufen hat, und die sich – wie sie meinen – im Grunde nur wenig unterscheiden.

Adorno hat diese Auffassung später einmal auf die Pointe gebracht, daß sich im Gelingen der Revolution ihr Scheitern am drastischsten zeige. Faschismus, Stalinismus und nicht minder die vermeintliche Konsolidität des amerikanischen Kapitalismus, die auch als Resultat der Kulturindustrie begriffen wird – das steht als Erfahrung hinter dieser Einsicht.

Die Marxsche Gesellschaftstheorie wird mit der Kritik der instrumentellen Vernunft verknüpft und zu einer philosophischen Theorie von Herrschaft überhaupt erweitert. Die Emanzipation des Menschen von der Herrschaft der Natur, d. h. der Prozeß fortschreitender Beherrschung der Natur durch den Menschen geht nicht allein mit der fortschreitenden Unterdrückung der Natur des Menschen einher, sondern zugleich mit der zunehmenden Entfaltung von Herrschaft überhaupt. In diesem Prozeß der Emanzipation, der die Bedingung der Selbsterhaltung der menschlichen Gattung ist, wird die Selbsterhaltung hypostasiert und so die Verkehrung von Mittel und Zweck mehr und mehr festgeschrieben. Am Ende, da, wo die Aufhebung von Herrschaft möglich wäre, ist sie vollends totalisiert.

Die instrumentelle Vernunft, die alles und jedes als Mittel zum Zweck der Selbsterhaltung definiert, reduziert auf diese Weise die Objekte auf das, was an ihnen verfügbar ist und verdinglicht so die Subjekte zum Objekt.

Die Gesellschaft, die sich die Natur unterworfen hat, totalisiert die (überflüssig gewordene) Herrschaft und nimmt selbst naturhafte Qualität an. Die Natur, die universell vergesellschaftet ist, ist auf das, was an ihr beherrschbar ist, reduziert – und an dieser Reduktion haben die Subjekte, die sie vollziehen, auch deshalb teil, weil sie selbst Natur, ein Teil der Natur sind.

Aus diesem Grund geht die dialektische Kritik der instrumentellen Vernunft in die Kritik von Dialektik selber über.

Der Rückgriff auf bestimmte Momente der kantischen Einbildungskraft, mit denen Adorno versucht, das Bild freier Erfahrung als ein archetypisches Schematisieren in einer ästhetischen Systematik aufzurichten, muß als Konsequenz der Negativität begriffen werden, die zur Kritik (auch) an Dialektik zwingt. Dieser Rekurs auf Kant, die (überraschende) Wendung kantischer Motive gegen Hegel, ist gleichsam doppelt motiviert. Um diesen Zusammenhang, und damit die eben angesprochene ›ästhetische Systematik‹ weiter einsichtig zu machen, müssen die erkenntnistheoretischen Implikationen der schon angedeuteten geschichtsphilosophisch/gesellschaftstheoretischen Überlegungen Adornos, zumindest ansatzweise, bezeichnet werden.

Denn der von Adorno erwogene »Revisionsprozeß ums Naturschöne«,[14] die gegen Hegel zielende Aufnahme einer kantischen Kategorie, die seit Hegel spätestens obsolet schien, kann tatsächlich nur auf den ersten Blick überraschen. Die Kritik, die Adorno gegen Hegel anmeldet, trifft Kant ebenso. »Das Naturschöne verschwand aus der Ästhetik durch die sich ausbreitende Herrschaft des von Kant inaugurierten, konsequent erst von Schiller und Hegel in die Ästhetik transplantierten Begriffs von Freiheit und Menschenwürde, demzufolge nichts in der Welt zu achten sei, als was das autonome Subjekt sich selbst verdankt. Die Wahrheit solcher Freiheit für es ist aber zugleich Unwahrheit: Unfreiheit fürs Andere.« Dieses »Andere« sucht Adorno am Naturschönen. Das Naturschöne wird als Paradigma von Nichtidentität begriffen. Es soll den Zugang zu einer historisch-gesellschaftlich verstellten Natur eröffnen, der wohlgemerkt nicht *vor*, sondern allein hinter ihrer Vergesellschaftung, durch sie hindurch also, gesehen wird. Hegel hatte für sich in Anspruch genommen, die Versöhnung von Allgemeinem und Besonderem geleistet zu haben. Aus diesem Anspruch läßt sich die Stellung der Natur im Hegelschen System ebenso erklären wie die des Naturschönen in der Hegelschen Ästhetik. Das Nichtidentische war für Hegel ›gut aufgehoben‹. Kant hingegen, dem die »Dialektik der Aufklärung« zwar vorwarf, er habe in der Kritik der reinen Vernunft das Denken in den Kreis gebannt, den Naturbeherrschung zieht,[15] hatte aber immerhin das Wesen der Dinge im »Ding an sich« noch offen gelassen. Die Kritik der Urteilskraft erst sollte dazu dienen, diese Leerstelle auszufüllen. Im freien Spiel der Vermögen (d. i. Einbildungskraft und Verstand) begründet Kant das ästhetische Geschmacksurteil, das – strikt von einem theoretisch/begrifflichen Urteil unterschieden – damit tatsächlich Raum für das Besondere, für das, was in dem Identitätszwang eines Begriffs nicht aufgeht, das Nichtidentische also, lassen kann.

Dieses Moment bestimmter Unbestimmtheit, das die Erfahrung des Naturschönen zu vermitteln vermag, wenn sie nicht vorweg den Restriktionen der Hegelschen Identitätsphilosophie unterworfen wird, ist aber nicht auf Natur, sondern auf Natur als Erscheinung bezogen.[16] Nur wenn die Natur unter einer ästhetischen Perspektive, durchaus in Anlehnung an die vier Momente des kantischen Geschmacksurteils, betrachtet wird, das heißt frei vom Zwang des Selbsterhaltungsprinzips, kann ihre Erscheinung als schön erfahren und damit als Paradigma des Nichtidentischen begriffen werden. »Das Naturschöne ist die Spur des Nichtidentischen der Dinge im Banne universaler Identität.«[17]

Das Bild freier Sichselbstgleichheit, das am Naturschönen aufscheint, gibt der Kunst ein Muster, das auf Natur verweist, die es jenseits ihrer Vergesellschaftung nicht (mehr?) gibt. »Daß die Erfahrung des Naturschönen, zumindest ihrem subjektiven Bewußtsein nach, diesseits der Naturbeherrschung sich hält (...), umschreibt ihre Stärke und ihre Schwäche. Ihre Stärke, weil sie des herrschaftslosen Zustands eingedenk, der wahrscheinlich nie gewesen ist; ihre Schwäche, weil sie eben dadurch in jenes Amorphe zerfließt, aus dem der Genius sich erhob und jener Idee von Freiheit überhaupt erst zuteil ward, die in einem herrschaftslosen Zustand sich realisierte. Die Anamnesis der Freiheit im Naturschönen führt irre, weil sie Freiheit im älteren Unfreien sich erhofft.«[18] Damit wird das Naturschöne (eben die Spur des Nichtidentischen an den Dingen im Banne universaler Identität) zur historischen Erscheinung dessen, was Natur sein könnte, wenn sie von Herrschaft befreit wäre. »Das Naturschöne ist der in die Imagination transponierte, dadurch vielleicht abgegoltene Mythos.[19] Es deutet auf den »Vorrang des Objekts in der subjektiven Erfahrung. Wahrgenommen wird es ebenso als zwingend Verbindliches wie als Unverständliches, das seine Auflösung fragend erwartet. Weniges vom Naturschönen hat auf die Kunstwerke so vollkommen sich übertragen wie dieser Doppelcharakter. Unter seinem Aspekt ist Kunst, anstatt Nachahmung der Natur, Nachahmung des Naturschönen.«[20] Allerdings, so hebt Adorno noch einmal nachdrücklich hervor: »Kunst ahmt nicht Natur nach, auch nicht einzelnes Naturschönes, doch das Naturschöne an sich.«[21]

Was also »Natur vergebens möchte, vollbringen die Kunstwerke: sie schlagen die Augen auf.«[22]

Ästhetisch wird die Systematik deshalb, weil die – Versöhnung nur prätendierende – Identität, zur Totalität entfaltet, sich als ihr genaues Gegenteil erwiesen hat: als die totale Unterdrückung des Nichtidentischen. Diese Spur des Nichtidentischen, im Naturschönen bewahrt, wird von der Kunst, die auf die Nachahmung des Naturschönen an sich (!) verpflichtet ist, aufgegriffen und von der Philosophie begriffen. An der Philosophie der Kunst, eben das meint Ästhetik, bestimmt sich die Systematik der Philosophie: als ästhetische.

»Adorno will«, um noch einmal Lypp zu zitieren (besser müßte es allerdings heißen: kann und darf), »zwischen der Reflexion als genuin philosophischem und dem künstlerischen Medium keine Grenze in den Fragen aufrichten, die mit Aussicht auf erfolgversprechende Antwort an beide gestellt werden können. Philosophie und Kunst sind beide der ›bestimmten Negation‹ verbunden. Beide sind ›bewußtlose Geschichtsschreibung der Negativität‹. (...) Zwischen Kausalität, dem ›Bann der beherrschten Natur‹, und Freiheit vermittelt die ›bestimmte Negation‹. Sie wird in positiver Formulierung wie die künstlerische Verfahrensweise beschrieben: als Affinität und Sympathie zur Natur.«[23] Mithin: als Mimesis.[24]

Die Adornosche Bestimmung von Mimesis insistiert freilich auf deren Doppelcharakter. Mimesis ist einmal als ein Verhalten zu beschreiben, das Besonderes als Besonderes gelten läßt. Nachahmung im Sinne der Anschmiegung. Die »Dialektik der Aufklärung« bringt eine Reihe von Beispielen. Mimesis dieser Art ist nicht auf Verfügungsgewalt aus und es erlaubt es von daher, die Identität des Nichtidentischen zu bewahren. Andererseits ist Mimesis als ein Verhalten zu beschreiben, das – als Urform partikularer Rationalität – in den Dienst der Selbsterhaltung gestellt ist. Nachahmung als Instrument der Beherrschung des Objekts.

Gerade diese, gleichsam instrumentelle Seite der Mimesis macht die Exklusivität des Bereichs einsichtig, in dem sich die andere, nicht instrumentelle, entfalten kann: die Kunst. Allein die Kunst nämlich, sofern sie auf ihrer Autonomie insistiert, ist Adorno zufolge, zumindest partiell, freigesetzt vom Zwang zur Selbsterhaltung. Und damit vom Tauschprinzip, bzw. von dem Bann des Identitätsprinzips.

Erst dieser mimetische Umgang mit dem Material erlaubt es der Kunst, Naturschönes an sich nachzuahmen.

Darum auch ist Philosophie auf Kunst verwiesen, so wie die Kunst auf Philosophie. »Der Wahrheitsgehalt der Kunstwerke ist die objektive Auflösung des Rätsels jedes einzelnen. Indem es die Lösung verlangt, verweist auf den Wahrheitsgehalt. Der ist allein durch philosophische Reflexion zu gewinnen. Das, nichts anderes rechtfertigt Ästhetik.«[25] Auflösung verlangt das Rätsel naturgemäß, weil es Rätsel ist. Das heißt: die partiell vom Selbsterhaltungsprinzip suspendierte Kunst bringt auf nicht-begriffliche Weise etwas zum Ausdruck, was – begrifflich gefaßt – Adorno als Wahrheit bestimmt und das – wenn es Wahrheit sein soll – der begrifflichen Bestimmung bedarf. Adorno: »Philosophie und Kunst konvergieren in deren Wahrheitsgehalt: die fortschreitend sich entfaltende Wahrheit des Kunstwerks ist keine andere als die des philosophischen Begriffs.« Sie muß freilich auf diesen, ihren philosophischen Begriff auch gebracht werden: »genuine ästhetische Erfahrung muß Philosophie werden oder sie ist überhaupt nicht.«[26]

Auf der anderen Seite (der immanenten Logik folgend: unschwer einzusehen) muß Philosophie, ihres eigenen Anspruchs auf Wahrheit willen, Ästhetik werden, um zu begreifen, was der Begriff meint, wiewohl es sich ihm entzieht.[27] »Kunst, als von der Empirie Abgehobenes, bedarf konstitutiv eines Unauflöslichen, Nichtidentischen; sie wird Kunst nur an dem, was sie nicht selber ist.«[28]

Das Unauflösliche, das Nichtidentische macht zugleich das Rätselhafte aus, das der Auflösung harrt – und, in seiner Struktur erkannt, macht es den Verweisungszusammenhang sichtbar, in dem sich Kunst und Philosophie aufeinander beziehen und sich in ihrer Beziehung als geschichtsphilosophische Chiffre darstellen. Nach Adorno ist es das genuine Interesse der Philosophie, das sie auf die Ästhetik verpflichtet: denn »Philosophie ließe, wenn irgend, sich definieren als Anstrengung, zu sagen, wovon man nicht sprechen kann; dem Nichtidentischen zum Ausdruck zu verhelfen, während der Ausdruck es immer doch identifiziert.«[29]

Die Art und Weise, in der Adorno versucht, dem hier angedeuteten Programm zu folgen, macht die Schwierigkeit, seine Texte zu lesen, wesentlich aus. An diesem Punkt wäre der Vorwurf des ›Irrationalismus‹, der zuweilen gegen Adorno erhoben wird, festzumachen. Bzw., in gemilderter Form: daß es Adorno vermeide, seine Überlegungen unter den Bedingungen von Theorie zu explizieren, ließe sich hier begründen.

Tatsächlich folgen aus der damit bestimmten Beziehung von Philosophie und Kunst, d. h. von Philosophie und Ästhetik, erhebliche Konsequenzen. Denn die ästhetische Reflexion, die

Nichtidentisches im Rätselhaften des Kunstwerks dechiffriert, schreibt der philosophischen Anstrengung des Begriffs die ›Methode‹ vor:[30] ein Verfahren nämlich, das es erlaubt, mit dem Begriff gegen den Begriff zu operieren.

Adornos Versuch, ein Bild freier Erfahrung aufzurichten, das mit Lypp als archetypisches Schematisieren der Einbildungskraft in einer ästhetischen Systematik beschrieben worden ist, läßt sich zwar kaum in eine exakte Methodologie übersetzen. Aber mit dem Begriff der »Konstellation« ist immerhin ein Verfahren benannt, das der (wenn nicht paradoxen, so doch widersprüchlichen) Intention nahekommt, eine diskursive Darstellung mit ihren eigenen Mitteln aufzusprengen.

»Konstellationen allein repräsentieren, von außen, was der Begriff im Innern weggeschnitten hat, das Mehr, das er sein will so sehr, wie er es nicht sein kann. Indem die Begriffe um die erkennende Sache sich versammeln, bestimmen sie potentiell deren Inneres, erreichen denkend, was Denken notwendig aus sich ausmerzte.«[31]

In diesem Begriff der Konstellation liegt denn auch der Indifferenzpunkt von ästhetischer Systematik und systematischer Ästhetik – in einem bestimmten Sinn freilich, der erst noch näher zu erläutern ist.[32]

Systematisch notwendig geht Philosophie in Ästhetik über, wenn Erkenntnis an Kunst delegiert ist. Sei es, wie im deutschen Idealismus, um den Bruch zwischen Denken und Handeln zu überwinden. Sei es, wie bei Adorno, um den letzten Zipfel einer verschwindenden Wahrheit zu erwischen.

Die Systematik der Philosophie wird dann zu einer ästhetischen Systematik, wenn – noch über ihren Gegenstand, die Kunst, hinaus – auch Konsequenzen für ihre eigene Verfahrensweise gefordert sind. Der Begriff der Konstellation bezeichnet nämlich selbst schon ein ästhetisches Gebilde. Eine solche Form philosophischer Darstellung läßt nicht mehr strikt von Kunst unterscheiden: »Das Ideal ist nichtargumentatives Denken.«[33] – was Adorno hier Hegel zuschreibt, gilt nicht weniger für ihn selbst: »Assoziatives Denken hat bei Hegel sein fundamentum in re.«[34] Diese Assoziationen fügen sich in der Konstellation zusammen.[35] Dieses Verfahren hat in dem kantischen Spiel der Gemütsvermögen zum Zwecke des ästhetischen Urteils sein unschwer erkennbares Muster. Begriff und Sache bleiben in der Schwebe: es wird identifiziert, nur wird die Identität nicht festgeschrieben. (Das macht auch schon Kants Schwierigkeit aus. Kant unterscheidet deshalb streng zwischen einem Erkenntnisurteil, das mittels Begriffen ›identifiziert‹, und dem ästhetischen, das seine ›Freiheit‹ mit dem Preis der Beliebigkeit zu bezahlen hat. Denn Kants ästhetisches Urteil beschreibt letztlich nur die Relation zwischen dem beurteilenden Subjekt und dem zu beurteilenden Gegenstand.)

Adorno nimmt also solche kantischen Motive auf, um sie gegen den identifizierenden Zugriff der Hegelschen Dialektik zu wenden: um des Nichtidentischen willen, das ist: »die eigene Identität der Sache gegen ihre Identifikationen«.[36] In der Konstellation von Begriffen, die jeweils als solche ihren Gegenstand identifizieren, soll sich nicht nur die jeweilige Identifikation wieder aufheben, sondern darüberhinaus sogar eine Identität des Gegenstandes gegen seine Identifikationen herstellen lassen – in eben dieser ästhetischen Systematik.[37]

Adorno: »Während das Individuelle nicht aus Denken sich deduzieren läßt, wäre der Kern des Individuellen vergleichbar jenen bis zum äußersten individuierten, allen Schemata absagenden Kunstwerken, deren Analyse im Extrem ihrer Individuation Momente von Allgemeinem, ihre sich selbst verborgene Teilhabe an der Typik wiederfindet. Das einigende Moment überlebt, ohne Negation der Negation, doch auch ohne der Abstraktion als oberstes Prinzip sich zu überantworten, dadurch, daß nicht von den Begriffen im Stufengang zum allgemeineren Oberbegriff fortgeschritten wird, sondern sie in Konstellationen treten.«[38] Die akademische Philosophie, soweit sie überhaupt bereit ist, sich auf Auseinandersetzungen einzulassen, hat gegen eine solche Bestimmung des Verhältnisses von Philosophie und Ästhetik naturgemäß erhebliche Bedenken anzumelden. Der Vorwurf, auf den sich diese Einwände weitgehend zurückbeziehen lassen, zielt auf die Kompetenz des philosophischen Begriffs. Philosophische Ästhetik, gar noch auf Wahrheit ausgerichtet, sei, so heißt es dann, nur noch als heteronom zu bezeichnen. Wer dabei gewisse Spielarten idealistischer, aber ebensogut auch materialistischer Ästhetik im Auge hat, wird diesen Vorwurf schwerlich pauschal zurückweisen können. Wenn demgegenüber die kantische Kritik der Urteilskraft, die – als Ästhetik gelesen – auch einige Probleme aufwirft, zum Modell einer nicht-heteronomen Ästhetik aufgepäppelt werden soll, dann könnte sich durchaus auch noch einmal die Frage nach Adorno stellen lassen. Denn aus den obigen Andeutungen sollte doch sichtbar geworden sein, daß der Adornosche Anspruch, Kunst zu begreifen, nicht mit einer Subsumption der Kunst unter den Begriff zu verwechseln ist. Eher wird doch noch die Philosophie, in ihrer traditionellen Bestimmung, zur Ader gelassen, als daß der Kunst, um bei dem Bild zu bleiben, begrifflich das Blut abgezapft würde. Die Formel, Adorno mache halt ›Konzessionen nach beiden Seiten‹, trifft den Sachverhalt aber ebensowenig. Denn Adorno will schließlich mit dem Begriff gegen den Begriff zur Sprache bringen, was sich in der Kunst begrifflos ausdrückt. Dabei soll die Kunst keineswegs auf den Begriff gebracht werden wie etwa ein Geschäftsmann seinen Betrieb auf den Hund bringt, sondern gerade die gegen den Begriff gerichteten Intentionen der Kunst sollen, ohne Abstrich, begriffen werden: nicht um die Identität des Gegenstandes festzuschreiben, sondern um das sichtbar zu machen, was in ihr nicht aufgeht.

»Das Innere des Nichtidentischen ist sein Verhältnis zu dem, was es nicht selber ist und was seine veranstaltete, eingefrorene Identität mit sich ihm vorenthält. Zu sich gelangt es erst in seiner Entäußerung, nicht in seiner Verhärtung; (...) Das Objekt öffnet sich einer monadologischen Insistenz, die Bewußtsein der Konstellation ist, in der es steht: die Möglichkeit zur Versenkung ins Innere bedarf jenes Äußeren. Solche immanente Allgemeinheit des Einzelnen aber ist objektiv als sedimentierte Geschichte. Diese ist in ihm und außer ihm, ein Umgreifendes, darin es seinen Ort hat. Der Konstellation gewahr werden, in der die Sache steht, heißt soviel wie diejenige entziffern, die es als Gewordenes in sich trägt. Der Chorismus von draußen und drinnen ist seinerseits historisch bedingt. Nur ein Wissen vermag Geschichte im Gegenstand zu entbinden, das auch den geschichtlichen Stellenwert des Gegenstandes in seinem Verhältnis zu anderen gegenwärtig hat; Aktualisierung und Konzentration eines bereits Gewußten, das es verwandelt. Er kenntnis des Gegenstandes in seiner Konstellation ist die des Prozesses, den er sich in sich aufspeichert.«[39]

Die sedimentierte Geschichte, die die Allgemeinheit des Einzelnen verbürgt, ist Naturgeschichte geblieben: die progredierende Entfaltung von Herrschaft. Der Prozeß, den die Gegenstände in sich aufspeichern, nichts anderes als die Geschichte selber, erweist sich damit allerdings als permanenter Katastrophenzusammenhang.⁴⁰ Der Prozeß soll die Narben sichtbar machen, die auf Wunden schließen lassen. Wobei die Wunden wiederum ein Doppeltes zeigen: einmal, was dem Gegenstand in seiner Geschichte angetan wurde, und dann, was er sein könnte, geheilt gleichsam, ohne die Verhärtungen, die ihm, als Narben, blieben. Eine solche Geschichtsauffassung, bislang eher metaphorisch bestimmt, beruht auf einer Konstruktion, die im Adornoschen Sinne dialektisch ist, insofern als Dialektik – »das konsequente Bewußtsein von Nichtidentität«⁴¹ – einer Logik des Zerfalls gehorcht.⁴²

Schon in der »Dialektik der Aufklärung« ist dieses Motiv einer Logik des Zerfalls angedeutet. »Ahnungsvoll ist diese ›Logik des Zerfalls‹ in der Allegorie des Odysseus (...) dargestellt, weil sie die Wurzel geschichtlicher Krisen ins Bild rückt: die Verknechtung menschlicher und außermenschlicher Natur durch die ›List der Vernunft‹, durch zweckrationales Denken und Handeln, deren Bannkreis immanent nicht aufzubrechen ist.«⁴³ Horkheimer und Adorno führen die Krise, den Zwangszusammenhang von Natur, Naturbeherrschung und Herrschaft, nicht nur auf ihren Ursprung, die ›Wurzel‹, zurück, sondern sie versuchen zugleich zu zeigen, daß alle bisherige Geschichte, aufgrund dieser im Ursprung liegenden Konstellation, nur als Krisenzusammenhang begriffen werden kann: einer Logik gehorchend, die dann in der »Negativen Dialektik« als die des Zerfalls auch bezeichnet wurde.

In diesem Geschichtsbild fließen drei, durchaus voneinander isolierbare, Motive ineinander.

Die an der Odyssee beschriebene Instrumentalisierung der Vernunft, die in den Dienst der Selbsterhaltung gestellt wird, macht die Verkoppelung von Fortschritt und Regression deutlich, und: daraus ableitbar – die Diskontinuität in der Geschichte.

Dem vorgeordnet – und zugleich am weitesten von Marx entfernt – ist das Motiv vom Ursprung als Ziel, vermutlich der Kern der Adornoschen Naturkonzeption. »In dem konservativ klingenden Satz von Karl Kraus ›Ursprung ist das Ziel‹ äußert sich auch ein an Ort und Stelle schwerlich Gemeintes: der Begriff des Ursprungs müßte seines statischen Unwesens entäußert werden. Nicht wäre das Ziel, in den Ursprung, ins Phantasma guter Natur zurückzufinden, sondern Ursprung fiele allein dem Ziel zu, konstituierte sich erst von diesem her. Kein Ursprung außer im Leben des Ephemeren.«[44]

Damit ist präzise gesagt, daß der mißratene Beginn der Geschichte erst an ihrem Ende zu korrigieren wäre. Kein linearer Verlauf, dem ein Telos zu unterstellen ist, nicht die kreisförmige Bewegung, die in ihrem Vollzug negiert, was eingangs gesetzt wurde, sondern ein Prozeß, der seinen Sinn allererst aus dem Resultat bezieht, in dem er sich selbst aufhebt. Im Unterschied zu Marx und auch zu Hegel ist diese Aufhebung allerdings – stärker an eschatologische Vorstellungen angelehnt – in der Weise gedacht, daß auch das vergangene Leiden in der zukünftigen Versöhnung noch aufgehoben wird, vom »Standpunkt der Erlösung aus«.[45] Erkenntnis, heißt es an der gleichen Stelle der »Minima Moralia« weiter, »hat kein Licht, als das von der Erlösung her auf die Welt scheint«.[46] Solche heilsgeschichtlichen Anklänge, die sich schwerlich überhören lassen, haben jedoch zugleich auch eine Spitze gegen jede Form (nur) theologischer Zuversicht.[47]

Vor dem fraglosen Sündenfall liegt also nichts, zu dem zurückzukehren wäre. Nicht die Abwendung vom Paradies – das ja Adornos Meinung nach auch keines war – ist mithin das Übel, sondern: seine Herstellung ist das Ziel.

In dieser Konstruktion ist das Modell wiederzuerkennen, das auch der Mimesiskonzeption und darüber hinaus der Naturkonzeption im ganzen unterliegt. Damit läßt sich ein zweites Motiv herausschälen.

In der Bestimmung von Ursprung als Ziel sind zwei gegenläufige Bewegungen zusammengedacht: erstens der Abfall vom Ursprung, Geschichte als Verfallsgeschichte; zweitens die Realisierung des Ursprungs als Ziel.

Der »Bann universaler Identität«, von dem Adorno spricht,[48] ist das Resultat von Verfallsgeschichte. Diese Verfallsgeschichte ist in einem Bild transzendiert, das hinter die ursprüngliche Trennung von Identischem und Nichtidentischem zurückgreift, auf das »Unwiederholbare«, wie es K. H. Haag nannte. Doch kann ein solcher Zustand nicht Ziel sein. Er verweist nur auf das, was am Ziel wäre, aber eben anders wäre. Das Naturschöne, in der Adornoschen Wiederaufnahme der kantischen Kategorie: das Paradigma von Nichtidentität, hat einen solchen Verweisungscharakter: »Ursprung ist das Ziel««, so heißt es in der »Ästhetischen Theorie« noch einmal, »wenn irgend, dann für die Kunst.

Daß die Erfahrung des Naturschönen, zumindest ihrem subjektiven Bewußtsein nach, diesseits der Naturbeherrschung sich hält, umschreibt ihre Stärke und ihre Schwäche. Ihre Stärke, weil sie des herrschaftslosen Zustands eingedenk, der wahrscheinlich nie gewesen ist; ihre Schwäche, weil sie eben dadurch in jenes Amorphe zerfließt, aus dem der Genius sich erhob und jener Idee von Freiheit überhaupt erst zuteil ward, die in einem herrschaftslosen Zustand sich realisierte. Die Anamnesis der Freiheit im Naturschönem führt irre, weil sie Freiheit im älteren Unfreien sich erhofft.«[49]

Der Abfall vom Ursprung, die Verfallsgeschichte, ist damit aber identisch mit dem Prozeß, der sich dem Ziel nähert. Anders gesagt: der die Mittel zur Realisierung des Ziels bereitstellt. Denn Technik, sagt Adorno, wäre unter veränderten Produktionsbedingungen dazu fähig, der Natur »beizustehen und auf der armen Erde ihr zu dem zu helfen, wohin sie vielleicht möchte«.[50]

Der spekulative Kern des Adornoschen Naturbegriffs liegt hier offen zu Tage. Versöhnung ist mit einer nicht zu überbietenden Radikalität auf die ganze Natur ausgedehnt.

Damit tritt das (erwähnte) dritte Motiv ins Blickfeld.

Schließlich führt der geschichtliche Prozeß, der sich dem Ziel nähert, in dem gleichen Maße von ihm weg. Die Subjekte, die sich um ihrer Freiheit willen die Natur unterwarfen, sind in dem Maße unfreier geworden, in dem es ihnen gelang, die Natur ihrer Herrschaft zu unterwerfen – und eben nicht zuletzt auch die Natur des Subjekts. Die vollends instrumentalisierte Vernunft deklariert jeden Gedanken als irrational, der über sie hinausweisen könnte. Subjekt wie Objekt sind in gleicher Weise einem Identitätszwang unterworfen, der keine Lücken läßt. Herrschaft, universell entfaltet, hat sich totalisiert. Die mögliche Versöhnung – Aufhebung von Herrschaft – rückt in immer weitere Ferne. »Die Scham vorm Naturschönem rührt daher, daß man das noch nicht Seiende verletzte, indem man es im Seienden ergreift. Die Würde der Natur ist die eines noch nicht Seienden«.[51] Das macht die Fragilität des Naturschönen aus: gerade noch die Spur des Nichtidentischen, schwer zu (be)greifen, leicht zu verwischen. Adornos Bilderverbot, das heißt: sein konsequent durchgehaltener Verzicht darauf, in der bestehenden die Züge einer künftigen Gesellschaft auszumachen, den (wenn man will:) Vorschein des möglichen Glücks zu bestimmen, ist darin begründet.

Damit lassen sich nun die drei Motive explizit benennen:
- Geschichtlicher Fortschritt wird von Adorno als Einlösung eines ›frühen Versprechens‹ gedacht: Versöhnung mit der Natur. Derart ist Ursprung das Ziel: wohin die Natur möchte, dahin ist ihr, in der Geschichte und durch die Geschichte hindurch, zu verhelfen.
- Geschichtlicher Fortschritt ist aber zugleich als Einheit von Fortschritt und Regression zu sehen: von der Steinschleuder zur Megabombe führt, wie Adorno sagt, eine gerade Linie, nicht vom Wilden zur Humanität. Die fortschreitende Herrschaft über Natur geht mit der zunehmenden Unterdrückung der Natur im Subjekt einher. Die vermeintliche Kontinuität der Geschichte stellt sich in Wahrheit als Diskontinuität dar.

Daraus folgt:
- eine Konstruktion der Geschichte als Verfallsgeschichte. Wenn Ursprung Ziel sein soll, dann entfernt sich die Geschichte zunehmend von beiden: sie fällt mehr und mehr vom Ursprung ab, indem sie sich immer deutlicher dem Ziel verweigert.

Eine solche (Re)konstruktion der Geschichte läßt sich als Konsequenz der These vom universellen Verblendungszusammenhang betrachten. Faschismus auf der einen, Stalinismus auf der anderen Seite, beidseitig die Tendenz zur verwalteten Welt, die mit kulturindustriellen Techniken auch noch das Bewußtsein der Menschen in Regie genommen hat. Allerdings ist die These vom universellen Verblendungszusammenhang selbst erst in der Adornoschen Bestimmung von Dialektik begründet – als Logik des Zerfalls.

Erstaunlicherweise zeigen sich bereits in dem frühen Vortrag »Die Idee der Naturgeschichte« (1932) entscheidende Motive dieser Konstruktion. Erstaunlich deshalb, weil – noch vor dem Scheitern der proletarischen Revolution, vor Hitlers Machtübernahme, vor der Stalinschen Terrorherrschaft, vor der Erfahrung des amerikanischen Kapitalismus – die Konsequenzen angedeutet werden, die dann in der »Dialektik der Aufklärung« gezogen sind: dort als materialistische Kritik an materialistischer Theorie, aufgrund der historischen Veränderungen ausgewiesen.

Die metaphysisch-spekulative Begründung der frühen Naturkonzeption ist offensichtlich. Der Bezugsrahmen von Natur und Naturbeherrschung ist noch hinter der allgemeinen (Begriffs-)Dialektik von Natur und Geschichte verdeckt. Keine der später entscheidenden Kategorien, Selbsterhaltung, Identität, instrumentelle Vernunft, Herrschaft, ist systematisch entwickelt. Unterstellt, daß ausgehend von der »Idee der Naturgeschichte« der Grundgedanke der Adornoschen Philosophie, Versöhnung,[52] materialistisch zu entwickeln sei, als Aufhebung von Entfremdung, so erscheint doch die Radikalität der absoluten Negativität ersichtlich »grundlos« (Habermas). Adorno: »daß da das Versprechen der Versöhnung am vollkommensten gegeben ist, wo zugleich die Welt von allem ›Sinn‹ am dichtesten vermauert ist.«[53] Der Motor des Umschlags bleibt im Dunkeln, die Zuversicht so unbegründet wie die Negativität.

In einer Notiz am Ende der »Negativen Dialektik« weist Adorno darauf hin, daß »Motive von ›Weltgeist und Naturgeschichte‹ aus einem Vortrag des Autors in der Frankfurter Ortsgruppe der Kantgesellschaft (1932)« stammen und die »Idee einer Logik des Zerfalls« die »älteste seiner philosophischen Konzeption: noch aus seinen Studentenjahren«[54] sei.

III Die Konsequenzen

Bekannt ist der Satz aus den »Minima Moralia«,[55] in dem Adorno gegen Hegel behauptet: »Das Ganze ist das Unwahre« – und damit, aphoristisch erst, versucht, die identitätsphilosophische Prämisse Hegels »Das Wahre ist das Ganze« zu bestreiten. Diese Totalisierung des Widerspruchs wird von Adorno später in der »Unwahrheit der totalen Identifikation«[56] begründet. »Widerspruch ist Nichtidentität im Bann des Gesetzes, das auch das Nichtidentische affiziert. Dieses Gesetz aber ist keines von Denken, sondern real.«[57] Unmittelbar auf Hegel bezogen: »Die Lossage von Hegel wird an einem Widerspruch greifbar, der das Ganze betrifft, nicht programmgemäß als partikularer sich schlichtet. Kritiker der Kantischen Trennung von Form und Inhalt, wollte Hegel Philosophie ohne ablösbare Form, ohne unabhängig von der Sache zu handhabende Methode, und verfuhr doch methodisch. Tatsächlich ist Dialektik weder Methode allein noch ein Reales im naiven Verstande. Keine Methode: denn die unversöhnte Sache, der genau jene Identität mangelt, die der Gedanke surrogiert, ist widerspruchsvoll und sperrt sich gegen jeden Versuch ihrer einstimmigen Deutung. Sie, nicht der Organisationsdrang des Gedankens, veranlaßt zur Dialektik. Kein schlicht Reales: denn Widersprüchlichkeit ist eine Reflexionskategorie, die denkende Konfrontation von Begriff und Sache. Dialektik als Verfahren heißt, um des einmal an der Sache erfahrenen Widerspruchs willen und gegen ihn in Widersprüchen zu denken. Widerspruch in der Realität ist Widerspruch gegen diese.«[58]

Adorno will also nicht allein die Hegelsche Dialektik, womöglich durch eine »einzige Korrektur« (H. J. Krahl),[59] materialistisch wenden, vom ›Kopf auf die Füße stellen‹, wie die entsprechende Formulierung lautet, sondern – angesichts der universell entfalteten Negativität – auch dort noch Widerspruch anmelden, wo Hegels Negation der Negation »die Sanktionierung des Seienden«[60] bedeutet, nämlich: neue Position. Die Negation der Negation macht mithin »diese nicht rückgängig, sondern erweist, daß sie nicht negativ genug war; sonst bleibt Dialektik zwar, wodurch sie bei Hegel sich integrierte, aber um den Preis ihrer Depotenzierung, am Ende indifferent gegen das zu Beginn Gesetzte. Das Negierte ist negativ, bis es verging. Das trennt entscheidend von Hegel. Den dialektischen Widerspruch, Ausdruck des Unauflöslich Nichtidentischen, wiederum durch Identität glätten heißt soviel wie ignorieren, was er besagt (...). Daß die Negation der Negation die Positivität sei, kann nur verfechten, wer Positivität, als Allbegrifflichkeit, schon im Ausgang präsupponiert. (...) Die Negation der Negation wäre wiederum Identität, erneute Verblendung; Projektion der Konsequenzlogik, schließlich des Prinzips von Subjektivität, aufs Absolute.«[61]

Dialektik,[62] die sich als das konsequente Bewußtsein von Nichtidentität verstehen will, muß sich selbst noch als negative Dialektik begreifen, um – wie Adorno sagt – »im unversöhnten Stand« die »Nichtidentität als Negatives«[63] zu erfahren, weil Totalität »zum radikal Bösen in der totalen Gesellschaft«[64] geworden ist.

Das Telos der Identifikation sei zwar Nichtidentität, der »Fehler des traditionellen Denkens« jedoch, »daß es die Identität für sein Ziel hält.«[65] Nur das Denken habe die Kraft, den Schein von Identität aufzusprengen: »Dialektisch ist die Erkenntnis des Nichtidentischen auch darin, daß gerade sie, mehr und anders als das Identitätsdenken, identifiziert. Sie will sagen, was etwas sei, während das Identitätsdenken sagt, worunter etwas fällt, wovon es Exemplar ist oder Repräsentant, was es also nicht selbst ist.

Identitätsdenken entfernt sich von der Identität seines Gegenstandes um so weiter, je rücksichtsloser es ihm auf den Leib rückt.«[66]

Die Unwahrheit aller bisher erlangten Identität läßt sich durchaus als verkehrte Gestalt der Wahrheit[67] beschreiben, doch nur im Verzicht auf jede positive Bestimmung des Nichtidentischen, das eben in der Totalität von Negativität selber nur negativ bestimmt werden kann: »Die Übermacht des Objektivierten in den Subjekten, die sie darin hindert, Subjekte zu werden, verhindert ebenso die Erkenntnis des Objektiven«.[68] Was einmal ›subjektiver Faktor‹ genannt wurde, diese revolutionstheoretische Kategorie wird darum zur bloßen Reminiszenz, weil sich das Subjekt bei seinem Versuch, zum Subjekt zu werden, selbst im Wege steht: die Bewegung, in der sich bei Marx das Proletariat zum revolutionären Subjekt konstituiert, von der Klasse ›an sich‹ zur Klasse ›für sich‹, bleibt nach Adorno aus, weil sie – als doppelte Bewegung – in sich eine gegenläufige Tendenz erzeugt: sich selber aufhebt. Der gesellschaftliche Fortschritt, d. h. die Entfaltung der Produktivkräfte zur Beherrschung der äußeren Natur, d. i. ihre Verdinglichung, der Fortschritt in der Instrumentalisierung von Vernunft, dieser Fortschritt zieht die zunehmende Verdinglichung der Subjekte, die den Prozeß betreiben, nach sich. Deshalb bleibt »die Vermittlung von Wesen und Erscheinung, von Begriff und Sache« auch »nicht, was sie war, das Moment von Subjektivität im Objekt.«[69] Hegels Forderung, derzufolge alles darauf ankommt, »das Wahre nicht als Substanz, sondern ebensosehr als Subjekt aufzufassen und auszudrücken«[70] verfällt – wie auch die Marxsche Dialektik – der Kritik. Für Adorno ratifiziert die Bindung der Wahrheit an das Subjekt den instrumentell verkürzten Zugriff nach dem Objekt, dem das Besondere abgeschnitten wird.

Das Subjekt, dessen eigene Konstitution identisch ist mit der Installierung des – sich als Zwang entfaltenden – Identitätsprinzips, »muß am Nichtidentischen wiedergutmachen, was es daran verübt hat«, wenn es Subjekt werden, den Identitätszwang, dem es wie alles außerhalb auch unterliegt, abstreifen will.[71] »Soll die Menschheit des Zwangs sich entledigen, der in Gestalt von Identifikation real ihr angetan wird, so muß sie zugleich die Identität mit ihrem Begriff erlangen. Daran haben alle relevanten Kategorien teil.«[72]

Der Tausch stellt für Adorno das gesellschaftliche Modell des Identifikationsprinzips dar. Durch den Tausch werden »nichtidentische Einzelwesen und Leistungen kommensurabel, identisch. Die Ausbreitung des Prinzips verhält die ganze Welt zum Identischen, zur Totalität.«[73] Damit geht Adorno weit hinter Marx, bzw. die bürgerlich-kapitalistische Produktionsweise zurück. Das Tauschprinzip schließt damit, jenseits aller Warenproduktion, auch das Verhältnis zur Natur mit ein. Gleichwohl bedarf es aber, selbst unter kapitalistischen Bedingungen, »des nicht unter die Identität zu Subsumierenden – nach der Marxschen Terminologie des Gebrauchswerts (...) damit Leben überhaupt, sogar unter den herrschenden Produktionsverhältnissen, fortdauere«.[74] Das ist das »Ineffabile der Utopie«.[75] Dialektik, auch als negativ bestimmte, setzt auf diesen Sachverhalt: »Womit negative Dialektik ihre verhärteten Gegenstände durchdringt, ist die Möglichkeit, um die ihre Wirklichkeit betrogen hat und die doch aus einem jedem blickt.«[76]

Es ist die Utopie der Erkenntnis, das Begriffslose, Nichtidentische, mit Begriffen aufzutun, ohne es den Begriffen gleichzumachen. Deshalb tendiert die Bewegung der Dialektik »nicht auf die Identität in der Differenz jeglichen Gegenstandes von seinem Begriff; eher beargwöhnt sie Identisches. Ihre Logik ist eine des Zerfalls: der zugerüsteten und vergegenständlichten Gestalt der Begriffe, die zunächst das erkennende Subjekt unmittelbar sich gegenüber hat. Deren Identität mit dem Subjekt ist die Unwahrheit.«[77]

Die subjektive Präformation, als diese Unwahrheit, schiebt sich vor das Nichtidentische der Gegenstände. »Diese Struktur aber ist, vor jeglichem spezifischen Gehalt, als abstrakt Festgehaltenes im einfachsten Sinn negativ, Geist gewordener Zwang. Die Macht jener Negativität waltet bis heute real. Was anders wäre, hat noch nicht begonnen.«[78]

Ob es jemals beginnen wird, mag – hier – dahingestellt bleiben.

IV Fazit

Philosophie, in seiner Bestimmung, sei, meint Adorno, wesentlich nicht referierbar. Es wäre müßig, diese Behauptung, selbst nach der Lektüre nur weniger Seiten irgendeiner Adornoschen

Schrift, zu bestreiten. So wenig es möglich ist, die Adornoschen Schriften auf eine handliche These zu bringen, so wenig ist es möglich, seine Schriften, isoliert genommen, adäquat zu verstehen. Kehrseite dieses Sachverhalts ist freilich, daß, bei aller Differenz der Themen, eine weitgehende Identität der ›Thesen‹ auszumachen ist.[79] Adornos Anspruch, jedes Faktum in seiner Vermittlung durch die gesellschaftliche Totalität, als Gemachtes und als Gewordenes, zu begreifen, läßt diesem Umstand (etwas) plausibler erscheinen. Denn spätestens seit der »Dialektik der Aufklärung« haben sich die Grundannahmen der Adornoschen Theorie kaum mehr verändert. Selbst die eigentümliche Darstellungsweise Adornos (sein ›Stil‹) kann, wie am Begriff der Konstellation angedeutet wurde, als methodische Konsequenz betrachtet werden. Adorno zielt mithin, noch in der periphersten Konzertkritik, immer auf das Ganze der Gesellschaft.

Deshalb ist Adornos Philosophie nicht referierbar.

Doch läßt sich Adornos Philosophie systematisch rekonstruieren. Es lassen sich die Grundannahmen, auf denen sie beruht, samt ihrer Fragwürdigkeit, bezeichnen. Und es läßt sich, am Ende, die Logik beschreiben, der sie gehorcht.

Die systematische Verknüpfung von Philosophie – Geschichtsphilosophie, Erkenntnistheorie und Gesellschaftstheorie eingeschlossen – mit Ästhetik geht auf eine geschichtsphilosophische Diagnose zurück, die in einer Konzeption von Natur begründet ist und damit letztlich auf den Grundgedanken der Adornoschen Philosophie verweist: die Logik des Zerfalls.

Die Zweifel an der Marxschen Geschichtsauffassung, die auf die Dialektik von Produktivkräften und Produktionsverhältnissen als Motor der geschichtlich-gesellschaftlichen Entwicklung vertraute, münden bei Adorno in die These von der Dialektik im Stillstand. Weil, wie Adorno annimmt, die Basis zu ihrem eigenen Überbau geworden sei,[80] damit die progressive Kraft des geschichtlichen Prozesses auf ihr destruktives Potential reduziert werde, sich Geschichte als Reproduktion des Immergleichen auf einer stets nur erhöhten Stufenleiter von Negativität darstelle, darum, so folgert Adorno, offenbart sich in der spätkapitalistisch-bürgerlichen Gesellschaft des Telos der Geschichte – als Zerfall. Die sichtbar gewordene Logik der Geschichte ist die des Zerfalls. Retrospektiv erscheint die Geschichte durchaus als Kontinuum – des Leidens nämlich.

Das Potential der Befreiung aus den Zwängen solcher als Naturgeschichte begriffenen Geschichte hat Adorno mit dem Begriff des Nichtidentischen benannt. Es harrt noch immer (das heißt, wie Adorno richtigerweise meint, seit der hochkapitalistischen Gesellschaft), als Möglichkeit des Wirklichen seiner Realisierung. Nur hat sich das Nichtidentische – die Möglichkeit, die Naturbeherrschung zu durchbrechen, Herrschaft aufzuheben, Mensch und Natur zu versöhnen – zu einer bloßen Spur verflüchtigt.

Einzig im Naturschönen, das aufgrund seiner Beschaffenheit notwendigerweise nicht fixierbar ist, kann noch identifiziert werden, was sich dem Zwang zur Identität entzieht.

Kunst ist auf die Nachahmung dieses Naturschönen (»an sich«) verpflichtet und dementsprechend die Philosophie darauf, diesen begriffslosen Ausdruck der Kunst zu begreifen.

Immanent ist dieser Zusammenhang der Adornoschen Theorie schwer aufzubrechen. Die Grundannahmen, auf denen diese Theorie beruht, sind – mit respektvoller Vorsicht gesagt – zumindest umstritten zu nennen.

Jeder ernsthafte Versuch, die Adornosche Philosophie zu aktualisieren, kann sich an dieser Schwierigkeit nicht vorbeimogeln. Es ist, lockere Worte dürfen nicht täuschen, von dem die Rede, was Adorno mit Hegel »die Anstrengung des Begriffs« genannt hat.

Lohnen aber könnte ein solcher Versuch allemal.

Nur kann es dabei nicht um eine Fortschreibung der Adornoschen Theorie mehr gehen, gleichsam ums Weiterdenken, die Ausfüllung der Lücken und Leerstellen, die der verstorbene Lehrer gelassen hat. Nicht um die schweißdurchdrängten Bemühungen langjähriger Gesellen, die Handschrift ihres Meisters zu erlernen; nicht um die Paraphrase der Gedanken, die Adorno selber gedacht – und zumeist präziser auch formuliert hatte; nicht um kleine Korrekturen, da und dort, die – um das Ganze zu retten – der Geschichte (kleine) Teile gerne preisgeben. Es geht, so scheint mir, tatsächlich um die Kesselpauke, um den Schlag des Gedankens durch die Verhärtungen, durch die Verdinglichungen hindurch, die unsere Beziehungen zu den anderen und zu den Gegenständen bestimmen.

»Im Zoologischen Garten«, schrieb Adorno 1951, »gab es nicht nur die Tiere, sondern einen Musikpavillon und gelegentlich Schaustellungen exotischer Stämme, von Samoanern und Senegalesen. Bis zu diesen drang aus dem weit entfernten Pavillon einzig die Kesselpauke. Sei es das Gedächtnis daran, sei es einzig die Verdichtung des Längstvergangenen – heute noch fällt mir zum Paukenschlag der Name des Häuptlings Tamasese ein und zugleich: Pauke werde eigentlich auf den Köpfen von dessen Gefangenen gespielt, oder sie sei der Mörser, darin die Wilden das Menschenfleisch abkochen. Hat das Schlagzeug die Menschenopfer abgelöst oder befiehlt es sie immer noch? In unserer Musik tönt es als archaische Spur. Es ist die Erbschaft der Gewalt an die Kunst – der Gewalt, die auf dem Grund all ihrer Ordnung liegt. Während Kunst, als vergeistigte, die Gewalt entmächtigt, übt sie sie noch immer aus. Ungetrennt spielen Freiheit und Herrschaft in ihr ineinander; ihre integrale Form, der Triumph ihrer Autonomie, ist es zugleich, die den Bann legt um die Hörer, keinen ausläßt, alle dem sprachlosem Vollzug unterwirft. Man muß nur den humanen Beethoven von außen, weit genug weg hören, und nichts bleibt übrig davon als der Schrecken vor Tamasese. Vielleicht aber ist Humanität nichts anderes, als daß sie das Bewußtsein des Schreckens wachhält, dessen, was nicht mehr sich gutmachen läßt.«[81]

Geschichtsbewußtsein, die Erfahrung des Einzelnen, die reflexive Bewegung, die den Gegenstand in Bewegung setzt, seine Verhärtungen aufweicht, an den Narben sie Spuren seiner Verwundungen entdeckt, mit einem physiognomischen Blick im Einzelnen auf das Ganze sieht.

Natürlich, jetzt läßt sich hämisch lächeln. So nicht. Unter den Bedingungen von Theorie betrachtet, ja mein Gott, welche Sätze. Wer ohnehin Bescheid weiß, kann mit ausgestrecktem Zeigefinger auf solche ungeschützten Stellen des Adornoschen Denkens deuten. Unter wissenschaftstheoretischen Gesichtspunkten bleibt da sicher nichts übrig. Und das ist auch gut so. Weniger gut ist freilich, daß genau an solchen Punkten »die Skepsis gegen das Unbewiesene ins Denkverbot« umzuschlagen droht. Anders gesagt: was sich unter den Bedingungen von Theorie nicht sagen läßt, weil es sich gegen diese Bedingungen wendet, mag der Wissenschaftstheoretiker unter den Tisch kehren. Wer indessen an einer Erfahrung der Wirklichkeit interessiert ist, tut gut daran, auch unter diesen Tisch zu gucken, gleichgültig was der Kollege dazu meint.

Solche Versuche, »Philosophie von subjektiver Erfahrung her darzustellen«, stehen immer in der Gefahr, »daß die Stücke nicht durchaus vor der Philosophie bestehen, von der sie doch selber ein Stück sind«.[82] Deshalb haben die Einwände, die darauf zielen, ihr Recht, auf eine recht billige Weise jedoch. Denn genau an diesem Punkt beginnt die (ich möchte sagen: praktische) Ideologiekritik: die Wahrnehmung von Tauschbeziehungen noch in den hintersten Ecken unseres alltäglichen Lebens; der physiognomische Blick für die deformierten Details unseres Alltags; die Beziehung dieser Beschädigungen auf die Prinzipien, die das gesellschaftliche Leben nach wie vor bestimmen.

Der Mut zur Reflexion, der Mut zum spekulativen Gedanken, der Mut zur Überschreitung jener Fachgrenzen, in denen sich (nicht nur) die ›Theorie‹ unter ihren Bedingungen häuslich eingerichtet hat, dieser Mut, der hier gefordert wird, geht mit dem Spaß einher, an einem unscheinbaren »Gedankenstrich« den »Fragmentcharakter des Gedankens« abzulesen, ganz gleichgültig, ob sich dieser Gedanke unter den Bedingungen von Theorie durchformulieren läßt.

Die überaus ›traurige Wissenschaft‹ Adornoscher Prägung entfaltet ihre durchaus fröhlichen Züge, wenn die Gedanken so entfesselt werden wie jene Wildsau aus Ernsttal im Odenwald, die respektlos eine Respektsperson auf den Rücken nahm und zielstrebig unbekümmert mit ihr davonraste. Mit einem solchen Leitbild ist nach wie vor an unseren Universitäten, in unseren Schulen, in den Redaktionsstuben der Zeitungen und Funkanstalten, mithin im gesamten Kulturbereich gehöriger Staub aufzuwirbeln. Mehr ist vom Denken schwerlich zu verlangen.

Vielleicht läßt sich sogar das kritische Potential der ›Logik des Zerfalls‹, das heißt: der zentrale Impuls des Adornoschen Denkens, systematisch, und zwar mitsamt seinen ›fröhlichen‹ Seiten, wieder entfalten.

Der Gedanke an Versöhnung hat Adorno in luftige Höhen geführt: »Mit sichtlichen Behagen«, schreibt er »Aus Sils Maria«, »marschieren in den Bergen die Kühe auf den breiten Wegen, welche die Menschen angelegt haben, ohne viel Rücksicht auf diese. Modell dafür, wie die Zivilisation, die Natur unterdrückte, der unterdrückten beistehen könnte.«[83]

Von dort wieder zurück in die Niederungen des täglichen, des tagtäglichen gesellschaftlichen Lebens gebracht, wäre, von den Kühen freilich abgesehen, der Blick auf die verwüsteten ›Felder‹ unserer Großstädte zu richten, stets kritisch die Grundfrage zu stellen, mit der Adorno alle seine Vorlesungen begann: cui bono? Ins gegenwärtige Deutsch gebracht: wem schadet's?

Anmerkungen

1 Theodor W. Adorno: Minima Moralia, Frankfurt am Main 1951 (7.-9. Ts., 1964), S. 86.
2 Theodor W. Adorno: Versuch über Wagner, Frankfurt am Main 1952 (zit. nach Taschenbuchausg.: München 1964/Droemer/Knauer, S. 80.)
3 A.a.O., S. 47.
4 Theodor W. Adorno: Negative Dialektik, Frankfurt am Main 1966, S. 59, im folgenden als ND zitiert.
5 A.a.O., S. 395 f., und: Ges. Schriften, Bd. 8, Frankfurt am Main 1972, S. 332.
6 I. Kant: Kritik der Urteilskraft, Einl. III (Überschrift).
7 F. W. J. Schelling: System des transzendentalen Idealismus, Hamburg 1957 (Meiner Verlag, Phil. Bibl. Band 254), S. 288.
8 Bernhard Lypp: Ästhetischer Absolutismus und politische Vernunft, Frankfurt am Main 1972, S. 239.
9 Vgl. Theodor W. Adorno: Ästhetische Theorie (im folgenden als ÄT zitiert), Frankfurt am Main 1970, S. 12-14, auch S. 19, S. 335.
10 B. Lypp, a.a.O., S. 235 ff.
11 Vgl. Alfred Schmidt: Adorno – ein Philosoph des realen Humanismus, in: Neue Rundschau, 80. Jg., Heft 4, 1969, bes. S. 671. Dort heißt es u. a.:» »Adornos Metaphysik, nach dem hier Entwickelten von seinem Humanismus ununterscheidbar, ist zentriert um das ›Eingedenken der Natur im Subjekt‹.«
12 B. Lypp, a.a.O., S. 235 ff.; ein hervorragendes Mißverständnis dessen, was die ästhetische Systematik impliziert, wird von Ludwig Marcuse in DIE ZEIT, Nr. 41, 1967 demonstriert.
13 A. Wellmer: Kritische Gesellschaftstheorie und Positivismus, Frankfurt am Main 1968, S. 140.
14 ÄT, S. 99.
15 Vgl. Max Horkheimer, Theodor W. Adorno: Dialektik der Aufklärung, 2. Aufl., Frankfurt am Main 1969, S. 32.
16 ÄT, S. 107.
17 ÄT, S. 114.
18 ÄT, S. 104.
19 ÄT, S. 104 f.
20 ÄT, S. 111.
21 ÄT, S. 113.

22 ÄT, S. 104.
23 B. Lypp, a.a.O., S. 238.
24 Vgl. dazu u. a. Max Looser: Theodor W. Adorno, in: Hermann Schweppenhäuser (Hg.): Theodor W. Adorno zum Gedächtnis, Frankfurt am Main 1971, S. 111; Gerhard Kaiser: Benjamin. Adorno. Zwei Studien, Frankfurt am Main 1974, bes. S. 118.
25 ÄT, S. 193.
26 ÄT, S. 197, vgl. dazu Kaiser, a.a.O., S. 137.
27 Vgl. dazu auch Theodor W. Adorno: Einleitung, in: Adorno u. a.: Der Positivismusstreit in der deutschen Soziologie, Darmstadt u. Neuwied 1969, S. 44 f.
28 Theodor W. Adorno: Drei Studien zu Hegel, Frankfurt am Main 1963, S. 115.
29 A.a.O., S. 119.
30 Vgl. Theodor W. Adorno: Eingriffe. Neun kritische Modelle, Frankfurt am Main 1963, S. 24, auch: S. 28.
31 ND, S. 162 f.
32 Schon in dem frühen Text »Thesen über die Sprache des Philosophen«, in: Theodor W. Adorno: Philosophische Frühschriften. Ges. Schriften Bd. 1, Frankfurt am Main 1973, hat Adorno diesen Zusammenhang thematisiert: Für ›Konstellation‹ steht der Begriff »Konfiguration«, der – inhaltlich identisch – ebenfalls das methodische Verfahren anweist, sich der Differenz von Begriff und Sache anzunehmen. »Es steht heute der Philosoph«, heißt es da (S. 368) »der zerfallenen Sprache gegenüber. (. . .) Es bleibt ihm keine Hoffnung als die, die Worte so um die neue Wahrheit zu stellen, daß deren bloße Konfiguration die neue Wahrheit ergibt. (. . .) Gegenüber den herkömmlichen Worten und der sprachlosen subjektiven Intention ist die Konfiguration ein Drittes. Ein Drittes nicht durch Vermittlung. Denn es wird nicht etwa die Intention durch das Mittel der Sprache objektiviert. Sondern es bedeutet konfigurative Sprache ein Drittes als dialektisch verschränkte und explikativ unauflösliche Einheit von Begriff und Sache.« (S. 369) Doch findet sich hier nicht nur dieses Moment von ästhetischer Systematik, wie ich abkürzend noch sagen möchte, sondern auch das systematischer Ästhetik, wie ich es ebenfalls abkürzend noch nennen will, der Verweis nämlich von Philosophie an die Kunst. Als Kriterium der konfigurativen Leistungsfähigkeit nennt Adorno »die ästhetische Dignität der Worte«, woraus sich die »konstitutive Bedeutung der ästhetischen Kritik für die Erkenntnis« ergebe (S. 370). Die systematische Fundierung der Philosophie in der Ästhetik – und das ist der exakte Sinn dessen, was ich mit systematischer Ästhetik umschrieben habe – ist in der These der ›Konvergenz von Kunst und Erkenntnis‹ impliziert. Adorno: »Es läßt sich die wachsende Bedeutung philosophischer Sprachkritik

formulieren als beginnende Konvergenz von Kunst und Erkenntnis. Während Philosophie sich der bislang nur ästhetisch gedachten, unvermittelten Einheit von Sprache und Wahrheit zuzukehren hat, ihre Wahrheit dialektisch an der Sprache ermessen muß, gewinnt Kunst Erkenntnischarakter: ihre Sprache ist ästhetisch nur dann stimmig, wenn sie ›wahr‹ ist: wenn ihre Worte dem objektiven geschichtlichen Stande nach existent sind.« (S. 370) Wie Philosophie danach systematisch in Ästhetik überzuführen ist, so ist ihre eigene Systematik zugleich auch ästhetisch bestimmt: »Die sachliche Struktur eines philosophischen Gebildes mag mit seiner Sprachstruktur, wo nicht zusammenfallen, zumindest doch in einem gestalteten Spannungsverhältnis stehen.« (a.a.O.) Denkform und Darstellungsverfahren, Sprachform werden zum Kriterium von Wahrheit. Die begriffliche Bestimmung, die als solche versagt, geht in Form von Konfiguration, bzw. Konstellation, der Begriffe über in eine in sich ästhetische Darstellung. Dieses sozusagen ›adornistische‹ Moment der Adornoschen Philosophie, das nicht allein in Feuilletonspalten entsprechend beklagt wurde, ist hierin begründet. Vgl. dazu auch G. Kaiser, a.a.O., S. 128 ff.
33 Adorno, Drei Studien zu Hegel, a.a.O., S. 158.
34 A.a.O., S. 159.
35 Vgl. Theodor W. Adorno: Parataxis, in: Noten zur Literatur III, Frankfurt am Main 1965, S. 182, 189, bes. 194.
36 ND, S. 162.
37 Vgl. die ein wenig überanstrengten Bemerkungen von H. Kudzus: Kunst versöhnt mit der Welt, in: Über Theodor W. Adorno, Frankfurt am Main 1968, S. 31.
38 ND, S. 162.
39 ND, S. 163.
40 Vgl. auch B. Lypp, a.a.O., S. 236; Adorno: Minima Moralia, a.a.O., S. 65; Phil. Frühschriften, S. 360, S. 362, und W. Benjamin: Geschichtsphilosophische Thesen, in: Illuminationen, Frankfurt am Main 1961, S. 272.
41 ND, S. 15.
42 Vgl. Looser, a.a.O., S. 112; auch H. H. Holz: Mephistophelische Philosophie, in: Die neue Linke nach Adorno, hrsg. v. W. Schoeller, München 1969, S. 179 ff., dazu auch: U. Sonnemann: Jenseits von Ruhe und Unordnung. Zur Negativen Dialektik Adornos, in: Über Adorno, a.a.O., S. 162.
43 B. Lypp, a.a.O., S. 236.
44 ND, S. 156, vgl. auch ND, S. 111.
45 Adorno, Minima Moralia, a.a.O., S. 333.
46 A.a.O., S. 333.
47 Vgl. auch, a.a.O., S. 315, weiter A. Schmidt, a.a.O., S. 668; ND, S.

369; M. Theunissen: Gesellschaft und Geschichte. Zur Kritik der kritischen Theorie, Berlin 1969, bes. S. 39 f.
48 ÄT, S. 114.
49 ÄT, S. 104.
50 ÄT, S. 107.
51 ÄT, S. 115.
52 Vgl. Adorno, Phil. Frühschriften, a.a.O., S. 365.
53 A.a.O., S. 365.
54 ND, S. 407.
55 Adorno, Minima Moralia, a.a.O., S. 57.
56 G. W. F. Hegel: Werke in zwanzig Bänden (Theorie-Werkausgabe, Suhrkamp), Frankfurt am Main 1969/71, Bd. 3, 1970, S. 24.
57 ND, S. 16.
58 ND, S. 146.
59 H. J. Krahl: Bemerkungen zum Verhältnis von Kapital und Hegelscher Wesenslogik, in: O. Negt (Hg.): Aktualität und Folgen der Philosophie Hegels, Frankfurt am Main 1970, S. 143.
60 ND, S. 160.
61 ND, S. 160, vgl. auch U. Sonnemann, a.a.O., S. 126, 127 ff.
62 Vgl. auch ND, S. 14 f., S. 395 f.
63 ND, S. 39.
64 Adorno, Drei Studien zu Hegel, a.a.O., S. 78, vgl. auch: Eingriffe, a.a.O., S. 24.
65 ND, S. 150.
66 ND, S. 150.
67 Vgl. ND, S. 151, S. 152, S. 16.
68 ND, S. 171.
69 ND, S. 170.
70 Hegel, a.a.O., S. 23.
71 ND, S. 147.
72 ND, S. 147.
73 ND, S. 147.
74 ND, S. 20.
75 ND, S. 20.
76 ND, S. 59.
77 ND, S. 146; vgl. auch ND, S. 149, S. 153.
78 ND, S. 146.
79 Vgl. dazu Frank Böckelmann: Die Möglichkeit ist die Unmöglichkeit. Die Unmöglichkeit ist die Möglichkeit, in: W. Schoeller (Hg.), a.a.O., S. 29.
80 Vgl. ND, S. 263.
81 Adorno, Quasi una fantasia, Frankfurt am Main 1963, S. 53 f.
82 Adorno, Minima Moralia, a.a.O., S. 12.
83 Adorno, Ohne Leitbild. Parva Aestetica, Frankfurt 1967, S. 48.

Ullrich Schwarz
Entfesselung der Produktivkräfte und ästhetische Utopie
Zu Adornos geschichtsphilosophischer Fundierung der ästhetischen Theorie

Unbestreitbar dürfte sein, daß Adorno zwar am Begriff der Klassengesellschaft festhält, ein historisches Negationspotential in Gestalt einer revolutionären Klasse jedoch unter den gegenwärtigen gesellschaftlichen Bedingungen nicht mehr auszumachen vermag. Die These, daß Adorno in der Gesellschaftstheorie und also auch in der Ästhetik kein geschichtlich bestimmtes Kritik- und Emanzipationspotential zurückbehalte (dieser Mangel motiviere gerade den Übergang zu der auf Natur fundierten Ästhetik), erfährt allerdings eine problematische Verschärfung, wenn unter Rückgriff auf die Rationalitäts- und Fortschrittskritik der ›Dialektik der Aufklärung‹ der Schluß gezogen wird, Adorno verwerfe nicht allein die Aktualität der Revolution, sondern mit seiner Kritik an der naturbeherrschenden Vernunft ebenso die zentrale Marxsche Vorstellung vom emanzipativen Potential der Entwicklung der Produktivkräfte und schließlich sogar das von Vernunft selbst. Formelhafte Sentenzen aus der ›Dialektik der Aufklärung‹ wie: »Der Fluch des unaufhaltsamen Fortschritts ist die unaufhaltsame Regression.«[1] und: »Die vollends aufgeklärte Erde strahlt im Zeichen triumphalen Unheils.«[2] scheinen diesen Schluß schlagend zu belegen.

Funktion und Bedeutung von Adornos ästhetischer Theorie läßt sich nur erschließen, wenn man sie in einen *systematischen Zusammenhang* mit seiner Kritik der naturbeherrschenden Rationalität und Praxis stellt. Dieser Zusammenhang wird aber m. E. gerade verfehlt, wenn man annimmt, daß es in Adornos Ästhetik um eine Suche nach »Gegeninstanzen« ginge oder um eine abstrakte Negation des naturbeherrschenden Prinzips etwa im Namen einer ›ganz anderen‹ ästhetischen Rationalität oder gar der »Selbstvergessenheit der Natur«. Vielmehr handelt es sich in der ästhetischen Theorie Adornos um den Versuch, die Verdinglichung der Rationalität der Aufklärung nicht durch eine ›andere‹ Vernunft oder gar ihre völlige Preisgabe zu überwinden, sondern durch eine zweite Reflexion der Rationalität (und ihren Vollzug in der ästhetischen Erfahrung) die ihr immanente, geschichtlich jedoch inhibierte raison d' être wieder aufzudecken und zur Geltung zu bringen. Auf die geschichtsphilosophische Ebene übertragen bedeutet das, daß Adorno seine Kritik und Utopie keineswegs losgelöst von der Bewegung des historischen Prozesses vorträgt. Die Hoffnung, »alles könne gut werden«, bezieht er nicht unhistorisch aus der »Natur«, sondern hält weitgehend (wenn auch nicht widerspruchsfrei) an dem Marxschen Gedanken der emanzipativen Dynamik der Produktivkräfte fest. Es erweist sich als unzulässig, Ästhetik und Geschichtsphilosophie bei Adorno gegeneinander auszuspielen.

Ich möchte versuchen, diese These plausibel zu machen. Dabei werde ich folgendes Vorgehen wählen: *zunächst* ist ein Begriff davon zu gewinnen, was Adorno tatsächlich an der naturbeherrschenden Vernunft kritisiert und was er gerade auch nicht kritisiert (das wäre nur dann überflüssig, wenn die bisherige Adornointerpretation hierüber wirkliche Klarheit geschaffen hätte; das hat sie m. E. jedoch nicht hinreichend getan). *Im weiteren* ist zu zeigen, daß Adorno sich aus dem Rückgang auf die anthropologische, triebkonstitutionelle Bedeutung der Vernunft – ›dialektisch‹ – ein emanzipatorisches Potential der Dynamik des naturbeherrschenden Prinzips erschließt, als dessen historische Vergegenständlichung ihm im Grundsatz nach wie vor die Produktivkräfte erscheinen. Nach diesen beiden Schritten wird es *schließlich* möglich, verständlich zu machen, daß und in welcher Weise Adornos Rationalitätskritik logisch in die Ästhetik mündet, jedoch gerade *nicht* in dem Sinne, daß das Ästhetische das naturbeherrschende Prinzip abstrakt negiert.

Adornos Kritik der Rationalität der Aufklärung

Ausgangspunkt der ›Dialektik der Aufklärung‹ ist der Nachweis des naturbeherrschenden, instrumentellen Charakters der Vernunft, auf dessen ausführliche Darstellung hier verzichtet werden kann. Entscheidend für Adorno ist, daß der Abstraktionsprozeß, dem das Objekt unterworfen wird, indem es entqualifiziert und identisch gemacht, zum verfügbaren Material reduziert wird, ebenso das Subjekt ergreift. Identisch sollen nicht nur die Objekte, sondern auch die Subjekte sein: als abstrakt-allgemeine, reduziert zu Exekutoren der transzendentalen Apperzeption: »die Weltherrschaft über die Natur wendet sich gegen das denkende Subjekt selbst, nichts wird von ihm übriggelassen, als eben jenes ewig gleiche Ich denke, das alle meine Vorstellungen muß begleiten können. Subjekt und Objekt werden beide nichtig.«[3] Das abstrakte Selbst, »das nach der methodischen Ausmerzung aller natürlichen Spuren als mythologischer weder Körper noch Blut noch Seele und sogar natürliches Ich mehr sein sollte, bildete zum transzendentalen oder logischen Subjekt sublimiert den Bezugspunkt der Vernunft, der gesetzgebenden Instanz des Handelns«.[4]

Als abstrakter Identitätszwang, der Objekt wie Subjekt entqualifiziert, verdinglicht sich die Vernunft zum Apparat der Unterdrückung: das Subjekt hat als Besonderes, als konkret lebendiges, körperliches Wesen im System der Vernunft der Aufklärung keine Stelle mehr: »noch der Mensch vorm Menschen (wird) zum Anthropomorphismus«.[5] Die abstrakte, formalisierte Vernunft, Inbegriff systematischer Einheit und neutraler Verfahrensweisen, eliminiert jede Reflexion auf inhaltliche Ziele, indem sie die Selbsterhaltung methodisch verabsolutiert.

Adornos Kritik an der instrumentellen Rationalität weist dabei eine doppelte Aspektierung auf: zum einen analysiert sie die Erkenntnisabstraktion als Reflex der Tauschabstraktion, zum anderen erkennt sie die objektive Vernunft der Aufklärung in einem allgemeineren, weltgeschichtlichen Sinne als Produkt der Geschichte der Zivilisation, die bis zur Gegenwart eine »Geschichte der Entsagung«[6] bildet und die zum Repressionssystem verdinglicht, da sie den sie konstituierenden Imperativ der Emanzipation von dem Mythos durch Beherrschung der Natur, inwendig wie auswendig, nicht nach Maßgabe der historischen Möglichkeiten zu lockern imstande ist.

Erfüllung und Lust sind tabuiert, nicht zuletzt durch die objektive Vernunft, die die Anstrengung des Begriffs unmetaphorisch als Naturbeherrschung und Selbsterhaltung institutionalisiert. Der Weg der Zivilisation »war der von Gehorsam und Arbeit, über dem Erfüllung immerwährend bloß als Schein, als entmachtete Schönheit leuchtet«.[7] Paradigma der selbstentsagenden Zivilisation ist für Horkheimer/Adorno der angesichts der Lockungen der Sirenen an den Mast gefesselte Odysseus: »Er hört, aber ohnmächtig an den Mast gebunden, und je größer die Lockung wird, um so stärker läßt er sich fesseln, so wie manchmal die Bürger auch sich selbst das Glück um so hartnäckiger verweigerten, je näher es ihnen mit dem Anwachsen ihrer eigenen Macht rückte. (...) Maßnahmen, wie auf dem Schiff des Odysseus im Angesicht der Sirenen durchgeführt werden, sind die ahnungsvolle Allegorie der Dialektik der Aufklärung.«[8]

Diese Selbstunterdrückung und Entsagung schlägt sich nieder in der Konstitution des Selbst, Ergebnis eines qualvollen phylogenetischen Sozialisationsprozesses: »Furchtbares hat die Menschheit sich antun müssen, bis das Selbst, der identische, zweckgerichtete, männliche Charakter des Menschen geschaffen war...«[9]

Worauf aber damit die Subjektivität der instrumentellen Rationalität basiert, ist nicht allein Beherrschung der äußeren, sondern ebenso die Unterdrückung der inneren Natur. Doch diese Unterdrückung und methodische Ausschaltung der inneren Natur, der Körperlichkeit, heißt für Horkheimer/Adorno nichts anderes als die Selbstpreisgabe des Subjekts schlechthin. Der reine Verstand bzw. das männliche Ich usurpieren geschichtlich eine Herrschaft, gegen die Aufklärung in ihrem wirklichen Sinne virulent sich wehrt. Die Wahrheit der Aufklärung und der Begriff der Wahrheit überhaupt terminieren nicht in den abgespaltenen Geistfunktionen der instrumentellen Rationalität, sondern kommen zu sich selbst einzig in dem, was Horkheimer/Adorno das Eingedenken der Natur im Subjekt nennen: »Durch solches Eingedenken der Natur im Subjekt, in dessen Vollzug die verkannte Wahrheit aller Kultur beschlossen liegt, ist Aufklärung der Herrschaft überhaupt entgegengesetzt.«[10]

Die Natur im Subjekt bezeichnet zunächst das Gesamt all jener Vermögen der qualitativen Apperzeption, die, untrennbar mit der sinnlichen Körperlichkeit des Menschen verknüpft, den Bezug eines Objektes auf ein Bedürfnis, und zwar ein konkretes, besonderes, bestimmen nach den nicht-abstrakten, nicht-quantitativen Kriterien von Annehmlichkeit und Unannehmlichkeit, Lust und Unlust. Damit erweist sich die Natur im Subjekt als Ursprung der konkreten Zweck- und Zielsetzungen des Lebens und Handelns überhaupt und gleichzeitig als deren Zielpunkt selbst: denn die Befreiung der inneren Natur von der Herrschaft des abstrakten Ich heißt die Freisetzung der leiblichen Teleologie, in deren Kennzeichnung ihres Strebens nach Lust und Erfüllung Adorno mit Nietzsche sich einig ist: alle Lust will Ewigkeit.«[11] Die Hypostasierung der Selbsterhaltung im Erkenntnissystem der objektiven Vernunft wie in der ›männlichen‹ Triebstruktur verleugnet mit der Unterdrückung der inneren Natur den Zweck der Instrumentalität selbst und verselbständigt die Mittel vor dem Zweck. Das emphatische Fazit der ›Dialektik der Aufklärung‹ also lautet: Aufklärung, hypostasiert, tilgt Wahrheit, tilgt Sinn. Dies ist das Basisproblem, das auch Adornos ästhetischer Theorie zugrundeliegt. Dessen Formulierung in der ›Dialektik der Aufklärung‹ darf vielleicht als die theoretisch zentrale Stelle des Buches angesehen werden:

»In der Klassengeschichte schloß die Feindschaft des Selbst gegens Opfer ein Opfer des Selbst sein, weil sie mit der Verleugnung der Natur im Menschen bezahlt ward um der Herrschaft über die außermenschliche Natur und über andere Menschen willen. Eben diese Verleugnung, der Kern aller zivilisatorischen Rationalität, ist die Zelle der fortwuchernden mythischen Irrationalität: mit der Verleugnung der Natur im Menschen wird nicht bloß das Telos der auswendigen Naturbeherrschung sondern das Telos des eigenen Lebens verwirrt und undurchsichtig. In dem Augenblick, in dem der Mensch das Bewußtsein seiner selbst als Natur sich abschneidet, werden alle die Zwecke, für die er sich am Leben erhält, der gesellschaftliche Fortschritt, die Steigerung aller materiellen und geistigen Kräfte, ja Bewußtsein selber, nichtig, und die Inthronisierung des Mittels als Zweck, die im späten Kapitalismus den Charakter des offenen Wahnsinns annimmt, ist schon in der Urgeschichte der Subjektivität wahrnehmbar. Die Herrschaft des Menschen über sich selbst, die sein Selbst begründet, ist virtuell allemal die Vernichtung des Subjekts, in dessen Dienst sie geschieht, denn die beherrschte, unterdrückte und durch Selbsterhaltung aufgelöste Substanz ist gar nichts anderes als das Lebendige, als dessen Funktion die Leistungen der Selbsterhaltung einzig sich bestimmen, eigentlich gerade das, was erhalten werden soll.«[12]

Die Natur der Vernunft

Die Partikularität einer Rationalität, die die Mittel (der Naturbeherrschung) fetischisiert und die Zwecke verleugnet, gilt Adorno als Rückfall in den Mythos, sie signalisiert eine drohende kulturelle Barbarei. Aber die Rede von der Selbstverneinung der Vernunft[13] zeigt an, daß es Adorno nicht darum zu tun ist, der Rationalität der Aufklärung eine andere Vernunft entgegenzusetzen, etwa in der Polarität: instrumentelle – ästhetische Rationalität. Verneint die Vernunft sich selbst, dann ist diese Selbstverneinung aufzuheben und umzukehren in eine Rekonstruktion der Vernunft selbst. Leitfigur von Adornos Rationalitätskritik ist nicht der Totengräber, sondern der kritische Therapeut: zu sich selbst will er die Vernunft bringen – durch sich selbst. »Philosophie erheischt heute wie zu Kants Zeiten Kritik der Vernunft durch diese, nicht deren Verbannung oder Abschaffung.«[14]

Nicht in den Entwurf einer neuen Vernunft mündet die kritische Analyse der Dialektik der Aufklärung, sondern in die Aufforderung zu einer zweiten Reflexion der einen, für Adorno alternativlosen Vernunft:

»Die sprengende Tendenz des Fortschritts ist nicht einfach bloß das Andere der Bewegung fortschreitender Naturbeherrschung, ihre abstrakte Negation, sondern erheischt die Entfaltung der Vernunft durch Naturbeherrschung selbst. Nur die Vernunft, das ins Subjekt gewandte Prinzip gesellschaftlicher Herrschaft, wäre fähig, diese abzuschaffen. Die Möglichkeit des sich Entringenden wird vom Druck der Negativität gezeigt. Andererseits prägt Vernunft, die aus Natur herausmöchte, diese erst zu dem, was sie zu fürchten hat. Dialektisch, im strengen unmetaphorischen Sinn, ist der Begriff des Fortschritts darin, daß sein Organon, die Vernunft, Eine ist; daß nicht in ihr eine naturbeherrschende und eine versöhnende Schicht nebeneinander sind, sondern beide all ihre Bestimmungen teilen. Das eine Moment schlägt nur dadurch in sein anderes um, daß es buchstäblich sich reflektiert, daß Vernunft auf sich Vernunft anwendet und in ihrer Selbsteinschränkung vom Dämon der Identität sich emanzipiert.«[15]

Im Aufbau dieser Vernunft ist Naturbeherrschung konstitutiv; für Adorno die unabdingbare Voraussetzung von Emanzipation und geschichtlichem Fortschritt; Vernunft verfällt nicht per se als naturbeherrschende der Kritik, zumal sich in der Einheit der Vernunft Adorno zufolge Naturbeherrschung und ›Versöhnung‹ dialektisch vermitteln. (Diese Dialektik bildet eine von Adornos Basisannahmen, vor allem in ihrer geschichtsphilosophischen Version.) Das Ziel der ›Versöhnung‹ erfordert keine andere Vernunft als die der Aufklärung, sondern ist dieser bereits eingeschrieben. Der Trug des Bewußtseins, von dem Adorno spricht,[16] besteht dagegen in dem Verdrängen dieser dialektischen Zielstruktur der Vernunft. Die Versöhnung als immanentes Telos der Vernunft zu verdrängen, bedeutet aber nichts anderes als die Verleugnung der Natur im Subjekt. Die Durchführung des Eingedenkens der Natur im Subjekt, die Horkheimer/Adorno als Wahrheit aller Kultur bezeichnen, braucht sich jedoch nicht einer anderen Rationalität zuzuwenden, gar Rationalität völlig zu transzendieren, sondern soll, und dies tut Adorno, die sich selbst zum Reflexionsgegenstand machenden Vernunft vollziehen: als Eingedenken der Natur in der Vernunft. Das ist die zweite Reflexion der Vernunft, die den »Trug konstitutiver Subjektivität«[17] brechen soll: »Denken bricht in zweiter Reflexion die Suprematie des Denkens über sein Anderes, weil es Anderes immer in sich schon ist.«[18]

Diese Suprematie des Denkens, geschichtlich geworden, nicht ontologisch, die den Geist zum schlechthin Anderen des Körpers macht, wird für Adorno schon durch das nicht reduzible somatische Moment der Erkenntnis hinfällig:[19] sinnliche Wahrnehmungen, Rechtsquelle empirischer Erkenntnis, lassen sich auf keine Autarkie des Geistes reduzieren.

Gewichtiger ist jedoch das folgende: Praxis als Inbegriff von Handlungen ist notwendig sinnorientiert; der Begriff der Praxis ist ohne den Begriff eines Zieles, Zweckes nicht denkbar. Doch diese Ziele werden nicht allein aus einem theoretischen Bewußtsein gesetzt: »Praxis bedarf auch eines Anderen, in Bewußtsein nicht sich Erschöpfenden, Leibhaften, vermittelt zur Vernunft und qualitativ von ihr verschieden.«[20] Substantiell gehört die Sinn- und Zielorientierung der geschichtlichen Praxis diesem leiblichen Willensimpuls zu, den Adorno als das Hinzutretende bestimmt.[21]

Unter der Arbeitsteilung von Verstand und Gefühl, die die Subjektivität selbst ergreift, wird alles Leibliche aus dem Begriff der objektiven Erkenntnis ausgeschlossen, zumal die Gefühle von Lust und Unlust, damit aber das zwecksetzende Vermögen selber:

»Die Zwecke, raison d'être der raison, sind qualitativ und das mimetische Vermögen soviel wie das qualitative.« »Ratio ohne Mimesis negiert sich selbst.«[22]

Hier stoßen wir wieder auf den Begriff der Selbstverneinung der Vernunft. Die Erkenntnis, zu der die dagegen allein aufzubietende Selbstreflexion der Vernunft gelangt, die »dem Wahn der Autarkie des Geistes in die Zügel fällt«, lautet: Vernunft ist nicht das Absolute, sie ist ein Moment der Praxis, eine »Verhaltensweise«.[23] Eine Verhaltensweise, so wäre zu ergänzen, nicht allein des geschichtlichen Subjekts, sondern wesentlich des Subjekts als Naturwesen.

Die vorgebliche Autarkie und Suprematie des Geistes wie gleichzeitig die von diesem verordnete Ausschaltung des Mimetischen aus der Vernunft als bloß ›subjektiv‹ wird aus den Angeln gehoben durch die Einsicht in den Vorrang des Objekts in der Konstitution des Subjekts selbst: »Die generelle Versicherung, daß Innervationen, Einsichten, Erkenntnisse ›nur subjektiv‹ seien, verfängt nicht länger, sobald Subjektivität als Gestalt von Objekt durchschaut wird. Schein ist die Verzauberung des Subjekts in seinen eigenen Bestimmungsgrund, seine Setzung als wahres Sein. Subjekt selbst ist zu seiner Objektivität zu bringen, nicht seine Regungen aus der Erkenntnis zu verbannen.«[24] Angewandt auf die Rationalität bedeutet Vorrang des Objekts: »Sie muß ihres eigenen naturhaften Wesens innewerden.«[25]

Die Herstellung dieser Einsicht ist ein Akt der Aufklärung, Entzauberung und Befreiung in einem. In der Verfolgung ihres emphatischen Zieles des Eingedenkens der Natur im Subjekt wird die Befreiung von der Herrschaft des Identitätsprinzips des reinen Verstandes begleitet von der Destruktion des Anthropozentrismus und des absoluten Denkens. In dieser Entmythologisierung erscheint die materialistische Aufklärung schließlich »als reductio hominis, als Einsicht in den Trug des zum Absoluten sich stilisierenden Subjekts«.[26]

Adornos reductio hominis, ausgedrückt etwa in dem Satz: »Alles Geistige ist modifizierter leibhafter Impuls...«,[27] darf allerdings nicht als Neuauflage von Lamettries ›L'Homme machine‹ aufgefaßt werden; die Formulierung, daß das verselbständigte Bewußtsein abgezweigt ist »von der libidinösen Energie des Gattungswesens Mensch«,[28] weist in eine ganz andere Richtung. Der Begriff des Eingedenkens der Natur im Subjekt oder des Vorrangs des Objekts ist materialistisch vor allem auch insofern zu begreifen, als er einen Anspruch festhält: mit der Körperlichkeit des Menschen notiert der Begriff den vorrangigen Anspruch auf die sinnliche Erfüllung der sinnlichen (libidinösen) Bedürfnisse des Subjekts als Naturwesen. Das zunächst erkenntnistheoretische Argument vom Vorrang des Objekts führt zu dem geschichtsphilosophischen Argument, daß sinnliche Erfüllung, Glück das Telos geschichtlicher Praxis bildet. Die These vom naturhaften Wesen der Vernunft spannt diese in einen solchen Horizont ein.

Adorno folgt in seiner Rekonstruktion der naturhaften Vernunft einem Grundgedanken der Psychoanalyse: das Ich vermittelt die Beziehung des Es zur Außenwelt. Bei Freud heißt es: »Die Beziehung zur Außenwelt ist für das Ich entscheidend geworden, es hat die Aufgabe übernommen, sie bei dem Es zu vertreten, zum Heil des Es . . .«[29] Doch Freud schränkt diese rein instrumentelle Funktion des Ich sofort wieder ein, indem er das Realitätsprinzip einführt, an dem das Ich sich zu orientieren hat und das in der Folge die Aufgabe der Triebbeherrschung anstatt der Triebwahrnehmung übernimmt.[30] Diese Herrschaft des Ich über das Es erscheint Adorno eben als die »unreflektierte Herrschaft der Vernunft«,[31] die die bestehenden Verhältnisse affirmiert.

Angesichts der Fetischisierung der Mittel zum Zweck will Adorno ein Zweck-Mittel Verhältnis restituieren, in welchem die Ratio wirklich nur Mittel darstellt, psychoanalytisch: in welchem das Ich die Bedürfnisse des Es verwirklicht. In diesem Sinne bezeichnet Adorno als das konstitutive Telos der Ratio »eine selber notwendig an sich nicht rationale Erfüllung – Glück ist Feind der Rationalität, Zweck, und bedarf doch ihrer als Mittel«.[32] Dieses Telos ist aus seiner geschichtlich bedingten Unterdrückung zu befreien.

Tatsächlich läßt sich der Ansatz von Adornos Rationalitätskritik tendentiell mit dem folgenden Satz von Baumeister/Kulenkampff umschreiben: »Den konstitutiven Fehler im Gesamtprozeß der Aufklärung vermag nur der zu entdecken, dem sich die Vernunft in ihrer naturgeschichtlichen und anthropologischen Bedeutung erschlossen hat.«[33] Doch Adornos Analyse des Ursprungs der Vernunft aus der Natur hat nicht ein quasi ontologisches Urteil über die Negativität der Vernunft zum Ergebnis, sondern will deren ursprünglich emanzipative Funktion (in ihrem Mittelcharakter) enthüllen und restituieren.[34] Adornos Ansatz besteht gerade darin, Vernunft als gleichzeitig identisch und nicht-identisch mit Selbsterhaltung und Naturbeherrschung zu begreifen; er unternimmt den Versuch einer ›dialektischen‹ Vermittlung, die begründen soll, daß die instrumentelle Dynamik der Ratio (zu sich selbst gebracht und von der pervertierenden Verwilderung in der bürgerlichen Gesellschaft befreit) über das blinde Ziel Selbsterhaltung hinaus auf ein emanzipatorisches Telos (»Glück«, »Lust«) zuläuft; zugespitzt: mit der Naturbeherrschung über die Naturbeherrschung hinaus.

Dialektisch sieht Adorno in der selbsterhaltenden Vernunft und ihren gesellschaftlichen Vergegenständlichungen die raison d'être aller Rationalität aufgehoben: »denn die Bewegung des selbsterhaltenden Prinzips führt, wofern sie sich nicht fetischisiert, aus der eigenen Schwungkraft zum Desiderat von Glück; (...).«[35]

Entfesselung der Produktivkräfte und geschichtliche Utopie

Auf die geschichtsphilosophische Ebene übertragen verkörpert sich diese Schwungkraft des Prinzips der Selbsterhaltung in der Entwicklung der Produktivkräfte. Die geschichtliche Dynamik der Produktivkräfte stellt für Adorno den Anwendungsfall und die Bestätigung seiner theoretischen Analyse der konstitutiven Teleologie der Rationalität par excellence dar. Die Produktivkräfte, Inbegriff der naturbeherrschenden, technischen Rationalität, tendieren, so Adorno, zu einem geschichtlichen Zustand, in welchem das selbsterhaltende Prinzip umschlägt in seine eigene Abschaffung, und damit wäre der Zweck aller Praxis erreicht, der Zweck, der nach Adornos Überzeugung »den Produktivkräften nach hier und heute unmittelbar möglich wäre«.[36] In der ›Ästhetischen Theorie‹ sieht er die »reale Möglichkeit der Utopie« darin, »daß die Erde, nach dem Stand der Produktivkräfte, jetzt, hier, unmittelbar das Paradies sein könnte«.[37]

Diese Identifizierung der Produktivkräfte bzw. des selbsterhaltenden Prinzips als objektives materielles Substrat der Emanzipation findet sich bereits in der ›Dialektik der Aufklärung‹: »In der Gestalt der Maschinen aber bewegt die entfremdete Ratio auf eine Gesellschaft sich zu, die das Denken in seiner Verfestigung als materielle wie intellektuelle Apparatur mit dem befreiten Lebendigen versöhnt und auf die Gesellschaft selbst als sein reales

Subjekt bezieht.«[39] »Seit je war der partikulare Ursprung des Denkens und seine universale Perspektive untrennbar.«[39] Dieser Gedanke gehört zum Grundbestand der klassischen Kritischen Theorie.[40]

Zwei Leistungen sind es im wesentlichen, die Adorno, darin orthodox in der Tradition von Marx, von der geschichtlichen Entfaltung der Produktivkräfte erwartet und die die Realisierung der Utopie materiell ermöglichen: »unbeschränkte Güterfülle«, so daß »die Menschen nach ihren Bedürfnissen leben können«,[41] und die tendentielle Abschaffung der Arbeit: »Die immanente Entfaltung der Produktivkräfte, die menschliche Arbeit bis zu einem Grenzwert überflüssig macht, birgt das Potential von Änderung; die Abnahme der Quantität von Arbeit, die technisch heute bereits minimal sein könnte, eröffnet eine neue gesellschaftliche Qualität (...)«[42]

Diese neue Qualität, identisch mit der Utopie, der raison d'être der raison, besteht in der Freiheit vom Zwang der herrschenden Praxis, der Nützlichkeit, vom Druck der sturen Selbsterhaltung.[43] Auf keinen anderen als Marx selbst stützt sich Adorno bei seiner These vom Umschlag der Naturbeherrschung (in Gestalt der Produktivkräfte) in die Befreiung von ihrem Zwang und liefert dabei ein Konzentrat seiner eigenen theoretischen Position:

Mit der Forderung, die Welt zu verändern anstatt sie bloß zu interpretieren, hat Marx »das Programm absoluter Naturbeherrschung, ein Urbürgerliches, unterschrieben. Das reale Modell des Identitätsprinzips schlägt durch, das als solches vom dialektischen Materialismus bestritten ist, die Anstrengung, das dem Subjekt Ungleiche ihm gleichzumachen. Wie aber Marx das dem Begriff immanente Reale nach außen stülpt, bereitet er einen Umschlag vor. Das Telos der ihm zufolge fälligen Praxis war die Abschaffung ihres Primats in der Gestalt, welche die bürgerliche Gesellschaft durchherrscht hatte. Kontemplation wäre möglich ohne Inhumanität, sobald die Produktivkräfte soweit entfesselt sind, daß die Menschen nicht länger von einer Praxis verschlungen werden, die der Mangel ihnen abzwingt und die dann in ihnen sich automatisiert.«[44]

Diese Abschaffung des Primats der selbsterhaltenden Praxis stellt Adorno jedoch, und damit geht er über Marx hinaus, in den Horizont des Eingedenkens der Natur im Subjekt. Dieses Eingedenken vertritt den Vorrang des Objekts als Anspruch auf geschichtliche Einlösung der jenseits des Ichprinzips als der selbsterhaltenden Instanz liegenden Bedürfnisse der sinnlich-körperlichen, der Triebkonstitution. Die Sehnsucht des Materialismus zielt in diesem Sinne für Adorno auf die »Auferstehung des Fleisches«.[45] Was der Fluchtpunkt der utopischen Intention wäre – jenseits des Zwangs zur Selbsterhaltung, jenseits der Herrschaft des Ichprinzips –, hat Adorno in ›Minima Moralia‹ unter dem Stichwort ›Sur l'eau‹ aufgezeichnet:

»Rien faire comme une bête, auf dem Wasser liegen und friedlich in den Himmel schauen, ›sein, sonst nichts, ohne alle weitere Bestimmung und Erfüllung‹ könnte an Stelle von Prozeß, Tun, Erfüllen treten und so wahrhaft das Versprechen der dialektischen Logik einlösen, in ihren Ursprung zu münden. Keiner unter den abstrakten Begriffen kommt der erfüllten Utopie näher als der vom ewigen Frieden.«[46]

Die Funktionsbestimmung des Ästhetischen

Die instrumentelle Rationalität, darin besteht Adornos wesentliche Kritik, verleugnet mit der Natur im Menschen des Telos menschlichen Handelns überhaupt; denn die innere Natur faßt Adorno als letztes Substrat der praktischen Zwecksetzungen und Bedürfnisartikulationen wie auch selber als letztes Telos geschichtlicher Praxis. Die Wahrheit des Materialismus, erkenntnistheoretisch wie geschichtsphilosophisch, besteht im Vorrang des Objekts, der sich im Eingedenken der Natur im Menschen Geltung verschafft. Die geschichtlich gewordene Suprematie des Geistes über den Körper wird gebrochen durch eine zweite Reflexion der Vernunft, die deren raison d'être durch des Eingedenkens der inneren Natur aktualisiert: Glück als Erfüllung der Natur bildet den letzten Zweck der Praxis.

Diese zweite Reflexion kann sich nun allerdings nur insoweit im Medium philosophischer Begrifflichkeit vollziehen, als es um Analyse und begriffliche Bestimmung geht, die Produktion von Wissen also. Die Trennung von Geist und Körper, die die zweite Reflexion beseitigen will, ist jedoch durch den Geist selber, durch Wissen allein nicht aufzuheben: »durch Geist allein zu tilgen ist der Antagonismus nicht, weil das ihn virtuell wiederum vergeistigte«.[47] Die Erfahrung, die bewußtseinsverändernd die Grenze des Wissens überschreitet, ist nun die ästhetische. In die ästhetische Erfahrung mündet logisch Adornos Rationalitäts- als Bewußtseinskritik, sie ist als deren praktischer Vollzug zu begreifen.

Die theoretische Ableitung der Ästhetik aus der Rationalitätskritik wird mit aller Deutlichkeit ausgeführt. So heißt es in der ›Ästhetischen Theorie‹: »Was transzendent ist an der Kunst, hat die gleiche Tendenz wie die zweite Reflexion des naturbeherrschenden Geistes.«[48]

Das Ziel der zweiten Reflexion, die Aktualisierung des kapitalistisch verleugneten Zwecks aller Rationalität, wird so zum Ziel der Kunst. Die Wahrheit der Kunst besteht darin, »daß sie das von Rationalität verschüttete Bild ihres Zwecks festhält«.[49] Den Zweck festhaltend ist die Kunst doch nichts weniger als eine »Sonderbranche von Unmittelbarkeit«[50] oder ein »Naturschutzpark der Irrationalität«.[51] So wenig Adorno der Ratio die Natur als polare Gegeninstanz unvermittelt kontrastiert, sondern beide Momente erkenntnistheoretisch wie geschichtsphilosophisch zu verbinden sucht, so wenig fallen für Adorno in der Kunst Rationales und Irrationales unvermittelt auseinander. Die Struktur der Theorie der Produktivkräfte spiegelt sich in der Theorie des Kunstwerks: der Zweck wird nicht erreicht durch eine Abwendung von Rationalität, sondern allein durch deren fortgeschrittensten Stand:

»Kunst ist mimetisches Verhalten, das zu seiner Objektivation über die fortgeschrittenste Rationalität – als Beherrschung von Material und Verfahrensweisen – verfügt. Es antwortet mit diesem Widerspruch auf den der ratio selber. Wäre deren Telos eine selber notwendig an sich nicht rationale Erfüllung – Glück ist Feind der Rationalität, Zweck, und bedarf doch ihrer als Mittel –, so macht Kunst dies irrationale Telos zur eigenen Sache.«[52]

Mimesis erreicht die Erfahrungspräsenz dieses Telos. So kann Adorno schreiben: »Kunst komplettiert Erkenntnis um das von ihr Ausgeschlossene (...)«:[53] den Zweck. Aber wenn es an anderer Stelle heißt, Kunst opponiere der Trennung von Sinnlichkeit und Verstand, dann legt die vorangegangene Aussage eine Auslegung fest, die nicht übersehen werden sollte: die Rede von der Komplettierung der Erkenntnis bedeutet nicht die Konstruktion einer anderen Erkenntnis; vielmehr bleibt diese (in ihrem Mittelcharakter), wie sie ist, und ihr wird nun etwas bisher Ausgeschlossenes hinzugefügt, additiv: der Zweck. Trotz aller versuchten Vermittlung bleiben Rationales und Irrationales, naturgenetisch zwar verbunden, streng geschieden als Mittel und Zweck. Was Adorno angreift, ist die Totalisierung der Mittel zum Selbstzweck, nicht das Mittel selbst. Glück als Zweck bedarf der Rationalität als Mittel, ist aber deren Anderes, deren »Feind«.[54] Der Zweck als Jenseits des Mittels: diese Konstruktion charakterisiert Adornos Position; sie tritt auch dort hervor, wo die Kunst als Statthalter nicht nur des Telos der Erkenntnis, sondern der geschichtlichen (noch ausstehenden) Praxis überhaupt bestimmt wird: »Kunst ist nicht nur Statthalter einer besseren Praxis als der bis heute herrschenden, sondern ebenso Kritik von Praxis als der Herrschaft brutaler Selbsterhaltung inmitten des Bestehenden und um seinetwillen. Sie straft Produktion um ihrer selbst willen Lügen, optiert für einen Stand der Praxis jenseits des Banns von Arbeit. Promesse du bonheur heißt mehr als daß die bisherige Praxis das Glück verstellt: Glück wäre über der Praxis.«[55]

Glück über der Praxis: dies entspricht der sur l'eau-Utopie aus ›Minima Moralia‹. Hier wird nochmals deutlich, wie stringent und vollständig Adornos Rationalitäts- und Gesellschaftskritik mit seiner Ästhetik integriert ist. Die allgemeine Funktionsbestimmung der Kunst leitet sich konsequent aus Adornos gesellschaftstheoretisch fundierter Vernunftkritik ab.

Adornos ›orthodoxe‹ Grenzen der ästhetischen Kritik

Wir haben dargestellt, daß sich Adornos sowohl von seiner Gesellschaftstheorie als auch von seiner Ästhetik getragene Utopie nicht auf eine abstrakte Abschaffung des naturbeherrschenden Prinzips in Gestalt der instrumentellen Rationalität und der Produktivkräfte bzw. auf den Entwurf einer alternativen Rationalität bzw. einer alternativen Technik richtet.

Hier aber hat Kritik anzusetzen: Adornos Ästhetik entwirft kein Modell einer alternativen gesellschaftlichen *Produktion* (denn die Utopie setzt eigentlich erst *über* der Praxis an). Rationalität und Mimesis sind im Kunstwerk wie auf der geschichtlichen Ebene nach dem Modell des Mittel-Zweck Schemas vermittelt, das Adornos Begriff der Naturbeherrschung insgesamt kennzeichnet, deren Dynamik er als dialektisches Umschlagen in das

Andere zu denken versucht, die allerdings nichtsdestoweniger ein Nacheinander von zwei sich substantiell nicht wechselseitig durchdringenden Momenten bleibt.

Diskutiert man Adornos ästhetische Utopie bis zu ihrer gesellschaftlichen Konkretion, dann wird erkennbar, daß er nicht etwa vorrangig eine Veränderung der ›Arbeit‹ anstrebt, sondern deren quantitative Zurückdrängung. Darin verbleibt Adornos ästhetische Utopie im Rahmen des klassischen Gedankens des späten Marx, daß das Reich der Freiheit erst jenseits des Reiches der Notwendigkeit beginne und daher die Verkürzung der Arbeitszeit zur Voraussetzung habe.[56]

Adorno geht es zentral um eben diese Verwirklichung der Utopie per quantitativer Zurückdrängung des Reiches der Notwendigkeit, nicht primär um dessen qualitative Umwandlung. Im Widerspruch dazu steht eine Reihe von Stellen, wo Adorno offenbar auch qualitative Veränderungen anvisiert. So glaubt er als »immanent sozialistisches Element des Fortschritts« erkennen zu können, daß »die technische Entwicklung einen Stand erreicht hat, der eigentlich alle Funktionen allen erlauben würde«[57] (eine Annahme, die empirisch mehr als zweifelhaft ist), und er fordert eine Rationalisierung der Arbeitsprozesse, die eine »menschenwürdige Gestaltung der Arbeit selbst« und die »Bewahrung der Natur« erlaube.[58] An anderer Stelle beklagt er, daß diejenigen Potentiale der Technik verkümmert sind, »die von Herrschaft, Zentralismus, Gewalt gegen die Natur sich entfernen und die es wohl auch gestatten würden, viel von dem zu heilen, was wörtlich und bildlich von der Technik beschädigt ist.«[59] Und in der ›Ästhetischen Theorie‹ heißt es schließlich: »Technik, die, nach einem letztlich der bürgerlichen Sexualmoral entlehnten Schema, Natur soll geschändet haben, wäre unter veränderten Produktionsverhältnissen ebenso fähig, ihr beizustehen und auf der armen Erde ihr zu dem zu helfen, wohin sie vielleicht möchte.«[60]

Zunächst wäre zu sagen, daß diesen verstreuten Stellen im Gesamtwerk nur ein aphoristischer Charakter zukommt; sie ändern nichts daran, daß im systematischen Zusammenhang der Konzeption: ›mit der Naturbeherrschung über die Naturbeherrschung hinaus‹ die Produktivkräfte in erster Linie unter dem Gesichtspunkt der Produktivität ihre fortschrittlich-emanzipative Bedeutung erlangen. In dieser Verengung der emanzipatorischen Perspektive, die durchaus bei Marx selbst angelegt ist, liegt die

Grundproblematik von Adornos Ästhetik, nicht in dem Austausch von Geschichte durch Natur.[61]

Adorno macht sich nicht klar, daß die Forderung einer ›naturfreundlichen‹ Technik, die Herrschaftshierarchien und entqualifizierende Arbeitsteilung abbaut und eine »menschenwürdige Gestaltung der Arbeit selbst« erlaubt, mit einer bloßen »Entfesselung« der kapitalistisch produzierten Produktivkräfte sich nicht erfüllen läßt, sondern eine radikale Kritik der Technik und den Entwurf einer alternativen Technik erfordert – was bei Adorno, und auch in seiner Ästhetik – nicht vorliegt. Die fortgeschrittensten Ansätze einer solchen Technikkritik sind heute bei Gorz, Illich, Schumacher, Mumford, Bookchin, Traube u. a. zu finden.[62] Was sie Adorno voraus haben, ist, daß sie den immanenten politischen Charakter der Technik selbst aufdecken, dem sogenannten technischen Fortschritt (bzw. der »Entfesselung der Produktivkräfte«) den Objektivitätsschein nehmen und ihn als gesellschaftlichen Rückschritt entziffern und eine Diskussion um eine alternative Technik vorbereiten, die freie, autonome Assoziation der Produzenten, die Aufhebung der Trennung von Kopf- und Handarbeit, eine demokratische Kontrolle und einen ökologisch sinnvollen Betrieb zu gewährleisten hätte.

Adornos Position ist immer wieder zum Gegenstand einer Kritik geworden, die ihm ein Abrücken vom Marxismus vorwarf. Gemeint war damit in den meisten Fällen, daß Adorno die Marxsche Klassenkampftheorie verworfen hätte und seine Kunsttheorie nicht auf dem Begriff des Klassenkampfes fundiert sei. Wir üben hier eine andere Kritik. Die Schwäche von Adornos ästhetischer Theorie besteht nicht primär in der Ausklammerung des Klassenkampfes, sondern im unreflektierten Festhalten an dem Vertrauen auf die emanzipative Dynamik der Produktivkräfte, deren gesellschaftlich-politische Nicht-Neutralität Adorno systematisch unterschätzt.

Die an Marcuse gewonnene Schlußfolgerung Stefan Breuers läßt sich so auf Adorno ebenfalls anwenden, nämlich, »daß das Dilemma der kritischen Theorie gerade aus ihrem Festhalten an der materialistischen Tradition, nicht aber aus ihrem vermeintlichen ›Revisionismus‹ resultiert.«[63]

Anmerkungen

1 Zitiert bei W. Martin Lüdke: Der Kronzeuge. Einige Anmerkungen zum Verhältnis Th. W. Adornos zu S. Beckett, in: Text+Kritik, Sonderband Th. W. Adorno, a.a.O., S. 139.
2 Zitiert bei Thomas Baumeister/Jens Kulenkampff: Geschichtsphilosophie und philosophische Ästhetik. Zu Adornos ›Ästhetische Theorie‹, in: Neue Hefte für Philosophie, Heft 5, Göttingen 1973, S. 79.
3 Max Horkheimer und Theodor W. Adorno: Dialektik der Aufklärung. Philosophische Fragmente, Ffm 1969, S. 32.
4 Ebenda, S. 36.
5 Ebenda, S. 64.
6 Ebenda, S. 62.
7 Ebenda, S. 40.
8 Ebenda, S. 40 f.
9 Ebenda, S. 40.
10 Ebenda, S. 47.
11 Siehe Th. W. Adorno: Über Statik und Dynamik als soziologische Kategorien, in: ders.: Aufsätze zur Gesellschaftstheorie und Methodologie, Ffm 1970, S. 84.
12 Horkheimer/Adorno: Dialektik der Aufklärung, S. 61 f.
13 Th. W. Adorno: Ästhetische Theorie, Gesammelte Schriften, Band 7, hrsg. von Gretel Adorno und Rolf Tiedemann, Ffm 1970, S. 489.
14 Th. W. Adorno: Negative Dialektik, Ffm 1966, S. 90.
15 Th. W. Adorno: Fortschritt, in: ders.: Stichworte. Kritische Modelle 2, Ffm 1969, S. 39; vgl. auch: Vernunft und Offenbarung, in demselben Band, S. 23.
16 Vgl. Adorno: Negative Dialektik, a.a.O., S. 150.
17 Ebenda, S. 8.
18 Ebenda, S. 199.
19 Vgl. ebenda, S. 192.
20 Ebenda, S. 226.
21 Vgl. ebenda.
22 Adorno: Ästhetische Theorie, a.a.O., S. 489.
23 Adorno: Fortschritt, a.a.O., S. 40.
24 Th. W. Adorno: Zu Subjekt und Objekt, in: ders.: Stichworte, a.a.O., S. 159.
25 Th. W. Adorno: Vernunft und Offenbarung, in: ders.: Stichworte, a.a.O., S. 23.
26 Adorno: Negative Dialektik, a.a.O., S. 185.
27 Ebenda, S. 200.
28 Ebenda, S. 184.
29 Sigmund Freud: Neue Folge der Vorlesung zur Einführung in die Psychoanalyse, in: Sigmund Freud Studienausgabe, hrsg. von Ale-

xander Mitscherlich, Angela Richards, James Strachey, Band I, Ffm 1972, S. 512.
30 Vgl. ebenda, S. 513.
31 Adorno: Negative Dialektik, a.a.O., S. 267.
32 Adorno: Ästhetische Theorie, a.a.O., S. 429.
33 Baumeister/Kulenkampff, a.a.O., S. 80.
34 Baumeister/Kulenkampff werden mit ihrer Fixierung der Vernunft als verlängerter Arm der Naturgeschichte zum Zwecke der Selbsterhaltung und nur zu diesem Adornos Vernunftbegriff nicht gerecht.
35 Adorno: Ästhetische Theorie, a.a.O., S. 504.
36 Adorno: Negative Dialektik, a.a.O., S. 201.
37 Adorno: Ästhetische Theorie, a.a.O., S. 56.
38 Horkheimer/Adorno: Dialektik der Aufklärung, a.a.O., S. 44.
39 Ebenda.
40 Vgl. Max Horkheimer: »Die Gesichtspunkte, welche (die kritische Theorie) als Ziele menschlicher Aktivität der historischen Analyse entnimmt, vor allem die Idee einer vernünftigen, der Allgemeinheit entsprechenden gesellschaftlichen Organisation, sind der menschlichen Arbeit immanent (. . .).« (Max Horkheimer: Traditionelle und kritische Theorie, in: ders.: Kritische Theorie der Gesellschaft, Band II, Ffm 1968, S. 162)
41 Th. W. Adorno: Philosophische Terminologie, hrsg. von Rudolf zur Lippe, Band II, Ffm 1974, S. 229; siehe den Diskussionsbeitrag von Adorno auf dem 16. Deutschen Soziologentag 1968 in Frankfurt: »Aber die Produktivkräfte, die materiellen Produktivkräfte haben sich heute derart entwickelt, daß bei einer rationalen Einrichtung der Gesellschaft die materielle Not nicht mehr nötig wäre. Daß ein solcher Zustand, und zwar auf der ganzen Erde, in tellurischem Maßstab sich herstellen ließe, das wäre im neunzehnten Jahrhundert als kraß utopistisch verfemt worden; (. . .). Dadurch, daß die objektiven Möglichkeiten so unendlich erweitert sind, besitzt jedenfalls die Art Kritik am Utopiebegriff, die an der Perpetuierung des Mangels orientiert war, eigentlich keine Aktualität mehr.« (in: Spätkapitalismus oder Industriegesellschaft? Verhandlungen des 16. Deutschen Soziologentages, hrsg. von Th. W. Adorno, Stuttgart 1969, S. 105)
42 Adorno: Über Statik und Dynamik, a.a.O., S. 83.
43 Th. W. Adorno: Rede über Lyrik und Gesellschaft, in: ders.: Noten zur Literatur I, Ffm 1968, S. 78.
44 Adorno: Negative Dialektik, a.a.O., S. 240.
45 Ebenda, S. 205.
46 Adorno: Minima Moralia, a.a.O., S. 208.
47 Adorno: Negative Dialektik, a.a.O., S. 192.
48 Adorno: Ästhetische Theorie, a.a.O., S. 20.
49 Ebenda, S. 86.

50 Ebenda, S. 152.
51 Ebenda, S. 499.
52 Ebenda, S. 429.
53 Ebenda, S. 87.
54 Ebenda, S. 429.
55 Ebenda, S. 26.
56 Karl Marx: Das Kapital, Dritter Band, MEW Bd. 25, Berlin 1970, S. 828.
57 Adorno: Minima Moralia, a.a.O., S. 257.
58 Adorno: Über Statik und Dynamik . . ., a.a.O., S. 83.
59 Adorno: Einleitungsvortrag zum 16. Deutschen Soziologentag, in: Adorno (Hrsg.): Spätkapitalismus oder Industriegesellschaft, a.a.O., S. 19 f.
60 Adorno: Ästhetische Theorie, a.a.O., S. 107.
61 Vgl. dazu Albrecht Wellmer: Kritische Gesellschaftstheorie Positivismus, Ffm 1969, S. 69 ff.; weiterhin: Ullrich Schwarz: Rettende Kritik und antizipierte Utopie. Zum geschichtlichen Gehalt ästhetischer Erfahrung in den Theorien von Jan Mukarovsky, Walter Benjamin und Theodor W. Adorno, Dissertation, Hamburg 1979, S. 366 ff.
62 Vgl. André Gorz: Technische Intelligenz und kapitalistische Arbeitsteilung, in: Technologie und Kapital, Ffm 1973, 94 ff.; ders.: Kritik der Arbeitsteilung, in: Technologie und Politik, hrsg. von Freimut Duve, Heft 8, 1977, S. 137 ff.; ders.: Zur Kritik der Produktivkräfte, in: ders.: Ökologie und Politik. Beiträge zur Wachstumskrise, Reinbek 1977, S. 116 ff; Ivan Illich: Selbstbegrenzung. Eine politische Kritik der Technik, Reinbek 1975; E. F. Schumacher: Die Rückkehr zum menschlichen Maß, Reinbek 1977; Lewis Mumford: Mythos der Maschine, Ffm 1977; Murray Bookchin: Für eine befreiende Technologie, in: Unter dem Pflaster liegt der Strand, Band 2, hrsg. von Hans Peter Duerr, Berlin 1975, S. 59 ff.; Klaus Traube: Müssen wir umschalten? Von den politischen Grenzen der Technik, Reinbek 1978; vgl. außerdem: Harry Braverman: Die Arbeit im modernen Produktionsprozeß, Ffm/New York 1977; Stephen A. Marglin: Was tun die Vorgesetzten? Ursprünge und Funktionen der Hierarchie in der kapitalistischen Produktion, in: Technologie und Politik, Heft 8, 1977, S. 148 ff.
63 Stefan Breuer: Die Krise der Revolutionstheorie. Negative Vergesellschaftung und Arbeitsmetaphysik bei Herbert Marcuse, Ffm 1977, S. 241; Breuer behandelt die verschiedenen Versionen, in denen Marcuse eine Revolutionstheorie zu begründen sucht. Insbesondere geht er dabei dem Theorem vom transitorischen Charakter der im Kapitalismus entwickelten Produktivkräfte nach. Breuer legt die Widersprüchlichkeit der grundlegenden Marxschen These vom revolutio-

nären Charakter der Verwissenschaftlichung der Produktion durch das Kapital dar, die die Revolutionstheorie damit auf eine »Arbeitsmetaphysik« (Breuer) gründet. Breuer untersucht, welche aporetischen Folgen das Festhalten an dieser Arbeitsmetaphysik für das revolutionstheoretische Denken Marcuses hat bzw. gehabt hat.

Michael de la Fontaine
Künstlerische Erfahrung bei Arnold Schönberg
Zur Dialektik des musikalischen Materials

Bevor ich an Arnold Schönbergs kompositorischer Entwicklung vor dem Ersten Weltkrieg ein Modell künstlerischer Erfahrung skizziere, möchte ich kurz auf einige systematische Prämissen Adornos eingehen.[1] Künstlerische Erfahrung resultiert für Adorno aus der Reflexion auf geleistete Mimesis ans Naturschöne[2] und das meint: Reflexion auf die je einzelnen Kunstwerke.[3] Die Wiederaufnahme des aus der »Dialektik der Aufklärung« bekannten Mimesisbegriffs in der »Ästhetischen Theorie« muß dabei verwirren. Beschreibt Mimesis dort doch das gattungsgeschichtliche Anpassungsverhalten an Natur, das in seiner *Komplementarität* zu Natur ganz unter dem Diktat des peinlichen seseconservare, der Selbsterhaltung steht.[4] Wie soll daraus je Freiheit und Erfahrung entspringen? Mimesis als Anpassungsverhalten an Natur wird im Laufe der gattungsgeschichtlichen Entwicklung zu gesellschaftlich organisierter Arbeit. Die Teilung in Funktionen und Klassen ist die Folge.[5] Eine Spur führe dabei vom frühgeschichtlichen Zauberer zum modernen Wissenschaftler als Träger des Herrschaftswissens, vom primitiven Stammesmitglied zum Proletarier als Träger des Arbeitsvollzugs. Der Zauberer aber – so spekulieren Horkheimer und Adorno in ihrem frühen Entwurf – wisse noch, daß er die Macht nicht erfunden, sondern nur der Natur entlehnt habe. Subjekt und eigentlicher Herrschaftsträger bleibe die Natur, die die Urgesellschaft umschließt und zusammenschließt.[6] Anpassung also notwendig, nicht freiwillig. Dies Bewußtsein verschwinde zunehmend in der Moderne. Die Verallgemeinerung des sogenannten Herrschaftswissens (Kenntnis der Naturgesetze, Arbeitsformen, Technologien) und des diesem zugeordneten Arbeitsvollzuges zu gesamtgesellschaftlicher *Rationalität*[7] sowie die Verwechslung geleisteter Anpassung *an* Natur mit Herrschaft *über* Natur[8] machen Gesellschaft mehr und mehr zum selbstgeschaffenen Käfig, das Individuum zum executor legis naturae am eigenen Leibe. Sibyllinisch wird das formuliert im Bilde des Odysseus, der der Übermacht der Sirenen dadurch den *freien* Genuß des schönsten Gesangs ablisten kann, daß er sich – durch seinen eigenen Willen in Fesseln geschlagen – die volle Hingabe verweigert.[9] Sein Verzicht, die »Verinnerlichung des Opfers«[10] trifft den einen Teil, die Selbst-Beherrschung. Den anderen Teil schreibt er den Gefährten vor: »Er verstopft ihnen die Ohren mit Wachs und sie müssen nach Leibeskräften rudern«.[11] Der sinnliche, aber quasi ent-leibte Herr und der entsinnlichte Knecht, der durch seine Arbeit ohne Wissen das Leben des Unterdrückers in eins mit dem eigenen reproduziert, sie sitzen wahrlich in einem Boot und rudern sich arbeits- und herrschaftsteilig aus dem Banne der Natur heraus.[12]

Verständlich so, daß Adornos Hoffnung auf Befreiung sich auf den Herrn, nicht aber auf den Knecht stützt. Denn jener ist ihm taub, wie die Mannschaft des Odysseus. Doch auch unter den verbürgerlichten Individuen vermag es nur die höchst bestimmte und elitäre Spezies der Künstler, aus dem Bannkreis von Herrschaft und gesellschaftlich institutionalisierter Mimesis herauszutreten. Und das aus zwei Gründen. Einmal ist bei diesen großen sinnlichen Kindern der bürgerlichen Gesellschaft der spielerisch-mimetische Impuls noch nicht ganz vergesellschaftet. Das ist ihr Privileg.[13] Zum andern bedarf es einer spezifischen künstlerischen Begabung, die allerdings anders aussieht, als die Traditionalisten es sich denken. Denn Vorbild für den kreativen Akt des Künstlers ist nach Adorno nicht die überlieferte Kunst, die als veralteter stofflicher Ausdrucksträger für das aktuelle Ausdrucksbedürfnis stets nur *Material* sein kann,[14] sondern geleistete Mimesis ans Naturschöne. Dieser Gedanke verweist auf die Diskussion ums Naturschöne bei Kant und Hegel. Nach Kant sollte sich das künstlerische Genie vom freien Schönen der Natur (pulchritudo vaga) inspirieren lassen, um es im künstlerischen Bereich dann ebenso frei zu machen, wie der Schöpfergott in der Natur. Nachahmung also im Sinne der Parallelität.[15] Dies Freiheitsdenken Kants greift Adorno auf, doch mit Hegels Kantkritik. Verlangte Hegel noch, daß der Künstler – könnte er das Naturschöne schon nicht in der Realität erhaschen – es sich doch wenigstens als Vorstellung in der Phantasie zum Vorbild einfacher Nachahmung machen sollte, so optiert Adorno gegen Hegel und mit Kant auf dem Freiheitsmoment des Naturschönen in der Realität *wie* in der Vorstellung. Wie soll der Künstler auch abmalen können, was selbst in seiner Phantasie nicht stille hält?[16] Er hat doch nur sich selbst angesichts des Naturschönen! Die bilderlose, eigentlich somatische Fixierung des künstlerischen Subjekts auf das freie Schöne in der Natur – der Benjaminschen Konzeption der unsinnlichen Ähnlichkeit mehr als nur verwandt[17] – wird so für Adorno zum Gegenstand künstlerischer Nachahmung. Als Begabung ist dann genau die Fähigkeit des Künstlers einzusetzen, sich in einem kommunikativen Medium produktiv der mimetischen Spezifikationen in der eigenen Lebensgeschichte zu erinnern (Anamnesis), die sich ihm eingebildet haben angesichts des Naturschönen.[18] So ist auch das von Adorno mehrmals verwendete »Gedächtnis der Hand« zu verstehen, das den Künstler bei seiner Produktion leitet.[19]

Ist künstlerischer Ausdruck bestimmt als zum Kunstding herausgegebener Eindruck – Adorno spricht an anderer Stelle auch von Abdruck[20] – von Objektivität im Subjekt, so schließt sich die Erfahrung von Kunst notwendigerweise zurück zu *Selbsterfahrung*. Daß das zutiefst Subjektive erfahren werden muß als dinghaft Objektives, macht Selbsterfahrung zur Erkenntnis der spezifischen Verdinglichungsformen des historischen Subjekts. Die Erkenntnis der eigenen Unfreiheit macht nach Adorno die Freiheit von Kunst aus; denn sie macht intimste Anpassung dem Subjekt verfügbar.[21]

Wenn künstlerische Erfahrung sich einzig aus der Reflexion bestimmter Einzelwerke gewinnen läßt, diese aber entstehen durch eine beinahe automatische mimetische Neuorientierung am Naturschönen, so wird man des Prozesses der Entwicklung des historischen Subjekts wohl am ehesten inne durch eine Reflexion auf Veränderungen im besonderen künstlerischen Material, das im Zuge der Ausdrucksfindung permanent abgestoßen und verändert werden muß, in der Beschränkung auf die Musik: durch eine Reflexion auf das musikalische Material.

Das musikalische Material

Das musikalische Material ist für Adorno in den frühen publizistischen Jahren bis zum Exil, also von 1922 bis 1934, ganz begrenzt das Traditionsmaterial, mit dem die Komponisten der zeitgenössischen Kunstmusik in Europa, und da vor allem im Wiener Umkreis, komponieren. Seine frühen Arbeiten gehen

– bis auf die kleinen über Schubert (1928), Mahler (1930) und Wagner (1933)[22] – ausschließlich auf Zeitgenossen: Hindemith, Bartok, Strauss, Schönberg, Berg, Webern, Eisler, Weill, Antheil, Strawinsky, Ravel u. a. m.[23] In dem Aufsatz »Reaktion und Fortschritt« vom Juni 1930 und dem Gespräch mit Krenek über »Arbeitsprobleme des Komponisten« vom Dezember desselben Jahres[24] heißt ihm Material eindeutig das aktuelle, mit seinen Worten »auf der fortgeschrittensten Stufe seiner geschichtlichen Dialektik«.[25] Die Schönberg-Zentrierung ist in dieser Zeit bereits so stark, daß Material eigentlich nur noch das von diesem zur Dodekaphonie aufbereitete meint.[26] Die Abwertung von Volksmusik und Jazz sind vorbereitet.[27] Die größeren theoretischen Manifestationen, »Zur gesellschaftlichen Lage der Musik« (1932), »Über den Fetischcharakter in der Musik und die Regression des Hörens« (1938), »Philosophie der neuen Musik« (1949) bringen spät und später zu diesem engen Materialbegriff die Begründung.[28]

In der »Philosophie der neuen Musik« finden sich die ersten umfänglicheren historischen Rationalisierungen des frühen Schönberg-Engagements,[29] Rückgriffe auf die gesamte bürgerliche Moderne – in der Regel bis auf Bach zurück –, die den Materialbegriff klarer historisieren und auch vorstellbar machen, was unter einer Dialektik des Materials zu verstehen ist. Im Zuge dieser Rationalisierung erscheinen erst relativ spät die systematischen Arbeiten und Monographien zu den Vorläufern der neuen Musik: 1939 in der »Zeitschrift für Sozialforschung« die »Fragmente über Wagner«, Vorabdruck von vier Kapiteln der erst 1952 vollständig publizierten Wagnermonographie, 1951 die Arbeit über Bach, 1958 und 1959 die Ausführungen »Zur Vorgeschichte der Reihenkomposition« und »Klassik, Romantik, Neue Musik«, 1960 die Mahler-Monographie, 1968 die Musiksoziologie mit ihren zahlreichen historischen Passagen. Ein großes Beethovenbuch aus dem Nachlaß steht noch aus.[30]

Die orthodox wirkende Einengung des musikalischen Materials auf letztlich nur ein Resultat eines dünnen Entwicklungsstranges der europäischen Kunstmusik mit all den erzbürgerlichen Implikationen von Fortschritt und Avantgarde leitet sich – soweit ich es erkennen kann – weniger inner- denn außermusikalisch ab: aus der im Umreis des Frankfurter Instituts für Sozialforschung entwickelten *Gesellschaftstheorie*.[31] Bereits in den 30er Jahren gab es für Adorno und Horkheimer ein gesellschaftspolitisches Weltbild, das sich begründete in den drei von Pollock und Grossmann herausgestellten Kategorien Monopolkapital, Staatsinterventionismus und Automation.[32] Die – angesichts des Faschismus vielleicht berechtigte – Überdimensionierung und Verallgemeinerung dieser Aspekte[33] zu einer einheitlichen *Objektivität* ließ erst diese klar definierte gesellschaftliche »Grenze« erscheinen, an der Subjektivität sich zu behaupten hatte, machte es erst möglich, allen Fortschritt der Subjektartikulation in dem Œuvre eines einzigen Mannes, Schönbergs, zu sehen und so vieles an lebendiger Musik zu vernachlässigen. Zur Einengung auf das Material *bürgerlicher* Kunstmusik müssen aber noch zwei Gründe genannt werden, ein theoretisch-systematischer und ein historischer. Der systematische besagt, daß – wie in meiner kurzen Einleitung hervorgehoben – im bürgerlichen Zeitalter einzig das bürgerliche Individuum das Subjekt/Objekt ist, das in der Gestalt von *Rationalität* rein das gesellschaftlich notwendige Maß an Herrschaft und Selbstbeherrschung repräsentiert, während der Proletarier als abgeleitetes Objekt auch gesellschaftlich überflüssige Herrschaft an sich tragen mag.[34]

Das historische Argument besagt, daß in der frühbürgerlichen Zeit die Komponisten der Kunstmusik ein produktives Verhältnis hatten zur »Volksmusik« und ihr Material immer wieder erneuerten aus deren Impulsen, vieles also an volksmusikalischem Material in der Kunstmusik aufgehoben wurde,[35] im Zeitalter des Hochkapitalismus – und das meint grob gesprochen wohl: Ende des 19., Anfang des 20. Jahrhunderts – es aber kein selbständiges »Volk« mehr gibt, »dessen Gesang und Spiel von der Kunst aufgegriffen und sublimiert werden könnte«, lediglich abhängige Klassen, die aufgrund ihrer Abhängigkeit ihre eigenen Ausdrucksmittel verlieren und »von oben« beliefert werden mit historisch veralteten oder depravierten Materialien der Kunstmusik.[36]

Als Problem bleibt dennoch, in dem musikalischen Material der komponierenden Avantgarde der ersten Dekaden dieses Jahrhunderts und ganz speziell Schönbergs alles Material zu erkennen, das in Europa bisher aufgearbeitet und komponiert wurde. Dies Problem verweist nicht nur auf das etwas banal und biographisch klingende Argument, in diesen Jahrzehnten sei – trotz des Ersten Weltkriegs und über diesen hinaus – der bürgerliche

Bildungszusammenhang noch relativ konsistent gewesen, sondern auf jene Logik, die Adorno die Dialektik des musikalischen Materials nennt.[37]

Die Dialektik des musikalischen Materials

Die Dialektik oder dialektische Einheit des musikalischen Materials wird eingeleitet durch den Sinnverfall der überkommenen musikalischen *Konventionen* für das kompositorische Bedürfnis der Komponisten der Moderne – nach Adorno – seit Bach.[38] Das musikalische Material als »ihrer selbst vergessene, vormalige Subjektivität«[39] wird – vom Ausdrucksbedürfnis des Komponisten motiviert – so verändert, bis sie sich ihm schließt zur Sichselbstgleichheit, zur musikalischen Reaktualisation seiner »tönenden Innerlichkeit«:[40]

> »Die ganze Musik von den Anfängen des Generalbaßzeitalters bis heute hängt zusammen als ein ›Idiom‹, das in weitem Maße durch die Tonalität gegeben ist und dessen Macht noch in der gegenwärtigen Negation der Tonalität fortwirkt. Was man im einfachen Sprachgebrauch ›musikalisch‹ nennt, bezieht sich genau auf diesen idiomatischen Charakter, auf ein Verhältnis zur Musik, in dem das Naturmaterial, kraft seiner Vergegenständlichung dem musikalischen Subjekt zur zweiten Natur geworden ist. Auf der anderen Seite aber überlebt in dem sprachähnlichen Moment der Musik auch die Erbschaft des Vorrationalen, Magischen, Mimetischen; vermöge ihrer Versprachlichung hat Musik sich als Organ der Nachahmung behauptet, aber nur im Gegensatz zu ihren frühen, gestisch-mimetischen Regungen, zu einer subjektiv vermittelten und reflektierten Nachahmung, zur Nachahmung dessen, was im menschlichen Innern sich zuträgt.«[41]

Das resultierende Gesetz heißt: der Zusammenhang mit dem traditionellen Idiom wird einzig gewahrt durch Negation der vorgegebenen Konventionen: »So geartet ist das Ausgangsmaterial, daß es festhalten zugleich es verändern heißt«.[42] Wenn Einheit aber nur gewahrt werden kann durch Abweichung von der Regel,[43] dann ist auch in jeder materialen Negation der Konvention alle Tradition enthalten, »erzittert« – wie es in der »Ästhetischen Theorie« heißt – der künstlerische Ausdruck, Benjamins geschichtsphilosophische nouveauté, tatsächlich von der »Urgeschichte der Subjektivität«.[44] Ist aber einzig die nouveauté erfüllt mit Urgeschichte, so ist auch nur von ihr aus die Vorgeschichte zugänglich, fällt nur von ihr aus Licht auf die Vergangenheit: »Nur der kann Schönberg verstehen, der Bach versteht, nur der auch Bach, der Schönberg versteht.«[45]

Schönberg

Die Tendenz des Materials findet sich vor allem manifestiert in der hektischen Entwicklung der Kompositionstechnik Arnold Schönbergs in den fünf Jahren vor dem Ersten Weltkrieg, in der er »das gesamte Materialbereich von der durchkonstruierten Tonalität über die freie Atonalität bis zur beginnenden Reihentechnik« durchmißt.[46] Das romantische Ausdrucksbedürfnis steigert sich bei ihm zur programmatischen Idiosynkrasie gegen die musikalischen Konventionen. Musik soll unmittelbar und unprätentiös wirken und bedeuten wie »Prosa«.[47] Wie bei Kandinsky läßt sich diese Unmittelbarkeit nur durch einen Sprung nach vorn: »Vor zur Natur!« – wie es in der Harmonielehre heißt[48] –, durch gesteigerte Künstlichkeit erreichen. Was bei Adorno generell Ausdrucksbedürfnis heißt und wohinter sich der naturautomatische mimetische Impuls verbirgt,[49] findet sich bei der Behandlung Schönbergs wieder mit eindeutig somatischen Konnotationen wie Idiosynkrasie, Nervenreaktion oder Empfindlichkeit.[50] Die gereizte Seele muß ihre alten Schalen abwerfen und in einer neuen Form Ausgleich suchen. Aus der Empfindlichkeit gegen alle konventionellen, falsch-organisch und falsch-affirmativen Formen der Tonwiederholung leitet Adorno dann auch die wesentlichen technischen Innovationen Schönbergs ab.[51] So den Schritt vom chromatischen Spannungsklang zur freien Atonalität: »Nirgends geht die Ordnung der Zwölftonmusik strenger aus den historischen Tendenzen des Materials hervor als in der Harmonik« – heißt es in der »Philosophie der neuen Musik«[52] –, ein systematischer Aufweis dieser Tendenz aber fehlt. Sie läßt sich aber in etwa rekonstruieren aus dem Briefwechsel mit Ernst Krenek sowie der Studie »Über Zwölftonmusik«.

Konventionelle harmonische Abhängigkeit findet sich in der bestimmten Auslassungskadenz des Tristan. Die Dissonanz bleibt darin fixiert auf die ausgelassene Tonika. In den Umkreis dieser einfachen Verlagerung der harmonischen Basis auf die

Dissonanz gehört auch der häufig zitierte Witz Arnold Schönbergs zum Mondfleck im »Pierrot«, »er gestatte darin Konsonanzen nur vorbereitet und auf schlechtem Taktteil«.[53] Konventionelle harmonische Abhängigkeit findet sich weiterhin im chromatisch-enharmonischen Modulieren im Sinne Regers,[54] bei dem zwar die einzelne Tonart, nicht aber die Tonalität als solche, nicht die Funktionalität angegriffen wird. Gegen dieses bloß »interessante« Modulieren – wie es bei Krenek polemisch heißt[55] –, das die Dominanzspannung voraussetzt wie zugleich kaschiert, richtet sich die »Tonalitätslüsternheit« des jungen Schönberg,[56] der das durch die Chromatik verfeinerte Intervallbewußtsein voraussetzt, die chromatischen Intervalle aber ausstuft, als »Widerstände gegen den unterschiedlosen Fluß der nachtristanischen Chromatik« einschaltet, die Tonart unter Vermeidung der Dominantkadenz auskonstruiert.[57] Dadurch ist die Konsequenz gezogen aus dem, was in der Dissonanz als Spannungsklang bereits angelegt war. Denn Spannung erzeugt die Dissonanz nicht nur gegen die Tonika, sondern auch in sich. Je mehr dissonierende Töne sich zum Akkord sammeln, um so stärker werden sie als Einzeltöne hörbar, werden nicht mehr geschluckt wie die konsonierenden einfachen Obertöne.[58] Die Ausstufung des Chromas unter Vermeidung der Dominantkadenz leitet von der Emanzipation der Dissonanz über zur »Emanzipation der Einzeltöne von ihrem Akkord«.[59] Das in den Dissonanzen angelegte, über sie hinaustreibende Spannungspotential treibt zur Mehrstimmigkeit, zur distinkten Weiterführung und Ausführung eines jeden Tones zur realen Stimme. Die Dissonanz wird zur Aufgabe und damit Funktion – mit Schönberg – zum »Ergebnis der Stimmführung«,[59a] rechtfertigt sich durchs Melodische allein, nicht mehr durch die Beziehung zur Tonika:

So »ist die Dissonanz aufgehoben ... im Hegelschen Doppelsinn ... (Die Einzeltöne) dissonieren weiter; nicht zwar gegen die eliminierten Konsonanzen, aber in sich selber. Damit jedoch halten sie das historische Bild der Dissonanz fest. Als Ausdruck von Spannung, Widerspruch und Schmerz sind die Dissonanzen entstanden. Sie haben sich sedimentiert und sind zum ›Material‹ geworden«.[60]

Die veränderte Funktion der Dissonanzen, die sich bereits in den Gurreliedern nachweisen läßt,[61] kann auch demonstriert werden an der veränderten Funktion der Baßstimme im mehrstimmigen Satz. Sie ist eine unter anderen Stimmen, melodisch durchgeformt: profiliert, kann selber thematisches Material entwickeln oder durch die Einzelstimmen wanderndes Material übernehmen. Damit »schreiten zwar die Harmonien insgesamt, und tendenziell eine jegliche ihrer Stimmen fort, nicht aber relativ auf Grundtöne«.[62]

Als frühes Beispiel kann die das Hauptthema begleitende, in Sekundschritten ansteigende Baßstimme aus den ersten Takten des ersten Streichquartetts in d-moll, op. 7, genommen werden,

»die dann, wie meist bei Schönberg, im Sinn des doppelten Kontrapunkts mit der Oberstimme vertauscht wird. Diesen Kontrapunkt des Cellos benutzt nun Schönberg, ganz nach Art der späteren Reihen, als neues Thema in der Durchführung. Die Intervalle sind festgehalten, die Notenwerte aber verkleinert und umrhythmisiert, die Identität mit dem Thema kann kaum mehr beim Hören realisiert werden; wohl aber teilt sie sich bereits als Einheitsmoment den sehr komplexen musikalischen Vorgängen mit«.[63]

Wird der Spannungsakkord als Sammlung isolierter Stimmen, also polyphon ausgehört,[64] so verschwindet aus der musikalischen Konstruktion die von Generalbaßschema und Polyphonie herrührende Dichotomie von Horizontale und Vertikale; beide werden in gewissem Sinne aufeinander abbildbar.[65]

Die Überführung des harmonischen Prinzips der freien Atonalität – Dissonanz als Funktion der Stimmführung – in das von Adorno für die Zwölftonmusik herausgestellte, die »komplementäre Harmonik«, ließe sich nun leicht aus der Empfindlichkeit gegen Tonwiederholungen ableiten. Denn diesem gemäß verlangt jede Gruppe dissonierender Töne »ihre harmonische Auflösung durch Töne, die in ihr selber nicht vorkommen«.[66] Aber es fragt sich an dieser Stelle, ob Adorno nicht einen Fehler beging, als er überhaupt ein harmonisches Prinzip für die Komposition mit den zwölf Tönen suchte, ob er nicht aus der Tradition des Generalbaßdenkens heraus die harmonische Vertikale falsch auf eine Musik projizierte, die sie per Programm abgeschafft hatte. Dieser Gedanke muß Adorno auch gekommen sein. Verteidigt er in seinem Brief an Krenek vom 9. April 1929 gegen diesen, der den Verlust der harmonischen Dimension klar betont, das Prinzip der komplementären Harmonik noch als »bündige Formel technischimmanenter Erfahrungen«,[67] so schwächt er sein Argument in der »Philosophie« der neuen Musik bereits erheblich ab. Die Stellen komplementärer Harmonik, bei denen ein dissonierender Spannungsklang in den komplementären überführt wird, sind die Ausnahme:

»Die Mehrheit aller Zwölftonkompositionen täuscht jene Koinzidenz bloß durch die numerische Richtigkeit vor. Weithin folgen die Harmonien lediglich aus dem, was sich in den Stimmen abspielt, und ergeben überhaupt keinen spezifisch harmonischen Sinn. Man braucht nur beliebige Zusammenklänge oder gar harmonische Folgen aus Zwölftonkompositionen – ein krasses Beispiel harmonischen Steckenbleibens findet sich im langsamen Satz von Schönbergs viertem Quartett Takt 636/37 – mit einer echt harmonisch ausgehörten Stelle freier Atonalität – etwa ›Erwartung‹ Takt 196 ff. – zu vergleichen, um der Zufälligkeit des bloßen sich so Fügens der Zwölftonharmonik gewahr zu werden«.[68]

Die Gleichgültigkeit letztlich in der Reihenkomposition gegenüber der harmonischen Vertikale erlaubt Schönberg die Lockerung des Konsonanzverbotes,[69] das für Adorno als Negativriegel Motor war für den Fortschritt des Materials in harmonischer Hinsicht. Folgerichtig interpretiert Adorno diesen Schritt Schönbergs als Rückschritt,[70] bleibt wahrscheinlich auch aus diesem Grunde in seinen eigenen Kompositionen »atonal«. Die zufälligen Leerklänge wie im Thema des langsamen Satzes im dritten Quartett op. 30 bedeuten ihm Rückfall ins physikalische Ausgangsmaterial, in zweite Natur.[71]

Wie dann Großform bilden, wenn die programmatische Schau Tonwiederholung verbietet?

»Nach Fortfall der Wiederholungsgarantien durch die Tonalität blieb nur die Möglichkeit, auf alle Wiederholung zu verzichten, unaufhörlich Frisches zu produzieren – die Möglichkeit der ›Erwartung‹ – oder die zweite, die Wiederholung des Gleichen unkenntlich zu machen.«[72]

Die erste Möglichkeit muß sich erschöpfen. So gewinnt das variative Verfahren an Bedeutung.[73] Bereits bei frühen tonalen Werken wie op. 7 und op. 9 weist Adorno auf ein »subkutanes Material« hin, auf das erst im Verlauf der entwickelnden Variation geschlossen werden kann und das die thematischen Hauptcharaktere der Exposition als Ableitung, Variation bestimmen läßt; das zeitlich Erste ist nicht das logisch Erste.[74]

Diesen Gedanken verifiziert Adorno am Seitensatzthema aus dem großen Allegro des ersten Streichquartetts op. 7. In Abschnitt A, Takt 2 ff., wird es verdeckt, unter dem Schutz der Oberstimmenmelodie der ersten Violine exponiert:

»Von ihm abgeleitet ist das Thema eines späteren, auf die große Durchführung folgenden Hauptteils, der einem Scherzo entspricht. Allerdings unterscheidet diese Umformung sich wesentlich noch von der späteren Reihentechnik, Abschnitt E, Takt 1 ff. Erhalten sind Rhythmus und Umriß des Seitensatzthemas; das charakteristische Intervall jedoch, die kleine None, mit der es in seiner ursprünglichen Gestalt schließt, wird im Scherzo nivelliert, zur bloßen Oktave gemildert, während in der Zwölftonkomposition die Intervalle festgehalten, aber die Rhythmen verändert sind.«[75]

Dieses Variationsthema – Maegaard spricht auch von »variabler Grundgestalt«[76] – findet sich wieder im Nebengedanken aus dem Abschnitt N, Takt 1 ff. Schlußteil des Quartetts, »der zwar die Konturen, rhythmisch aber nichts und auch nicht das charakteristische Intervall mit dem originalen Seitensatz gemein hat«.[77]

Die Variation sowie Polarisation des dreimal auftauchenden Gedankens in Ton und Ausdrucksgehalt lassen die Hypothese zu, daß es sich bei Schönbergs entwickelnder Variation nicht um Thema mit Variationen, sondern um Variation eines latenten Themas, einer latenten Grundgestalt handelt.[78]

Zweites Beispiel sind die zwei Hauptgedanken aus dem Komplex des ersten Themas der Kammersymphonie op. 9. Der zweite Gedanke, der nach unten fließende der Geige, war Schönberg zum ersten, nach oben schreitenden des Cellos so beziehungslos, daß er ihn zunächst wegstreichen wollte. Erst zwanzig Jahre später habe er entdeckt, daß »die chrakteristischen Ecknoten des zweiten Hauptgedankens die Umkehrung der Hauptintervalle des ersten sind«.[79] Thema also im eigentlichen Sinne ist dann das beiden komplementären Intervallen gemeinsame, latente »Urintervall«, um mit Maegaard zu sprechen[80] –, das nach Reihenart frei umkehrbar ist und das die zwei Gedanken als Umschreibungen, eben: Variation bestimmen läßt.

Drittes Beispiel für den Variationencharakter noch traditionell exponierter Themen ist das Thema aus dem 3. Satz des 2. Streichquartetts op. 10, das aus wesentlichen Bestandteilen vorhergehender Sätze gefügt ist:

»Das Kopfmotiv ist das nach Reihenart rhythmisch umgeformte Hauptthema des ersten Satzes; der hinzutretende Kontrapunkt der ersten Geige, sogleich vom Cello imitiert, identisch mit dem Modell des zweiten Hauptthemas aus dem ersten Satz; das mittlere Motiv der Bratsche das getreue, ebenfalls rhythmisch abgewandelte zweite Thema des Scherzos;

der Nachsatz des Themas schließlich das zweifach vergrößerte Schlußgruppenmodell des ersten Satzes.«[81]

Diese zusammengestellte späte Identität des »Variationsthemas« wird in der folgenden dichten Varationenfolge sogleich wieder in die Bestandteile zerlegt und variierend weiterentwickelt. Je freier die Werke von der Tonalität werden, um so strenger wird die variative Ökonomie, die Ableitung der gesamten musikalischen Form aus wenigen verdeckten oder gar ausgelassenen thematischen Zellen – »Urzellen«, wie Stuckenschmidt sie nennt.[82] So behauptet Adorno, das erste Orchesterstück aus op. 16 – in freier Atonalität geschrieben und instrumentatorisch überaus komplex – auf den Sechsklang d-f-a-cis-e-g reduzieren zu können, der – nach Terzen geschichtet aus leitereigenen Tönen von d-moll bestehend – harmonisch den gesamten zweiten Teil beherrsche, »aber nie als komplette Harmonie sondern stets nur zerlegt« ertöne.[83] Melodisch herrschen die beiden Motive e-f-a und d-cis-g vor. Das erste Motiv im Cello Takt 1-3 ist aus den Tönen e-f-a und der durch veränderte Rhythmisierung verdeckten Wiederholung eine Terz höher gebildet (also bereits Variation in sich). Verkleinert und in Umkehrung erklingt das Motiv wieder im Kontrapunkt zum ersten Motiv – tiefe Holzbläser Takt 1-2 –. Der Beginn des Kontrapunkts, das Quartfallmotiv d-cis-g im Kontrafagott wiederum findet sich – nur geringfügig variiert – in der zum Nachsatz frisch einsetzenden Klarinette (Takt 4) wieder. Das cis-d-fis im sogleich neu einsetzenden Horn ist identisch mit dem ersten Motiv. Das Quartfallmotiv findet sich wieder im a-gis-d des Horns (Takt 5) und im a-g-d der Klarinette (ebenfalls Takt 5). Der zweite instrumentale Neueinsatz (Takt 4 nach Ziffer 1) läßt sich reduzieren auf die höchsten rhythmischen Ecktöne e in der ersten Oboe, f in den pizzikierten Geigen und gis in der kleinen Flöte, nur geringfügig variiert das Anfangsmotiv. Der Zweiklang cis-e der Oboen und der darauffolgende Dreiklang f-cis-e aus Oboen und Violine geben bereits den Hinweis auf die versteckte »Reihe«, den oben angeführten Sechsklang.[84] Weberns Jubelruf von keiner Note, die nicht thematisch wird, könnte an dieser Stelle wieder erklingen.[85]

Von der entwickelnden Variation »verborgener«[86] oder gar ausgelassener Urzellen zur Reihe ist damit kein allzugroßer Schritt mehr.[87] Die Idiosynkrasie gegen Tonwiederholung muß sich als »Kanon der Verbote«[88] bloß programmatisch amalgamieren mit der Erfahrung von der Unmöglichkeit, permanent Neues zu produzieren, und eine gewisse Folgelogik sorgt für die Weiterentwicklung auch noch nicht unmittelbar integrierter Parameter wie Instrumentalklang und Kontrapunkt.

Ist die Dissonanz konstitutiv für die musikalische Organisation, so ergibt sich die Möglichkeit, analytisch zu instrumentieren, d. h. Reihentöne frei auf die Instrumente und Instrumentengruppen zu verteilen, ohne Gefahr zu laufen, daß diese Töne von anderen gedeckt werden könnten.[89] Ist die Dissonanz weiter Funktion der Stimmführung, so muß das grundlegende Organisationsprinzip zur Integration der Polyphonie, die Kontrapunktik, sich durchsetzen.[90] Der Kanon der Verbote hat in letzter Konsequenz die Tendenz des Materials auf den programmatischen Begriff des »integralen Komponierens«, auf die vereinheitlichende Unterwerfung aller Kompositionsparameter unter eine Logik gebracht.[91] Daß dieser Schritt von der Tendenz des Materials zum Programm der Zwölftonmusik zugleich den Umschlag von Fortschritt in Unfreiheit bedeutet, läßt sich an Adornos Diskussion der einzelnen Parameter in der »Philosophie« der neuen Musik darstellen.

Melos

»Das Mißlingen des technischen Kunstwerks läßt an allen Dimensionen des Komponierens sich bezeichnen«.[92] In der Reihe mitenthalten ist – bei aller Indifferenz von Horizontale und Vertikale – doch die Erinnerung an die Horizontale und ihre Tradition: an Themen, mehr noch, an liedhafte Melodie. Die Reduktion aller linearen Ausdrucksvaleurs auf die zwölf Töne der Reihe kann der frühromantischen, aber auch späten Liedtradition etwa Mahlers nicht gerecht werden.[93] Daß bei Schönberg der thematische »Einfall« noch weniger frei ist als bei Beethoven, daß er kategorisch umgebogen werden muß auf die Zwölferreihe, bezeichnet nicht nur ein Quantum Emanzipation vom Zwang der Tonwiederholung,[94] sondern ebenso ein zunehmendes Maß an kompositorischer Unfreiheit. Das nicht nur, weil an der Reihe die Integrationsfunktion für die Großform so stark hörbar ist, sondern auch, weil die Reihe derart determiniert ist, daß ihr jene von den frühen Romantikern für das Lied inaugurierte Asymetrie und Unendlichkeit, eben Freiheit von Note zu Note abgeht. Denn mit »jedem neuen Ton wird die Auswahl der Resttöne kleiner, und beim letzten ist überhaupt keine Wahl mehr gelassen«.[95] Sollte die Reihe über sich hinausweisen durch die Reduktion aller Klänge auf eine niemals manifeste Grundgestalt, so hat die Liquidation des unmittelbar subjektiven, liedhaften Ausdrucksmoments[96] die Möglichkeit zur Transzendenz zerstört. Denn die Reihe erfüllt sich stets im Zwölfklang, und »die Schlußkraft, die im zwölften Ton gelegen ist, kann ... kaum ... durch die Gravitation der Intervalle selber überschritten werden.[97] Die komplette Reihe steht still in sich.[98]

Harmonik

Analoges gilt für die mit in der Reihe enthaltene Tradition der Vertikale, die Harmonik. Solange in Zwölftonkompositionen noch harmonisch gedacht wird, wie im Bläserquintett (Takt 200 ff.) oder beim akkordischen Schluß des ersten Chors aus op. 27, das für die freie Atonalität konstitutive Konsonanzverbot auch noch gilt, vermag – wie es heißt – jeder Akkord Kräfte in sich hineinzuziehen,

»die früher ganzer melodischer Linien oder harmonischer Gefüge bedurft hatten. Zugleich vermag es die komplementäre Harmonik, im jähen Umschlag diese Akkorde so aufleuchten zu lassen, daß all ihre latente Kraft offenbar wird. Durch den Wechsel von einer durch den Akkord definierten harmonischen Ebene auf die nöchste komplementäre werden harmonische Tiefenwirkungen, eine Art von Perspektive hergestellt, wie sie die traditionelle Musik manchmal wohl, etwa in Bruckner, anstrebte, aber kaum je realisierte.«[99]

Dennoch kündigt sich mit der komplementräen Harmonik das Ende der musikalischen Zeiterfahrung an, denn die Erwartung bildet sich aus, daß der Umschlag immer zu den ausgelassenen Tönen erfolgen muß, daß die dissonierenden Klänge sich komplettieren müssen zum virtuellen Zwölfklang, in dem – man höre dazu den zwölftönigen Todesakkord Lulus[100] – alle Entwicklung stillsteht. Auch die Möglichkeit harmonischer Variation entfällt. Denn thematische Intervalle, die im Zuge des dramatischen Fortgangs ausgeweitet oder vermindert wurden, müssen nun, aufgrund des beinahe leitmotivischen Charakters der Reihenintervalle, festgehalten werden.[101]

Wird aber der Vertikalklang kategorisch zur Funktion der Stimmführung, also nur noch polyphon gedacht und dabei das Konsonanzverbot gelockert, so entstehen in einem Regreß wieder zufällige Zusammenklänge, die auch nicht durch arithmetische Auszählung legitimiert werden können:

»Während die schärfste Dissonanz, die kleine Sekunde, die in freier Atonalität mit höchstem Bedacht gebraucht wurde, nun hantiert wird, als bedeute sie gar nichts, in Chören manchmal zum offenen Schaden des Satzes,[102] drängen andererseits quartige und quintige Leerklänge, denen die Not des bloßen Zustandekommens auf die Stirn geschrieben steht, sich mehr und mehr in den Vordergrund. Weder die Reibungen noch die Leerklänge genügen einem kompositorischen Zweck: beide sind Opfer der Musik an die Reihe.«[103]

Instrumentalklang

Hatte bei Wagner die Statik von Leitmotivik und Sequenzprinzip zur notwendigen Emanzipation des Instrumentalklangs, der Farbe geführt,[104] so findet sich diese Tendenz – wenn auch ohne dieselbe Notwendigkeit – bei Schönberg weitergeführt. In den frühen Gurreliedern sowie Pelleas, Werken, die aufgrund ihrer Klangmassierung in die Wagnernachfolge gerechnet werden, erhält der instrumentale Klangcharakter regelrecht leitmotivische Bedeutung.[105] Auch im Programm der »Klangfarbenmelodie« des mittleren Schönberg wird – wie am dritten Orchesterstück aus op. 16 sowie an der Musik zum Lichtsturm aus der Glücklichen Hand, op. 18 zu hören ist – der Instrumentalklang als selbständiger Parameter eingesetzt.[106] Diese Funktion der Farbe verfällt in der Zwölftonmusik. Denn die Plastizität isolierter Einzeltöne verlangt »konstruktives Instrumentieren«.[107] In der Wagnertradition verschmolzene Klangmassen und Farbcharaktere zerfallen wieder in isolierte Instrumente und Instrumentengruppen.[108] Die Scheu vor Tonwiederholung führt auf den Instrumentalklang bezogen auf die Scheu vor Farbenverdopplung,[109] schafft in letzter Konsequenz die Klangfarbe als selbständige Dimension ab. Die spätromantische Unberührbarkeit und Frische des Instrumentalklangs, an der die Kompositionsphantasie des mittleren

Schönberg sich »nährte«, geht über in die Norm zur funktionalen Verdeutlichung des komplexen Satzes; die Farbe wird wahrhaft »instrumental«:[110]

»Der Klang, wie sehr auch differenziert, nähert sich dem, was er war, ehe Subjektivität ihn ergriff: der bloßen Registrierung. Wiederum ist die Frühzeit der Zwölftonmusik exemplarisch: das Bläserquintett mahnt an eine Orgelpartitur, und daß es für Bläserstimmen gerade gesetzt ward, mag mit der Absicht der Registrierung zusammenhängen. Es ist nicht mehr spezifisch instrumentiert wie Schönbergs frühe Kammermusik. Auch im dritten Quartett sind alle Farben, die Schönberg den Streichern in den beiden ersten abgewonnen hatte, geopfert. Der Quartettklang wird völlig zur Funktion der freilich aufs äußerste gesteigerten kompositorischen Satzweise.«[111]

Variation und Form

Es hieß bereits, die Zwölftontechnik sei aus dem Prinzip der Variation hervorgegangen. Weiter wurde an den Übergangsarbeiten zur freien Atonalität darauf hingewiesen, daß von Thema mit Variationen im eigentlichen Sinne nicht mehr zu sprechen war; daß im Gegensatz zur klassisch-klassizistischen Tradition die musikalisch wesentliche Gestalt, das Thema, nicht mehr manifest erklingt, nur noch – in Konsequenz der entwickelnden Variation – eine dichte Folge von Variationen, über die gedanklich auf das Thema als Latenzgestalt geschlossen werden mußte.[112]

Als Latenzgestalt auch ist die Reihe zu verstehen. Denn aufgrund der Variationsmodi für die Komposition mit zwölf Tönen kann die Reihe nur als Variation erklingen. So ist es aufgrund der Oktavfreiheit gleich, ob ein Intervall als große Sekunde abwärts, als kleine Septime aufwärts, als große Non abwärts, oder als noch größeres, zwei oder mehr Oktaven umspannendes Intervall erklingt.[113] Welches sei das Grundintervall, das erstgenannte? Auf die Reihe muß vom ersten Takt an als in den manifesten Variationen enthaltene Latenzgestalt geschlossen werden. Die Reihen sind als verborgene kleinste Einheiten zu interpretieren, »die es gestatten, ein integrales Ganzes allseitiger Beziehungen zu konstruieren«.[114]

Diese Molekulartheorie wird gestützt durch die verblüffenden Äußerungen in »Brahms the Progressive«, wo Schönberg darauf hinweist, daß ein Komponist bereits bei der Anlage der Themen alle Voraussicht für die Gesamtkonstruktion haben müsse.[115] Diese Voraussicht findet sich bei der Anlage der Reihen perfekt versteckt. Als »Vorformung des Materials«[116] ist die Anlage der Reihen in exquisit bürgerlicher Weise Privatsache.[117] Für die Idee der Variation hat das prinzipielle Folgen. Denn ist alles, was erklingt, Variation,[118] ein Thema aber isoliert nicht zu objektivieren, so verlieren die Variationen ihren Entwicklungs- und damit Zeitcharakter:

»Sobald alles gleichermaßen in Variation aufgeht, ein ›Thema‹ nicht zurückbleibt und alles musikalisch Erscheinende unterschiedslos als Permutation der Reihe sich bestimmt, verändert sich in der Allheit der Veränderung gar nichts mehr. Alles bleibt beim alten, und die Zwölftonmusik nähert sich der ziellos umschreibenden, vor-Beethovenschen Gestalt der Variation, der Paraphrase. Sie bringt die Tendenz der gesamten Geschichte der europäischen Musik seit Haydn ... zum Stillstand. Zum Stillstand bringt sie aber auch die Komposition als solche.«[119]

Der kritische Stillstand in Harmonik, Melodik sowie im Prinzip der Variation, dazu die Funktionalisierung der Klangfarbe erzwingen die Entwicklung anderer Parameter, um Dynamik und Zusammenhang zu erzeugen: so des Rhythmus. Er soll das thematische Bedürfnis befriedigen, wo die Totalität von Variation es verweigert. Aber auch an den Stellen, wo der Rhythmus leitmotivisch oder zumindest thematisch wird wie im Rondo des Bläserquintetts,[120] kann er nicht den Mangel an Zusammenhang und Dynamik kompensieren. Denn werden die Reihengestalten variiert und bleibt der Rhythmus sich gleich, so geht die traditionell melodische Bindung des Rhythmus' verloren, er spaltet sich ab und klingt isoliert und willkürlich:

»Der Effekt ist parodistisch: so als sagte unermüdliche Phantasie stets dasselbe mit anderen Worten, und solche Parodie bekundet den Ton des ganzen Satzes. Sie wird um so eklatanter, je näher verschiedene melodische Konkretisierungen des absichtsvoll starren Themenrhythmus aneinanderrücken.«[121]

Zugleich entwertet der atomisierte thematische Rhythmus die Reihe selber. Denn die jeweils verschiedenen Töne und Intervalle, mit denen der starre Rhythmus erfüllt ist, werden beliebig. Die Idee der Zwölftonmusik, alles was erklingt, sei aus der Reihe abzuleiten, führt sich selbst ad absurdum.[122]

Den Übergang von der freien Atonalität zu den – so muß man

bei Adornos eingeschränktem Referat sagen – frühen Werken der Zwölftonmusik[123] sieht Adorno bei aller Konsequenz der Tendenz des Materials in der »Philosophie« der neuen Musik als Umschlag kompositorischer Freiheit in Unfreiheit. War der emanzipatorische Faden durch die Tendenz des Materials die Idiosynkrasie gegen alles Naturhafte – und das meinte immer: durch Konvention eingelebte zweite Natur – des Materials, so führt er als Kanon, als Regelschnur genommen, wieder zurück auf den unhinterfragbaren Zwang in der Komposition mit den zwölf Tönen. Ein Schulfall der Dialektik der Aufklärung: die Aufklärung des Naturcharakters des musikalischen Materials schlägt im blinden Vertrauen auf die Integrität der Tendenz um in den Mythos unaufklärbarer, objektiver Materialgesetze:

> »Vom expressionistischen Subjekt bleibt die neusachliche Unterwürfigkeit unter die Technik. Es verleugnet die eigene Spontaneität, indem es die rationalen Erfahrungen, die es an der Auseinandersetzung mit dem historischen Stoff machte, auf diesen projiziert. Aus den Operationen, welche die blinde Herrschaft des Stoffs der Töne brachten, wird durchs Regelsystem zweite, blinde Natur.«[124]

Im Negationsmodus der freien Atonalität kam Schönberg der Idee musikalischer Prosa – Adorno spricht von protokollarischer Musik[125] sehr nahe, in den frühen Zwölftonstücken wird die Unmittelbarkeit des Ausdrucks durch die Kompositionsregeln unterdrückt.[126] Sieht man künstlerischen Ausdruck als prekäre Balance zwischen unmittelbaren, mimetischen Impuls und begrifflicher, konstruktiver Reflexion,[127] so wäre in der Zwölftonmusik dieser Schwebezustand gestört durch den normativen Ableitungszwang jeder Note aus der Reihe: Konstellation, wie Leverkühn sagt. Durch die normative Überbestimmung aber des Ausdrucksbedürfnisses[128] schließt sich das Kunstwerk erst gegen die Gesellschaft, gegen begriffliches Verstehen zur fensterlosen Monade ab: Ein neuer Seelensatellit aus dem Unbewußten umkreist die Gesellschaft. Damit wird das »vollendet funktionale Kunstwerk zum vollendet funktionslosen«.[129]

Künstlerische Erfahrung

Reflektiert man auf die Tendenz des Materials, so ergibt sich: Die Entwicklung weist eindeutig auf das »integrale Werk«, das sich in der Idee der Zwölftonmusik wohl am reinsten ausgebildet hat. Die Tendenz zur totalen Integration aller Partialmomente musikalischer Mimesis muß als zunehmende *Selbstbeherrschung* des bürgerlichen Subjekts interpretiert werden.[130] Die Tendenz geht einher mit einer zunehmenden Abstraktheit des kompositorischen Verfahrens, auf dessen Endstufe alle musikalischen Momente unter eine beinahe mathematische Regel gestellt werden.[131] Der subjektive Faktor im eigentlichen Sinne zieht sich zurück aus dem manifesten Werk auf die Anlage der Reihen. Zugleich leiten sich die Reihengestalten mit beinahe naturgesetzlicher Strenge aus der Tendenz des Materials ab. Die Idiosynkrasie gegen Tonwiederholungen ist nicht rückgängig zu machen und somit auch nicht willentlich zu korrigieren. Die bürgerliche Psyche weist sich aus[132] als in sich gespaltenes Abstraktionsprodukt[133] mit einem objektiven, objektivierbaren, logisch in sich konsistenten, abgeleiteten Teil (Rationalität) und einem latenten, zugleich objektiven, wie nicht objektivierbaren, logisch nicht weiter begründbaren motivierenden Teil. Die Analogie zur Freudschen Unterscheidung in Bewußtes und Unbewußtes drängt sich auf. Die selbstgestellte Latenzregel – um Wagner zu parodieren[134] – bekommt als normative schicksalhafte Bedeutung; der Künstler, der automatisch seinen Idiosynkrasien folgt, wird, wie bereits in der Einleitung angemerkt, zum executor legis naturae am eignen Leib.[135] Zugleich erscheint ein Kernstück bürgerlicher Ideologie: die *Gleichberechtigung*. Denn müssen alle musikalischen Partialmomente gleichermaßen sich aus einer Latenzregel ableiten, so sind sie untereinander gleich, sind alle Momente – wie es bei Adorno heißt – gleich nahe dem Mittelpunkt.[136] Ideologie aber ist diese Egalität zugleich, denn alle Momente sind eben nur gleich unter einer Latenzregel. Zwei Konsequenzen ergeben sich daraus: einmal die *Atomisierung* des musikalischen Materials,[137] d. h. alle Partialmomente isolieren sich voneinander. Mit Adornos Worten: musikalische Integration erzeugt Desintegration.[138] Die Konzentrierung um oder Fokusierung aller Momente auf ein Zentrum hin führt zum *Stillstand* musikalischer Mimesis. Im Zwölfklang ruht alle Bewegung.

Anmerkungen

1 Zur weiterführenden Studie verweise ich auf meine Arbeit »Der Begriff der künstlerischen Erfahrung bei Theodor W. Adorno«, Bärenreiter + Neuwerk, Kassel 1977, Kapitel I u. II.
2 Theodor W. Adorno: Ästhetische Theorie, Frankfurt 1970, S. 99, S. 113, S. 121, S. 324, S. 519.
3 Vgl. dazu auch den Leibnizschen Begriff der Monade in: Ästhetische Theorie, S. 15, S. 71, S. 108, S. 133, S. 268 ff., S. 385.
4 Max Horkheimer und Th. W. Adorno: Dialektik der Aufklärung; Philosophische Fragmente. Amsterdam 1947, S. 42, siehe auch ebenda, S. 26 f., S. 74, S. 215.
5 Dialektik der Aufklärung, S. 32 f.
6 Ebenda, S. 33.
7 Ebenda, S. 20, S. 23, S. 32; dazu auch Max Horkheimer: Zur Kritik der instrumentellen Vernunft, Frankfurt 1967, S. 113.
8 Dialektik der Aufklärung, a.a.O., S. 20 ff., S. 295, S. 48; auch: Theodor W. Adorno: Negative Dialektik, Frankfurt 1966, S. 350.
9 Dialektik der Aufklärung, a.a.O., S. 76.
10 Ebenda, S. 74.
11 Ebenda, S. 47.
12 Ebenda, S. 48.
13 Negative Dialektik, a.a.O., S. 48 ff.
14 Ästhetische Theorie, a.a.O., S. 31 ff., S. 222 ff., S. 287.
15 Immanuel Kant: Kritik der Urteilskraft und Schriften zur Naturphilosophie, Wiesbaden 1957, S. 419.
16 Th. W. Adorno: Ästhetische Theorie, a.a.O., S. 119, zu Hegels Bestimmung des Naturschönen siehe: G. W. F. Hegel: Vorlesungen über die Ästhetik, Frankfurt 1970, S. 152, S. 190 ff., S. 216, S. 366.
17 Walter Benjamin: Über das mimetische Vermögen, in: Angelus Novus, Frankfurt 1966, S. 98 f.
18 Adorno: Ästhetische Theorie, a.a.O., S. 113, S. 158, S. 120, S. 202.
19 Ebenda, S. 318: »Ihr immenenter Prozeß (der Kunst) hat etwas Rutengängerisches. Dem folgen, wohin es die Hand zieht, ist Mimesis als Vollstreckung der Objektivität.« Dazu auch ders.: Mimima Moralia, Frankfurt 1962, S. 285 f. Es ist erstaunlich an dieser Stelle, wie nahe Adorno mit der Bestimmung künstlerischer Mimesis als unbewußter Selbstnachahmung sich mit Konrad Lorenz berührt. Dieser erklärt nämlich in seinem erkenntnistheoretischen Traktat »Die Rückseite des Spiegels« (München 1973) das Phänomen der Sprachfindung von ihrer Art isolierter Tiere mit der Möglichkeit der Nachahmung eines inneren, »sensorischen Vorbildes«. Ebenda, S. 206 ff.
20 Adorno: Ästhetische Theorie, a.a.O., S. 248, dazu auch S. 173.

21 Ebenda, S. 486, dazu auch S. 324, S. 424.
22 Adorno: Schubert, in: Die Musik, Jg. 21 (1928/29), H. 1, S. 1-12, neu publ. in: Moments musicaux, Frankfurt 1964; ders.: Mahler heute, in: Anbruch, Jg. 12, H. 3, S. 86-92; ders.: Notiz über Wagner, in: Europäische Revue, Berlin, Jg. 9, H. 7, S. 439-442.
23 Vgl.: Th. W. Adorno zum Gedächtnis, hrsg. von H. Schweppenhäuser, Frankfurt 1971, S. 179-189.
24 Adorno: Reaktion und Fortschritt, in: Anbruch, Jg. 12, H. 6, S. 191-195; Ernst Krenek und Th. W. Adorno: Arbeitsprobleme des Komponisten. Gespräch über Musik und soziale Situation. In: Frankfurter Zeitung, 10. 12. 1930. Neu publ. in: dies.: Briefwechsel, Frankfurt 1974.
25 Adorno: Reaktion und Fortschritt, in: Adorno und Krenek, Briefwechsel, a.a.O., S. 175.
26 Adorno: Zur Zwölftontechnik, sowie Brief Nr. 1 und Brief Nr. 11, in: Adorno u. Krenek, a.a.O.
27 Adorno: Abschied vom Jazz, in: Europäische Revue, Berlin, Jg. 9, H. 5, S. 313-316, sowie ders.: Über Jazz: in: Zeitschrift für Sozialforschung, Jg. 5, H. 3, S. 235-257, neu publ. in: Moments musicaux, a.a.O.; Zu Volksmusik siehe vor allem: ders.: Zur gesellschaftlichen Lage der Musik, in: Zeitschrift für Sozialforschung, Jg. 1, H. 1/2, S. 373.
28 Ders.: Über den Fetischcharakter in der Musik und die Regression des Hörens, in: Zeitschrift für Sozialforschung, Jg. 7, H. 3 Neu publ. in: ders.: Dissonanzen, Göttingen 1956; ders.: Philosophie der neuen Musik, Tübingen 1949. Der Schönberg-Teil darin war bereits 1941 ausgeführt, blieb aber unveröffentlicht. Nach dem Krieg erst wurden das Strawinsky-Kapitel und die Einleitung geschrieben.
29 Ders.: Philosophie der neuen Musik, a.a.O., S. 56-61, S. 73 Fußnote, S. 88.
30 Ders.: Fragmente über Wagner, in: ZfSf., Jg. 8, H 1/2, S. 1 ff.; ders.: Bach gegen seine Liebhaber verteidigt, in: Merkur, H. 40 (Jg. 5, H. 6), S. 535 ff., neu in: ders.: Prismen, Frankfurt 1955; ders.: Zur Vorgeschichte der Reihenkomposition. Vortrag für den Norddeutschen Rundfunk 1958, neu publ. in: ders.: Klangfiguren. Musikalische Schriften I, Frankfurt 1959, sowie ders.: Nervenpunkte der Neuen Musik, Hamburg 1969; ders.: Klassik, Romantik, Neue Musik, in: Neue Deutsche Hefte, Jg. 5., H. 56, S. 1066 ff., neu in ders.: Musikalische Schriften I; ders.: Mahler. Eine musikalische Physiognomik, Frankfurt 1960; ders.: Einleitung in die Musiksoziologie, Hamburg 1968. Zum Beethovenbuch siehe: Rudolf Stephan: Th. W. Adorno +, in: Th. W. Adorno zum Gedächtnis, a.a.O., S. 149. Dazu auch die Ankündigung des Suhrkamp Verlages, einen Supplementband (Band 21 der gesammelten Schriften): Fragmente 1:

Beethoven, herauszugeben. Vgl. ebenfalls den Beitrag von Carl Dahlhaus: Adornos Beethovenkritik in diesem Band.
31 Dafür spricht auch, daß Adornos »Fetischcharakter...« auf W. Benjamins stark materialistisch gefärbten Aufsatz »Das Kunstwerk im Zeitalter...« antwortet (siehe dazu Adorno in: Dissonanzen, a.a.O., S. 6) und die Wagnermonografie »Versuch über Wagner« auf die philosophische Studie Max Horkheimers »Egoismus und Freiheitsbewegung« (siehe dazu Adorno, Ges. Schriften B. 13, Frankfurt 71, S. 9. Vgl. auch die philosophische Fundierung des ästhetischen Ansatzes in dem frühen Text von 1932, Adorno: Die Idee der Naturgeschichte, neu in: ders.: Ges. Schriften 1, Frankfurt 73, S. 354 f. und S. 359.
32 Zu diesen drei Kategorien, die sich auch soziologisch umformulieren lassen in: sich auflösendes Bürgertum, Angestellte des »Systems« und sich verselbständigende Herrschaft vgl. G. Marramao: Zum Verhältnis von Politischer Ökonomie und Kritischer Theorie, in: Ästhetik und Kommunikation, H. 11, 1973 bes. S. 82 ff.
33 Dazu H. J. Krahl: Der politische Widerspruch der Kritischen Theorie Adornos, in: Frankfurter Rundschau vom 13. 8. 1969. Siehe auch Adorno: Minima Moralia, a.a.O., S. 9, S. 11.
34 Adorno: Zur gesellschaftlichen Lage der Musik, a.a.O., S. 114.
35 Ders.: Mahler. Eine musikalische Physiognomik. Ges. Schriften 13, Frankfurt 1971, S. 180, S. 186.
36 Ders.: Zur gesellschaftlichen Lage der Musik, a.a. O., S. 373; ders.: Einleitung in die Musiksoziologie, a.a.O., S. 66 f.; vgl. dazu auch die billige Polemik Konrad Boemers: Der Korrepetitor am Werk – Probleme des Materialbegriffs bei Adorno, in: Zfmth, H. 1, 73, S. 28; dazu auch Adorno u. Krenek, a.a.O., S. 40.
37 Adorno u. Krenek, a.a.O., S. 175.
38 Zu »Konvention« vgl. Ästhetische Theorie, a.a.O., S. 302-305; zu »musikalische Konventionen«, ders.: Spätstil Beethovens, in: Moments musicaux, Frankfurt 64, S. 14 ff., Zur gesellschaftlichen Lage der Musik, a.a.O., S. 113 f., Philosophie der neuen Musik, a.a.O., S. 43, S. 52, S. 56, S. 58-60, S. 76, S. 87, S. 98; ders.: Über das gegenwärtige Verhältnis von Philosophie und Musik, in: Archivio Di Filosofia, 1953, N. 1: Filosofia Dell' Arte, Roma 53, S. 5 ff.; ders.: Zur Vorgeschichte der Reihenkomposition, zit. nach: Nervenpunkte, a.a.O., S. 42; ders.: Form in der neuen Musik, in: Neue Rundschau, Jg. 77 (1966), H. 1, S. 27.
39 Ders.: Philosophie der neuen Musik, a.a.O., S. 38, dazu auch: ders.: Klassik, Romantik, Neue Musik, in: Nervenpunkte..., a.a.O., S. 17.
40 Zur dialektischen Einheit des Materials gehört damit zwar schon noch die »Freiheit« des Komponisten. Sie ist aber um so größer, je

mehr sich der Komponist zum »Executor materialer Gebote« macht; ders.: Reaktion und Fortschritt, in: Adorno u. Krenek, a.a.O., S. 176 f., ebenda auch S. 190 f.; Adorno: Philosophie der neuen Musik, a.a.O., S. 24, S. 38, S. 40 f., S. 67 ff., S. 88; ders.: Vers une musique informelle, in: ders.: Musikalische Schriften II, Frankfurt 1963, S. 396; ders.: Ideen zur Musiksoziologie, in Musikalische Schriften I, a.a.O., S. 22.
41 Adorno: Über das gegenwärtige Verhältnis von Philosophie und Musik, a.a.O., S. 16.
42 Ders.: Philosophie der neuen Musik, a.a.O., S. 57.
43 Ders.: Der getreue Korrepetitor, Frankfurt 1963, S. 35, dazu auch: Philosophie der neuen Musik, S. 26, S. 51, S. 77 f., S. 111, S. 117 f., ders.; Musik und Neue Musik, in: Musikalische Schriften II, a.a.O., S. 348, S. 350, S. 352-354.
44 Ders.: Ästhetische Theorie, a.a.O., S. 172.
45 Ders.: Tradition, in: Dissonanzen, a.a.O., S. 133.
46 Ders.: Philosophie der neuen Musik, a.a.O., S. 103, dazu ders.: Arnold Schönberg (1874-1951), in: Prismen. Kulturkritik und Gesellschaft. Berlin und Frankfurt 1955, S. 197, S. 210; ders.: Zur Vorgeschichte der Reihenkomposition, in: Nervenpunkte..., a. a. O., S. 38.
47 Arnold Schönberg: Brahms the Progressive, in: Style and Idea, N. Y. 1950, S. 67, S. 87, S. 101; dazu auch Adorno: Arnold Schönberg (1874-1951), a.a.O., S. 199, S. 207, ders.: Zur Vorgeschichte der Reihenkomposition, a.a.O., S. 38; dazu auch: C. Dahlhaus: Musikalische Prosa, in: Neue Zeitschrift für Musik, 125. Jg., H. 5 (1964), S. 176 ff.
48 A. Schönberg: Harmonielehre, 7. Auflage, o. O., 1968, S. 473.
49 Adorno: Arnold Schönberg..., a.a.O., S. 194.
50 A. Schönberg: Harmonielehre, a.a.O., S. 479, dazu: H. K. Ehrenforth: Ausdruck und Form, Bonn 1963, S. 101.
51 Adorno: Philosophie der neuen Musik, a.a.O., S. 112, ders.: Arnold Schönberg (1874-1951), a.a.O., S. 188, S. 212.
52 Philosophie der neuen Musik, a.a.O., S. 79.
53 Ebenda, S. 84, ders.: Die Funktion des Kontrapunkts in der Neuen Musik, in: Nervenpunkte..., a.a.O., S. 43; dazu H. H. Stuckenschmidt: Arnold Schönberg, Zürich 1974, S. 74, S. 106.
54 Adorno u. Krenek, a.a.O., S. 16, S. 169.
55 Ebenda, S. 184.
56 Ebenda, S. 169.
57 Ebenda, S. 16; dazu Adorno: Klassik, Romantik, Neue Musik, in: Nervenpunkte..., a.a.O., S. 28; ders.: Wien, in: Quasi una fantasia, Musikalische Schriften II, a.a.O., S. 291.
58 Ders.: Philosophie der neuen Musik, a.a.O., S. 60; vgl. dazu die frühe

Polemik Adornos und Kreneks zur »Natürlichkeit« des temperierten Systems (Adorno u. Krenek, a.a.O., S. 12, S. 32, S. 39, S. 168, S. 175, S. 180, S. 184; dazu auch Adorno: Zur gesellschaftlichen Lage der Musik, a.a.O., S. 370; ders.: Philosophie der neuen Musik, a.a.O., S. 36, ders.: Impromptus, Frankfurt 68, S. 97; ders.: Musik und Neue Musik, a.a.O., S. 357 f.).

59 Adorno: Die Funktion des Kontrapunkts in der neuen Musik, a.a.O., S. 71.

59a Adorno u. Krenek, a.a.O., S. 17, S. 235; Adorno: Philosophie der neuen Musik, a.a.O., S. 81, ders.: Die Funktion des Kontrapunkts, a.a.O., S. 77; dazu auch: Arnold Schönberg: Harmonielehre, a.a.O., S. 466.

60 Adorno: Philosophie der neuen Musik, a.a.O., S. 84.

61 Ders.: Die Funktion des Kontrapunkts, a.a.O., S. 72; dazu auch Alban Berg: Gurrelieder, Führer, kl. Ausgabe, Wien 1912, S. 22, S. 37, S. 67, S. 73 f., S. 99.

62 Adorno: Wien, a.a.O., S. 292.

63 Ders.: Zur Vorgeschichte der Reihenkomposition, in: Nervenpunkte..., a.a.O., S. 36; dazu auch ders.: Die Funktion des Kontrapunkts..., a.a.O., S. 71.

64 Ders.: Philosophie der neuen Musik, a.a.O., S. 59 Fußnote.

65 Ebenda, S. 81; ders.: Die Funktion des Kontrapunkts..., a.a.O., S. 69; ders.: Zur Vorgeschichte..., a.a.O., S. 40.

66 Adorno u. Krenek, a.a.O., S. 16, Philosophie d. n. M., S. 80.

67 Ebenda, S. 15 f., S. 170.

68 Ders.: Philosophie der neuen Musik, a.a.O., S. 82, S. 80 Fußnote.

69 Ebenda, S. 84.

70 Ebenda, S. 83.

71 Clytus Gottwald: Der Ketzer der Wiener Schule, in: Zfmth, 4. Jg. (1973), H. 1, S. 39 ff.; Adorno: Über das gegenwärtige Verhältnis von Philosophie und Musik, a.a.O., S. 29; zu zweite Natur siehe Adorno: Philosophie der neuen Musik, a.a.O., S. 85.

72 Adorno und Krenek, a.a.O., S. 171.

73 Adorno: Philosophie der neuen Musik, S. 99, Adorno u. Krenek, S. 234, Adorno, Zur Vorgeschichte der Reihenkomposition, a.a.O., S. 32.

74 Adorno: Zur Vorgeschichte..., a.a.O., S. 35, S. 39.

75 Adorno u. Krenek, a.a.O., S. 35; dazu Arnold Schönberg: Notes on the Four String Quartets, Darmstadt 64, S. 3 ff., sowie in: Die Streichquartette der Wiener Schule (Hg. von Ursula von Rauchhaupt, Hamburg 71), S. 37 ff.

76 Jan Maegaard: Studien zur Entwicklung des dodekaphonen Satzes bei Arnold Schönberg, Bd. II, Kopenhagen 1972, S. 439.

77 Adorno: Zur Vorgeschichte der Reihenkomposition, a.a.O., S. 36.

78 Ebenda, S. 35, S. 39.
79 Ebenda, S. 36; dazu Alban Berg: Arnold Schönberg, Kammersymphonie op. 9. Thematische Analyse, Wien 1913, S. 5 ff.; dazu Arnold Schönberg, Style and Idea, N. Y. 1950.
80 Maegaard: Studien . . ., a.a.O., S. 451.
81 Adorno: Zur Vorgeschichte . . ., a.a.O., S. 37.
82 H. H. Stuckenschmidt: Arnold Schönberg, Zürich 1974, S. 76 ff., siehe auch: Maegaard, Studien . . ., a.a.O., S. 450 ff.; Stockhausen spricht in diesem Zusammenhang von Keimproportion, in: K. Stockhausen, Texte zur elektronischen und instrumentalen Musik, Köln 1963, S. 26.
83 Adorno: Zur Vorgeschichte . . ., a.a.O., S. 39.
84 Ebenda.
85 Anton von Webern: Schönbergs Musik, in: Arnold Schönberg, München 1912, S. 31.
86 Adorno: Form in der Neuen Musik, in: Neue Rundschau, Jg. 77, H. 1, S. 31.
87 Ders.: Zur Vorgeschichte . . ., a.a.O., S. 43.
88 Ders.: Philosophie der neuen Musik, a.a.O., S. 38, S. 83 f., S. 96; ders.: Musik und Neue Musik, a.a.O., S. 348 f., S. 352.
89 Ders.: Philosophie der neuen Musik, a.a.O., S. 85.
90 Ebenda, S. 87 ff.; ders.: Die Funktion des Kontrapunkts in der neuen Musik, a.a.O., S. 67 ff.
91 Ders.: Philosophie der neuen Musik, a.a.O., S. 55 f., S. 70 f.; ders.: Über das gegenwärtige Verhältnis von Philosophie und Musik, a.a.O., S. 27, ders.: Zur Vorgeschichte der Reihenkomposition, a.a.O., S. 34; ders.: Klassik, Romantik, Neue Musik, a.a.O., S. 27; ders.: Wien, a.a.O., S. 280, S. 295, S. 297; ders.: Schwierigkeiten I. Beim Komponieren, in: Impromptus, a.a.O., S. 109; ders.: Form in der Neuen Musik, a.a.O., S. 32.
92 Ders.: Philosophie der neuen Musik, a.a.O., S. 71, auch S. 22.
93 Ebenda, S. 71, S. 98.
94 Ebenda, S. 71, S. 73 f.
95 Ebenda, S. 72.
96 Ebenda, S. 73 Fußnote.
97 Ebenda, S. 72.
98 Ebenda, S. 77.
99 Ebenda, S. 80.
100 Ebenda.
101 Ebenda, S. 75, S. 77; ders.: Zur Vorgeschichte der Reihenkomposition, a.a.O., S. 35 f.
102 Arnold Schönberg, op. 27. No. 1, Takt 11, Sopran und Alt, sowie Takt 15, Tenor und Baß.
103 Adorno: Philosophie der neuen Musik, a.a.O., S. 83.

104 Th. W. Adorno: Versuch über Wagner, zit. nach Ges. Schriften 13, Frankfurt 71, S. 68 ff.; dazu auch die Studie von Egon Voss: Studien zur Instrumentation Richard Wagners, in: Studien zur Musikgeschichte des 19. Jhs. Bd. 24, Regensburg 1970.
105 G. Schubert: Schönbergs frühe Instrumentation. Untersuchungen zu den Gurreliedern, zu op. 5 und op. 8, Baden Baden 1975; dazu auch: Alban Berg: Gurrelieder, Führer, kleine Ausgabe, a.a.O., S. 26, S. 61, S. 71.
106 Adorno: Philosophie der neuen Musik, a.a.O., S. 86, ders.: Über das gegenwärtige Verhältnis von Philosophie und Musik, a.a.O., S. 22; dazu auch: Pierre Boulez: Arnold Schönberg, Artikel in Band L–Z der Encyclopedie de la musique, Fasquelle 1961, zit. nach: Pierre Boulez: Anhaltspunkte, Kassel und München 1979, S. 310 f.
107 Adorno: Philosophie der neuen Musik, a.a.O., S. 85.
108 G. Schubert: Schönbergs frühe Instrumentation, a.a.O.
109 Adorno: Philosophie der neuen Musik, a.a.O., S. 86.
110 G. Schubert: Schönbergs frühe Instrumentation, a.a.O.
111 Adorno: Philosophie der neuen Musik, a.a.O., S. 86.
112 Ders.: in: Adorno u. Krenek, a.a.O., S. 171 f., ders.: Arnold Schönberg (1874-1951), a.a.O., S. 207 f.; ders.: Zur Vorgeschichte der Reihenkomposition, a.a.O., S. 40 f.
113 Philosophie der neuen Musik, S. 63; H. H. Stuckenschmidt: Arnold Schönberg, Zürich 1951, S. 35.
114 Adorno: Arnold Schönberg (1874-1951), a.a.O., S. 207.
115 Arnold Schönberg: Brahms the Progressive, in: Style and Idea, a.a.O., S. 80, S. 101.
116 Adorno, in: Adorno u. Krenek, a.a.O., S. 173, ders.: Philosophie der neuen Musik, S. 62.
117 Es drängt sich die Analogie des charismatischen Führers in M. Webers »Wirtschaft und Gesellschaft« auf. So sehr sich darin auch die gesellschaftliche Herrschaft rationalisiert und bürokratisiert, immer bedarf es einer irrationalen Außensteuerung. Vgl. dazu H. Marcuse: Industrialisierung und Kapitalismus im Werk Max Webers, in: Kultur und Gesellschaft 2, Frankfurt 1965, S. 121.
118 Adorno: Philosophie der neuen Musik, a.a.O., S. 61 f., S. 99.
119 Ebenda, S. 99, dazu: Karl Stockhausen: Texte zur elektronischen und instrumentalen Musik, a.a.O., S. 20.
120 Adorno: Philosophie der neuen Musik, S. 74 f.; ders.: Zur Vorgeschichte der neuen Musik, a.a.O., S. 83.
121 Zur Vorgeschichte, ebenda.
122 Philosophie der neuen Musik, S. 22.
123 Adorno: Über das gegenwärtige Verhältnis von Philosophie und Musik, a.a.O., S. 22.
124 Adorno: Philosophie der neuen Musik, S. 68.

125 Ebenda, S. 44 f.
126 Ebenda, S. 67.
127 Ebenda, S. 95.
128 Adorno: Über das gegenwärtige Verhältnis . . ., a.a.O., S. 30.
129 Adorno: Philosophie der neuen Musik, S. 70; ders.: Zur gesellschaftlichen Lage der Musik, a.a.O., S. 108.
130 Zu »integrales Werk« und »integrales Komponieren« vgl.: Philosophie der neuen Musik, S. 55 f., S. 70; ders.: Schwierigkeiten I, beim Komponieren, a.a.O., S. 109; ders.: Über das gegenwärtige Verhältnis von Philosophie und Musik . . ., a.a.O., S. 34; ders.: Klassik, Romantik, Neue Musik, a.a.O., S. 27; ders.: Die Funktion des Kontrapunkts in der Neuen Musik, a.a.O., S. 79; ders.: Form in der Neuen Musik, a.a.O., S. 32; ders.: Wien, a.a.O., S. 280, S. 295, S. 297. Zu Selbstbeherrschung siehe auch: Philosophie der neuen Musik, S. 67.
131 Philosophie der neuen Musik, S. 112.
132 Adorno: Zur gesellschaftlichen Lage der Musik, a.a.O., S. 109, S. 114.
133 Philosophie der neuen Musik, S. 102.
134 Ebenda, S. 68, ders.: Versuch über Wagner, a.a.O., S. 47.
135 Philosophie der neuen Musik, S. 24, S. 67 f.
136 Ebenda, S. 60, S. 72, S. 98, ders.: Arnold Schönberg (1874-1951), a.a.O., S. 198; ders.: Form in der neuen Musik, a.a.O., S. 31, ders.: Ästhetische Theorie, a.a.O., S. 156.
137 Adorno, in: Adorno und Krenek, a.a.O., S. 167; ders.: Philosophie der neuen Musik, S. 102, S. 113; ders.: Versuch über Wagner, a.a.O., S. 47; ders.: Vers une musique informelle, a.a.O., S. 420.
138 Adorno: Form in der neuen Musik, a.a.O., S. 26 f

Verwendete Partituren

Arnold Schönberg:

Quartett für zwei Violinen, Viola und Violoncello, op. 7, Verlag Dreililien, Berlin-Lichterfelde o. J.

Kammersymphonie für 15 Solo-Instrumente, op. 9 (Kl. Partitur), Wien, Universal-Edition, 1950.

II. Streichquartett, op. 10, Wien, Universal-Edition, 1940.

Fünf Orchesterstücke, op. 16 (Part.), C. F. Peters, Frankfurt/London/ N. Y., o. J.

Erwartung, Monodram in 1 Akt, op. 17 (Part.) Wien, Universal-Edition o. J.

Bläserquintett, op. 26 (Part.), Philarmonia Partituren in der Universal-Edition Wien/London o. J.

Fourth String Quartet (Quartett für 2 Violinen, Viola und Violoncello), op. 37 (Part.), N. Y., Schirmer 1939.

Carl Dahlhaus
Zu Adornos Beethoven-Kritik

Theodor W. Adorno hinterließ, glaubwürdigen Berichten zufolge, umfangreiche Fragmente eines Beethoven-Buches. Das Manuskript ist jedoch einstweilen unzugänglich. Und wer sich dennoch, in Unkenntnis der Hauptquelle, auf das Unterfangen einläßt, an Adornos Beethoven-Kritik, die über verschiedene Schriften verstreut ist, einige Kommentare zu knüpfen, kann nichts anderes tun, als Grundstrukturen sichtbar zu machen und deren Verhältnis zu früherer Beethoven-Kritik, einer wenig beachteten Tradition im Schatten der Beethoven-Verehrung, ein Stück weit zu erhellen.

Adornos Aufsatz über die Missa Solemnis, das »verfremdete Hauptwerk«, wie er es nannte, ist als Kritik so problematisch, wie es Adorno von dem Werk behauptet, dem die Kritik gilt. Ob es erlaubt ist, die Missa Solemnis – deren Gattungszusammenhang mit der C-Dur-Messe Adorno durchaus erkennt, um sich dann jedoch über das Erkannte hinwegzusetzen – an Kriterien des symphonischen Stils zu messen, dürfte ebenso zweifelhaft sein wie die Behauptung, durch inständige Wiederholung des Wortes Credo beteuere »der Einsame ... sich selbst und anderen, er glaube auch wirklich«.[1] So borniert es wäre, durch den Hinweis auf die Tradition der Credo-Messe jedem darüber hinausgehenden Erklärungsversuch das Wort abzuschneiden, so fragwürdig muß einem Historiker eine interpretatorische Souveränität erscheinen, die sich – im Bewußtsein der Differenz zwischen Entstehungsbedingungen und Wahrheitsgehalt – um geschichtliche Voraussetzungen und Implikationen schlechterdings nicht kümmert.

Philologie mag jedoch Nebensache sein. Und den Angelpunkt, um den sich Adornos Kritik der Missa Solemnis dreht, bildet die Dialektik der thematisch-motivischen Arbeit, eine Dialektik, deren Sachgehalt ebenso unbestreitbar ist wie die zentrale Funktion, die sie in Adornos Versuch einer gesellschaftlichen Dechiffrierung der Beethovenschen Musik erfüllt. Thematische Arbeit, der Prozeß, der das Allgemeine der gegebenen Form aus dem Besonderen der individuell geprägten Thematik hervortreibt und rechtfertigt, ist die Instanz, in deren Namen Adornos Urteil über die Missa Solemnis ergeht. »Keineswegs aber bricht die Missa durch subjektive Dynamik aus der vorgeordneten Objektivität des Schemas aus oder erzeugt gar im symphonischen Geist – eben dem thematischer Arbeit – die Totalität aus sich heraus. Vielmehr reißt der konsequente Verzicht auf all das die Missa aus jeder unmittelbaren Verbindung mit Beethovens übriger Produktion, mit Ausnahme eben seiner früheren Kirchenkompositionen.«[2] Den archaisierenden Ton, als dessen Korrelat die Unterdrückung thematischer Arbeit erscheint, entziffert Adorno als »Ausdrucksscheu«: als »Tabu über die Negativität des Daseins«,[3] über ein Leiden, das der Musik gleichsam die Sprache verschlägt. Der kompositorische Mangel aber, der aus dem Verzicht auf thematische Arbeit, aus der Suspendierung des Prozeßcharakters der Musik resultiert, bildet die Kehrseite einer Erkenntnis, durch die sich Beethoven in der Missa Solemnis über das Formgesetz seiner symphonischen Werke einen Augenblick lang erhob. »Der musikalischen Erfahrung des späten Beethoven muß die Einheit von Subjektivität und Objektivität, das Runde des symphonischen Gelingens, die Totalität aus der Bewegung alles Einzelnen, kurz eben das verdächtig geworden sein, was den Werken seiner mittleren Zeit ihr Authentisches verleiht ... Er muß das Unwahre im höchsten Anspruch der klassizistischen Musik gefühlt haben: daß der Inbegriff der gegensätzlichen Bewegung alles Einzelnen, das in jenem Inbegriff untergeht, Positivität selber sei. An dieser Stelle hat er über den bürgerlichen Geist sich erhoben, dessen musikalisch höchste Manifestation sein eigenes œuvre bildet.«[4] Der Gedanke, daß die Missa Solemnis gerade dadurch, daß sie brüchig geriet – und das zuletzt Zitierte bedeutet keineswegs einen Widerruf der früheren Kritik – eine geschichtsphilosophische Einsicht vermittelt, die anders als durch ästhetisches Scheitern nicht zu gewinnen war, gehört zu Adornos zentralen Argumentationsfiguren, zu den Motiven, die seine gesamte Philosophie durchziehen.

Zu den Passagen über Beethoven im Schlußkapitel der »Einleitung in die Soziologie« steht die Kritik an der Missa Solemnis, obwohl in unmittelbarer zeitlicher Nähe entstanden, seltsam quer. Die unter der Hand angedeutete Dechiffrierung der thematischen Arbeit als musikalisches Bild einer Gesellschaft im Sinne von Adam Smith, in der aus dem Zusammenspiel ökonomischer

Egoismen ein lückenlos funktionierendes Ganzes hervorgeht, kehrt in der »Einleitung« in ähnlichen Wendungen wieder.[5] Über die kritische Position aber, daß der »Einstand« von Besonderem und Allgemeinem, Subjektivität und Objektivität, Einzelinteresse und Gesamtgesellschaft letztlich bloßer Schein sei, geht Adorno in der »Einleitung«, im Unterschied zum Aufsatz über die Missa Solemnis, nicht hinaus.[6] Weder ist, wie in der Glosse über »Beethovens Spätstil«, von einer Tendenz der Werke seit opus 101 die Rede, um einer Wahrheit willen, die jenseits ästhetischen Gelingens liegt, die lückenlose Geschlossenheit zu opfern, noch wird, wie in dem Aufsatz über den Fetischcharakter aus den »Dissonanzen«, die Dialektik des ästhetischen Scheins entwickelt oder wenigstens beim Namen genannt: die Dialektik, daß täuschender Schein, der eine miserable Wirklichkeit verdeckt oder verklärt, unentwirrbar mit utopischem »Vor-Schein« verquickt ist, der im Sinne Ernst Blochs ein Bewußtsein davon, was möglich wäre, aufrecht erhält. Mit anderen Worten: Gerade dort, wo in der »Einleitung in die Musiksoziologie« die gesellschaftliche Dechiffrierung von Musik das Thema der Beethoven-Kritik bildet, bricht die ästhetisch-kompositionstechnische Argumentation – die Voraussetzung der soziologischen – vorzeitig ab. (Als Erklärung für die Amputation des Gedankens reicht der Hinweis auf den popularwissenschaftlichen Charakter der »Einleitung« schwerlich aus).

Die Kritik der thematischen Arbeit, das Kernstück der Beethoven-Interpretation, erscheint als Analogon zur Polemik gegen das philosophische System, mit der die »Negative Dialektik« einsetzt. Der Vergleich ist keineswegs willkürlich herbeigezogen. Bereits in Aphorismen aus den späten Zwanziger Jahren, die er in »Quasi una Fantasia« ausgrub, insistierte Adorno, wie dann später immer wieder,[7] auf einer geschichtsphilosophischen Affinität zwischen Beethoven und Kant, als deren Substanz er die Begründung und Rettung objektiver Formen aus subjektivem Geist erkannte. »Wie in der Hierarchie des Kantischen Systems die schmale Region der synthetischen Urteile a priori den Umriß der schwindenden Ontologie verkleinert bewahrt, frei nochmals ihn erzeugend, um ihn zu retten . . ., so steigen die Bilder der gesunkenen Formen in Beethovens Werk aus dem Abgrund des verlassenen Menschen auf.«[8] Sogar die zentrale Argumentationsfigur des Aufsatzes über die Missa Solemnis ist in einem der frühen Aphorismen vorgezeichnet. »In der Ode an die Freude hat Beethoven, mit einem Akzent, das Kantische Postulat der praktischen Vernunft komponiert. Er betont in der Zeile ›muß ein lieber Vater wohnen‹ das ›Muß‹: Gott wird ihm zur bloßen Forderung des autonomen Ichs.«[9] Schließt aber Musik, zumal Beethovens Musik, in technischen Momenten wie der thematischen Arbeit einen geschichtlich geprägten Wahrheitsgehalt ein, der philosophische Auslegung zuläßt und geradezu fordert, so kann umgekehrt philosophische Reflexion noch dort, wo der Gedanke an Musik fernliegt, Aufschlüsse über deren Sinn enthalten. Von der »Negativen Dialektik« fällt Licht, wenn auch ein gebrochenes, auf Adornos Beethoven-Interpretation.

In der »Einleitung in die Musiksoziologie« bestimmt Adorno das Prinzip, die gegebene, im Grundriß feststehende musikalische Form aus dem dynamischen Zug individueller Thematik des Einzelwerkes hervorgehen zu lassen (als realisiere sie sich zum erstenmal), als die zentrale ästhetische Idee der Beethovenschen Klassik. »Das, was man den obligaten Stil genannt hat . . ., enthält teleologisch in sich die Forderung gänzlich durchgebildeter, nach Analogie zur Philosophie: systematischer Komposition. Ihr Ideal ist Musik als deduktive Einheit: was aus dieser beziehungslos und gleichgültig herausfällt, bestimmt sich zunächst als Bruch und Fehler. Das ist der ästhetische Aspekt der Grundthese von Webers Musiksoziologie, der von der fortschreitenden Rationalität. Dieser Idee hing Beethoven objektiv nach, ob er es wußte oder nicht. Er erzeugt die totale Einheit des obligaten Stils durch Dynamisierung.«[10] Erscheint aber thematische Arbeit als »systematische Komposition« in Analogie zur Systemphilosophie des 17. bis 19. Jahrhunderts, so drängt sich die Erinnerung an die harrschen, um nicht zu sagen denunziatorischen Stichworte auf, welche die »Negative Dialektik« für den als bürgerlich deklarierten Drang zum philosophischen System bereit hält: Von »Angst vor dem Chaos« ist die Rede, von »Zwangsmechanismen« und von »paranoischem Eifer«.[11] Gerade weil das Bürgertum der sozialen Ordnung, die aus der losgelassenen Wechselwirkung ökonomischer Egoismen resultieren soll, insgeheim mißtraut, outriert es im philosophischen Reflex der gesellschaftlichen Wirklichkeit den Zwang zu lückenloser Geschlossenheit.

Zwar scheut sich Adorno, die schlichte Inversionslogik – den Schluß, daß Paranoia zum System tendiere, also auch umgekehrt das System paranoische Züge trage – auf Beethovens thematische Arbeit zu übertragen. Aber von »ästhetischer Unwahrheit«, die daraus resultiere, daß der »Einstand« von Dynamik und Statik, von thematischem Prozeß und Reprisenform, in letzter Instanz mißlinge, ist auch im Hinblick auf Beethovens Musik die Rede.[12] Das Verdikt über das System ereilt am Ende, nach dem gesellschaftlichen und dem philosophischen, auch das musikalische.

Was Adorno über den Antagonismus zwischen »Totalität und Unendlichkeit« sagt, der die philosophischen Systeme ihrer inneren Unmöglichkeit überführt, gilt ähnlich auch für den musikalischen Widerspruch zwischen einer Reprisenform, die sich als geschlossenes Ganzes mit Anfang, Mitte und Ende präsentiert, und einer thematischen Arbeit, die tendenziell ein progressus ad infinitum ist. Die philosophische Antinomie – und ebenso die musikalische – »ahmt eine zentrale der bürgerlichen Gesellschaft nach. Auch diese muß, um sich selbst zu erhalten, sich gleichzubleiben, zu ›sein‹, immerwährend sich expandieren, weitergehen, die Grenzen immer weiter hinausrücken, keine respektieren, sich nicht gleich bleiben«.[13] Ist aber das System, der »Einstand« von Dynamik und Statik, in letzter Instanz »unwahr«, so erscheint der als solcher eingestandene Bruch im System als Einlaß für ein Stück Wahrheit, wie es einer nicht vom System eingeschüchterten Erfahrung zufällt. An Kant rühmte Adorno die »unvergleichliche Redlichkeit«, die es verschmähte, sich durch »Brüche im System« von einer Wahrheit, die anders nicht zu haben ist, ablenken zu lassen.[14] Und die gleiche logische Figur liegt dem Lob zugrunde, das dem von Rissen durchzogenen »Spätstil Beethovens« in den »Moments musicaux« zuteil wurde.[15]

So konstant aber die Argumentationsmuster sind, von denen Adorno in musikalischem ebenso wie in philosophischem oder soziologischem Kontext ausging, so unverkennbar ist der Wechsel der Akzente, die er setzte, und die Verschiedenheit in der Anzahl der Schritte, die er jeweils gehen mochte. Vor dem Paranoiaverdacht etwa, der als schwarzer Schatten auf die philosophischen Systeme fällt, blieb Beethovens thematische Arbeit, die »systematische Komposition«, verschont. Der Vorwurf der »Unwahrheit« allerdings, der den Gedanken des »Einstands« von Dynamik und Statik trifft, schließt die Klassik in der Musik ebenso ein wie die in der Philosophie und in der Nationalökonomie. Und erst durch Redlichkeit im Eingeständnis des Scheiterns lösen sich Kant und Beethoven aus den Fesseln eines Zeitgeistes, der nichts anderes als der Geist der bürgerlichen Gesellschaft ist. Vom musikalischen Klassizismus, der Vermittlung zwischen Besonderem und Allgemeinen in der Sonatenform, spricht Adorno andererseits versöhnlicher als vom philosophischen. Ist die Idee eines geglückten Ausgleichs in der Musik nicht allein täuschender Schein, sondern auch und zugleich utopischer Vor-Schein, so soll sie in der Philosophie nichts als schiere Ideologie, falsches Bewußtsein, darstellen. Der begriffslosen Sprache der Musik billigt Adorno eine Idealität zu, die er der begrifflichen, realitätsnäheren der Philosophie abspricht.

Adornos Beethoven-Kritik geht, wie die Beethoven-Kritik von Rang im 20. Jahrhundert insgesamt, von Kriterien aus, die zwar keineswegs von außen herangetragen wurden, auf die jedoch vom Werk eines anderen Komponisten Licht fällt: von einem Werk, das nicht als die »größere«, aber als die »wahrere« Musik erscheint. Die Gegeninstanz zur Beethovenschen Symphonie ist bei Adorno die Mahlersche.

Das Form-Kapitel des Mahler-Buches greift auf eine Beethoven-Kritik zurück, deren dialektische Pointe es ist, daß der Ausgleich zwischen der Tektonik des Reprisenschemas und der Dynamik der thematischen Arbeit gerade dadurch mißlingt, daß er glückt: Der kompositorische Triumph bedeutet geschichtsphilosophisch eine Verstrickung, weil er als tönender Schein eine Versöhnung von Besonderem und Allgemeinem suggeriert, die von der Realität verweigert wird. »Die Reprise war die Crux der Sonatenform. Sie machte das seit Beethoven Entscheidende, die Dynamik der Durchführung, rückgängig, vergleichbar der Wirkung eines Films auf einen Zuschauer, der nach dem Ende sitzen bleibt und den Anfang noch einmal sieht. Beethoven hat das durch ein tour de force bewältigt, das ihm zur Regel ward: im fruchtbaren Moment des Reprisenbeginns präsentiert er das Resultat der Dynamik, des Werdens, als die Bestätigung und Rechtfertigung des Gewesenen, dessen, was ohnehin war. Das ist seine Komplizität mit der Schuld der großen idealistischen Systeme, mit dem Dialektiker Hegel, bei dem am Ende der Inbegriff der Negationen, und damit der des Werdens selber, auf die Theodizee des Seienden hinausläuft. In der Reprise blieb Musik, das Ritual der bürgerlichen Freiheit, gleich der Gesellschaft, in der sie ist und die in ihr ist, der mythischen Unfreiheit hörig.«[16]

Ist es demnach der Systemcharakter der Beethovenschen Musik, der zu geschichtsphilosophischer Distanzierung nötigt, so rühmt Adorno an Mahler – trotz des Insistierens auf der Kategorie des »Durchbruchs« als der Antithese zum »Weltlauf« – nicht einfach die Aufhebung des Systems, die Preisgabe von Schema und Rückhalt, sondern die List im Umgang mit der Tradition, eine List, in der sich Gehorsam und Zurücknahme verschränken. Die Beethoven-Kritik steht im Kontext einer Analyse von Mahlers Sechster Symphonie, in deren Finale die Reprise durch Umstellung der Teile und Verschleifung der Zäsuren »den Ausdruck des schemenhaften Geisterzuges wie in der Rewelge« annimmt. »Die Reprise wird zum revenant; der Charakter legitimiert den Rest an Symmetrie.«[17] Indem Mahler die Reprise aus der formgeschichtlichen Erinnerung heraufbeschwört, statt ihre leibhafte Gegenwart zu behaupten, wird es noch einmal möglich, überhaupt eine Reprise zu komponieren. Die Schattenhaftigkeit bedeutet die ästhetisch-geschichtsphilosophische Rettung des Prinzips.

Trotz der Berufung auf Mahler ist jedoch Adornos Beethoven-Kritik keineswegs eine Kritik von außen. Die Mahlersche Symphonie erscheint vielmehr, emphatisch ausgedrückt, als Vollstreckung einer Selbstkritik der Beethovenschen. Die Wahrheit über das System tritt in dessen Durchbrechung und Zurücknahme zutage, die jedoch ohne das System nicht formulierbar gewesen wären. Stellt die Sonatenform ebenso eine Voraussetzung wie ein Hemmnis der thematischen Dynamik dar, so erscheint das Verblassen der Reprise zum revenant als Mahlersche Lösung eines Beethovenschen Problems: eines Problems, das latent bereits in Beethovens Werk vorgezeichnet war, ohne daß es dem Komponisten bewußt zu sein brauchte. Indem Mahler die Reprise halb suspendierte, ohne auf sie zu verzichten, brachte er ans Licht, wie fragwürdig sie seit dem Aufkommen der Idee des thematischen Prozesses immer schon war.

Die simple Unterscheidung zwischen interner und externer Kritik – eine Unterscheidung, die sich ohnehin nur im Groben und Ungefähren treffen läßt – gerät ins Zwielicht, wenn man wie Adorno nicht die Intention des Komponisten, sondern die des Werkes als ausschlaggebend betrachtet: eine Intention des Werkes, die sich erst in dessen Nachleben oder Wirkungsgeschichte entfaltet. Die Kritik, die Mahlers Zurücknahme der Reprise an deren triumphaler Gestalt bei Beethoven übt – eine Kritik, die wiederum nicht in Mahler selbst, sondern erst in Adorno zum Bewußtsein ihrer selbst kommt –, ist nach Adorno durchaus ein »internes« Ereignis im Leben des Beethovenschen Werkes. Ob Beethoven sich des Reprisenproblems restlos bewußt war, erscheint dabei als irrelevant. Daß das Problem – spätestens – durch Mahler kompositionsgeschichtlich an den Tag gebracht wurde, genügt zur Rechtfertigung einer Formkritik, die dann in geschichtsphilosophischer Verlängerung mit der Kritik an der idealistischen Systemphilosophie zusammentrifft. (Die Konvergenz wurzelt in der Dialektik der bürgerlichen Gesellschaft als dem Thema, das Adorno noch dort unablässig umkreiste, wo er es nicht explizit beim Namen nannte.)

Entzündete sich Adornos Beethoven-Kritik am Systemcharakter der musikalischen Form, so griff Ernst Bloch im »Geist der Utopie« zu dem für ihn charakteristischen Mittel, einem simplen, geradezu primitiven Vorurteil zu unerwarteter philosophischer Dignität zu verhelfen: dem Vorurteil von Beethovens Mangel an Melodie. »Also kommen wir erst hier dazu, offen zu atmen. Mit dem Singen, das sich rundet, geht es freilich fast ganz zu Ende.«[18] Bloch, obwohl Wagnerianer, ließ sich dadurch, daß Wagner in dem Essay »Zukunftsmusik« Beethovens »unendliche Melodie« gerühmt hatte, nicht beirren. »Der geschlossene Gesang stirbt, ohne daß der offene völlig auflebt.«[19] Der »offene Gesang«: das ist, ins Original zurückübersetzt, nichts anderes als die »unendliche Melodie«, die durch Emanzipation von metrisch-syntaktischer Regularität die Freiheit gewinnt, in jedem Augenblick beredt und expressiv zu sein, statt zur Ausfüllung der »Quadratur« mit Formeln und Flickwerk operieren zu müssen. »Derart wird allerdings letzthin zur Frage, was denn nun in die Tiefe des Ganzen hineinführt, nachdem es das singende Thema nicht ist.«[20] Die Antwort, die Bloch erteilt, stammt von August Halm, dessen Buch »Von zwei Kulturen der Musik« auch sonst im »Geist der Utopie« allenthalben Spuren hinterlassen hat. »Aber alles das keimt aus einem anderen als dem Thema... es stammt aus dem harmonisch-rhythmischen Denken, aus dem richtig gesetzten, wohlvorbereiteten, zur rechten Zeit eingetroffenen Akkord, aus der begriffenen Kraft der Kadenz, aus dem Jetzt, dem wieder erlangten Grundton und der Organisation seines Eintritts, die als Machtfrage ebenfalls eine Rhythmusfrage ist.«[21] Wie Halm setzt Bloch einer melodisch-polyphonen Kultur des Themas bei Bach eine rhythmisch-harmonische Kultur der Form bei Beethoven entgegen. Und aus dem Ungenügen an der Einseitigkeit einer isolierten, von ihrer Antithese abgeschnittenen Kultur der Musik resultiert die Beethoven-Kritik.

Deren Berufungsinstanz bildete bei Bloch wie bei Halm eine »dritte Kultur«. Ihren Propheten glaubte Halm in Bruckner zu erkennen, während Bloch sich zu einer Idee jenseits der Grenzen der existierenden Musik vortastete, einer utopischen, aber im Geiste »konkreter Utopie« konstruierbaren Idee. Er skizzierte einen Umriß dessen, was ihm vorschwebte, als Konsequenz aus Unerfülltem bei Beethoven einerseits und bei Wagner andererseits. Einen Augenblick lang scheint es, als messe er Beethoven an Wagner, die unterdrückte Melodie an der offenen (und der Schritt zu Adornos Beethoven-Kritik von Mahler her ist gering): »Mag Beethoven auch wesentlich nur Umriß sein, noch ohne Fülle ..., mag man dann auch versucht sein zu glauben, Beethoven sei wesentlich nur ein sterbender Moses, Strategie, Staatsgründung ohne Kultur, und hier, bei Wagner, winke von ferne das gelobte Land, das Lyrische Melisma im trotzdem dramatischen Kontrapunkt: so ist dieses doch alles bereits übersehbar, aber Beethoven ist nicht übersehbar, und er liegt nicht weniger über Wagner, wie Kant über Hegel liegt.«[22] Die Konsequenzen aus Beethoven reichen weit hinaus über die Konsequenzen aus Wagner.

Am Schluß des Musikkapitels aus dem »Geist der Utopie«, in der Pointe, auf die es zielt, ist allerdings Beethoven nur indirekt gegenwärtig: gleichsam in der Parodie, aber einer nicht scherzhaften, sondern tiefsinnigen. »Der Ton ›spricht‹ noch nicht, er ist überdeutlich genug, aber noch kann ihn niemand ganz verstehen ... gerade die durch Wagner zur höchsten expressiven Bestimmtheit erzogene Symphonie (wartet) noch immer auf ihren durch sie selbst absolut musikalisch geborenen Gegenstand.«[23] Blochs These, die Zukunft der Musik liege in dem Versuch beschlossen, die symphonischen Mittel des Wagnerschen Musikdramas absolut musikalisch zum Sprechen zu bringen – eine These, die an Halms Bruckner-Apologetik erinnert –, stellt die genaue Umkehrung der Wagnerschen Behauptung dar, daß die »unerlöste« musikalische Sprache der Beethovenschen Symphonie erst im Musikdrama zu sich selbst und zu ihrer eigentlichen Bestimmung komme. Die Rollen der Wagnerschen Geschichtsmythologie werden von Bloch vertauscht. Ist aber nach Bloch die

Zukunft der Wagnerschen Musiksprache in Beethovens musikalischer Form vorgezeichnet, so gilt zugleich umgekehrt, daß es die Wagnersche Musiksprache ist, in der Beethovens musikalische Form ihre Zukunft hat. Der Umriß einer »konkreten Utopie«, einer »dritten Kultur der Musik« zeichnet sich in der Ergänzung einer Beethoven-Kritik aus dem Geiste Wagners durch eine Wagner-Kritik aus dem Geiste Beethovens ab.

Wenn Bloch im Hinblick auf Beethoven, allerdings versuchsweise und im Konjunktiv, von »Strategie, Staatsgründung ohne Kultur« sprach, so rekapitulierte er die Beethoven-Kritik August Halms, der die Sonate mit einem »ideal funktionierenden Staat«, der jedoch »noch längst kein Idealstaat« sei, verglichen hatte und sogar das Wort vom »Ameisenstaat« nicht scheute.[24] »Es ist etwas von bureaukratischer Gesinnung in der klassischen Sonate. Das Individuum, d. i. das Thema, die Melodie, gilt dort nicht sowohl als ein Wesen für sich, mit eigenen Rechten, mit eigenem Leben; es wird vielmehr gebraucht, verbraucht: seine Leistung wird begehrt.«[25] Adornos Einspruch gegen musikalische Zwangssysteme, die er als Abbild und Rechtfertigung der gesellschaftlichen empfand, ist bei Halm vorgezeichnet, wenngleich metaphorisch und ohne geschichtsphilosophischen Anspruch.

Der Gegeninstanz zur Beethovenschen Sonate, der Bachschen Fuge, fällt jedoch in Halms Ästhetik nicht das letzte Wort zu. »Bachs Musik ist mehr Musik als die der Klassiker. Was uns dennoch an ihr fehlt, ist eben der große Staatsgedanke, der, einmal erschienen, unser Denken nicht mehr freigibt.«[26] Die überwölbende »Synthese«, von der er im kulturphilosophischen Stil des Jahrhundertanfangs träumte, suchte Halm in Bruckners Symphonik. Das Bekenntnis zu Bruckner als dem Repräsentanten einer »dritten Kultur« der Musik ist allerdings später, im Beethoven-Buch von 1927, durch die Bemerkung eingeschränkt worden, daß von Bruckner, im Unterschied zu Beethoven, »keine Wege mehr weiter führen«:[27] eine Bemerkung, die auffällig an Blochs Versuch von 1923 erinnert, die Relation zwischen Beethoven und Wagner dialektisch zu bestimmen. Daß der spätere Komponist das Werk des früheren ergänzt und vollendet habe und daß dennoch in Beethovens musikalischer Hinterlassenschaft Linien vorgezeichnet seien, deren Verlängerung über Wagner oder Bruckner hinausführen würde, ist die gemeinsame, durchaus nicht alltägliche Denkfigur. Und ähnliche Wege schlug später, ohne daß man von direkter Abhängigkeit sprechen müßte, sogar Adorno ein. Wenn er die Philosophie der neuen Musik um die Idee des integralen Werkes kreisen läßt, so ist es nicht Mahler, der Komponist des »Durchbruchs« und der »Suspension«, sondern eher Beethoven, dessen oeuvre das Anschauungsmodell bildet, ohne das die Kategorien leb- und farblos blieben.

Die Beethoven-Kritik von Rang, deren Zeugnisse sich zu einer latenten Tradition zusammenschließen, ist demnach im 20. Jahrhundert dadurch charakterisiert, daß sie – gleichsam in Umkehrung der plappernden Formel »ja, aber« – von der Distanzierung zur Rückwendung übergeht: von ästhetischer oder geschichtsphilosophischer Skepsis, die sich – paradox genug – gerade an die Vollendung und lückenlose funktionale Geschlossenheit der musikalischen Form heftet, zu der Überzeugung, daß die Beethovensche Idee der großen Form derjenige Teil der musikalischen Tradition sei, der am wenigsten preisgegeben werden dürfe. Man empfindet, mit anderen Worten, die Beethovensche Disziplin manchmal als drückend; doch fühlt man sich andererseits, sobald man sie abzuwerfen versucht, der Drohung der Barbarei ausgesetzt.

Anmerkungen

1 Th. W. Adorno, Moments musicaux, Frankfurt am Main 1964, 179.
2 A.a.O., 174.
3 A.a.O., 178.
4 A.a.O., 182 f.
5 Th. W. Adorno, Einleitung in die Musiksoziologie, Frankfurt am Main 1962, 216.
6 A.a.O., 221.
7 A.a.O., 221; Moments musicaux 174 und 182.
8 Th. W. Adorno, Quasi una fantasia, Frankfurt am Main 1963, 21.
9 A.a.O., 38.
10 Einleitung in die Musiksoziologie, 220.
11 Th. W. Adorno, Negative Dialektik, Frankfurt am Main 1966, 30 f.
12 Einleitung in die Musiksoziologie, 221.
13 Negative Dialektik, 35.
14 A.a.O., 31.
15 Moments musicaux, 13 ff.
16 Th. W. Adorno, Mahler, Frankfurt am Main 1960, 127.

17 A.a.O., 126.
18 E. Bloch, Geist der Utopie, Berlin 1923, 78.
19 A.a.O., 79
20 A.a.O., 79.
21 A.a.O., 80.
22 A.a.O., 81.
23 A.a.O., 112.
24 A. Halm, Von zwei Kulturen der Musik (1911), ³1947, 253.
25 A.a.O., 252.
26 A.a.O., 253.
27 A. Halm, Beethoven, Berlin 1927, 13.

Dieser Aufsatz ist zuerst erschienen in: *Adorno und die Musik*, herausgegeben von Otto Kolleritsch, Graz 1979 (= Band 12 der Universaledition für Institut für Wertungsforschung an der Hochschule für Musik und darstellende Kunst in Graz).

IV Bibliographie

Peter Christian Lang
Kommentierte Auswahlbibliographie 1969-1979

Der folgende Beitrag versucht, die Rezeption der Ästhetik Adornos in den letzten zehn Jahren zu dokumentieren. Eine Zweiteilung bot sich an, um Übersichtlichkeit der Bibliographie und zugleich kommentierende Interpretation des bibliographischen Materials im sachlichen und historischen Zusammenhang zu gewährleisten. So ist der Bibliographie ein Forschungsbericht vorangestellt, dessen Gliederung der der Bibliographie genau entspricht. In diesem Forschungs- oder Lagebericht, der durch eine weitergehende Strukturierung einen gezielten Umgang mit der Bibliographie ermöglichen soll, werden Tendenzen und Schwerpunkte der Diskussion um Adorno und seine ästhetischen Schriften herausgearbeitet. Dagegen beschränkt sich der unmittelbare Textkommentar im bibliographischen Apparat auf knappe, den jeweiligen Zentralgedanken referierende Bemerkungen.

Die parallele Gliederung von Forschungsbericht und Bibliographie in vier Abteilungen ist ebenso wie der bibliographierte Zeitraum ein Kompromiß aus sachlichen und pragmatischen Erwägungen; dies macht insbesondere die sachlich problematische Abgrenzung zwischen der ersten und zweiten Abteilung deutlich. Als Ausgangsdatum der Bibliographie wurde das Todesjahr Adornos 1969 und nicht 1970 – der Zeitpunkt des Erscheinens der »Ästhetischen Theorie« – gewählt, bedeutete doch Adornos Tod eine einschneidende Zäsur in der Rezeption; er ›entband‹ gewissermaßen auf einen Schlag Kritiker und Erben, Vereinnahmer und Verächter in einem vorher nicht gekannten Maß.

1. Zum Stand der Diskussion

Wie kaum ein anderer Denker unseres Jahrhunderts hat Adorno theoretisch wie praktisch den Anspruch eines Denkens aufrechterhalten, das sich, durch die arbeitsteilige Wissenschaftsorganisation unbeirrt, allen möglichen Gegenständen und Gegenstandsbereichen zuwendet, soweit es ihm von der ›Sache‹ her geboten erscheint; in fragwürdiger Großartigkeit war Adorno gleichermaßen Philosoph (in der ganzen Weite des Wortsinnes), Soziologe, Musik- und Literaturwissenschaftler/-kritiker, Komponist und gelegentlich auch praktizierender Pianist als Begleiter eigener Liedvertonungen. Adorno verkörperte dies alles in einer eigentümlich untrennbaren Weise, und es mag unbegründet und willkürlich scheinen, die, gemäß seinem am Essay orientierten Darstellungsideal, in häufig überraschender, assoziativ dialektischer Gleichzeitigkeit verschlungenen Themenbereiche voneinander trennen zu wollen. Doch, wie einerseits sich philosophische und soziologische Schriften abgrenzen lassen, in denen ästhetische Fragen weitgehend ausgeklammert sind, so lassen sich auf der anderen Seite die hier in ihrer Rezeption thematischen ästhetischen Schriften nahezu eindeutig bestimmen: Es sind die fast ausnahmslos am Titel erkennbaren Schriften über Musik, Literatur, ästhetische und kultursoziologische Fragen. Ebenso läßt sich die Rezeption dieser Schriften zumindest von den Arbeiten über Adorno trennen, die eindeutig nicht auf die ästhetische Thematik eingehen.

Über die Trennung verschiedener Stränge der Rezeption Adornos hinaus kann die allgemeine These begründet werden, daß die ›ästhetische‹ Rezeption Adornos in den letzten zehn Jahren – nach seinem Tod und besonders nach Erscheinen der »Ästhetischen Theorie« – die herausragend zentrale Rolle in der Beschäftigung mit Adorno gespielt hat. Dies ist auch ein zahlenmäßiger Tatbestand der Sekundärliteratur. Die Gründe dafür in einigen Andeutungen: In der Philosophie (im folgenden immer ohne Ästhetik) hat die Kritische Theorie, auf ihr normatives Begründungsdefizit aufmerksam gemacht, sich zu sprachanalytischen, systemtheoretischen und anderen, von Adorno in der Regel pauschal mit dem Verdikt des Positivismus belegten, modernen Ansätzen geöffnet bzw., von Adorno mehr weg als über ihn vermittelt, sich den Klassikern, besonders Hegel zugewandt; in der Soziologie, im Zeichen methodischer Grundlagenforschung, konnte ein derart an die Subjektivität des Forscherphilosophen gebundener spekulativer Ansatz ebenfalls kein Modell sein bei der Suche nach einem weithin akzeptablen Paradigma zwischen kritischer Hermeneutik und empirisch-statistischer Erklärung (die Literaturwissenschaft sieht sich einer entsprechenden Problematik gegenüber); des weiteren in der Pädagogik, zu deren

Fragen sich Adorno auch immer wieder geäußert hat, blieb er mehr als Über-Ich und Geist präsent, als daß er dort unmittelbaren Einfluß auf die wissenschaftliche Arbeit gehabt hätte. Schaut man über den Rand des akademischen Betriebs, so sind die mit dem Zerfall der Studentenbewegung eingetretene Polarisierung der Linken, die Hin-/Rückwendung zu den Klassikern Marx, Engels und Lenin, sowie die im gesamtgesellschaftlichen Rahmen sich bald abzeichnende ›Tendenzwende‹ als Gründe und Faktoren zu nennen, die einer fortdauernden Aktualität des ›nichtästhetischen‹ Adorno entgegenstanden.

Eine lose Auswahl der relativ wenigen Arbeiten, die Adorno unter den genannten Aspekten behandeln, sei hier dennoch angeführt, um, trotz aller faktischen Eingleisigkeit der Rezeption, den weiteren Horizont nicht ganz aus den Augen zu verlieren. Von Seiten der *Philosophie* können hier, insbesondere auch zur Geschichtsphilosophie, exemplarisch folgende Arbeiten über Adorno genannt werden:

Guzzoni, Ute: Selbsterhaltung und Anderssein. Ein Beitrag zur Kritischen Theorie. In: Ebeling, Hans (Hrsg.): Subjektivität und Selbsterhaltung. Beiträge zur Diagnose der Moderne. Frankfurt a. M. 1976, S. 314-44.

Plessner, Hellmuth: Adornos Negative Dialektik. Ihr Thema mit Variationen. In: Kant-Studien 61. 1970, S. 507-19.

Schmucker, Joseph F.: Adorno – Logik des Zerfalls. Stuttgart-Bad Cannstatt 1977.

Diese Beispiele philosophischer Arbeiten zu Adorno, die ästhetische Zusammenhänge unberücksichtigt lassen, sollen allerdings nicht zu einem Umkehrschluß verleiten. Denn in den bibliographierten Arbeiten zur Ästhetik werden vielfach auch die nicht ästhetischen Theorieteile behandelt, zumeist aber im Blick auf die ästhetische Theorie (z. B. von Grenz und in anderen Arbeiten der ersten Abteilung).

Die Rezeption Adornos in der *Soziologie* kann ebenfalls an drei ausgewählten Arbeiten dokumentiert werden, drei Arbeiten, die bezeichnenderweise vorwiegend sozialphilosophischen Charakter haben:

Beier, Christel: Zum Verhältnis von Gesellschaftstheorie und Erkenntnistheorie. Untersuchungen zum Totalitätsbegriff in der kritischen Theorie Adornos. Frankfurt a. M. 1977.

Dubiel, Helmut: Identität und Institution. Studien über moderne Sozialphilosophien. Düsseldorf 1973 (S. 51-76: Theodor W. Adorno).

Söllner, Alfons: Geschichte und Herrschaft. Eine kritische Studie zum Verhältnis von Philosophie und Sozialwissenschaft in der Kritischen Theorie. In: Philosophisches Jahrbuch 83. 1976, S. 333-56.

Zur Rezeption in der *Pädagogik:*

Herrmann, Berndt: Theodor W. Adorno. Seine Gesellschaftstheorie als ungeschriebene Erziehungslehre. Ansätze zu einer dialektischen Begründung der Pädagogik als Wissenschaft. Bonn 1978.

Witschel, Günter: Die Erziehungslehre der kritischen Theorie. Darstellung und Kritik. Bonn 1973.

Darüber hinaus sind in diesem Zusammenhang einige Texte zu nennen, die die Kritik Adornos von Seiten der *Neuen Linken* artikulieren:

Böckelmann, Frank: Über Marx und Adorno. Schwierigkeiten der spätmarxistischen Theorie. Frankfurt a. M. 1972.

Krahl, Hans-Jürgen: Konstitution und Klassenkampf. Zur historischen Dialektik von bürgerlicher Emanzipation und proletarischer Revolution. Frankfurt a. M. 1971 (darin u. a.: Der politische Widerspruch der kritischen Theorie Adornos, S. 285-88).

Massing, Otwin: Adorno und die Folgen. Über das »hermetische Prinzip« der Kritischen Theorie. Neuwied u. Berlin 1970.

Schöller, Wilfried F. (Hrsg.): Die neue Linke nach Adorno. München 1969 (vor allem die Beiträge von Agnoli, Bergmann/Fertl, Brückner und Gmelin).

Schließlich sei noch auf die ›marxistisch-leninistische‹ Adornorezeption – ebenfalls soweit sie die ästhetische Thematik ausspart – hingewiesen, deren dogmatischen Hintergrund die Marxismus-Diskussion in der DDR bildet:

Heiseler, Johannes Henrich von; Steigerwald, Robert und Schleifstein, Josef (Hrsg.): Die »Frankfurter Schule« im Lichte des Maxismus. Zur Kritik der Philosophie und Soziologie von Horkheimer, Adorno, Marcuse, Habermas. Frankfurt a. M. 1970.

Reichel, Peter: Verabsolutierte Negation. Zu Adornos Theorie von den Triebkräften der gesellschaftlichen Entwicklung. Berlin (Ost) bzw. Frankfurt a. M. 1972.

Von diesem Blick auf die weitere Rezeption Adornos im letzten

Jahrzehnt zurück zu der These vom Vorrang der Rezeption der ästhetischen Schriften Adornos in diesem Zeitraum: Denn es sind nicht nur die genannten Gründe fachspezifischer und historisch-gesellschaftspolitischer Art, die für die starke Akzentuierung der ästhetischen Dimension in der Rezeption Adornos angeführt werden können. Bedeutsamer noch dürften die werkimmanenten Gründe sein, deren volles Gewicht erst erkennbar wurde nach Erscheinen der »Ästhetischen Theorie« und der Frühschriften – den einzigen relevanten Texten, die bislang aus dem Nachlaß herausgegeben wurden. Die angesprochene Frage nach den werkimmanenten Gründen für die vorrangige Behandlung der »Ästhetischen Theorie« und der anderen Schriften Adornos zur Ästhetik leitet direkt über zu der ersten Abteilung der in Entsprechung zur nachfolgenden Bibliographie gegliederten Interpretation und Auswertung des bibliographischen Materials zur Rezeption der ästhetischen Schriften Adornos seit 1969.

1.1. Immanente und philosophiegeschichtliche Interpretationen der ästhetischen Theorie (zur Bibliographie 2.1.)

Die in dieser Abteilung zusammengestellten Arbeiten haben – bei aller Verschiedenheit – eines gemeinsam: Sie alle arbeiten die Zentralstellung der ästhetischen Theorie im Kontext des Gesamtwerks Adornos heraus oder haben diese Einschätzung als Prämisse. Betrachtet man diese Arbeiten als wirkungsgeschichtlichen Zusammenhang, ohne eine allzu scharfe Konturierung in dem relativ kurzen Zeitraum zu erwarten, so lassen sich doch einige recht klare Einschnitte und Rezeptionsphasen erkennen.

1969, unmittelbar nach Adornos Tod, und dann 1970-72, nach Erscheinen der »Ästhetischen Theorie«, beschränkten sich die hier vertretenen Autoren darauf, das Werk Adornos zu würdigen (Picht) bzw. erste herantastende Schritte eines verstehenden Zugangs zur »Ästhetischen Theorie« zu tun (Günther, Oppens, Plessner, Puder). Eine Ausnahme bildet der lange Zeit einzige immanent-kritische Rekonstruktionsversuch der Grundzüge der ästhetischen Position Adornos von Werckmeister (neuveröffentlicht 1969 u. 1971; erstmals 1962), der allerdings in der »Ästhetischen Theorie« keine wesentlich neuen Gedanken formuliert sieht.

Erst eigentlich ab 1972 wurde der zögernd hermeneutische

Zugang zur »Ästhetischen Theorie« abgelöst von selbständig selbstbewußten und zumeist kritischen Rekonstruktionsversuchen (Scheible vor allem, auch Beierwaltes und Fuhrmann; 1973 dann Baumeister/Kulenkampff und G. Kaiser), 1974 erschienen dann die ersten Dissertationen (Grenz, Paetzold, Richter) – fast alle in Betracht kommenden Dissertationen über Adorno sind hier aufgeführt (Ausnahmen: Hodek (2.3.) und aus 2.2. Distelmaier und Koch) – und, nachdem die Rezeptionsstärke, soweit ablesbar an der jährlich veröffentlichten Zahl von Titeln, in den folgenden Jahren sich einpendelte, kam dann mit 1977 der bisherige Höhepunkt dieses Strangs der Rezeption Adornos: 1972 – 3 Titel, 1973 – 2 Titel, 1974 – 5 Titel, 1975 – 2 Titel, 1976 – 5 Titel und 1977 – 10 Titel (Erscheinungsjahr des Text + Kritik Sonderbands zu Adorno). Statistisch stützen läßt sich kaum mehr die Feststellung einer Tendenz der zunehmenden Bearbeitung spezieller Probleme bzw. einzelner Systemteile der ästhetischen Theorie (mit Vorbehalt: Bolz und Figal, dann: Lüdke und Trabant).

Der Versuch einer *thematischen* Gruppierung der hier versammelten Arbeiten läßt erst einmal Arbeiten, die die Stellung der ästhetischen Theorie im Werkzusammenhang bestimmen, unterscheiden von solchen Arbeiten, die den immanenten Zusammenhang und Grundstrukturen der ästhetischen Theorie herausarbeiten; zu den letztgenannten gehören u. a. Bolz, Gramer, G. Kaiser, Kerkhoff, Paetzold, Sauerland. Im Werkzusammenhang wird die ästhetische Theorie, in Konkurrenz oder Komplementarität, mal mehr von der »Dialektik der Aufklärung« (Baumeister/Kulenkampff, Fontaine, auch Lüdke, Scheible und Zenck) oder von der »Negativen Dialektik« (Beierwaltes, G. Kaiser, auch Tichy) her oder in je charakteristischer Akzentuierung von beiden her (Birzele, Grenz und Rehfus) als Fluchtpunkt und letzte Erfahrungsbasis der Philosophie Adornos verstanden, bis zum Ästhetischwerden der Philosophie selber.

Zwei weitere Gruppen bilden Arbeiten zu Adornos literaturkritischen oder musikästhetischen Schriften, insofern sie aus dieser besonderen Perspektive die ganze Ästhetik in den Blick bekommen. Die literaturkritischen Arbeiten Adornos behandeln Bolz und Kreutzer, zu den »Noten zur Literatur«, und Lüdke, zur Beckettinterpretation Adornos. Zahlreicher, in Entsprechung zu der genuin auf Musik gerichteten und von ihr paradigmatisch geleiteten und durchdrungenen Ästhetik (dies wird verschiedentlich ausgeführt, z. B. bei Scheible), sind die hier untergebrachten Arbeiten zur Musikästhetik Adornos (Fontaine, Gramer, Richter, Zenck) (die umfangreiche Fachliteratur i. e. S. zu diesem Komplex wird in einer eigenen Abteilung der Bibliographie gesondert erfaßt). Eine letzte, thematisch einheitlich identifizierbare Gruppe der monographischen Arbeiten bilden die philosophiehistorisch angelegten Arbeiten, die zumeist im Rückgang auf Kant und Hegel (Figal, Frey, Koepsel (2.2.), Scheible, Wohlfart), aber auch von der Romantik (Frey) und Nietzsche (Bräutigam) her eine Ortsbestimmung der Ästhetik Adornos versuchen.

Abschließend noch der Hinweis auf eine Perle kritischer Philologie, den kleinen Aufsatz von Trabant, in dem ein folgenreicher Lesefehler Adornos aufgedeckt wird, ohne aber der produktiven Seite des Mißverständnisses Abbruch tun zu wollen.

*1.2. Die ästhetische Theorie im Rahmen übergreifender Thematik
oder aus der Sicht konkurrierender Positionen
(zur Bibliographie 2.2.)*

Die zuletzt genannte Gruppe der philosophiehistorischen Arbeiten zu Adorno bildet in gewisser Weise den Schnittpunkt zwischen der ersten und der zweiten Abteilung: Sind die dort zusammengefaßten Arbeiten charakterisiert durch einen auf Adorno hin angelegten Rückbezug auf Vorgängerpositionen, so behandeln die entsprechenden philosophiehistorischen Arbeiten in dieser Abteilung vorrangig die historischen Positionen selbst, entweder aus der Perspektive Adornos (zu Hegel und seiner Rezeption: Koepsel, auch Gethmann-Siefert) oder unter kritischer Berücksichtigung seiner Position (Lypp, auch Flickinger).

Als zweite, umfangreichste Gruppe dieser Abteilung lassen sich die Arbeiten zusammenfassen, die Adornos ästhetische Theorie im Kontext materialistischer Kunsttheorie und kulturrevolutionärer Debatten diskutieren und dabei entweder Adornos Position als die avancierteste antibürgerliche Ästhetik kennzeichnen oder (in unterschiedlicher Genauigkeit) von konkurrierenden Positionen aus kritisieren. Die durch die politische Aktualisierung Benjamins (auch Brechts) motivierte Auseinandersetzung mit Adorno hat hier die entscheidende Rolle gespielt; diese Auseinandersetzung ist geradezu über die Jahre hinweg ein Erkennungs-

zeichen der undogmatischen Tradition der Neuen Linken geblieben. Von hier aus wurde Benjamins Theorie von der Liquidierung der Aura (und ihrer Konsequenz: Ästhetisierung der Politik vs Politisierung der Kunst) aufgenommen und (zumeist) gegen Adornos geschichtsphilosophisches Festhalten an der Kunstautonomie gewendet; zu nennen sind: Brüggemann, Habermas, Koch, Lindner, Münzberg, Naeher, Oehler, Pfotenhauer, Rexroth, Wawrzyn. Hierzu gehört weiter die Debatte über die (in Antwort auf Benjamin konzipierte) Kulturindustrietheorie der »Dialektik der Aufklärung«, sowie die (den zentralen Begriff der Verdinglichung einbeziehende) Debatte über den Warencharakter von Kunst und Kultur. Im übrigen gibt es eine größere Zahl von Arbeiten, die Teil dieser Debatte sind (Autonomiediskussion, Avantgarde, kulturrevolutionäre Strategien im Spätkapitalismus), die aber, da sie sich nur unter anderem mit Adorno beschäftigen, hier in die Bibliographie nicht aufgenommen wurden. Zur Neuen Linken, der zahlenmäßig größten Gruppe dieser Abteilung der Bibliographie, sind weiterhin zu zählen, in der Mehrzahl als Kritiker – sie kritisieren Adornos Position als unpolitisch, subjektivistisch, historisch überholt oder als Apologie des Spätkapitalismus ohne kulturkämpferische Perspektive – die Autoren Faber, Holz, Mattenklott, H. N. Schmidt und Werckmeister (2.1.), aber auch als treue Erben Koepsel, auch Marcuse und aus 2.1. Bolz, Lüdke, Paetzold, Scheible und Zenck.
Eine Gruppe von großer inhaltlicher Homogenität bilden aufgrund ihres dogmatischen Charakters die Beiträge der mit Orthodoxieanspruch auftretenden marxistisch-leninistischen Rezeption der Ästhetik Adornos; fast ausnahmslos die DDR-Arbeiten zu Adorno, aber auch einige aus der Bundesrepublik gehören dazu: Autorenkollektiv, Dietzsch, Fredel, Heise, Kliche, Priester, Redeker, Tomberg, aus 2.3. Amzoll und Dawydow, ebenfalls (aus Lukács-Position) Kofler, tendenziell auch Mattenklott. Das insgesamt geringe Spektrum dieser Adornokritik – die meisten Arbeiten reagieren auf das Erscheinen der »Ästhetischen Theorie« – erstreckt sich von der pauschalen Denunzierung als imperialistischer oder pseudomarxistischer Philosophie (z. B. Priester und Ulle) über die Kritik der Ästhetik als Apologie der spätbürgerlichen Gesellschaft und der ihr entsprechenden »modernistischen« Kunst (Redeker, Ulle) zu Ansätzen eines differenzierenden und einläßlichen Umgangs mit Adorno unter u. a. der Beibe-

haltung des Vorwurfs mangelnder oder falsch verstandener Parteilichkeit (Heise, Kliche).

Im Vergleich zur Benjamin-Adorno-Auseinandersetzung und zur ›orthodoxen‹ Adornokritik findet das Verhältnis Adorno-Lukács erst in letzter Zeit größere Aufmerksamkeit. Hier stehen Verteidigungen Adornos (Raddatz) oder Lukács' (Kofler) einerseits vermittelnden Positionen auf der anderen Seite gegenüber, die den historischen Charakter der Adorno-Lukács Debatte erweisen (Bürger, Kliche, Lindner, Zima). Das Verhältnis Adorno-Bloch ist demgegenüber fast undiskutiert geblieben. Eine Gesamtdarstellung der Positionen materialistischer Ästhetik ist noch Desiderat (ansatzweise: Sander, Jameson (2.4.), Paetzold (2.1.) und – als Teil einer Geschichtsschreibung der Kritischen Theorie – Jay und A. Schmidt).

Darüber hinaus ist die übrige Diskussion ästhetischer Fragen von den unterschiedlichsten Ausgangspunkten immer wieder auf Adorno gestoßen, zumeist in kritisch absetzender oder integrierender Absicht:

Von seiten der empirischen Kunstsoziologie formuliert Thurn eine strikte Ablehnung der Ästhetik Adornos, etwas ›milder‹ gewissermaßen und auf Vermittlung bedacht ist die kritische Darstellung der ästhetischen Theorie durch S. J. Schmidt, der eine »rationale« und »wissenschaftliche« Ästhetikkonzeption i. S. der Linguistik und Kommunikationstheorie vertritt.

Nicht von dem Standpunkt der positiven Wissenschaften, sondern, wie Adorno selbst, weitgehend im hermeneutischen Kontext der Tradition der philosophischen Ästhetik argumentieren die Autoren, die gegen die Werk- und Wahrheitsorientierung der Ästhetik einerseits (Bubner), die Negativitätsfixierung andererseits (Jauß, auch Gethmann-Siefert) das genuine Thema ästhetischer Theorie in einer Analyse der ästhetischen Erfahrung sehen. Während der Rezeptionsästhetiker Jauß in der Identifikation, die er der Negation/Negativität überordnet, das wesentliche Charakteristikum und Paradigma ästhetischer Erfahrung sieht, begründet Bubner in Anknüpfung an Kant ästhetische Erfahrung als eine besondere, nicht wahrheitsfähige Form subjektiver Reflexion.

Durchaus dann in der Tradition kritischer Ästhetik versteht sich Bürger, der Adornos ästhetischen Theorie aus der Sicht seiner »Theorie der Avantgarde« und ihrem Zentralbegriff der »Institution Kunst« der historisch überholten Phase des Ästhetizismus und der Avantgardebewegungen zuordnet. Einer über alle Kunstmittel verfügenden postavantgardistischen Kunstproduktion läßt sich, so Bürgers Fazit, nur noch mit konkreten Werkanalysen begegnen.

Eine Sonderrolle nehmen schließlich Arbeiten ein, die sich als konservativ bis hin zur Denunzierung der Frankfurter Schule kennzeichnen lassen und deren geschichtsphilosophisch-utopischen Kern als Irrlehre attackieren (auf sehr unterschiedlichem Niveau: Rohrmoser, Sander und aus 2.1. G. Kaiser).

Zu guter Letzt kommen noch einige Arbeiten in den Blick, die durchweg adornofreundlich sein Verhältnis zu den Zeitgenossen Thomas Mann (Dörr, Sauerland) und, wie schon erwähnt, Lukács (Raddatz, auch, kritischer, Bürger) behandeln. Nimmt man dazu noch die Arbeiten von H. Kaiser und Kreutzer (2.1.), dann ist schon so ziemlich alles genannt, was man zu einer literaturwissenschaftlichen Rezeption i. e. S. zählen könnte.

1.3. Die musikwissenschaftliche Rezeption Adornos
(zur Bibliographie 2.3.)

Ganz anders sieht es in der anderen für Adorno bedeutsamen ästhetischen Fachdisziplin, der Musikwissenschaft, aus; hier ist Adorno über die Jahre von brisanter Aktualität geblieben. Mit seinen grundlegenden Arbeiten zur Musiksoziologie, mit seinen materialen Analysen und auch noch den Thesen zur Musikpädagogik nimmt Adorno bis heute eine beherrschende Stellung im musikwissenschaftlichen Betrieb ein. (Auf die, andersherum gesehen, paradigmatische Relevanz der Musik für Adornos ästhetische Theorie, ja seine ganze Philosophie, haben wir oben schon hingewiesen.)

In die – aus den genannten Gründen und deren quantitativem Niederschlag in der Rezeption – notwendige eigene musikwissenschaftliche Abteilung der Bibliographie sind, bis auf die monographischen Arbeiten aus 2.1. (Fontaine, Gramer, Richter und Zenck), alle musikwissenschaftlichen bzw. schwerpunktmäßig die musikkritischen Arbeiten Adornos betreffenden Fachbeiträge aufgenommen, auch die nicht deutschsprachigen Beiträge.

Zu erwarten ist ein Sammelband zur musikalischen Theorie Adornos nach einer Senderreihe »Adorno im Rückblick«, die 1978/79 im Funk zu hören war (SDR und SWF). Als Beteiligte nennt C. Gottwald, der verantwortlich für diese Reihe zeichnet, den Komponisten D. Schnebel, den Soziologen T. Kneif, die Musikwissenschaftler C. Dahlhaus, R. Stephan, L. Finscher und R. Gerlach, die Philosophen G. Figal und H. K. Metzger, den Theologen St. Strohm und den Schriftsteller H. Heissenbüttel.

Die bisher herausgearbeiteten Tendenzen der Adornorezeption spiegeln sich im großen und ganzen in diesem einzelwissenschaftlich orientierten Rezeptionsstrang wider, obgleich das Erscheinen der »Ästhetischen Theorie« hier keine besondere Rolle gespielt hat. Zuerst zu nennen ist eine größere Anzahl von teilweise polemischen (Kneif, Silbermann) Nachrufen und Würdigungen aus musikwissenschaftlicher Sicht (Dahlhaus/Finscher/Kaiser, Eichenwald, Henius, Lewinski und Stephan). Eine gewisse Aktualität – auch in den 70er Jahren noch – hat die bis in die frühen 50er zurückreichende Debatte um die Musikpädagogik; sie wird thematisiert aufgrund von Erst- und Neuauflagen zu diesem Komplex (Abel-Struth, Abraham, Twittenhoff), im Rückblick aus der Sicht des früheren Diskussionspartners (-gegners) (Doflein), in aktuell kritischer Absicht (Eggebrecht) und in sozialhistorischer Fundierung der Kritik Adornos an der deutschen Musikbewegung (Hodek).

Zumeist hermeneutisch nachvollziehend bemüht sich eine Gruppe von Autoren um ein besseres Verständnis von Grundgedanken und einzelnen Theoremen der Adornoschen Musiksoziologie (Brinkmann, Burde, Heinz, Riethmüller, Sziborsky, Weitzman, sowie aus 2.1. Fontaine, Gramer, Zenck, mit Einschränkungen auch Richter). Eine in allen Fällen kritische Entgegnung auf Adornos Verständnis einzelner Komponisten sind die Beiträge über Adorno und Bartok (Breuer, Zoltai), Beethoven (von Hohenzollern), Hindemith (Briner), Schönberg (Maegaard), Stockhausen (Kneif) und Strawinsky (Huber), mehr freundlich referierend die Rezensionen von Borris (des Bergbuches) und Stephan (zum Briefwechsel mit Krenek). Die Zusammenarbeit Adorno-Eisler beurteilen unterschiedlich bis gegensätzlich Amzoll, Lück und Stephan. In der Tradition der Neuen Linken stehen die Beiträge von Böhmer, Lück und Reininghaus/Traber, das orthodox marxistische Lager vertreten Amzoll und programmatisch Dawydow.

Als einziger systematischer Gegenentwurf zur dialektischen Musiksoziologie Adornos aus nichtmarxistischer Sicht ist die empirische Musiksoziologie zu nennen; Kneif und Silbermann vertreten ihren Anspruch in polemischer Schärfe, ohne ihrerseits untereinander einig zu sein.

1.4. Zur Adornorezeption im nicht deutschsprachigen Ausland (zur Bibliographie 2.4.)

Der vierte Block der Bibliographie dokumentiert in grober Auswahl die nicht deutschsprachige Rezeption Adornos; mehr als ein knapper Überblick bzw. eine »Starthilfe« für Leser mit Interesse an einer intensiveren Auseinandersetzung kann damit nicht gegeben werden.

Die außerordentlich breite und differenzierte Rezeption Adornos und der Kritischen Theorie in *Italien* braucht, nachdem sie von Pettazzi in dem Text + Kritik Sonderband über Adorno so ausführlich dokumentiert wurde, nicht mit in die Bibliographie aufgenommen werden. Der Resonanz in Italien kommt in ihrer Vielfalt und in der Zahl der Veröffentlichungen (145 Titel sind bei Pettazzi genannt) eine Sonderrolle zu; außer der Bibliographie von Pettazzi (von 1975; s. u.) vgl. auch ergänzend die aktuellere in:

Nebuloni, Roberto: Dialettica e storia in Th. W. Adorno. Milano 1978, S. 141-47.

Die wichtigsten Arbeiten der Adornorezeption in *Großbritannien und den USA* sind ohne Länderdifferenzierung in die Bibliographie aufgenommen; Buck-Morss, Jay und Rose sind an erster Stelle zu nennen. Dazu kommen einige mehr oder weniger repräsentative Aufsätze und Artikel, wobei die ansonsten geltenden thematischen (Adornos Ästhetik) und zeitlichen Beschränkungen (seit Adornos Tod) der Bibliographie nicht streng eingehalten werden konnten. Das hat Gründe in der Sache, denn in England/USA und auch in Frankreich beginnt erst allmählich sich eine besondere Adornorezeption abzuzeichnen; bis Mitte der Siebziger Jahre lag der Schwerpunkt auf einer ziemlich geschlossenen Rezeption der Frankfurter Schule und ihres Umkreises (Jay Therborn und auch noch Slater und Tar sind deutliche Belege), allerdings z. T. mit großem Kenntnisreichtum und reifen Resultaten, die das erste Stadium der Aneignung nicht erkennen lassen. Die dabei zutage tretende Einstellung wechselt zwischen Distanz, Skepsis, Ablehnung und freundlicher oder gar euphorischer Aufnahme. Slaters Aufsatz zur Ästhetik der Kritischen Theorie ist im Zusammenhang mit der zunehmend an Einzelfragen interessierten Rezeption der Kritischen Theorie und Adornos in der Zeitschrift *Telos* zu sehen (Beiträge u. a. von Buck-Morss, Jay und Slater; seit 1971 insgesamt annähernd 20 Titel). Einige weitere bibliographische Angaben zur englischsprachigen Rezeption bei Tar.

Die schon angesprochene *französischsprachige Rezeption,* die vom Umfang her im Anschluß an die englische zu nennen ist, wird in dem angegebenen Heft der Zeitschrift »Esprit« bis Anfang 1978 in einer Bibliographie samt einer vorhergehenden Einschätzung der Rezeptionslage dokumentiert. Das erspart uns weitere Angaben. Eine Ausnahme wird mit der Arbeit von Jimenez gemacht, der einzigen monographischen Arbeit über die Ästhetik Adornos von französischer Seite.

Von einer systematischen und kontinuierlichen Rezeption Adornos im übrigen Ausland kann bis heute nicht die Rede sein. Die bibliographierten Arbeiten dazu sind Einzelstücke, deren Platz oft eher im deutschsprachigen Rezeptionszusammenhang zu suchen ist (z. B. Sauerland, 2.1. u. 2.2.). So beschränkt sich auch unser Zugang zur spärlichen Rezeption Adornos und der Kritischen Theorie in der UdSSR weitgehend auf ihren Niederschlag in der DDR-Rezeption (vgl. z. B. Dawydow, 2.3.).

Bei aller Vorläufigkeit dieses Überblicks über die Rezeption Adornos im Ausland, sei dennoch zum Abschluß das pauschale Fazit gewagt, daß auch in diesen, unterschiedlich entwickelten Rezeptionstraditionen der Vorrang der Ästhetik und der ästhetischen Schriften im Werk Adornos immer wieder sichtbar wird.

2. Kommentierte Auswahlbibliographie

Wie schon im Vorangegangenen erläutert, ist die Bibliographie in vier Abteilungen gegliedert. Die Reihenfolge innerhalb der Abteilungen ist alphabetisch, bei mehreren Beiträgen eines Autors nach dem Erscheinungsdatum. Anders als die nur in Auswahl erfaßte ausländische, dürfte die deutschsprachige Literatur – soweit sie dem Kriterium der Sekundärliteratur zu den ästhetischen Schriften Adornos genügt – in dem bibliographierten Zeitraum seit Adornos Tod fast vollzählig versammelt sein; in der Regel sind aber keine Feuilletonbeiträge mit aufgenommen worden. Die Kommentare bemühen sich um knapp deskriptiv-referierenden Charakter und werden wohl dem jeweiligen Text gegenüber desto ungerechter, je mehr dieser sich durch Umfang und Komplexität auszeichnet; leider – vielleicht kann die oben vorausgeschickte Einschätzung im Rezeptionszusammenhang diesen Mangel etwas ausgleichen. Die Anmerkung »Diss.« wurde nur bei Arbeiten hinzugefügt, die im Typoskript ohne Verlagsangabe erschienen sind.

Über die *Primärliteratur* informiert im wesentlichen

Schultz, Klaus: Vorläufige Bibliographie der Schriften Theodor W. Adornos. In: Schweppenhäuser, Hermann (Hrsg.): Theodor W. Adorno zum Gedächtnis. Frankfurt a. M. 1971, S. 177-239.

Vgl. auch den Plan der bei Suhrkamp erscheinenden Gesammelten Schriften in 20 Bänden (dazu drei Supplementbände), herausgegeben von Rolf Tiedemann, Frankfurt a. M. 1970 ff.

Für die *Sekundärliteratur* vor 1969 verweise ich auf die

Ausgewählte Bibliographie der Schriften über Theodor W. Adorno. In: Über Theodor W. Adorno. Frankfurt a. M. 1968, S. 143-49.

Außerdem auf:

Pettazzi, Carlo: Kommentierte Bibliographie zu Th. W. Adorno. In: Arnold, Heinz Ludwig (Hrsg.): Theodor W. Adorno. Sonderband aus der Reihe Text + Kritik. München 1977, S. 176-91; mit Vorbehalt gegenüber dem umfassenden Anspruch, der Sorgfalt, sowie dem Unverhältnis (zur ganzen übrigen Rezeption), mit dem – wie selbstverständlich – die italienische Rezeption verzeichnet ist.

2.1. Immanente und philosophiegeschichtliche Interpretationen der ästhetischen Theorie

Baumeister, Thomas/Kulenkampff, Jens: Geschichtsphilosophie und philosophische Ästhetik. Zu Adornos ›Ästhetischer Theorie‹. In: Neue Hefte für Philosophie. H. 5. 1973, S. 74-104.
– Die Autoren verfolgen in drei Schritten überzeugend den Begründungsgang von der Geschichtsphilosophie (»Dialektik der Aufklärung«) zur Ästhetik, die ihrerseits wiederum in umgekehrter Begründungsrichtung als »letzte Gestalt der Philosophie« zu verstehen ist. Dieses philosophische Programm einer Ästhetik,

unklar zwischen Kant und Hegel, scheitert an seiner eigenen Radikalität (78, 104).

Beierwaltes, Werner: Adornos Nicht-Identisches. In: Beierwaltes, W. und Schrader, W. (Hrsg.): Weltaspekte der Philosophie. Rudolph Berlinger zum 26. Oktober 1972. Amsterdam 1972, S. 7-20. – Geht der konstitutiven Rolle des Nichtidentischen in Adornos Philosophie nach: »Ästhetische Theorie« bleibt einer Philosophie als negativer Dialektik »als die höchste Form noch möglichen Philosophierens« (14).

Birzele, Karl-Heinrich: Mythos und Aufklärung. Adornos Philosophie, gelesen als Mythos – Versuch einer kritischen Rekonstruktion. Diss. Würzburg 1977. – Die mythisch erstarrte »Negative Dialektik«, die wie Birzele nachweist, in sich spezifisch ästhetisch ist, hat ihren Grund in der abgebrochenen Dialektik des physiognomischen Blicks auf das Bild des Todes. B. sieht einen Ausweg in der »Verflüssigung der stillgestellten Theorie« (262).

Bolz, Norbert W.: Geschichtsphilosophie des Ästhetischen. Hermeneutische Rekonstruktion der »Noten zur Literatur« Th. W. Adornos. Diss. Berlin 1976. – Hermeneutisch deutende wie potenzierende Interpretation des essayistischen Gefüges oder »Mosaiks« der »Noten zur Literatur« »in dialektischer Beziehung zum Gravitationszentrum des Adornoschen Denkens: der Geschichtsphilosophie des Ästhetischen« (S. X); in 25 Kapiteln von der »Dialektische(n) Formautonomie des Essays« (1. Kap.) zur »Metaphysik der Verzweiflung« (25. Kap.) mit der Absicht der Erschließung der Extreme des »makrohermeneutischen Deutungsraums« (S. X) der Moderne.

Bräutigam, Bernd: Reflexion des Schönen – Schöne Reflexion. Überlegungen zur Prosa Ästhetischer Theorie – Hamann, Nietzsche, Adorno –. Bonn 1975. – Die Schlußreflexion der »Minima Moralia« führt (als ein Beispiel negativer Dialektik), wie der Autor in minutiös überzeugender Auslegung zeigt, mit Notwendigkeit in selbst ästhetische Theorie mimetischen Erkennens. Damit steht Adorno in einer Tradition, deren partielles Recht B. im Schlußkapitel mit Hegel konzediert, deren gefährliche »Regressionstendenzen« er aber aufgedeckt sehen will.

Figal, Günther: Theodor W. Adorno. Das Naturschöne als spekulative Gedankenfigur. Zur Interpretation der »Ästhetischen Theorie« im Kontext philosophischer Ästhetik. Bonn 1977. – Adornos Ästhetik wird systematisch als Antwort auf Hegels Ästhetik und die mit dieser erreichten Autonomisierung der Kunst verstanden. Dem von Adorno in der »Ästhetischen Theorie« – von Figal als Versuch einer »Ontologie, die gleichzeitig Theorie der Freiheit ist« (16) gelesen – formulierten Verhältnis von Philosophie und Kunst (Monade als Repräsentation des Naturschönen) wird über Kant und Schelling auf den Grund gegangen und das Mißlingen der »Ästhetischen Theorie« in der Bestimmung des Naturschönen expliziert.

Fontaine, Michael de la: Der Begriff der künstlerischen Erfahrung bei Theodor W. Adorno. Diss. Frankfurt a. M. 1977. – In drei Teilen (geschichtsphilosophischer, ästhetischer und musikalischer Teil) wird versucht, die »Latenzstruktur« der Adornoschen Theorie herauszuarbeiten entlang den Zentralbegriffen: Mimesis, Rationalität, Naturschönes, ästhetische Erfahrung (die in vier Stufen rekonstruiert wird), (musikalisches) Material und Kulturindustrie.

Frey, Peter: Die Philosophie der Kunst denkt sich zu Ende. Diss. Frankfurt a. M. 1977 (S. 85-120: Adorno: Negative Philosophie der Kunst, die ihr Ende nicht wahrhaben will.). – Wie auf seiten der Kunst die Romantik, so ist in der Philosophie Adornos Ästhetik der vergebliche und paradoxe Versuch, die mit Hegel zu Ende gedachte Philosophie der Kunst zu restituieren.

Fuhrmann, Helmut: Adornos Theorie der ästhetischen Tradition. Didaktische Überlegungen zum Problem literarischer Überlieferung. In: Neue Sammlung 12. 1972, S. 146-167. – Klare Analyse der Momente der Adornoschen Traditionskritik, ausgehend von der Einleitung des Eichendorff-Essays in den »Noten zur Literatur«: »genuine Beziehung durch Distanz« (167) wird, formelhaft resümiert, als von Adorno postulierte Beziehung zur Tradition herausgearbeitet.

Gramer, Wolfgang: Musik und Verstehen. Eine Studie zur Musikästhetik Theodor W. Adornos. Tübingen 1976. – Eine klare, umfassende Darstellung der Musikästhetik Adornos (1.

Teil), gefolgt von einer Nachzeichnung der wichtigsten musikästhetischen Vorgängerpositionen (2. Teil) und abgeschlossen mit einer Klärung des kritischen Umfelds von Adornos Ästhetik und Philosophie.

Grenz, Friedemann: Adornos Philosophie in Grundbegriffen. Auflösung einiger Deutungsprobleme. Frankfurt a. M. 1974. – Erster umfassender Rekonstruktionsversuch der einheitlich verstandenen Philosophie Adornos. Schlüsselbegriffe dabei sind »Verdinglichung« und »Naturgeschichte« in Verbindung mit einer insgesamt fruchtbaren Differenzierung von bestimmter und physiognomischer Negation (entsprechend negative Dialektik und Ästhetik). Vgl. dazu die Rez. von Hörisch, J., in: Philosophische Rundschau 23. 1976, S. 140-43.

Grenz, Friedemann: Zur architektonischen Stellung der Ästhetik in der Philosophie Adornos. In: Arnold, Heinz Ludwig (Hrsg.): Theodor W. Adorno. Sonderband aus der Reihe Text + Kritik. München 1977, S. 119-29. – Versucht, in Auseinandersetzung mit Baumeister/Kulenkampff und Bubner, die These von der Legitimation der »Negativen Dialektik« in der »Ästhetischen Theorie« abzuwehren mit der Gegenthese: »Die »Ästhetische Theorie« ist ein Seitenstück zur »Dialektik der Aufklärung« in ihrer Behandlung des sozialen Gehalts der Werke, zur »Negativen Dialektik«, wo sie den Wahrheitsgehalt der Kunst als negativ gegebenen in das Medium des Begriffs übersetzt. Sie ist nicht deren Legitimation.« (127).

Günther, Joachim: Theodor W. Adorno: Ästhetische Theorie. In: Neue deutsche Hefte 18. 1971, S. 191-96. – Rez. der »Ästhetischen Theorie«.

Jablinski, Manfred: Theodor W. Adorno. »Kritische Theorie« als Literatur- und Kunstkritik. Bonn 1976. – Arbeitet die Kunst als Medium überhaupt noch möglicher Kritik bei Adorno heraus; diese Kritik bedarf aber nach Ansicht Jablinskis einer umfassenden Gesellschaftstheorie, die die »Verwendungsbedingungen« der Kritik bestimmt. Als »nicht konsequent durchgeführte Reflexion« (13) auf diese transzendenten Zusammenhänge mißlingt Adornos immanente Kunstkritik.

Kaiser, Gerhard: Theodor W. Adornos »Ästhetische Theorie«. In: Ders.: Antithesen. Zwischenbilanz eines Germanisten 1970-72. Frankfurt a. M. 1973, S. 275-364. Wiederabgedruckt in: Kaiser G.: Benjamin. Adorno. Zwei Studien. Frankfurt a. M. 1974, S. 79-168. – In philologisch exakter Interpretation von »Negativer Dialektik« und »Ästhetischer Theorie« gelingt es Kaiser, deren zentrale Elemente sowie den Zusammenhang der Adornoschen Philosophie, die »erst als Ästhetik zu Ende gedacht werden kann« (305 bzw. 109), darzustellen. Er tut dies, nicht ohne eine konservative Grundtendenz, im vorweg umrissenen historischen Problemhorizont der mit Lukács beginnenden Entwicklung von der marxistischen Ästhetik zum ästhetischen Marxismus (277 bzw. 81). Vgl. dazu die Rez. von Lüdke, W. M., in: Ästhetik und Kommunikation 6. H. 19. 1975, S. 50-54.

Kerkhoff, Manfred: Die Rettung des Nichtidentischen. Zur Philosophie Th. W. Adornos. In: Philosophische Rundschau 20. 1973, S. 150-78 und 21. 1974, S. 56-74 (dieser Teil über Adornos Ästhetik). – Eine Sammelrezension von Schriften Adornos; weitgehend referierende Darstellung der Grundgedanken der Ästhetik Adornos.

Kreutzer, Winfried: Theoretische Ansatzpunkte einer Literaturbetrachtung bei Th. W. Adorno. In: Literaturwissenschaftliches Jahrbuch N. F. 15. 1974, S. 237-59. – Interpretation der »Noten zur Literatur« nach den Hauptgesichtspunkten der Gesellschaftlichkeit und des utopischen Moments von Literatur.

Kübler, Harlich: Zum Kulturbegriff Theodor W. Adornos. Diss. Dortmund 1977. – Arbeitet verschiedene Aspekte von Adornos Kulturtheorie (u. a. Ideologie, Kulturindustrie, autonome Kultur) in Kontrast zu anderen Positionen, z. B. der Kultursoziologie, heraus.

Lüdke, W. Martin: Der Kronzeuge. Einige Anmerkungen zum Verhältnis Th. W. Adornos zu S. Beckett. In: Arnold, Heinz Ludwig (Hrsg.): Theodor W. Adorno. Sonderband aus der Reihe Text+Kritik. München 1977, S. 136-49. – Nach einer allgemeinen Bestimmung des Verhältnisses »Dialektik der Aufklärung«, »Negative Dialektik« und »Ästhetische Theorie« wird die geschichtsphilosophische Diagnose Adornos an Beckett bzw.

Adornos Beckettinterpretation exemplifiziert, insbesondere an der, von der Tradition abweichend verstandenen, Herr-Knecht-Dialektik.

Oppens, Kurt: Adornos Kunstphilosophie. In: Merkur 25. 1971, S. 802-05. – Rez. der »Ästhetischen Theorie«.

Paetzold, Heinz: Neomarxistische Ästhetik I u. II. Düsseldorf 1974. (Bd. 1: Bloch-Benjamin; Bd. 2: Adorno-Marcuse) – Vergleichende Darstellung wichtiger Positionen unorthodoxer neomarxistischer Ästhetik im Zusammenhang. Adorno (Bd. 2, S. 7-101: III. Die gesellschaftskritische Funktion der ästhetischen Erfahrung in der Ästhetik Adornos) ist der von P. bei der Darstellung der anderen Positionen kritisch in Anspruch genommene Maßstab; die Rekonstruktion seiner Ästhetik fällt klar und sachlich aus, wobei P. in »eine(r) Geschichtsphilosophie des gegenwärtigen Zeitalters« (91) die wesentliche Grundvoraussetzung der Ästhetik Adornos sieht. Vgl. auch von demselben Autor: Einige Positionen gegenwärtiger Ästhetik. In: Die Neue Rundschau 86. 1975, S. 605-27. – Von Heidegger über Gadamer, Gehlen und Ritter zur Ästhetik der Kritischen Theorie, d. s. wieder Bloch, Benjamin, Adorno und Marcuse.

Picht, Georg: Atonale Philosophie. Theodor W. Adorno zum Gedächtnis († 6. VIII. 1969). In: Merkur 23. 1969, S. 889-92. Wiederabgedruckt in: Schweppenhäuser, Hermann (Hrsg.): Theodor W. Adorno zum Gedächtnis. Frankfurt a. M. 1971, S. 124-28. – »Im Zentrum dieser Philosophie steht deshalb die Musik, Philosophie geht hier bis zur Ununterscheidbarkeit in Musik über.« (892 bzw. 127).

Plessner, Helmuth: Zum Verständnis der ästhetischen Theorie Adornos. In: Philosophische Perspektiven 4. 1972, S. 126-36. – Auf der Suche nach dem »Ariadnefaden dieser konzentrisch angelegten Komposition« (127), der »Ästhetischen Theorie«, verfolgt P. deren Grundzüge.

Puder, Martin: Zur ›Ästhetischen Theorie‹ Adornos. In: Die Neue Rundschau 82. 1971, S. 465-77. – Eindringliche und erhellende Interpretation der Verwendung zentraler Begriffe in der »Ästhetischen Theorie«: u. a. Mimesis, Ausdruck, Nominalismus; die Philosophie Adornos dabei verstanden als »volle Reflexion« (472) des neuzeitlichen Prozesses des Auseinanderfallens von Philosophie in Stringenztechnik und Ausdrucksdenken.

Rehfus, Wulff: Theodor W. Adorno. Die Rekonstruktion der Wahrheit aus der Ästhetik. Diss. Köln 1976. – Adornos »grundsätzliches Mißverständnis« (17), die Gleichsetzung von Synthesis und Identität, führt über Gesellschafts- und Geschichtsphilosophie in die Ästhetik als der einzig noch verbleibenden Dimension von Wahrheitserfahrung.

Richter, Ulrich: Der unbegreifbare Mythos. Musik als Praxis Negativer Dialektik. Eine philosophische Abhandlung zur Schönberg-Interpretation Theodor W. Adornos. Diss. Köln 1974. – In Anknüpfung an Rohrmoser (»Das Elend der kritischen Theorie«, Freiburg 1970) sieht Richter die »Negative Dialektik« – in deren Zentrum er mit der Diskussion der Schönberg-Interpretation vorzudringen versucht – scheitern als »Vermittlung von Theorie und Praxis als humanes Leben« (9).

Sauerland, Karol: Adornos Ästhetik des Nichtidentischen. Warschau 1975. – Den Universalitätsanspruch der Ästhetik Adornos in Frage stellende Darstellung in Einzelaspekten, unter Einbeziehung wichtiger Sekundärliteratur. Vgl. jetzt auch ders.: Einführung in die Ästhetik Adornos. Berlin, New York 1979.

Scheible, Hartmut: Sehnsüchtige Negation. Zur Ästhetischen Theorie Theodor W. Adornos. In: Protokolle. Wiener Halbjahresschrift für Literatur, bildende Kunst und Musik. H. 2. 1972, S. 67-92. Erweitert und überarbeitet wiederabgedruckt unter dem Titel: Geschichte im Stillstand. Zur Ästhetischen Theorie Theodor W. Adornos. In: Arnold, Heinz Ludwig (Hrsg.): Theodor W. Adorno. Sonderband aus der Reihe Text+Kritik. München 1977, S. 92-118. – Nachdem der historische Moment relisierbarer Utopie unwiderruflich vorbei ist, wird autonome Kunst als bestimmte Negation des Bestehenden – so ein Zentralgedanke der »Ästhetischen Theorie« – in dem Maße abstrakt, in dem die Substanz dieser Negation vergeht, als totales Irrationalwerden der Gesellschaft. Vgl. von demselben Autor als eine Art Metarezension: Wie Adorno zu lesen sei. Die »Ästhetische Theorie«:

Rezensionen und andere Mißverständnisse. Frankfurter Rundschau, 1. 7. 1972.

Tichy, Matthias: Theodor W. Adorno. Das Verhältnis von Allgemeinem und Besonderem in seiner Philosophie. Bonn 1977. – Adornos Philosophie verstanden als der Versuch, gegen das Unwahre des abstrakt Allgemeinen (Begriff bzw. gesellschaftliches System) einen wahren Begriff des immanent Allgemeinen aus der individuellen Erfahrung und der Kunst zu bestimmen. Die Verwirklichung – zumindest im Denken – dieses anderen Allgemeinen, über die Einsicht in seine Möglichkeit hinaus, sieht Tichy, gegen Adornos Selbstverständnis, in dessen Philosophie (insbesondere dem zentralen Begriff des Geistes) angelegt.

Trabant, Jürgen: »Bewußtseyn von Nöthen«. Philologische Notiz zum Fortleben der Kunst in Adornos ästhetischer Theorie. In: Arnold, Heinz Ludwig (Hrsg.): Theodor W. Adorno. Sonderband aus der Reihe Text+Kritik. München 1977, S. 130-35. – Bewußtsein von Nöten als Bedingung der Notwendigkeit von Kunst, ein Theorem Adornos, wird von diesem aufgrund eines eindeutigen Lesefehlers (es handelt sich um die altertümliche Schreibweise von »Bewußtsein vonnöten«) in Hegels Ästhetik projiziert. Über den sachlichen Gehalt des Adornoschen Theorems ist dadurch natürlich noch nichts ausgemacht.

Werckmeister, O. K.: Das Kunstwerk als Negation. Zur geschichtlichen Bestimmung der Kunsttheorie Theodor W. Adornos. In: Ders.: Ende der Ästhetik. Frankfurt a. M. 1971, S. 7-32. Dritte, überarbeitete Fassung eines Aufsatzes, der zuerst erschien in: Die Neue Rundschau 73. 1962, S. 111-30 und dann, mit einem Nachwort, in: Schöller, Wilfried F. (Hrsg.): Die neue Linke nach Adorno. München 1969, S. 91-117. – Eine der ersten, bis heute wirksamen kritischen Darstellungen der Kunsttheorie Adornos; nach Analyse Werckmeisters »stehen sich Adornos negativ-utopische Verklärung der Kunst und die affirmative Ideologiefunktion der Kunst in der bürgerlichen Kultur näher, als der absolute Widerspruch erkennen läßt, in dem Adorno beide dachte.« (32).

Wohlfart, Günter: Anmerkungen zur ästhetischen Theorie Adornos. In: Philosophisches Jahrbuch 83. 1976. S. 370-91.

- Zwei Themenkreise: »Hegel und die ästhetische Theorie Adornos« (371-85) und »Sprache und Kunst« (385-391).

Zenck, Martin: Kunst als begriffslose Erkenntnis. Zum Kunstbegriff der ästhetischen Theorie Theodor W. Adornos. München 1977. – Den Leitfaden dieser anspruchsvollen Interpretation der Ästhetik bildet das Spannungsverhältnis von Mimesis und Rationalität als Schlüssel für (in der Kapitelfolge) Geschichtsphilosophie, Kunstphilosophie und Erkenntnistheorie Adornos. Liegt den ersten beiden Kapiteln die »Dialektik der Aufklärung« und die »Philosophie der neuen Musik« zugrunde, versteht sich das dritte, zentrale Kapitel über den »Erkenntnischarakter der Musik« als Interpretation der »Ästhetischen Theorie«. In dem abschließenden, hermeneutisch applizierenden vierten Kapitel wird das Verhältnis von Mimesis und Rationalität an verschiedenen Texten (u. a. Benjamins geschichtsphilosophischen Thesen) konkretisiert.

2.2. Die ästhetische Theorie im Rahmen übergreifender Thematik oder aus der Sicht konkurrierender Positionen

Autorenkollektiv (Leitung: Erwin Pracht): Unselig in sich selbst ... Die »Kritische Theorie« Adornos und ihr Einfluß auf die weltanschauliche Konzeptionsbildung in der linken bürgerlichen Intelligenz. In: Dass.: Ästhetik heute. Berlin (Ost) 1978, S. 110-17. – Knappe Kritik der von den Produktionsverhältnissen verabsolutierten Sicht der Produktivkraftentwicklung bei Adorno, seines Idealismus und seines an der autonomen Kunst orientierten statischen Kunstverständnisses.

Bachmann, Claus Henning: Das Ende von Kunst – oder ein neuer Anfang? Ästhetische Wahrnehmung bis Adorno und über ihn hinaus. In: Frankfurter Hefte 30. 1975. H. 8, S. 53-62. – Panorama gegenwärtiger Positionen der Ästhetik; lax formulierte Kritik an idealistischen Modellen des Glücksversprechens, B. dagegen für »das Beweisbare und Nachprüfbare« (60).

Brüggemann, Heinz: Theodor W. Adornos Kritik an der literarischen Theorie und Praxis Bertolt Brechts. Negative Dialektik des »autonomen« Werks oder kulturrevolutionäre Fundierung der Kunst auf Politik? In: Alternative 15. H. 84/85. 1972, S. 137-49. In veränderter Form als Exkurs eingearbeitet in: Ders.: Literarische Technik und soziale Revolution. Versuche über das Verhältnis von Kunstproduktion, Marxismus und literarischer Tradition in den theoretischen Schriften Bertolt Brechts. Reinbek bei Hamburg 1973, S. 259-67 (unter dem gleichen Titel). – Nimmt Brecht gegen ungerechtfertigte Kritik seitens Adornos in Schutz und kritisiert umgekehrt Adornos Festhalten am Autonomieprinzip als »abstrakte Negation« (142 bzw. 263) von der Brechtschen Position einer »Politisierung der Kunst« (142 bzw. 263) aus.

Bubner, Rüdiger: Über einige Bedingungen gegenwärtiger Ästhetik. In: Neue Hefte für Philosophie H. 5. 1973, S. 38-73. – Adornos Ästhetik als ein Beispiel »heteronomer« Ästhetik: »in der Bezugnahme der Ästhetik auf den Wahrheitsbegriff [...] als eine Majorisierung der Theorie der Kunst durch philosophische Begrifflichkeit« (60). Teilvorabdruck des Beitrages in diesem Band.

Bürger, Peter: Theorie der Avantgarde. Frankfurt a. M. 1974 (passim, bes. S. 117-28: Die Debatte zwischen Adorno und Lukács). – B. will diese »Debatte selbst als historische [...] erweisen« (121), weil sie sich nur auf der Ebene verschiedener Werktypen abspielt, beide Autoren aber nicht die Rolle der historischen Avantgardebewegungen in den Blick bekommen, die den alleinigen Anspruch einer bestimmten Form liquidiert haben. Vgl. auch S. 81 ff. Bürgers Kritik an Adornos Kategorie des Neuen, sowie die Schlußbemerkung, S. 130 f. Eine Kritik des ganzen Ansatzes Bürgers von Adornos Begriff der Moderne und ihrer Einheitlichkeit her versucht W. Martin Lüdke: Die Aporien der materialistischen Ästhetik – kein Ausweg? Zur kategorialen Begründung von P. Bürgers ›Theorie der Avantgarde‹. In: Ders. (Hrsg.): ›Theorie der Avantgarde‹. Antworten auf Peter Bürgers Bestimmung von Kunst und bürgerlicher Gesellschaft. Frankfurt a. M. 1976, S. 27-71, bes. S. 38-47: III. Zur widersprüchlichen Grundlage der ›Theorie der Avantgarde‹.

Bürger, Peter: Probleme der Rezeptionsforschung. In: Poetica 9. 1977, S. 446-71 (S. 449-55: Die Rezeptionsproblematik in der ästhetischen Theorie Adornos.). – Regressive vs authentische

Rezeption; von der »Theorie der Avantgarde« ausgehende Kritik an Jauß (und dessen Adornokritik) wie auch an Adorno selber (der historischen Reichweite seiner Auffassung).

Bürger, Peter: Kunstsoziologische Aspekte der Brecht-Benjamin-Adorno-Debatte der 30er Jahre. In: Ders. (Hrsg.): Seminar: Literatur- und Kunstsoziologie. Frankfurt a. M. 1978, S. 11-20. – »Brechts Problematisierung der ökonomischen Formbestimmtheiten künstlerischer Produktion und Benjamins Entwurf einer Geschichte der Rezeptionshaltungen« (19) werden ebenso wie Adornos Versuch, »Unterhaltungskunst und ernste Kunst als Teile einer zerbrochenen Einheit« (19) zu fassen, als relevante Problemstellungen der Soziologie der Kunst herausgearbeitet.

Dietzsch, St.: Revolution – »more aesthetico demonstrata«? Kritische Anmerkungen zur Spätphilosophie von Theodor W. Adorno. In: Wissenschaftliche Zeitschrift der Karl-Marx-Universität Leipzig. 22. 1973, S. 483-89. – »Das Problem aller Philosophie: was soll ich tun? wird aus dem Bereich der Gesellschaft in den der Kunst transportiert [...] Seine [Adornos] Lösung: Mimesis statt Revolution; d. h. Integration in die Natur [...] Die Restauration der Natur findet ihre Ursachen in der gesellschaftlichen Natur der Restauration.« (489)

Distelmaier, Otto: Fundamentalästhetik und Normativität. Untersuchungen zu Emil Staigers »Fundamentalpoetik« im Hinblick auf Heinrich Rombachs »Strukturontologie« und Theodor W. Adornos »Ästhetische Theorie«. Diss. München 1973. – Die »dialektische Freiheit« als »oberster Auslegungshorizont« grenzt die knapp skizzierte »Ästhetische Theorie« ab von der Position Rombachs und der breit dargelegten des »konservativen Resignanten« Staiger, dies alles aus der Sicht einer »basalen Notästhetik« (116).

Dörr, Hansjörg: Thomas Mann und Adorno. Ein Beitrag zur Entstehung des ›Doktor Faustus‹. In: Literaturwissenschaftliches Jahrbuch. N. F. 11. 1970, S. 285-322. – D. zeigt philologisch akribisch – ein synoptischer Textstellenvergleich ist angehängt – den umfassenden musiktheoretischen Einfluß Adornos auf Mann (als Kritik von Manns relativ oberflächlicher Beurteilung dieser Zusammenarbeit).

Engelhardt, Hartmut: Über einige neuere Literatur zur Ästhetik. In: Zeitschrift für philosophische Forschung. 27. 1973, S. 430-44 (zu Adorno S. 430-36). – Interpretation der »Ästhetischen Theorie« von der These des Rätselcharakters der Kunst ausgehend; kritisiert die resultierende Zweideutigkeit des Verhältnisses Interpretation – Werk.

Faber, Richard: Subversive Ästhetik. Zur Rekonstruktion kritischer Kultur-Theorie. In: Kursbuch. H. 49. 1977, S. 159-73. – Ein »Collage-Essay« mit der Absicht, »wiederzugewinnen, was spätestens nach 1970 an kulturrevolutionärem Bewußtsein verlorenging« (159); u. a. werden zitiert Marcuse, Adorno, Krahl und Benjamin.

Flickinger, Hans Georg: Reflexion und Darstellung. Ein Beitrag zur Kunsttheorie der Moderne. Bern/Frankfurt a. M. 1975 (S. 143-49: Exkurs zu Th. W. Adornos »Ästhetischer Theorie«). – Über Hegel, Sartre und die philosophische Hermeneutik kommt F. zu einer an Pirandello und Beckett ausgeführten »Grundthese« zur Subjektivitätserfahrung und ihrer Darstellung im Kunstwerk. In deren Licht bleibt Adorno eher hinter Hegel zurück, als daß er ihn erreicht oder gar überschreitet.

Fredel, Jürgen: Kunst als Produktivkraft. Kritik eines Fetischs am Beispiel der Ästhetischen Theorie Th. W. Adornos. In: Müller, Bredekamp, Hinz, Verspohl, Fredel, Apitzsch: Autonomie der Kunst. Zur Genese und Kritik einer bürgerlichen Kategorie. Frankfurt a. M. 1972, S. 231-253. – Orthodox marxistisch inspirierte, teilweise unklar argumentierende Kritik der Adornoschen »Hypostasierung des autonomen Kunstwerks« (252).

Gethmann-Siefert, Annemarie: Zur Begründung einer Ästhetik nach Hegel. In: Hegel Studien 13. 1978, S. 237-89 (zu Adorno u. a. S. 237 ff., 253 ff. und 279 ff.). – Die als Sammelrezension vorgetragenen systematischen Überlegungen der Autorin haben ihren Fluchtpunkt in einer Ästhetik, die nach Hegel – unter Verzicht auf das System des absoluten Wissens – mit Adorno an geschichtlicher Wahrheitsvermittlung in der Kunst festhält, die negative Ästhetik Adornos aber modifizierend und korrigierend mit Ansätzen konkreter Utopie (Bloch und Marcuse) und hermeneutischen Überlegungen zu vermitteln sucht.

Gorsen, Peter: Transformierte Alltäglichkeit oder Transzendenz der Kunst? Zwei kontroverse Strategien zur Kulturrevolution im Spätkapitalismus. In: Brückner, Peter u. a.: Das Unvermögen der Realität. Beiträge zu einer anderen materialistischen Ästhetik. Berlin (West) 1974, S. 129-54. – Gorsen diskutiert die im Titel festgehaltenen alternativen Strategien – Transzendenz der Kunst steht für die Position kritischer Theorie – als »subversive Brüder« (149), die sich gegenseitig vorantreiben sollten, statt sich als unvereinbar zu bekämpfen.

Habermas, Jürgen: Bewußtmachende oder rettende Kritik – die Aktualität Walter Benjamins. In: Unseld, Siegfried (Hrsg.): Zur Aktualität Walter Benjamins. Frankfurt a. M. 1972, S. 173-223. Leicht erweitert wiederabgedruckt in: Habermas, J.: Kultur und Kritik. Verstreute Aufsätze. Frankfurt a. M. 1973, S. 302-44. – U. a. zum Verhältnis Benjamin-Adorno; vgl. bes. S. 191-96 bzw. 317-22 und S. 207-11 bzw. 332-36.

Heise, Wolfgang: Rez. von Theodor W. Adorno: Ästhetische Theorie. In: Referatedienst zur Literaturwissenschaft 4. 1972, S. 97-102. – Sachliche und differenzierte Besprechung und Kritik der »Ästhetischen Theorie« unter dem zentralen Gesichtspunkt der Grundrelation von Kunst und Gesellschaft in dieser Theorie.

Heise, Wolfgang: Zehn Paraphrasen zu »Wandrers Nachtlied«. In: Kuczynski, Jürgen; Heise, Wolfgang: Bild und Begriff. Studien über die Beziehungen zwischen Kunst und Wissenschaft. Berlin und Weimar 1975, S. 274-354 (zu Adorno S. 274-301, 302 und 303). – Adornos Interpretation von »Wandrers Nachtlied« als Anlaß einer »Kritik der philosophisch-ästhetischen Position Adornos« (283-301): »Partielle Wahrheit [daß sich über die Intention des Künstlers hinaus Historisches und Gesellschaftliches in der Kunst ausdrückt,] wird – verabsolutiert – zur ganzen Unwahrheit. Was herauskommt, ist die Programmatik einer Kunst sozialer Bewußtlosigkeit« (298).

Holz, Hans Heinz: Mephistophelische Philosophie. In: Schöller, Wilfried F. (Hrsg.): Die neue Linke nach Adorno. München 1969, S. 176-92 (S. 190-92: Philosophie als Kunst). – »Philosophie [wird] auf die Funktion der Kritik solcher mimetischer Werke zurückgedrängt« (190), wenn dem in Negativität verharrenden

Denken (das zumal keine politische Praxis mehr anleiten kann) allein die »Mimesis des Einzelnen« als Erkenntnis noch bleibt.

Jauß, Hans Robert: Negativität und Identifikation. Versuch zur Theorie der ästhetischen Erfahrung. In: Weinrich, Harald (Hrsg.): Positionen der Negativität. München 1975 (Politik und Hermeneutik VI), S. 263-339 (S. 264-73: Kritik an Adornos Ästhetik der Negativität). Ausgearbeitete Fassung eines Vortrags: Kleine Apologie der ästhetischen Erfahrung. Konstanz 1972. Diese Adornokritik nahezu unverändert wiederabgedruckt in: Jauß, H. R.: Ästhetische Erfahrung und literarische Hermeneutik. Band 1. Versuche im Feld der ästhetischen Erfahrung. München 1977, S. 37-46. – Vgl. dagegen die korrigierende Fassung in diesem Band.

Jay, Martin: Dialektische Phantasie. Die Geschichte der Frankfurter Schule und des Instituts für Sozialforschung 1923-1950. Frankfurt a. M. 1976 (vgl. bes. S. 209-59: VI. Ästhetische Theorie und Kritik der Massenkultur). Ursprünglich auf englisch unter dem Titel: The Dialectical Imagination. A History of the Frankfurt School and the Institute of Social Research 1923-1950. Boston-Toronto 1973. – Als Grundlage unentbehrliche, historiographisch solide und faktenreiche Darstellung der Geschichte des Instituts für Sozialforschung im angegebenen Zeitraum, der Emigrationszeit also vor allem. In den theoretischen Passagen vorwiegend referierend (wohl auch mit Rücksicht auf ein amerikanisches/englisches Publikum ohne hinreichende Textbasis); behandelt u. a. die Beiträge Adornos zur Zeitschrift für Sozialforschung (bes. Kap. VI); im Kapitel VII zur »Dialektik der Aufklärung«.

Kaiser, Herbert: Einige Bemerkungen zur literaturdidaktischen Dimension der dialektischen Ästhetik Adornos. In: Arnold, Heinz Ludwig (Hrsg.): Theodor W. Adorno. Sonderband aus der Reihe Text+Kritik. München 1977, S. 159-69. – Trotz Vorbehalt gegenüber ihrer unmittelbaren literaturdidaktischen Umsetzung zieht K. einige praktisch-didaktische Folgerungen aus der dialektischen Ästhetik.

Kliche, Dieter: Lukács und Adorno. Widerspiegelung und Parteilichkeit. In: Weimarer Beiträge 23. 1977, S. 100-36. – Detaillierter und vermittelnder Vergleich der beiden Autoren – im

Zentrum steht u. a. ihr jeweiliges Verständnis von Mimesis – mit dem Ergebnis wichtiger Einzeleinsichten auf beiden Seiten, aber auch einem Ungenügen an der konservativen (Lukács) und der modernistischen (Adorno) Position, »weil beide nicht in der Lage sind, den funktionalen Erneuerungs- und Erweiterungsprozeß der Kunst zu fassen.« (133). Vgl. die überarbeitete Fassung des Beitrages in diesem Band.

Koch, Werner B.: Antizipation des Fortschritts oder utopische Regression. Zur Kritik der bürgerlichen Kulturtheorie. Diss. Frankfurt a. M. 1978 (S. 243-376: Zur ästhetischen Theorie T. W. Adornos). – »Jede Gesellschaftskritik aber wird problematisch, wo sie sich des ›Zwangs zur Entscheidung‹ (Benjamin) zugunsten einer Trauer ums versöhntere Vergangene, einer Versöhnung der Kunst begibt.« (375); d. i. das Fazit einer vor allem auf die »Dialektik der Aufklärung« und die ›ästhetischen‹ Schriften Adornos gestützten Interpretation von der Position der Forderung einer »demokratische[n] Aktionseinheit, auch im kulturellen Bereich« (32), aus.

Koepsel, Werner: Die Rezeption der Hegelschen Ästhetik im 20. Jahrhundert. Bonn 1975. – In dezidierter Übernahme der Position Adornos wird aus dieser Perspektive die Hegelrezeption rekonstruiert, die dann folgerichtig in Adornos »Ästhetischer Theorie« ihre endlich angemessene Form findet: S. 257-335: Kap. V. Hegels Dialektik beim Wort genommen (Adornos Ästhetische Theorie).

Kofler, Leo: Weder Widerspiegelung noch Abstraktion. Lukács oder Adorno? In: Ders.: Zur Theorie der modernen Literatur. Düsseldorf ²1974 (1. Aufl. 1962), S. 160-87. – Weist die Kritik Adornos an Lukács (»Erpreßte Versöhnung«) als simplifizierende Fehlinterpretation zurück und kritisiert seinerseits von Lukács aus Adornos »nihilistischen Avantgardismus« ohne Perspektive.

Lindner, Burkhardt: Brecht/Benjamin/Adorno – Über Veränderungen der Kunstproduktion im wissenschaftlich-technischen Zeitalter. In: Arnold, Heinz Ludwig (Hrsg.): Bertolt Brecht I. Sonderband aus der Reihe Text+Kritik. München 1972, S. 14-36. – Diskutiert die Konstellation Benjamin-Brecht-Adorno von der Problematik des Films und der neuen Medien aus und kritisiert in

Orientierung an einer operativ-kulturrevolutionären Kunstkonzeption den hypostasierten Gegensatz von ästhetischer und industrieller Technik bei Adorno.

Lindner, Burkhardt: Technische Reproduzierbarkeit und Kulturindustrie. Benjamins »Positives Barbarentum« im Kontext. In: Ders. (Hrsg.): »Links hatte noch alles sich zu enträtseln...« Walter Benjamin im Kontext. Frankfurt a. M. 1978, S. 180-223. – Ausgehend von einem Widerspruch Benjamins – Liquidierung des bürgerlichen Individuums in der Haltung ›positiven Barbarentums‹ vs rettende Kritik der monadologischen Werke – wird die Adorno-Benjamin-Kontroverse wieder aufgenommen, um die spezifischen technologischen wie ideologischen Bedingungen von Kulturwarenproduktion herauszuarbeiten. Die beiden Erklärungsansätze ›Kunst als Ware‹ und ›Kunst als Reproduktionstechnik‹ erweisen sich beide als kurzschlüssig und bedürfen der Erweiterung. Zum zentralen Begriff der Verdinglichung vgl. auch ders.: Der Begriff der Verdinglichung und der Spielraum der Realismus-Kontroverse. Ausgehend von der frühen Differenz zwischen Lukács und Bloch. In: Schmitt, H.-J. (Hrsg.): Der Streit mit Georg Lukács. Frankfurt am Main 1978, S. 91-123 (zu Adorno: S. 110 ff.).

Lypp, Bernhard: Ästhetischer Absolutismus und politische Vernunft. Zum Widerstreit von Reflexion und Sittlichkeit im deutschen Idealismus. Frankfurt a. M. 1972 (S. 235-42: Anmerkungen zum Modell einer »Logik des Zerfalls«). – Bezieht die bei Adorno in der »bestimmten Negation« durch Mimesis begründete »Berührung« von Kunst und Philosophie auf vergleichbare Modelle im deutschen Idealismus und sieht den Grundwiderspruch der Theorie in der Ineinssetzung von Negation und Utopie.

Marcuse, Herbert: Die Permanenz der Kunst. Wider eine bestimmte marxistische Ästhetik. München u. Wien 1977. – Ganz und gar im Geiste der Ästhetik Adornos geschrieben, markiert dieser Essay den Fluchtpunkt von Marcuses Rückzug von der, in dem »Versuch über die Befreiung« (1969) optimistisch als realistisch vertretenen, Idee des Endes der Kunst durch ihre Verwirklichung. Die eigens zu diesem Text verfaßte Kritik Leo Koflers: Haut den Lukácz – Realismus und Subjektivismus. Marcuses ästhetische Gegenrevolution. Lollar/Lahn 1977, versteht sich auch als Auseinandersetzung mit Adorno (vgl. z. B. S. 8).

Mattenklott, Gerd: Adornos ästhetischer Maßstab. In: Timm, Uwe; Fuchs, Gerd (Hrsg.): Kontext 1 (Literatur und Wirklichkeit). München 1976, S. 32-47. – »Rettung der Subjektivität« (40, 44) wird von M. kritisch als das leitende Motiv der ästhetischen und auch soziologischen Schriften Adornos dingfest gemacht; Kritik auch an Adornos falschem Verständnis des von M. vertretenen sozialistischen Realismus.

Mayer, Hans: Theodor W. Adorno. In: Ders.: Der Repräsentant und der Märtyrer. Konstellationen der Literatur. Frankfurt a. M. 1971, S. 145-68. Erstdruck unter dem Titel: Nachdenken über Adorno. In: Frankfurter Hefte 25. 1970, S. 268-80. – Persönlich gehaltene Reflexionen vorwiegend über die ästhetischen Themen Adornos.

Münzberg, Olav: Rezeptivität und Spontaneität. Die Frage nach dem ästhetischen Subjekt oder soziologische und politische Implikationen des Verhältnisses Kunstwerk – Rezipient in den ästhetischen Theorien Kants, Schillers, Hegels, Benjamins, Brechts, Heideggers, Sartres und Adornos. Frankfurt a. m. 1974 (S. 151-59: Der Kunstwerke im Modus von Musikwerken rezipierende Mensch, als »die Millionen«, »die Massen«, sowie als in 8 Typen differenziertes Subjekt (Th. W. Adorno). – Von dem Aufsatz »Über den Fetischcharakter in der Musik und die Regression des Hörens« ausgehend kritisiert M. das statische Verhältnis von Kunstwerk und Rezipient bei Adorno sowie seine praktisch unsolidarische und resignative Haltung gegenüber den Massen als Opfern.

Naeher, Jürgen: Walter Benjamins Allegorie-Begriff als Modell. Zur Konstitution philosophischer Literaturwissenschaft. Stuttgart 1977 (u. a. S. 102-21: 4.3.5. Form und Allegorie bei Adorno als Weiterführung Benjamins, und S. 214-17: Exkurs: Naturschönes als Allegorie in Adornos Ästhetischer Theorie (als Weiterführung Benjamins)).

Oechselhäuser, Gisela: Zum Verhältnis von Weltanschauung und Ästhetik in der »Kritischen Theorie« der Frankfurter Schule, dargestellt an der Geschichtsphilosophie Max Horkheimers und Theodor W. Adornos, sowie an der Ästhetik Theodor W. Adornos unter der Berücksichtigung der Wirkung Adornos unter einigen bürgerlich-kritischen Schriftstellern in der BRD. Diss. Leipzig 1975. – konnte nicht eingesehen werden.

Oehler, Dolf: Charisma des Nicht-Identischen, Ohnmacht des Aparten. Adorno und Benjamin als Literaturkritiker: Am Beispiel Proust. In: Arnold, Heinz Ludwig (Hrsg.): Theodor W. Adorno. Sonderband aus der Reihe Text + Kritik. München 1977, S. 150-58. – Oehler polemisiert am Beispiel der Proust-Kommentare gegen Adornos verunglückende Metaphorik und seine gewalttätig-oberflächliche Hermeneutik, die sich nicht auf die Sache einlasse; Benjamin dagegen als kongenialer Interpret Prousts.

Pfaff, Peter: Die ästhetische Antinomie auf dem gegenwärtigen Stand. In: Euphorion 70. 1976, S. 359-73 (zu Adorno: S. 366 ff.). – Zeigt, daß die Adornosche Ästhetik mit Hegel als »eigentümliche Religion« verstanden werden muß; schlägt als Alternative zu dieser Theorie der verständlich-unverständlichen Kunst eine ontologische Ästhetik vor.

Pfotenhauer, Helmut: Ästhetische Erfahrung und gesellschaftliches System. Untersuchungen zu Methodenproblemen einer materialistischen Literaturanalyse am Spätwerk Walter Benjamins. Stuttgart 1975 (S. 84-102: Kap. II, 4: Kulturindustrie und esoterische Kunst. Zu Adornos Benjamin-Kritik.). – Adornos Ästhetik, als Grundlage seiner Benjaminkritik, vermag nicht, was Benjamin der »Konstruktion« vorbehält, »das nicht in der gesellschaftlichen Praxis aufgehende mit ihr zu vermitteln.« (98).

Priester, Klaus: Bürgerliche Ideologie bei Suhrkamp. Zu Neuausgaben von Werken von Habermas und Adorno. In: Marxistische Blätter 11. 1973. H. 5, S. 112-14 (S. 113 f. zur »Ästhetischen Theorie«). – P. reiht Adorno »in den Reigen imperialistischer Philosophen ein« (113), ohne es nötig zu haben, besonders auf die »Ästhetische Theorie« einzugehen.

Raddatz, Fritz J.: Der hölzerne Eisenring. Die moderne Literatur zwischen zweierlei Ästhetik: Lukács und Adorno. In: Merkur 31. 1977, S. 28-44. – U. a. am Beispiel ihres Verhältnisses zu

Brecht konfrontiert R. Lukács und Adorno, um diesem in allen Punkten, so auch in bezug auf Balzac (»Entwurf, nicht Abbild« (44)), Recht zu geben.

Redeker, Horst: Im Westen nichts Neues. Über moderne bürgerliche Ästhetik anhand Adornos »Ästhetischer Theorie« und Benses »Aesthetica«. In: Weimarer Beiträge 19. 1973, S. 5-34. – »Die Probe aufs Exempel [nämlich der Vergleich mit Bense] beweist, daß Adornos Ästhetik, auf ihre weltanschauliche Substanz zurückgeführt, nichts Neues bringt, nichts, was der modernen bürgerlichen Ästhetik mit ihren unterschiedlichen Gesichtern wesensfremd wäre.« (6); teilweise identisch mit der nachfolgend genannten Rezension der »Ästhetischen Theorie«.

Redeker, Horst: Rez. von Theodor W. Adorno: Ästhetische Theorie. In: Deutsche Zeitschrift für Philosophie 20. 1972, S. 928-32. – Adornos Ästhetik als Apologie des bürgerlichen Modernismus zugleich eine Apologie der spätbürgerlichen Gesellschaft.

Rexroth, Tillman: Zur Weiterarbeit an der Ästhetik der kritischen Theorie. In: Ästhetik und Kommunikation 1. H. 1. 1970, S. 48-51. – Anläßlich der Adornonachfolge von der philosophischen Fachschaft der Universität Frankfurt vorbereitete Erklärung: Referat einiger Grundgedanken der kritischen Ästhetik Adornos mit dem vorsichtig formulierten kritischen Einwand einer möglichen, politisch-emanzipatorischen Wendung von »Trivialformen der Kunst und Techniken ihrer Reproduzierbarkeit« (51) i. S. Brechts und Benjamins.

Rohrmoser, Günter: Herrschaft und Versöhnung. Ästhetik und die Kulturrevolution des Westens. Freiburg 1972. (S. 9-17: 1. Kap.: Ästhetik und Kulturrevolution. Die Ästhetik Adornos und die Kulturrevolution – Verrückung der Realität.) – In der romantischen Überlieferung (Novalis) stehend, wird Adornos uneingestanden theologisch begründete Ästhetik als die eigentliche Theorie der gegenwärtigen »Kulturrevolution«, der »Politisierung der Ästhetik« bestimmt, in der konservativen Absicht, gegen diesen Prozeß »die Notwendigkeit einer Erneuerung der Religionsphilosophie« (147) zu begründen. Vgl. dazu die Rez. von Baumeister, Th.; in: Philosophische Rundschau 23. 1976, S. 143-45.

Sander, Hans-Dietrich: Marxistische Ideologie und allgemeine Kunsttheorie. 2. erw. Aufl. Tübingen 1975 (¹1970) (zu Adorno: S. 330-34). – Behandelt die Frankfurter Schule aus radikal-konservativer Sicht als einen »ortlosen Marxismus« – historisch (mit C. Schmitt) zurückgeführt auf die Ortlosigkeit des Judentums (des Ahasvers) – und spricht von Adornos »gegenstandsloser Eschatologie« (331); weiterhin: mit der Formel vom Doppelcharakter der Kunst perpetuiere er das Basis-Überbau Schema.

Sauerland, Karol: Dr. Faustus ohne Adorno? In: Germanica Wratislaviensia 29. 1977, S. 125-27. – »Was wäre aus ›Doktor Faustus‹ ohne Adorno geworden? Vielleicht ein Fragment, wie es Fausti Wehklage sein sollte?« (127).

Schmidt, Alfred: Die »Zeitschrift für Sozialforschung«. Geschichte und gegenwärtige Bedeutung. München 1970. Kaum verändert wiederabgedruckt in: Ders.: Zur Idee der Kritischen Theorie. Elemente der Philosophie Max Horkheimers. München 1974 und Frankfurt a. M., Berlin, Wien 1979, S. 36-124 (zu Adorno: S. 33-47 bzw. S. 86-113). – Leicht veränderter Sonderdruck der Einleitung zum Reprint der Zeitschrift für Sozialforschung; erläutert die Aufsätze Adornos »Über den Fetischcharakter in der Musik und die Regression des Hörens« (36 ff. bzw. 92 ff.) und »Zur gesellschaftlichen Lage der Musik« (ab 44 bzw. 108), insbesondere hinsichtlich des Bezugs zur Marxschen Ökonomie.

Schmidt, Hans N.: Theorie, zu ihrem Ende gedacht. In: Schöller, Wilfried F. (Hrsg.): Die neue Linke nach Adorno. München 1969, S. 135-40. – Sieht, nachdem Adornos Kunsttheorie »von der geschichtlichen Entwicklung auf heimtückische Weise desavouriert wurde« (138) – die autonome Kunst selbst ist zur Funktion der Kulturindustrie geworden – die Möglichkeit von Kunst allein noch in der partiellen Aufhebung der »qualitativen Scheidung des Produzenten vom Konsumenten« (139) und dem daraus folgenden »Regreß auf einfachere Formen«.

Schmidt, Siegfried J.: Der philosophische Begriff des Schönen und des Häßlichen in Adornos »Ästhetischer Theorie«. In: Ders.: Elemente einer Textpoetik. München 1974, S. 165-76. Erstveröffentlichung in: Zeitwende 43, 1972, H. 2, S. 94-104. – Knappe Abhandlung der ästhetischen Grundbegriffe Adornos, dann:

»Adornos Aussagen über Kunst und über das Schöne stehen und fallen mit seiner Geschichtsphilosophie« (175). Postuliert eine wissenschaftliche Analyse der Kunst, die »neben die Kunstphilosophie treten muß« (ebda.).

Thurn, Hans Peter: Kritik der marxistischen Kunsttheorie. Stuttgart (zu Adorno u. a.: S. 128-44 Kap. 8. Die Kunst auf der Flucht aus der Welt: Theodor W. Adorno). – Kritische Darstellung der Kunsttheorie Adornos von Seiten der empirischen Kunstsoziologie, auf den Generalnenner gebracht: empiriefeindlich; er mißt »nicht die von ihm verwendeten Kategorien an der Kunst, sondern umgekehrt die Kunst an *seinen* Maßstäben.« (134).

Tomberg, Friedrich: Utopie und Negation. Zum ontologischen Hintergrund der Kunsttheorie Theodor W. Adornos. In: Ders.: Politische Ästhetik. Darmstadt 1973, S. 23-41. Überarbeitete Fassung eines Aufsatzes von 1963, in: Das Argument 5. H. 26. 1963, S. 36-48. – Frühe, marxistisch begründete Kritik an der negativen geschichtsphilosophischen Diagnose der »Dialektik der Aufklärung«, die sich, nach Tomberg, aus den gleichen Quellen speist wie die von ihr favorisierte »sogenannte moderne Kunst« (39). Gewissermaßen im Namen Adornos hat Andrea Alt auf diese Kritik geantwortet: Erwiderung auf Tombergs Kritik an Adorno. In: Das Argument 6. H. 30. 1964, S. 156-58.

Ulle, Dieter: Bürgerliche Kulturkritik und Ästhetik. Bemerkungen zu Theodor W. Adornos Schrift »Ästhetische Theorie«. In: Weimarer Beiträge 18. 1972, S. 133-54. – Kaum differenzierende Kritik der »Ästhetischen Theorie«, ihrer (allerdings nur bezüglich des imperialistischen Typus als berechtigt angesehenen) Massenkulturkritik und ihrer »unhistorischen« Apologie des Modernismus. Kaum verändert und unwesentlich gekürzt ist dieser Text Ulles wiederveröffentlicht unter dem Titel: »Kritische Theorie« und Ästhetik. In: Deutsche Zeitschrift für Philosophie 20. 1972, S. 907-16.

Wawrzyn, Lienhard: Walter Benjamins Kunsttheorie. Kritik einer Rezeption. Darmstadt und Neuwied 1973 (S. 67-103: Zweiter Teil. Zu Adornos Benjamin-Kritik). – W. versucht u. a. am

Beispiel der Einschätzung auratischer Kunst und der Technik der Montage, Adorno als einen idealistisch-innerlichen Ästheten zu erweisen in unvermittelter Gegnerschaft zu Benjamins materialistischer Neubestimmung der These von der Fundierung der Kunst auf Politik (vgl. S. 93 f. u. ö.).

Zima, Peter V.: Dialektik zwischen Totalität und Fragment. In: Schmitt, H.-J. (Hrsg.): Der Streit mit Georg Lukács. Frankfurt am Main 1978, S. 124-72. – Diskutiert die Berührungspunkte zwischen Adorno und dem frühen Lukács. Gegen die – in der früheren schon angelegten – spätere Konzeption der Ästhetik Lukács' nimmt Zima den Adornoschen Ansatz als den weiterführenden auf.

2.3. Die musikwissenschaftliche Rezeption Adornos

Abel-Struth, Sigrid: Um Adorno. Musikpädagogische Mißverständnisse. In: Musica 26. 1972, S. 584-85. – Wiedererinnerung und Kommentierung der alten musikpädagogischen Auseinandersetzung um Adornos Kritik des Musikanten aus Anlaß des (Neu-)Erscheinens von Abraham und Twittenhoff.

Abraham, Lars Ulrich: Erich Dofleins Briefe an Th. W. Adorno als musikpädagogische Zeitdokumente. In: Ders. (Hrsg.): Festschrift für Erich Doflein zum 70. Geburtstag. Mainz 1972, S. 108-17.

Amzoll, Stefan: Dramaturgischer Kontrapunkt in der Filmmusik. Zur Konzeption von Hanns Eisler und Theodor W. Adorno. In: Musik und Gesellschaft 26. 1976, S. 659-63. – Vs Zofia Lissas Kritik an Eisler/Adorno; weitgehend sachlich, zeigt Übereinstimmung zwischen Eisler und Adorno auf.

Berger, Gertrud: Die historische Dimension im musikphilosophischen Denken von Andreas Liess und Th. W. Adorno. In: International Review of the Aesthetics and Sociology of Music 2. 1971, S. 5-34. – Zeigt gewisse Affinitäten beider Denker; merkwürdiger Text.

Blaukopf, Kurt: Adorno und die Schallplatte. In: Hifi-Stereophonie 8. 1969, S. 953-54. – Über Adornos »Grundsätze sachgerechter Schallplattenkritik« (954) und seine Kritik des kulturindustriellen Mißbrauchs der neuen Technik.

Böhmer, Konrad: Adorno, Musik, Gesellschaft. In: Schöller, Wilfried F. (Hrsg.): Die neue Linke nach Adorno. München 1969, S. 118-34. – Kritik der Adornoschen Musiksoziologie als »vor-marxistisch« (119, 125), u. a. wegen der Verabsolutierung des Standpunkts bürgerlicher Musik und dem Verzicht auf konsequent materialistische Analysen.

Böhmer, Konrad: Der Korrepetitor am Werk – Probleme des Materialbegriffs bei Adorno. In: Zeitschrift für Musiktheorie 4. 1973. H. 1 (Adorno-Heft), S. 28-33. – Polemik gegen Adornos »reaktionären« (32) Materialbegriff – vom autonomen Stand des Materials, hier bei Schönberg – als »Affirmation der spätbürgerlichen Aporien« (ebda.). Vgl. die harsche Ab- und Zurechtweisung Böhmers in Carl Dahlhaus' Antwort: Linke Adorno-Kritik. In: Neue Zeitschrift für Musik 134. 1973, S. 478.

Borris, Siegfried: Rez. von Theodor W. Adorno: Alban Berg. Der Meister des kleinsten Übergangs. In: Musik und Bildung 61. 1970. S. 90. – recht positiv.

Breuer, János: Adorno und die ungarische Musik. In: Zeitschrift für Musiktheorie 5. 1974. H. 2., S. 23-28. – Referiert Adornos Beurteilung ungarischer Musik (pro und contra Bela Bartók, contra Zoltán Kodály, pro Alexander Jemnitz) in den bis in die 20er Jahre zurückgehenden Rezensionen und Schriften Adornos.

Briner, Andreas: Hindemith und Adornos Kritik des Musikanten. Oder: Von sozialer und soziologischer Haltung. In: Musik und Bildung 65. 1974, S. 353-58. – Schränkt die zugestandene Legitimität von Adornos Hindemithkritik ein zugunsten einer übersehenen oder unterschlagenen Nähe des späten Hindemith zu Adorno.

Brinkmann, Reinhold: Von Pfeifen und von alten Dampfmaschinen. Zwei Hinweise auf Texte Theodor W. Adornos. In: Dahlhaus, Carl (Hrsg.): Beiträge zur musikalischen Hermeneutik. Regensburg 1975, S. 113-19. – Am Beispiel einer Konzertkritik Adornos von 1930 über Hindemith und der Einleitung des Mahler-Buchs von 1960 charakterisiert B. Adornos Interpretationsverfahren als musikalische Physiognomik, ein selbst künstlerisches Verfahren.

Broeckx, J.: Ästhetische und soziologische Implikationen in Adornos ›Typen musikalischen Verhaltens‹. In: Studia Philosophica Gandensia [d. i. eine Zeitschrift der Universität Gent in Belgien] H. 9 (Adorno-Heft). 1971, S. 73-89. – B. arbeitet im ersten Teil dieses Aufsatzes kritisch heraus, daß Adornos Musikästhetik »ausschließlich auf temporaldeduktiven und nicht auf sonoranalytischen Grundlagen beruht« (80); anschließend bemüht er sich um eine kritische Rekonstruktion bzw. »Neugestaltung« der Hörertypologie Adornos.

Burde, Wolfgang: Versuch über einen Satz Theodor W. Adornos. In: Neue Zeitschrift für Musik 132. 1971, S. 578-583. – Genaue Interpretation der Rede Adornos von der »Selbstbewegung des Materials«.

Dahlhaus, Carl: Soziologische Dechiffrierung von Musik. Zu Theodor W. Adornos Wagner-Kritik. In: International Review of the Aesthetics and Sociology of Music 1. 1970, S. 137-46. – Stellt dar und kritisiert, daß Adorno Wagner an der symphonischen Tradition mißt (als Proton pseudos gewissermaßen).

Dahlhaus, Carl; Finscher, Ludwig u. Kaiser, Joachim: Was haben wir von Adorno gehabt? Theodor W. Adorno und sein Werk. In: Musica 24. 1970, S. 435-39. – Anregende und sachhaltige Diskussion (vorwiegend) über Adornos musiktheoretische Schriften, sowie persönliche Eindrücke.

Dawydow, Juri: Die negative Dialektik der »negativen Dialektik« Adornos. In: Kunst und Literatur 18. 1970, S. 766-81 u. S. 867-83. Unverändert wiederveröffentlicht unter dem Titel: Die sich selbst negierende Dialektik – Kritik der Musiktheorie Theodor Adornos. Berlin (Ost) und Frankfurt a. M. 1971. – Der Gedankengang des Autors führt von einer allgemeinen Bestimmung der Philosophie und Soziologie Adornos als »gefährlicher« (870) abstrakter Negation zur Kritik dieser Auffassung in den musikästhetischen Schriften als falsche Trennung zwischen funktionaler und wahrer Musik.

Doflein, Erich: Zu Adornos Schriften über Musikpädagogik. Kritisches zu Kritischem – Berichte und Aphorismen. In: Zeitschrift für Musiktheorie 4. 1973. H. 1 (Adorno-Heft), S. 16-27. – Analyse und kritische bzw. korrigierende Stellungnahme zu den musikpädagogischen Schriften Adornos aus der bewußt persönlichen (gleichwohl sachlichen) Sicht des früheren Kontrahenten und Diskussionspartners.

Eggebrecht, Hans Heinrich: Über Adornos »Zur Musikpädagogik«. In: Musik und Bildung 62. 1971, S. 67-71. – Kritik des Adornoschen Konzepts der »großen Musik« und des »integralen Werks« als Fundament von Musikpädagogik (Ideologievorwurf).
Eichenwald, Philipp: In memoriam Theodor W. Adorno. In: Schweizerische Musikzeitung 109. 1969, S. 315 f. – Nachruf.

Focht, Ivan: Adornos gnoseologistische Einstellung zur Musik. In: International Review of the Aesthetics and Sociology of Music 5. 1974, S. 265-76. – Die Auffassung von Musik als »Daseiendes sui generis« stellt F. gegen die bei Adorno vorherrschende »Gnoseologie hegelianischer Provenienz« (273) in dem Verständnis von Musik (als Sprache und Reflexion).

Gottwald, Clytus: Der Ketzer der Wiener Schule. Über die Frauenchöre von Theodor W. Adorno. In: Zeitschrift für Musiktheorie 4. 1973. H. 1 (Adorno-Heft), S. 39-42; dazu eine Beilage der analysierten Adornokomposition. – Analyse von Adornos Vertonung dreier Gedichte von Th. Däubler für vierstimmigen Frauenchor.

Haack, Helmut: Kammermusik, Hausmusik, Jugendmusik. Musiksoziologische Erörterungen zu Adornos Kammermusikbegriff. In: Neue Zeitschrift für Musik 134. 1973, S. 143-46. – Adornokritik, die mit der Feststellung einer weiterhin »lebendigen Gegenwart« (146) von Hausmusik und Kammermusik endet.

Heinz, Rudolf: Bemerkungen zu Adornos Methode. In: Zeitschrift für Musiktheorie 4. 1973. H. 1 (Adorno-Heft), S. 3-6. – Interessanter Versuch einer Isolierung der Grundfiguren der »Methode« Adornos, die alle in dem besonderen Stellenwert von Musik münden.

Henius, Carla: Adorno als musikalischer Lehrmeister. In: Melos 37. 1970, S. 489-95. – Erinnerungen der Sängerin an gemeinsame Arbeit und Auftritte mit Adorno.

Hodek, Johannes: Musikalisch-pädagogische Bewegung zwischen Demokratie und Faschismus. Zur Konkretisierung der Faschismus-Kritik Th. W. Adornos. Weinheim und Basel 1977. – Kritisch-historische Darstellung der »deutschen Musikbewegung« und ihrer gesellschaftlichen Rolle insbesondere im Faschismus vor dem Hintergrund von Adornos Kritik dieser Bewegung.

Hohenzollern, Albrecht von: Gedanken zu Beethovens ›Missa Solemnis‹ und zu Adornos Aufsatz »Verfremdetes Hauptwerk«. In: Musica sacra 90. 1970, S. 263-270. – Einige interessante Einwände gegen Adornos Interpretation der Missa.

Huber, Alfred: Adornos Polemik gegen Strawinsky. In: Melos 38. 1971, S. 356-60. – Gegen Adorno: »Auch Strawinskys Musik ist Ausdruck progressiver individueller Gestaltung, und es verrät Informationslücken, bei ihm Abwesenheit des Mitleidens zu reklamieren.« (360)

Jungheinrich, Hans-Klaus: Zwanzig Jahre nachher. Wie Adorno bei einem, der auszog, radikales Musikdenken hervorbrachte. Wie sich das so entwickelte: was abging, was hinzukam, was blieb. Vermischte Erinnerungen, Beobachtungen, Bezichtigungen und Bekenntnisse. In: Arnold, Heinz Ludwig (Hrsg.): Theodor W. Adorno. Sonderband aus der Reihe Text+Kritik. München 1977, S. 170-75. – Erinnerungen und Reflexionen des Musikkritikers.

Kneif, Tibor: Adorno und Stockhausen. In: Zeitschrift für Musiktheorie 4. 1973. H. 1 (Adorno-Heft), S. 34-38. – K. versucht zu zeigen, wie die Korrespondenz zwischen Adorno und Stockhausen, besonders aber ein Radiogespräch von 1960, Adornos Verständnis des Verstehens von Musik beeinflußt bzw. verändert hat, was sich dann 1961 in der Kranichsteiner Vorlesung (»Vers une musique informelle«) niederschlägt.

Kneif, Tibor: Der Bürger als Revolutionär. In: Melos 36. 1969, S. 372-74. – Nachruf auf Adorno; polemisch-sympathisch.

Kneif, Tibor: Musiksoziologie. Köln 1971 (zu Adorno: u. a. S. 91-109). – Geistreich-spitze Polemik gegen Adornos spekulativ-physiognomische Musiksoziologie: »was am Ende des musiksoziologischen Vorgehens übrigbleibt, ist somit bestenfalls Denkpoesie [...] Daß Musik verfehlt oder überfordert wird, wenn man sie mit einem System von philosophischen und soziologischen Sätzen gleichsetzt, wollte Adorno nicht wahrhaben. Aber wird der Hegelsche Weltgeist bemüht, um das eigene Mißfallen an irgendwelchem musikalischem Takt zu motivieren, so tritt das ein, was Adorno als Mitverfasser des Exkurses über Filmmusik einmal selbst namhaft machte. Man schießt mit abstrakten Kanonen auf reale Spatzen.« (107)

Kolleritsch, Otto: Theodor W. Adorno und die Musik. In: Österreichische Musikzeitschrift 32. 1977, S. 422-46. – entlegen.

Lewinski, W.-E. v.: Der Warner ist tot. Nachruf auf Theodor W. Adorno. In: Musik und Bildung 1. 1969, S. 472-73.

Lück, Hartmut: Anmerkungen zu Theodor W. Adornos Zusammenarbeit mit Eisler. In: Schöller, Wilfried F. (Hrsg.): Die neue Linke nach Adorno. München 1969, S. 141-57. Gekürzter Wiederabdruck unter dem Titel: Adorno als Geist, Eisler als Praktikus. Filmmusik und die Ursachen. In: Neues Forum 17. 1970, S. 37-41. – Zu Eislers bzw. Adornos (Neu) Ausgabe des von beiden gemeinsam verfaßten Buchs: Komposition für den Film. Adorno als zaghafter Theoretiker, Eisler dagegen als praktisch-politischer Komponist. Mit synoptischem Textvergleich (nicht in der gekürzten Fassung).

Maegaard, Jan: Schönberg hat Adorno nie leiden können. In: Melos 41. 1974, S. 262-64. Leicht veränderter Abdruck unter dem Titel: Zu Th. W. Adornos Rolle im Mann/Schönberg-Streit. In: Wiecker, Rolf (Hrsg.): Gedenkschrift für Thomas Mann 1875-1975. Kopenhagen 1975, S. 215-22. – Führt den Streit zwischen Schönberg und Thomas Mann anläßlich des »Dr. Faustus« auf Adornos Beratertätigkeit bei diesem Buch zurück.

Reininghaus, Friedrich Christoph/Traber, Jürgen Habakuk: Musik als Ware – Musik als wahre. Zum politischen Hintergrund des musiksoziologischen Ansatzes von Theodor W. Adorno. In:

Zeitschrift für Musiktheorie 4. 1973. H. 1 (Adorno-Heft), S. 7-15. – Die Entwicklung von den frühen zu den späten musiksoziologischen Arbeiten wird kritisch interpretiert als »Rückzug« (17) von einem parteilich marxistischen Ansatz auf einen praktisch unpolitischen, subjektzentrierten Ansatz.

Riethmüller, Albrecht: Das modische Zauberwort Funktion. Über die Bedeutung, die es bei Theodor W. Adorno hat. In: Musica 26. 1972, S. 537-41. – Referiert die Differenzierungen Adornos in seiner Kritik der gesellschaftlichen Funktion von Musik (Kulturindustrie). R. stellt den dabei vorausgesetzten Standpunkt des autonomen Werks in Frage. Postuliert eine neue, historisch reflektierte Funktionsbestimmung.

Sabbe, H.: Philosophie der neuesten Musik – ein Versuch zur Extrapolation von Adornos ›Philosophie der neuen Musik‹. In: Studia Philosophica Gandensia [d. i. eine Zeitschrift der Universität Gent in Belgien] H. 9 (Adorno-Heft) 1971, S. 90-111. – Aus der Adorno überholenden Diagnose »Die immanente Entwicklung des Materials hat sich selbst zu Ende geführt und aufgehoben. In der allseitigen Gegenwart der Material-totalität gibt es keinen historischen Stand des Materials mehr.« (109) will S. eine neuartige »historisch materialistische Dialektik« (111) begründen.

Schnebel, Dieter: Komposition von Sprache – sprachliche Gestaltung von Musik in Adornos Werk. In: Schweppenhäuser, Hermann (Hrsg.): Theodor W. Adorno zum Gedächtnis. Frankfurt a. M. 1971, S. 129-45. – An Textbeispielen aus den »Minima Moralia« und den »Noten zur Literatur«, sowie an musikalischen Kompositionen Adornos aufgespürt.

Silbermann, Alphons: Theodor W. Adornos kunstsoziologisches Vermächtnis. In: Kölner Zeitschrift für Soziologie und Sozialpsychologie 21. 1969, S. 712-16. – Polemik aus der Sicht empirisch-soziologischer Kunstbetrachtung: In der Luft hängendes »Kunst-Skribententum« (716).

Stephan, Rudolf: Theodor W. Adorno (1903-1969). In: Die Musikforschung 22. 1969, S. 269-73. – Ein Lebensbild als Nachruf (aus der Sicht des Musikwissenschaftlers).

Stephan, Rudolf: Th. W. Adorno gestorben. In: Musica 23. 1969, S. 494-96. Wiederabgedruckt in: Schweppenhäuser, Hermann (Hrsg.): Theodor W. Adorno zum Gedächtnis. Frankfurt a. M. 1971, S. 146-49. – Nachruf.

Stephan, Rudolf: Rez. von Theodor W. Adorno: Berg. Der Meister des kleinsten Übergangs. In: Die Musikforschung 24. 1971, S. 110 f.

Stephan, Rudolf: Rez. von Theodor W. Adorno – Hanns Eisler: Komposition für den Film. In: Die Musikforschung 25. 1972, S. 567 f. – Hebt die Ausgabe von 1960 (München) von der Eislerschen (1947 u. 1949 (Ostberlin)) als die authentische ab. Stephan argumentiert philologisch, Lück (s. o.), der die Gegenposition vertritt, dagegen politisch.

Stephan, Rudolf: Rez. von Theodor W. Adorno und Ernst Krenek: Briefwechsel, hrsg. von Wolfgang Rogge. In: Melos 43. 1976, S. 155. – Sachhaltig, ergänzend und erläuternd.

Sziborsky, Lucia: Das Problem des Verstehens und der Begriff der Adäquanz bei Th. W. Adorno. In: Faltin, Peter; Reinecke, Hans-Peter (Hrsg.): Musik und Verstehen. Aufsätze zur semiotischen Theorie, Ästhetik und Soziologie der musikalischen Rezeption. Köln 1974, S. 289-305. – Zeigt nach eingehender Interpretation im Vergleich vor allem mit Hegel die »Problematik der adäquaten Wahrheitserkenntnis« in der (Musik-)Ästhetik Adornos auf: Die adäquate Erkenntnis ist »an die Subjektivität des je einzelnen Menschen« (301) gebunden.

Twittenhoff, Wilhelm: Rez. von Th. W. Adorno: Dissonanzen. In: Ders.: Musikalische Bildung. Mainz 1972, S. 67-74. Erstdruck in: Junge Musik 1957. H. 1. – Konservative Polemik gegen Adorno. Lehnt Diskussion mit Adorno wegen dessen unerträglicher Intoleranz (72 ff.) ab.

Weitzman, Ronald: An introduction to Adorno's music and social criticism. In: Music and letters 52. 1971, S. 287-98. – Stellt einige der Grundgedanken der Musiksoziologie Adornos vor mit metaphysikkritischen Anmerkungen. Es fehlen Übersetzungen. »We need to know more about Adorno's thought« (298).

Werner, Eric: Zu Theodor W. Adornos »Impromptus«. In: Die Musikforschung 23. 1970, S. 192-95. – Kritisch freundliche Rezension (schon 1968 geschrieben).

Zoltai, Deńes: Die Musikkultur der Gegenwart im Spiegel der Ästhetik von Th. Wiesengrund-Adorno. In: Ästhetische Aufsätze. Budapest 1966, S. 129-62 (Bd. 11 der Studia Philosophica Academiae Scientiarum Hungaricae. Übers. von Béla Weingarten). – Zwar wird Adorno, dessen »Philosophie der neuen Musik« das Hauptthema dieses Aufsatzes ist, von Z. als hervorragende Figur der bürgerlichen Musikästhetik gewürdigt, aber Adornos falscher (nichtmarxistischer) Auffassung über den Fetischismus und seiner Klassenbedingtheit gilt Zoltais entschiedene Kritik. Adornos Bartokkritik in den »Dissonanzen« wird als »furchtbar naiv und beschränkt« (160) zurückgewiesen.

2.4. Die Adornorezeption im nicht deutschsprachigen Ausland
(Zur Auswahl u. a. vgl. oben, S. 520 ff.)

Englisch:

Anonym: Intelligence and Servitude. In: The Times Literary Supplement vom 16. 2. 1962, S. 97 f. – Rez. der »Noten zur Literatur« I u. II; Adorno als interessanter Häretiker des Marxismus (wie Bloch, Benjamin u. a.).

Anonym: Theodor W. Adorno. In: The Times Literary Supplement vom 28. 9. 1967, S. 892 ff. Wie sich zeigt, ist dieser Text von George Lichtheim; er ist – mit einem kurzen Postscriptum versehen – wiederabgedruckt in: Ders.: From Marx to Hegel and other Essays. London 1971, S. 125-42. – Recht kenntnisreiches und sachliches Porträt Adornos, des Instituts für Sozialforschung, seiner wichtigsten Themen und Thesen bis zur »Negativen Dialektik«.

Anonym: Adorno: love and cognition. In: The Times Literary Supplement vom 9. 3. 1973, S. 253-55. – Adornoporträt mit den Schwerpunkten Positivismusstreit und Musikphilosophie; sieht die fundamentale Rolle ästhetischer Erfahrung (paradigmatisch der Musik). Die »Ästhetische Theorie« dagegen enttäuscht: »The outcome of this multiple enterprise is severely disappointing« (255).

Buck-Morss, Susan: The Origin of Negative Dialectics. Theodor W. Adorno, Walter Benjamin and the Frankfurt Institute. Hassocks. Sussex 1977. – Bisher einzige Arbeit, die dem von Anbeginn konstitutiven Einfluß Benjamins auf Adornos Philosophie nachgeht. Die Negative Dialektik und ihre Kategorien bilden den systematischen Bezugsrahmen, in dem die frühen philosophischen und ästhetischen Schriften Adornos, auch historisch exakt, auf Benjamin zurückbezogen werden. Den Abschluß der Arbeit bildet eine dreiteilige Rekonstruktion der »Adorno-Benjamin-Debatte« der 30er Jahre aus verhaltener Adornoperspektive. Die Autorin – Mitherausgeberin des Band 9 der Gesammelten Schriften – greift auf bislang unveröffentlichte Texte Adornos zurück, u. a. drei undatierte Notizbücher zur Reproduktionstheorie.

Geuss, Raymond: Rez. von Theodor W. Adorno: Negative Dialectics. In: The Journal of Philosophy 72, 1975, S. 167-75. – Kritisch ablehnende Besprechung: »The πρῶτον τεῦδος, the original source of error in this whole theory, is Adorno's conviction that all predication is identification.« (172).

Jameson, Frederic: Marxism and Form. Twentieth-century dialectical theories of literature. Princeton/N. J. 1971 (S. 3-59: 1. Kap.: T. W. Adorno; or, Historical Tropes. Erstmals in einer anderen Fassung veröffentlicht in: Salmagundi No. 5. Spring 1967. S. 3-43). – Interpretation vor allem der musikphilosophischen Arbeiten Adornos (und auch der »Noten zur Literatur«) als gelungene Anwendungen der Methode (des Schemas – engl. form) der Kultursoziologie.

Vgl. Jay (2.2.).

Kuspit, Donald B.: Critical Notes on Adorno's Sociology of Music and Art. In: The journal of aesthetics and art criticism 33. 1974, S. 321-27. – Über künstlerische und interpretatorische Sensibilität, (musikalische) Kunstwerke als indirekte Reflexion der Gesellschaft und – kritisch – über »a certain narcissistic dimension to Adorno's method«; gemeint ist »his constant fear of false consciousness« (325) und ihre Konsequenz: »However, to respond to conformity with despair is to give it greater authority.« (326).

Lichtheim, George – Vgl. oben den anonym veröffentlichten Text in »The Times Literary Supplement« vom 28. 9. 1967.

Rose, Gillian: The Melancholy Science. An Introduction to the Thought of Theodor W. Adorno. London and Basingstoke 1978. – »Negative Dialektik« als Hauptstück der Philosophie Adornos, der Positivismusstreit in der Soziologie und zuletzt Adornos Kultur- und Kunstkritik sind die Zentren des Adornoschen Denkens, die die Autorin mit dem Begriff der Verdinglichung (als Schlüsselkategorie) erschließt. Dieser Begriff selbst und seine Herkunft (u. a. Marx, Simmel, Lukács und Benjamin) wird zuvor gründlich erläutert, und diesem begriffsgeschichtlichen Kapitel geht wiederum – nach einer Situierung Adornos im Frankfurter Schulzusammenhang – eine Explikation der Darstellungsform Adornos voraus (»The Search for Style«): Nietzsches herausragende Vorgängerschaft wird zurecht betont. Das Buch endet mit dem Fazit: »His [Adornos] ›morality‹ is a praxis of thought not a recipe for social and political action.« (148); Glossar, Bibliographie (insbesondere des neuesten Stands der englischen Übersetzungen) und Index garantieren die Handhabbarkeit dieses soliden Buches.

Slater, Phil: Origin and Significance of the Frankfurt School. A Marxist Perspective. London, Boston 1977.

Slater, Phil: The Aesthetic Theory of the Frankfurt School. In: Literary Taste, Culture and Mass Communication. Vol. 1: Culture and Mass Culture. Ed. by Peter Davison, Rolf Meyersohn, Edward Shils. Cambridge und Teaneck, N. J. 1978, S. 305-48. Bis auf das Postscript (347 f.) Erstveröffentlichung in: Working Papers in Cultural Studies 6. Birmingham University Centre for Contemporary Cultural Studies 1974. – Im kritisch umrissenen Kontext der Frankfurter Schule behandelt Slater deren Ästhetik unter den Stichworten »Art as Affirmation«, »Art as Manipulation: ›Culture Industry‹« und »Art as Negation« und kritisiert insbesondere Adornos Ästhetik als elitär, idealistisch und kulturpessimistisch ohne praktisch politische Perspektive; Benjamin und Brecht dienen als Kontrastfolie dieser Kritik.

Tar, Zoltan: The Frankfurt School. The critical theories of Max Horkheimer and Theodor W. Adorno. (Foreword by Michael Landmann). New York, London, Sydney, Toronto 1977. – Eine manchmal etwas vereinfachende, aber durchaus sachkundige Darstellung der Kritischen Theorie der Gesellschaft in drei, historisch gegliederten Abschnitten, geleitet durch die soziologischen Fragen nach 1. ihrem Beitrag zu einer Theorie des Kapitalismus, 2. der Legitimität ihres Anspruchs als marxistische Theorie und 3. ihrem Beitrag zur modernen Soziologie: »In summary, the findings conclude that critical theory failed on all three accounts.« (202).

Therborn, Göran: The Frankfurt School. In: New Left Review No 63. 1970, S. 65-96. – Therborn arbeitet, bei aller Entwicklung und Veränderung, eine gleichbleibende Grundstruktur im Denken der Frankfurter Schule heraus: »a double reduction of science and of politics to philosophy« (94, vgl. 74). Der in dieser Position erstarrte Affekt gegen Kapitalismus und Faschismus kommt weder zu einer wissenschaftlichen (d. h. hier: marxistischen) Erfassung seines Gegenstandes noch zu einer politischen Praxis.

Vgl. Weitzman (2.3.)

Französisch:

Esprit No 17, Mai 1978. H. 5. (S. 43-158: L'École de Francfort). – Neben französischen Übersetzungen von Texten Horkheimers und Benjamins, sowie verschiedenen Aufsätzen zur Frankfurter Schule, der Aufsatz von Arno Victor Nielsen: Adorno: le travail artistique de la Raison. S. 122-34 (aus dem Dänischen): Antisystematische Philosophie, Dialektik der Aufklärung, Kulturindustrie als falsche Mimesis, Kunst-Philosophie: Ästhetische Theorie. Dann: S. 135-47: »L'École de Francfort en France – bibliographie critique. Par Gerhard Hoehn et Gérard Raulet. Mit einer allgemeinen Einführung und besonderen Einführungen zu den Autoren 1. Benjamin 2. Adorno, Horkheimer, Habermas und 3. Marcuse; dazu ausführliche Berichte und Überlegungen zur allgemeinen Rezeptionssituation der Kritischen Theorie in Frankreich: »La réception française [...] elle vit encore à l'âge des mythes, non à celui de la critique« (142). Fazit, was Adorno betrifft: Er wurde, wie Horkheimer, aber anders als Benjamin und Marcuse, erst eigentlich ab 1973/74 wirklich rezipiert (Übersetzung der »Ästhetischen Theorie« 1974), abgesehen von einer punktuellen Rezeption seit Mitte der 60er Jahre einiger seiner musikästhetischen Schriften.

Jimenez, Marc: Adorno: art, idéologie et théorie de l'art. Paris 1973. – Erste französischsprachige Monographie über Adorno (Jimenez ist der Übersetzer der »Ästhetischen Theorie«). Nach einem einführenden Teil (biographisch etc.) folgt eine ausführliche Interpretation der »Ästhetischen Theorie«; dazu ein allerdings nicht sehr umfangreicher Index (Glossar).

Übriges Ausland:

Vgl. Breuer (2.3.)

Šarčević, Abdulah: Theodor W. Adorno (1903-1969). Die Unwahrheit der modernen Gesellschaft zwischen Revolution und Kritik. In: Praxis 6. 1970, H. 1/2, S. 184-214 (Zagreb). – Darstellung der negativen Dialektik (und ihrer politischen Implikationen) als dialektische Kritik sowohl der spätkapitalistischen als auch insbesondere der sozialistischen Realität und ihres theoretischen Selbstverständnisses: »Daher gehört Adorno in die Reihe der modernen Intellektuellen – neben Max Horkheimer, Walter Benjamin, B. Brecht, Herbert Marcuse – die als erste die metaphysische Wurzel und die Motive sowohl des empirischen Kapitalismus und des bestehenden Sozialismus erkannt haben.« (214).

Vgl. Sauerland (2.1. und 2.2.)

Tertulian, N.: Theodor W. Adorno – filozoful și esteticianul. In: Revista de istoria și teorie literă 24. 1975, S. 25-36 (Bukarest).

– Offensichtlich recht sachliche Darstellung einiger Hauptwerke und Grundgedanken Adornos: »Negative Dialektik«, »Dialektik und Aufklärung«, Thomas Mann und die »Philosophie der neuen Musik«, musiksoziologische Schriften, »Noten zur Literatur«.

Tsunekawa, Takao: Bilder des Negativen. Adorno und die moderne Dichtung. In: Doitsu Bungaku (Die Deutsche Literatur) 44. 1970, S. 69-77 (japan. mit deutscher Zusammenfassung, 76 f.)
– Kritische Interpretation wichtiger Texte der »Noten zur Literatur«: »Hypochondrisch starrt er [Adorno] auf die Formen der Verzweiflung, die zuweilen ihre Selbstauflösung in die Utopie erahnen lassen, dann aber sich wieder versteinern« (77).

Vgl. Zoltai (2.3.)

Verzeichnis der Mitarbeiter

Norbert W. Bolz, geb. 1953, wissenschaftlicher Mitarbeiter am Deutschen Seminar der Albert-Ludwigs-Universität Freiburg.

Rüdiger Bubner, geb. 1941, Professor für Philosophie an der Universität Tübingen.

Peter Bürger, geb. 1936, Professor für Literaturwissenschaft (Romanistik und Komparatistik) an der Universität Bremen.

Carl Dahlhaus, geb. 1928, Professor für Musikgeschichte an der Technischen Universität Berlin.

Michael de la Fontaine, geb. 1945, Mitarbeiter am Goethe-Institut/München, daneben Konzerte und Schallplattenaufnahmen mit eigenen Liedern.

Jochen Hörisch, geb. 1951, wissenschaftlicher Assistent für Germanistik an der Universität Düsseldorf.

Hans Robert Jauß, geb. 1921, Professor für Literaturwissenschaft an der Universität Konstanz.

Dieter Kliche, geb. 1941, wissenschaftlicher Mitarbeiter am Zentralinstitut für Literaturgeschichte der Akademie der Wissenschaften der DDR in Berlin.

Peter Christian Lang, geb. 1951, Doktorand am Fachbereich Philosophie der Universität Frankfurt.

Burkhardt Lindner, geb. 1943, Professor für Germanistik an der Universität Frankfurt.

W. Martin Lüdke, geb. 1943, Dozent für Germanistik an der Universität Frankfurt.

Bernhard Lypp, geb. 1940, Assistenzprofessor für Geschichtsphilosophie und Ästhetik an der Freien Universität Berlin.

Karl Markus Michel, geb. 1929, Verlagslektor, Mitherausgeber der Zeitschrift »Kursbuch«.

Hartmut Scheible, geb. 1942, Professor für Germanistik an der Universität Frankfurt.

Ullrich Schwarz, geb. 1950, Lehrbeauftragter am Literaturwissenschaftlichen Institut der Universität Hamburg und freier Übersetzer.

Irving Wohlfarth, geb. 1940, Professor für Komparatistik an der University of Oregon/USA.

Theodor W. Adorno im Suhrkamp Verlag

Gesammelte Schriften
Herausgegeben von Rolf Tiedemann.

Band 1: Philosophische Frühschriften
Band 2: Kierkegaard; Konstruktion des Ästhetischen
Band 3: Dialektik der Aufklärung
Band 4: Minima Moralia
Band 5: Zur Metakritik der Erkenntnistheorie;
Drei Studien zu Hegel
Band 6: Negative Dialektik; Jargon der Eigentlichkeit
Band 7: Ästhetische Theorie
Band 8: Soziologische Schriften I
Band 9: Soziologische Schriften II
Band 10: Kulturkritik und Gesellschaft: Prismen; Ohne Leitbild; Eingriffe; Stichworte
Band 11: Noten zur Literatur
Band 12: Philosophie der neuen Musik
Band 13: Die musikalischen Monographien: Versuch über Wagner; Mahler; Berg
Band 14: Dissonanzen; Einleitung in die Musiksoziologie
Band 15: Komposition für den Film; Der getreue Korrepetitor
Band 16: Musikalische Schriften I–III: Klangfiguren; Quasi una fantasia; Musikalische Schriften
Band 17: Musikalische Schriften IV: Moments musicaux; Impromptus
Band 18: Musikalische Schriften V: Musikalische Aphorismen; Theorie der neuen Musik; Komponisten und Kompositionen; Konzert-Einleitungen und Rundfunkvorträge mit Musikbeispielen; Musiksoziologisches
Band 19: Musikalische Schriften VI: Frankfurter Opern- und Konzertkritiken; Andere Opern- und Konzertkritiken; Kompositionskritiken; Buchrezensionen; Zur Praxis des Musiklebens; Anhang: Entwürfe, Exposés, Memoranden
Band 20: Miszellen (in Vorbereitung)

Supplementbände
Band 21–23: Fragmente (in Vorbereitung)

edition suhrkamp
Eingriffe. Neun kritische Modelle. 1963. es 10

Gesellschaftstheorie und Kulturkritik. 1975. es 772
Jargon der Eigentlichkeit. Zur deutschen Ideologie. 1964. es 91
Kritik. Kleine Schriften zur Gesellschaft. 1971. es 469
Ohne Leitbild. Parva aesthetica. 1967. es 201
Stichworte. Kritische Modelle 2. 1969. es 347
Zur Metakritik der Erkenntnistheorie. 1972. es 590

Bibliothek Suhrkamp
Mahler. Eine musikalische Physiognomik. 1960. BS 61
Noten zur Literatur I. 1958. BS 47
Noten zur Literatur II. 1961. BS 71
Noten zur Literatur III. 1965. BS 146
Noten zur Literatur IV. 1974. BS 395
Minima Moralia. 1951. 1969. BS 236

suhrkamp taschenbücher
Erziehung zur Mündigkeit. 1970. 1971. st 11
Studien zum autoritären Charakter. 1973. st 107
Versuch das »Endspiel« zu verstehen. Aufsätze zur Literatur des 20. Jahrhunderts I. 1972. st 72
Versuch über Wagner. 1952. 1974. st 177
Zur Dialektik des Engagements. Aufsätze zur Literatur des 20. Jahrhunderts II. 1973. st 134

suhrkamp taschenbücher wissenschaft
Ästhetische Theorie. 1973. stw 2
Drei Studien zu Hegel. 1963. 1974. stw 110
Einleitung in die Musiksoziologie. Zwölf theoretische Vorlesungen. (1962) 1975. stw 142
Kierkegaard. Konstruktion des Ästhetischen. 1962. 1974. stw 74
Negative Dialektik. 1966. 1975. stw 113
Philosophie der neuen Musik. 1978. stw 239
Philosophische Terminologie I. 1973. stw 23
Philosophische Terminologie II. 1974. stw 50
Prismen. Kulturkritik und Gesellschaft. (1955) 1969. 1976. stw 178
Soziologische Schriften I. 1979. stw 306
Noten zur Literatur. 1981. stw 355

Aufsätze zur Gesellschaftstheorie und Methodologie. 1970. Theorie
Der Schatz des Indianer-Joe. Singspiel nach Mark Twain. 1979. Ln.

Adorno-Konferenz 1983. Herausgegeben von Ludwig von Friedeburg und Jürgen Habermas. 1983. stw 460